《韻學集成》與宋金元明有關韻書的關係研究

《YUNXUEJICHENG》YU SONG JIN YUAN MING YOUGUAN YUNSHU DE GUANXI YANJIU

王進安　林一鳴　林玉芝　榮　菊／著

Wangjinan
Linyiming
Linyuzhi
Rongju

中国社会科学出版社

圖書在版編目(CIP)數據

《韻學集成》與宋金元明有關韻書的關係研究/王進安等著.
—北京：中國社會科學出版社，2015.3
ISBN 978-7-5161-5627-8

Ⅰ.①韻… Ⅱ.①王… Ⅲ.①漢語—音韻學—研究 Ⅳ.①H11

中國版本圖書館 CIP 數據核字(2015)第 041818 號

出 版 人 趙劍英
責任編輯 張 林
特約編輯 陳 芳
責任校對 韓海超
責任印製 戴 寬

出 版 中國社會科學出版社
社 址 北京鼓樓西大街甲 158 號
郵 編 100720
網 址 http://www.csspw.cn
發 行 部 010-84083685
門 市 部 010-84029450
經 銷 新華書店及其他書店

印刷裝訂 三河市君旺印務有限公司
版 次 2015 年 3 月第 1 版
印 次 2015 年 3 月第 1 次印刷

開 本 710×1000 1/16
印 張 33.75
插 頁 2
字 數 571 千字
定 價 118.00 元

國家社科基金青年項目（06CYY008）結項成果
2013年度“福建省高等學校新世紀優秀
人才支持計劃”（JA13399S）成果
福建師範大學協和學院出版基金全額資助出版

目　録

序　一

蔣冀騁

事物是聯繫的。

聯繫的事物是相互影響的。

聯繫的方式多樣，影響的程度不一。

有直線的聯繫，有曲線的聯繫，有輻射式的聯繫，有鏈條式的聯繫，此所謂方式多樣。有直接影響，有間接影響；有大的影響，有小的影響，此所謂程度不一。

聯繫和影響無法分開，有聯繫必有影響，有影響必有聯繫。

科學研究就是探究和揭示這種聯繫和影響。

如何開展這種探究聯繫和影響的研究呢？

大致説來，有兩種方法：一是求是，一是求因果。

求是就是研究事物本身的結構、品質、性質和作用，屬於事物的本體研究。

因果關係是世界上最重要的關係。求因果包括兩個方面：由因求果，由果推因。由因求果是創造，由果推因是解構。創造為人類帶來新事物，滿足人們的各種需要。解構讓我們知道事物的本源和結構，加深對事物的認識。這屬於關係研究 。

因果關係的大量應用，産生了現代文明，也産生了現代邏輯，同時也發展了人類思維能力。

因果關係就是講理，求理，用理，發展理。

東方文明當然也是講理，也講求和應用因果關係，但直覺的應用似乎更多一些。直覺産生詩歌，屬形象思維，因果産生科學，屬理性思維。

儘管直覺和因果有時難以分開，不免你中有我，我中有你。但為什麼有這種直覺而没有别的直覺，源於直覺者具有不同的體質、神經和生活經歷，這又是因果了。為什麼朝這個方向探求原因而不往其他方向探求原因？源於直覺，這又與直覺扯上了關係。所以我們説二者不能分開。

直覺把握整體，因果掌握細節。

科學研究離不開因果的探求和直覺的把握。

王君進安善於從關係的探求中展現事物的本質，所著《韻學集成研究》即以精到、嚴謹著稱，除本體的求是研究外，還初步探求了《韻學集成》與《直音篇》、《集韻》、《五音集韻》的關係，研究了與《正韻》、《字學集要》的關係，儘管這些研究是初步的，但顯示了作者學術視野的宏闊，眼光的獨特。

在此基礎上，進安與其同道撰成《〈韻學集成〉與宋金元明有關韻書的關係研究》，從術語的分析，到訛誤的釐清，從體例的傳承、創新，到語料的仍襲改易，皆有深入研究。從而達到考鏡源流，辨章學術。考鏡需要勤奮、細心，辨章需要學識、胸襟。進安諸君初達此境，畧窺門徑，亦後生中之先進也。

唐詩有云：風情漸老見春羞。吾老矣，髮蒼蒼，視茫茫而齒牙動搖，心力疲弊，思維遲鈍，不能進於學術者久矣，見此新進，不能不羞，不能不慚。可喜者，後生能超越先生，亦所願也。

是為序。

於湖南師範大學無知齋

2014年11月19日

序　二

馬重奇

本書是王進安教授主持的國家社科基金青年項目的結項成果，也是他多年來教學、科研的結晶。

記得五年前，我為他的處女作《〈韻學集成〉研究》作序時，用了“欣慰”和“欣喜”兩個詞來表達當時的心情。今天，當我拜讀完他這本厚厚的書稿後，除了當時的心情得到了持久的延續外，還多了一份欣羡。這本書稿與五年前的相比，除了“分量”重了不少外，還多了幾分成熟與膽氣，這就是我的欣羡所在。説其成熟，主要體現在作者已經擺脱了純本體的研究，多了些“角”的研究，形成了多維的研究視野，使得書稿的文氣更濃，文風更實。説其膽氣，則主要體現在作者多了些“史”的思考，拓寬了研究的時空，使得書稿的思辨更強，思力更足。

《韻學集成》是明代章黼個人歷三十年編纂而成，其地位遠不如一些“奉敕”編纂的官韻；尤其是其編纂過程中的“守舊”思想和錯漏頻顯，一些前賢時彥也多有針砭，這一切均在情理之中。但《韻學集成》收字四萬三千餘字，收字詳盡，引證豐富，在當時實屬不易，而且還頗具影響力，就連同時代的方以智的《通雅》和蔡清的《易經蒙引》等都有引用。此外，從記載的史料還可知章黼是個“隱居教授，以博聞稱”的奇才。進安教授抓住了《韻學集成》的這兩個特點，帶領課題組成員從其引用的史料入手，進行上溯下推，抽絲剥茧地展開研究，釐清了《韻學集成》與不同時代韻書之間的傳承關係，讓我耳目一新，倍感振奮。

古人云：君子不弊人之美。通讀書稿後，深刻體會到王進安教授及其團隊在這五年裡所付出的艱辛勞動，尤其是書中所體現出來的不少真知灼見，更值得我們關注。而給人印象最深的，莫過於對“篇韻”和“舊韻”這兩個方面的論述。辭書“篇韻並行”的編纂模式和後代韻書對前代“舊韻”的傳承，是漢語史研究的兩個重要內容。作者意識到了，而且在總結前賢和時彥研究的基礎上，進行了有益的探索和挖掘。通過對“篇韻並行”的分析和對“舊韻”的傳承分析，可以較為全面地總結《韻學集成》的編纂目的和參酌依據，這對於全面、深入研究《韻學集成》與有關韻書的關係具有十分重要的語料價值和現實意義。此外，該書完成了對《韻學集成》與有關韻書的關係考證和傳承分析，較全面地分析了《韻學集成》與有關韻書的關係，使對前代韻書的傳承與參酌情況，及其對後代韻書的影響情況都脈絡清晰地展現出來，這也是本書的一大貢獻。

作為一本漢語史學術專著，其可圈可點的地方還有不少，這裡不再一一枚舉。當然，作為研究內容，《韻學集成》值得研究的方面還有很多，如其又音或異讀情況的研究、編纂錯漏情況的綜合研究及其與有關韻書的微觀比較等方面，對於深入研究《韻學集成》的音系、得失及其漢語史地位等問題，都具有十分重要的意義。這些內容的研究，進安教授也曾經和我探討過，相信他已經有了更好的計劃和行動，也希望他能夠把這個課題研究得更加深入和透徹，取得更加輝煌的成績。做學問需要有持之以恆的毅力，更需要有敏鋭的思維和勇於攀登高峰的膽識。《論語》説得好：“子絕四：毋意，毋必，毋固，毋我。”作為一個知名的博學者，孔子最難能可貴之處就在於他做到了以上的“四絕”。這是我深愛的一句話，也是我多年來做學問堅持的一個原則，我願把這句話送給進安，與他共勉。也希望他在這一領域的研究萬一真有“山重水復疑無路”的困惑時，“毋意，毋必，毋固，毋我”這八個字能夠給他帶來“柳暗花明又一村”的驚喜。

甲午冬月於福州倉山書香門第

第一章　緒論

瑞士著名語言學家費爾迪南·德·索緒爾（2002：296）在其《普通語言學教程》的第五編“回顧語言學的問題　結論”中就開宗明義地指出：“共時語言學只有一種展望，説話者的展望，因此也只有一種方法；歷時語言學卻要既有隨著時間進展的前瞻的展望，又有往上追溯的回顧的展望。”同時，他還指出共時語言學與歷時語言學是“在方法和原則上對立的兩種語言學”（2002：130）。我們研究《韻學集成》（以下簡稱《集成》）與宋金元明有關韻書的關係，就是基於一種歷時的思考。通過對不同時代的韻書的比較，總結和歸納出不同時代的韻書所體現的音變現象。陳亞川（1997：110）早在1994年《漢語研究的一種重要途徑和方法》一文中就指出：“漢語語言學可以分為‘歷史的研究’和‘斷代描寫的研究’；還可以分為‘方言的研究’和‘共同語的研究’……歷史的研究要以斷代描寫為基礎；用歷史觀點説明語言現狀，則可以使斷代描寫更加深刻。方言與方言、方言與共同語的比較研究，可以更好地解決漢語研究中的理論和應用問題。”我們研究《集成》與宋金元明有關韻書的關係，就體現了歷史與斷代的結合、方言與共同語的結合，所以我們既進行歷時的研究，也進行共時的研究，因為我們研究的不僅是韻書語音現象的變化或替代，更重要的是，我們要研究《集成》與諸多韻書之間的關係，探索它們在音系上的共同特徵，分析其之所以可以稱為“有關韻書”的原因所在，也探索《集成》與所比較的韻書在語音上所存在的“同質”現象或“異質”現象。需要界定的是，我們這裡所説的“關係”，是廣義上的“關係”，既指語音的異同關係，也指編纂體例的異同關係等。當然，我們也會適當涉及部分的語意、詞彙或文字等方面的內容。

一 本課題的來源

本書的內容是在2006年國家社科基金青年項目《〈韻學集成〉與宋元明相關韻書的傳承關係》（書中用“本課題”表示）結項成果的基礎上補充、修改而成的。本課題的提出，得益於許多音韻學專家的啟發：甯忌浮在《洪武正韻研究》中指出“傳統韻書是代代相傳的，後世韻書是在前代韻書的基礎上編纂而成，或是改併重編，或是增補簡縮”。趙蔭棠的《等韻源流》曾將一些韻書進行歸類，並按時間順序、體例特點、音系特點等方面，將韻書分為北係韻書和南係韻書，而且還畫出此二係韻書的源流圖。2006年國家社科基金“課題指南”中也強調“傳統音韻學的研究應在注重文獻考證的同時，注意與活的方音的比較”。一些專家、學者的研究成果，如：魯國堯的《明代官話及其方言基礎》、甯忌浮的《古今韻會舉要及相關韻書》和《洪武正韻研究》、楊耐思的《韻學集成所傳中原雅音》、耿振生的《明清等韻學通論》、葉寶奎的《明清官話音系》、張玉來的《論近代漢語官話韻書音系的複雜性》等等，都深深啟發了本課題的提出。古代編纂的韻書，音系性質互有差異，加之具有傳承性，這對某一音系的歷時比較無疑具有重要的意義。這為我們提供了一個更好探索某種韻書音系性質的有效途徑。不過，將韻書的體例及傳承關係，跨過三個朝代進行研究和比較是比較少的，本課題的提出，希望能充分利用有關專家、學者的研究成果，並在此基礎上闡析不同年代韻書之間的傳承關係與音系的發展演變，探索漢語方言發展變化的軌跡。

而本書的書名則與本課題申請的項目名稱畧有不同。書名的改動，還得從“傳承”二字説起。傳承，是一個意蘊豐富的詞。《漢語大詞典》釋為“更替繼承”，例句用的是郭沫若《孔墨的批判・墨子的思想體係》中的“堯舜禪讓雖是傳説，但也有確實的影響，那就是原始公社時的族長傳承的反映”。到北京大學漢語語言學研究中心語料庫（http://ccl.pku.edu.cn）“古代漢語”中檢索，只檢索到三條帶有“傳承”一詞的語料，而且都是清代以後語料，可見“傳承”一詞的產生較遲。不過近年來，“傳承”的使用頻率很高，通過百度（www.baidu.cn,2014/08/02）搜索，就有1亿條帶“傳承”一詞的語料，而僅人民網内（http://www.people.com.cn,2014/08/02）搜索，就有285157

條語料帶有“傳承”一詞。就“傳承”一詞的語意來説，也是不好界定的，與《漢語大詞典》不同，《現代漢語詞典》釋其為：“傳授和繼承”。而《現代漢語規範詞典》則釋為“傳遞和繼承”。但無論是“傳授”、“傳遞”，還是“更替”，都離不開“繼承”這一中心詞。本課題在分析韻書關係或聲韻調關係時就多處使用“傳承”一詞，因為韻書的“傳承關係”研究也是本課題重點關註的内容。因此，本課題所謂的傳承，更注重後代韻書對前代韻書某些内容或成份的繼承。就韻書來説，其傳承前代韻書的内容也是各不相同的，有的是體例上的傳承，有的是某些韻字音讀或釋義上的傳承、有的則是整個音系的傳承。進一步分析，韻書的傳承可以分為兩類，一類是音系上的傳承，這可以認為是宏觀性的傳承；一類是微觀性的傳承，如聲類或韻部排列次序，或體例上，或個别韻字聲韻調或音義關係等韻書之間局部内容的傳承。當然，隨著課題研究的深入和韻書的增加，“傳承關係”並不能反映課題研究的全貌，筆者在成書時不得不將書名畧作改動，詳見下文説明。

明代章黼著的《集成》，全名《併音連聲韻學集成》，書成於明天順庚辰（1460年），有“新編”和“重刊”兩種。《集成》的體例，以《直音篇》卷首所附的“七音清濁三十六母反切定局”為綱，將韻部分為22部，每個韻部前面都有小韻首字的目録表，依聲類順序排列，章氏標榜其“依《洪武正韻》定例”，主要是韻部分類依《正韻》（以下簡稱《正韻》）。但其體例中的七音清濁、釋字體例等，則更多來源於元代黄公紹、熊忠所撰的《古今韻會舉要》（以下簡稱《韻會》）。當然，《集成》與《集韻》《篇海類編》《中原音韻》《字學集要》《中原雅音》等書也存在著一定的關係。事實也是如此，《集成》在編纂過程中，引用了大量的史料，拙作《韻學集成音韻價值研究》就曾羅列《集成》的一些韻字所援引的史料；而《集成》書中成化十七年歲次辛丑春三月朔吉，賜進士出身文林郎陝西監察御史邑人徐博所書《韻學集成序》記載：“……吾嘉章君道常，韜晦丘園，教授鄉里，暇則搜閱《三蒼》《爾雅》《字説》《字林》《韻集》《韻畧》《説文》《玉篇》《廣韻》《韻會》《聲韻》《聲譜》《雅音》諸家書，通按司馬温公三十六字母，自約為一百四十四聲，辨開合以分輕重，審清濁以訂虚實，極五音六律之變，分為四聲八轉之異。然聲韻區分，開卷在目，總之得四萬餘字，每一字而四聲隨之，名曰《韻學集成》，別為《直音篇》，乃韻之鈐鍵，便學者檢覽其用，心可謂勤且密矣。雖然一依《正韻》定例，蓋亦遵時王之制，可尚也。……”都是《集成》傳承其他韻書或字書的一個有力證明。據劉靜《試論〈洪武正韻〉的語音基礎》所言：“事實上十四世紀《正韻》音系的通行範圍是《中原》無法比擬的。《中原》在時人心目中不過是曲韻的準則，而《正韻》則為正音之標準了。稍後的《韻學集成》、《韻法直圖》等都是屬於《正韻》音系的韻書、韻圖。他們迷信《正韻》，甚至於對《正韻》錯誤之處也明知而不改。例如，《韻學集成・凡例》云：‘元支韻内羈奇，奇微韻内機祈等字，音同聲順，《正韻》以清濁分之，本宜通用，不敢改也，但依《洪武正韻》定例。’《韻法直圖》弓韻後註曰：‘本圖首句四聲，淮窮字合韻，餘及縱、從等字，若照漢音，當屬公韻，今依《洪武》等韻收在本韻，則讀弓似扃字之音。’”[1]這可以從另一個側面說明《集成》對《正韻》的傳承。這樣一來，《集成》在音系上的特點，正體現了甯先生所總結的那樣，與前後年代的諸多韻書有著千絲萬縷的關係。而據甯先生《洪武正韻研究》所分析，《正韻》與《韻會》、《禮部韻畧》等韻書有傳承關係。這樣，從邏輯的角度分析，《集成》與以上諸韻書也勢必存在著某種特殊的關係。那麼，其音系是否同屬一音系？其各自音系性質是什麼？如何理順這些音系關係呢？本人如無特別說明，正文中出現的“本人”或“我”均指第一作者的博士學位論文《〈韻學集成〉研究》曾就《集成》與《正韻》《韻會》等韻書的關係進行過探索和論述，可以證實的是《集成》確與這些韻書關係密切，存在著傳承的關係，但由於條件限制没有深入比較和研究。隨著本人對這種傳承關係的深入研究與比較，將《集成》有關韻書放在一個歷時的層面上進行深入的比較就尤顯重要了。而本書所涉及的“傳承關係”，既體現宏觀性的傳承，又體現微觀性的傳承，既探討韻書之間音系上的聯繫，也探討韻書間局部內容的聯繫，如語料上的傳承，或者編纂體例上的傳承等。

但由於本書所研究的內容，有部分超出了“傳承關係”的範疇，有些內容只是“相關”的關係，而無“傳承”的關係。所谓相關，就是互相關聯，互有聯繫或影響。韻書之間要互有關聯或影響，方可謂其“相

[1] 劉靜：《試論《〈洪武正韻〉的語音基礎》，載《陝西師範大學學報》1984年第4期，第114頁。

關”。而《集成》與本課題研究的一些韻書在內容上甚至不一定“相關”，這一點，我要衷心感謝課題結項評審專家提出的寶貴意見和建議。同時，也要感謝我的博士後合作導師蔣冀騁教授，他也為我書稿的命名提出了寶貴的建議。記得筆者在湖南師大從事博士後研究時，曾就此課題名稱請教過一些老師，蔣先生和湖南師大唐賢清教授、鄭賢章教授等一致建議我修改“相關”二字的表述，筆者覺得獲益匪淺，並意識到“相關”二字用於本課題的研究確實不夠精確，於是就把“相關”改為“有關”。這樣，筆者就在結項成果出版時，對書名稍作了修改，把“相關韻書”改為“有關韻書”，把“傳承關係”研究擴大為“關係”研究。同時，由於“有關韻書”的內容包括了金代的《五音集韻》，就把韻書年代中的“宋元明”也擴展為“宋金元明”。

二　本課題研究的方向和意義

那麼，如何從歷時的層面來分析和比較這些韻書的關係呢？

首先，要確定我們所説的“有關韻書”範圍。這是本课题研究的一個大前提。如何通過韻書之間的內在聯繫，把《集成》與宋金元明以來的有關韻書放在一起考察和比較，是我們解決這一前提的切入點，也是我們深入研究所面臨的第一步。我們主要以《集成》為基點，無論是上溯，還是下推的韻書，《集成》都與其關係較為密切，或者説對《集成》的編纂影響較大，或者受《集成》的影響較大。運用的原則主要有四個：第一，引用原則；第二，部居原則；第三，音系原則；第四，作者原則。下面，簡要介紹本課題涉及的一些韻書情況及其列入本課題研究范疇的大致原則，而具體的關係闡述，詳見各章分述。

引用原則是我們確定有關韻書范圍的首要原則和重要前提。所謂引用原則，就是以《集成》所引用的其他韻書語料作為判斷有關韻書的主要依據，我們的標準是：凡是《集成》註音語料中引用較多的或者《集成》在語音方面與之比較較多的韻書，我們就將其列入本課題研究的范疇（關於註音語料的引用情況，可詳見第二章第二節分析），如《廣韻》《集韻》《增修互註禮部韻畧》《五音篇》《韻會》《中原雅音》《正韻》等，《集成》引用極少或没有引用的的韻書，則不列入比較和分析的範疇。在此基礎上，再參酌其他三個原則來印證或補證韻書與

《集成》的關係。

從部居原則上來説，韻部與《集成》相同且韻字歸部較為一致的，可以作為關係密切的韻書列入本課題研究的范疇。根據史料或我們對其體例、韻部的分析，可以確定《集成》與《正韻》、《字學指南》（十卷）、《字學集要》等三部韻書的關係較為密切。《集成》“凡例”明確指出“依《洪武正韻》定例”，可見其與《正韻》關係密切。另據《欽定四庫全書總目》卷四十三指出《字學指南十卷》“自三卷以下，則以韻隸字，併為二十二部，每一部以一字調四聲，如東董凍篤之類，各標一字為綱，而同音之字列於其下，如蝀從東，懂從董，棟從凍，督從篤之類。蓋本諸章黼《韻學集成》”。可見《字學指南》與《集成》關係亦十分密切。而《字學集要》則無論從韻部和體例上來看，都與《集成》有驚人的相似，李新魁説：“此書分韻類為二十二部，與《韻學集成》相同……這個聲母系統，與《韻學集成》、《韻學大成》相去不遠，它們都保存了全濁音聲母，只是其中某些聲母合併了。”耿振生認為其是“改訂章黼《併音連聲韻學集成》而成的”（《明清等韻韻學通論》，1992：202）。且此三部韻書均與《集成》同在明代，其在分韻上均為22組76韻（據甯忌浮先生介紹，《正韻》有80韻本，本書不作研究），在編排韻字和體例上也存在著較大的共同點，我們可以比較肯定地將其歸入本課題研究的范疇。

從音系原則上來看，其功能有二：一個歸同，一個是排異。從歸同的角度來説，可以根據時代、韻部、體例傳承等，來確定不同時代的韻書與《集成》之間不僅有關係，而且具有一定的傳承關係，從而將其歸聚在一起進行歷時的比較。許多專家、學者在這方面已經作了大量的研究，取得了豐碩的成果。這些“他山之石”，為本書所作的歸同工作提供翔實的資料。其中，甯忌浮、張渭毅的研究是極有借鑒意義的。據甯忌浮（1997：48）的研究，“《集韻》與《禮部韻畧》是詳畧關係，《禮部韻畧》是《集韻》未定稿的簡縮”，他（1997：1）還認為“《韻會》以《禮部韻畧》為基礎。編纂者對《禮部韻畧》並非尊崇，在韻部的設置及小韻的編排等屬於韻書基本結構問題上，對《禮部韻畧》都持否定態度……儘管如此，《韻會》並未另起爐灶，還是在《禮部韻畧》的基礎上做增、改、併”。他（1997：45）還指出：“《禮部韻畧》，初名《景祐韻畧》，頒行於宋仁宗景祐四年（1037年）。編纂者係《集韻》的編纂班子即丁度、李淑、宋祁、鄭戩、王洙、賈昌朝等。從景祐四年直到宋王朝覆亡，二百餘年，除去神宗熙寧間和哲宗紹聖間因考試罷試賦的數年，《禮部韻畧》一直是場屋不可或缺的工具……大約南宋高、孝、光、寧、理、度各朝均有《監本禮部部韻畧》頒行，不獨孝宗淳熙間，可惜均亡佚。現在能見到的《禮部韻畧》是私刻的《附釋文互註禮部韻畧》五卷。”甯先生（2003：25）還提到：“《洪武正韻》是在《增修互註禮部韻畧》的基礎上改併重編的。《增修互註禮部韻畧》，簡稱《增韻》，南宋毛晃、毛居正父子編纂。《增韻》是《禮部韻畧》的增修。”

另外，張渭毅（2006：3）也認為：“《集韻》卷帙繁多，内容龐雜。因此，早在景祐四年(1037)六月丙申，即《集韻》撰作的第四個年頭，丁度等應科舉考試急需，在已經成型的《集韻》未定稿的基礎上，摘取舉了詩賦中常用的字形、字音和字義，縮編成畧本韻書，作為考官和舉人共同遵守的審音定韻的標準，因為由禮部審定頒行，故名為《禮部韻畧》。”張先生（2006：5）還指出：“寶元二年（1039年），《集韻》告峻，緊接著，《類篇》上馬編纂，就是為了解決檢索《集韻》字音的難題。《類篇》以字形為綱編排《集韻》韻字的形、音、義，在内容上跟《集韻》有很大的共性，但又對《集韻》的少數又音刪、改、併，在釋義和異體字的處理上跟《集韻》多有不同，體現了編者的意圖，是一部與《集韻》相副施行的、有相對獨立性的字書。”他同時還指出“《集韻》是《廣韻》的增修本”。

對於排異，主要指同時代韻書之間雖有關聯，但由于韻書的體係不同，暫不將其列入比較范疇。因此，這裡的“異”主要指兩個方面：無傳承關係或關係不夠密切；或者音系系統迥別。如甯忌浮所列的《切韻》系韻書傳承圖示，《景德韻畧》也由《廣韻》發展而來，但其與《禮部韻畧》“無傳承關係”（1997：48）就不將其列為本課題研究的對象。另據羅常培（2004：429）《京劇中的幾個音韻問題》中所列南北兩係韻書演化表所示，《中原音韻》之後的韻書可分為南、北兩大系統，南系以《正韻》《中州音韻輯要》和《曲韻驪珠》為代表，北係以《韻畧易通》《五方元音》和《切韻要法》等書為代表。此表的分法也得到了張世祿（1998：259）的肯定和引用。而《集成》是依《正韻》定例的，由此，我們也不將北系所涉及的幾部韻書列入本課題研究的范疇。當然，《中州音韻輯要》和《曲韻驪珠》二書，未見《集成》有引用，依據引用原則，也不作為本書研究和比較的對象。

需要特別說明的是《五音篇》。《集成》大量引用《五音篇》的語料，依據其《凡例》"古之篇韻翻切繁舛，不能歸一。昔韓道昭《改併五音篇海》既按七音三十六母元有假音反切者，傳而不改正之"的表述，又唐作藩（1992：3）在《校訂五音集韻·序》中也指出："韓道昭的父親韓孝彥也是著述甚豐的大學者，繼《說文》《玉篇》之後一部大型的按五音編排的字書《五音篇》就出自他的手筆。韓道昭重編改併為《四聲篇海》（全名為《改併五音類聚四聲篇》）……韓道昭的《五音集韻》也是前有所承。據是書卷首所載韓道昇（道昭的堂兄）《崇慶新彫改併五音集韻·序》可知：早在金熙宗皇統年間（1141—1149年），真定洨川（今河北趙縣）人氏荊璞，已'將三十六母添入韻中，隨母取切'，編成《五音集韻》一書。荊氏的工作確屬創新，但只是用五音三十六字母重新編排《廣韻》《集韻》的二百零六韻的各小韻。一個花甲之後，韓道昭在荊璞書的基礎上進一步'引諸經訓，正諸論舛，陳其字母，序其等第'，特別是大胆地將二百六韻併為一百六十韻，書名亦更為《改併五音集韻》。後來荊璞的《五音集韻》失傳，後人竟將韓道昭的《改併五音集韻》簡稱為《五音集韻》。"而《續修四庫全書》229冊輯有《成化丁亥重刊改併五音類聚四聲篇海》，竟署名為金韓孝彥、韓道昭所撰，即為父子合撰了；《影印文淵閣四庫全書》第238冊中所輯的《五音集韻》就是署名為韓道昭所撰。那么，《集成》中所引的《五音篇》所指，是《改併五音類聚四聲篇海》十五卷，還是《五音集韻》呢？只有經過語料的考證才能得出結論，我們將在下文詳述《集成》與二書的關係。

根據作者原則，我們把一些編纂者相同或編纂時間相差無幾的配套字書也列為研究對象。如上文所引張渭毅的研究，《集韻》與《類篇》編纂時間幾近相同，《類篇》的編者司馬光等，也是《集韻》的參編者，"且在內容上有很大的共同性"，我們可視其為音系與《集韻》相同的字書擺在一起，以便於後文比較和分析時參酌。此外，類似這種情況的還有《五音集韻》和《改併五音類聚四聲篇海》的作者同為韓孝彥和韓道昭父子，《正韻》和《篇海類編》的編者同為宋濂，《集成》和《直音篇》也同為章黼所編，可以說此四組八部辭書是兩兩成套、分處不同時期的姊妹篇，而且從下文的傳承鏈來看，《集成》與各組中的韻書都有關係，因此我們將其列入“有關”范疇加以比較。我們主要研究對象是韻書，而《類篇》《改併五音類聚四聲篇海》《篇海類編》和《直音篇》從嚴格意義上來講都應屬字書之列，而非韻書。只是由於此四部字書與《集韻》《正韻》和《集成》的關係密切，我們在研究《集成》與以上諸韻書的傳承關係時，會有部分内容涉及這幾本字書，特此説明。

綜上介紹及依據二位先生的研究，我們將列入本課題研究范疇的韻書，依成書的時間順序一一列出，從而使這些韻書形成以時間為主線的傳承鏈。這條傳承鏈的起點就是《廣韻》，終點就是《集成》。當然，據《四庫全書提要》介紹或有關成果介紹，《集成》之后的兩部字書《字學指南》與《字學集要》的編纂，都受到《集成》的影響，我們也將此二書列入本課題考察的范疇。下面，我們倣照甯忌浮（2003：170）所列的《切韻》係韻書傳承圖示，大體可以勾勒出本課題所要涉及的韻書之間大致的傳承時間鏈：

《廣韻》（1008）——《集韻》（1039）——《禮部韻畧》（1037）——《附釋文互註禮部韻畧》(1135)——《增修互註禮部韻畧》（1223）——《五音集韻》（1212）——《韻會》（1297）——《正韻》（1375）——《集成》（1460）——《字學集要》（1561）——《字學指南》（1601）

當然，此鏈條只是我們對現有文獻的整理和分析，輔以一定的邏輯判斷而形成的，其科學性與可能性都有待於我們在以下各章中詳細分析和比較。這裡只是起個提綱挈領性的介紹和分析。此外，我們在形成此傳承時間鏈時，也參酌了學術界的一些研究成果。如甯忌浮指出：“《五音集韻》是《廣韻》《集韻》的改併、增補、重編，它將二百零六韻並為一百六十，小韻也多合併，且按三十六字母重新排列，然各小韻字的位次卻没有大的變動，基本保留《廣韻》《集韻》的舊規。”[1]除此，甯先生還在該節中指出，“《禮部韻畧》是《集韻》的簡縮”，《正韻》與《增韻》“二者仍有傳承關係　”“《韻會》與《禮部韻畧》的傳承關係仍然十分明顯”“這裡所説的韻書傳承，指的是編纂材料、編纂體例上的傳承。有傳承關係的韻書，其語音結構往往不相同，甚至迥異，如《蒙古字韻》與《平水韻》。無直接傳承關係的韻書，其語音

[1] 甯忌浮：《古今韻會舉要及相關韻書》，北京：中華書局，1997：39。

結構未必不同，如《集韻》與《廣韻》”。[1]李恕豪指出：“韓道昭依據《廣韻》，參考《集韻》及其他前人的字書，完成了一部重要的韻書《改併五音集韻》，後人簡稱《五音集韻》。”[2]而據熊忠《古今韻會舉要・自序》所言：“因取《禮部韻畧》，增以毛、劉二韻及經傳當收未載之字，别為《韻會舉要》一編。”[3]

其中要特點説明的是《篇海類編》，舊題宋濂撰，屠隆訂正。按其成書時間排序，應該要放到《直音篇》之後。除我們已經明確知道的出版時間外，還有一個重要理由，那就是《篇海類編》前面的“製述字學姓氏”里列有章黼其人,並加註“字端父，嘉定人，著《篇韻直音》”，同時，在其后的“字學書目”里也列有《篇韻直音》的書目，並加註“各五卷，章黼著”。用我們現在的語言來表達，也就是章黼所著的《直音篇》已經是《篇海類編》編纂時的參考文獻了。不管時間排序如何，如果確為宋濂所撰，其與同為宋濂所撰的《正韻》的關係應該較為密切，理當列入本課題研究的對象，但依甯忌浮《漢語韻書史》第488頁所提“《四庫全書總目》已有批駁，定為‘妄坊賈所託名’”，這樣，此書為《正韻》的“姊妹篇”較為可疑。甯先生還在該書第475頁中明確將《正韻》與《洪武正韻彙編》列為“篇”“韻”組合，而將《篇海類編》排除。本課題依甯先生觀點，不把《正韻》與《篇海類編》列為“篇”“韻”組合，因此，也不把《篇海類編》列為課題研究的對象。

通過以上四個原則的運用，我們可以理出《集成》與宋金元明有關韻書的大致傳承情況，並為深入分析《集成》與以上韻書之間的關係確定基本的原則和研究的方向。

其次，對“有關韻書”的聲、韻、調進行比較，尤其是對聲、韻、調中體現出與《集成》的某種傳承或關聯的因素進行分析，尋找其中的共性特徵和音變規律。當然，韻書的功能涉及文字、音韻和訓詁等方面的內容，我們在探索有關韻書的傳承關係時，除了分析語音內容外，也勢必涉及其他方面的內容。

---

[1] 以上引用，詳見甯忌浮《古今韻會舉要及相關韻書》第38—40頁，即第一章第七節《韻書的傳承》的有關表述。

[2] 李恕豪：《中國古代語言學簡史》，成都：巴蜀書社，2003：201。

[3] 李恕豪指出“毛、劉二韻”為毛晃增註、其子毛居正校勘重訂的《增修互註禮部韻畧》和劉淵《壬子新刊禮部韻畧》，詳見《中國古代語言學簡史》，第211—222頁。

再次，重點放在切語的比較上。隨著時間的推移，韻書在給韻字註音的過程中，除了保留前代韻書的某些切語外，還會根據時代的語音特徵或音變規律對前代韻書的切語作必要的改易。從《廣韻》到《集韻》，許多類隔切已經變成了音和切，從《韻會》到《正韻》，由206韻到80韻或76韻，都有切語的變化，可以説切語的變化在音變現象中發揮著巨大的作用，是音變現象的直接體現。因此，本書通過《集成》與有關韻書的切語比較，可以看出《集成》與這些韻書之間切語的改易和傳承情況。

把《集成》與宋金元明有關韻書的關係進行比較和研究，意義重大。這體現在以下兩點：一、通過比較研究可以理清《集成》與這些韻書的傳承關係，為歷史比較提供有力的證據；二、通過比較研究，可以更全面分析它們的音系性質和變化發展之處，為漢語史的動態研究提供一份可資參考的材料。同時，對深入研究《集成》的音系性質，尤其是將其與活的方言進行比較、分析都具有重要價值。目前，學術界對《集成》音系的分析主要有三種：以張世禄為代表的“南北混合”説[1]、以耿振生為代表的“混合型等韻音系”或“吳方言係韻書”説[2]和以李新魁為代表的“明中後期讀書音”説[3]，楊耐思、邵榮芬等也分別提出一些見解[4]。他們的研究雖然存在著一定的分歧，但為本課題的研究架設了厚實的基礎，積累了豐富的材料，提供了很好的思路，也是本課題能夠得以順利開展的前提和保障。

三　本課題研究的方法

語言研究的生命力在於比較，把《集成》置於語音發展的歷史長河中，通過將其與不同的朝代的韻書進行比較，可以較全面地分析它們之間的傳承關係與變化情況，這種傳承與變化就是共時與歷時的比較，唯有如此，才能從立體的層面上觀照《集成》與宋金元明有關韻書的關係。因此，本書最主要的研究方法就是比較法。法國語言學家梅耶（1999：113）在《歷史語言學中的比較方法》中指出：“進行比較工作有兩種不同的方式：一種是從比較中揭示普遍的規律，一種是從比較中

[1] 參見張世禄講授，李行傑整理的《等韻學講話提綱(一)》，載《青島師專學報》1990年第2期。

[2] 參見耿振生《明清等韻學通論》，第16頁和第238頁。

[3] 參見李新魁《漢語等韻學》，第255—256頁。

[4] 分別參見楊耐思的《韻學集成所傳中原雅音》和邵榮芬的《中原雅音研究》。

找出歷史的情況。”這兩種方式都是我們所需要的，我們既要探索《集成》與宋金元明有關韻書在語音層面上的變化軌跡，同時也要探索它們之間存在的異同之處，並分析其原因，這就需要我們進行大量的語言材料的比較和歸納，而這些材料的差異依賴於歷史的演變，正如索緒爾（2002：194）所言：“歷時語言學研究的已不是語言狀態中各項共存要素間的關係，而是在時間上彼此代替的各項相連續的要素間的關係……語言的長河川流不息，是緩流還是急流，那是次要的考慮。”通過韻書的傳承關係的歷史比較及其與方音的比較，能更好地為本課題的順利執行提供行之有效的方法和途徑。

這種比較必須是時間和空間的結合。徐通鏘（2001：145—146）就曾指出：“把《切韻》作為漢語史研究中聯繫古今的一個作業框架，這是合理的，有價值的。有了這樣一個音系，現代漢語的方言大體上就有了一個彙聚點，或者說，為解釋漢語語音的歷史演變找到了一個比較方便的、有效的參照點，可以通過《切韻》說明漢語發展的過程和規律。這是傳統的音韻研究無法達到的一個成就，或者說，這是時空結合的方法論原則優於單純研究時間的方法論的地方。”因此，他認為“高本漢為漢語的音韻研究開辟了一條新的路子。這種新路也就是在歐洲興起的歷史比較法和傳統的漢語音韻研究的結合，或者說，是語言的空間差異與時間的發展序列的結合”。這一方法的提出，為本書的研究提供了一個很好的理論依據。本書研究的主要內容是：在《集成》聲韻調分析的基礎上，將其與有關韻書的聲韻調進行對比分析，尤其是其體例、韻字及其歸併情況進行排比分析，總結出其音系系統中的異同之處，從而對《集成》一系韻書的宋金元明四代的傳承關係進行一次全面梳理。同時，將這一系韻書與方言進行比較分析，進而分析出該系韻書與現代方言的區別與聯繫，及其發展變化的軌跡。基本思路是以《集成》為中軸，上溯其源，下析其流，將其一系韻書的傳承關係及其在傳承中的發展變化進行比較分析，並結合方言的古今異同，對該系韻書的音系進行全面梳理，為漢語史的研究、漢語某一方言的發展變化、尤其是韻書史發展史的研究添磚加瓦。重點在於《集成》與有關韻書的比較分析。只有通過聲韻調的全面比較，通過韻字歸併情況的分析比較，才能正確把握有關韻書之間的聲韻調系統的區別。而聲韻調系統的比較，則需要大量的韻字分析和音系系統分析，尤其是要進行大量的表格比較。難點在於有關韻書範圍的確定、音系傳承的區别與聯繫及其與現代方言的異同比較。要論述一系韻書的傳承關係，涉及的韻書範圍大、時間跨度大，尤其是將方言的古今異同進行比較，都需要大量的資料和相關工具書，更要對該音系的方言有一定的瞭解，這些都是嚴峻的考驗。

總之，比較法是本書所使用的最主要的研究方法。在比較中，我們努力做到將傳統音韻學研究方法與數理統計技術結合起來，分析韻書的體例和音系傳承問題，其中包括音系聯法、歷史比較法、對比分析法、類推法和審音法等，力圖使我們的研究建立在科學的方法之上，使我們的結論更加可靠和令人信服。

參考文獻

費爾迪南·德·索緒爾.普通語言學教程[M].高名凱譯，岑麒祥，葉蜚聲校註.北京：商務印書館，2002.

陳亞川，鄭懿德.漢語集稿（二）[M].北京：北京語言文化大學出版社，1997.

劉靜．試論《洪武正韻》的語音基礎[J]．陝西師範大學學報，1984（4）．

甯忌浮．《洪武正韻》研究[M]．上海：上海辭書出版社，2003．

甯忌浮．古今韻會舉要及相關韻書[M]．北京：中華書局，1997．

甯忌浮．漢語韻書史[M]．上海：上海人民出版社，2009．

韓道昭著，甯忌浮校訂.校訂五音集韻[Z].北京：中華書局，1992.

趙蔭棠．等韻源流[M]．上海：商務印書館，1957．

魯國堯．明代官話及其基礎方言問題[J].南京大學學報,1985（4）．

耿振生．明清等韻學通論[M]．北京：語文出版社，1992．

張世禄．中國音韻學史[M]．北京：商務印書館，1998．

張世禄講授，李行傑整理．等韻學講話提綱(一)[M]．青島師專學報，1990(2)．

邵榮芬．中原雅音研究[M]．濟南：山東人民出版社，1981．

邵榮芬．邵榮芬音韻學論集[C]．北京：首都師範大學出版社，1997．

楊耐思．中原音韻音系[M]．北京：中國社會科學出版社，1985．

楊耐思．韻學集成所傳中原雅音[J]．中國語文，1978（4）．

李新魁．漢語等韻學[M]，北京：中華書局，2004．

葉寶奎．明清官話音系[M]．廈門：廈門大學出版社，2002.

張玉來．論近代漢語官話韻書音系的複雜性[J]．山東師範大學學報，1997（2）.

張渭毅．中古音論[M]．開封：河南大學出版社，2006.

王進安．韻學集成音韻價值研究[J].澳門語言學刊，2004（27）.

羅常培．羅常培語言學論文集[C].北京：商務印書館，2004.

胡明揚主編.西方語言學名著選讀[Z].北京：中國人民大學出版社，1999.

徐通鏘．歷史語言學[M].北京：商務印書館，2001.

李恕豪．中國古代語言學簡史[M].成都：巴蜀書社，2003.

第二章 《集成》簡介及相關資料

第一節 《集成》簡介

《集成》作者章黼（1378—1469年），嘉定（今屬上海市）人，字道常，别號（一字）守道。據清賜進士出身翰林院庶吉士改授嘉定縣知縣宜黄程其玨撰《嘉定縣誌》（卷二十四•藝文志一）載："《韻學集成》十三卷，明章黼書著，桑悦殷都序。此書以《正韻》為主，其字多用《篇海》、《龍龕手鏡》之怪體，其音兼載《中原音韻》之北聲。書成於天順庚辰。《直音篇》七卷，浙江采輯，書録曰：取四聲之字併而屬之，每字係以直音，以便習讀。其有音無註者三千餘字附焉。"卷十九，《人物志•四》載："章黼，字道常，一字守道，居大場北章村，年三十病足，絕意進取，考訂六書，集正體三萬餘字，編成《韻學集成》，其分部遵《正韻》，四聲具者九部，三聲無入者十一部。其隸字先後從《韻會舉要》例，以字母為序。其分配五音，以影曉二母，從《玉篇》屬宫，不從《韻會》屬羽；匣喻二母，從《韻會》屬商，不從《玉篇》屬宫；幫滂並明四母，從《玉篇》屬宫，不從《韻會》屬羽；非敷二母，舊譜均誤，屬宫改為屬徵。又字加訓，故别為《直音篇》，歷二十九年始成，年八十卒。後十餘年，子冕出其書，僉事吳瑞、禦史劉魁、知縣吳哲高薦，先後梓行。"

以上記載有章氏自序為證："予不幸早失怙恃，學識寡陋，年逾三旬，偶致傷足，跬步難行，課蒙私塾，因覽諸篇韻，音切音有差謬不一，欲為更定，由是夙夜孜孜纂集編錄。足疾見瘳，繕寫自宣德壬子歲起至正統丙寅稿成。重理之，曆丙子，凡數脱稿，迄天順庚辰書完，計帙二十本……練川邑横塘章黼八十有三謹識。"（明成化年間刻本）

《集成》的出版頗費周折，也經歷了比較長的時間，據成化丙申歲秋七月望日海虞桑悅書的《韻學集成序》記載：

> 練川章先生，名黼，字道常，别號守道，平生隱居教授，不求聞達，著《韻學集成》若干卷，凡收四萬三千餘字，每舉一聲而四聲具者自為帙，二聲三聲絕者如之，仍別為《直音篇》，總考其字之所出，前此未有也。没後十餘年，其子冕將鋟諸梓，時間楊吳公克明適以名進士為茲邑令，一時大夫士咸祈其成。吳公難之曰："《洪武正韻》一書，革江左之偏，音美矣盡矣，萬世所當遵守者也。奚他贅為？"僉曰："是韻正所以羽翼聖制也。古今以韻名家者不一，《廣韻》梁棟也，《韻會》榱角也，我朝《正韻》一書，擇眾材而修正之，廣居成矣。茲又益之以《龍龕》諸韻，外衛之以城郭，內實之以奇貨，覆庇後學之功不淺淺也。且《正韻》之修，太祖高皇帝運其成規，授之宋濂輩以竟其事覲。大聖人之製作，誠度越千古而無間矣。帝王以萬世之才為才，有臣於數十年後以濂自擬，克遵舊規，少加張惶，亦何尤哉疑釋已？"遂募好事者經營其費，適欽差提督水利浙江按察僉事豐潤，吳公廷玉按臨茲邑，又力替之人，樂於助。不數月，訖工，僉求予言弁諸首……其著是韻也，苦心焦思積三十餘年始克成編，不得吳公為令以傳之，又將付之烏有，豈不深可惜耶？天之暫屈吳公所以永伸也。吳公文章學行俱懸羣衆，小試為令，恒以六事自責，以公生明，以廉生威，邑用大治，此持其一，舉手投足者云。

《集成》的版本，我們知道的有七種刻本。據《四庫全書存目》記載，共有五種版本：明成化十七年刻本《新編併音連聲韻學集成十三卷直音篇七卷》；明成化十七年刻嘉靖二十四年張重、萬曆九年高薦遞修本《新編併音連聲韻學集成十三卷直音篇七卷》；明萬曆六年維揚資政左室刻本《新編併音連聲韻學集成十三卷直音篇七卷》；明萬曆六年維揚資政左室刻本清丁丙跋《重刊併音連聲韻學集成十三卷》；明萬曆三十四年練川明德書院藏本《新編併音連聲韻學集成十三卷重訂直音篇七卷》；此外，邵榮芬（1981：95）還提到了清康熙四年（乙巳）補刻本。李新魁(1983：228)也提及"此書有成化年間刻本，後又補刻於萬曆辛巳年（西元一五八一年）。此書自宣德壬子年（一四三二年）開始寫作，至天順庚辰年（一四六零年）才完稿，歷時近三十年。”李先生所說的萬曆辛巳年，即萬曆九年。邵先生、李先生所提到的刻本，分別在首都圖書館和北京大學圖書館。這些刻木，國家圖書館藏有兩種：一種是“明萬曆六年（即1578年）維揚資政左室刻”，題名“重刊併連聲韻學集成”，另一種刻本為“明成化十七年”的刻本，題名“新編併音連聲韻學集成”；首都圖書館也藏有兩種刻本：一種是“清康熙四年”刻本，另一種是“明萬曆六年”刻本；北京大學圖書館也藏有兩種版本：一種是“明成化十七年”刻本，另一種是“明萬曆九年”刻本；清華大學圖書館則藏有“明萬曆三十四年”刻本。綜上所述，《集成》的刻本，“萬六本”比較普及。本書採用的刻本就是採用“萬六本”，即首都圖書館藏明萬曆六年維揚資政左室內刻本、陳世寶重訂本的影印本，見於齊魯書社《四庫全書存目叢書》經部208冊。

《集成》體例，與《正韻》較為不同。其韻部分為二十二組（平、上、去、入不分開）七十六韻，若干組成一卷，共分十三卷，在每組韻部之前，都有一類似韻圖、羅列所有小韻首字的總目表，依聲類將小韻首字橫列若干組，每組小韻首字按平上去入四聲相承豎列，並標明七音、清濁、助紐和反切，聲類相同而四呼不同的，則另列標出。如“凡例”所言：“今韻所增之字，每字考諟依例併收；每韻目錄以領音之字遂一定音切聲號；每音平上去入四聲連之；每字通義詳依韻書增註；字有多音者，以他音切一一次第註之；字有相類者辨正字體偏旁兩相引註。”其韻分類，基本上以一大類分成一卷，東（舉平以賅上、去、入，下同）、真、先、陽、庚類各分一卷；兩或三小類合成一卷，如支齊、魚模、灰皆、寒山、蕭爻、歌麻遮、尤侵、覃鹽類各合成一卷，共十三卷。但每一類自成一圖，用徐博序言的話來說，是“聲韻區分，開卷在目”，這就體現了韻圖的特徵——聲韻調的表格化。這表格化的二十二圖，確實給檢覽者大大提供了方便，也是《集成》體例獨特的一個體現，就連是改定《集成》而成的《併音連聲字學集要》，也只是把小韻首字列表於前，而無法將聲類、反切等諸方面內容列表體現於每一韻部之前。可以說，在這一點上，《集成》的工具性更強，尤其是其助紐字的使用為聲類的歸納提供了詳細的材料。這些優點都是《正韻》所沒有的，因而可以説《集成》的這一體例正好顯示《正韻》的不足之處。

至於《集成》的聲韻調問題，筆者的《〈韻學集成〉研究》已經作了初步的係聯和分析。主要有以下幾點：

第一，《集成》聲類數為三十個。其三十個聲類與中古三十六字母的對應關係，借鑒正韻》聲類的歸類，可以將其羅列如下：博類（幫）、普類（滂）、蒲類（並）、莫類（明）、方類（非、敷）、符類（奉）、武類（微）、都類（端）、他類（透）、徒類（定）、奴類（泥、娘）、陟類（知、照）、丑類（徹、穿）、直類（澄、牀）、古類（見）、苦類（溪）、渠類（羣）、以類（喻、疑）子類（精）、七類（清）、昨類（從）、蘇類（心）、徐類（邪）、所類（審）、時類（禪）、烏類（影）、呼類（曉）、胡類（匣）、力類（來）、而類（日）。其三十個聲類對中古三十六母的歸併情況主要體現在：徹穿（丑類）不分、澄牀（直類）不分、非敷（方類）不分、知照（陟類）不分、喻疑（以類）不分、泥娘（奴類）不分。

第二，《集成》的韻部。《集成》十三卷將韻部分為二十二組七十六個韻部，這從總目中就可一目瞭然。它們分別是：

第一卷：東董送屋四聲；第二卷：支紙寘三聲、齊薺霽三聲；第三卷：魚語御三聲、模姥暮三聲；第四卷：灰賄隊三聲、皆解泰三聲；第五卷：真軫震質四聲；第六卷：寒旱翰曷四聲；第七卷：山產諫轄四聲、先銑霰屑四聲；第八卷：蕭篠嘯三聲、爻巧效三聲；第九卷：歌哿箇三聲、麻馬禡三聲和遮者蔗三聲；第十卷：陽養漾藥四聲；第十一卷：庚梗敬陌四聲；第十二卷：尤有宥三聲、侵寢沁緝四聲；第十三卷：覃感勘合四聲、鹽琰豔葉四聲。

第三，《集成》的聲調。《集成》的聲調系統較為簡單，分為平、上、去、入四聲；平聲不分陰陽，只有一調；並存在九個全濁聲母，且全濁聲母的四聲並存，濁上並未歸去。十個入聲韻部是屋質曷轄屑藥陌緝合葉。

第二節　《集成》所引的語料

正如徐博序所言："吾嘉章君道常，韜晦丘園，教授鄉里，暇則搜閱《三蒼》《爾雅》《字説》《字林》《韻畧》《韻畧》《説文》《玉篇》《廣韻》《韻會》《聲韻》《聲譜》《雅音》諸家書，通按司馬温公三十六字母，自約為一百四十四聲，辨開闔以分輕重，審清濁以訂虛實，極五音六律之變，分為四聲八轉之異。然聲韻區分，開卷在目，總之得四萬餘字，每一字而四聲隨之，名曰《韻學集成》，別為《直音篇》，乃韻之鈐鍵，便學者檢覽其用，心可謂勤且密矣。雖然一依《正韻》定例，蓋亦遵時王之制，可尚也。”《集成》在編纂過程中引用了大量的語料，其釋字之詳，遠在《廣韻》《集韻》和《禮部韻畧》之上。除徐博序所提的“諸家書”外，《集成》在編纂過程的主要語料還來源於諸如《經典釋文》《方言》《禮記》《漢志》《龍龕手鏡》《集韻》《正韻》和《增脩互註禮部韻畧》等書籍。下面，我們就對這些語料進行簡要的分析，並從中歸結《集成》在引用語料中的價值。

一 語料引用的概況與作用

作為具有韻圖性質的一部韻書，《集成》在引用史料方面堪稱浩繁，可以説是對前代典籍的“兼收並蓄”。我們以近3000個小韻首字的語料為對象，進行了分析，發現《集成》雖然引用衆多的語料來為編纂服務，但對語料的選用還是相對集中的，是有所揚棄的。其中引用語料最多的當為《中原雅音》，共有1044條之多（按：王進安《〈韻學集成〉研究》指出小韻首字中共有978條關於《中原雅音》的語料，主要是依據目錄所標的小韻首字來確定，而本書的小韻首字主要依《集成》正文來確定，其數據畧有不同），也就是説，有近二分之一的小韻首字引用了《中原雅音》的語料。其後依次是《説文》《廣韻》《集韻》和《玉篇》，其語料數分別為725條、561條、481條和470條。以上所引，都大大超過了其他書籍。其後稍多一點的，分別是《五音篇》191條、《正韻》169條、《韻會》150條、《爾雅》114條，均未超過200條，其他大量書籍的引用多不足百條，如《龍龕手鏡》《方言》《周禮》《禮記》和《增修互註禮部韻畧》等。而有不少的書籍引用不超過十條，如《蒼頡篇》《風俗通》《公羊傳》《尚書》《博雅》《聲類》等。當然，這些語料有的是同時出現在同一小韻首字中的，有的小韻首字所引用的語料多達近十種書籍之多。如：庚韻“國”字有9條、先韻“天”“闕”和真韻的“寅”等均為8條之多，這裡不再贅言。

韻書在編纂過程中勢必引用前代典籍的語料，這是常理。《篇海類編》附錄條目之“談苑”中指出：“嘗欲據《洪武正韻》，並雜採諸家註釋，分為六韻，勒成一書。一曰廣義，凡一字而有數義者詳證之。二曰釋韻，凡一字而分入數韻者，悉釋之。如同一羨字，以有餘之義言，則當音現；以歆慕之義言，則當音漸之類是也。三曰正體，正其從俗之體也。四曰正音，正其誤讀之音也。五曰辨疑，辨其點畫之疑似者。如凉為微寒月令，‘凉風至’是也；涼為薄，《孟子》‘踽踽涼涼’是也。只在一點之間，而意義迥别，不可不辨。六曰通釋，通舉其不盡之字而釋之也。”應該説《集成》所輯錄的語料，也具有以上六個功能。當然，也畧有側重。那麼，這些語料的主要作用是什麼呢？它們能體現《集成》對語料所出的典籍的傳承關係嗎？經過歸類統計和分析，我們認為這些語料的作用主要歸納為以下四種：

第一，註音。這是韻書釋字的最主要功能。註音既可“釋韻”，也可“正音”。依馬文熙、張歸璧《古漢語知識詳解辭典》（1996：241－242）的解釋，韻書指的是“古代按韻編排的字典。為寫作韻文索檢韻語及查考字音而作……古代韻書編纂體例約分三類：一、以聲調分卷，調攝諸韻部，韻部之内按聲母分類列字，如《廣韻》係韻書；二、以韻部統聲調，各韻分四聲，各調下按同聲字分類，如《中原音韻》；三、以韻統聲母，各聲母下按四聲分類列字，如《韻畧易通》”。無論韻書的編纂屬何體例，均離不開聲韻調的檢索功能，所以其主要功能當然是註音了。而有些韻字的讀音是隨著時代的變化而不斷演變的，不同時期的韻書對其解釋也是不盡相同的，這就形成了相同韻字，在不同時期的韻書中卻體現出不同音讀的事實，我們對這些事實的考察、比對和分析，就可以大體看出某韻字音讀的歷時演變。而韻書在註音的過程中，後代韻書往往會對此韻字的歷時演變情況作必要的考證或交代，因此，後代韻書所提供的音讀語料，對我們研究前代韻書或者描繪這些韻字的音讀演變軌跡，往往具有重要的參考價值。《集成》所引用的音讀語料，在某種程度上就具有這樣的功能，如：

（1）模姥暮韻第十類去聲“祚”韻：靖故切。……《中原雅音》昨素切，昨轉遭，遭是清音，昨是濁音，本作遭素切，與去聲祖字臧祚切相似，則祚當音祖故。《中原雅音》無濁音字，他倣此。

（2）灰賄隊韻第四類平聲“危”韻：元從支韻。舊韻魚為切，角次濁次音。《正韻》吾回切。……《洪武正韻》危巍嵬三韻字通併音吾回切。《中原雅音》以嵬韋為危維巍六音等字併作一音余回切。

（3）支紙寘韻第二十三平聲“麋”韻中的“麋”小韻釋為：忙皮切，宮次濁音。……《中原雅音》音梅。按：舊韻眉麋同出，因《正韻》以眉收灰韻音梅，麋乃存於支韻。若論支韻悲披等字，當從灰韻，如從《中原雅音》以悲音杯、披音（筆者按：此二字應為衍文）披音丕、皮同裴更音丕、麋音梅。然故不散違。今依《正韻》字例分出之。

（4）山產諫轄韻第二十八類入聲“窡”小韻：張滑切。……《中原雅音》音鲊。窡鵽等字，《廣韻》一音丁滑切，一音丁刮切。《玉篇》作刮切，丁合音爭，又輯見《玉篇》，更音和切内啄字丁角切，更為中角切，今音捉。又罩字都教切，更為中教切，今陟教切，乃張中爭陟竹仄併同一音。今諟而併之。外有嘆字敕旦切，更為他旦切，今他晏切，又榻字恥臘切，更為他臘切，今託甲切，唯古之反切多有假借者，不可不辨焉。

以上都體現了《集成》在註音中引用語料的主要功能就是為註音服務的，不僅有比較，而且有取捨。其中所列各書的註音語料既有直音，又有反切，既有古音，又有“今”音，甚至連“舊韻”都搬出來，可見證音語料之豐富。而我們通過這些註音語料就可以分析出《集成》的註音與它們的距離，從而推斷它們之間的親疏關係。以例（4）為例，《廣韻》《玉篇》和《集成》的語音差別是很明顯的，不妨將其反切羅列比較如下：

韻字	《廣韻》	《玉篇》	《集成》
窡	丁骨切	作刮切	張滑切
啄	竹角切	丁角切	側角切（捉）
罩	都教切	都教切	陟教切
嘆	他旦切	敕旦切	他晏切
榻	吐盍切	恥臘切	託甲切

考之《廣韻》，“窡”一音當為丁骨切，《集成》誤為張滑切。以上五字中，啄字《廣韻》也有兩讀：一音丁木切，一音竹角切，故《集成》所引《玉篇》音讀，就無法判斷其是否存在類隔切。這樣，從上述語料中，我們只能明確窡、罩二字在中古均為知母字，但《廣韻》都用端母字作為切上字，為類隔切；而窡字《玉篇》以精母字（作）為切上字，罩字切上字與《廣韻》同，也都是類隔切。此外，嘆、榻二字，《廣韻》本身就是音和切了，而《玉篇》均用徹母字（敕、恥）作為切上字，也均為類隔切。這樣一來，以上五字中，《玉篇》除“啄”

字外，其餘四字均為類隔切。而此五字在《集成》均已改為音和切了，其中“啄”字以“側”為切上字（按：其中，側字為中古莊母字，依拙作《〈韻學集成〉研究》所分析，《集成》中知、照母已經合併為一類了）。可見《玉篇》的音讀離《集成》更遠些。另外，我們目前尚無法查證《集成》所言“更為中角切”、“更為中教切”、“更為他旦切”和“更為他臘切”源於何韻書，目前，我們所能查證的，除他旦切外，我們在《龍語瀚堂典籍數據庫》均無法查到罩有“中教切”、榻有“他臘切”的切語，從這一點來説，《集成》所引的全部語料來源還有待於我們進一步考證和分析。

第二，釋義。這也是韻書的主要功能之一。韻書的釋字體例一般是先註音後釋義。在釋義的過程中有時也會與註音結合起來，有時甚至用音訓如轉語等來釋義，體現了漢字音義結合的特點。當然，除此之外，還有“廣義”“通釋”和“辨疑”等。我們將《集成》中一些釋義的情況舉例如下：

（1）東董送屋韻第六類平聲“宗”小韻：元從冬韻，祖冬切，商清音。尊也，從也，本也。《漢書》註：“顔師古曰：‘祖始也。始，受命也，宗，尊也。有德可宗也。’”又流派所出為宗，古有大宗小宗。又法也，《論語》：亦可宗也。又繼也，主也。《韻會》引《説文》：尊祖廟也。徐曰：宗廟，神祇所居……

（2）模姥暮韻第一類去聲故韻中的“酤”小韻：賣也。亦作沽。《詩》“無酒酤我”。《毛傳》酤：一宿酒也。箋支：酤買也，無酒酤買之。陸德明云：“毛音戶，鄭音故，又音沽，是酤買之，酤亦有平去二音合於通用。”

（3）支紙寘韻第三類去聲“戲”小韻：“許意切。嬉也，謔也，戲弄也，又歇也……”

（4）皆解泰韻第十九類上聲“駭”小韻：下楷切。驚也，亦駴，又與豥同。……駭與蟹解等字皆同一音。因繁切鄉音呼之不一，且若駭字下楷切，《玉篇》胡騃切，《廣韻》侯楷切；如蟹字胡買切，《韻會》下買切，《玉篇》諧買切，然其各切音聲相同。論《中原雅音》通作休擺切，當從喈字上聲。

例（1）體現了“廣義”的特點，所引《漢書》《論語》和《説文》等，都是從不同角度對“宗”的語義和適用範圍進行解釋；例（2）、例（4）在釋義上都較為綜合，既有正音，又有釋義，《毛傳》和“陸德明”（筆者按：當指《經典釋文》卷六“酟我”的釋文，但略有不同）重在釋義，其他如《玉篇》《廣韻》《韻會》等，則均重在註音。例（3）就是以轉語來釋義的，如果舉平以賅上去入的話，依《集成》所分，戲屬曉母支韻，嬉屬曉母之（支）韻，謔屬曉母藥韻。

第三，分析字形。《集成》對韻字的字形給予了高度的關注。《集成》在分析字形時，既有“正體”，也有“辨疑”，釐定了許多前代韻書的一些錯誤字形。而在另編一套韻字的《直音篇》中，則以部首為序，是對字形整理和歸類的直接成果。《直音篇》通過相似字形（尤其是依據部首原則）的歸類，《集成》通過聲韻調的歸類，使浩繁的韻字定位在以韻部為經線，以部首為緯線的空間中，二者相副施行，相輔相成，形成“篇韻並行”的模式。而《集成》對許多字形的釐定主要依據《集韻》和《龍龕手鏡》（詳見下文分析）。對於字形的分析，我們試舉三例如下：

（1）灰賄隊韻第十三類去聲“萃”韻遂：原從寘韻徐醉切。成也……《集韻》作遂，《韻會》從彖非。

（2）東董送屋韻第六類平聲宗韻“肜”小韻：《集韻》從肉，《增韻》從舟非。

（3）東董送屋韻第六類平聲宗韻“蟲”小韻：《集韻》俗作虫，《龍龕》又加點作虫。今俗作虫。

第四，字詞溯源。《集成》中有大量的字源語料和詞彙語料，這些詞彙有的我們現在仍在用，而它們大多源自《廣韻》《集韻》和《玉篇》，少數來自《韻會》《增修互註禮部韻略》和《周禮》等。這些語料對後代字典、辭書的編纂都具有十分重要的參考價值。《集成》在釋字過程中，不僅保留和引用了這些詞彙語料，同時還交代了這些詞彙的來源，可以說對詞彙的源流考具有十分重要的語料價值。如：

(1)寒旱翰曷韻第二類入聲“渴”小韻：《廣韻》：飢渴；

(2)灰贿队韻第八類上聲“妹”小韻：《廣韻》：姊妹；

(3)山产谏辖韻第三十四類去聲“扮”小韻：《廣韻》：打扮；

(4)先銑霰屑韻第十八類上聲“橪”小韻：《集韻》：橪棗；

(5)阳养漾药韻第三十九類上聲“壙”小韻：《集韻》：壙埌；

(6)麻马祃韻第十類上聲“雅”小韻：《玉篇》：嫺雅；

(7)阳养漾药韻第四十三類上聲“枉”小韻：《玉篇》：冤枉。

此外，我們常見的一些詞彙如：干戈、鄭重、德行、榮華、將帥、腸胃、吹噓等，都來源於《廣韻》，而《集成》都十分明確地交代了這些詞彙的來源。

此外，《集成》所輯錄的四萬多個漢字中，在大量的生僻字後交代了其來源，對我們考證字源也具有十分重要的語料價值。如：

(1)陽養漾藥韻第41類入聲“鄘”小韻、46類上聲“慨”小韻，分別標註見《廣韻》《玉篇》；

(2)皆解泰韻第32類平聲“崴”小韻、33類去聲“䂜”小韻，分別標註見《玉篇》《廣韻》；

(3)東董送屋韻第33類平聲“”小韻，標註見《集韻》；

(4)遮者蔗韻第18類平聲“冒”小韻，標註見《五音篇》。

以上四種作用，用傳統小學的術語來概括，其實這些語料無非就是文字、音韻、訓詁和詞彙四個方面的內容。其中所載，或多或少體現了《集成》對前代典籍某些方面的接受或繼承，對我們進行一些字詞的考源、音變軌跡的描述都具有重要的語料價值。温端政（2007）指出：“語典編撰前期所收集的大量語料，在為語典編撰提供資料基礎的同時，也為語彙研究提供資料基礎。不佔有大量語料，任何詞典都是編撰不出來的。”正是對辭書語料重要作用的一種肯定。

二　語料的數據分析

從上文的分析中，我們看出，《集成》所引語料最多的這五本書《中原雅音》《説文》《廣韻》《集韻》和《玉篇》，都是經書。其後所引語料較多的《五音篇》《正韻》《韻會》和《爾雅》，也都屬於經書。而且這幾部經書都是傳統小學中文字（字書）、音韻（韻書）和訓詁三個方面的內容。這些經書的語料，佔了近3000個小韻首字所引語料近4900條中的近70%，可見，《集成》所引的語料是體現了以經證經、以經傳經的傾向，而且也體現了對傳統小學內容的傳承與推崇。這是《集成》在傳承前代典籍的一個顯著特點。那麼，這些語料的結構如何呢？我們進行了統計和分析，具體如下：

《中原雅音》有1000多條的語料是與註音有關的，而《説文》則有500多條是用來釋義的，《廣韻》也有近450條用來釋義，《集韻》則有近330條用來説明字形，而《玉篇》則釋義有近280條、字形説明有170多條，《龍龕手鏡》雖只有76條，但全部用來説明字形（個别兼有釋義）《正韻》169條語料中，有近150條是來説明音讀的。從以上分析中，我們可以清晰地看出：《説文》《廣韻》《玉篇》的語料主要用來釋義為主，《集韻》《龍龕手鏡》的語料多用來説明字形的，《正韻》的語料則多是用來説明音讀的，而且其中多數音讀是《集成》的音讀，而《中原雅音》的語料則幾乎用來説明音讀的，而且多是帶比較性質的音讀。可見，《集成》所引用的語料及其典籍是有所側重的，這應該也是《集成》在傳承前代韻書中的一個特點。

由於涉及的内容較多，而我們所要一求的是《集成》在語音上對前代韻書的傳承關係，所以我們重點來看看《集成》所引語料中關於語音方面的内容。

《集成》小韻首字所引註音語料共有1330條，其中《中原雅音》就有1037條與註音有關（1044條中，有3條是用來釋義、4條是用來解釋字形的）。由於《集成》所引《中原雅音》的註音語料多是對比性的，情况較特殊，我們另節討論。剩下292條是來自不同的韻書的（當然，這些語料中也有多條同註一字音的，如灰韻豗小韻，就有《舊韻》《正韻》和《中原雅音》同時為註音語料），我們羅列如下：

《方言》《周禮》《蒙古韻》《五音篇》各1條，《正音通》《增韻》各2條，《經典釋文》《顏師古》（未指明何書，權以其名為書）各3條，《説文》4條，《玉篇》19條，《韻會》20條，《舊韻》22條，《廣韻》26條，《集韻》42條，《正韻》145條。這些音讀語料，由於其所處的時代不同，體現的音讀也各有差異，對我們深入研究一些漢字的語音演變軌跡，或者進行歷時的語音比較，都具有重要的參考作用。對這些語料音讀的分析，我們會結合相關章節分别論述。

三　語料的比較

我們知道，編纂辭書都需要大量的語料。而如何選擇和編排語料，不僅要由工具書的性質來决定，在很大程度上也取決於編排者的思想。古者三十為一世，章黼用了29年的時間來編纂《集成》，可謂用盡了畢生的精力。那么，他編纂此書的意圖何在呢？由於《集成》没有“自序”，也没有“后記”，我們只能從徐博和桑悦的序言中畧知一二，而無法直接看到作者直接的編纂意圖或思想。但通過這些語料的分析，及其與其他韻書的比較，大致可以窺見一斑。以下主要從三個方面來考察這些語料：

第一，從語料的詳畧處理，可以看出《集成》的作者重視對前代韻書的繼承。在繼承中，尤其忠於《韻會》和《正韻》。我們不妨從一些韻字的釋例中來作簡要分析：

東韻第十平聲松韻下“訟”字：

《附釋文互註禮部韻畧》只有一讀，為去聲用韻釋為：爭也。釋云爭罪曰獄，爭財曰訟。

《增修互註禮部韻畧》釋為：爭獄。見《廣韻》，一曰爭罪……又用韻……晃曰：《易》註云：反爭也。言之於翁也，然則訟字從言從公，蓋會意也，且諧公字聲，則本是平聲，是以《詩》協從字韻，《易》獨音去聲未為允，當合依《詩》音於二韻通用（按：該音為：祥容切）。

《集韻》有四讀：三個為平聲，均在鍾韻中，分別為松小韻中的祥容切、叢小韻中的牆容切、容小韻中的餘封切。另一讀為去聲用韻中的頌小韻，似用切。均釋為“爭也”。

《韻會》有兩讀，平聲東與鍾通，釋為：《廣韻》爭獄也，註見宋韻似用切。又《詩》“何以速我訟”，有兩音。毛氏曰：《易》註：反爭也，言之於公也。从言从公，蓋會意也。且諧公聲。是以《詩》協從韻，《易》獨音去聲，未當，合依《詩》音二韻通用。毛氏《韻增》按：經傳中韻語協音不一，若從諸家之讀，不可勝載。今但據舊韻及毛韻已收者存之，不能盡述，後皆倣此。

另，卷十七，去聲送韻“頌”小韻釋為：《說文》爭也。从言公聲。又卦名。《易》訟卦註：反爭也，言之於公。从言从公。《廣韻》又争罪曰獄，争財曰訟。又責也。《論語》“未見能見其過而內自訟”註曰：訟猶責也。《集韻》古作訟，亦作吅，又東韻。

《正韻》有兩讀，一為釋為去聲送韻“頌”小韻，一為平聲東韻“叢”小韻，釋為：爭獄。見《廣韻》。一曰爭罪曰獄，爭財曰訟。又送韻。按：《詩》：“何以速我訟。”有兩音。《易》訟卦音去聲，《易》註云：反爭也，言之於公也，然則訟字从言从公，盖會意也。且諧公字聲，則本是平聲。是以《詩》協從字韻。《易》獨音去聲，未為允當，合依《詩》音於二韻通用。

《集成》釋為：今依舊韻相應去聲出之，《洪武正韻》分併以松音淞，以訟音叢。按：《詩》：何以速我訟。有兩音：《易》訟卦音去聲。《易》註云：反爭也，言之於公也。然則訟字從言從公，蓋會意也，且諧公字聲，則本是平聲。是以《詩》協從字韻。《易》獨音去聲未為允，當合於《詩》音於二韻通用。《韻會》按：經傳中韻語協音不一，若從諸家之讀，不可勝載。今但據舊韻及毛韻已收者存之，不能盡述。後皆倣此，又去聲。

又如寒旱翰曷韻第三類入聲“嶭”韻：

《附釋文互註禮部韻畧》有兩讀，釋為：巀嶭山皃也。釋按《揚雄賦》椓巀嶭以為弋，又見《相如賦》。又牙葛切。見曷字韻。

《增修互註禮部韻畧》也是兩讀，釋為：牙葛切，巀嶭山貌，又屑韻。

《集韻》釋為：牙葛切。《説文》巀嶭山也。或作巘。（在入聲曷韻中的嶭小韻中）

《正韻》亦兩讀，入聲轄韻櫱小韻中，牙八切，釋為：巀嶭山貌，又屑韻。入聲屑韻孽小韻中為魚列切。

《韻會》有兩讀，釋為：牙葛切。角次濁音，《説文》巀嶭山貌，《集韻》或作巘，又屑韻。

《集成》目錄中亦將其歸為角次濁音聲類下，正文釋為：舊韻牙葛切，櫱等數之餘字，《洪武正韻》收於轄韻，改作牙八切，併音齾，今依《正韻》皆收在轄韻註。

從釋字的相似度或文字表述來看，二字中的註釋均較忠實於《韻會》和《正韻》，而且可以看出《集成》的許多表述來源於《韻會》和《正韻》，由此可見，《集成》的解釋在傳承前代韻書中與二書的距離較近些。

第二，從語料的體例安排，可以看出作者重視韻書的查檢功用。韻書的主要功能是檢覽字音和字義，尤其是通過韻字特定的排列來確定其聲韻調地位。從韻書發展史來看，不少官修韻書，如《廣韻》《中原音韻》和《正韻》等，都是以韻部來統攝全篇，且按不同聲調來分列韻部，這樣檢覽起來還是有些不便，而《集成》則秉承了《韻鏡》《七音畧》等早期韻圖的模式，將小韻首字單列成表，並標註其聲韻調地位，凸顯了韻書的查檢功能。故李新魁（2004：227）將其列入“等韻圖”之列，並指出：“明清時代反映讀書音系統的韻圖，其中有一些是附在韻書前面作為韻書的‘綱領’的。這些韻圖所列的字，就是韻書中每個小韻的代表字。這些韻書如《韻學集成》《音韻闡微》等，可以説都是表現明清時期的讀書音的，它們所附的韻圖，當然也反映了當時的讀書音。”我們以東韻為例，將《韻鏡》《七音畧》的東韻圖表和《集成》

的東韻目錄表復印比較如下：

《韻鏡》東韻：

	齒	舌音	喉音				齒音					牙音				舌音				脣音				內轉第一開
	清濁	清濁	清濁	濁	清	清	濁	清	濁	次清	清	清濁	濁	次清	清	清濁	濁	次清	清	清濁	濁	次清	清	
東	〇	蘢	〇	洪	烘	翁	〇	揔	叢	怱	嵏	岘	〇	空	公	〇	同	通	東	蒙	蓬	〇	〇	
	〇	〇	〇	〇	〇	〇	〇	〇	崇	〇	〇	〇	〇	〇	〇	〇	〇	〇	〇	〇	〇	〇	〇	
	戎	隆	彤	雄	〇	〇	〇	〇	〇	充	終	[illegible]	窮	穹	弓	〇	蟲	忡	中	瞢	馮	豐	風	
	〇	〇	融	〇	〇	〇	〇	嵩	〇	〇	〇	〇	〇	〇	〇	〇	〇	〇	〇	〇	〇	〇	〇	
董	〇	曨	〇	澒	嗊	蓊	〇	敵	〇	〇	總	〇	〇	孔	〇	[illegible]	動	桶	董	蠓	菶	〇	琫	
	〇	〇	〇	〇	〇	〇	〇	〇	〇	〇	〇	〇	〇	〇	〇	〇	〇	〇	〇	〇	〇	〇	〇	
	〇	〇	〇	〇	〇	〇	〇	〇	〇	〇	〇	〇	〇	〇	〇	〇	〇	〇	〇	〇	〇	〇	〇	
	〇	〇	〇	〇	〇	〇	〇	〇	〇	〇	〇	〇	〇	〇	〇	〇	〇	〇	〇	〇	〇	〇	〇	
送	〇	弄	〇	鬨	烘	甕	〇	送	[illegible]	謥	糉	〇	〇	控	貢	齈	洞	痛	凍	夢	[illegible]	〇	〇	
	〇	〇	〇	〇	〇	〇	〇	〇	剸	〇	〇	〇	〇	〇	〇	〇	〇	〇	〇	〇	〇	〇	〇	
	〇	〇	〇	〇	趬	〇	〇	〇	〇	銃	衆	〇	〇	焪	〇	〇	仲	〇	中	幪	鳳	賵	諷	
	〇	〇	〇	〇	〇	〇	〇	〇	〇	趥	〇	〇	〇	〇	〇	〇	〇	〇	〇	〇	〇	〇	〇	
屋	〇	祿	〇	縠	熇	屋	〇	速	族	瘯	鏃	〇	〇	哭	穀	〇	獨	禿	豰	木	暴	扑	卜	
	〇	〇	〇	〇	〇	〇	〇	縮	〇	珿	縬	〇	〇	〇	〇	〇	〇	〇	〇	〇	〇	〇	〇	
	肉	六	囿	〇	畜	郁	塾	叔	〇	俶	粥	砡	驧	麴	菊	朒	逐	蓄	竹	目	伏	蝮	福	
	〇	〇	育	〇	〇	〇	〇	肅	[illegible]	鼀	蹙	〇	〇	〇	〇	〇	〇	〇	〇	〇	〇	〇	〇	

《七音畧》東韻：

重中重	日	來	喻	匣	曉	影	邪	心	從	清	精	疑	群	溪	見	泥	定	透	端	明	並	滂	幫	內轉第一
							禪	審	床	穿	照					孃	澄	徹	知					
	半商徵			宮					商					角				徵				羽		
東		蘢		洪	烘	翁		揔	叢	蔥	嵏	岘		空	公		同	通	東	蒙	蓬	捀		平
									崇	[illegible]														
	戎	隆		雄	[illegible]	硧				充	終		窮	穹	弓		蟲	忡	中	瞢	馮	豐	風	
			融					嵩																
董		曨		澒	嗊	蓊		敵	摠		總	湡		孔		[illegible]	動	桶	董	蠓	捀		琫	上
送		弄		哄	烘	瓮		送	[illegible]	謥	糉			控	貢	齈	洞	痛	凍	幪	[illegible]			去
									剸															
										銃	衆			焪			仲	蟲	中	夢	鳳	賵	諷	
										趥														
屋		祿			縠	屋		速	族	瘯	鏃			哭	穀		獨	禿	縠	木	瀑	扑	卜	入
								縮	蔟	珿	縬													
	肉	六	囿		蓄	郁		叔	孰	俶	粥	砡	驧	麴	菊	朒	逐	蓄	竹	目	伏	蝮	福	
								肅	[illegible]	鼀	蹙													

《集成》東韻：

重刊併音連聲韻學集成卷之一

東董送屋　四聲

序	音類	平	上	去	入
一	角清經堅音	公 古紅切	贑 古孔切	貢 古送切	穀 古祿切
二	角次清輕牽音	空 枯紅切	孔 康董切	控 苦貢切	酷 枯沃切
三	羽清因煙音	翁 烏紅切	蓊 烏孔切	瓮 烏貢切	屋 烏谷切
四	羽次清興軒音	烘 呼紅切	嗊 虎孔切	烘 呼貢切	熇 呼木切
五	羽濁刑賢音	洪 胡公切	澒 胡孔切	哄 胡貢切	斛 胡谷切
六	商清精箋音	宗 祖冬切	總 作孔切	糉 作弄切	蹙 子六切
七	商次清千音	悤 倉紅切	揔 且勇切	謥 千弄切	蔟 千木切
八	商次清新仙音	淞 息中切	竦 息勇切	送 蘇弄切	速 蘇谷切
九	商濁秦前音	從 牆容切		從 才用切	族 昨木切
		叢 徂紅切		敤 徂送切	
十	商次濁餳前音	松 詳容切		誦 似用切	續 似足切
十一	角清經堅音	弓 居中切	拱 居竦切	供 居用切	匊 居六切
十二	角次清輕牽音	穹 丘中切	恐 丘隴切	恐 欺用切	麴 丘六切
十三	角濁勤虔音	窮 渠宮切	梁 巨勇切	共 巨用切	局 渠六切
十四	羽清因煙音	邕 於容切	擁 委勇切	雍 於用切	郁 乙六切
十五	羽次清興軒音	凶 許容切	兇 許拱切	詾 許仲切	畜 許六切
十六	羽濁刑賢音	雄 胡弓切			
十七	羽次濁寅延音	融 以中切	甬 尹竦切	用 余頌切	育 余六切
	角次濁銀言音	顒 魚容切		岓 牛仲切	玉 魚六切
十八	次商清征氈音	中 陟隆切	腫 知隴切	衆 之仲切	竹 之六切
十九	次商次清稱嬋音	充 昌中切	寵 丑勇切	惷 丑用切	柷 昌六切
二十	次商次清次聲擅音	舂 書容切			叔 式竹切
廿一	次商濁陳廛音	蟲 持中切	重 直隴切	仲 直衆切	逐 直六切
廿二	次商次濁榛潺音	崇 鉏中切			
廿三	次商次濁神禪音		尰 時勇切		孰 神六切
廿四	半商半徵人然音	戎 而中切	宂 而隴切	毴 而用切	肉 而六切
廿五	次商次濁紐聯音	濃 尼容切			朒 女六切
廿六	半徵商零連音	龍 盧容切	籠 力董切	弄 盧貢切	祿 盧谷切
廿七	半徵商鄰連音	隆 良中切			
廿八	徵清丁顛音	東 德紅切	董 多動切	凍 多貢切	篤 都毒切

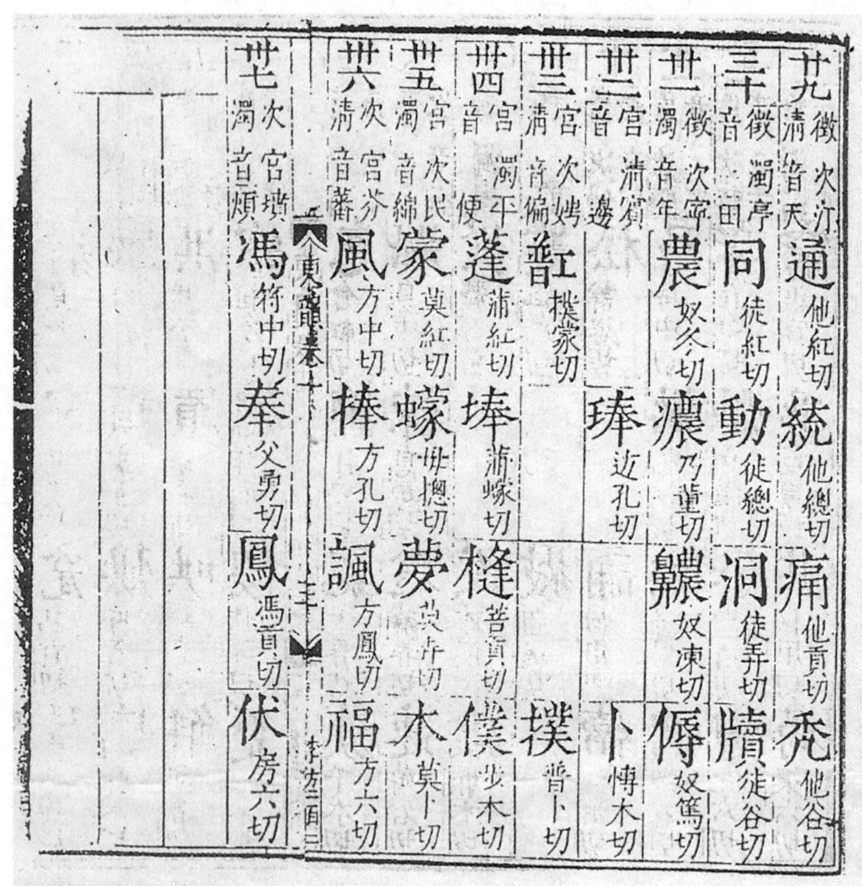

序	五音清濁	字母	平	上	去	入
廿九	徵次清音	汀天	通 他紅切	統 他總切	痛 他貢切	秃 他谷切
三十	徵濁音	亭田	同 徒紅切	動 徒總切	洞 徒弄切	牘 徒谷切
卅一	徵次濁音	寧年	農 奴冬切	濃 乃董切	齈 奴凍切	傉 奴篤切
卅二	宮清音	賓邊		琫 邊孔切		卜 博木切
卅三	宮次清音	娉偏	䡫 撲蒙切			撲 普卜切
卅四	宮濁音	平便	蓬 蒲紅切	埄 蒲蠓切	槰 菩貢切	僕 步木切
卅五	宮次濁音	民綿	蒙 莫紅切	蠓 毋摠切	夢 莫弄切	木 莫卜切
卅六	次宮清音	芬蕃	風 方中切	捧 方孔切	諷 方鳳切	福 方六切
卅七	次宮濁音	墳煩	馮 符中切	奉 父勇切	鳳 馮貢切	伏 房六切

以上三書東韻目錄圖都把東韻的小韻首字列於表格中，《韻鏡》共列小韻首字124字，《七音略》共列小韻首字127字，《集成》列132字。《韻鏡》和《集成》均以五音、清濁來區分聲類和排序，只有《七音略》以三十六字母配合五音來排序，更加直接和直觀。從以上三圖的比較來看，《集成》所缺少的就是小韻的等第和開合的説明，但與《韻鏡》《七音略》東韻的兩幅韻圖相同的是：五音、清濁、四聲和小韻都一一列出，具有直觀性和圖表的功能，《集成》甚至連每個小韻的反切和助紐都一一羅列出來，這比《韻鏡》和《七音略》更加詳盡，讓人一目瞭然。可見，《集成》的這些小韻書表確實有韻圖的特征和功能。

第三，從語料的比較羅列，可以看出作者重視對音變現象的分析，注重時音的體現。如：

真轸震质韻第55類入聲“术”小韻：《集成》釋為：舊韻直律切。次商濁音。《洪武正韻》併從術。……《中原雅音》音朱。而該小韻下的韻字“術”字，則釋為：“《正韻》食律切。《韻會》音與术同……”考之《韻會》，此二字分列，其實，术（直律切）、術（食律切）二字是因《韻會》均標註為“音與逐同”而同音。所以《集成》所述“音與术同”當為此意。由此至少可以説明，《集成》把“术”“術”二字併為一類，是有所依據的，從《韻會》開始標註，《正韻》併為一類，《集成》承襲了併為一類的結果，應該是對時音的一種體現。

同上第63類入聲“不”小韻：《集成》釋為：逋骨切。“《洪武正韻》逋没切。……元無此音，唯《正韻》《集韻》有之。因昌黎子添。今俗皆用之，不有八音註見有韻音否。《中原雅音》音補。”“骨”“没”中古均屬入聲没韻，《集成》《正韻》這兩個切語的讀音是一致的。從“元無此音”到“今俗皆用之”，可以説明《集成》在釋字過程中體現的時音特點。

這種歷時的音變，既體現了韻書之間的不同，又體現了它們之間一脈相承的關係。

第三節　《集成》與《直音篇》

王進安《〈韻學集成〉研究》認為，《集成》與《直音篇》是姊妹篇，它們的音系性質是相同的，只不過是韻字排列的次序不同而已。這種模式的來源，筆者認為，應該是對《正韻》與《篇海類編》這一模式的克隆[1]。《集成》在其“凡例”中明確指出“但依《洪武正韻》定例”。本書所用明章黼撰、吴道長重訂的《直音篇》的版本，見於《續修四庫全書》231冊，是據北京圖書館藏明萬曆三十四年明德書院刻本的影印本。徐博的《集成》序言中指出：“練川章名黼，……著《韻學集成》若干卷，凡收四萬三千餘字，每舉一聲而四聲具者自為帙，二聲三聲絕者如之，仍别為《直音篇》，總考其字之所出，前此未有也。没後十餘年，其子冕將鋟諸梓，……”而章氏在《直音篇》的卷首“題韻

[1] 這種韻書配字書編纂模式的體例傳承，詳見第三章分析。

《直音篇》”也指出：“今於諸篇韻等搜集四萬三千余字成編，所用直音或以正切，使習者而利矣。又元篇有有音無註者三千餘字，今亦收之；俟賢參註，共善而流焉。”以上所提韻字數字基本相符，而此篇作者所作時間為“天順庚辰”年（1460年），恰與《集成》成書時間相同，足見《直音篇》是《集成》的姊妹篇，其用意似乎在於匯集《集成》所有韻字，以直音的形式或直接標明反切，以達直音便覽之目的。《直音篇》是《集成》的姊妹篇，還可以從胡玉縉撰、吳格整理的《續四庫提要三種》（上海書店出版社2002年8月版，第43頁）的論述中得到佐證。該書“小學類”中有《直音篇七卷》作如下解釋：“明章黼撰。黼有《韻學集成》，《四庫》已附《存目》。是書以《集成》所編四萬三千余字，一百四十四聲，恐學者猝不易得，乃作此以便檢尋，本與《集韻》合刊。為錢塘丁氏所藏成化本，有徐博、桑悅、劉魁諸序。此編嘉靖己未因火補版，又有張清序。《集要》僅錄《集成》，茲別而出之焉。”而《直音篇》序中所提的“正統間嘉定章道常複本《正韻》編習《直音篇》若干卷藏於家”當指以《正韻》為參考來編寫《直音篇》，而非指《正韻》的“直音”。《正韻•凡例二》指出“舊韻元收九千五百九十字，毛晃增二千六百五十字，劉淵增四百三十六字。今依毛晃所載，有闕略者以他韻參補之”也可作為並非《正韻》的“直音”的輔證。那麼，《直音篇》就是以《集成》為範本來完成的嗎？為解決此問題，下面分四點來討論二者的關係。

一　《直音篇》的主要特點

《直音篇》並不全以“直音”註音，這是其在註音上一個最大特點。我們知道，所謂“直音”，應當是用一個字直接註另一個同音字的音，如示：音侍，目：音木等。但從《直音篇》的部首總目來看，明確標出的四百七十四部（第四百七十五部為雜字部，不計算在內）中，標註直音的只有二百零七部，另有十七個部首標註為“某同”或“某字”（如巛，川同；勹，包字等），主要是異體字的標註，其他二百五十部都是以反切形式來註音的[1]。在正文中的註音，雖然大多數是用直音的方式來註音，但也出現不少反切和直音相結合來註音的情況，或直音、或反切、或直音反切並用，而切語基本與《集成》一樣。因此，《音韻

[1] 王進安：《韻學集成研究》，第156頁，在數據的統計上有遺漏，特此補充、更正。

學辭典》所提到的“據章黼《韻學集成》諸序所載，此書收字同於《韻學集成》，然註音全用直音”[1]的表述是不夠準確的。《直音篇》作為一部直音便覽的工具書，最能體現其檢覽特點的應是其部首排列和諧聲系統，下面就試從這兩方面來探索它的主要特點。

1. 部首特點

《直音篇》共分七卷，設有四百七十五個部首，可謂分部浩瀚繁雜。綜觀全書部首排序，没有絕對規律性的歸類，只是大致按次序分類而已，如第一、二卷部首主要與人體、器官、行為等有關，如鼻、面、舌、骨、言、足等，但也有一些例外，如一、二、土等；第三卷部首主要與人的起居、吃住等有關，食、走、門、臥等，但也有一些例外，如天、大等；第四、五卷主要與工具、自然界、五穀等有關，如木、竹、米、矛等，例外的如：白、小等；第六卷主要與動物有關，如羊、馬、魚、蟲等，例外的如：山、石等；第七卷為泥雜部，主要與衣著、顏色、天干、地支及其他雜類。這樣的分類，顯然是藉用其他韻書的分類方式，如金邢准撰的《新修累音引證羣籍玉篇》（即本書提到的《玉篇》）共分三十卷五百四十四部，加上新增雜部（《龍龕》餘部）三十六部，可以說是較為完備的分部方式；《篇海類編》（即本書提到的《篇海》）二十卷二十部，則分為天文、地理、時令、人物、身體、花木、鳥獸、鱗介等二十類，分類標準比較規範。但《直音篇》藉而不襲，只是大致分類，既没有像《玉篇》分成三十卷那樣分部浩繁，也没有像《篇海》那樣按具體名目的類別來分類。這種大致性，就與作者“直音便覽”的目的略相違背，給讀者的檢索造成一定的困難。當然，由於其部首總目已在開卷匯總分陳，在檢覽方面還不至於造成太大的麻煩。

《直音篇》按部首歸類韻字，並且對該部首的所有韻字進行了統計，這樣就容易讓我們統計出各首部韻字的比例情況，從而從部首的角度為漢字字數的統計創造了很好的條件。《集成》雖依韻部列字，但無法做到每部都進行字數的統計。這一點，《直音篇》也比《玉篇》和《篇海》做得更為周詳。依據《直音篇》各部的韻字進行統計，我們可以清楚地看到，哪一種部首造字功能最強，哪一種部首字數最少。從統計的情況來看，一部中字數在五字以下（含五字）的部首共有81

[1] 曹述敬：《音韻學辭典》，長沙：湖南出版社，1991：306。

個，如丙部第二凡三字，三部第五凡五字，兄部第十九凡二字，只部第四十二凡四字，單部第四十五凡四字，興部第五十九凡五字，臼部第六十凡五字等。一部中字數在八百字以上的有一十五部，它們從多到少依次分別是：艸部第二百一凡一千八百一十九字，水部第二百六十七凡一千六百九十三字，木部第一百八十五凡一千三百二十八字，手部第五十三凡一千二百五十七字，心部第七十七凡一千一百九十二字，口部第三十八凡一千一百六十字，人部第十六凡九百七十三字，竹部第一百九十九凡九百三十七字，蟲部第三百三十七凡九百一十字，言部第七十九凡八百九十四字，女部第二十六凡八百四十一字，肉部第七十四凡八百三十二字，山部第二百九十一凡八百三十一字，鳥部第三百二十九凡八百二十四字，糸部第三百五十四凡八百一十三字。

2. 諧聲特點

《直音篇》按部首歸類之後，其韻字是按《集成》二十二個韻部的先後順序來排列的，如第二十六部女部，共有八百四十一字，其韻字按東、支、齊、魚、模、灰……侵、覃、鹽的韻序（舉平以賅上去入）和聲調次序來排列的，因此，韻字的韻調歸屬一目瞭然，但其聲類歸屬則須靠《集成》來體現，卷首的《七音三十六母反切定局》也只能對《集成》產生作用。就這一點而言，我們認為此《七音三十六母反切定局》是為《集成》所設，此表雖然放在《直音篇》前面，但它應該同時對《集成》和《直音篇》都產生統領作用，理由有二：一、《集成》中的七音、清濁及其與助紐的標示與對應關係均與此表相同；二、《集成》與《直音篇》成書的時間（1460年）相同，且其收字大體相同。邵榮芬“據《集成》卷首《七音三十六母定局圖》……”[1]的提法，也説明邵先生認為此定局圖也是對《集成》產生作用的。盡可能依諧聲字來註音（或直音）是《直音篇》在註音上的另一個重要特點。《直音篇》的部首歸類雖然没有嚴格的標準，只是大體上將部首分為四百七十五類，這就給檢字帶來一定的困難，但由於常用諧聲字來註音，這就為我們研究諧聲系統提供了很好的材料。如：仿/音紡、紡/妃兩切，均屬陽韻上聲；枋/音芳、房/符方切、坊/音方、妨/音方、防/音房、芳/敷房切，均屬陽韻平聲。又如：棋/音機、箕/音基、基/音肌，均屬齊韻平聲；旗/音其、期/音其、萁/音其、祺/音其，均屬支韻平聲。但這些諧聲

[1] 邵榮芬：《中原雅音研究》，濟南：山東人民出版社，1981:24。

韻字在《直音篇》中則分屬於不同的部首，要對這些諧聲字進行系統歸類就得依賴《集成》，從每一個韻部的諧聲字中離析出來，並對其切語進行比較，來印證《直音篇》的諧聲系統。以上述韻字為例，《集成》陽養漾藥韻第六十類平聲“芳”小韻中，就有“方”的諧聲字二丨三字，如放枋坊肪仿妨祊澇牥邡雱防等；上聲“紡”小韻中有諧聲字11字，如倣彷放髣倣昉迈昉等。這些諧聲字在《直音篇》中雖然多是以諧聲字來直音，但多不以“方”為諧聲部首，而是散見於人、土、木、衣等部首中，就必須藉助各部首的歸納或者通過《集成》的諧聲韻字來輔助統計，並由此看出二者韻字在讀音上的差異。但《直音篇》的部首中也有相當一部分部首是諧聲偏旁的，如鞄部第一百八十三、來部第一百九十六、喜部第二百二十九、壹部第二百三十八，等等。

《直音篇》雖然較少以諧音聲偏旁作為部首，但常用諧聲字來註音則是其直音的一個重要特點。通過這些諧聲字的註音，大致可以總結出與該諧聲偏旁有關的韻字的讀音情況。以諧聲偏旁“方”為例，檢索《直音篇》，可以總結出以“方”為諧聲偏旁的韻字的讀音情況：

坊：音方，又音房；肪：音方；仿：音方；妨：音方；祊：音方；澇：音方；牥：音方；邡：音方；蚄：音方；秎：音方；鈁：音方；音方；汸：音方。（平聲韻）

方：分房切；防：音房；房：符方切；（平聲韻）

慠：音旁；趽：音彭，又音旁；徬：音旁；彷：音旁；芳：敷旁切；鄸：音旁。（平聲韻）

倣：音紡，又音旁；昉：音紡；昉：音紡；紡：妃兩切。（上聲韻）

放：音訪；訪：音放；舫：音放。（去聲韻）

而方部第二百六十一部凡三十五字中，屬陽韻的字只有“斻旂旁方旊旉”等十個韻字（含異體字）。其實，這十個韻字中，除“方：分房切”用反切註音，且反切下字“房”是以“方”為諧聲偏旁的，其餘韻字的註音均與部首“方”的讀音無關，如：斻旂：音杭（以亢為諧聲字）；旁：蒲光切；旊：音鞅（以央為諧聲字）；旉：孚縛切（以尃為諧聲字）。另外不屬於陽韻的其他二十五個韻字均則分屬齊、模、灰、蕭、庚、尤等諸韻。也就是說，在方部首的所有韻字中，部首“方”字基本上不具有聲符功能，而多數情況下則更具有意符功能。反過來說，上述所列諧聲字，顯然不是以“方”為部首，而是作為諧聲偏旁來進行歸類統計的。

綜上，以“方”為諧聲偏旁的韻字，《直音篇》分屬於各自不同的部首中，每一部首中又直接標其分屬的聲調。因此，這些諧聲字的聲調大致可以讀為東韻的平、上、去三調。可以説，結合《直音篇》的聲調標註和韻部標註，我們能整理並看出某些諧聲韻字的韻調情況，但查檢出其聲類情況就没那麼容易了，只能參照《集成》的聲類情況或“七音清濁三十六母反切定局”中關於聲母的標註來確定了。這一點，我們在下節詳述。

二　《集成》與《直音篇》的體例比較

《直音篇》作為《集成》的姊妹篇，本當詳細介紹其編排體例及有關凡例，説明材料來源及與《集成》的區别，為讀者提供檢索方便，而作者卻隻字未題，即便在卷首《題韻〈直音篇〉》也未作説明。因此，有必要將其編排體例等與《集成》作簡單比較和分析。

1. 編排體例比較

《集成》是具有韻圖性質的韻書，它不僅註音，而且釋義。其列字編排體例如《凡例》所言：“今韻所增之字，每字考諟依例並收；每韻目録以領音之字遂一定音切聲號；每音平上去入四聲連之；每字通義詳依韻書增註；字有多音者，以他音切一一次第註之；字有相類者辨正字體偏旁兩相引註。”其他體例詳見《緒論》。而《直音篇》的體例則有很大的不同。依筆者的分析，《直音篇》的列字體例大體有以下幾個特點：

第一，依部分類。《直音篇》依部首分類，若干部首成一卷，共有七卷四百七十五部（部首四百七十四部、雜字一部，共四百七十五部），卷首除列有《七音三十六母反切定局》表（詳見第二章第三節表一）外，還列有所有部首的總目，並以直音或反切的方式直接在總目中對各部首註音，如總目第四卷，少：始紹切；升：音聲。正文則依部首順序一一列出韻字，同時在該部首註明該部首韻字總數。如“三部第五，凡五字”，表示“三部”是四百七十五部的第五部首，該部首共有韻字五字。韻字則按二十二組韻類的順序依平上去入四聲順序排列，並在每韻前標明韻類、每調類前標明聲調（平聲不標）。

在分部上，《直音篇》分七卷四百七十五部，《玉篇》共分三十卷五百四十四部。《直音篇》似比《玉篇》精而少。其實，《直音篇》

的分部，在很大程度上是模倣《玉篇》的。以《玉篇》卷一至卷五分部為例，《玉篇》此五卷共六十五部，分別為卷一凡八部：一上示二三王玉玨，卷二凡二十四部：土垚堇裏田畕黄北京冂䡬邑司士，卷三凡十三部：人皃父臣男民夫予我身兄弟女，卷四凡二十部：頁頻百（首）𦣻㬎面色囟𦣞亢鼻自目盾䀠旻見覞苜耳，卷五凡一十部：口㲋舌齒牙須彡彣文髟。而《集成》卷一共四十九部中，除西、琴、至、臭、告、只、吕、吅、單、品和㗊等十一部與《玉篇》不同，其他三十八部均相同。不同的十一部，《玉篇》除“西”“臭”字不是部首，而分屬卷五第五十七部“㲋”部、卷四第四十七“自”部外，其他十部均散見於《玉篇》各部中，如琴（卷十六第二百三十一部），至（卷二十六第四百十五部），告、吅、品、㗊和只（分卷九第一百一部、一百三部、一百四部、一百八部、一百九），吕（卷七第八十五部），單（卷二十九第四百九十四部）。當然，由於《玉篇》部首數較多，《直音篇》部首數較少，前者的一些部首在後者中找不到是正常的。相對而言，《玉篇》和《直音篇》的這種分部是較為雜亂無章的。《集成》在序言中就指出“依《正韻》定例”，《直音篇》序言中也指出：“昔太史金華宋公濂受詔序《洪武正韻》，謂其洗千古之陋習，而大樂之和在是。然則我太祖高皇帝之心固有待也。正統間嘉定章道常先生復本《正韻》編習《直音篇》若干卷藏於家，没後十餘年，子冕率孫瑛玟繕寫成帙，始謀刊行。”可見，《直音篇》也與《集成》一樣是依《正韻》而編習的。而《正韻》的作者宋濂又編《篇海類編》二十卷作為《正韻》的姊妹篇，此《篇海類編》也是依部分類，但其分部則更顯規律，是書二十卷，部首也分為二十類，細分為天文、地理、時令、人物、身體、花木、鳥獸、鱗介、宮室、食貨、文史、珍寶、器用、數目、聲色、衣服、人事、干支、蓍蔔、通用等二十類。顯然，《直音篇》的分部是不依《篇海類編》來定例的，而是依《玉篇》來定例的，這也讓我們進一步理解了《集成・凡例》中作者拿《玉篇》來比較例字歸部的原因所在。黄侃的“論字書編制遞變”中就曾對韻字編排作出評價：

其二，就韻書之體而列字，如小徐《説文篆韻譜》之類。此類在今日尚有承用之者，在已明韻部之人，翻閲畧不勞費；在未明韻部者，檢之適足增煩，亦未為盡善也。

> 其三，部首字依《説文》次序，部中字則依始東終乏之次，如宋氏《類篇》是也。《類篇》之為書，本因仍《集韻》；其部首仍就十四篇舊目，而部中之字，依見於《集韻》為先後。其序曰："字書之於天下，可以為多矣，然而從其有聲也，而待之以《集韻》，天下之字以聲相從者無不得也；從其有形也，而待之以《類篇》，天下之字以形相從者，無不得也。"今按其書，一、丄、示、三、王之次，一如《説文》；而一部字，首丕，次元，次天，與《説文》不同；則以丕在脂韻，居元、先二韻之前故也。在未有編畫字書以前，此法頗為簡便；以視《玉篇》等書，列字先後豪無程准者，又遠勝之矣。[1]

從上述文字來看，對於字書韻字的編排，黄侃更認同宋司馬光編纂的《類篇》體例，而認為《玉篇》列字先後次序没有什麽標準，差之甚遠。《直音篇》列字體例，在總體上是遵循《玉篇》的，所以其列字次序也是較為混亂的。

第二，依部分韻。《集成》也是依部分韻，先分二十二組韻部，每組韻部各有平上去入四聲（無入聲除外），然後再依三十六字母，按一定的排列次序列出韻字。《直音篇》則不同。其所依之部乃指部首，全書共分四百九十五個部首，每個部首裹再字列出其所屬的韻部，這些韻部多隻列出平聲韻，並依次列出上去入聲韻字。如一部第一凡三十四字，共有支韻（平、上聲字）、模韻（平、上聲字）、真韻（平、入聲字）、先韻（平、上、入聲字）、馬韻（上聲字）、陽韻（平聲字）、庚韻（平、上聲字）、尤韻（平聲字）等共八個韻部的字；又如見部三十五凡一百六十四字，共有送、支、齊、魚、姥、灰、皆、寒、山、先、蕭、爻、歌、陽、庚、尤、侵、覃、鹽等十九個韻部。

第三，依韻分調。《集成》每組韻部均按平、上、去、入四聲（無入聲除外）整齊排列，呈規律性依韻分調。而《直音篇》是以部首為序來排列韻字的，每一部首中依部來分韻，每一韻中再依平上去入四聲次序來羅列韻字。一般情況下，其聲調排列是採用舉平以賅上去入的方式來排列的，即先列出韻字的平聲韻部，再直接將該平聲韻的上、去、入聲調標註其後。同一諧聲部首下，無平聲字的就先上聲字，無平上聲字的，就先列去聲字，無平上去聲字的，就只列入聲字。如上述所列的馬

[1] 黄侃：《黄侃國學文集》，北京：中華書局，2006：21。

韻、送韻和姥韻等。

上文提及，《直音篇》的體例更近於《玉篇》，遠於《類篇》。但是，應該説，從查檢韻字及其所屬韻部這一角度來看，《直音篇》在編纂過程中所做的工作遠比《玉篇》和《類篇》周細和直觀。《直音篇》每一部首中所列韻字是詳依二十二組韻部的次序來排列的（當然，也有個別部首韻字較少的，排列次序有些錯亂，下文詳述），在這一點上，即使黄侃所推崇的《類篇》都無法做到。《類篇》所列韻字，雖“依見於《集韻》為先後”，但對於“未明韻部者”則必須再依《集韻》去查檢，才能知道其所屬韻部。相反，查檢《直音篇》就方便多了，可以説，黄侃所説的“然而從其有聲也，而待之以《集韻》，天下之字以聲相從者無不得也；從其有形也，而待之以《類篇》，天下之字以形相從者，無不得也”的功能，《直音篇》已經基本能夠實現了。只不過是其釋字相對較為簡單，且收字只有四萬多，比《集韻》《類篇》所收韻字少。這至少説明一點，《直音篇》列字、列部體例上雖倣照《玉篇》，但倣而不囿，每一部首列字的依部分韻和依韻分調，都是《玉篇》甚至是《類篇》都無法做到的。

從以上列字編排體例的比較來看，《直音篇》和《集成》韻字的排列次序是截然不同的。《集成》以韻部為序，《直音篇》以部首為序。由於二書在列字中這種涇渭分明的區别，也就決定了二書在檢字功能上的區别：《集成》可分别查檢聲韻調和字義等，且更具韻圖功能，而《直音篇》則更側重於聲韻調和諧聲體係。

2. 釋字體例比較

《集成》和《直音篇》的釋字體例也明顯不同，主要體現在註音和釋義兩個方面。從這兩個方面的比較來看，二書存在著繁簡的關係，無論是註音還是釋義等方面，總體而言，《集成》遠比《直音篇》來得詳盡。下面，試舉例比較。

首先，從註音來看，《集成》註音一般先於目錄中列出其七音清濁、助紐字和切語，再于正文的小韻首字中，分别列出反切和七音清濁。如目錄中，“公”的音學地位描述為：七音屬“角音”，清濁屬“清音”，助紐為“經堅”，切語為“古紅切”。而在正文中，則：“公：古紅切，角清音。”正文中還同時列出該小韻首字的異讀音，如“又見下音鐘”，説明“公”字在鐘韻中還有一讀。除此，《集成》還對不少韻字的讀音進行了歷時的比較，或者說還羅列了不同韻書的不同音讀情況，如東韻第十類平聲“松”小韻下的韻字“訟”，《集成》釋為：

> 今依舊韻相應去聲出之，《洪武正韻》分併以松音淞，以訟音叢。按：《詩》：何以速我訟。有兩音：《易》訟卦音去聲。《易》註云：反爭也，言之於公也。然則訟字從言從公，蓋會意也，且諧公字聲，則本是平聲。是以《詩》協從字韻。《易》獨音去聲未為允，當合於《詩》音於二韻通用。《韻會》按經傳中韻語協音不一，若從諸家之讀，不可勝載。今但據舊韻及毛韻已收者存之，不能盡述。後皆倣此，又去聲。

《集成》既有對《舊韻》和“毛韻”的分析，又有語音材料的史料來源的交代，如《詩經》《周易》等，同時又引述《韻會》《正韻》的解釋語料，並指出其語音界定的主要依據，可謂釋字詳盡。又如同為東韻“訌”字，《集成》有三讀：一是平聲“洪”（胡公切），一是去聲“哄”（胡貢切），另一是“陽韻音降（胡江切）”。而《直音篇》只有平聲一讀“音洪”。雖然《直音篇》也有註又讀音的，如言部以下幾個韻字：諡：同上誄行，音號，又音益；諰：音徙，思之意，又山皆切；諦：音綺，妄語，又音肌。但是對於多數韻字而言，《直音篇》在又讀的標註上畧顯簡單。

可見，《集成》對韻字的註音是相當詳盡的，而且多能交代韻字語音的選取依據。相比之下，《直音篇》就簡單多了，多只是交代韻字的讀音而已，因此，其識讀的功能性更強些，更側重於對韻字讀音的結果告知和查檢功能，而且對於韻字的一些又音的處理顯得較為隨意。如言部七十九的東韻去聲中釋“訟”為：音誦，爭訟。顯然，《直音篇》中的“訟”字只有去聲一讀，其平聲則消失了。而《集成》則用了大量的筆墨來說明“訟”字當有平聲音讀。

在註音方面，《集成》與《直音篇》不僅存在繁簡的區別，而且在註音的種類上存在主次的區別。應該說，二書在註音種類上是大體一致的，主要有兩種：反切和直音。但《集成》主要以反切註音為主，偶爾也用直音；《直音篇》則主要以直音為主，也常伴有反切註音。《集成》採用直音時，多為比較性的註音，或是引用《中原雅音》的註音等，如以下五例：

（1）糜：忙皮切，宮次濁音。……《中原雅音》音梅。按：舊韻眉糜同出，因《洪武正韻》以眉收灰韻音梅，糜乃存于支韻。若論支韻悲披等字，當從灰韻，如從《中原雅音》以悲音杯、披音丕、皮同裴更音丕、糜音梅。然故不散違。今依《正韻》字例分出之。

（2）幪：舊註云：治練絲者，誤。《廣韻》云："蒙掩，謂巾幕之屬，可以蒙覆者，此義是也。治練絲者，乃帨字，音茫，今依《洪武正韻》註。"

（3）擁：舊韻委勇切。《洪武正韻》併音勇。

（4）尰：知隴切。《集韻》作尰尰。舊韻時勇切。《正韻》併音腫。

（5）襆：元從沃韻。舊韻逢玉切。《中原雅音》音逋，又音布。

以上的直音，多有比較的因素，而且多是引用其他韻書如《正韻》《中原雅音》等的註音。可見，《集成》的註音以反切註音為主，每一個韻字都有其切語。《直音篇》的註音則以直音為主，但並非所有的韻字都用直音法來註音，或用直音，或用反切，只不過是相對而言，直音用得比反切多一點。如言部東韻共有韻字三十五個，其中直音的二十八個，如：訌、誴、訩、詾、說、訇、譹、詳、諍、訟、訟、詻、誹、詷、謹、諫、訌、謦、諚、詾、謖、諔、誅、謾、誘、録、誳、讀等；反切註音的有七個，如：謥、謥、謚、誦、誇、諷、譔等。又如食部八十九東韻六十二個韻字中，直音的有五十七個，反切註音的只有五個。《直音篇》在註音還呈現出一個突出的特點，那就是反切註音和直音一般不同時出現，要麼直音，要麼就用反切註音。而《集成》在註音時，每一個韻字都有反切註音，有些韻字同時還兼有直音。

另外，《集成》在音讀的選取上較為詳盡，對於韻字的又音一般能夠較為全面地體現，而且基本能夠做到"又音互見"的程度。而《直音篇》在音讀的選取上較為簡省，雖然也多能註出韻字的又音，但不全面，有些韻字的又音沒有標註出來，而且較多地方無法做到"又音互見"，從這一點來講，雖然《直音篇》是以介紹韻字音讀為主要功能，但卻有一定的缺陷，即無法全面反映所有韻字的所有音讀情況。

其次，再從釋義方面來看。《集成》釋義較為詳盡，每釋一義一般要引經據典，旁徵博引，正如《凡例》所指出的"每字通義詳依韻書增註"。而《直音篇》則釋義簡要，一般不引經據典，直接釋義，釋義的内容也較為簡畧。以東韻一些韻字的釋義為例可見一斑，如，訌：《集成》釋為“讀也，亂也。《詩》：蟊賊内訌。通作虹。《詩》實虹，小子言惑亂也。又訟，言相陷也。又陽韻音降”。《直音篇》則簡單釋為“音洪，讃也，敗也，亂也”。釋義雖簡，但義項不比《集成》少。又如，謖：《集成》釋為“起也。《禮記》：屍謖。又人名，‘諸葛亮斬馬謖’。又見下音縮”。《直音篇》釋為“音速，起也”甚是精練。當然，也有一些韻字，《直音篇》的義項遠少於《集成》，如，工：《集成》釋為“官也，事任也，善巧也，匠也，功力也。《説文》：‘工巧包飾也。’象人有規矩也。《韻會》又善於其事曰工”。《直音篇》則直接釋為“官也，匠也”。因此，二書在釋義體例上也存在著繁簡的區别。

韻書在釋字時，註音與釋義並存的，一般是先註音，後釋義，最後再指出異讀等。《直音篇》也不例外，其釋字多以註音為主，有反切註音，也有直音。除註音外，也多有釋義，如一部“福”：方六切，善也，祥也。從釋字内容來看，《直音篇》的反切，基本與《集成》一樣，如：口/舌厚切、能/奴登切、土/他魯切、二/而至切、父/扶古切等；直音時，用來註音的字也基本來自《集成》，如：璾/音茲、妐/音中、襾/音亞等。

當然，也有一些反切的切語不是引自《集成》，如盾/石允切、共/渠用切，《集成》分别為豎允切、巨用切；另外，由於採用直音，也有不少標音只注重韻類，没有顧及聲調或聲類，如：烽/音供、禜/音詠等，烽供的聲類在《集成》中是不同的，而禜詠則聲調不同，但這種情況是極少的。我們以下文《集成》註音與“元某某韻”或“元某某切”的切語用字有所不同的韻字，拿來與《直音篇》的切字相比，也多為不同。如：或、匐、晚、儋、常、愉、樞、祚等字，《直音篇》的反切分别是：胡國、蒲北、武綰、都甘、辰羊、烏項、抽居和靖故，其聲韻調都與《集成》相同，可見這些韻字的切語用字雖畧有變化，但並没有改變韻字的聲韻調。但由此可以看出，《直音篇》並非以《集成》的範本來完成的。理由有二：

第一，二者收字總數不同。按作者的説法，它比《集成》所收的韻字多了三千多字“元篇有音無註者”，這些字《集成》是不收的，如躿、躰、躴等。這樣一來，依《直音篇》卷首作者所作《題韻直音篇》

“今于諸篇韻等搜集四萬三千余字成編，所用直音或以正切使習者而利矣。又元篇有有音無註者三千餘字，今亦收之，俟賢參註，共善而流焉”的表述，《直音篇》當收字達四萬六千多。但筆者依《直音篇》每部首前的字數説明，如“三部第五凡五字”、“玉部第七凡四百九十六字”、“土部第十凡七百一十字”等，進行了窮盡式的統計，《直音篇》實際收字為四萬五千七百三十一字，總字數比書中説明畧少一些。

第二，相同的韻字，註音也畧有不同。《集成》以韻部為綱，每韻不同聲者，又依聲類不同而依次排列。因此，它註音注重聲韻調的綜合，給每個韻字定出準確的音學地位，而且很少用直音，直音的情況，多數用在又讀音上或引用《中原雅音》的直音。而《直音篇》則主要強調韻字的韻調，採用直音的方式較《集成》多；而且其許多標出直音的韻字，《集成》並無標註，如功/音公、躬/音弓、攻/音工，等等。同時，許多韻字的註音，其切語用字上也有區別，如：卵、非、色、危等字，《集成》的反切分別是：魯管、芳微、所力和魚為；而《直音篇》的反切則分別是：蘆管、方微、殺測和牛為。雖然《集成》魯蘆、芳方、所殺、魚牛（分屬喻疑合併）四組字各屬同聲類，力測二字在兩部韻書中也都屬陌韻，也即以上四字在二書中的切語應該説是没有導致聲韻的區別，但畢竟用了不同的切語來切相同韻字，二者的區别還是挺大的。

總之，通過其編排體例和釋義體例的比較，可以明顯看出二書的明顯區别：一繁一簡，一詳一畧。從功能上來看，《集成》側重聲、韻、調、義的綜合；既註音又釋義，且釋義如凡例所言“每字通義詳依韻書增註”。《直音篇》側重部首的排列與直音檢索。而釋字體例及收字總數的不同，更可以看出二者在功能上的區别：《集成》有韻圖的性質，注重韻字的音學地位，釋義講究考證用典，但收字以有音有註為主，收字自然較少；而《直音篇》注重韻字的韻調、又讀音和收字的齊全，釋義從簡，多隻解釋本義，不引經據典，行文簡畧。由於也可以看出二書在功能上的區别，尤其是聲韻調的關係，將在下文詳述。

三　《直音篇》與《集成》的音系比較

《直音篇》列字以部首為綱，而且韻字浩繁，所以對其聲韻調進行整理的難度較大，我們只能挑選具有代表性的部首進行大致的統計和分析。並將其與《集成》的聲韻調進行比較，來探索二書在聲韻調上的關係。

1.《直音篇》的聲類分析及其與《集成》比較

《直音篇》前附有"七音清濁三十六母反切定局"（詳見表一），詳細説明了其聲母的情况。

表一：七音清濁三十六母反切定局

七音清濁三十六母反切定局									
	角音	羽音	商音	次商音	徵音	宮音	次宮音	半商音	半徵音
清音	見母 經堅	影母 因煙	精母 精箋 津煎	照母 知母 征氈 真氈	端母 丁顛	幫母 賓邊	非母 分蕃	日母 人然	來母 零連 鄰連
次清音	溪母 輕牽	曉母 興軒	清母 清千 親千	徹母 穿母 稱燀 嗔延 嗔昌	透母 汀天	滂母 娉偏 繽偏	敷母 芬番		
次清次音			心母 新仙	審母 聲羶 身羶					
濁音	羣母 擎虔 勤虔	匣母 刑賢	從母 秦前	澄母 牀母 陳廛 榛潺	定母 亭田	並母 平便 頻便	奉母 墳煩		
次濁音	疑母 迎妍 銀言	喻母 寅延 勻緣	邪母 餳涎	娘母 紉嬭	泥母 寧年	明母 民綿	微母 文樠 無文		
次濁次音				禪母 神禪 辰常					

只是我們通過對《集成》聲類進行窮盡式的係聯，得出《集成》共有三十聲類的結論。而《直音篇》的聲類數是否也與《集成》一樣呢？

由於《直音篇》註音多以直音為主，較少用反切註音，因此，用反切係聯的方法是行不通的。同時，其註音中許多韻字的註音具有兩兩互註的特點，如放：音訪；訪：音放。這些現象更增加了聲類分析的難度。

那麼，如何分析《直音篇》的聲類呢？筆者認為只能借助《集成》的聲類系統。既然《集成》和《直音篇》同為一人所撰，且《直音篇》前的"七音清濁三十六母反切定局"統領二書的聲韻調情況，那麼，《直音篇》的聲母肯定也是受其管轄，關鍵的問題是依據前文的研究，《集成》的聲母已由這三十六母合併為三十類，《直音篇》是否也一致呢，如果能夠證明《直音篇》也實際上是依三十聲母的次序來編排，那麼，就可以反證《集成》聲類分析的正確性。下面，我們以《直音篇》東韻字為例，將其部分韻字依部首次序列出，同時也列出其直音字或反切，再分別反查該字或該直音字（或反切）在《集成》中的聲母歸屬，進而總結出韻字聲母歸屬與《集成》的異同，分析其韻字的聲母歸併情況，從而對二書的聲類情況進行考證和比較，以正其源。詳見表二（為節省篇幅，只用一個表頭）：

表二：《直音篇》東韻韻字在《集成》中的歸併

直音篇部首	直音篇韻字	集成聲類	直音字或反切	集成聲類	直音篇部首	直音篇韻字	集成聲類	直音字或反切	集成聲類
示	禯	娘	濃	娘	人	傛	喻	容	喻
示	襚	奉	馮	奉	人	傭	喻	容	喻
玉	玒	見	公	見	人	伀	照	中	照
玉	璁	清	悤	清	人	僮	定	同	定
玉	珫	徹	充	徹	人	僼	敷	風	敷
玉	琮	清	悤	清	人	仹	敷	風	敷
玉	珙	見	恭	見	人	佩	敷	風	敷
人	倧	精	宗	精	人	傱		從	從
人	仜	匣	洪	匣	人	俑	喻	勇	喻
人	倲	端	東	端	人	傇	日	冗	日
人	供	見	恭	見	人	倥	溪	控	溪
人	偔	羣	窮	羣	人	傯	溪	作弄切	溪
人	倯	心	淞	心	人	㑋	溪	欺用切	溪

續表

直音篇部首	直音篇韻字	集成聲類	直音字或反切	集成聲類	直音篇部首	直音篇韻字	集成聲類	直音字或反切	集成聲類
人	仲	澄	直衆切	澄	人	伏	奉	房六切	奉
人	俸	敷	諷	敷	人	僕	並	步木切	並
人	傯	/	作弄切	精	人	僕	並	步木切	並
人	儱	來	弄	來	從	從	從	從	從
人	偅	照	衆	照	身	躬	見	弓	見
人	⿰亻弄	來	弄	來	身	⿰身容		容	喻
人	傢	從	徂送切	從	女部	妐	照	中	照
人	⿰亻送	心	送	心	女部	娀	心	淞	心
人	⿰亻种	照	種	照	女部	⿰女東	端	東	端
人	儱	禪	醜用切	禪	女部	嫞	日	常容切	禪
人	俈	溪	酷	溪	女部	⿰女茸	日	戎	日
人	傶	精	足	精	女部	妦	敷	封	敷
人	局	羣	局	羣	女部	⿰女夆	敷	封	敷
人	促	清	七玉切	清	女部	⿰女冬	端	冬	端
人	⿰亻𡻕	/	蹙	精	女部	婃	從	賨	從
人	価	心	宿	心	女部	嫆	喻	容	喻
人	偭	心	夙	心	女部	⿰女㚇	精	㚇	精
人	伐	徹	柷	徹	女部	⿰女悤	清	怱	清
人	俗	邪	似足切	邪	女部	⿰女邕	影	邕	影
人	⿰亻束	審	束	審	女部	⿱丰女	敷	封	敷
人	價	喻	育	喻	女部	⿰女甬	透	通	透
人	俶	審	叔	審	女部	⿰女共	匣	洪	匣
人	侏	審	叔	審	女部	妅	匣	洪	匣
人	⿰亻毒	定	毒	定	手部	摐	清	怱	清
人	佩	心	速	心	手部	⿰扌従	清	怱	清
人	傗	徹	蓄	徹	手部	搜	精	宗	精
人	傉	泥	奴篤切	泥	手部	攏	來	龍	來
人	⿰亻复	敷	福	敷	手部	⿰扌春	審	舂	審

續表

直音篇部首	直音篇韻字	集成聲類	直音字或反切	集成聲類	直音篇部首	直音篇韻字	集成聲類	直音字或反切	集成聲類
手部	揖	日	戎	日	手部	揰	端	董	端
手部	撻	奉	馮	奉	手部	控	溪	苦貢	溪
手部	擛	明	蒙	明	手部	挎	溪	欺用切	溪
手部	捀	奉	馮	奉	手部	挵	來	弄	來
手部	扛	/	紅	匣	手部	揁	見	貢	見
手部	揔	精	總	精	手部	掬	見	匊	見
手部	搣	日	宂	日	手部	摵	精	足	精
手部	摟	心	竦	心	手部	箠	照	竹	照
手部	捅	透	統	透	手部	掓	審	叔	審
手部	拱	見	居竦切	見	手部	摍	審	縮	審
手部	拲	見	拱	見	手部	抐	娘	女六切	娘
手部	擧	見	拱	見	手部	擣	心	速	心
手部	拏	見	拱	見	手部	撲	明	普蔔切	明
手部	捧	敷	方孔切	敷	手部	摗	精	足	精
手部	拌	敷	方孔切	敷	手部	捉	徹	柷	徹
手部	擁	影	委勇切	影	手部	擯	定	獨	定
手部	擒	影	委勇切	影	手部	搴	從	族	從
手部	挺	心	竦	心	手部	搐	曉	畜	曉
手部	搈	喻	甬	喻	手部	摝	來	鹿	來
手部	揀	端	董	端	手部	摬	透	禿	透

從表二中可以清晰地看出，從直音部分來看，除“䠹”“扛”“倧”“復”和“儎”等五字，《集成》缺列外（按：依筆者猜測，缺列的這些韻字，可能就是《直音篇》所提的“有音無註”的字），《直音篇》東韻的絕大部分韻字聲類與《集成》的聲類是完全一致的。《直音篇》韻字中，以反切註音的韻字讀音，絕大多數與《集成》的讀音也是相同的，少數讀音所列反切雖用的是舊切或《集成》所釋“元某某

切”，但聲類上也基本是相同的。不同的兩個切語是：

促：七玉切；㟾：常容切。

《集成》“促：千木切”，當屬清母蔟韻。而“七玉切”在《集成》中也應該屬清母字，因為真韻中“七”屬清母字。當然，《集成》“促”字還註明“元從燭韻”“《中原雅音》音取”，卻未標註元從何韻，考《正韻》和《韻會》，“促”字分別為“子木切”（屬精母）和“趨玉切”（屬心母）。那麼，《直音篇》的“七玉切”該來自何書呢？我們對一些前代韻書進行了考證，發現《集成》提及的一些韻字或字書中，《説文解字》《六書統》《原本廣韻》《重修廣韻》《唐韻正》和《五音集韻》的“促”字均為“七玉切”。這至少説明，《直音篇》該切語可能來自以上字書或韻書中的一部。

《集成》“㟾：而中切”，屬戎韻，聲當屬日母，但該字同時又註明“元常容切”，依此切，《集成》陽韻中“常”字擺在禪母下，其切語為“辰羊切”。考之以上諸書，只有《類篇》和《集韻》有“㟾”字，且切語為“常容切”。那麼，《集成》的“元常容切”和《直音篇》的“常容切”是不是就來源於上述二部中的一部呢？我們還不得而知。但顯然，《集成》已將“㟾”字由禪母字併入日母字，但《直音篇》中仍保存舊切，這有兩種可能，一是《直音篇》校對不周所致；一是《直音篇》仍然採用舊切，以保留舊音為主旨。那麼，到底屬於何種情況呢？我們以《集成》中大量存在的“元從某某切”字為考證對象，反查直音篇的切語，列成表三：

表三：《集成》“元從某某切”韻字與《直音篇》比較

韻字	《集成》韻部	《集成》聲調	《集成》聲母	反切	元反切	《直音篇》反切
農	東	平	寧年	奴冬	元奴冬切	奴冬切
營	庚	平	寅延	餘傾	元餘傾切	餘傾切
或	陌	入	刑賢	獲北	元從職韻胡國	胡國切
毳	隊	去	嗔延	蚩瑞	元從祭韻充芮	充芮切
衰	灰	平	身羶	所追	元從支韻所追	所追切
誰	灰	平	辰常	視隹	元從支韻視隹	視隹切

續表

韻字	《集成》韻部	《集成》聲調	《集成》聲母	反切	元反切	《直音篇》反切
柰	泰	去	寧年	乃帶	元乃帶切	乃帶切
祚	暮	去	秦前	靖故	元遭素切	靖故切
疏	暮	去	身羶	所故	元從禦韻所據	所故切
所	姥	上	身羶	疏五	元從語韻疏舉	疏故切
鉏	模	平	榛潺	牀魚	元從魚韻牀魚	牀魚切
寄	霽	去	經堅	吉器	元從寄韻吉器	音記（吉器切）
己	薺	上	經堅	居裏	元從紙韻居裏	音紀
器	霽	去	輕牽	去異	元從寘韻去異	音契（去計切）
起	薺	上	輕牽	墟裏	元從紙韻墟裏	墟裏切
晚	產	上	文構	武綰	元武遠切	武綰切
儋	覃	平	丁顛	都監	元都甘切	音擔（都甘切）
元	先	平	銀言	遇袁	元遇袁切	音原
衍	霰	去	寅延	延面	元延面切	音演，又去聲
拈	鹽	平	寧年	奴兼	元奴兼切	奴廉切
撚	葉	入	寧年	奴協	元從奴協切	諸協切
各	藥	入	經堅	葛鶴	元鐸韻葛鶴	葛鶴切
㒌	養	上	因煙	音項	元講韻烏項切	烏項切
樞	魚	平	嗔延	抽居	元從虞韻春朱	抽居切
陫	紙	上	墳煩	父尾	元父尾切	父尾切

以上二十五個韻字中，《直音篇》中除“衍”字無與去聲相對應的切語或直音字外，其他各字都有相應的切語或直音字，其中“己”與“紀”、“元”與“原”分別互為直音，無相應切語。其他二十二個韻字中，《集成》與《直音篇》切語相同的有十六個，與“元某某切”相同也是十六個；《直音篇》與“元某某”相同的只有十個。顯然，《直音篇》的反切不是直接來自《集成》，也不是來自《集成》所註的“元某某切”。而《集成》採用“元某某切”的音讀較《直音篇》更多些，說明《集成》在選音定切方面比《直音篇》更守舊些。就這些切語的反

切上字而言，二書是基本一致的，切上字不同的三個字分別是：或、𧊒和撚，其中獲、胡均屬匣母字，蚩屬徹母，充屬穿母，《集成》徹、穿合一，因此，“或”和“𧊒”兩字基本可以説是聲母一致。但“撚”字就不一樣了，“奴協切”屬泥母字，而“諸協切”則屬知母字，顯然，《集成》中是不存在泥母字與知母字混置的現象。那麼，《直音篇》這“諸協切”從何而來呢？考之《説文》《玉篇》《廣韻》《集韻》《附釋文互註禮部韻畧》《增修互註禮部韻畧》《五音集韻》《韻會》《中原音韻》和《正韻》諸書，甚至《康熙字典》，均未見“撚”字有“諸協切”。《切韻指掌圖》和《韻會》都將其歸為泥母字，《附釋文互註禮部韻畧》和《韻會》均有“諾協切”。《御定康熙字典》：“《唐韻》奴協切，《集韻》《韻會》諾協切，念入聲。”《集韻》實則“諾葉切”。由此可以斷定，這一切語當為《直音篇》筆誤。這一錯誤，可能是將“諾”錯寫成“諸”，導致聲類相差十萬八千里。

2.《直音篇》的韻部分析及其與《集成》比較

《直音篇》的韻部只能從各部首中所列的韻部來統計，我們以《集成》的韻部為比照物件，取《直音篇》前二十個部首的韻字所屬韻部，對《直音篇》的韻部進行統計，表四中“＋”指《直音篇》某一部首中有和《集成》相同的韻部，空白則指《直音篇》該部首中無此韻部，“直音篇部首”第一至二十個部首的名稱省畧，直接用其序號來表示（見表四）。

表四：《直音篇》與《集成》韻字的韻部所屬比較

《直音篇》部首 《集成》韻部	1	2	3	4	5	6	7	8	9	10	11	12	13	14	15	16	17	18	19	20
東				＋			＋				＋					＋	＋	＋		
董		＋					＋				＋					＋				
送				＋				＋			＋					＋				
屋				＋			＋				＋		＋		＋	＋				
支	＋		＋	＋			＋		＋		＋		＋			＋				
紙	＋			＋			＋				＋					＋				
寘			＋	＋			＋				＋		＋			＋				

續表

《直音篇》《集成》部首韻部	1	2	3	4	5	6	7	8	9	10	11	12	13	14	15	16	17	18	19	20
齊				+			+				+					+				
薺				+			+				+					+				
霽				+			+				+					+				
魚				+			+				+					+				
語			+	+			+				+					+				
御											+					+				
模	+			+			+				+				+	+				
姥	+		+	+			+				+					｜		+		
暮			+	+			+				+					+				
灰				+			+				+					+				
賄				+			+				+					+				
隊				+			+				+					+				
皆				+			+				+					+				
解											+		+			+				
泰				+			+				+					+				
真	+			+			+				+		+		+	+				+
軫				+			+				+			+		+				+
震							+				+		+			+	+			
質	+			+			+		+		+					+				
寒							+				+					+				
旱							+				+					+				
翰				+			+				+					+				
曷				+			+				+					+				
山				+			+	+		+	+			+		+				
產				+			+				+					+				
諫							+									+				
轄				+			+				+					+				

續表

《直音篇》 《集成》 部首 韻部	1	2	3	4	5	6	7	8	9	10	11	12	13	14	15	16	17	18	19	20
先	+		+	+			+				+		+			+				
銑	+			+			+	+			+		+			+				
霰				+			+				+					+				
屑	+			+			+				+		+			+				
蕭				+			+				+	+				+				
篠							+				+					+				
嘯				+			+					+				+				
爻				+			+				+					+				
巧			+	+			+				+					+				
效							+				+		+			+	+			
歌				+			+				+					+				
哿				+			+				+					+		+		
箇				+							+					+				
麻							+		+		+					+				
馬	+						+									+				
禡				+			+				+					+				
遮							+									+		+		
者				+							+					+				
蔗																+				
陽	+			+		+	+				+					+				
養							+				+					+			+	
漾			+				+			+	+				+	+				
藥				+			+	+			+					+				
庚	+		+	+			+			+	+					+	+		+	+
梗	+						+				+					+				
敬			+	+			+				+					+				
陌			+	+		+	+				+		+			+				
尤	+			+			+				+					+				
有				+			+			+	+					+				

續表

《直音篇》 《集成》 部首 韻部	1	2	3	4	5	6	7	8	9	10	11	12	13	14	15	16	17	18	19	20
宥				+			+				+					+				
侵							+		+		+					+				
寑				+							+					+				
沁				+												+				
緝											+					+				
覃			+		+		+				+					+				
感				+							+					+				
勘							+				+					+				
合				+			+				+					+				
鹽											+					+				
琰				+			+									+				
豔		+									+					+				
葉							+				+					+				

從表中的二十個部首的韻字所屬的韻部比較來看，《直音篇》的韻部與《集成》的韻部是一樣的，同為二十二組七十六韻。只是“元篇有有音無註者三千餘字”，《直音篇》未將其歸入所屬相應韻部。如玉部第七中，共錄有“有音無註者”四十一個字，土部第十一共錄有四十九個字，均未歸入相應的韻部中。作者將這些“有音無註者”另外排列，應該有其用意，其中一個原因應當是書前作者所言“俟賢參註，共善而流焉”；另一個原因，則可能是因其無註，單獨排列較為顯眼，可以引起人們的關注，也能更好地與其他韻字區分開來。其實，作者在編排這些“有音無註”的韻字時，也應該適當依據其音，依韻部次序來排列。因為《直音篇》各部首韻字的排列，大致依據《集成》二十二組七十六韻的先後次序來排列，具體順序為：東董送屋；支紙寘；齊薺霽；魚語禦；模姥暮；灰賄隊；皆解泰；真軫震質；寒旱翰曷；山產諫轄；先銑霰屑；蕭篠嘯；爻巧效；歌哿箇；麻馬禡；遮者蔗；陽養漾藥；庚梗敬

陌；尤有宥；侵寢沁緝；覃感勘合；鹽琰豔葉。韻首韻字越多，其韻字的排列越是嚴格恪守此序。而韻字少的部首，其排列韻字的次序則較為隨意，如臣部第十五各韻部的排列次序是：真韻—屋韻—模韻—漾韻；玨部第八各韻部的排列次序是：山韻—銑韻—藥韻—送韻。顯然此二部的韻部排列較為隨意。這些“有音無註者”的排列次序也是較亂的，如玉部第七中：瑹音素玹音慅玦音央珸音金琍音梨珆音由玞音記珚音西璃音的琸音陀琝音兒珋音幼玸音步琜音兼等；土部第十一中：堫音奚墵音講垆音戶墥他果切垉音袍坃音充堤音煨壈音岸圢渠玉切坱於央切墔呼郭切垃即合切埜音莖等，均未按以上的韻部次序來排列。

《直音篇》的聲調與《集成》完全一致，都分平、上、去、入四聲，且平聲不分陰陽，陽聲韻與入聲韻相配。同時，《直音篇》仍以“七音清濁三十六母反切定局”（見表一）為綱，聲分清濁，韻分四調排列。由於二書在聲調上沒有區別，不再贅述。

四 《集成》與《直音篇》的關係

從以上比較及《直音篇》本身的特點來看，我們可以得出以下三個結論：第一，《直音篇》不是《集成》所收韻字的直音。依據《緒論》第一節所介紹，《四庫全書存目》記載的《集成》的五種版本中，除明萬曆六年維揚資政左室刻本清丁丙跋《重刊併音連聲韻學集成十三卷》沒有加入“直音”二字外，明成化十七年刻本為《新編併音連聲韻學集成十三卷直音篇七卷》，明成化十七年刻嘉靖二十四年張重、萬曆九年高薦遞修本為《新編併音連聲韻學集成十三卷直音篇七卷》，明萬曆六年維揚資政左室刻本為《新編並音連聲韻學集成十三卷直音篇七卷》，明萬曆三十四年練川明德書院藏本為《新編併音連聲韻學集成十三卷重訂直音篇七卷》，均加入了“直音篇七卷”字樣，顯然這些版本都是把二書看成一體的，《直音篇》是《集成》的附屬。其實，仔細比照二書，就可以清楚地看出，《直音篇》的“直音”並非對《集成》所收韻字的“直音”。如《直音篇》：盾/石允切、共/渠用切，《集成》分別是豎允切、巨用切；《直音篇》：功/音公、防/音房、棋/音機，《集成》：功：古紅切，防：符訪切，棋：渠宜切。顯然二書有註音上還是有區別的。而且，《直音篇》收字的次序與《集成》相差較大，且並非以《集成》的列字次序來羅列韻字。所以說，《直音篇》並非附在《集成》之後並對《集韻》韻字進行“直音”的，而是另成一書，且以部首為序來排列韻字的。

第二，《直音篇》的註音並非全部用直音的方式。《直音篇》的註音形式比較靈活，有時用直音，有時用反切註音，有時直音和反切註音並用，而且不少註音也不完全等同于《集成》。這點上文已有論述，此處不再贅言。

第三，兩本韻書音系相同，《直音篇》的聲韻調當與《集成》等同，這是最重要的一點。根據作者《題韻直音篇》所註時間為"天順庚辰"，剛好與《集成》成書時間相同，應該説它與《集成》是同步完成的姊妹篇。其"有音無註者"多數也按《集成》的韻部次序來排列，雖然有些韻字是單獨排於該部首之後單列出來，讀者一眼即可知其為作者所謂的"有音無註者"，如第24、107、226頁等，都在鹽韻後列出，這些韻字由於有音無註無法與《集成》的聲韻調比較，但並未發現其註音有超出二十二個韻部的範圍，因此，可以忽畧其對《直音篇》音系的影響。

我們説兩本韻書的音系相同，除二者所體現出來的韻部完全一樣，即兩本韻書都是二十二個韻部，《直音篇》二十二個韻部的排序、韻部名稱也與《集成》完全相同外，還體現在以下兩個方面：一、收字情況基本相同；《直音篇》多收了三千多個"有音無註"的字。二、多數反切上下字不同的韻字，其聲韻調在二書中也大都是相同的。這兩點均詳見上文論述。當然，也有少數聲類是不相同的，如"撚"等，估計是《直音篇》在編纂中訛誤所致。至於二書同屬於哪一音系，是一個較為複雜的問題，張世禄[1]、李新魁[2]、耿振生[3]等多位專家都曾為《集成》或其一系韻書的音系作過研究，高龍奎[4]的碩士學位論文和笔者的文章作[5][6]也都有涉及，由於其音系性質不是本書所要解決的問題，不再贅言。

總之，二者在音系或體系上的特點，可以作如下總括：《集成》是以聲類為經線，經韻部為緯線來體現其音係的；重在聲韻調的綜合。而

[1] 張世禄：《中國音韻學史（下）》，北京：商務印書館，1998。
[2] 李新魁：《漢語等韻學》，北京：中華書局，2004。
[3] 耿振生：《明清等韻學通論》，北京：語文出版社，1992。
[4] 高龍奎：《韻學集成音係初探》，山東師範大學碩士學位論文，2001。
[5] 王進安：《韻學集成一係韻書的音係性質》，載《福建論壇》2004專輯。
[6] 王進安：《韻學集成音韻價值研究》，《澳門語言學刊》2004年第27卷。

《直音篇》則是以韻部為綱，依不同部首來羅列韻字的；重在韻字的檢覽。二書側重點不同，但相輔相成，是名副其實的姊妹篇，形成獨特的韻書體系。

參考文獻

馬文熙、張歸璧等.古漢語知識詳解辭典[Z].北京：中華書局，1996.

温端政.語彙研究與語典編撰的關係[J].語文研究,2007(4):1.

程其玨．嘉定縣誌[Z]．尊經閣藏版，光緒庚辰重修.

邵榮芬．中原雅音研究[M]．济南：山東人民出版社，1981.

曹述敬．音韻學辭典[Z]．長沙：湖南出版社，1991.

黄侃．黄侃國學文集[M]．北京:中華書局,2006.

張世禄．中國音韻學史（下）[M]．北京：商務印書館，1998.

李新魁．漢語等韻學[M]．北京：中華書局，2004.

耿振生．明清等韻學通論[M]．北京：語文出版社，1992.

高龍奎．韻學集成音係初探[D]．山東師範大學碩士學位論文2001年.

王進安.《〈韻學集成〉研究》[M]．上海：上海三聯書店，2009.

王進安.《〈韻學集成〉與〈直音篇〉比較研究》[J].福建師範大學學報，2005（4）.

第三章　《集成》與有關韻書的編纂體例

第一節　韻書編纂體例的傳承

正如前文所言，筆者認為后代韻書對前代韻書的傳承一般體現在兩個方面：一方面是宏觀性的傳承，另一方面是微觀性的傳承。微觀性的傳承主要體現在體例、切語、釋義等方面的傳承。筆者之所以把體例上的傳承理解為微觀性的傳承，最主要的依據是不少後代韻書傳承了前代韻書的體例，但在音係上卻有著較大的差別，如《集成》傳承《韻會》依"七音清濁"排列韻字的體例而音系有別，《正韻》傳承了《廣韻》《集韻》依韻列字、平上去入四聲分列的體例而音系迥別，因此我們認為體例的傳承只是韻書編纂中的一種微觀體現，是與音系傳承無必然聯繫的一種局部現象。本節就以韻書編纂體例上的傳承，來探討《集成》與有關韻書的傳承關係。

一　關於韻書編纂的體例

韻書的編纂是按一定的體例來完成的。這些體例主要體現在如何按聲韻調的次序來排列韻字，以供查檢。不同的韻書，其韻字的排列次序會因體例的不同而發生改變。不少專家曾對韻書的編纂體例進行總結和概括。趙誠認為：

"韻書的編輯體例大體可以分為三類。

第一類：先按照漢字聲調分類；再在每一聲調下分韻部；然後在每一韻部內按同聲字分類排列，《廣韻》就是如此。

第二類：先分韻部；每一韻内再按聲調分開；然後在每一聲調内按同聲字分類排列，如《中原音韻》。

第三類：先分韻部；每一韻内再按聲母分類，然後再在同聲字内按聲調分開排列，《韻畧易通》就是如此。”[1]

周國光比趙先生分得更細些，他認為韻書編纂的體例可以分為四類：

第一類，全書先按聲調的平、上、去、入分類，然後在每一聲調下排列所屬韻部，每一韻部内按同聲字分類編排。這一類的韻書有《切韻》《集韻》《禮部韻畧》《正韻》，可以《廣韻》為代表；

第二類，全書先按平、上、去、入四聲分類，然後在每一聲調下排列所屬韻部；每一韻部内再按三十六字母的順序進行分類；每一聲母下的字母再按韻等、開合分開排列。這一類的韻書有《五音集韻》《韻會》《音韻闡微》等，可以《五音集韻》為代表；

第三類，全書先分韻部，每一韻内再按聲調分類，然後在每一聲調下分類編排同音字。

這一類的韻書有《中原音韻》《中州音韻》等，可以《中原音韻》為代表；

第四類，全書先分韻部，每一韻部内再按聲母分類。每一聲母下先按韻部的開合分列，再按聲調的順序排列同音字。這一類的韻書有《韻畧易通》《韻畧滙通》《五方元音》等，可以《五方元音》為代表。[2]

其實，以上兩種分類是基本一致的。周先生分法的第一、二類合併起來，就是趙先生分法的第一類。因此，這些分類無論是先按聲調分類再排韻，還是直接按所分韻部次序來排列，其體例都體現了韻書依韻編排的特點。

依據以上體例分類，上文提到的與《集成》有關的這些韻書，大都有其歸屬了。《附釋文互註禮部韻畧》《增修互註禮部韻畧》與《禮部韻畧》的體例同，都是先按聲調分類後“每一聲調下排列所屬的韻部，每一韻部内按同韻字分類編排”，剩下的《集成》《字學集要》和《字學指南》，都與《集成》體例相同，與周先生所分的第三類相同，

[1] 趙誠：《中國古代韻書》，北京：中華書局，1979：5。

[2] 周國光：《韻書的體例和古典音序編排法》，載《安徽教育學院學報》1987年第3期，第64頁。

即“先分韻部，每韻内再按聲調分類，然後在每一聲調下分類編排同音字”。雖然《正韻》《集成》《字學集要》和《字學指南》都是分韻二十二部，但其排列韻字的編排體例卻有著天壤之別。路建彩的《〈元聲韻學大成〉與明代吳語》一文也指出：《韻學大成》“沿襲了《五音集韻》《古今韻會舉要》這兩部有影響的韻書的編纂體例，即以韻圖的方式編制韻書。簡而言之，其體例可以概括為：以韻為綱；以聲為序，兼顧開合細洪；平聲字作音節代表與四聲相承；列字有序；釋義詳備；註明異讀”。[1]李新魁指出《韻學大成》“分韻母為二十八部，但實際上與《中原音韻》的十九部接近。它主要是將魚模分為須魚、蘇模兩部，以區別[y]和[u]；又將江陽韻分為江陽與姜黄兩部，另外還有一些韻類也加以分開。這個韻母系統，與《韻學集成》所分的二十二類也較為相近……”[2]耿振生也指出《韻學大成》“聲母為三十個，和《字學集要》的方式一樣，用‘助紐字’作代表……韻母分二十八韻部：東鍾　弘萌　庚生……江黄韻與姜陽韻分立，山關韻與寒干、桓歡韻分立，是較明顯的吳音特徵”。[3]由上可見，《韻學大成》的體例與《五音集韻》《韻會》和《字學集要》等書均有一定的傳承關係，但幾部韻書之間的音係卻有著較大的區別，尤其是《韻學大成》成書於1578年，遲於《字學集要》，在韻部的分類上卻與《集成》和《字學集要》有較大的區別，本書不作具體比較和研究。

此外，韻書在收字的多少與列字的依據上，也體現了一種體例的傳承。古敬恒《廣韻文字考》：“凡是搞文字研究的人清楚地知道《廣韻》在用字體例上，是在繼承以前字書、韻書的傳統的基礎上，加工發展而成的。它收字二萬六千多，連帶一些註文提説到的，總結了大量的漢字形體。它以漢唐典籍的慣用形體為標準，將古體、俗體、或體、又體等一一對照列出了，並説明文字的分化、合用、訛變等，這對於閲讀古書、從事訓詁，乃至研究漢字形體的演變，都很有用處。”[4]《韻會》在編纂過程中也常於目錄前加一按語，如“平聲上”有按語云：“舊韻上平聲二十八韻，下平聲二十九韻，上聲五十五韻，去聲六十韻，入聲三十四韻。然舊韻所定不無可議，如支脂之、佳皆、山刪、

[1] 路建彩：《〈元聲韻學大成〉與明代吳語》，山東師範大學碩士學位論文，2000。

[2] 李新魁：《漢語等韻學》，北京：中華書局，2004：230。

[3] 耿振生：《明清等韻學通論》，北京：語文出版社，1992：203—204。

[4] 古敬恒：《廣韻文字考》，載《綏化師專學報》1988年第3期，第46頁。

先僊、覃談本同一音而誤加釐析，如東冬、魚虞、清青至隔韻而不相通，近平水劉氏《壬子新刊韻》始併通用之類，以省重複。上平聲十五韻，下平聲十五韻，上聲三十韻，去聲三十韻，入聲一十七韻，今因之。”《正韻》“凡例”亦指出：“舊韻元收九千五百九十字，毛晃增二千六百五十五字，劉淵增四百三十六字，今一依毛晃所載有闕畧者，以他韻參補之。”這些收字原則或列字的依據，都將為下文分析和研究這些韻書之間的音係關系或語音系統提供很好的研究思路或幫助。

二　關於“官韻”體例與“非官韻”的體例比較

從上文《集成》與《正韻》、《韻學大成》與《五音集韻》、《韻會》的關係可以看出，韻書編排體例雖然可以看出韻書編纂過程的某種傳承關係，但其體例與韻書所體現的音系性質並無必然的聯繫。這是我們分析韻書體例應該注意到的問題。除此，還有一個很值得關注的現象，那就是本課題確定的《集成》有關韻書的體例，明顯形成兩大類別，一類是官修韻書，一類是非官修韻書，我們分別稱之為“官韻”和“非官韻”。之所以稱其有兩大類別，就是“官韻”和“非官韻”的體例存在著明顯的區別。

《廣韻》《集韻》《禮部韻畧》和《正韻》屬於官韻，其編排體例，無論是趙誠的分法還是周國光的分法，都屬於第一類。也就是先分聲調，再依韻部分類。而且《廣韻》《集韻》和《禮部韻畧》都是206韻。三部韻書的編排體例如出一轍，都先依平、上、去、入四聲分類，再依聲列韻。如《廣韻》先分上平聲、下平聲、上聲和入聲，上平聲分列東第一、冬第二、鍾第三、江第四、支第五等；《集韻》雖未分上、下平聲，但將平聲分為平聲一、平聲二、平聲三和平聲四，再在平聲一中分列東第一、冬第二、鍾第三、江第四、支第五等；實際上平聲一、平聲二就是《廣韻》的上平聲，平聲三、平聲四就是《廣韻》的下平聲。而且韻目的次序也都與《廣韻》一模一樣。《禮部韻畧》（以《附釋文互註禮部韻畧》為例）的編排體例則與《廣韻》完全一樣。此三部韻書都是宋代韻書，而且音系也相同，均屬《切韻》音系，其編排體例一樣是很正常的。問題是同為官韻的《正韻》，編纂年代在明朝，其音系已經與《切韻》音系大相徑庭，但其體例卻仍然沿用《廣韻》等韻書的編纂體例，先依平、上、去、入四聲分類，然後再依聲列韻。

而“非官韻”類的韻書，則可以分為兩類，一類是遵守“官韻”舊例，如《五音集韻》和《韻會》。二者在體例上與《廣韻》《集韻》一脈相承，也主要先依聲調次序羅列韻字（但《五音集韻》各卷首已經沒有像《廣韻》《集韻》那樣明確標明“上平聲”或“平聲一”等字眼）。另一類則不守“官韻”舊例，如《集成》《字學集要》《字學指南》等是先分韻部，再依韻分列四聲。

語言類型學是當代語言學的一門“顯學”[1]。“語言類型學有廣狹松嚴不同的種種含義，但都離不開一個‘跨’字，即它必須有一種跨語言（及跨方言、跨時代）的研究視角，才能稱為類型學研究。而嚴格意義上的類型學，是具有自己研究范式的‘語言共性與語言類型研究’。”[2]筆者覺得，通過對《集成》及其相關韻書的語音系統的比較，或者共時，或者歷時，或者夾雜方言成分等方面的比較，都可以稱為廣義上的類型學研究，我們通過相關韻書的相關問題的研究，來釐清韻書發展的脈絡，探索韻書之間的傳承關係，探索韻書互相傳承的類型特點。

三 關於“助紐”的傳承與演變

韻書的出現是中國辭書發展歷史長河中的一個特殊現象，而助紐又是中國韻書發展史中的一個特殊現象，頗值得我們研究。許多音韻學專著或論文在提到助紐一詞時，多為概念性介紹，如趙蔭棠提到的“新鮮仁然，在《韻鏡》上名為歸納助紐字，窺名思義，即在使人容易瞭解總母也”[3]。張世祿認為“雙聲語的流行足以表明當時類別聲紐的知識；應用這種知識來說明反切的方法，更從韻書的切語當中，明瞭各字間的雙聲關係，歸納得到聲紐的種類；便發生元刊本《玉篇》所載切字要法這一類的東西”，[4]指的便是助紐字。李新魁也談到“那些用來幫助拼切字音的雙聲字，它有說明聲母韻母（反切上下字）出切的作用，所以

[1] 劉丹青：《語言類型學與漢語研究》，載徐傑《漢語研究的類型學視角》，北京：北京語言大學出版社，2004：2。

[2] 同上。

[3] 趙蔭棠：《等韻源流》，北京：商務印書館，1957：149。

[4] 張世祿：《中國音韻學史（下冊）》，北京：商務印書館，1998：10。

從宋代以來，就被稱為‘助紐字’”。[1]黃耀堃則從“‘歸納助紐字’的特徵，探討‘三拼制’的歷史”。[2] 對助紐字進行較為全面研究的是香港中文大學的嚴至誠，他的《宋元助紐字資料考》，通過“縷述前賢有關‘助紐’字之成說，論其得失，探討‘助紐字’的本質”，[3]但主要局限在宋元時期。因此，對助紐字的歷史演變及其在韻書編纂中的傳承情況進行梳理，尤其是宋元以後的功能演變進行探索，就顯得十分迫切和重要。

據趙誠研究，我國古代韻書，最早的是魏李登編的《聲類》和晉呂靜編的《韻集》。他引隋潘徽《韻纂·序》說：“《三蒼》《急就》之流，微存章句；《説文》《字林》之屬，惟別形體。至於尋聲推韻，良為疑混；酌古會今，未臻切要。末有李登《聲類》、呂靜《韻集》，始判清濁，才分宮商。”[4]可見早期的韻書在編纂過程是尚未有“助紐”之説的。所謂助紐，也稱助紐字，《古漢語知識詳解辭典》釋之為：

> 説明出切的雙聲字。唐以前尚未類聚紛繁的反切上字，亦無“字母”以標聲目，為説明初學反切者出切，遂於反切上字之後引入兩雙聲字，如“歌”，居何切，於反切上字“居”後加“經堅”二字，念成“何，居經堅歌”。始於《玉篇》卷首《切字要法》。原文共分三十類，如下：
>
> 1. 因煙　2. 人然　3. 新鮮　4. 餳涎　5. 迎妍　6. 零連　7. 清千　8. 賓邊　9. 經堅　10. 神禪　11. 秦前　12. 寧年　13. 寅延　14. 真氈　15. 娉偏　16. 亭田　17. 陳纏　18. 平便　19. 擎虔　20. 輕牽　21. 稱燀　22. 丁顛　23. 興掀　24. 汀天　25. 精箋　26. 民眠　27. 聲羶　28. 刑賢　29. —　30. —29. 30原註明“四字無文”；29註：“如上平一東韻‘風’字，方中切，方—風。”30註：“如上平八微‘微’字，無非切。無—微。”較之三十六字母缺“知、徹、娘、牀、敷、奉”六類。據今人考證，

[1] 李新魁：《漢語等韻學》，北京：中華書局，2004：35。

[2] 黃耀堃：《歸納助紐字與漢字註音的“三拼制”》，載《語言研究》2008年第4期，第17—30頁。

[3] 嚴至誠：《宋元助紐字資料考》，中國音韻學研究會第十四屆學術年會論文，2006，8.

[4] 趙誠：《中國古代韻書》，北京：中華書局，1979：10。

《切字要法》是魏晉時代遺物，參照藏文三十字母制定（藏文三十字母中“斡”[wa]“喇”[ra]二母為漢語聲紐所缺），用解釋切語之雙聲關係。清張祥晉《七音譜》卷二云：“於反切上字處，加入兩個雙聲字，使反切上一字之力厚，則易轉出，此古切字法每模必立兩字之妙旨也。”由此雙聲而簡化，則成聲類標目的字母。故唐人《歸三十字母例》於三十字母之下複舉雙聲字，如：端丁當顛战　透汀湯天添　定亭唐田甜……明綿模民無。其後張麟之刊行的《韻鏡》、清江永《音學辨微》均錄為雙聲字。明濮陽淶《韻學大成》、清張吳曼《切字辨疑》，皆以此為聲母的標目。[1]

從目前我們所能檢索得到的資料來看，助紐確實是始於《玉篇》，但其後出現的諸韻書中，並沒有全部沿用助紐字，而是間斷性地出現在一些韻書中，足見助紐並不被所有編纂韻書的人所青睞，也沒有得到普遍的使用和繼承。下面，我們就對其發展歷史及其作用作個簡要的梳理。

（一）關於紐與助紐的語義

“紐”是漢語音韻學中一個較為特殊的詞，説其特殊，主要有兩個原因，一個是其使用頻率很高，一個是其概念具有一定的模糊性。關於“紐”的概念，學術界有多種説法，但公説公有理，婆説婆有理，尚難定論。胡安順認為：“最早提到‘紐’的文獻是唐代孫愐的《唐韻·序》。根據瑞典漢學家高本漢的研究，聲紐與現在所説的聲母畧有不同，它包括同輔音的顎化音和非顎化音，如‘見’紐包括[kj][k]兩個聲母。”[2]劉志成羅列了兩家關於“紐”的定義，如馬宗霍《音韻學通論》第五以為“紐”指韻；李新魁《漢語音韻學》以為紐的意思是紐結，指拼切。之後，錄空海《文鏡秘府論》所載《調四聲譜》來説明他的意見，劉先生認為：正紐指韻相同的雙聲字，傍紐指韻不同的雙聲字。“正，在一紐之中”即是正紐在韻同的平上去入之中。“傍，出四聲之外”即傍出同韻雙聲字的平上去入之外，韻不同。劉先生還認為：“助紐”本指雙聲字，所以《韻鏡》三十六字母，下有歸納助紐字，每個字母下列二字，即歸納幫助判斷雙聲的字。很多字是抄自《切

[1] 馬文熙、張歸璧：《古漢語知識詳解辭典》，北京：中華書局，1996：313—314。
[2] 胡安順：《音韻學通論》，北京：中華書局，2003：9。

字要法》二十八類又經補充修訂的。其修訂的有是因語音變化，如邦：賓邊；明：民眠等等。[1]劉先生並未單獨説明何為“紐”，但可以看出他並不認同把其歸為韻或者拼切的説法。而《語言學百科詞典》則認為“紐”是“音紐”“聲紐”的簡稱[2]，其釋“聲紐”為“聲母”[3]，釋“音紐”為“聲母”[4]。而《古代漢語知識詳解辭典》則釋“紐”為四個語義：

> 1. 全稱“聲紐”、“音紐”。聲母。本為聲、韻“紐結”拼切的意思，如南齊沈約的《紐字圖》。唐人禪神珙《四聲五音九弄反紐圖》云：“昔有梁朝沈約，創立紐字之圖。”章炳麟據唐人孫愐《唐韻·序》中“紐其唇齒喉牙部件而次之”一語，認為自此指導稱聲母……
>
> 2. 韻母。唐人封演《封氏聞見記》云：“周顒好為體語（案指雙聲字），因此切字皆有紐，紐有平上去入之異。”李新魁《漢語音韻學·字母、紐及助紐字》説：“這裡的紐，則是指韻母。”
>
> 3. 小韻。《中國大百科全書·語言文字》“聲紐”（謝紀鋒撰）：“最初指韻書每韻中的小韻，一個小韻稱一紐。”
>
> 4. 反切。唐代孫愐《唐韻》云：“‘蓋’字云公害翻，代‘反’以‘翻’；‘受’字下云平表紐，代‘反’以‘紐’。是則反也，翻也，紐也，一也。”唐人神珙《四聲五音九弄反紐圖》中的“反紐”，意即“反切”。[5]

從漢語音韻學名詞的角度來看，對於“紐”的解釋，《古代漢語知識詳解辭典》的義項是最多的，但其釋義值得商榷。一些大型字典的解釋也是不完整的，如《辭源》“紐”字的六個義項中，只有第五個義項釋為“聲母，漢語音節開頭的輔音”[6]。《漢語大字典》“紐”字的十二個義項，也只有第九個釋為“漢語音韻學名詞，指輔音或聲

[1] 劉志成：《漢語音韻學導論》，成都：巴蜀書社，2004：52—54。
[2] 戚雨村、董達武等《語言學百科詞典》，上海：上海辭書出版社，1998：287。
[3] 同上書，1998：245。
[4] 同上書，1998：427。
[5] 馬文熙、張歸璧：《古漢語知識詳解辭典》，北京：中華書局，1996：275—276。
[6] 吳澤炎、黃秋耘、劉葉秋等：《辭源》，北京：商務印書館，1990：2407。

母”。[1]兩部字典的解釋都是不全的。筆者認為，字典辭書作為一種工具書，其釋義全面、完整是應該的。但語言是發展的，不同的詞在不同的時代裏，其語義不能完全等同於字典辭書所解釋的義項，這是一個基本的常識。所以，從目前常見或習慣的用法來看，“紐”的語義主要應該包含《古代漢語知識詳解辭典》所釋義項中的某些義項，但不能完全等同。而《音韻學通訊》第25期（2006年8月）（徵求意見稿）中“音韻學名詞審訂”第22個名詞“紐”釋為三個語義：（1）又稱“聲紐”，指聲母。（2）指聲韻拼合。（3）指聲韻拼合得出的字音，在韻書中即為“小韻”。筆者認為是最為精當的。其與《古代漢語知識詳解辭典》所釋就基本相同，但更精確凝練。其精確之處就在於第二個義項“聲韻拼合”的表述上，它既含有“反切”的語義，而且體現了“紐結”“拼切”的過程，與李新魁的解釋有異曲同工之妙。

還有一點，為什麼許多人只把“紐”字理解為“聲母”這一語義呢？就連《語言學百科詞典》這樣的專門詞典也認為“紐”只指“聲母”的意思呢？筆者猜測，可能是受“助紐”一詞語義的影響。

關於“助紐”，學術界的認識是比較一致的，一般認為它是一組雙聲字，來幫助切識聲母，所以它只作用於聲母。這樣，“助紐”中的“紐”的語義範圍就縮小為“聲母”的意思了。我們從一些工具書關於助紐的描述就可以看出來，如上文引《古代漢語知識詳解辭典》所釋“……其後張麟之刊行的《韻鏡》、清江永《音學辨微》均錄為雙聲字。明濮陽淶《韻學大成》、清張吳曼《切字辨疑》，皆以此為聲母的標目”。《音韻學通訊》第25期（2006年8月）（徵求意見稿）中“音韻學名詞審訂”第163個名詞“助紐字”釋為“用以說明出切和識別字母的若干組雙聲字”就極為正確。由於這個語義基本沒有認識上的分歧，這裡不再贅言。

（二）從《玉篇》到宋元韻書中助紐字功用的演變

助紐字自其產生之日起，在韻書編纂中所承擔的主要作用是幫助字母拼讀反切。應該說，它是字母反切拼讀的一種輔助性工具。正如李新魁所指出的：“《玉篇》（上海涵芬樓印周氏藏元刊本）卷首列有‘切字要法’及‘三十六字母切韻法’各一則，即傳習拼切字音之法。

[1] 徐中舒主編：《漢語大字典》，成都：四川辭書出版社；武漢：湖北辭書出版社，1990：3377。

‘切字要法’所列‘一因煙、二人然、三新鮮、四錫涎、五迎妍’，即為助紐字，與《韻鏡》卷首張麟之所撰‘字母括要圖’中列出之助紐字‘賓邊、繽篇、頻蠙、民眠’等大致相同。所謂助紐字，乃是古人由於對字母（反切）的作用和拼音的方法認識不足，在拼音時應用來幫助拼切字音的一組雙聲字。古人拼音的方法，如《玉篇》‘切字要法’所述，‘（切語）上字喉聲，下二字即以喉聲應之（如歌字居何切，居經堅歌）；上字唇音，下二字即以唇音接之（如邦字悲江切，悲賓邊邦）’。這裡所舉的經堅和賓邊，就是助紐字，它作為切母的‘助手’使反切拼切成音。居一經堅一歌，就是這裡所説的‘凡三折’。這種拼音法實際上是很累贅的。”[1]由於助紐字源自《玉篇》，我們不妨看看《玉篇》中關於助紐字的有關表述。

《玉篇》中的《切字要法》指出：“一因煙，如入聲十六屑韻噎字，一結切一因煙噎，餘皆倣此。二人然，三新鮮，四錫涎，五迎研，六零連，七清千，八賓邊，九經堅，十神禪。秦前（如下平四宵韻樵字慈消切，慈秦前樵），寧年，寅延，真氈，娉偏，亭田，輕牽，稱燀，丁顛，興掀、汀天、精箋、民眠、聲膻，刑賢。右七十字乃切之要訣也，上字喉聲，下二字即以喉聲應之（如歌字居何切，居經堅歌），因煙與一字同元，人然與二字同出，學者苟能口誦心惟，顛倒熟記。雖無文四字，亦皆隨口而成，所謂五聲八音之別、輕清重濁之分，與夫羅紋反紐，皆不待停思而自明矣。”從以上表達，可以很清楚地看出，所舉之例，均用於拼讀字母的，其助紐的作用確是“幫助拼切字音”。《玉篇》中還有《三十六字母切韻法》表，如表五。

表五：《玉篇》三十六字母切韻法

經電 經經 堅	魚其 魚銀 言	徒徑 徒廷 田	敕列 敕侲 延	博旁 博賓 邊	眉兵 眉民 綿	父勇 父墳 煩	七情 七親 千	徐嗟 徐錫 涎	仕莊 仕榛 潺	於境 於殷 焉	俞戌 俞匀 緣
見	疑	定	徹	幫	明	奉	清	邪	牀	影	喻

[1] 李新魁：《韻鏡校證》，北京：中華書局，1982：118。

續表

牽奚 牽 輕牽	多官 多 丁傎	年題 年 寧年	持陵 持 陳廛	普郎 普 繽偏	匪微 匪 分蕃	無非 無 文樠	牆容 牆 秦錢	之笑 之 征氈	式荏 式 身羶	馨烏 馨 馨祅	郎才 郎 鄰連
溪	端	泥	澄	滂	非	微	從	照	審	曉	來
衢雲 衢 勤虔	他候 他 汀天	珍離 珍 珍邅	女良 女 紉[illegible]	部迴 部 頻蠙	芳蕪 芳 芬番	子盈 子 津煎	思尋 思 新仙	昌緣 昌 嗔昌	時連 時 辰常	轄甲 轄 礥賢	入質 入 仁然
羣	透	知	娘	並	敷	精	心	穿	禪	匣	日

表五中三十六字母的反切下列出切語上字，之後列出助紐字，並拼讀出其所代表的聲母。如：經電—經—經堅—見，魚其—魚—銀言—疑。這樣，三十六字母就配有三十六個助紐。所以，其用來幫助拼讀聲母反切的作用是毋庸置疑的。

然而，助紐字這種輔助字母拼讀的功用並沒有一直被韻書編纂者所沿用。應該説，到了宋元時期，助紐字實際上已經只充當起輔助判斷聲母的作用了。以《韻鏡》為例，卷首列有三十六字母和歸納助紐字表，表中三十六字母對應三十六組助紐字，並各自標明七音清濁，而正文中都是韻圖，圖中排列的都是小韻，並無切語，助紐字輔助拼切的作用從何説起呢？所以這三十六組助紐字也就成了三十六個字母的替代名詞了。

又如《四聲等子》卷首列有“七音綱目”（見於《等韻五種》）（見表六）：

表六：七音綱目表

五音／清浊	角	徵		宮		商		羽	半商徵	
	牙音	舌頭	舌上	唇重	唇輕	齒頭	正齒	喉音	半舌	半齒
全清	見	端	知	幫	非	精	照	影		
	經堅	丁顛	珍邅	賓邊	分蕃	津煎	諄專	因煙		
次清	溪	透	徹	滂	敷	清	穿	曉		
	輕牽	汀天	獺脡	砏篇	芬翻	親千	春川	馨軒		
全濁	羣	定	澄	並	奉	從	牀	匣		
	勤幹	廷田	陳纏	貧便	墳煩	秦前	神遄	刑賢		

續表

五音 / 清浊	角	徵		宮		商		羽	半商徵	
	牙音	舌頭	舌上	脣重	脣輕	齒頭	正齒	喉音	半舌	半齒
不清	疑	泥	娘	明	微			喻	來	日
不濁	銀言	寧年	紉[illegible]	民綿	文樠			寅延	鄰連	人然
全清						心	審			
						新先	申膻			
半清						邪	禪			
半濁						餳涎	純船			

此表中所列的助紐更可以説是三十六字母的代名詞了。表中三十六字母下各自標有一助紐字，其七音、清濁的性質完全與三十六字母一樣。這就是説，助紐字的地位已經等同於字母了。

元至順間福建建安椿莊書院刊刻的《事林廣記》和元明之際的著名學者陶宗儀所著的《南村輟耕錄》也都有助紐字。魯國堯就曾指出："現在的載有助紐字的早期文獻有涵芬樓影印元本《玉篇》卷首的'三十六字母切字法'，《切韻指掌圖》檢例的'三十六字母圖'，《四聲等子》的'七音綱目'，《韻鏡》前的'歸納助紐字'，都是宋時之物，大同而小異。與此四者有一定區别的是上述元刊本《玉篇》卷首的'切字要法'，只有三十母，其中'四字無文'：'非微'二母無助紐字，以'——'表示。元至順間（1330—1333）福建建安椿莊書院刊刻的《事林廣記》後集卷九幼學類的'切字要法·六十字訣'幾與之全同。《輟耕錄》射字法的助紐字則屬於這個系統。"[1]

由此可見，《玉篇》時期，助紐字主要是起輔助拼讀字母反切上字的作用，它是一組與所拼讀字母聲類相同的雙聲字。而到了宋元時期的韻書裏，它輔助拼讀的作用已經弱化，或者説已經消亡，而進而成為字母的替代名詞了。

（三）明清時期助紐字作用的混亂

到了明清時期，助紐字的作用，已經顯得很混亂了。有的是延續宋元時期代表字母的作用（與字母並存）；有的是延續《玉篇》時期的拼切作用；有的甚至越俎代庖，直接代替字母；有的則是成了花瓶，純粹成了一種擺設。

[1] 魯國堯：《魯國堯語言學論文集》，南京：江蘇教育出版社，2003：221。

據《續修四庫全書》經部第229冊所載，明宋濂撰《篇海類編》附錄中附有《三十六字母切韻法》和《切字要訣》兩表，均與助紐字有關，現將此二表摘錄如表七和表八：

表七：《篇海類編》三十六字母切韻法

經	牽	徒	年	博	普	父	部	徐	之	於	馨	多	他	匪	芳	式	時
電	溪	徑	尼	旁	郎	勇	非	嗟	笑	境	鳥	官	候	微	蕪	准	連
經 經 堅	牽 溪 經	徒 廷 田	年 寧 年	博 賓 邊	普 繽 偏	父 墳 煩	部 頻 蠙	徐 錫 涎	之 征 氈	於 殷 焉	馨 馨 祆	多 丁 顛	他 汀 天	匪 芬 蕃	芳 芬 蕃	式 身 羶	時 辰 常
見	溪	定	泥	幫	滂	奉	微	邪	照	影	曉	端	透	非	敷	審	禪

瞿	魚	珍	敕	眉	密	七	子	昌	仕	轄	俞	時	女	牆	思	郎	入
雲	其	離	列	迥	兵	盈	精	緣	莊	甲	遇	陵	良	容	尋	才	質
衢 勤 虔	魚 銀 言	珍 珍 邅	敕 辰 延	眉 民 綿	密 民 頻	七 清 千	子 津 煎	昌 嗔 昌	仕 榛 潺	轄 礥 賢	俞 勻 緣	時 陳 纏	女 紐 [illegible]	牆 秦 錢	思 新 仙	郎 鄰 連	入 仁 然
羣	疑	知	徹	並	明	精	清	穿	牀	匣	喻	澄	娘	從	心	來	日

表八：《篇海類編》切字要訣

力	德	尺	此	在	天	象	求	倉	宗	於	丘
董	紅	裹	絲	禮	黎	呂	於	故	蘇	蓋	皆
力零 連	德丁 顛	尺嗔 襜	此親 千	在情 錢	天汀 天	象尋 前	求勤 虔	倉親 千	宗津 煎	于恩 安	丘輕 謙
龍	東	侈	雌	薺	梯	敘	渠	措	租	愛	揩

杜	枯	思	逋	胡	披	區	胡	莫	居	之	而
對	回	進	昆	慣	班	願	涓	報	爻	六	中
杜廷 田	枯鏗 堪	思心 先	逋兵 邊	胡恩 安	披娉 偏	區欽 牽	胡因 煙	莫明 綿	居今 堅	之真 詁	而仁 然
隊	恢	信	奔	患	攀	券	玄	帽	交	祝	戎

《切字要訣》後附曰“要訓上二字是韻母，下一字是韻子，俱遵

《洪武正韻》調協而來，其與舊本因煙、人然不同，凡欲切字者，須讀數百遍，則口唇輕便，宮商在其舌端而天下無難切之字矣”。

表八與《玉篇》的《三十六字母切韻法》不盡相同，雖均為三十六字母，但其切語並不全與《篇海類編》的切語符合，如：泥年題切，澄為直陵切，羣為渠雲切，等等。而表八則主要通過二十四個代表字的切語來示範助紐的切字方法。此二表中的任一組助紐字都是雙聲關係，其與被切字的切語上字也是雙聲關係，可見其主要功能是幫忙切聲母。

據影印文淵閣《四庫全書》第237冊所載，宋司馬光撰《切韻指掌圖》卷三附有明邵光祖所撰《檢例一卷》，其中提到助紐與七音清濁的關係，其“三十六字母圖（引類清濁）”中非常清楚地表明了二者的關係，我們將其羅列如下：

端丁顛全清，透汀天次清，定廷田全濁，泥寧年不清不濁；舌頭音；

知珍邅全清，徹癡脡次清，澄陳纏全濁，娘紉聯不清不濁；舌上音；

幫賓邊全清，滂繽篇次清，並貧便全濁，明民綿不清不濁；唇音重；

非分番全清，敷芬蕃次清，奉墳煩全濁，微文亡不清不濁；唇音輕；

精津煎全清，清親千次清，從秦前全濁，心新先全清；斜餳涎半濁半清，齒頭音；

照征邅全清，穿嗔蟬次清，牀崢潺全濁，審身膻全清；禪唇蛇半濁半清，正齒音；

影因煙全清，曉馨軒次清，匣刑賢全濁，喻寅延不清不濁；是喉音；

來鄰連不清不濁，日人然不清不濁，舌齒音。

此表雖然附于宋人所撰《切韻指掌圖》之後，但作者是明代人，所以他們應該是代表明清時期的觀點，以上所列的丁顛、汀天、廷田、寧年等全部是助紐，但這樣的表述與表六中所列没有什麼差異，助紐字已經完全等同於各自前面的字母了，字母與助紐並存。

更有甚者，如明嘉靖年間舉人濮陽淶所著《韻學大成》則用助紐字取代字母了。趙蔭棠認為：“新鮮仁然，在《韻鏡》上名為歸納助紐字，窺名思義，即在使人容易瞭解總母也。今濮陽氏削總母而存助紐，可以説是又化簡為繁，殊不知要。”[1]

明代編纂的韻書《集成》和《字學集要》也都有助紐字。《集成》的助紐見於每一韻部開頭的韻目總覽圖中及《併音連聲直音篇》的開頭總日提供的“七音清濁三十六母反切定局”表（按：王進安《〈韻學集成〉與〈直音篇〉比較》認為二書是姊妹篇，所以此表應當可以統領二書的聲類情況[2]），具體内容如表一。

從表中歸併的情況來看，助紐與字母也是等同的，但並不能準確概括出正文中的聲類數。表中已將三十六字母併為三十三類，然耿振生認為“卷首‘七音三十六字母反切定局’列了三十三個聲母，僅比三十六字母少知、徹、澄三字母；但書中實際的聲母是三十二個，不分非、敷”。[3]李新魁則認為“聲母方面，它把三十六字母中的知、照組聲母合在一起，又併疑于喻（疑紐在開口呼字中仍存在），併娘于泥，所以只有三十一個聲母。它採用《古今韻會舉要》的做法，以宫商等七音及清濁來區分聲母，另一方面，又按呼的不同，將聲母分為一百四十四聲”。[4]從係聯的情況來看，兩位先生的觀點都是正確的，但都不全面，據王進安博士學位論文的研究，《集成》的聲類數只有30個[5]，剛好是兩位先生觀點的綜合。我們先看“不分非敷”的情況。《集成》中存在敷母與非母互切的現象，如：

敷：泛：孚梵切；法：方甲切。

非：旛：孚艱切；貶：方諫切。

根據陳澧《切韻考》的係聯規則“切語上字與所切之字為雙聲，則切語上字同用者、互用者、遞用者，聲必同類也”，泛與旛切語上字同用，法與貶切語上字同用，由此可見非、敷實同一部。同理，李新魁先生也是對的，我們也係聯出疑、喻二母也有互切的現象，如：

疑：於：雲俱切；與：弋渚切；豫：羊茹切；為：於嬀切；

喻：胤：羊進切；逸：弋質切；耀：弋笑切。

[1] 趙蔭棠：《等韻源流》，北京：商務印書館，1957：149。

[2] 王進安：《〈韻學集成〉與〈直音篇〉比較》，載《福建師範大學學報》2005年第4期，第86—89頁。

[3] 耿振生：《明清等韻學通論》，北京：語文出版社，1992：240。

[4] 李新魁：《漢語等韻學》，北京：中華書局，2004：228。

[5] 王進安：《〈韻學集成〉研究》，福建師範大學博士學位論文，2005：49—72。

而且，“真”韻的第六聲部將疑、喻合二為一聲部來排序，也説明《集成》的作者章黼已經意識到二者已經合為一部了。這些合併，都是無法從助紐字和字母的排列中看出來的。

由此可見，《集成》中的助紐字與字母的地位是相同且並存的。但助紐字與字母又不是一一對應的，其對助紐的用字似乎比較隨意，用字前後有時會不一致，如同為“邪”母的助紐，其名稱就有餳涎、餳前、餳延、餳茲等，顯然，前（從，中古聲母，下同）、延（以）、茲（精、從、匣）都無法與餳（邪）成雙聲，造成這種情況的，要麼就是編纂者失誤，要麼就是與方言有關（按：如果説與方言有關，那應該會影響到《字學集要》，我們認為前一原因的可能性更大）。有時兩個助紐只代表一個聲類，如辰常、神（船）禪同表禪母。而照組的助紐字就更亂了，如徹母稱（昌）燀（昌）、穿母嗔（定、昌）延（以）、嗔昌（昌）可歸併為一類。這一現象與任何一部韻書都不同。對助紐的隨意應用，也讓我們覺得，《集成》中助紐實際上已經可有可無，純屬一種擺設了。如果嚴格依據其助紐字來歸納聲類的話，將陷入無法詮釋的泥淖中。

《字學集要》全稱《併音連聲字學集要》（以下簡稱《集要》），關於它的聲母，李新魁認為“與《韻學集成》相同。聲母方面，也是以助紐字作為標目，分為二十七聲類：

因煙　人然　新鮮　餳涎　迎研　零連　清千　賓邊
經堅　勻緣　征氈　傳偏　亭田　澄廛　平便　擎虔
輕牽　稱川　丁顛　興掀　精箋　明眠　聲羶　分蕃
墳煩　刑賢　汀天

這二十七個聲母，較之三十六字母，少了疑、微、非、邪、禪、牀、知、徹、娘九字母，這大概表示當時的疑母已經消失，變入零聲母（一部分字合入泥母），微母也是如此。而非母與敷母合一，邪與從、禪、牀與澄合一，知與照、徹與穿合一，娘與泥合一。這個聲母系統，與《韻學集成》《韻學大成》相去不遠，它們都保存了全濁音聲母，只是其中某些聲母合併了”。[1]

耿振生認為其聲母有以下六個特點：

a.“迎研”一母包括了古泥母和疑母，在書中細音字二類完全

[1] 李新魁：《漢語等韻學》，北京：中華書局，2004：230。

合流，洪音字仍存在對立，故擬為兩個音標。

b.古匣、喻二母字在書中已完全合流，“刑賢”“匀緣”兩母實屬同一音位，前者用於洪音，後者用於細者。

c.一部分古知、照係字變入精係。

d.古從母、邪母合流。

e.古船、禪、日三母合流，分屬“澄廛”“人然”。

f.古奉、微二母合一。[1]

從以上兩位先生的研究來看，都直接把助紐字當作聲母來看待了，這又讓我們看到助紐字作用的“返古”現象。《集要》篇首列有一《切字要法》，表格與《玉篇》前的《三十六字母切韻法》極為相似。不同之處，在於《集要》以助紐字為標目，而《玉篇》以反切為標目；而且《集要》前《切字要法》中二十七母的切語全部源自《集要》裏面，《切字要法》後還附有文字說明：“右學切法，須用讀至千遍後，其口舌利便，音和聲順，自然能切矣。讀切法：于境——於因煙——影——影因煙；石質——石人然——日——日人然。餘倣此。”這至少說明兩點：第一，《集要》的助紐也相當於字母，而且並存；第二，《集要》的助紐字是真正用來教人拼讀字母反切的。它的助紐作用遠遠大於《集成》。

此外，《續修四庫全書》第258冊第580頁中有清代李鄴撰《切韻考》四卷，其前列有“七音圖（見端幫非精照曉來等韻之次序）”（括弧内文字為原書文字說明）：

喉音：見　經　堅
　　　溪羣　輕勤　牽虔
　　　疑影喻　英寅　煙延

（王宗道曰：“宮喉音，劉鑒真空謂角齶音，非；或曰牙音，亦非。”）

舌音：端　丁　顛
　　　透定　汀亭　天田
　　　泥娘　甯　年

（徵舌音，諸家同，或曰舌頭音）

[1] 耿振生：《明清等韻學通論》，北京：語文出版社，1992：203。

重唇音：幫　賓　鞭
　　　　滂並　砯平　篇便
　　　　明　民　綿

縫唇音：
　　　　非　分　番
　　　　敷奉　芬汾　翻煩
　　　　微　文　樠

（半喉、縫唇、輕唇音，溫公曰宮喉音；《直圖》曰唇齒合音，縫唇微母字最少，如萬物無文問味等字，方音多讀似喻母。今人遂併四為二，豈知陰陽平各有發送收三迭，不可混併耶。）

從“七音圖”實際表意及正文的內容來看，此書中的助紐字與字母也是一一對應，同時並存的，但也形同虛設，没有起到什麼實質性的作用。

（四）從助紐字的聲類歸併看其體現出來的語音變化規律

我們知道，切語上字與助紐字是雙聲的關係，因此，通過助紐字的聲類歸併，我們可以解讀出不同韻書在聲類上的變化規律，這對我們分析其聲類的歸併具有十分重要的參考價值。魯國堯就曾將《輟耕錄》的射字法與《字學集要》《聲韻會通》的助紐系統和聲母進行比較，分析其聲類歸併情況，並得出“《輟耕錄》射字法的聲母字和助紐字系統反映了一個吳方言的聲母的若干特點，與《字學集要》《聲韻會通》的助紐字系統和聲母非常近似，把《輟耕錄》射字法放在這歷史背景下，再結合現代松江音加以考察，就易於理解它是反映的元代松江音”的結論。[1]又如上述《切韻考》前所列“七音圖”，助紐字並不能都全面體現音變（指聲母歸併）的情況，如英煙（影）和寅延（以）並不能看出“疑影喻”三母是如何合併成兩類的，其聲母的歸併只能通過韻書的聲韻體係體現出來，這也可説明我們無法從其助紐字中看出音變的準確情況（如聲母的歸併等）。

綜上，從《玉篇》出現助紐字以來，我們所能看到的關於助紐拼讀作用的説明或表格，最明顯的應當就是《玉篇》和《集要》，而像《韻學大成》那樣直接以助紐字作為聲母而不出現字母的現象是極少的，也是不足取的。從梁代以來，助紐字在各時代韻書編纂中的地位與作用呈現出時強時弱的特殊現象，為我們深入研究聲母演變的情況提供了很好的素材，但它是否還隱含著語言發展中的其他現象，如黄笑山關於助紐

[1] 魯國堯：《魯國堯語言學論文集》，南京：江蘇教育出版社，2003：223—228。

字等第的説明[1]、黃耀堃關於助紐字的開合問題和聲調的問題（按：黃先生認為助紐字的第二個特徵是全部有平聲的讀音）[2]等，都為我們深入研究助紐字奠定了良好的基礎，提供了很好的思路，這些問題也是我們研究助紐字中不可忽略的重要內容。

第二節　韻書字書編纂中"篇韻並行"的模式探索

《四庫全書》小學類共分訓詁之屬、字書之屬和韻書之屬三類。可見，韻書和字書既是傳統小學文獻的重要組成部分，又是各自獨立的類別。但是，在漢語辭書發展的歷史長河中，有不少字書和韻書有著非同一般的關係，它們韻書配字書，字書輔韻書，自成體係，相輔相成，互相補充成缺一不可的聯屬關係，學術界把這樣的字書和韻書合稱為"篇韻"。如果把漢語辭書編纂史上的這種"篇韻"並行的特殊情況看作一種編纂模式的話，那麼，自宋代以來傳統小學中字書和韻書的編纂，就有很多仿照這種編纂模式的，而"雙軌並行"是這一模式類型的重要特徵。筆者對這種"篇韻"並行編纂模式進行簡要總結，試圖分析這種現象的異同之處。

一　關於"篇韻"之説

關於"篇韻"的説法，古已有之。《經史正音切韻指南》後就附有《檢篇韻法》。《漢隸分韻》卷一明確指出："小學不絶如線，字書行於今者，篇莫加於《類篇》，韻莫善於《集韻》。"當代學者中，對"篇韻"進行專題研究的不多，主要有趙振鐸、魯國堯、甯忌浮、楊軍等人。趙振鐸在總結宋代辭書編纂的特點時指出有三套韻書配字書的模式。趙先生指出："《廣韻》和《大廣益會玉篇》（以下簡稱《玉篇》）是宋代第一套雙軌並行的韻書和字書"，《集韻》和《類篇》是"第二套相配的字書和韻書"，《五音集韻》和《篇海》是"第三套相配的字書和韻書"[3]。他説："這兩部書（按：指的是荊璞所編的《五音集韻》和王與秘所編的《篇海》）在當時應該是有影響的，但是都没有流傳下來。

[1] 黃笑山：《〈切韻〉於母獨立試析》，載《古漢語研究》1997年第3期，第7－14頁。

[2] 黃耀堃：《歸納助紐字與漢字註音的"三拼制"》，載《語言研究》2008年第4期，第17—30頁。

[3] 詳見趙振鐸《中國語言學史》第四章第241－243頁的有關內容。

倒是真定松水的韓孝彥父子對這兩部書進行改編，寫成《改並五音集韻》和《改並五音類聚四聲篇海》（下文簡稱為《四聲篇海》）。這兩部書受到明朝和尚們的重視，寺廟裡面多次刊刻它們。特別是韓孝彥兒子韓道昭的《改並五音集韻》，取代了荊璞的《五音集韻》，後來的人就把韓道昭的書也稱為《五音集韻》，不再添加“改並”字樣。”[1]對於這樣雙軌並行的字書和韻書的稱法，趙先生也進行了界定：“韻書省稱為‘韻’，字書省稱為‘篇’。這一時期出現了字書和韻書合稱的‘篇韻’。”[2]魯國堯認為顧野王《玉篇》和陸法言《切韻》是第一代“篇韻”，《廣韻》和《大廣益會玉篇》是第二代“篇韻”，《類篇》和《集韻》是第三代“篇韻”；此外，魯先生還指出詳畧本韻書與形書可以構成一種“三位一體”模式。[3]甯忌浮也指出：“字書與韻書共榮，二者相互配合，即所謂‘篇’與‘韻’互為表裡，是明代音韻文字之學的突出特徵。”[4]甯先生不僅羅列了明代有“篇韻”關係的10個組合，還從收字、註釋和註音三個方面對“篇韻”關係進行分析。楊軍、儲泰松也指出：

> 雖《尚書音義》之“篇韻”指《玉篇》、《切韻》，與魯先生所舉宋人之“篇韻”不盡同，然亦為宋人之語（吳承仕，1986）。《玉海》卷四五：“太平興國二年（977）六月，詔太子中舍陳愕等五人同詳定《玉篇》、《切韻》。”二書連言，蓋得簡稱“篇韻”矣。[5]

以上諸家的研究和歸納，雖然在“篇”與“韻”的具體搭配上畧有出入，但在“篇韻”的概念論述和內容理解上是一致的，都認同“篇韻”並行就是“字書和韻書”相配刊行。

二　“雙軌並行”模式的相似性

首先，要確定本書所指具有“篇韻並行”模式的字書和韻書。古代

[1] 鑒於此，下文所提的《五音集韻》和《篇海》，除特別說明外，均分屬韓道昭的《五音集韻》和韓孝彥的《改並五音類聚四聲篇海》（簡稱為《四聲篇海》）。

[2] 同上，第242頁。

[3] 魯國堯曾於1992年和1993年在《中國語文》發表《〈盧宗邁切韻法〉述評》。後幾經修改，並將該文收錄於《魯國堯語言學論文集》中，以上表述主要參考該書第341—345頁的相關論述。

[4] 參見甯忌浮《漢語韻書史》（明代卷）第474頁。

[5] 參見《中國語言學》第四輯第29頁的《今本〈釋文〉引〈切韻〉〈玉篇〉考》。

辭書中，篇韻並行的情況很多，除趙先生所指出的三套模式外，甯忌浮不僅羅列明代字書和韻書的10種組合，還提到清代和海外一些“篇”與“韻”的組合情況[1]。筆者對《〈韻學集成〉與宋金元明有關韻書的關係研究》這一課題所涉及的韻書進行分析時，就有五本韻書與有關字書存在這樣的“篇韻並行”模式，這五本韻書分別是《廣韻》《集韻》《五音集韻》《洪武正韻》和《韻學集成》。這五組的“篇韻”組合，均依趙先生和甯先生分析。其中，與《韻學集成》並行的字書《直音篇》，以部首為序，先依字形，再按韻分列，其體例與《類篇》《四聲篇海》和《洪武正韻彙編》等稍顯特殊，既可歸韻書，又可歸字書，《文字音韻訓詁知見書目》將其列為文字之屬[2]，因此，為了本書説明的需要，我們暫將其列為字書。另據《篇海類編序》所言：“高皇帝以同文之治一天下緣論究弊，定為《洪武正韻》，令甲昭然，安可不遵守哉？景濂宋學士恐學者牽于俗，迷於教而或識認不真，嘗以《篇海》原本遵依《洪武正韻》而參合成書”[3]。這樣看來，《正韻》與《篇海類編》似乎也是一套雙軌並行的韻書和字書。不過依甯忌浮的研究，《正韻》與《洪武正韻彙編》才真正是一套雙軌並行的韻書和字書[4]。下文將對這五種模式進行簡要分析和介紹。

其次，要分析這些字書與韻書形成編纂模式化的緣由。在古代，編纂一部韻書往往要歷時數載，官修韻書在人力、物力上都投入很多，如《集韻》“宣導編寫是在景佑年間，編成於寶元二年（1039），刻成于慶曆三年（1043）”[5]，而且參編人員很多。而個人編修韻書就更是殫精竭慮，如章黼編纂《韻學集成》歷時卅載而成。既然如此，為何編者在編完韻書之後，還煞費苦心去編纂字書呢？如《集韻》收字53525字，其收字之多，在字書和韻書的編纂中是史無前例的。方成珪曾在《集韻考正・自序》中指出“文莫古于《説文》，韻莫詳於《集韻》”[6]，那

[1] 甯忌浮：《漢語韻書史》（明代卷），第475—476頁。

[2] 陽海清、褚佩瑜、蘭秀英編：《文字音韻訓詁知見書目》第122頁列有《直音篇》8種版本。

[3] 參見《續修四庫全書》第二二九冊，經部小學類第537頁。

[4] 《篇海類編》舊題宋濂撰，屠隆訂正。依甯忌浮先生《漢語韻書史》第488頁所提“《四庫全書總目》已有批駁，定為‘妄坊賈所託名’”，此書為“篇”可疑。甯先生還在該書第475頁中明確將《正韻》與《洪武正韻彙編》列為“篇”“韻”組合。

[5] 參見趙振鐸《集韻研究》第2頁，北京：語文出版社，2006年。

[6] 參見趙振鐸《集韻研究》第201頁，北京：語文出版社，2006年。

麼，既然有《集韻》，為何還編寫《類篇》呢？解決諸如此類的問題，得從這種與韻書有聯屬關係的字書的編纂目的説起。《類篇•序》云：“今夫字書之於天下，可以為多矣，然而從其有聲也，而待之以《集韻》，天下之字以聲相從者無不得也；從其有形也，而待之以《類篇》，天下之字以形相從者無不得也。既已盡之以其聲矣，而又究之以其形，而字書之變曲盡。蓋天聖中諸儒始受詔為《集韻》。書成，以其有形存而聲亡者，未可以責得於《集韻》也，於是又詔為《類篇》，凡受詔若干年而後成。”“從其聲也”和“從其有形也”可以説是道出了《類篇》與《集韻》編纂目的的不同。該《序》還指出“其編纂之例有九：一曰同音而異形者，皆兩見；二曰同意而異聲者，皆一見；三曰古義之不可知者，皆從其故；四曰變古而有異義者，皆從今；五曰變古而失真者，皆從古；六曰字之後出而無據者，皆不特見；七曰字之失故而遂然者，皆明其由；八曰《集韻》之所遺者皆載；九曰字之無部分者，皆以類相聚。考《集韻》所收並重文為五萬三千五百二十五字，此書凡文三萬一千三百一十九，重音二萬一千八百四十六，僅五萬三千一百六十五字，較《集韻》所收尚少三百六十字。而《例》云：‘《集韻》所遺皆載’者，蓋《集韻》重文頗為雜濫，此書凡字之後出而無據者，皆不特見。故所刪之數多於所增之數也，其所編録雖不及《説文》《玉篇》之謹嚴，然字者，孳也。輾轉相生有非九千，舊數所能盡者，《玉篇》已增于《説文》，此書又增於《玉篇》，時會所趨，久則為律，有不知其然而然者，固難以一格拘矣”。這詳細説明了《類篇》的編纂體例及其與《集韻》收字有偏差的緣由。張渭毅指出：“寶元二年（1039年），《集韻》告竣，緊接著，《類篇》上馬編纂，就是為了解決檢索《集韻》字音的難題。《類篇》以字形為綱編排《集韻》韻字的形、音、義，在内容上跟《集韻》有很大的共性，但又對《集韻》的少數又音刪、改、並，在釋義和異體字的處理上跟《集韻》多有不同，體現了編者的意圖，是一部與《集韻》相副施行的、有相對獨立性的字書。”他同時還指出“《集韻》是《廣韻》的增修本”[1]。周録碩士學位論文《〈類篇〉部首異體字研究》[2]也指出：“《類篇》是為了和《集韻》‘相副施行’而編纂，從另外一個角度來看，我們幾乎可以認為《類

[1] 張渭毅：《中古音論》，開封，河南大學出版社，2006。

[2] 周　録：《〈類篇〉部首異體字研究》，浙江大學碩士學位論文，2005。

篇》是對《集韻》的又一次整理，是將《集韻》這本韻書以字書的形式重現……韻書按音歸字的編纂原則使得它對異體字的整理有先天的優勢，但是《集韻》對韻目分類太細，導致重出字太多。《類篇》的出現在彌補了《集韻》重出字太多的缺陷的同時，又因為字書按部歸字的編纂原則將一些屬於不同部首的異體字分列。”也探索了《集韻》與《類篇》並行的緣由。可見，《類篇》的出現，主要以“從其有形也”為目的，補正“《集韻》重文頗為雜濫”之弊，也就是說，為了與《集韻》“相副施行”才編纂的。

《廣韻》和《玉篇》雙軌並行，學術界較少提及。趙振鐸指出：“《廣韻》成書後兩年，陳彭年又奉旨對顧野王《玉篇》進行刪訂，用它和《廣韻》相配。書成之後，名為《大廣益會玉篇》。”[1]朱尊彝《重刊玉篇序》也指出：“顧氏《玉篇》本諸許氏，稍有升降損益，迨唐上元之末，處士孫強稍增多其字，既而釋慧力撰《象文》，道士趙利正撰《解疑》，至宋陳彭年、吳鋭、丘雍輩又重修之。於是廣益者衆而《玉篇》又非顧氏之舊矣。”甯忌浮也指出二書是“現在知道的最早‘篇’‘韻’組合。”[2]魯國堯也曾對此進行了分析（詳見上文介紹）。

《五音集韻》與《四聲篇海》的成書時間則較為複雜。周國光認為：“除《四聲篇海》外，韓孝彥還把《四聲篇海》所收之字改為按韻部編排，編《五音集韻》一書，使二書並行，以利使用。這種做法概仿《集韻》同《類篇》之例。可惜未能終稿。這項工作是由他的次子韓道昭來完成的。韓道昭，字伯暉，幼奉家學，精於音韻、文字之學。他承其父志，一方面將《五音集韻》編成，另一方面又將《四聲篇海》改並增補，使之趨於完善。二書並行，其父孝彥遺志終得實現。”關於《四聲篇海》的成書，他說：“此書為韓孝彥首先編成于金明昌丙辰（1196年）。其後韓道昭對此書進行了改並、增補。改並重編工作完成于金泰和戊辰（1208年）。至金崇慶元年（1212年），此書又增‘雜部’二百餘字。至此，全書基本定形。”[3]趙誠介紹《五音集韻》的成書時間說：“此書寫成于金泰和八年（1208年），一說完成于韓道升寫序的那

[1] 趙振鐸：《中國語言學史》，石家莊：河北教育出版社，2000：241。

[2] 甯忌浮：《漢語韻書史》（明代卷），上海：上海人民出版社，2009：475。

[3] 周國光：《〈四聲篇海〉瑣論》，載《信陽師範學院學報》1986年第1期，第104頁。

一年，即金崇慶元年（1212年）。”[1]從目前檢索得到的資料來看，二者成書的時間應十分接近。那麼，當時的韓孝彥為何要同時編纂此二書呢？這得從後代對二書作用的評價説起。據成化丁亥重刊《四聲篇海》序言指出：“景祐中，丁度加修《廣韻》為《集韻》，司馬光為《類篇》，此篇韻之名所由始也……韓孝彥改《玉篇》歸於五音。逐三十六母取切最妙。復述論圖詞頌，置諸篇首，以便檢閲。及仲子道昭，雖其學出自家庭，而獨得尤精。見篇中部目太繁，即形相類。雜在他部者悉加改併。如吅品隨口入溪，雠雦隨隹入照，麤隨鹿，羴隨羊之類是已。”《四庫全書總目》卷四十三《四聲篇海》十五卷（通行本）云：“是編以《玉篇》五百四十二部，依三十六字母次之，更取《類篇》及《龍龕手鏡》等書，增雜部三十有七，共五百七十九部。凡同母之部各辨其四聲為先後，每部之内又計其字畫之多寡為先後，以便於檢尋。其書成於明昌承安間，迨泰和戊辰，孝彥之子道昭又改並為四百四十四部。韓道升為之序，殊體僻字，靡不悉載。”《四庫全書·古今韻會舉要提要》指出：“金韓道昭《五音集韻》始以七音四等三十六母顛倒唐宋之字紐，而韻書一變。”可見，韓孝彥當時同時編纂字書和韻書的目的，也是為了檢尋方便，既能依七音三十六母檢閲，又能依部首次序進行檢尋。

《直音篇》亦依部首列字，每部以下再依韻次第，詳依平上去入四聲之序，這都體現了編纂者對另編字書的主要思想：按部檢字，方便查閲。而韻書則依韻排列，主要體現其聲韻調體係，有些韻字不知讀音，或者對反切的拼讀有困難者，或者只知其音，不知其聲韻類者，通過韻書是很難查檢的，這也是編者一定要韻書、字書並行的原因所在。

再次，這些韻書與字書在編纂中形成雙軌並行的模式化共性。我們來看看這五套雙軌並行的模式：《廣韻》和《玉篇》、《集韻》和《類篇》、《五音集韻》和《四聲篇海》、《正韻》與《洪武正韻彙編》、《韻學集成》與《直音篇》，筆者認為這種特殊關係的韻書與字書，在編纂時主要體現出以下三個方面的特點：第一，一般是先編纂韻書，分韻編排；再將韻書的所有韻字，依據部首順序編纂成字書(或者分出部分韻字，如《集韻》與《類篇》[2])。第二，韻書、字書的編纂者一般

[1] 趙　誠：《中國古代韻書》，北京：中華書局，1979：67。

[2] 《類篇·後記》指出：“寶元二年十一月，翰林學士丁度等奏，今修《集韻》，添字既多，與顧野王《玉篇》不相參協，欲乞委修韻官，將新韻添入，别為《類篇》，與《集韻》相副施行。”北京：中華書局，2003。

是相同的，或者主要編纂者是相同的，如陳彭年、司馬光、韓道昭、章黼等，都是“篇韻並行”的字書和韻書的編纂者，這就更彰顯了這類韻書與字書的聯屬關係；第三，即便是字書和韻書的編纂者不同（如《洪武正韻》與《洪武正韻彙編》），一般也是韻書編纂在前，字書編纂在後，或者時間相差無幾（如荊璞的《五音集韻》與王與秘的《篇海》[1]），其音係也是大致相同的。應該説，以上五套“篇韻”並行的情況，最主要的特點是“共時特徵”，要麼作者相同，要麼時代大致相同，這就是各套的“韻”和“篇”之間所形成的特殊的聯屬關係。筆者通常把具有這種雙軌並行特點的字書和韻書合稱姊妹篇，如《韻學集成》與《直音篇》[2]等。

當然，與《韻學集成》有關的韻書中還有很多體現這種“篇韻”並行的情況，甯忌浮提到的“遵韻”類韻書，就有好多是這種情況，如甯先生説：

> “遵韻海篇”，有“韻”有“篇”，是韻書與字書合編。全書每頁都分上中下三層，上層是韻書，下層是字書。韻書名曰《韻律》。
>
> 《韻律》分韻七十六部，平聲、上聲、去聲各二十二部，入聲十部，與《洪武正韻》相同。小韻、韻字的排列也與《正韻》相同。“遵韻”，遵什麼韻？遵《正韻》也。餘象鬥在序文中即宣稱“一稟之乎《洪武正韻》”。[3]

筆者認為，這些具有特殊聯屬關係的字書和韻書，在編纂中已經形成一種特殊的辭書類型，是傳統小學辭書編纂的一種模式化，這種模式體現了跨時代、跨語言（雖然屬同漢語體系，但有中古漢語與近代漢語的區別）的類型特徵。[4]當然，我們探索這種模式化的類型特徵，只是

[1] 此二書的關係較為複雜，詳見下文分析。

[2] 詳見王進安《〈韻學集成〉研究》論述，上海：上海三聯書店，2009年。

[3] 參見甯忌浮《漢語韻書史》（明代卷），第90—100頁。

[4] 劉丹青在《語言類型學與漢語研究》（載于徐傑主編《漢語研究的類型學視角》，北京：北京語言大學出版社，2004：2）中指出：“語言類型學有廣狹松嚴不同的種種含義，但都離不開一個‘跨’字，即它必須有一種跨語言（及跨方言、跨時代）的研究視角，才能稱為類型學研究。而嚴格意義上的類型學，是具有自己研究範式的‘語言共性與語言類型研究’。”

從“類型”的詞彙意義而言，“雙軌並行”是這一模式化類型的重要特徵。通過這種編纂類型“雙軌並行”模式的歷時比較，可以更好地分析辭書編纂的傳承關係，考證語音演變與辭書編纂類型變化的聯繫，對於字書和韻書的歷時比較，具有十分重要的意義。

三 “雙軌並行”模式的差異性

雖然以上韻書在這種“雙軌並行”的模式化中表現出驚人的相似性。但語音是發展演變的，這種模式傳承還是可以較為明顯地看出不同韻書在語音描述上的差異性。這些差異，主要體現在兩個方面：一是在類型上體現出“模式相同、結構各異”的特點；二是在語音上體現出的“雙軌並行，標音不同”的特點。

關於結構，這五套“篇韻”並行的模式，從宋代到明代，韻書的時間跨度大，關係亦頗為複雜。據明成化七年刻本《重刊考訂五音篇總序》中所言：“金王與秘推廣《玉篇》，區其畫叚為《篇海》。荊樸（按：本書均寫作“璞”）取司馬之法，添入《集韻》，隨母取切。韓孝彥改《玉篇》歸於五音。逐三十六母取切最妙。”可見，無論是《篇海》，還是《四聲篇海》，都與《玉篇》有一定的淵源；而《五音集韻》又與《集韻》關係密切。但即便是如此，《玉篇》的結構與《四聲篇海》的結構還是有相當差距：《玉篇》依部首排列，共列有五百四十二個部首，是學術界公認的一部重要字書；而《四聲篇海》則“取《周易》三百八十四爻六十甲子二數相合改並作四百四十四部，方成規式者也。仍依五音四聲舊時畫叚分為一十五卷，了敘目為初見祖金部為首，至日母自部方終”。[1]顯然，該書在編纂過程中，對語音的關注程度遠超出《玉篇》，如果“依聲或韻排序”就可以算是韻書的話，《四聲篇海》可以算是一本標準的韻書了。《直音篇》四百七十五個部首的排列，亦無明顯的次序，但卻對絕大多數的部首進行了註音，正文的列字過程中，對語音的關注程度也很高，每一部首的字，都依一定的韻部次序來排列，而且都明確標註其所屬的韻部。這樣的體例，顯然與前面幾部又有很大的不同。

關於語音，其“標音不同”的特點指的是共時平面上的一套“篇韻”內，語音標註上存在一定的差別。以《廣韻》和《玉篇》為例，列

[1] 引自韓道升《重編改並五音篇序》。

“言”部首部分韻字比較如表九：

表九：“言”部部分韻字切語比較

韻字	廣韻	顧氏《玉篇》	《玉篇》
詷	徒弄切	徒貢反	徒貢切
設	識列切	屍熱反	屍熱切
記	居吏切	居意反	居意切
謝	辭夜切	似夜反	詞夜切
詠	為命切	為命反	為命切
訝	吾駕切	魚緣反	魚嫁切
謠	餘昭切	與照反	與招切
訥	內骨切	奴骨反	奴骨切
諼	況袁切	許爰反	許園切
誹	府尾切	甫迷反	甫尾切
謗	補曠切	補浪反	補浪切

顧氏《玉篇》殘卷[1]詷寫為“調”，釋為“徒貢反。《説文》共同也。一曰譀也……”而“詗”字則釋為“呼政反；恥敬反……西方人以反間為詗。《説文》：知處告也”。但《説文》“調”字釋為“和也。從言周聲。徒遼切”。而“詷”字下卻釋為“共也。一曰譀也。從言同聲。《周書》曰：‘在夏後之詷。’徒紅切”。未見其他解釋。《玉篇》則直接寫為“詷：徒貢切”。筆者可以斷定，顧氏《玉篇》中的“調”字當為“詷”字之誤。

另外，就以上韻字的切語比較，可以看出《玉篇》對顧氏《玉篇》的傳承度是很高的，謝、謠、諼等字，切語用字畧有不同，但聲韻是相同的；只有訝、誹二字韻不同。而《廣韻》除“設”字與兩本《玉篇》的切語不同，且聲母也不同外，其他如謝、訝、謠、訥、諼、誹、謗等字，雖有個別切語用字與二書不同，但其聲韻都與《玉篇》的聲韻完全相同。由此可見，《玉篇》雖與《廣韻》是共時平面的“篇韻”系統，而且聲韻的相同率也極高，但畢竟還是有區別的，《玉篇》不是單純以部首為序來改編《廣韻》的內容，而是已經有聲韻上的變化。而且在切

[1] 參見《續修四庫全書》第228冊，《玉篇》卷九，第249頁。

語用字上也與《廣韻》大不相同，十一個韻字中，只有一個韻字的切語用字完全相同，至少說明《玉篇》在切語用字上有自己的一套標準。另外，從學術界對《廣韻》和《玉篇》的聲韻研究（主要指聲韻類數的不同）也可以看出二者在音係上的區別。

《集韻》和《類篇》也可以找出類似的例證，以《類篇》“目”部首的一些韻字為例，列其切語比較如下表：

表十：《類篇》“目部”部分韻字切語比較

韻字	《集韻》	《類篇》
瞳	徒東切	徒東切
眮	徒東切	徒東切
眭	宣為切	宣為切
瞢	謨中切	謨中切
眵	章移切	章移切
眯	民卑切	民卑切
蒙	謨蓬切	謨蓬切
瞝	抽知切	抽知切
䁩	牛居切	牛居切
眣	無切語	升基切
睇	天黎切	天黎切

從表十切語的比較來看，十一個韻字中，二書切語完全一樣的就達十個，二者的相似度是相當高的，達到91%。不同的“眣”字，《集韻》共有五讀：抽韻醜鳩切；質韻職曰切；抶韻勑栗切；眣韻醜乙切；侄韻徒結切。《類篇》卷十兩出，一為“升基切。以目通指也。《春秋傳》：眣魯衛之使或從矣。眣，又醜鳩切。失意視也。又敕栗切。《說文》：目不正也。又醜乙切，以目使人。又徒結切，目出貌。文二重音四。”另一為“職日切。視也。又敕栗切，目不正。又徒結切，目出貌。文一重音二”。二書均有五讀，其他四讀基本一致（按：曰、日的區別，疑為韻書傳抄筆誤），顯然《類篇》“升基切”這一音讀上，《集韻》只有“醜乙切”與之接近，但二者稍有差別。即便如此，二書

在“眏”字的音讀上相似度也是很高的。綜上，我們完全可以説，它們的語音系統是一樣的。

由於《五音集韻》和《四聲篇海》以及《正韻》和《洪武正韻彙編》都經過了改編，共時平面韻字的標音較無典型性，暫不列舉和比較。

從以上兩個表格的比較來看，同是“篇韻”並存的“雙軌並行”模式，但切語用字的相似程度各不相同。相似度最高的是《集韻》和《類篇》，其次是《廣韻》和《玉篇》，而且差別較大。為什麼會造成這樣的差別？這種模式的每個“篇韻”内部是否還存在其他方面的差别，是我們下一步要探索的重要内容。

四　“雙軌並行”模式的意義

這種類型化的“篇韻並行”編纂模式，在韻書字書編纂的歷史長河中具有重要的價值。首先，利於漢字的檢覽。漢字是形、音、義的統一體，字書和韻書雖都有註音和釋義，但編排次序、檢索功能各有側重，“篇韻並行”實現了漢字形、音、義檢覽的完美統一。《經史正音切韻指南》後附有《檢篇韻法》指出：“篇中類出韻中字，韻内分開篇内音。見字求聲篇内檢，知聲取字韻中尋。”已經十分明確地道出“篇”與“韻”的功能區分。其次，有利於對漢字註音、釋義的綜合研究。字書和韻書都有註音和釋義，但不盡相同，這就可以在共時平面上進行註音和釋義的綜合研究，對比異同，考證源流，甄别正誤。再次，有利於歷時語言材料的比較和分析。一旦確定某些韻書或字書在編纂中具有歷時的傳承關係，結合共時平面的“篇韻並行”模式，就可以順利展開語言材料的歷時比較，突出歷時比較的綜合性；同時，也可以利用“篇”與“韻”的内部差異，分析共時平面的形、音、義差異。我們把《集成》和《直音篇》的許多同字異切字進行比較，就會發現一些韻字解釋的差異。如《集成》上聲“灑”韻，作為小韻首字，註為“沙下切”，下列有同音韻字“耍”字，有“戲耍也”之義；而《直音篇》女部上聲也列有“耍”字，義為“戲耍也”，卻註音“沙瓦切”。二切只有切下字不同，而且此二字雖均有上、去兩讀，且均為麻韻二等字是肯定的，也就是説二者屬同一韻是没問題的，但因開合不同，所拼切出來的語音當有開合之别。换句話説，就是此二切的切語，如果折合成今音，就應當是有區别的。同字同聲同韻同義，本應為同切同音才是，卻因“篇韻並行”的模式，導致有開合不同之讀，我們藉助其他工具書和共時語料分析，可以進一步斷定這一套“篇韻”中存在的差異與對錯。此外，《直音篇》中的韻字註音使用了大量的直音法，可以讓我們更容易將其與《集成》的切語進行共時的比較，從而更好地總結二者註音中的得失。當然，“篇韻並行”的作用和影響遠不止這些，這種類型化的編纂模式，為我們打開了漢語辭書綜合研究的大門，值得關注和探索。

第三節　韻書編纂中的革新思想

韻書在編纂過程中，除了傳承前代韻書的內容，當然還得革新和發展，否則就無法體現語音的發展和變化。本課題涉及的與《集成》有關的這些韻書，無論是同一時代的韻書，還是不同時代的韻書，後代韻書都在前代韻書的基礎上，進行了必要的增刪、改併或補充。對韻書編纂過程的這種革新思想，不少專家學者已經有了相當精妙的闡述。國術平在《〈五音集韻〉與〈廣韻〉音係比較研究》一文中就指出：“《五音》實際上是作者自覺運用等韻學理論和方法，按照等韻圖的攝、開合、韻、字母、等第排列的韻書，這種編排體例的改革更加科學。”[1]曺煒在評價《五音集韻》的歷史地位時說：“如果說從《廣韻》到《集韻》，只是使《切韻》開創的韻書新格局、體例不斷地趨於完善，而擺脫不了《切韻》的窠臼的話，那麼宋末問世的《五音集韻》則拉開了元明韻書改革的序幕。”[2]甯忌浮在《古今韻會舉要及相關韻書》中則說：“《古今韻會要》對《增韻》所增補的韻字、註釋以及字形的勘正，多有採擷，對《增韻》所記錄的一些語音演變現象，也多有吸收。明代的官韻《正韻》是《增韻》的改併重編，它的切語、小韻次第、韻字排列、註釋文字，無不脫胎於毛氏父子。”[3]從筆者整理的情況來看，韻書編纂中的革新思想主要體現在三點：一是體例的革新，二是內容的革新，三是繁簡的安排。下面依次陳述。

[1] 國術平：《〈五音集韻〉與〈廣韻〉音係比較研究》，山東師範大學碩士學位論文，2008。

[2] 曹煒：《南北朝至明代的音韻學史料概論》，載《吳中學刊》1994年第2期，第80頁。

[3] 參見甯忌浮《古今韻會舉要及相關韻書》，第258頁。

一　體例的革新

韻書的傳承，很重要的一個内容是體例上的傳承。但體例上的傳承，不是説后代韻書可以照搬前代韻書的編纂體例。如果都照搬前代韻書的體例，韻書的發展或變化就不大了，也不會有太大的突破，我們説后代韻書在編纂過程中，存在一種編纂模式上的克隆，但這種模式上的克隆，不等于體例的照搬。正是有韻書體例的不斷推陳出新和發展演變，韻書的編纂才呈現其複雜性和多樣性。本書所分析的這種革新，只針對本書要分析的這些韻書而言，特此説明。

説到體例的革新，宋代韻書的革新性最小。從《廣韻》到《集韻》，再到《附釋文互註禮部韻畧》和《增韻》，都是依四聲次序來排列韻字，而且多依上平聲、下平聲、上聲、去聲和入聲的先后次序來羅列各部韻字。只有《集韻》稍有不同，把平聲分為四個部分，上聲、去聲、入聲各分為兩部分，但列字次序與其他各書没有多大的差别，因此不能算是一種體例上的革新。這種列字次序，已經成為韻書編排體例的一種范式，影響了很多后代的韻書，如《五音集韻韻會》和《正韻》都是四聲分列韻字。其中，《正韻》照搬《廣韻》的程度最高，只是其韻部少了很多，平聲不分上、下韻而併為一個。

金代的《五音集韻》開創了韻書體例革新的先河。董同龢、唐作藩等對《五音集韻》的體例革新都給予了高度的評價[1]。其分韻列字雖從《廣韻》舊例，但每韻列字都標明其聲類，且嚴格依“始見終日”的順序來排列，是韻書編纂史上的一大革新，為后代許多韻書的編纂提供了一個很好的模板。

元代韻書《韻會》的體例也有一定的革新。其列字雖仍依宋代韻書四聲分列，但其卷首的《禮部韻畧七音三十六母通考》，對每個小韻首字的音韻地位進行了明確的界定，包括了其聲、韻、調和字母韻的内容，而且正文中也明確地標明每個小韻的七音清濁，這是繼《五音集韻》之後的又一創新。這種創新雖然對《正韻》的編纂没有太大的影響，但為我們解讀和分析《正韻》的聲、韻、調問題提供了很好的依據。同樣是參酌《韻會》編纂而成，《集成》卻與《正韻》不同，它基本照搬了《韻會》的編纂體例，尤其是在七音清濁方面。

《集成》在編纂體例上的創新，也是可圈可點的。它既承襲了《韻

[1] 詳見本書第五章論述。

會》的大致框架，又在其基礎上進行了創新，主要表現在：一是其目錄，二是其韻字排列，三是每韻依聲類次序排列。《集成》的目錄具有韻圖的性質，所有小韻首字的聲、韻、調、七音清濁、助紐和反切一覽而明，大大提升了韻書查覽的功能。而且該目錄在列小韻首字時，打破宋元以來韻書四聲分列的編纂體例，採取了四聲相承的模式，使每個韻部的字，都能在一個韻部的目錄表中盡覽無遺。因此，其正文中的韻字排列也實現了四聲相承的特點。這種體例上的創新，其實是對早期韻圖的一種活用，《韻鏡》《四聲等子》等早期韻圖，都是四聲相承排列韻字的。《集成》的創新，是將這種類似韻圖性質的列字方法運用於目錄中的小韻首字的羅列，既便於檢覽，又利於比較。這種方法，對其後的《字學集要》和《字學指南》產生了較大的影響。但這兩種韻書卻大大簡化目錄的內容，只是四聲相承，並未標註聲類、七音清濁、助紐和反切等內容，所以顯得較為粗糙。在同一韻部的列字次序上，與《五音集韻》嚴格依“始見終日”的順序不同，《集成》一般依據“始見終非”的次序排列，而且每一聲類都用數字標示出來，如東董送屋四聲相承共有三十七類，支紙寘三聲相承共有二十六類，模姥暮三聲相承共二十六類，均為見組字起始，非組字最後。

值得一提的是《字學指南》的列字方法，其列字雖然依《集成》四聲相承，但省畧了不少內容，不過，《字學指南》正文將所有的小韻首字突顯出來的做法也是一個頗有特色的創舉。其做法是正文中將每個韻部的小韻首字放在第一列的開頭並置頂凸顯出來，非小韻首字下沉一字列於小韻首字之下，這種方法也是列字的一種創新，便於檢覽小韻。不過，也正因為這個原因，使我們更容易發現《字學指南》的粗糙所在。如先韻目錄中將“饌”列為三十三類的平聲，無上去入聲韻，但正文去將其列為三十二類的“又去”，考之《集成》，“饌”字歸入三十九類“椽篆傳”的去聲韻中，並釋為：《正韻》除戀切，元雛戀切……又見上音選，又產韻雛綰切。從釋語來看，均無平聲韻字存在，因此該字當依《字學指南》正文所列為三十二類“椽篆傳”的去聲韻，這一點需要特別説明的是，文後的附錄中《字學指南》小韻表（見附錄三）中先韻的小韻次序從三十二起依正文次序而不依目錄次序。又如先韻目錄中四十二類（正文實為四十一類）的“篇鶣片擎”中，目錄有上聲“鶣”韻，正文卻未見其蹤影。此類問題還很多，這裡不再贅言。

二　内容的革新

我們知道，“韻書是依聲、韻、調的關係將漢字組織起來的字典”[1]。不同時代的韻書，由於語音的演變，其聲、韻、調的内容也勢將發生變化。聲、韻、調如果發生了變化，其排列韻字的次序也勢必發生變化，韻書的内容自然也發生變化。這是聲、韻、調内容的不同導致内容的革新。另外，不同時代的韻書，對相同韻字的註音、釋義等，也會有不同，這也是造成韻書編纂内容變化的重要因素。此外，韻書收字數量的不同，也是内容革新的一個重要因素。這三個方面内容的變化或革新的探索，對於研究韻書的發展、演變或傳承關係，都有十分重要的意義。例如，從《廣韻》到《五音集韻》，再到《韻會》，再到《正韻》，不同的時代，其韻字的歸部是不相同的，從二百零六韻到一百零七韻，到一百零七韻，到七十六（或八十）韻，韻部逐漸減少，其韻部内容自然不同。這種韻類的不同，體現了韻書發展和語音發展變化的一個趨勢，申小龍《論中國語文傳統之今音學》：“《廣韻》的同用、獨用之例在某種意義上説延伸了韻書為詩服務的功能，同時也使韻書在這種服務功能中不斷適應實際語音的發展。而古代漢語語音的發展又循著由繁到簡的規律，因此韻部系統的簡化成為《廣韻》以後韻書的必然趨勢。”[2]因此，聲、韻、調的變化既能體現韻書編纂内容的革新，又能體現漢語語音演變的内容。當然，這種聲、韻、調的不同導致韻書編纂内容上的變化是一種客觀要求，是韻書編纂者無法改變的客觀事實，嚴格意義上來説，這種内容的革新對於編纂者來説是一種被動的行為。這種被動行為是由語音發展演變的客觀事實決定的，因此，也是語音演變的實際反映。而這種被動革新所反映出來的韻書内容上的聯繫，也是我們考察韻書親疏關係的一個重要窗口。如《廣韻》與《集韻》音係較為一致，它們的聲、韻、調内容也基本相同。而《集韻》收字較多，《廣韻》收字較少，又是造成兩部韻書差異的重要因素。

當然，註音和釋義方式的不同，也能體現韻書的内容革新。而這種革新，是一種主動的革新，在表述方式和内容等方面，編者都有較大的自由空間。而且，通過這種内容的革新程度，我們可以進一步考證韻書

[1] 參見趙誠《中國古代韻書》第5頁。

[2] 申小龍：《論中國語文傳統之今音學》，載《雲夢學刊》1995年第2期，第83頁。

在傳承過程中的親疏情況。如“能”是一個多音字，《廣韻》有五讀，《五音集韻》和《韻會》也都有五讀，《正韻》有四讀。但以上四部韻書在“能”字的同一音讀中的釋義及註音方式卻差異很大，詳如以下列舉：

《廣韻》卷一：奴來切。《爾雅》謂三足鼈。又獸名，禹父所化也。又奴登切二。

《五音集韻》卷二：奴來切。《爾雅》謂三足鼈也。又獸名，禹父所化也。又奴登切五。

《韻會》卷四：囊来切，徵次濁音。《爾雅》鼈三足。能，《山海經》從山多。三足鼈，大苦山多三足鼈。吳興羨陽縣君山上有池，出三足鼈。郭璞《江賦》：有鼈三足，有鼈六眸。一曰獸名，足似鹿……又烝韻。

《正韻》卷二：囊來切。鼈三足。又熊屬，足似鹿。又湯來切三。能，又庚泰二韻。

同樣的韻字，即便是音讀數相同的三部韻書，《五音集韻》與《廣韻》較為接近，《韻會》與前二部韻書在釋字的內容上則有較大的差距，説明《五音集韻》和《廣韻》的內容上的距離較為接近，而與《韻會》的距離較大。而《集成》依《正韻》定例，其卷四皆韻第二十八類“痲”韻中是這樣解釋“能”字的：

鼈三足。《山海經》云：“從山多。三足鼈，大苦山多三足鼈。”又獸名，熊屬，足似鹿。又去聲，見音胎，庚韻奴登切。

可見，《集成》雖依《正韻》定例，在分韻和列字上也與《正韻》極為接近，但在釋字的內容上卻比《正韻》更詳盡，是“依而不從”。由此，我們也可以看出《集成》雖傳承了《正韻》的許多內容，但在釋字的內容上也會有很大的不同和揚棄。

三 繁簡的安排

繁簡的安排是編纂者必須考慮的一個重要問題。《集成》的編纂參酌了許多前代韻書，儘管其主要還是依據《正韻》的體例，正如《凡例》中指出：“元古二百六韻，《韻會》參《平水韻》併為一百七韻。《洪武正韻》析併作七十六韻，如元支韻內羈攲奇微韻內機祈等字音同聲順，《正韻》以清濁分之，本宜通用，不敢改也，但依《洪武正韻》

定例。”但《集成》在繁簡的安排上，這種“依而不從”的革新思想也是十分明顯的。這主要體現在以下三個方面：

首先，為了體現韻圖性質，目錄編排不厭其煩。《集成》雖然没像《韻會》那樣，在目錄前面列有《禮部韻畧七音三十六母通考》表，把所有小韻首字的聲類、韻類、聲調和字母韻歸屬都羅列出來。但其書前總目列有全書十三卷所有76韻的簡表後，於每卷卷首或韻部開頭都列有該韻部所有的小韻首字表，這些小韻首字表，不僅列出了該韻字的五音清濁、助紐字和反切，更重要的是還把相關的聲類依平上去（入）三聲或四聲相承，而且還依據這些聲類“始見終非”的排列次序依次標序列表，使人一目了然。可以説，這些小韻首字的目錄表，除了没有《韻會》的字母韻外，總體比《韻會》詳細多了，更具有韻圖的性質。作者為了達到這種韻圖的效果，真可謂不厭其煩，不僅在每個小韻首字表中依聲類次序標註序號，還於正文中逐一標出這些序號，既可與小韻首字表對應，又容易查閱。可以説，作者這樣煞費苦心，是對其所參酌的《禮部韻畧》《廣韻》《集韻》《五音集韻》《古今韻會舉要》和《正韻》等韻書體例的一種大膽革新，是以“方便檢覽”為目的的。

其次，小韻首字的註釋總體較為詳盡，其所轄韻字的註釋相對簡單。總體而言，《集成》的註釋比《韻會》和《正韻》詳細。這一點，甯忌浮就曾一針見血地指出。甯先生認為：“《韻學集成》的註釋文字比《正韻》多許多……《韻學集成》的註釋文字主要錄自《正韻》和《韻會》，另補充以《五音篇》《五音集韻》以及《中原雅音》等。”[1]註釋比較詳盡，應該也是體現作者編纂的一個重要目的，這與書名中的“集成”之本意應該是相吻合的，也體現了作者想集註釋之大全的革新思想。

就《集成》各個韻部的註釋來看，也存在著詳畧的區别。總體而言，小韻首字的註釋比其所辖韻字詳盡，而且每個小韻首字都置頂，這也是《集成》釋字體例中堅持的一個重要原則。可以説，《集成》突出小韻首字的地位的思想十分明顯，把小韻首字擺在一個突出位置，比其所參酌的《韻會》和《正韻》等韻書用一圓圈顯示小韻首字的做法更

[1] 參見甯忌浮《漢語韻書史》（明代卷）第69頁的相關論述。甯先生在該頁中還列有一表，可以一目了然地看出《集成》的註釋比《增韻》《正韻》和《韻會》詳盡，可供參考。

醒目，而且更容易查閱和統計，這一點，可以説也是章黼的一個革新表現，不要説前代韻書没有意識到這樣做的好處，就連清代的《欽定音韻述微》和《古韻標準》也没做到。

再次，韻字的歸併與前代韻書不同時，該字的註釋也相對詳盡。例如，《正韻》齊韻中列有“烓”字，淵畦切，與《韻會》相同，且釋義均相對較簡單，而《集成》齊韻無此音，該字被併到灰韻威小韻下，且做了較詳細的説明：“元從齊韻淵畦切。《玉篇》烏圭切。《説文》行竈。《爾雅》云：煁烓；煁時壬切，詳見侵韻……又見前韻慧。”同樣，《集成》歸入“賄”韻的“隋”字也作了詳細的解釋：“元從寘韻。《韻會》吁恚切……《正韻》音慧。又平聲，又見下音隨，又哿韻妥柁二音。”這種註釋的革新不僅體現在其註釋比較詳盡，更主要的是體現了《集成》“依而不從”的編纂思想。作者既羅列了前代韻書的韻字歸屬，又按當時的實際語音進行了必要的歸併，使我們能夠全面了解該韻字的來龍去脈，從而掌握其語音演變的軌跡，為語音演變的歷時比較提供了很好的語料。

參考文獻

趙誠．中國古代韻書[M]．北京：中華書局，1979.

周國光．韻書的體例和古典音序編排法[J]．安徽教育學院學報，1987（3）.

路建彩．《元聲韻學大成》與明代吳語[D]．山東師範大學碩士學位論文，2000.

李新魁．漢語等韻學[M]．北京：中華書局，2004.

耿振生．明清等韻學通論[M]．北京：語文出版社，1992.

古敬恒．廣韻文字考．綏化師專學報，1988（3）.

劉丹青．語言類型學與漢語研究[A]．載徐傑．漢語研究的類型學視角[C]．北京：北京語言大學出版社，2004.

趙蔭棠．等韻源流[M]．北京：商務印書館，1957.

張世禄．中國音韻學史（下冊）[M]．北京：商務印書館，1998.

黄耀堃.歸納助紐字與漢字註音的“三拼制”[J].語言研究，2008（4）.

嚴至誠．宋元助紐字資料考[A]．中國音韻學研究會第十四届學術年會論文，2006.

馬文熙，張歸璧. 古漢語知識詳解辭典[Z]. 北京：中華書局，1996.

胡安順. 音韻學通論[M]. 北京：中華書局，2003.

劉志成. 漢語音韻學導論[M]. 成都：巴蜀書社，2004.

戚雨村，董達武等. 語言學百科詞典[Z].上海：上海辭書出版社，1998.

吳澤炎，黃秋耘，劉葉秋等. 辭源[Z]. 北京：商務印書館，1990.

徐中舒主編. 漢語大字典[Z]. 成都：四川辭書出版社；武漢：湖北辭書出版社，1990.

李新魁. 韻鏡校證[M]. 北京：中華書局，1982.

魯國堯. 魯國堯語言學論文集[C]. 南京：江蘇教育出版社，2003.

王進安. 《韻學集成》與《直音篇》比較[J].福建師範大學學報，2005（4）.

王進安. 《韻學集成》研究[D].福建師範大學博士學位論文，2005.

黃笑山.《切韻》於母獨立試析[J].古漢語研究，1997（3）.

趙振鐸.中國語言學史[M] .石家莊：河北教育出版社，2000.

陽海清，褚佩瑜，蘭秀英.文字音韻訓詁知見書目[Z].武漢：湖北人民出版社,2002。

趙振鐸.集韻研究[J].北京：語文出版社,2006.

張渭毅. 中古音論[C]. 開封：河南大學出版社，2006.

周録. 《類篇》部首異體字研究[D]. 浙江大學碩士學位論文，2005.

周國光. 《四聲篇海》瑣論[J]. 信陽師范學院學報，1986（1）.

國術平. 《五音集韻》與《廣韻》音系比較研究[D]. 山東師範大學碩士學位論文，2008.

曹煒. 南北朝至明代的音韻學史料概論[J]. 吳中學刊，1994（2）：80.

申小龍. 論中國語文傳統之今音學[J]. 雲夢學刊，1995（2）：83.

劉靜. 試論《洪武正韻》的語音基礎[J]. 陝西師範大學學報，1984（4）：112—114.

周祖謨．《萬象名義》中之原木《玉篇》音系[A]．問學集[C]．北京：中華書局，1966．

甯忌浮．漢語韻書史[M]．上海：上海人民出版社，2009．

第四章　《集成》對宋代韻書語料的繼承

《集成》對宋代韻書的傳承涉及的範圍比較廣，主要有《廣韻》《集韻》《禮部韻畧》和《增修互註禮部韻畧》等。這一時期的韻書所代表的語音系統，音韻學上普遍稱之為中古音。而《集成》所代表的語音系統應該是近古音。那麼，《集成》對其音系的傳承就是尊古了。國學大師黄侃在其《聲韻學筆記》中就曾指出治韻："須以古韻、《廣韻》、《説文》參校異同。凡言古音今音，必以《説文》為經，《廣韻》為準，然後不致憑臆見、執鄉音以言韻。"[1]《集成》所引的《説文》語料多涉及釋義和字形方面，並多有採納，而在語音上則基本不涉及。這説明《説文》所釋之義、所提之形，《集成》較為注重；而語音方面已經發生了較大的改變了，《集成》已經無法以它為經了。不過，《集成》在編纂過程中對宋代韻書是十分推崇的。這不僅可以從《集成》所引宋代韻書的語料窺見一斑，還可以從《集成》音係與宋代韻書的傳承關係看出端倪。

第一節　《集成》對宋代"舊韻"的傳承

宋代韻書，無論是《廣韻》《集韻》《禮部韻畧》，還是《增修互註禮部韻畧》，其語音系統都是中古音系統，從第一、第二章的論述中，可以看出《集成》在編纂中，在字形、字音和字義等方面對前代字書、韻書的引用，體現了"兼收並蓄"的特點。上至《説文》，下至

[1] 參見《黄侃國學講義錄》第135—136頁。

《正韻》，都多有參酌。我們在前文已經提到，在近三千個小韻首字所引用的語料中，除《中原雅音》外，依次是《說文》《廣韻》《集韻》和《玉篇》等書。而從全書所有韻字的情況來看，《廣韻》《集韻》的使用頻率是最高的。據不完全統計，《集成》所輯四萬多個韻字，引用《廣韻》和《集韻》的語料都在3600個以上，足見《集成》對二書的重視程度。而且同一個韻字中同時引用《廣韻》和《集韻》語料情況不在少數，如：

砻：《廣韻》：水島石也。《集韻》：山島石，亦作埊。

蠪：《集韻》：蟲名。《廣韻》：蠪也。

啌：《廣韻》：音聲也。《集韻》亦作唷。

有時也會出現《廣韻》和《增韻》同時引用，如"費"："《廣韻》耗也。《增韻》糜也。"另外，《集成》全書也多次引用宋代"舊韻"的材料，從下文的研究可以看出，"舊韻"指的就是《禮部韻略》。因此，可以說《集成》在編纂過程中，對宋代舊韻釋語是十分推崇的，其中以《廣韻》和《集韻》為甚。

一 《集成》對"舊韻"語料的繼承

《集成》在編纂中，引用了不少"舊韻"語料。下面所列舉的例（1）到例（10）是東韻、支韻中關於"舊韻"的一些語料：

（1）東韻第十平聲松：

訟：今依舊韻相應去聲出之，《洪武正韻》分併以松音淞，以訟音叢。按：《詩》：何以速我訟。有兩音：《易》訟卦音去聲。《易》註云：反爭也，言之於公也。然則訟字從言從公，蓋會意也，且諧公字聲，則本是平聲。是以《詩》協從字韻。《易》獨音去聲未為允，當合於《詩》音於二韻通用。《韻會》按經傳中韻語協音不一，若從諸家之讀，不可勝載。今但據舊韻及毛韻已收者存之，不能盡述。後皆倣此，又去聲。

（2）東韻第十五類胸韻：

兄：長也。男子先生為兄。《洪武正韻》音凶。舊韻俱無此音，又庚韻呼榮切，漾韻音況。

（3）東韻第十七類勇韻：

擁：舊韻委勇切。《洪武正韻》併音勇。

（4）東韻第十八類上聲腫韻：

尰：知隴切。《集韻》作䮾尰。舊韻時勇切。《正韻》併音腫。

（5）東韻第三十四入聲僕韻：幞：元从沃韻。舊韻逢玉切。《中原雅音》音逋，又音布。

（6）東韻第三十七入聲伏韻：幞：逢玉切。《韻會》云帕也……《洪武正韻》音僕。又見上音僕註。

（7）支紙寘韻第四類平聲夷韻：

宜：廷知切，羽次濁音。《洪武正韻》併音移，舊音魚羈切，角次濁音……《中原雅音》音移。

（8）支紙寘韻第十三類去聲治：

治：直意切，舊韻直利切。《中原雅音》音智。

（9）支紙寘韻第十八類上聲是韻：

跐：上紙切。蹟也。《集韻》跐鼓，謂立也。蹟，聚也。《禮韻》舊註積也，誤。

（10）支紙寘韻第二十三平聲麋韻：

麋：忙皮切，宮次濁音。……《中原雅音》音梅。按：舊韻眉麋同出，因《洪武正韻》以眉收灰韻音梅，麋乃存於支韻。若論支韻悲披等字，當從灰韻，如從《中原雅音》以悲音杯、披音（筆者按：此二字應為衍文）披音丕、皮同裴更音丕、麋音梅。然故不散違。今依《正韻》字例分出之。上聲靡：元母彼切。……《中原雅音》音浼。《洪武正韻》以美收賄韻，浼以靡收薺韻音米。又音袂，今從舊韻相應平上支而連聲出之。

《集成》以上例子只是列舉兩個韻部釋字中有關于舊韻的一些內容，可見《集成》各韻部引用舊韻的語料是十分豐富的。從以上的語料來看，《集成》庚梗敬陌第八類去聲媵韻下“硬”字，《集成》目錄只出現在第八類羽次濁音去聲中，助紐為“寅延”，與“媵”字並排，正文釋為：《中原雅音》音媵，更音映。《韻會》喻孟切。羽次濁音，亦與媵音同。《正韻》魚孟切亦然。媵音，《廣韻》五更切，角次濁音。《增韻》：堅也，強也。《廣韻》：堅牢。《博雅》：鞕也。鞕音慳。如《韻會雅音》當從媵。如舊韻俗音該從額字去聲。考之二十一類角次濁音（助紐為“迎妍”）“額”字去聲“硬”字，《集成》在目錄中不列該類去聲，但在正文中卻將“硬”字列於該類的去聲位置，並釋為：“元魚孟切。《韻會》喻孟切。《中原雅音》音媵。上音媵註。”可見，從音讀的選取來看，“硬”字的讀音不從“舊韻”、《廣韻》和《增韻》，而從《中原雅音》和《韻會》。

遮者蔗第六類上聲者韻：止野切。《廣韻》語助切。《增韻》：“即物之辭，若曰：如彼者，如此者。又此也。凡稱此箇曰者箇是也。”《説文》：別事詞也。從白旅聲。今文省作者，凡文有者字，所以為分別隔異也。按：者，古文者渚字，故從旅聲，後人以者添水作渚，以別者也之者。故者但為語助。《中原雅音》作平聲用。按：諸篇韻無平聲皆作上聲用……毛氏曰凡稱此箇為者箇，此回為者回。今俗多改用這字，這乃魚戰切，音彥見霰韻。按：《佩觿集》曰：迎這之這為者，回其順非有如此者。俗又借用遮字，亦非。

考之《增韻》，其釋語如下：止野切。即物之辭若曰如彼者、如此者，又此也。凡稱此箇曰者箇。俗多用這字，這乃魚戰切，迎也。《佩觿集》曰：迎這之這為者，回其順非有如此者。俗又借用遮字，亦非。古文下從自。《廣韻》馬韻釋“者”極為簡單：章也切，語助三。《集韻》馬韻釋“者”為：止野切。《説文》：別事詞也，從白聲𣥚。古旅字。

二　“舊韻”語料的界定

翻開古代韻書，經常會看到韻書在釋字時引用“舊韻”材料作為輔證。如《正韻》在註釋中引用“舊韻”的情況：《增修互註禮部韻畧》（《正韻》稱之為《增韻》，以下簡稱《增韻》）出現2次，《廣韻》出現527次，《集韻》出現22次（以上數據依據《四庫全書》電子版統計結果），等等。

《集成》也不例外地引用了“舊韻”的語料。要分析《集成》引用“舊韻”的情況，先得從其編纂過程中與前代韻書的淵源關係談起。《集成》是明代章黼纂集編錄的，章氏在該書《凡例》中強調“但依《洪武正韻》定例”，而《正韻》的編纂又主要參考《增韻》，據甯忌浮的研究，《正韻》“是在《增修互註禮部韻畧》的基礎上改併重編的”[1]。趙誠指出“《禮部韻畧》把《集韻》中大量的奇怪、冷僻字刪去，只收了一般常用的字，共九千五百九十……此書分韻及同用獨用例和《集韻》同。……《禮部韻畧》的修訂本很多，比較重要的有兩種：《附釋文互註禮部韻畧》和毛晃增註毛居正校勘重增的《增修互註禮部韻畧》。……從《禮部韻畧》的角度來説，毛晃父子的確是了不起的功臣，在當時享譽很高。尤其是經過修訂的註釋，後人評價更高，所以後來劉淵的《壬子新刊禮部韻畧》，宋濂等修的《洪武正韻》，其註釋部分都以《增韻》作主要參考，採用有很多”。[2]甯忌浮先生認為《韻會》主要“承襲《禮部韻畧》的框架做增、改、併”。[3]張渭毅總結了學界研究的成果，認為“《集韻》與《禮部韻畧》的關係，不同的意見總括起來有四種”。[4]據筆者的研究，《集成》與《韻會》也有著密切的傳承關係，這樣一來，上述各韻書之間就存在著較為密切的傳承關係，而從時間順序來看，這一系列韻書的傳承關係中，《集韻》《禮部韻畧》《增韻》等當為源，《韻會正韻》和《集成》當為流。這樣，從源與流的關係來看，《韻會正韻》和《集成》中提及的“舊韻”究竟是指何韻書，它們在傳承“舊韻”上有何區别呢？這些都是值得我們進一步研究的。

本書對“舊韻”的理解和考證，主要從兩個層面來分析。一是從狹義的角度來理解，即指《韻會正韻》和《集成》中所提到的“舊韻”；二是從廣義的角度來理解，即指《正韻集成》在編排體例或韻字歸類中所依據或傳承的前代韻書。

首先，來探討狹義的“舊韻”。狹義的“舊韻”指的是《集成》《正韻》和《韻會》書中明確標註出來“舊韻”所指的具體對象。依甯忌浮的研究，《正韻》76韻本《凡例》中的“舊韻”“指的是《禮部韻畧》和《增韻》”[5]。甯先生指出：“《韻會》以《禮部韻畧》為基礎”，《韻會》中的“舊韻”“即指《禮部韻畧》”。[6]《韻會·凡例》中指出：“舊韻所載，考之七音，有一韻之字而分入數韻者，有數

[1] 甯忌浮：《洪武正韻研究》，上海：上海辭書出版社，2003：25。
[2] 趙誠：《中國古代韻書》，北京：中華書局，1979：61—64。
[3] 甯忌浮：《古今韻會舉要及相關韻書》，北京：中華書局，1997：2。
[4] 張渭毅：《〈集韻〉研究概説》，載《語言研究》1999年第2期。
[5] 甯忌浮：《洪武正韻研究》，上海：上海辭書出版社，2003：27。
[6] 同上書，第1頁。

韻之字而併為一韻者。今每韻依《七音韻》，各以類聚，註云：‘以上案七音屬某字母韻。’”王碩荃指出“《韻會》卷中常見到的‘舊音’或‘舊韻’，其所指稱的語音，正是前文所分析到的《韻會》所依照的《禮部韻略》的音係。這種《禮部韻略》本子，是尚未加入毛晃、毛居正父子的《增修互註禮部韻略》的，是尚未加入劉淵（這為王文鬱）的《平水韻》的，也就是説，這是《韻會》要修定的《禮部韻略》。”[1]其觀點與甯忌浮先生的觀點是一致的。由於《禮部韻略》無從考證，《韻會》提及的“舊韻”反切時，只能與《附釋文互註禮部韻略》或《增韻》的切語相比較，結果有許多是符合的，如尤、牛、銀等。少數不符合的，如“罌”字，《韻會》註“舊韻於莖切”，《集成》也註“元於莖切”，但《附釋文互註禮部韻略》和《增韻》都是“於耕切”，有可能就是與二書增訂前的《禮部韻略》相吻合的。

另外，可以通過對《正韻》所引的語料進一步考證其“舊韻”所指。考文淵閣《四庫全書》中的《正韻》，共有十一次“舊韻”語料，《凡例》共有六條九例：

1. 又按昭武黄公紹云，禮部《舊韻》所收有一韻之字而分入數韻不相通用者。

2. 按《七音韻》平聲本無上下之分，《舊韻》以平聲字繁故，厘為二卷。

3. 《舊韻》上平聲二十八韻，下平聲二十九韻。

4. 《舊韻》上聲五十五韻，劉氏三十韻，今作二十二韻；《舊韻》去聲六十韻，劉氏三十韻，今作二十二韻；《舊韻》入聲三十四韻，劉氏一十七韻，今作一十韻。蓋《舊韻》以同一音者妄加分析，愈見繁碎。

5. 《舊韻》元收九千五百九十字，毛晃增二千六百五十五字，劉淵增四百三十六字。今依毛晃所載，有闕畧者，以它韻參補之。

6. 《唐韻》至詳，《舊韻》乃其畧者，以係禮部所頒為科試詩賦之用，號為《禮部韻畧》。

註釋文字中有2條2例：

7. 頷：五感切，低頭。《左傳》：逆於門者頷之而已。杜預曰：“頷，搖其頭也。”《舊韻》作頷，誤。

8. 襘：領之交會。《左傳・昭公十一年》：衣有襘，帶有結，視不過

[1] 王碩荃：《古今韻會舉要辨證》，石家莊：河北教育出版社，2002：48。

結禬之間。……《説文》以禬為帶結，非也。《舊韻》從示亦非從誤。

前六點明確告訴我們，《正韻》所謂《舊韻》就是指《禮部韻畧》；《韻會》“凡例”也明確指出“《禮部韻畧》元收九千五百九十字”，與第五點所提正好吻合，亦可證明《舊韻》指的是《禮部韻畧》。而《增韻》是增補《禮部韻畧》而成的，因而甯忌浮説：“《韻會》對《增韻》所增補的韻字，註釋以及字形的勘正，多有採擷，對《增韻》所記録的一些語音演變現象，也多有吸收。明代的官韻《洪武正韻》是《增韻》的改併重編，它的切語、小韻次第、韻字排列、註釋文字，無不脱胎于毛氏父子。”[1]由此，可以認同他們對《正韻》與《韻會》中所提“舊韻”的界定。

《集成》是依《正韻》定例的，而且與《韻會》的傳承關係是十分密切的[2]。那麽，其所標註的“舊韻”是否與《正韻》《韻會》所指的“舊韻”一致呢？今考《集成》小韻首字中，共有九個韻字明確標明“舊韻某某切”。從這九個韻字的考證來看，除“牛”“噦”字外，其七音清濁與切語，均與《韻會》相同，不同的“牛”字，《集成》釋為“舊韻魚求切，韻與尤同，《洪武正韻》《中原雅音》皆併音尤”，而“尤”字釋為“於求切，角次濁音”。《韻會》則釋“牛”字為“疑尤切，舊韻魚尤切”，釋“尤”為“疑求切，角次濁音，舊韻於求切”。“噦”字是到了《增韻》才增列的，《附釋文》没有此字，它的反切採用的是《正韻》的反切，但《集成》釋之為“一決切，舊韻於月切……《中原雅音》於也切”，無一註音與其所提“舊韻”音切相同；考之《韻會》，註為“乙劣切，音與抉同”。而“抉”則註為“一決切”，其註音與《集成》所註相同。為便於比較，現將此九個韻字在不同韻書中的反切羅列如表十一（因排版問題，表中將《附釋文互註禮部韻畧》省畧為《附釋文》）：

表十一：九個韻字在不同韻書中的切語比較

韻字	《集成》	《附釋文》	《增韻》	《韻會》	《正韻》
雄	胡弓切	回弓切	以中切	胡弓切	胡容切
危	魚為切	虞為切	魚為切	魚為切	吾回切
松	詳容切	詳容切	詳容切	詳容切	息中切

[1] 甯忌浮：《古今韻會舉要及相關韻書》，北京：中華書局，1997：258。

[2] 參見王進安《〈韻學集成〉對〈古今韻會舉要〉的傳承》，載《福建師範大學學報》2007年第6期。

續表

韻字	《集成》	《附釋文》	《增韻》	《韻會》	《正韻》
牛	魚求切	魚尤切	魚尤切	疑尤切	於求切
涉	實攝切	實攝切	實攝切	實攝切	失涉切
嶭	牙葛切	牙葛切	牙葛切	牙葛切	牙八切
噦	一決切	無	乙列切	乙劣切	一決切
竮	滂丁切	普丁切	普丁切	滂丁切	披耕切
广	疑檢切	魚掩切	魚掩切	疑檢切	以冉切

從以上比較的切語來看，有幾個字的切語值得關注，如《集成》釋“涉”字為“《廣韻》時攝切，《正韻》音攝，《韻會》實攝切，音與牒同。本從牒出之，因《中原雅音》各反之，今從舊韻”。“竮”字為“《正韻》作披耕切，舊韻滂丁切，宮次清音”；又如，《集成》釋“雄”為“《正韻》胡容切，舊韻胡弓切，羽濁音”。而《韻會》正好釋“竮”為“滂丁切，宮次清音”；釋“雄”為“胡弓切，羽濁音”。《集成》對其他韻字所註，則與《韻會》相同。由此，我們可以看出，《集成》所提“舊韻”吻合度最高的是《韻會》。但《集成》所指的“舊韻”絕不可能是《韻會》，因為，《集成》在釋字過程中，有大量直接標註引自《韻會》的語料，沒必要再用“舊韻”來指稱《韻會》。一般而言，同一本韻書也不太可能一會兒稱《韻會》，一會兒稱“舊韻”，這樣容易造成混亂。同理，《集成》釋語中也較多出現《正韻》的字眼，《增韻》出現的頻率雖然較低，但也可偶見，如東韻第十七類平聲融小韻下“彤”字末尾就補釋字形曰：“《集韻》從肉，《增韻》從舟非。”說明，《增韻》《韻會》和《正韻》都應該不是《集成》所提的“舊韻”。由此，我們可推測，《集成》所言“舊韻”應該是《韻會》所沿用的“舊韻”——《禮部韻略》的可能性比較大。

其次，來探討廣義上的“舊韻”。從源流的角度來看，《增韻》《韻會》《正韻》和《集成》四部韻書中，應該說《增韻》和《韻會》是源，《正韻》和《集成》是流，因為它們在編纂過程中對《韻會》和《增韻》都是有參酌的，如：《韻會》釋冬韻“凇”字為“思恭切，音與嵩同”；釋東韻“嵩”為“思融切，商次清次音”；而《集成》併“凇”“嵩”為東韻中的一類，並釋“凇”為“元從冬韻，息中切，商次清次音”；《正韻》也併二字為東韻中的一類，切語為“息中切”。考《增韻》，東韻“嵩”與冬韻“淞”分立；嵩：息中切，淞：思容切。另外，《集成》釋“迥”為“户頂切，本音悻，《韻會》户茗切”；《正韻》的切語也為“户頂切”。而《增韻》“迥”也是户頂切。《正韻》與《集成》二書在韻部歸併上參酌了《韻會》，切語則參酌了《增韻》。因此，從編排體例和韻字歸類上來講，《增韻》和《韻會》（當然，還有《集韻》《禮部韻畧》等韻書），就都成了《正韻》和《集成》在編纂中參酌的“舊韻”。而對於《集成》來説，《禮部韻畧》《增韻》《韻會》和《正韻》，都是《集成》在編排體例和韻字歸類等方面傳承和參酌的主要韻書，也是該書所參酌的“舊韻”。

三 《集成》所引《廣韻》語料的分析

前文提到，《集成》與有關韻書的傳承，可以從語料的傳承方面來考察。從語音體係層面來看，《集成》與《廣韻》的語音體係已經相去甚遠，没有仔細比較的必要。但是從《緒論》所描述的韻書傳承鏈來看，《廣韻》是源，《集成》是流，可見二者的聯繫也是緊密的。要分析《廣韻》與《集成》的聯繫，可以從《集成》所載的《廣韻》的語料中窺見一斑。由上文分析可以知道，《集成》在編纂中引用《廣韻》的語料是相當多的，而且所引的語料涉及多方面的内容。就語音層面來説，《集成》小韻首字所引《廣韻》的560多條語料中，只有20條與語音有關。我們將其列表如下：

表十二：《集成》小韻首字所引《廣韻》語音語料簡表

《集成》韻部	韻字	《集成》	引《廣韻》内容
支紙寘	寺	祥吏切	音司也
皆解泰	駭	下楷切	侯楷切
皆解泰	䜞	火怪切	見廣韻
真軫震質	听	語謹切	宜引切
真軫震質	實	神質切	神質切
寒旱翰曷	枂	五活切	又屑韻音月
寒旱翰曷	柮	徂活切	音五活切
山產諫轄	拶	子末切	姊末切
山產諫轄	窡	張滑切	一音丁滑切，一音丁刮切

續表

《集成》韻部	韻字	《集成》	引《廣韻》內容
先銑霰屑	淵	縈員切	烏玄切
先銑霰屑	絢	翾昡切	許縣切
歌哿箇	鞾	許戈切	許戈切
麻馬禡	攨	烏吴切	烏吴切
麻馬禡	打	都瓦切	都挺切
遮者蔗	者	止野切	語助切
陽養漾藥	岡	居郎切	居郎切
陽養漾藥	慌	虎晃切	呼晃切
庚梗敬陌	硬	喻孟切	五更切
庚梗敬陌	額	鄂格切	五陌切
庚梗敬陌	繩	神陵切	良陵切
覃感勘合	榻	託甲切	吐盍切
鹽琰豔葉	牒	直獵切	直葉切
鹽琰豔葉	蟾	時占切	之廉切
鹽琰豔葉	涉	實攝切	時攝切

註：1.表中御、听等字，《集成》如是寫。2.枂，《集成》註為：《廣韻》音五活切，誤。考《廣韻》，當為五括切。3.寺：《廣韻》：祥吏切。寺者，司也。而《集成》引為“《廣韻》音司也”，誤。

從上述語音材料來看，《集成》切語與《廣韻》切語完全相同的雖然只有三個，但其實除“繩”字的兩個切語相差較遠外，其餘切語，要麼是類隔切，要麼是音同字不同而已。而其他540多條的《廣韻》語料，則主要是引用《廣韻》的釋義、字形説明和組詞等。這説明，到了《集成》時代，雖然有些韻字的歸類不同，韻字的切語上、下字也發生了一些變化，但總體來説，從折合今音的角度來説，以上《集成》語料的音讀與《廣韻》的音讀相差並不太多。

第二節　《集成》對《廣韻》《集韻》等語料的錯誤承襲

《集成》在編纂中出現的失誤是較多的，筆者對其編纂中出現的錯誤進行了分析，認為主要有四種類型的錯誤和一些不足[1]。而這些錯誤或不足主要是作者在編纂過程中的主觀失誤造成的。其實，還有一些錯誤，是由於《集成》所引用的語料本身有誤的原因造成的，這些錯誤的沿襲，也恰恰能夠體現一些韻書在編纂中的承襲情況。例如，《廣韻》《集韻》在編纂過程中，在字形、字義和字音等方面也存在著不少的失誤，後代的許多工具書在編纂過程中没有細加甄別，往往也會承襲其錯誤，這就為後代甄别前代語料的真偽構成了障礙。筆者曾就《漢語大字典》在編纂過程中承襲《廣韻》《集韻》中的一些音註失誤進行過整理和分析[2]。從這一角度，也可以探索《集成》編纂過程中在傳承前代語料中的一些失誤。下面就以《廣韻》《集韻》的錯誤為例，來看《集成》對《廣韻》《集韻》錯誤的承襲。

一 字形訛誤的承襲

韻書在釋字過程出現的字形訛誤是屢見不鮮的，《廣韻》就出現了不少這樣的情況。《廣韻》的失誤，葛信益指出："總其所得，有為《廣韻》之誤，有為自《切韻》以來已誤，《廣韻》失檢，從而仍襲者……括其類例，分之為八……"葛先生所指出的八類錯誤中，就有"番""紕"二字，如《廣韻》"惟盤音所屬之桓韻薄官切下無番字"[3]，番字屬"字奪而註誤係者"之誤。又止韻齒（昌裏切）小韻下"紕"：績苧一紕，出《新字林》。葛先生認為這是"正文訛誤"："紕字從比，不得音昌裏切。《集韻》此字作紎（註：績苧一紕謂之紎）。《類篇》亦作紎。從止聲，與昌裏切之音正諧。且本韻多從止得聲之字，而無一從比聲者，均可證作紎是也。紕乃緣註中紕（按：紎?）字而誤也。"[4]葛先生的分析是正確的，考《切韻》《廣韻》係列韻書，均無"紎"字，而《集韻》宋刻本、金州軍刻本和述古堂影宋鈔本均在上聲止韻中有"績苧一紕謂之紎"，其切語為醜止切，恰可與昌裏切音相吻合。《韻會》卷十一齒韻中就明確指出："績苧一紕謂之紎○毛氏《韻增》作紕，誤，今正。"《韻會》強調其訂正的情況。顯然《集

[1] 這些錯誤或不足詳見王進安《〈韻學集成〉研究》第328—332頁的分析。

[2] 參見王進安《從〈廣韻〉〈集韻〉的影響看漢語破音字的審音》，載《古漢語研究》2008年第4期。

[3] 參見葛信益《廣韻叢考》第18—19頁。

[4] 參見葛信益《廣韻叢考》第25頁。

韻》是而《廣韻》非。既然此字非，此音也就不存在了。而《廣韻》這一訛誤，也影響了其後的一些韻書，如《增韻》上聲止韻中有“積苧一紕，又支脂至三韻增入”，《正韻》上聲紙韻中亦有“積苧一紕，又支寘二韻”之釋語。《集成》尺里切的“侈”韻下小韻“齒”下有紕、紸二字，但二字釋語卻十分相似，且與以上諸書類似。現將其釋語羅列如下：

紕：積苧一紕芝。又見下批皮避三音。

紸：《韻會》：績苧一紕謂之紸。

《康熙字典》也引用《廣韻》的註語。毛奇齡《古今通韻》所釋與《集韻》《韻會》相同，均為“績苧一紕謂之紸”，而且都排在“齒”小韻下，字形均為“紸”。可見這一釋語均源自《集韻》，較《廣韻》多出“謂之紸”三字，顯然，其釋義與《廣韻》脱不了干係。而以上諸韻書“齒”韻下要麼只出現“紕”字，要麼只出現“紸”字（唯有《正韻》將“績”寫成“積”，疑有誤）。如果從字形上來説，顯然《集韻》是，而《廣韻》非，但《集成》卻不分皂白，索性把兩個字都羅列出來，這就更讓人覺得一頭霧水了。由此可以説明，《集成》的作者對於前代韻書這種字形的訛誤，尚未能作出正確的判斷，只好“兼收並蓄”了。

二　字義訛誤的承襲

《廣韻》魚韻中七餘切疽小韻下“苴”：履中藉，又子魚切；語韻苴小韻：子與切，履中草，又子餘切三。《集韻》魚韻中苴有三讀，其中一讀為“子餘切，《説文》履中草，一曰包也，亦姓”。考之《説文》，並無“履中草”之釋。唯有段玉裁《説文解字註》中云：“履中草。賈誼傳：冠雖敝，不以苴履。引申為苞苴。從草且聲。且，薦也。此形聲包會意。子餘切。”《説文解字義證》云：“苴：履中草，從草且聲，子餘切。”而《經典釋文》，凡屬平聲切語的，均未提及“履中草”這一義項。如卷一：子餘反，包裹也；卷六：七余反，麻也；卷八：子餘反，苞苴；卷十：七如反，有子之麻；卷十一：子餘反，苞裹也；卷十二：子餘反，苞也，徐爭初反；卷十八：七余反，麻之有之；卷二十八：音粗，徐七餘反，有子麻也。而只有卷三十：將呂反，一云將慮反，履底。《爾雅註疏》苴有三讀。兩讀為“苴：將呂反，一云將慮反。《字苑》云鞦苴履底。疏：《字苑》云鞦苴履底，故云作‘履苴草’也”。一讀為七徐反，出現兩次，均疏為“麻之盛子者也”。《羣經音辨》亦作“履藉也。將呂切，《爾雅》藺蘆謂履苴草也，又將慮切”；而子餘切、七餘切苴，則指“包苴”或“麻之有子者”。可見，《廣韻》《集韻》這一平聲韻釋為“履中草”之意是錯誤的，《附釋文互註禮部韻畧》和《增韻》雖有部分切語與《集韻》同，但在音義的對應上還是對的。《康熙字典》雖然陰平、上聲音讀分開，但“履中草”之意還是附著在平聲音讀中，也是錯誤的。《正韻》語韻“再呂切”中有“履中草”的釋義。《韻會》則平聲“子餘切”（角清音）和上聲“子與切”（商清音）中均釋為“履中草”。《集成》魚韻平聲第七類苴的註解很長，詳如：“子余切，商清音。麻有子者。見枲字註。《廣韻》《集韻》《韻會》並今《正韻》皆註云‘麻有子曰枲，無子曰苴。’唯《正韻》云‘麻有子者’。《韻會》又於枲字下引《爾雅》翼云‘有實為苴　，無實為枲’。徐曰‘枲，麻有子也’。《説文》：‘枲，麻子也。’苴，又音七餘切：麻之有子者。然二音二義宜從《正韻》。又苴杖，以竹為之。又苴菜，《詩》：九月叔苴。又履中藉，《説文》：履中草。又苞苴，裹曰苞，藉曰苴……”另，同為魚韻平聲第八類趨韻也收有苴字，並釋為“《廣韻》履中藉。又《韻會》：麻之有子者……”既然前説“二音二義宜從《正韻》”，又何來此釋呢？可見《集成》所釋苴字的字義也承襲了《廣韻》的錯誤。

又如“檬”字，《五音集韻》《龍龕手鑑》和《廣韻》都釋為“似槐，葉黄”。《類篇》和《集韻》都釋為“木名。黄槐也”。《集成》則釋為“木名。似槐，黄葉”。而周祖謨認為此字釋義中的“葉字蓋華字之誤”。[1]可見，《集成》對此釋義也是沿襲了《廣韻》《集韻》等前代韻書的釋義之錯。此類例子不勝枚舉，此不贅言。

三　語音訛誤的承襲

字典、辭書在編纂過程中，由於字形、字義的訛誤，都可能導致字音的訛誤。除此，編纂者產生的錯誤或訛誤也有可能單純是審音不當或傳抄訛誤造成的。《廣韻》在編纂過程中也出現了許多語音的訛誤，周

[1] 周祖謨《廣韻校本》第21頁，引《山海經•中山經》語句為證：“放臯之山有木焉，其葉如槐，黄華而不實。其名曰蒙木。服之不惑。”

祖謨的《廣韻校本》、余迺永的《新校互註宋本廣韻》都校註了大量的《廣韻》語音訛誤情況。如"犙"字，宋本《廣韻》咍韻中註明"昌來切。牛羊無子"。豪韻蒿小韻"呼毛切"中則註明"牛羊無子。又昌來切"。周祖謨按云："昌來切各書均無此音，《説文》云'讀若糗糧之糗'。《廣韻》去久切。《篆隸萬象名義》音去有反，與《説文》合。今本《玉篇》徒刀充刀二切。惟敦煌本《王韻》豪韻吐高反犙下云'又昌來充牢二反'。疑來字有誤。"[1]不過，余迺永按云："咍韻一等、無照三係昌母字，《切韻》係書此無犙字，然於豪韻吐蒿反俱云：'牛羊無子，又昌來、充牢二反。'本書一五六・六豪韻土刀切犙字又音昌來切；蓋充牢反即吐蒿反，牢字音本韻魯刀切，充與吐（土）乃穿與透類隔也。南宋祖本、鉅宋本、巾箱本、楝亭本、黎刻本又昌來切同。至於昌來切之在咍韻。考壽聲上古入幽部，幽部帶j介音者中古入三等尤韻；其一等乃豪韻，正又音土刀所屬。之部不帶介音韻類中古入一等咍韻，其合口帶j介音者中古亦入尤韻，之與幽部最近也。是以昌來切相當尤韻赤周切，本音乃依反切上字定韻等之例外反切也。"[2]其實，考宋本《廣韻》"又昌來切"的音註，《四庫全書》電子版原本《廣韻》中則註為"又昌求切"（雖然咍韻中仍讀為昌來切，此切語不見他韻出現），筆者認同周先生的懷疑，並認為"昌來切"當為"昌求切"之誤。只是這個"昌求切"來源於何書，有待進一步考證。這樣一來，《集成》在爻巧效韻第十五類平聲陶韻徒刀切中"犙"字釋為"牛羊無子也……又皆韻昌來切"。另皆解泰韻第十二類平聲就列此犙字，釋為"昌來切，次商次清音，《廣韻》：牛羊無子。又爻韻音陶"。顯然是受到《廣韻》的影響。而《韻會》《正韻》無此字。可見《集成》承襲了《廣韻》這一音註之誤。

當然，《集成》在編纂過程中，對《廣韻》《集韻》等韻書的錯誤並非全部不辨是非地和盤照抄或承襲，作者在不少地方還是進行了甄別和篩選的，如《廣韻》的又音本身就有失誤，如劉曉南所提到的例字"幓"的讀音，據劉先生考證，該字"只有蘇含切一音，山幽切，所鳩切兩個又音屬聲符形訛所致，當刪"。[3]考之《韻會》和《正韻》，均無收錄此字。考之《集成》則在覃韻毿小韻中收錄此字，音為"蘇含

[1] 參見周祖謨《廣韻校本》第600頁。

[2] 參見余迺永《新校互註宋本廣韻》（定稿本）第610頁。

[3] 參見劉曉南《〈廣韻〉又音考誤》，載《古漢語研究》1996年第1期，第41页。

切”，並釋為“《廣韻》：牛也。一曰牛三歲。俗作犙”。該字《廣韻》三讀，《集韻》六讀，但章黼經過審音只選取了《廣韻》《集韻》中的一讀，這一讀正是劉先生考證出來的讀音，這也可以進一步印證劉先生的考證十分正確。同時，也説明《集成》在編纂過程中，雖“依《洪武正韻》定例”，但對《正韻》以前的韻書還是有參酌的。又如“埏”字，《五音集韻》共分羶韻、鋋韻和延韻三讀。考《方言》卷十三“埏”釋為：“音延。竟也。按：埏各本訛作梴，今訂正。《史記·司馬相如列傳》：上暢九垓，下泝八埏……顏師古註《漢書》云：埏，本音延。合韻音弋戰反。《廣雅》瀕挻，竟也。挻亦埏之訛。埏與挻皆無延音。”而余廼永《新校互註宋本廣韻》（定稿本）則在“埏”字上加註“羶音字作‘挻’，‘又音羶’三字當刪”。[1]下面，我們亦將《廣韻》《集韻》《正韻》和《集成》的音讀羅列比較如下：

《集韻》有四讀：

羴（羶）韻：屍連切。和土也。通作梴。

延韻：夷然切。登也，方也，墓道也。或作羨。

衍韻：延面切。地際也。一曰墓隧。

鋋韻：時連切。地際也。

《廣韻》有兩讀：

延韻：以然切。際也，地也。又墓道。亦地有八極八埏。又音羶。

羶韻：式連切。打瓦也。《老子》註云：和也。

《正韻》有三讀：

延韻：夷然切。八埏地之八際。又墓道。亦作羨。

羶韻：屍連切。和土。《老子》：埏埴以為器。又時連切，八埏。夷然切同。又霰韻。

硯韻：倪甸切。八埏地之八際。相如封禪書：下泝八埏。顏師

[1] 參見余廼永《新校互註宋本廣韻》，第137頁註語。

古曰：本音延，協韻音弋戰切。又先韻。

《集成》亦有三讀：

延韻：夷然切。八埏地之八際。又登也，方也。又墓道。亦作羨。又去聲，見下音羶。

衍韻：元音延面切。羽次濁音。[1]八埏地之八際也。相如封禪書下泝八蜒。顔師古曰：本音延，協韻弋戰切。又平聲，見下音羶。

羶韻：屍連切。和土也。《老子》：埏埴以為器。《廣韻》：打瓦也。又見上延衍二音。

由此可見，《集成》的三讀既不同于《集韻》的四讀、《廣韻》的二讀，也不同于《正韻》和《五音集韻》的三讀。作者對此字的讀音註釋，既參酌了前代韻書的解釋，也體現了自己的揚棄思想。

參考文獻

甯忌浮．洪武正韻研究[M]．上海：上海辭書出版社，2003.

趙誠．中國古代韻書[M]．北京：中華書局，1979.

甯忌浮．古今韻會舉要及相關韻書[M]．北京：中華書局，1997.

張渭毅．《集韻》研究概説[J]．語言研究，1999(2).

甯忌浮．洪武正韻研究[M]．上海：上海辭書出版社，2003.

王碩荃．古今韻會舉要辨證[M]．石家莊：河北教育出版社，2002.

王進安．《韻學集成》對《古今韻會舉要》的傳承[J]．福建師範大學學報，2007(6).

黄侃．黄侃國學文集[M]．北京：中華書局，2006.

黄侃．黄侃國學講義錄[M]．北京：中華書局，2006.

王進安．從《廣韻》《集韻》的影響看漢語破音字的審音［J］．古漢語研究，2008（4）.

儲定耕．簡論《漢語大字典》與《康熙字典》[J].西華師範大學學

[1]《集成》于“衍”小韻下加註語：《正韻》併與硯同。倪甸切。今另分出。可見此處是參酌了《正韻》的解釋。

報，1987（1）.

張歸璧. “卻”“御”“卸” 形音義考[J]. 古漢語研究，1995（1）.

陳若愚. 談《漢語大字典》的取音配義問題[J]. 玉溪師範學院學報，2003（10）.

蔡夢麒. 從《廣韻》看《漢語大字典》的註音缺失[J]. 華東師範大學學報，2006,（2）.

高小方. 《漢語大字典》音義指瑕[J]. 古漢語研究，1996（3）.

姚一斌，毛遠明. 《漢語大字典》破音字處理獻疑[J]. 語文研究，2003（2）.

潘悟雲. 漢語詞典的審音原則[J]. 辭書研究,1984（5）.

劉曉南. 《廣韻》又音考誤[J]. 古漢語研究，1996（1）.

葛信益. 廣韻叢考[C]. 北京：北京師範大學出版社，1993.

李榮. 音韻存稿[C]. 北京：商務印書館，1982.

范新幹. 從《集韻》粗本切的今音歧異現象説起[J]. 中國語文，2006（2）.

黄侃. 廣韻校錄[M]. 上海：上海古籍出版社，1985.

余迺永. 新校互註宋本廣韻（定稿本）[M]. 上海：上海辭書出版社，2008.

方夏. 一代巨著　巍巍豐碑[J]. 四川師範大學學報，1994（4）.

丁聲樹著，李榮參訂. 古今字音對照手冊（Z）. 北京：科學出版社，1958.

周祖謨. 廣韻校本[M]. 北京：中華書局，2004.

周祖謨. 《廣韻》四聲韻字今音表(M). 北京：中華書局，1980.

趙振鐸. 集韻研究[M]. 北京：語文出版社，2006.

沈兼士著，葛信益，啟功整理. 沈兼士學術論文集[C]. 北京：中華書局，2004.

季素彩，張德繼. 漢語破音字的成因[J] . 漢字文化，2000（3）.

第五章 《集成》與《集韻》《五音集韻》

《集成》在釋字過程中引用了許多《集韻》的語料，這些語料讓筆者產生將《集成》與《集韻》進行比較的想法。事實上，《集成》的編纂確實受到了《集韻》的影響。從編撰時間看，《集韻》成書于北宋仁宗寶元二年（1039年），比成書於1460年的《集成》早了421年。雖然時跨三個朝代，但《集成》在編纂中，共有四千多條語料標註引自"《集韻》"（從研究的事實來看，並非專指《集韻》一書，故加引號，為行文方便，下文均不加引號），而且這些語料涉及的範圍很廣，既有釋義的，也有字形分析的，既有注音的，也有詞彙的。尤其是在字形分析上，《集成》所引語料最多的，就是來自《廣韻》、《集韻》。另外，《集韻》和《集成》的收字都較浩繁，分別為宋明時期收字最多的韻書，而《集成》所收的韻字，有許多是引用《集韻》的，所以《集成》收字上的浩繁，也當受到《集韻》的影響，而非巧合。由此可見，《集韻》對《集成》的編纂有很大的影響。

正是針對《集成》所引《集韻》的這些語料的分析，引出了另一本韻書——《五音集韻》。經過筆者對語料的分析，《集成》語料中標明《集韻》的，實際上並非獨指《集韻》，而是包括了《五音集韻》。大致可以這樣歸納：《集成》所引《集韻》語料中，關於韻字的釋義和注音部分的大多數內容是源自《五音集韻》，而關於字形的分析部分，則主要源自《集韻》，但又不是絕對的，這就對語料分析和歸類造成較大的麻煩和困難。[1]因此，本章主要從這些語料的來源分析探討《集成》

[1] 參見林玉芝碩士學位論文《〈韻學集成〉與〈集韻〉、〈五音集韻〉的關係考證》第1頁的有關表述。

與《集韻》、《五音集韻》的關係。

第一節 《集成》所引《集韻》的語料分析

《集成》所引《集韻》語料類型很多，有釋義、形體分析和註音等。《集成》共有四千多條語料引自《集韻》，其中有關釋義的有兩千兩百一十八條，有關字形的一千九百三十二條，註音近一百條，組詞性的釋義三百七十八條。這些語料對我們分析和比較《集韻》和《集成》的關係提供了很好的素材，如：

> 妐：《集韻》夫之兄也。或省作公。
> 衳：《集韻》鬼衣。
> 公：《集韻》所載，公姓甚多自魯。
> 功：《廣韻》功績也。《集韻》亦作㓛。
> 玒：《集韻》或作玜。

> 疐：元與致同，陟利切。《集韻》音智，今依《正韻》分出，從寘韻。……《玉篇》作疐，又霽韻音帝。
>
> 跐：上紙切。跡也。《集韻》跐鼓，謂立也。跡，聚也。《禮韻》舊註積也，誤。

這些語料，初步看來，似乎十分清楚，《集成》所引的有《玉篇》《禮韻》《廣韻》《集韻》《正韻》等，表述清晰，毫無模糊之處。但如果將這些語料反證原書，我們就會發現，其中許多表述與原書是不相吻合的，尤其是關於《集韻》的語料（當然，也可能會因版本不同造成不吻合現象，這一點有待我們今後再深入考證）。為什麼會造成這種語料與原書的分離現象呢？只能從語料的來源比較中尋找答案。下面，就分別從釋義、字形和註音三個方面的語料來分析和總結。

一 《集成》所引《集韻》釋義語料的分析

首先談談其所引的《集韻》釋義語料的分類。《集成》引用《集韻》的釋義語料可分成兩類，一類是一般的釋義語料，即按一般韻書編排體例的釋義來引用《集韻》的語料；一類是特殊的釋義語料，即組詞性的釋義語料，即引《集韻》的詞彙，或在詞彙的基礎上進行釋義。

（一）一般釋義語料的分析

韻書的編纂，除了明聲韻調外，還有明字義。因此，對韻字意義的解析是韻書編纂的一個重要內容。由於漢字的語意具有相對的穩定性，因而後代韻書在編纂過程中，在解釋字義時，對前代韻書的釋義是多有承襲的，這也是韻書編纂過程傳承前代韻書內容的重要一環。韻書釋義要視其功能而或簡或繁，而且其釋義往往具有傳承性，即後代韻書所釋字義，常常是在前代韻書的基礎上進行補充、修改的。因此，從韻書釋義語料的分析，可以看出後代韻書對前代韻書語料的取捨傾向與處理態度。《集成》在釋義過程中引用的語料，有大量內容是來源於《集韻》的，這就體現了《集成》在編纂中對《集韻》釋義內容的傳承。因此，對這些釋義語料的比較，分析《集成》對前代韻書在釋義內容上的傳承與變易情況就顯得十分重要。

在分析釋義語料的來源問題之前，有必要先瞭解一下《集韻》釋義體例及其特點。在釋義方面，《集韻》與《廣韻》是一脈相承的。總的釋義風格簡明扼要，但也不乏較詳細的補釋和對詞的理據的說明。《集韻》很留意前代的辭書材料、古籍舊註，而同時也對前人的說法有所更新。書中引用《説文》的義項特別多，而且多數是將《説文》所收義項全部列出。《説文》有的時候在釋義之後還引有文獻或前人的説法，《集韻》在引用《説文》的時候也一並引出。此外，《集韻》釋義常引用的古籍、辭書還有《爾雅》《方言》《博雅》（或稱《廣雅》）《字林》《埤倉》《詩》《禮》《春秋傳》《山海經》等。這些引用一般較簡畧。正如趙振鐸所說："《集韻》的釋文一般比較簡畧，除了大量利用前代辭書舊註的材料外，也有一些自撰的釋文。但是比起利用舊説外，它占的比重並不大。還有對以前釋文稍作改動的。"[1]黄侃曾發明兩個訓詁條例，其實質是用和被釋字（詞）共現於同一上下文的詞來解釋被釋字（詞）。這種方法可概括為"線性釋義"。線性釋義往往與字形的改變交織在一起。《集韻》釋義基本上是這種線性釋義。[2]正因為這種線性釋義的特點，我們就容易在"共現"平面上進行比較，從而查找釋義

[1] 趙振鐸：《集韻研究》，北京：語文出版社，2006：155。

[2] 王英慧：《〈集韻〉的字書性質》，《科技情報開發與經濟》2007年第11期。

表述中的共性與差異。

從統計資料看，《集成》在釋義方面引用《集韻》的釋義很多，而且《集成》所引《集韻》這些釋義也都非常簡明扼要，顯示了《集韻》在釋義方面的特點：簡畧。這種特點，《集成》在釋義中多有承襲。我們對這些引用的釋義內容進行簡要分析，大致有幾種情況：

1. 指出類屬。例如：苳，草名；翁，邑名；鏦，鼠名；岉，山名；酉戎，酒名。

2. 某也。例如：攻，戰伐也；馩，香也。

3. 某貌。例如：欨，氣出貌；爞，火貌。

4. 直接解釋。例如：哢，鳥鳴；韋，相違。

以“充”字為例，我們查檢《四庫全書》以下字書、韻書及《集成》的解釋，就可看出韻書之間釋義的承襲情況：

> 《説文解字》：長也，高也。從兒育省聲。昌終切。
>
> 《玉篇》：齒戎切。行也，蒲也。
>
> 《廣韻》：昌終切。美也，塞也，行也，滿也。
>
> 《集韻》：昌嵩切。《説文》：長也，高也。或曰實也，備也。
>
> 《附釋文互註禮部韻畧》：昌中切。《釋》云：美也，塞也，長也，高也。
>
> 《增韻》：昌中切。美也，滿也，實之也。
>
> 《韻會》：昌嵩切。次商次清音。《説文》：長也，高也，從兒育省聲。《徐》曰：㐬在人上也，㐬音突。《廣韻》：美也，塞也，行也，滿也；又備也。《增韻》又實之也。《禮記》：充君之庖。
>
> 《洪武正韻》：昌中切。美也，滿也，實之也。
>
> 《五音集韻》：昌終切。美也，塞也，行也，滿也。
>
> 《集成》：昌中切。次商次清音。美也，滿也。又實之也，塞也，行也，備也，長也，高也。

從以上釋義可以看出，後代韻書在編纂中，對字義的解釋是有取捨的，如果《玉篇》“蒲也”為“備也”之誤的話，則《廣韻》《集韻》在釋義中各承襲了其一；而《集韻》《附釋文互註禮部韻畧》、《韻會》和《集成》均有承襲《説文》釋義。其中《韻會》與《集成》的釋義則是對《廣韻》《集韻》釋義的綜合。雖然《集成》“充”字的釋義並未提及引用《集韻》釋義，但由上文列舉，我們可以清楚地看出其“實也，備也”的語義，當源自《集韻》。當然，《集成》有許多韻字在釋義過程中直接指明是引自《集韻》的。只不過，這裡的《集韻》，作者的指稱是模糊的，是有歧義的。它或者指稱宋代丁度等編纂的《集韻》，或者指稱金代韓道昭所編的《五音集韻》，而不是單獨指《集韻》。《集成·凡例》中有這樣一段話：“古之篇韻，翻切繁舛，不能歸一。昔韓道昭改併《五音篇海》，既按‘七音三十六母’。元有假音反切者，傳而不改正之，如‘煸披轡模’四字屬宮音之清濁也，以‘煸’字作方間切，‘披’字作敷羈切，‘轡’字作扶真切，‘模’字作亡胡切，乃‘方敷扶亡’四字是次宮音也，故借音互用，豈能翻之已。上‘方敷扶亡’四字宜改作‘邦鋪蒲芒’，為毋反切之正得。‘煸披轡模’四字乃是今韻，以正切篇、以直音無音者，亦以正切定之，斯為順矣。”應該是對《五音集韻》引用的一個例證。

另外，通過《集成》所引的《集韻》釋義語料與《五音集韻》進行比較，可以證明《集成》所指的《集韻》並非專指《集韻》，而是有時也兼指《五音集韻》。下面，以齊韻為例，列舉二十個韻字的釋義如下（韻字後括弧内的字為《集成》小韻首字）：

攲（羈）：箸取物。《説文》：持去也……《集韻》以箸取物。

饑（羈）：漢元帝紀救民饑饉……《集韻》：饑餓也。

徛（寄）：石矼。《集韻》：聚石以為步渡。

曁（寄，元從未韻）：及也。又諸曁邑名。《集韻》：諸曁縣，在越州。

芑（起，元從紙韻）：《集韻》：草名。通作芑。

𤺊（器，元從寘韻）：《集韻》：病也。

䫏（兮）：《集韻》：頭不正。

䙊（係）：《集韻》：帶也。

緀（泚）：《集韻》：帛文貌。《詩》：緀兮斐兮。亦作緋。

恓（西）：《集韻》：恓惶，煩惱之貌。

葈（徙）：《集韻》：胡葈。《龍龕篇》：麻有子曰葈。與枲同。

樆（離）：《集韻》：山棃。

樑（離）：《集韻》：木名。

浰（利）：《集韻》：疾流也。

劙（利）：刀刺。又割也，直破也。《集韻》：割破。

娣（帝）：《集韻》：圕室，神名。又點娣女貌。

焍（梯）：《集韻》：灼龜木。

謕（題）：漢《嚴助傳》：孤子謕號。又《集韻》云：轉語也。

蕛（題）：《集韻》：羊蕛，草名。

泥（泥，去聲）：乃計切。濘也，執不通也，滯也。《集韻》：滯陷不通。

將以上二十字引用《集韻》的釋義，與《四庫全書》中的《集韻》和《五音集韻》二韻書的釋義最為接近的內容羅列出來，進行比較，列表如表十三（標點省畧，表格中加粗部分為二書所釋與《集成》釋義相同的內容，短橫表示無此字的相關釋語）：

表十三：韻字釋義比較

	《集韻》	《五音集韻》
攲	**以箸取物**或作攲	**以箸取物**或作攲
饑	居狋切說文餓也亦姓或從乏從幾	**饑餓也**又姓左傳殷人七族有饑氏或從乏從幾
徛	爾雅石扛謂之徛郭璞曰聚石水中以為步渡彴一曰舉脛有所渡或從寄	**石杠聚石以為步渡**
暨	諸暨縣名在越亦姓	**諸暨縣在越州**又其曁切
蕢	**草名**	**草名**
癟	**病也**	**病也**
頿	**頭不正**	**頭不正**

續表

	《集韻》	《五音集韻》
褅	帶也	—
緀	帛文或從此	緀帛文貌
恓	—	恓惶，煩惱之貌
葈	胡葈草名枲耳也或作葈	胡葈
樆	爾雅梨山樆	山梨
檪	木名	木名
浰	疾流也	疾流
劙	分破	割破
嫜	圊室神名一曰點嫜女貌	圊室神名一曰點嫜女貌
焍	灼龜木	灼龜木
謕	語相誘	轉語也
蒢	草名	草名
泥	滯也	滯陷不通

從以上二十字釋義的比較來看，《五音集韻》的釋義與《集成》語料所列的“《集韻》”的相似度遠遠高於《集韻》的相似度。但又不全與《五音集韻》吻合，且不與《五音集韻》吻合的，又恰恰與《集韻》吻合。其中，《五音集韻》無“褅”字，《集韻》無“恓”字。以上這些現象充分說明了《集成》所引的“《集韻》”語料當來源於《集韻》和《五音集韻》二書，要麽是《集韻》，要麽是《五音集韻》，並非固定一本韻書，而大多數來源於《五音集韻》。我們對《集成》的其他語料也進行了統計、分析和對比，總體與這二十個例字的情況是相吻合的（包括此前列舉的幾個例子）。我們知道，《五音集韻》與《集韻》相去甚遠，董同龢就曾將《集韻》與《五音集韻》進行比較，他說：

> 《集韻》的“同用”與《禮部韻畧》同。除去這一點，我們還不知道他對《廣韻》的韻母有什麽改變。
>
> 比《集韻》更進一步，正式以等韻成分加入韻書的是金韓道昭的《五音集韻》。

《五音集韻》的第一個特點是，各韻之内，字的排列一律以三十六字母始見終日的次序為准；各個字母之下再依韻圖等第的不同分註“一”“二”“三”或“四”。例如—東韻的起首：

公…… 弓…… 空…… 穹……

和《集韻》比較起來這種變革真是極徹底的了。

……

我們又可以注意到，《五音集韻》的“同用”、“獨用”是和《廣韻》一樣的，所以他可以説是在《禮部韻畧》與《集韻》以外獨立發展的一項材料。[1]

根據我們的對比和分析，雖然《集韻》和《五音集韻》的釋義都比較簡畧，但顯然二書有著相當的差距，作者將此二書混為一談，是極不妥當的，它容易讓讀者產生誤會或理解上的偏差，這也暴露了作者在編纂過程中的一個重要失誤。

那麼，是不是所有引用的語料，都如以上所舉二十個例字一樣，主要來自《五音集韻》，而不是主要來自《集韻》呢？我們隨意抽取《集成》魚韻平聲的前十個為例，將其釋義（多有截取其中部分內容）與《五音集韻》和《集韻》相比，來看看《集成》與二書的親疏關係：

居：

《集成》：元從魚韻。斤於切。角清音。止也，處。《廣韻》又當也，安也，古作凥，《集韻》或作层㞕，又卑居雅也，卑音匹。又居居，惡也。《毛詩》：自我人居居。《傳》曰：懷惡不相親比之貌。嚴氏曰：居居然，傲狠而無相親之意也。

《集韻》：斤於切。《説文》：蹲也。從屍，古者居從古。《徐鉉》曰：言法古也。亦姓，或作踞。

《五音集韻》：九魚切。當也，處也，安也。

墟：

《集成》：丘於切。角次清音。《説文》：大丘也。朱氏曰：故城也。《禮記》：墟墓之間亦作虛。

《集韻》：丘於切。《説文》：大丘也。昆崙丘謂之昆崙虛。

[1] 董同龢：《漢語音韻學》，北京:中華書局，2001：190—191。

古者九夫為井，四井為邑，四邑為丘，丘謂之虛。或從土。

《五音集韻》：同上。（筆者按：即同虛：去魚切。《說文》曰：大黍也。又許魚切）

渠：

《集成》：求於切。角濁音。大也。又深廣貌。《毛詩》：廈屋渠渠。又溝渠。《說文》：水所居也。又勤渠。一曰渠渠，勤也。

《集韻》：求於切。《說文》：水所居也。一曰渠渠，勤也。一曰州名。亦姓。

《五音集韻》：強魚切。溝渠也。亦州名。宋置宕渠郡，周仍為郡，武德初改置州。亦有宕渠山也。又姓。《左傳》:衛有渠孔禦戎。

魚：

《集成》：牛居切。角次濁次音。鱗物。《說文》：水蟲也……象形，魚尾與燕尾相似……又姓。

《集韻》：牛居切。《說文》：水蟲也。象形。魚尾與燕尾相似。亦姓。

《五音集韻》：語居切。《說文》曰：水蟲也。亦姓。出馮翊《風俗通》云：宋公子魚賢而有謀，以字為族。又漢複姓二氏。《左傳》：晉有長魚矯。《史記》有修魚氏。

于：

《集成》：元從虞韻，雲俱切。與魚同。本魚於同出，因魚語御各有俗聲。故分出之。《說文》：於也。本作亐，象氣之舒……一曰往也。又曰也……

《集韻》：雲俱切。《說文》：於也。象氣之舒。亐從丂，一者其氣平也。一曰往也，由也。亦姓。

《五音集韻》：羽俱切。曰也，於也。《說文》本作虧。象氣之舒。從丂從一，一者其氣平也。試言於，則口氣直平出。隸省作於，凡從虧者並同。一曰往也，又于於，自足貌。又姓。

於：

《集成》：衣虛切。羽清音。即也，代也，居也，於也。又語辭，又姓。又商於地名。

《集韻》：衣虛切。于也，居也往也。一曰語辭。亦姓。

《五音集韻》：央居切。居也，代也，語辭也。又商於，地名。亦姓，今淮南有之。又音烏。

虛：

《集成》：休居切。羽次清音。宿名。又空也，罄也。又姓。又舟名。

《集韻》：休居切。空也。亦姓。古作虗，俗作虛。

《五音集韻》：去魚切。《説文》曰：大黍也。又許魚切。

苴：

《集成》：子餘切。商清音。麻有子者。見枲字。

《集韻》：子餘切。《説文》履中草，一曰包也，亦姓。千餘切，麻之有子者。

《五音集韻》：子魚切。苞苴。亦姓。《漢書·貨殖列傳》有平陵苴氏，又音直。七餘切。履中藉。又子魚切。

筆者按："苴"字在《集成》中有九讀。而《集韻》和《五音集韻》則均有十四讀。與《集成》"苴"字語音較為接近的，《集韻》和《五音集韻》均有兩讀以上，我們把最接近的摘錄於上，但在《五音集韻》任何音讀中均未見與"麻之有子者"類似的義項。而《集成》將《集韻》子餘切和千餘切兩個讀音及語義張冠李戴了。但從相似度來説，我們也可以認為二書至少有相同的切語。

趨：

《集成》：元從虞韻。逡須切。商次清音。《説文》：走也。鄭康成曰行而張足曰趨。亦作趍。又吳趨，曲名。

《集韻》：逡須切。《説文》：走也。鄭康成曰：行而張足曰趨或從。

《五音集韻》：七逾切，走也。或從足。

胥：

《集成》：新於切。商次清次音。皆也，相也，助也，待也。又姓。《説文》蟹醢也。

《集韻》：新於切。《説文》蟹醢也。鄭康成曰青州之蟹。胥一曰助也，相也，皆也，待也。

《五音集韻》：相居切。相也。《說文》曰：蟹醢也。又姓。晉有大夫胥童何氏，《姓苑》云：琅邪人也。俗作胥。又息吕切。

從上述義項及註音的情況看來，所列十個韻字中，《集成》與《集韻》的切語完全相同，而且義項的相似度也較高。而《五音集韻》的切語則都不相同。這至少可以説明，這些釋義基本不是引自《五音集韻》。因此，我們可以得出這樣的結論：《集成》釋義中有標明引自《集韻》的，其實多數來源於《五音集韻》，少數來源於《集韻》，這是作者在釋義時混淆兩部韻書的結果所致；另外，所有《集成》義項中没有刻意標明引自《集韻》的，則基本不是引自《五音集韻》。

（二）特殊釋義語料——組詞性釋義語料的分析

我們這裡所説的組詞性的釋義，就是韻書中在解釋韻字意義時，先以帶有本字的詞語的形式出現，再對這一詞語進行釋義。一般説來，這種組詞性釋義的詞語多為聯綿詞。《集韻》收字浩繁，在於其所收之字可以説是博引諸書。趙振鐸指出："《集韻》首先以《説文》作為收字的依據，《説文》没有收錄的字就根據其他典籍進行收列……《集韻》收字三萬多個，其中有兩萬多來自《説文》以外的典籍。"[1]它不僅收字多，而且各種類型的字都收，正如豐逢奉指出的那樣："古今字、聯綿字、重言字等，均列入《集韻》收字的對象範圍。"[2]由於《集韻》在編纂中，採用前代辭書編纂的方法，如《廣韻》的編纂方法，依二百零六韻的次序來排列韻字，每韻字頭均為單字，並以單字帶複音詞，如果收錄的是聯綿字，就在相應的單字下面列出那個聯綿字，這些聯綿字得到許多後代韻書的沿用。而《集成》中也存在許多聯綿字，有的交代了其出處，有的没交代其出處，如灰韻第五類上、去聲中存在著大量的聯綿詞，我們列舉如下：

磈：嶮貌。《廣韻》磈硊，石山貌。

嵔：《韻會》去嵔崔，山高曲下貌。崔音觜。《玉篇》云：嵔崔，高也。亦作㟪。

[1] 趙振鐸：《集韻研究》，北京：語文出版社，2006：12。

[2] 豐逢奉：《畧論〈集韻〉的字訓法》，載《辭書研究》1989年第6期，第126頁。

餧：飢也。《廣韻》：餧飯。

羧：《廣韻》：羊相羧䍶。

黣：汗黣也，見《玉篇》。

骫：骫骳。屈曲也。

𩣡：𩣡㿉。馬病。

總體説來，這些聯綿字的釋義都較為簡畧。《集成》沿承了較多韻書的聯綿字，共有近四百個，其中沿承《集韻》所釋的聯綿字、重言字的數量是最多的，多達三百多個。如東韻引用《集韻》釋義的就有四十二個，支韻有八個，皆韻有六個，灰韻、齊韻、模韻則分別只有三個、兩個和兩個。如灰韻三個引用《集韻》組詞性釋義的為：

第四類去聲胃韻下的"蝟"：《集韻》蛒蝟，鳴蟲。

第五類上聲委韻下的"崣"：《集韻》㠑崣，山高貌。

第五類去聲尉韻下的"蔚"：《集韻》茺蔚，草名。

齊韻兩個引用《集韻》組詞性釋義的為：

第六類上聲徙韻下的"葈"：《集韻》：胡葈。《龍龕》篇：麻有子曰葈。與枲同。

第十二類平聲泥韻下的"狔"：《集韻》：猗狔。物從風貌。

模韻兩個引用《集韻》組詞性釋義的為：

第十類平聲"徂"韻下"葅"：《集韻》：葅菇。草名。

第十三類平聲"蔬"韻的小韻首字"蔬"：《集韻》：菜蔬。《説文》：凡草菜可食者通名為蔬。

由於以上可以看出，《集成》引用《集韻》的這些組詞性的釋義，多是聯綿詞。其釋義主要有以下幾種情況：

1. 由單字引出詞語或聯綿詞。如：鏃，《集韻》：箭鏃。蜀，《集韻》：巴蜀。葈，《集韻》：胡葈。但並未對詞語進行解釋。前面的詞語是我們比較熟悉的，雖然没有釋義，但後人一般都清楚其語義。但有些詞語我們都很陌生，《集成》照搬之後，也未加解釋，對後人的理解造成一定的困難，如：篣：《集韻》：笴篣，笴莇。

2. 由單字引出詞語並對詞語進行釋義。如：莇，《集韻》：莇菇。草名。

3. 由單字引出聯綿詞，並對聯綿詞進行釋義。如：鴮，《集韻》：鵊鴮，鷐也。婡，《集韻》：婧婡，齊謹貌。

4. 由單字引出聯綿詞，並對詞語進行釋義後，對聯綿詞的另一字註音。這一類的情況比較少，如：齵：《集韻》：齣齵。齒貌。齣音軻，口個切。

可以説，《集成》引用《集韻》的這種組詞性的釋義，是一種特殊的釋義語料，也是特殊的辭彙語料，對我們研究辭彙的發展史具有重要的參考價值。另外，這些釋義的來源問題，我們也依上述關於釋義的查檢方式查找，發現結果是一樣的。這些組詞性釋義，也分别來自《集韻》或《五音集韻》。也進一步説明了《集成》對《集韻》《五音集韻》釋義的沿承情況。下面，我們就這些語料的來源作簡要分析：

蝗：《集韻》《五音集韻》均有“蛒蝗，鳴蟲”的釋義。

崣：《集韻》《五音集韻》均有“嶊崣，山高貌”的釋義。

蘮：《集韻》《五音集韻》均有“芜蘮，草名”的釋義。

菒：只有《集韻》卷五杲韻下此韻中有“胡菒”；《五音集韻》無此釋義。

齵：只有《集韻》卷八坷韻下此韻中有“齣齵。齒貌”的釋義；《五音集韻》無此釋義。

蔬：《集韻》只有兩個匹配：卷一蔬韻下釋為“山於切。凡草菜可食者通名為蔬。郭璞説通作疏”；卷二毹韻下有“菌名。《爾雅》出隧蘧蔬，形似土菌，生菰草中。郭璞讀”。《五音集韻》也有兩個匹配：卷十疏韻下有一個匹配，釋為“菜也”。卷三虞韻毹小韻下有一個匹配：“菌名。《爾雅》出隧蘧蔬，形似土菌，生菰草中。郭璞讀之也。”均與《集成》所引不符，似為二書所釋之綜合。

莇：只有《五音集韻》卷二徂韻下此韻中有“莇菇，草名”的釋義，《集韻》無此義。

鏃：《五音集韻》卷十三鏃韻下有“作木切。箭鏃”的釋義。而《集韻》相同切語只有卷九鏃韻下有“作木切。《說文》：利也。一曰矢末。或省亦作鏃。”顯然，只有《五音集韻》與之相吻合。

蜀：也只有《五音集韻》有“巴蜀”的釋義；《集韻》無此釋義。

娕：《集韻》卷九促韻“娕”字下有：“嬻娕，齊謹也”的釋義；《五音集韻》卷十三促韻“娕”字下有“嬻娕，齊謹也”的釋義，後者所釋與《集成》相同。

由上述分析可以看出：《集成》在釋義上所引用的《集韻》語料，確實在表述上存在著混淆視聽之誤——把《集韻》和《五音集韻》混為一談。究其原因，筆者認為大致有兩個原因：一個是《集韻》和《五音集韻》在收字上是一樣的，正如唐作藩所說的“《五音集韻》收字總數與《集韻》相同”[1]，所以作者把它們混同了。另一個原因，可能是作者為了簡省，把《五音集韻》直接省作《集韻》來說了。至於其他可能，如作者當時是否看到了《集韻》等，我們還不得而知。不過，甯忌浮對章氏是否見過《集韻》是持否定態度的。他說：“章氏書中所引《集韻》即是韓道昭的《改併五音集韻》，而不是宋人丁度的《集韻》。明代音韻學家大概都沒見過丁度的《集韻》，也不知道陸法言的《切韻》。”[2]甯先生的這一觀點，從本書對《集成》所引用的《集韻》材料分析來看，似有道理。

（三）從釋義語料分析得出的結論

無論是普通的釋義語料，還是特殊的釋義語料，都十分清楚地顯示了這樣一個事實：《集成》所指的《集韻》的唯一性已經受到質疑。也就是說，《集成》中所指的《集韻》是一個具有泛指性的概念，它並非獨指我們現在所說的《集韻》，而是包括了《五音集韻》。這一個發現，對於深入研究《集成》《集韻》及《五音集韻》三部韻書的關係，提供了十分重要的研究思路與研究資訊，也為理順《集成》與宋金元明

[1] 唐作藩：《〈校訂五音集韻〉序》，載《古漢語研究》1992年第1期第1頁。

[2] 參見甯忌浮先生《漢語韻書史》（明代卷）第68頁。

韻書的源流關係提供了十分重要的語料。

二 《集成》所引《集韻》字形語料的分析

《集韻》以《説文》作為收字的依據，《説文》沒有收錄的字就根據其他典籍進行收列。《集韻·韻例》中説："凡字悉本許慎《説文》，慎所不載，則引它書為解。"《韻例》註明《集韻》收字五萬三千五百二十五個，但據趙繼的統計，以字頭為單位，《集韻》實際收字三萬二千二百八十一個[1]。其中有兩萬多來自《説文》以外的典籍。有些字有不同的寫法，《集韻》將一組異體字列在一起，有些字列出字頭，有些字不列字頭，而只在註文裡面説明。《韻例》中説："凡舊韻字有別體，悉入子註，使奇文異畫湮晦難尋。今先標本字，餘皆並出，啟卷求義，燦然易曉。"這些異體字非常豐富，字頭的各個形體之間的關係很複雜，有三種情況值得注意：(1)不同字的合併，(2)異體字之間不同音，(3)同義字合併。[2]《集成》作為明代的一部韻書，它的收字也勢必參酌某些典籍來完成，尤其是它收字多達四萬三千多字，是繼《集韻》《五音集韻》之後，收字較多的一部韻書，而且收別體、異字等情況特別多，它更需要參酌前代的韻書或字書等。它的收字雖然在《凡例》中已有説明："《玉篇》元收二萬二千餘字。除殊體重收外，有二萬一千之數流通於世。其來尚矣。今于諸篇韻、經書、俗流共錄出四萬三千餘字，字有《説文》、古文、篆籀、隸俗等，則正體三萬餘字。"這一説明雖未明確説明《集韻》收字對《集成》的影響。但從《集成》正文對韻字的釋義中，我們可以清楚地看出《集成》對前代辭書，尤其是《集韻》《龍龕手鏡》等書的轉釋或引用。

《集成》收字浩繁，而且其中大量的韻字還引證翔實的字形分析，這些字形分析對於研究古今字、變體字[3]、俗體字、異體字等內容都具有重要參考價值。《集成》對字形的分析，常用的術語是"某作某""俗作某"或"亦作某""或作某"等，引語語料最多的是《集韻》和

[1] 趙繼：《集韻究竟收多少字》，載《辭書研究》1986年第6期。

[2] 于建華：《〈集韻〉及其辭彙研究》，載《南京師範大學學報》2005年第4期。

[3] 此説法參考裘錫圭先生《文字學概要》（北京：商務印書館，2005年）第139、140頁的表述。《集成》所列許多韻字的字形分析可以從變體字的角度去研究，由於不是本書要研究的主要方向，這裡不多贅言。

《龍龕手鏡》（以下簡稱《龍龕》）。當然，還有其他的字書或韻書。在字形的分析和引用上，也體現了作者在編纂過程中"兼收並蓄"的思想。下面列舉一些字例來説明。引自《集韻》的，如：

緵：《集韻》亦作翪。　　　　　㚇：《集韻》或作嵕。
鏦：《集韻》或作鏠。　　　　　鬉：《集韻》或作鬆。
聰：《集韻》作聦。　　　　　　謥：《集韻》作謥，俗作訟。
菘：《集韻》或作芯。　　　　　鴔：《集韻》亦作鴓。
竦：《集韻》或作捒。　　　　　攫：《集韻》亦作擭。
從：《集韻》作從。　　　　　　警：《集韻》古文速字。
餗：《集韻》亦作鬻。　　　　　飋：《集韻》亦作飃。
雄：《集韻》或作䧺。　　　　　賨：《集韻》或作賩，亦作悰。
頌：《集韻》或作額。　　　　　拲：《集韻》或作桊。
珙：《集韻》或作巩。　　　　　菊：《集韻》或作蓺。
䳢:《集韻》作鶵。　　　　　　葍：《集韻》或作箇。
蛩：《集韻》或作蛩。　　　　　局：《集韻》别作鵙，或作局。
廱：《集韻》或作廱。　　　　　凶：《集韻》古作殈。
詾：《集韻》或作詋。　　　　　跫：《集韻》或作跏。
勗：《集韻》或作勖。俗作勗誤。　　凶：《集韻》或作恼。
彤：《集韻》從肉，《增韻》從舟非。彤：《集韻》或作彤。
族：《集韻》作矣。亦作庋。　　　灇：《集韻》作灇。
鬷：《集韻》或作傻、㚇，俗作鬷。　鬉：《集韻》或作鬆，通作總。

除了列出《集韻》的一些異體外，《集成》還同時列出其他典籍的異體字作為比較的物件，這也體現了《集成》對字體演變的事實描述。如：

㚇：亦作䝗鵔，《龍龕》作㚇。　　　偬：俗作偬。亦作摠。
䙕：同褑，《龍龕》作䙕。　　　　　裓：《玉篇》作褸。
䐣：《玉篇》作䐣。　　　　　　　轗：《韻會》亦作轗。
蹙：亦作蹴蹵。《集韻》或作戚，《五音篇》作慼。

從上述例子可以看出作者試圖盡力描述字形的演變與發展情況，有些是分辨字形，如“彨”“朂”等，有些是羅列異體，有些韻字的異體字竟多達四五種，如：“䤶”“蹔”等。此外，《集成》所引的字形語料，還具有一些重要的文獻價值，正如鄭賢章[1]、鄧福禄[2]等所研究，《龍龕手鏡》中的一些俗字是比較難辨認的，而《集成》中大量引用《龍龕手鏡》的語料來輔助字形分析，是否也可以透露出作者章黼對《龍龕手鏡》應該有相當深厚的研究這一資訊？或者說，是否可以利用《集成》所列的《龍龕手鏡》的語料，來反證或辨識《龍龕手鏡》中的一些俗字？這有待於下一步的考證和比較。

要強調的是，由於《集韻》和《五音集韻》收字是一樣的，因而，上述《集成》所引的關於《集韻》字形的語料，二書也是基本相同的。但也有畧微的差別，如：

聰：《集韻》聡聦為異體列在一起，與《集成》所引相同；《五音集韻》則聦聪為異體，與《集成》所引不同。

鴧：《集韻》鴧鴆為異體列在一起；《五音集韻》鴧鴆分列，且義不相同。

賨：《集韻》賨悰下有“徂宗切。《説文》：南蠻賦也。或從巾，亦書作賩”。《五音集韻》則只有“賨”字一種寫法，並釋為“藏宗切。戎稅。《説文》曰：南蠻賦也”。

珙：《集韻》珙玐異體並列。而《五音集韻》則珙鞏異體，與《集成》畧有出入。

此外，還有菊、兇等字，《集成》的釋義內容均與《集韻》吻合，而與《五音集韻》不符。

綜上所述，在字形方面，可以明確地説，《集成》所引用的語料，均主要來自《集韻》，極少數來自《五音集韻》。雖然《集韻》與《五音集韻》收字相同，但在異形、假借或俗體等字體方面的內容，還是畧有區別的。從《集成》所引的字形語料的對比中，我們即可窺見一斑。

[1] 鄭賢章：《〈龍龕手鏡〉未識俗字考辨》，載《語言研究》2002年第2期。
[2] 鄧福禄：《〈龍龕手鏡〉疑難字考釋》，載《語言研究》2004年第3期。

儘管如此，不能因此説明《集成》所有的韻字是來源於《集韻》。雖然《集成》在編纂過程中，所收韻字多以《廣韻》《集韻》作為依據，但還是“兼收並蓄”地收錄了二書所没有收錄的，而許多典籍有收錄的韻字。如：東韻“峅”字，《集成》明確註明“見《玉篇》”，陽韻“惝”字見《玉篇》，遮韻“罝”字見《五音篇》。又如：爻巧效韻第三十類上聲鮑韻下“孢”字：《集韻》《五音篇》“平巧切”皆無註。考《集韻》確無此字，《五音集韻》鮑韻“薄巧切”下有“孢”字，其切語與《集成》不符。據《欽定康熙字典》卷七寅集上所釋，子部下𡥉韻中孢字註為：《玉篇》平巧切；《正字通》部巧切。《集成》該切語可能源自《玉篇》。

另外，如侵韻平聲第八類“怎”字，《集成》釋為：“《中原雅音》子磣切。商清音。《集韻》子吽切。語辭也。《五音篇》中先人立作此字，無切腳可稱。昌黎子定作枕字。今此寢韻中精母之下，並立切腳子吽切。其吽字曉母安之，呼怎切。兩字遞相為韻切之，豈不妙哉。後進細詳，方知為正者也。”考之《集韻》，查無“子吽切”的切語，也無“怎”字，而唯有《五音集韻》兩者都吻合。這進一步説明《集成》在編纂過程中具有“兼收並蓄”的特點。

三 《集成》所引《集韻》註音語料的分析

《集成》編纂過程中，給韻字註音時，一般都旁徵博引、兼收並蓄地搜閱相關韻書、字書的材料作為輔證。正如《集成》徐博序所指出的那樣：“吾嘉章君道常，韜晦丘園，教授鄉里，暇則搜閱《三蒼》《爾雅》《字説》《字林》《韻集》《韻畧》《説文》《玉篇》《廣韻》《韻會》《聲韻》《聲譜》《雅音》諸家書，通按司馬温公三十六字母，自約為一百四十四聲，辨開合以分輕重，審清濁以訂虚實，極五音六律之變，分為四聲八轉之異。”其中，有九十多個韻字的註音直接引用《集韻》（其實也包含《五音集韻》，出於表述簡省的需要，均只依《集成》説成《集韻》，而不補列《五音集韻》，本節内同此）的註音材料，而這些材料正是我們研究和分析《集成》與《集韻》《五音集韻》等三部韻書關係的重要依據。下面，就試以這些註音語料為研究物件，進行分析和比較。

（一）《集成》所引《集韻》註音語料的整理

《集成》引用《集韻》的註音語料，主要有：一、作為比較對象。絕大多數語料屬於這一類型。這一類的情形又可分有三種：一種是列出《集韻》的反切進行比較，如崇韻密：《集韻》鋤弓切；另一種是直接列出《集韻》的韻字作為直音字進行比較，如伏韻趨：《集韻》音伏；還有一種是列出《集韻》的聲調或又音作為比較，如“韗”，《集韻》作平聲；時，《集韻》又音是。這三種情形，多為單獨運用，但有時也同時並用，如韡，《集韻》收府韻，許肥切。二、直接依據《集韻》的反切為韻字註音。這部分內容比較少，如醲，烏桄切，《集韻》烏桄切；煌，乎曠切，《集韻》乎曠切。三、説明審音定切的主要依據。如筈，古活切，依《集韻》《説文》更定。這一部分的內容最少。下面，我們就將《集成》所引的《集韻》的註音語料一一羅列如表十四（表中各列均為《集成》內容，最後一列為引用《集韻》的語料內容，為便於比較，韻部取其平上去或平上去入四聲的全稱）。

表十四：《集成》引《集韻》註音語料情況

韻部	小韻首字	韻字	反切上字	反切下字	註音情況
東董送屋	雍	韗	於	用	集韻作韗平聲
東董送屋	崇	密	鉏	中	集韻鋤弓切
東董送屋	伏	趨	房	六	集韻音伏
支紙寘	恣	胾	資	四	集韻爭義切
支紙寘	知	知	珍	而	集韻陟離切
支紙寘	紙	時	諸	氏	集韻又音是
支紙寘	寘	疐	支	義	集韻音智
支紙寘	差	差	叉	茲	集韻楚宜切
模姥暮	盧	舻	龍	都	集韻音爐
灰賄隊	隗	瓦	五	罪	音危委切集韻同
灰賄隊	坯	丕	鋪	杯	集韻併音鉟
皆解泰	亥	亥	胡	改	集韻作豕聲
皆解泰	齸	齸	渠	介	集韻腄中切齒聲

續表

韻部	小韻首字	韻字	反切上字	反切下字	註音情況
皆解泰	柴	偍	莊	皆	集韻直皆切
真軫震質	很	狠	下	懇	集韻五閑切
真軫震質	隕	噴	羽	敏	集韻雲粉切
寒旱翰曷	括	筈	古	活	依集韻説文更定
山產諫轄	剳	剳	則	八	集韻側戛切
山產諫轄	煩	樊	符	艱	集韻音翻與藩同
先銑霰屑	繭	襺	古	典	集韻音牽
先銑霰屑	牽	傘	苦	堅	集韻音牽
先銑霰屑	腆	琠	他	典	集韻又音典
先銑霰屑	田	鷏	亭	年	集韻又音真
先銑霰屑	耊	耊	杜	結	集韻音鐵
先銑霰屑	軟	軟	乳	兖	又集韻音欠
先銑霰屑	别	鼈	避	列	集韻音擎
蕭筱嘯	筱	筱	先	了	集韻私兆切
爻巧效	道	僔	杜	皓	集韻音道
爻巧效	鮑	孢	部	巧	集韻平巧切
歌哿箇	韡	韡	許	戈	集韻收府韻許肥切
歌哿箇	銼	貁	子	戈	集韻作何切
歌哿箇	剉	担	千	臥	集韻慈也切
麻馬禡	摦	摦	烏	寡	集韻烏瓦切
麻馬禡	華	嘩	胡	瓜	集韻諠嘩字音花
麻馬禡	䜌	䜌	力	華	集韻力華切
麻馬禡	打	打	都	瓦	集韻收迥韻都挺切
麻馬禡	罷	罷	皮	駕	集韻作上聲
遮者蔗	羅	臁	利	遮	集韻驢靴切
遮者蔗	韡	抳	毁	遮	集韻許肥切
陽養漾藥	央	鞅	於	良	集韻音央
陽養漾藥	張	粻	陟	良	集韻又音棖

續表

韻部	小韻首字	韻字	反切上字	反切下字	註音情況
陽養漾藥	往	往	羽	枉	集韻於昉切
陽養漾藥	醠	醠	烏	桄	集韻烏桄切
陽養漾藥	煌	煌	乎	曠	集韻乎曠切
陽養漾藥	莊	鵏	側	霜	又集韻音春
陽養漾藥	捉	豟	側	角	集韻又至韻丁木切
陽養漾藥	朗	睤	裏	黨	集韻又去聲
庚梗敬陌	積	借	資	昔	又集韻子夜切
庚梗敬陌	寂	堲	前	曆	集韻秦力切
庚梗敬陌	寂	崱	前	曆	集韻音堲
庚梗敬陌	梗	耿	古	杏	集韻併音梗
庚梗敬陌	生	鉎	師	庚	集韻又見星與鯹同
庚梗敬陌	宅	蹟	直	格	集韻鋤陌切音與宅同
庚梗敬陌	寔	植	承	職	集韻音直
庚梗敬陌	虢	虢	古	伯	集韻古獲切
庚梗敬陌	猛	黽	毋	梗	集韻猛黽皿等通併音莫杏切
尤有宥	舊	舊	巨	又	集韻又音休
尤有宥	授	僞	承	呪	集韻音授
尤有宥	穀	隭	乃	後	集韻作陾陾音仍
侵寢沁緝	怎	怎	子	吽	集韻子吽切
覃感勘合	甘	甘	古	三	集韻姑南切
覃感勘合	感	敢	古	禫	集韻併音感
覃感勘合	勘	闞	苦	紺	集韻併音勘
覃感勘合	顉	俨	五	感	集韻五敢切
覃感勘合	暗	蚶	烏	紺	集韻呼甘切併音峆
覃感勘合	含	酣	胡	南	集韻胡甘切含
覃感勘合	昝	饕	寅	感	集韻併音昝
覃感勘合	帀	啑	作	答	集韻子宿切
覃感勘合	三	三	蘇	鹽	集韻蘇甘切

續表

韻部	小韻首字	韻字	反切上字	反切下字	註音情況
覃感勘合	僫	僫	私	盇	集韻併音跛
覃感勘合	慙	慙	財	甘	集韻併音蠶
覃感勘合	槧	槧	在	敢	集韻併音歜
覃感勘合	蝅	蝅	才	盇	集韻併音雜
覃感勘合	濫	濫	盧	瞰	集韻郎紺切
覃感勘合	濫	灠	盧	瞰	集韻通音郎紺切
覃感勘合	婪	婪	盧	含	集韻併音藍
覃感勘合	喊	喊	虎	覽	集韻呼豏切
覃感勘合	豏	檻	下	斬	集韻併音豏
覃感勘合	陷	豃	胡	監	集韻併音陷
覃感勘合	讒	敁	鋤	鹹	集韻音詁
覃感勘合	儋	儋	都	監	集韻併音耽
覃感勘合	擔	擔	都	濫	集韻併音馱
覃感勘合	皶	皶	都	盇	集韻併音答
覃感勘合	貪	貪	他	含	集韻併音坍他酣切
覃感勘合	禫	禫	他	感	集韻併音吐敢切
覃感勘合	探	探	他	紺	集韻併音吐濫切
覃感勘合	錔	錔	讬	合	集韻併從榻吐盇切
覃感勘合	坍	坍	他	酣	集韻貪坍同出
覃感勘合	榻	榻	讬	甲	集韻吐盇切
覃感勘合	談	談	徒	甘	集韻併音覃
覃感勘合	淡	淡	徒	覽	集韻音禫
覃感勘合	憺	憺	徒	濫	集韻併音徒紺切
鹽琰豔葉	嚴	巖	魚	杴	集韻又音漢
鹽琰豔葉	僭	僭	子	念	集韻子豔切
鹽琰豔葉	接	睞	即	涉	集韻音閃
鹽琰豔葉	捷	接	疾	業	集韻併音捷
鹽琰豔葉	蹌	閅	昌	豔	集韻音平聲

（二）註音語料的分析及“《集韻》某某切”考證

從表十四的註音語料，可以分析出如下幾種情況：

第一，三部韻書切語均相同的有四個：䶑：䶑渠介切；趜：房六切；鞅：於良切；琠：他典切。九十七個語音資料引用《集韻》的註音，卻只有四個音切與其註音完全一致，至少説明了《集成》的引用是比較混亂的。

第二，《集成》標註為“《集韻》某某切”的，其“某某切”與《五音集韻》有著極高的相似度。我們將這些語料的《集韻》《五音集韻》的反切羅列如表十五（為節省篇幅，三部韻書均不加書名號，《五音集韻》省略為五音）：

表十五：三部韻書部分切語比較

序號	韻字	集成反切	語料説明	集韻反切	五音反切
1	錔	讬合切	集韻併從榻吐盍切	讬合切	吐盍切
2	貪	他含切	集韻併音坍他酣切	他含切	他酣切
3	怛	徒濫切	集韻併音徒紺切	徒濫切	徒紺切
4	襑	他感切	集韻併音吐敢切	他感切	吐敢切
5	探	他紺切	集韻併音吐濫切	他紺切	吐濫切
6	灠	盧瞰切	集韻通音郎紺切	盧瞰切	郎紺切
7	韡	許戈切	集韻收府韻許肥切	呼肥切	許肥切
8	坍	他酣切	集韻貪坍同出	他甘切	他酣切
9	榻	讬甲切	集韻吐盍切	讬盍切	吐盍切
10	䤸	烏桄切	集韻烏桄切	烏曠切	烏桄切
11	摦	烏寡切	集韻烏瓦切	烏瓦切	烏瓦切
12	狠	下懇切	集韻五閑切	牛閑切	五閑切
13	豝	側角切	集韻又至韻丁木切	都木切	丁木切
14	唄	羽敏切	集韻雲粉切	羽粉切	雲粉切
15	怎	子吽切	集韻子吽切	無	子吽切
16	䶒	子戈切	集韻作何切	無	作何切
17	差	叉茲切	集韻楚宜切	叉宜切	楚宜切

續表

序號	韻字	集成反切	語料説明	集韻反切	五音反切
18	截	資四切	集韻爭義切	側吏切	爭義切
19	借	資思切	集韻子夜切	子夜切	子夜切
20	知	珍離切	集韻陟離切	珍而切	陟離切
21	往	羽枉切	集韻於昉切	于方切	於昉切
22	儼	五敢切	集韻五敢切	五敢切	五感切
23	噈	作答切	集韻子宿切	作答切	子答切

從表中序號1—21個韻字的語料説明來看，其“《集韻》某某切”中的切語與《五音集韻》有著高度的一致性；且序號1—6個韻字，《集成》的反切已經完全與《集韻》的切語相同，卻又説“《集韻》某某切”，説明這些註音語料絕非來自《集韻》；另外，怎、㹞二字，《集韻》無字，只有《五音集韻》有，而且二字的音切語料也完全與《五音集韻》的切語相同。綜上三點，可以肯定地説序號1—20個韻字所引《集韻》的語料絕對是來自《五音集韻》。而第21個韻字的語料應當是源自《集韻》（下文也有些韻字是源自《集韻》）。而“噈”字，《廣韻》《集韻》《五音集韻》《韻會》和《正韻》均無“子宿切”這一切語，可能《集成》引用語料時有誤。

第三，《集成》標為《集韻》“併音某”或“音某”的，《集韻》的相似度更大，《五音集韻》的相似度更小。如慚、槧、婪、僋、貪、談等，《集成》的反切均與《集韻》符合，而與《五音集韻》不符。當然，也有少數韻字，如《集成》：檻，下斬切，《集韻》併音豏。考之《集韻》，僅有户黤切（“黤”中古屬“覃”“銜”二部，“斬”則屬“豏”，下字不同音部，有小異）一音，而《五音集韻》剛好與《集成》切語相同。而撇開《集成》的語料和從審音角度來説屬異切同音現象的不説，上述九十七個韻字中，《集成》的反切與《集韻》的反切完全相同的，有二十九個之多，與《五音集韻》相同的只有十二個，應該説《集成》與《集韻》的切語更為接近些。這個現象説明，《集成》標註“《集韻》併音某”或“音某”主要是參酌了《集韻》，少數參酌了《五音集韻》。

從以上三點的分析來看，《集成》所引《集韻》的註音語料應該與上文提到的釋義語料一樣，均非來自單一韻書，而是或者取諸《集韻》，或者源自《五音集韻》。這也更進一步説明，《集成》語料有兼收並蓄的特點，為我們更全面準確地分析語料的情況增添了不少困難。

（三）關於註音語料的思考

《集成》引用“《集韻》”的註音語料總共還不超過一百條，卻可能引自兩部韻書，這是非常奇怪的現象。從上表所列韻字的切語可以看出，《集成》的反切與《集韻》的反切、《集成》所註《集韻》的反切與《五音集韻》的反切呈對應性的相同，這像是一種規律，而這規律是什麼呢？我們還不得而知。《集成·凡例》中指出“依《洪武正韻》定例”，結合甯忌浮的研究，《正韻》“是在《增修互註禮部韻畧》的基礎上改併重編的”[1]，而“《增韻》是《禮部韻畧》的增修”。[2]而“《集韻》與《禮部韻畧》是詳畧關係，《禮部韻畧》是《集韻》未定稿的簡縮”。[3]凡此種種，可以看出《集成》與《集韻》在韻書編纂傳承鏈上的某種關係。而《五音集韻》與《集韻》的收字相同，且“《五音集韻》照錄《廣韻》《集韻》的單字和註釋，反切用字也很少更動”。[4]説明《五音集韻》與《集韻》在某些方面上也存在著密切的關係。那麼，我們就可以據此猜測，《集成》所引關於《集韻》的註音語料所暴露出來的這些問題，可能事出有因：第一，在《集成》作者看來，也許《集韻》與《五音集韻》是同一體係，所以作者認為可以混同，或者是指《集韻》《五音集韻》以外的韻書？第二，也許作者只看到了《五音集韻》（從《凡例》可以確信作者肯定看到《五音集韻》），而未曾看到真正的《集韻》，而這些與《集韻》相同卻與《五音集韻》不同的語料，可能參酌自其他類似韻書，如《改併五音類聚四聲篇海》或《篇海類編》等。如果這樣，甯忌浮所説的“章氏書中所引《集韻》即是韓道昭的《改併五音集韻》，而不是宋人丁度的《集韻》。明代音韻學家大概都没見到過丁度的《集韻》，也不知道陸法言的《切韻》”[5]就更加可信了。另外，徐博序中提到章氏“暇則搜閱《三蒼》《爾雅》《字説》《字林》《韻集》《韻畧》《説文》《玉

[1] 甯忌浮：《洪武正韻研究》，上海：上海辭書出版社，2003：27。

[2] 同上。

[3] 甯忌浮：《古今韻會舉要及相關韻書》，北京：中華書局，1997：48。

[4] 甯忌浮：《校訂五音集韻前言》，北京：中華書局，1992：5。

[5] 參見甯忌浮《漢語韻書史》（明代卷），第68頁。

篇》《廣韻》《韻會》《聲韻》《聲譜》《雅音》諸家書”，卻只字未提《集韻》《五音集韻》和《五音篇》等，也給我們留下了許多值得思考的問題。當然，以上假設，還有待於更深入地取證或論證。這也為本課題的後續研究指明了方向。

四 《集成》所引《集韻》的語料小結

通過對《集成》所引《集韻》語料的分析，我們有理由說，《集成》所引的《集韻》語料，不是單一源自《集韻》一書，而是同時源自《集韻》或者《五音集韻》。這說明，《集成》與《集韻》《五音集韻》都有著密切的關係。而通過對語料的分析，又可以體現《集成》與《集韻》《五音集韻》的關係情況：

第一，從《集成》自身的切語來看，其切語源自《集韻》的占大多數（當然，這些切語可能不是直接參酌《集韻》的，但由於《集韻》的影響，比如說，《集韻》對《正韻》的影響導致後者使用了許多前者的切語，而《集成》又依後者定例，導致《集成》間接引用了《集韻》的反切）。我們通過《集成》多數韻部的韻字切語與其他二書韻字切語的比較，可以看出《集成》許多韻字的切語與《集韻》的切語是相同的，而與《五音集韻》的切語區別較大。支韻和齊韻的平聲小韻首字切語為例，試將三部韻書切語羅列如表十六：

表十六：支韻、齊韻平聲小韻首字反切比較表

《集成》韻部	小韻首字	《集成》反切	《集韻》反切	《五音》反切
支	奇	渠宜	渠羈	渠羈
支	伊	於宜	於夷	因脂
支	義	虛宜	虛宜	牛肌
支	夷	延知	延知	弋枝
支	咨	津私	津私	即移
支	雌	此茲	七支	此移
支	私	相咨	相咨	息茲
支	茨	才資	津似	即移
支	詞	詳茲	詳茲	似茲

續表

《集成》韻部	小韻首字	《集成》反切	《集韻》反切	《五音》反切
支	知	陟離	珍離	陟離
支	摛	抽知	抽知	醜知
支	馳	陳知	陳知	直離
支	支	旨而	章移	章移
支	差	叉茲	楚懈	楚宜
支	詩	申之	申之	書之
支	時	辰之	市之	市之
支	兒	如支	如支	如之
支	悲	逋眉	逋眉	波為
支	紕	篇夷	篇夷	匹夷
支	皮	蒲糜	蒲糜	符羈
支	糜	忙皮	旻悲	靡為
支	霏	芳微	芳微	芳非
支	肥	符非	符非	符非
支	微	無非	無非	無非
齊	雞	堅溪	堅奚	古奚
齊	溪	牽溪	牽奚	苦奚
齊	兮	賢雞	弦雞	胡奚
齊	齎	箋西	箋西	祖稽
齊	妻	千西	千西	千西
齊	西	先齊	先齊	先稽
齊	齊	前西	前西	徂奚
齊	離	鄰溪	鄰知	呂支
齊	低	都黎	都黎	都奚
齊	梯	天黎	天黎	土雞
齊	題	杜兮	田黎	杜奚
齊	泥	年提	年題	奴低
齊	篦	邊迷	賓彌	邊迷
齊	迷	綿兮	綿批	莫於

以上支韻平聲小韻首字二十四個，齊韻平聲小韻首字十四個，合計三十八個平聲韻字中，《集成》切語與《集韻》相同的有二十二個，與《五音集韻》相同的則只有五個，且其中有三個《集韻》也是一樣的。

第二，就《集成》引用的《集韻》語料來看，《集成》直接標明引自《集韻》用來釋義和註音的語料，則大多數來自《五音集韻》，而少數源自《集韻》。而直接標明引自《集韻》用來説明字形的語料，則大多數來自《集韻》，少數源自《五音集韻》。例子詳見上文分析。

第三，從表十六的註音語料來看，也體現了三部韻書聲韻關係上的一些區别。從聲類來説，所列三十八個韻字中，《集成》的聲母與《五音集韻》的聲母完全一樣。《集韻》的個别韻字在照組的聲母與其他兩部韻書畧有區别，如支、差、詩三字，《集韻》分屬章、初、書三母，而其他二書均分屬照、穿、審三母。從這一點上也體現了《集成》《五音集韻》已經將《集韻》照組字合二為一的音變規律。而從韻部上來看，則《五音集韻》與《集韻》一致，與《集成》不一致。《集韻》的支韻字、之韻字和脂韻字，到了《五音集韻》均併入脂韻中，如詞、知、摛、馳等。而《集成》則歸入支韻，且《集韻》《五音集韻》的微部字也一部分歸入《集成》的支韻，一部分則歸入《集成》的齊部。

第二節　《集成》與《集韻》《五音集韻》的關係

通過對這些語料的分析，引出了《集成》與《集韻》二書之間的一本韻書——《五音集韻》。《集成》語料中標明《集韻》的，實際上並非獨指《集韻》，而是包括了《五音集韻》。經過對語料窮盡式的分析，《集成》所引《集韻》語料中，關於韻字的釋義和註音部分的大多數内容是源自《五音集韻》，而關於字形的分析部分，則主要源自《集韻》，但又不是絕對的，這就對語料分析和歸類造成較大的麻煩和困難。因此，這些語料為比較《集成》和《集韻》《五音集韻》三書之間的關係提供了極有價值的方向，也更彰顯了本課題研究的價值所在。

由於在比較中將涉及具體小韻的位置或相關韻字的釋義與切語等問題，不同的版本會畧有區别，也會造成查找的麻煩，因此有必要對本書所使用的《集韻》和《五音集韻》的版本作個説明。除特殊説明外，本書所依據的《集韻》版本，都是指臺灣商務印書館發行的影印文淵閣《四庫全書》第236冊所收版本，即《欽定四庫全書·經部十》中的《集韻》；所依據的《五音集韻》版本就是臺灣商務印書館發行的影印文淵閣《四庫全書》第238冊所收版本。關於《集韻》，學術界的研究成果很多，其版本也較為複雜，這裡不多作介紹。關於《五音集韻》則有必要交代一下其來源。董小征的《〈五音集韻〉與〈切韻指南〉音系之比較研究》在“概説”中對該書的名稱來源作了介紹，具體如下：

> 我們所要研究的《五音集韻》其實並不是《五音集韻》，而是《改併五音集韻》。真正的《五音集韻》成書於公元12世紀40年代，即金代皇統年間。編纂者姓荊名璞字彥寶，真定洨川（今河北省趙縣）人，荊璞“善達聲韻幽微，博覽羣書奥旨”，他所作的《五音集韻》用三十六字母重新編排《廣韻》《集韻》二百零六韻的各小韻，這種按字母次序排列小韻的做法是韻書編纂向科學化邁出的重要一步。可惜荊璞的工作未能盡善。
>
> 到13世紀初，韓道昭在荊璞的基礎上重新編纂，他做了大量的增、改、併工作，“引諸經訓，正諸訛舛，陳其字母，序其等第”，“芟削重錯，翦去繁蕪，增添俗字故引”，“增添俗字廣，改正違門多，依開合等第之聲音，棄一母複張之切脚”。將二百零六韻併一百六十韻。公元1208年，即金代泰和八年，韓道昭將重編的《五音集韻》命名為《改併五音集韻》並雕版印行，卷首題“真定府松水昌黎韓孝彥次男韓道昭改併重編”。韓書刊行後，荊書被忘卻並取代。後來人們竟把《改併五音集韻》簡稱為《五音集韻》。[1]

本書要研究的《五音集韻》正是韓道昭改編的《改併五音集韻》，只不過《四庫全書》已經稱其為《五音集韻》。因此，本書所用的名稱，也都通用《五音集韻》。

通過《集成》所引的語料可以分析三部韻書之間的親疏關係，但如果只是通過這些語料來分析三部韻書之間的親疏關係，顯然較為單薄。既然《集成》的編纂受到《集韻》《五音集韻》諸多方面的影響，那

[1] 董小征：《〈五音集韻〉與〈切韻指南〉音系之比較研究》，福建師範大學碩士學位論文，2004：1。

麽，《集韻》《五音集韻》對《集成》的影響主要體現在哪些方面？三部韻書的關係如何？是否存在一定的傳承關係？這些都關係到《集成》編纂的一些體例和原則問題，也是我們在理順韻書發展源流中必須解決的問題。下面從小韻首字的歸屬、編排體例、韻字排列次序和韻部的歸併等方面進行考察。

一　註音語料的小韻關係考證

從時代的跨度和韻部系統的不同這兩個角度來分析，我們很難把《集成》和《集韻》《五音集韻》三部韻書放在一起來觀察其關係。但從《集成》所引《集韻》的註音語料來看，我們卻可以把三部韻書放在一起觀察。因為這些語料為我們提供了一個比較的平台，即可通過這些註音語料反證《集韻》與《五音集韻》的相應韻字是否一致來判斷三部韻書的異同問題。因此，韻部分析是比較三部韻書音係關係的重要環節。如果僅從韻部本身的二百零六韻、一百六十韻和七十六韻之間的比較，所找出的韻字要具有代表性才能看出其具體區別，此項工作極為浩繁。而從《集成》所引的《集韻》語料，也可以看出其韻字歸併上的關係。由於《集成》所引的註音語料，主要是用來對比音讀情況，因此，它們對比較三書的關係最具代表性。下面，就將《集成》所引《集韻》註音語料的九十七個韻字在《集成》《集韻》和《五音集韻》中的韻部歸屬查檢結果列成表十七。

表十七：《集成》註音語料的韻字歸併情況

《集成》韻字	《集成》韻部	《集韻》韻部	《五音》韻部	《集成》韻字	《集成》韻部	《集韻》韻部	《五音》韻部
[illegible]	東	鐘	鐘	觗	模	模	模
[illegible]	東	東	東	瓦	賄	紙	旨
趜	屋	屋	屋	丕	灰	脂	脂
[illegible]	寘	志	至	亥	解	海	海
知	支	支	脂	[illegible]	泰	怪	怪
時	紙	旨	旨	徥	皆	皆	皆
[illegible]	寘	至	至	狠	軫	很	山
差	支	支	脂	唄	軫	隱	吻

續表

《集成》韻字	《集成》韻部	《集韻》韻部	《五音》韻部	《集成》韻字	《集成》韻部	《集韻》韻部	《五音》韻部
筈	曷	末	末	鯺	陽	冬	鐘
劄	轄	黠	轄	豝	藥	屋	屋
樊	山	元	元	眼	漾	宕	蕩
襈	銑	獮	獮	借	陌	昔	昔
倴	先	無	無	堲	陌	職	職
琠	銑	銑	獮	崱	陌	職	職
鶘	先	真	真	耿	梗	梗	梗
耋	屑	屑	屑	鉎	庚	青	青
軟	銑	獮	獮	賾	陌	麥	陌
蹩	屑	屑	薛	植	陌	職	職
筱	筱	筱	小	虩	陌	陌	陌
僔	效	皓	皓	黽	梗	耿	梗
孢	巧	巧	巧	舊	宥	宥	宥
韡	歌	戈	麻	僽	宥	宥	宥
豟	歌	無	歌	隭	尤	無	無
担	哿	馬	馬	怎	寑	無	寑
摦	馬	馬	馬	甘	覃	談	覃
嗶	麻	戈	麻	敢	感	感	感
鑾	麻	麻	麻	闞	勘	闞	勘
打	馬	迥	迥	俨	感	敢	感
罷	馬	馬	馬	蚶	覃	談	覃
膸	遮	戈	麻	酣	覃	談	覃
抛	遮	戈	麻	饕	感	琰	感
鞅	陽	陽	陽	噉	合	合	合
粻	陽	陽	陽	三	覃	談	覃
往	陽	陽	陽	僫	合	盍	合
醻	漾	宕	宕	慚	覃	談	覃
煌	漾	宕	蕩	槧	感	敢	感

續表

《集成》韻字	《集成》韻部	《集韻》韻部	《五音》韻部	《集成》韻字	《集成》韻部	《集韻》韻部	《五音》韻部
䶨	合	盍	合	探	勘	勘	勘
濫	感	闞	勘	錔	合	合	合
灠	勘	闞	勘	坍	覃	談	覃
婪	覃	覃	覃	榻	合	盍	合
喊	感	敢	豏	談	覃	談	覃
檻	感	檻	豏	淡	感	敢	感
䁪	勘	豔	勘	怛	勘	闞	勘
㪣	覃	無	鹹	巉	鹽	嚴	凡
儋	感	談	覃	僭	琰	忝	琰
擔	勘	緩	勘	睞	葉	葉	葉
皶	合	盍	合	接	葉	葉	葉
貪	覃	覃	覃	閰	豔	監	監
禫	感	感	感				

從以上韻字的歸併情況反查來看，這九十七個韻字在三部韻書中的韻部非常一致。除個別韻字，如知、差、談、巉等，體現了三部韻書韻字歸部上的不同外，“瓦”和“丕”兩字的歸部是較為特殊的，二字在《集成》中分屬灰韻的平上聲，在《集韻》和《五音集韻》中卻屬“旨”韻。另外一個韻字是“狠”的音讀，《集成》列在“軫”韻二十二類 “很”小韻下，釋語為“《集韻》五閑切，又見山韻音顏”。這肯定是《集成》引用語料時出現了錯誤。首先，此處所引《集韻》的語料當在《集韻》的山小韻中，《集成》卻在“軫”小韻中，作者把釋語張冠李戴了。在《集成》中有平、上兩讀，這與《集韻》是一樣的。但《集韻》的上聲小韻當讀為“下懇切”，而非“五閑切”，若依此切，《集成》應該是平聲韻山韻才對。其次，《五音集韻》此字只有平聲韻而無上聲韻，即使作者不是引自《集韻》而引自《五音集韻》，其聲調也對不上號。因此，這一字的不吻合，應該是作者引用錯誤所致。總體而言，這一歸併是語音事實，説明到了《集成》時代，中古止攝中

的脂韻有部分韻字已經發生了音讀上的變化。其他韻部是否也發生了類似的轉移和混置現象，我們還不得而知。要弄清這一語音變化的全貌，得從三部韻書的全部小韻中的韻字歸屬進行窮盡式的統計和比較，才能得出一個較為科學的結論。從表十七的小韻歸屬分析，我們可以得出下面兩個結論：

第一，三部韻書的韻部出現了部分的融合和混置現象，這些註音語料來源也較不統一。由二百零六韻到一百六十韻，再到七十六韻韻部融合的跡象十分明顯。但具體到每個韻時，融合的韻部則主要體現在中古的各攝之下進行，較少跨攝整合。從目前對語料的考證情況來看，只有果攝中的歌韻、假攝中的麻韻、止攝中的脂韻和蟹攝中的灰韻有融合的韻例出現，但韻字不多。這些韻字的融合，主要是個別韻字由中古到明代的韻部轉移，而不是由多部歸併到一部。如《集韻》的脂韻、歌韻和麻韻字，不是由於韻部的融合，將該部的所有韻字歸入《五音集韻》或《集成》的某一韻部，而是由於語音的變化，部分韻字由脂韻轉移入灰韻，但絕大多數脂部韻字仍保留在脂韻中。雖然這些語料都是《集成》標注此自《集韻》的註音語料，但與《集韻》的相似卻是最少的，歸屬完全一致的才五個，而《集成》與《五音集韻》《集韻》與《五音集韻》卻分別有二十六個和二十四個相同，這至少可以說明《集成》的這些註音語料的來源是不統一的。

第二，從《集成》所引的註音語料來看，三部韻書的韻字在聲調上和歸部上有較高的一致性。從表十七可以看出，韻字的聲調基本是一致的。另外，韻字所屬的韻部也是較為一致的，除了個別韻字發生了轉移或混置現象。《集成》所列語料，來自二十二組韻部中的十七組，如（舉平以賅上去入）東、支、模、灰、皆、山、蕭、歌、遮、先、真、陽、庚、尤、侵、覃和鹽等，應該説涵蓋了《集成》的絕大多數韻部，所以應該很具代表性。從這些韻字在三部韻書中的歸屬來看，保持了較高的一致性。九十七個韻字，三部韻書的韻部完全不同的共有十五個，完全一致的有二十六個，《集成》与《五音集韻》相同的有二十六個，与《集韵》相同的有五個，而《集韻》与《五音集韻》相同的有二十四个；如果整合在一起，《集成》與《集韻》相同的有三十一個，《集成》與《五音集韻》相同的有52個，《集韻》與《五音集韻》相同的有五十個，後兩者相同率均達一半以上，總體而言，它們在韻字的歸屬上具有較高的相似度。這至少説明，《集成》所引的這些語料能夠體現三部韻書共性的一面，也更能進一步證實三部韻書存在特殊關係這一事實。

二 編排體例的關係考證

從語料分析來看，除《集成》所引字形分析的語料基本來自《集韻》外，釋義語料和註音語料則較多與《五音集韻》相同，但《集成》對韻字的註音卻又與《五音集韻》有著較大的差别，而與《集韻》距離更近些，這就體現出作者在編纂過程的取捨標準與編纂原則。同時，也使《集成》與前代韻書的關係更顯複雜與無序。但無論多麽複雜和無序，通過韻書體例、收字、聲韻系統等宏觀方面的比較分析，以及釋義、字形和註音等微觀方面的比較和分析，韻書之間的傳承、發展與變化，應該可以看出一些端倪。就韻書的編纂體例來説，它往往可以從整體上給我們一個感覺，該部韻書在體例上延續了某韻書的體例，有了這種感覺（其實這種感覺是建立在事實比較或綜合分析的基礎上形成的），在研究和分析問題時就容易將此兩部韻書進行某些方面的比較和分析，這樣其關係就更容易被理順。下文提到的《集成》與《韻會》《字學集要》的比較，很大程度上就與筆者對體例的感覺有關，當然再結合有關文獻或科研成果的提示，可以進一步證實自己感覺的準確與否，從而確定韻書比較的可能性和方向性。《集成》所引的《集韻》的語料給我們的感覺就是《集成》與《集韻》存在某種關係。在此基礎上經過對語料的分析，發現這些語料又涉及《五音集韻》這一本韻書的關係。那麽，《集成》是否延續了二書編纂的體例呢？我們不妨進行簡單比較。

就編纂體例來看，《集韻》平上去入四聲分列，將二百零六韻依平聲四卷，上聲、去聲、入聲各二卷分列，總共十卷。趙振鐸認為："《廣韻》每個韻内部分若干個小韻，這些小韻的排列比較淩亂，没有什麽規律可尋，而《集韻》每個韻内部的小韻一般是按照發音部位相同來排列的。這比起《廣韻》來，應該説是一個進步。"[1]

關於《五音集韻》，趙誠作了比較多的介紹："此書寫成于金泰和八年（公元1208年），一説完成于韓道升寫序的那一年，即金崇慶元年

〔1〕參見趙振鐸先生《集韻研究》，第10頁。

（公元1212年）。此書作者韓道昭，字伯暉，真定松水人。”[1]趙先生對此書的評價很高，我們將其評價部分内容摘錄於下：

> 全書編排，有很大改革，這是韻書發展史上值得注意的地方。舊韻書如《切韻》《廣韻》《集韻》《禮部韻畧》等，每一韻下只是把同音字分組排列。此書卻是按三十六字母排列，次序是：見、溪、羣、疑、端、透、定、泥、知、徹、澄、娘、幫、滂、並、明、非、敷、奉、微、精、清、從、心、邪、照、穿、牀、審、禪、曉、匣、影、喻、來、日。這就等於是註明聲類了。每一聲類的字如有開合的，則分開排列。最後用㈠㈡㈢㈣註明屬於幾等。和清陳澧《切韻考》所做的基本工作完全相同。反過來説，陳澧的工作，有一大部分，至少在五百年以前就由韓道昭做了。……《五音集韻》在體制上的這種改變，對後代韻書很有影響。如後來的《韻畧易通》《五方母音》，不僅分韻，也分聲類，給音係的研究提供了方便，追本探原，不能不説是《五音集韻》的功績。[2]

李新魁也對《五音集韻》進行了專題的介紹，他對《五音集韻》的分韻是依據當時北方的實際語音來改併的，並對這種分韻給予了較高的評價。他説：“總之，《五音集韻》的分韻有相當重要的價值，一方面可以從它窺見當時北方語音的實際情況，另一方面也可以用它印證此前各韻書分韻列字的異同。”[3]

由二百零六韻到一百六十韻，再到七十六韻，由《集韻》的“小韻一般按發音部位相同來排列”的隱性規則，到《五音集韻》“按三十六字母排列”並註明等第，再到《集成》的小韻首字依三十六母的聲序排列，且四聲相承，可以看出三部韻書在韻字編排上的變化。《五音集韻》平上去入四聲分陳，體例與《集韻》相似，但其每韻中依聲排列，並標示出來，卻又與《集成》較為接近，只不過是其每聲下又列出小韻的等第，這是《集成》所没有的，也是《五音集韻》沿承舊例的一個體現。因此，從體例上來看，平上去入四聲相陳的格局，體現《五音集

[1] 參見趙誠《中國古代韻書》，第67頁。

[2] 參見趙誠《中國古代韻書》，第72—73頁。

[3] 參見李新魁《漢語音韻學》，第46頁。

韻》對《廣韻》《集韻》體系的承襲，在體例上較為接近，但韻部數減少了四十多個，顯然又是其發展變化的一個重要跡象；而依聲排韻的體例，可以説明《集成》與《五音集韻》的體例較為接近。因此，從體例上來看，三部韻書的關係體現出一種複雜的局面，但總體能體現出漢語語音漸變的大致過程。

三　韻字排列次序的關係考證

三部韻書都按“發音部位”來排列次序，其韻字排列順序是否一致呢？對於韻字依聲母的排列次序，可以作些規律性的比較和探索。下面各小韻後的右下標表示該韻字所屬的聲母。

支韻：

《集韻》：支$_{章}$騷$_{章}$齹齜$_{莊}$施$_{書}$釃$_{生}$襹$_{生}$眵$_{昌}$吹$_{昌}$差$_{初}$衰$_{初}$𧺝$_{禪}$垂$_{禪}$兒$_{日}$痿$_{日}$斯$_{心}$雌$_{清}$貲$_{精}$厜$_{精}$劑$_{精}$疵$_{從}$隨$_{邪}$知$_{知}$腄$_{知}$摛$_{徹}$馳$_{澄}$鬌$_{澄}$離$_{來}$羸$_{來}$蘂$_{莊}$詑訑$_{曉}$覨$_{疑}$齹$_{崇}$窺跬$_{溪}$眭瀡$_{心}$鈹$_{滂}$陂$_{幫}$皮$_{並}$糜$_{明}$卑$_{幫}$陴$_{並}$彌$_{明}$祇$_{羣}$蓨$_{從}$隓$_{曉}$規$_{見}$刘羈$_{見}$犧$_{曉}$攲$_{溪}$奇$_{溪}$漪$_{影}$宜$_{疑}$為$_{云}$麾$_{曉}$匯虧$_{溪}$媯$_{見}$甤逶$_{影}$危$_{疑}$𧺠$_{羣}$[1]。

《五音集韻》：饑$_{見}$攲$_{溪}$奇$_{羣}$狋$_{疑}$知$_{知}$絺$_{徹}$馳$_{澄}$尼$_{娘}$陂$_{幫}$鈹$_{滂}$皮$_{並}$糜$_{明}$彌$_{明}$貲$_{精}$雌$_{清}$慈$_{從}$思$_{心}$綏$_{心}$菑$_{照}$差$_{穿}$齹$_{牀}$釃$_{審}$時$_{禪}$犧（虧）$_{曉}$醫（漪逶痿）$_{影}$為$_{喻}$離$_{來}$而（兒）$_{日}$沂$_{疑}$睡$_{澄}$肥$_{奉}$。

《集成》：奇$_{羣}$伊$_{影}$義$_{曉}$夷$_{喻}$咨$_{精}$雌$_{清}$私$_{心}$茨$_{從}$詞$_{邪}$知$_{知}$摛$_{禪}$馳$_{澄}$支$_{照}$差$_{穿}$詩$_{審}$時$_{禪}$兒$_{日}$悲$_{幫}$紕$_{滂}$皮$_{並}$糜$_{明}$霏$_{敷}$肥$_{奉}$微$_{微}$。

此韻較為複雜，《五音集韻》把《集韻》的“脂支之”三個韻部歸併為一個韻部，而《集成》則把整個止攝的四個韻部“脂支之微”歸併為一個韻部。因此，三部韻書的韻字排列也較為混亂和異常。依一般規律説來，從《集韻》到《五音集韻》再到《集成》，小韻首字數是逐漸遞增的，不過，由於韻部的分合問題，此韻部的小韻首字則呈遞減的趨勢。小韻數《集韻》最多，《五音集韻》其次，《集成》最少，而且小韻代表字也有較大的區別。《集韻》支韻的韻字無匣

[1] 今依趙振鐸先生《集韻研究》第75—78頁的附註，齹：阻宜切，依音韻地位當列於齜韻下；刘，紀披切，當列羈韻下；詑，香支切，當列訑韻下；眭，宣為切，當列瀡韻下；甤，汝垂切，當列痿韻下；虧，驅為切，當列匯韻下。下列各韻均依此例。另外，《集韻》韻字所屬的聲類也依趙先生的標註。個別韻字聲本相同，當併為一類，如“貲厜”均屬精母字，但趙先生未併，均依其例，而《集韻》“之”韻列有“劑”韻，當屬精母字，趙先生未作説明，則依《集韻》次序列出。

母字，也無唇齒音字和端組字，且娘、船等聲類中無平聲韻字。在韻字排列上，一般按五音的次序來排列，但並不十分工整，每一組又按韻字的開合次序來羅列，一般是先開後合的次第來列字，且支韻均屬三等韻字。《五音集韻》則“支”韻中已經有“奉”母字“肥”，而“肥”字在《集韻》中本屬“微”韻，這就是説，《五音集韻》把部分《集韻》的“微”韻也併入“脂”韻中。在韻字排列中，亦依五音次序排列，只是在等第上較亂，先由牙音見組三等韻起，到齒音精組四等，到齒音照組二等，再到喉音影組三等，似無規律可循。而《集成》則把止攝的“脂支之微”四韻一起併入“支”韻中。對韻字進行大刀闊斧式的合併，最後只剩二十六類（其中第十二類審母、第十四類禪母字無平聲韻字，因此實際只剩二十四類）。就小韻次序來看，三部韻書似無相似之處，各書均依一定的次序來排列，但次序大都有較大的不同。

魚韻：

《集韻》：魚$_{疑}$於$_{影}$虚$_{曉}$居$_{見}$渠$_{羣}$胥$_{心}$疽$_{清}$苴$_{精}$徐$_{邪}$蔬$_{生}$書$_{書}$初$_{初}$菹$_{莊}$諸$_{章}$鉏$_{崇}$蜍$_{禪}$如$_{日}$豬$_{知}$攄$_{徹}$除$_{澄}$臚$_{來}$袈$_{娘}$余$_{以}$；

《五音集韻》：居$_{見}$虛$_{溪}$渠$_{羣}$魚$_{疑}$豬$_{知}$攄$_{徹}$除$_{澄}$袽$_{娘}$且$_{精}$胥$_{心}$徐$_{邪}$菹$_{照}$初$_{穿}$鉏$_{牀}$疏$_{審}$蜍$_{禪}$虛$_{曉}$於$_{影}$余$_{喻}$如$_{日}$；

《集成》：居$_{見}$墟$_{溪}$渠$_{羣}$魚$_{疑}$餘$_{疑}$於$_{影}$虛$_{曉}$苴$_{精}$趨$_{清}$胥$_{心}$葅$_{從}$徐$_{邪}$諸$_{知}$樞$_{穿}$書$_{審}$除$_{澄}$殊$_{禪}$如$_{日}$袽$_{娘}$閭$_{來}$。

從韻部排列次序來看，三部韻書也都各自依照一定的次序，但《集韻》的排列次序畧顯混亂。《集成》與《五音集韻》的次序較為接近，但在喻母字與疑母字上存在差異：《五音集韻》“余”屬喻母字，《集韻》“餘”屬“以”母字，而“喻”母字分“云、以”兩類，故《集韻》中“餘”字也屬“喻”母字。《集成》魚韻目錄中，疑母字下排列兩個小韻：“魚”韻和“於”韻，在正文中卻將“於”字改為“餘”字，顯然在作者看來，此二字已經同屬一聲類了。這也更進一步説明《五音集韻》在韻字的歸屬定性上更守舊些，而《集成》喻、疑二母已經不分了。

韻部的歸併情況還可以通過個別韻部具體韻字的排列及其切語情況來進行綜合性分析。下面以趙振鐸所列去聲“勘韻”為例，來查檢三部韻書韻字排列的次序情況：

《集韻》：

勘：苦紺切，憾：胡紺切，顑：呼紺切，紺：古暗切，暗：烏紺切，儑：五紺切（喉牙音）；

倸：蘇紺切，謲：七紺切，篸：作紺切（齒音）；

馾：丁紺切，儋：他紺切，醰：徒紺切，顲：郎紺切（舌音）；

姏：莫紺切（唇音）；

妠：奴紺切（舌音）；黚：其闇切（喉牙音）；

媣：辱紺切（半舌音）。[1]

《五音集韻》（第278—80頁）：

紺（古暗切，見一）、勘顑（苦紺切，溪一）、黚（其闇切，羣一）、儑黯（丁紺切，疑一），牙音。

馾（丁甘切，端一）、賧倓（吐濫切，透一）、醰（徒紺切，定一）、妠（奴紺切，泥一），舌音。

姏（莫紺切，明一），唇音。

篸（作紺切，精一）、謲（七紺切，清一）、暫（藏濫切，從一）、三倸（蘇暫切，心一），齒音。

顑顑（呼紺切，曉一）、鑒濫憾（胡暫切，匣一）、暗晻（烏紺切，影一），喉音。

顲儋（郎紺切，來一），半舌。

《集成》（第570—591頁）：

紺（古暗切，見）、勘顑（苦紺切，溪）、黚（其闇切，羣）、黯（五紺切，疑），牙音。

暗晻（烏紺切，影）、顑顑（呼紺切，曉）、鑒濫憾（胡紺切，匣），喉音。

篸（作紺切，精）、謲（七紺切，清）、倸（蘇暫切，心）、三（息暫切，心，）、暫（昨濫切，從），齒音。

顲濫（郎紺切，來）、澿（郎紺切，來），半舌。

鑒（古陷切，見）、鼽（口陷切，溪），牙音。

䅧（於陷切，影）、譀（許鑒切，曉）、陷（乎䅧切，匣），喉音。

蘸（莊陷切，照）、懺（楚鑒切，知）、釤（所鑒切，審）、儳

[1] 趙振鐸《集韻研究》，北京：語文出版社，2006：10—11。

（丈陷切，牀），舌齒音。

鑑（力陷切，來），半舌。

䖔（丁紺切，端）、擔（都濫切，端）、探僋（他紺切，透）、賧倓（吐濫切，透）、潭醰（徒紺切，定）、憺（徒濫切，定）、婻妠（奴紺切，泥）、䛏（尼賺切，娘），舌音。

埿（蒲鑒切，並），唇音。

泛（孚梵切，敷）、梵（扶泛切，奉）、萎（亡泛切，微），唇齒音。

《集成》“儑”字只有平聲和入聲，無去聲。“姏”也有兩讀，均為平聲。一讀為甘韻，屬見母字；另一讀為武酣切，當為覃韻微母平聲，即“琁”韻下，但該韻下未見又音“姏”字。而《集韻》和《五音集韻》的“姏”字均屬“明”母字，這應該體現了一種音變的跡象。《五音集韻》“媣”字有兩讀，一讀平聲覃韻見母下，一讀上聲琰韻日母下；《集成》覃韻中未見“媣”字，只出現在鹽韻第十八類上聲“染”韻中。

從以上資料羅列來看，《集韻》喉牙音混置，尚未分開，《五音集韻》已經分列。雖然《集韻》沒有標明等第，但其仍屬《廣韻》音係，依王力的説法，覃韻只有一等[1]，因此，其與《五音集韻》所標的等第是一樣的，所有韻字均屬一等，且各分為六個聲類。《集韻》六個聲類的次序是：喉牙、齒、舌、唇、喉牙、半舌，喉牙出現兩次；《五音集韻》則為：牙、舌、唇、齒、喉和半舌。而《集成》則於五音中每類又分若干類，共擴至三十四類，依據同類合併的原則，也多至十一類，分别為牙、喉、齒、半舌、牙、喉、舌齒、半舌、舌、唇和唇齒等十一類，其中牙、喉、半舌均出現兩次，應該是介音的區别。另外，《集成》的音讀也發生了較大的改變，有三個韻字的語音已經存在較大的區别了。同時，《集成》也已經没有等第概念了，即使有的話，也已經出現了分化，牙、喉、半舌兩出就是一個跡象。總體來説，《集韻》《五音集韻》二書中小韻的排列次序較為相近且分類較少，《集成》分類則較為繁複。但就反切來説，《集韻》與《集成》則較近，《集韻》“勘韻”十七個小韻的切語，《集成》同一韻中除没有相同讀音的三個字“儑”“姏”和“媣”外，其他所有韻字的切語均與《集韻》相同。

[1] 王力：《漢語語音史》，北京：中國社會科學出版社，1998：9。

而《五音集韻》在切語上則有較大的區別，共有四個韻字的切語與《集韻》不同，分別是：傷、侏、憾和儉。另外，在聲母的標註方面，《集成》與《五音集韻》的距離又較近，除增加出來的小韻中個別小韻的五音歸屬不同外，《集成》與《五音集韻》共有小韻的五音歸屬及聲母標註均與《五音集韻》相同，而《集韻》卻均未作標註。

由此可以看出三部韻書在韻字排列上，呈現出複雜的關係：首先，三部韻書每個韻部的韻字均按一定的聲序來排列，卻又各不相同。《集韻》排列韻字的次序較為簡單，且不作任何聲序標註。《五音集韻》與《集成》則均依三十六母次序來排列，但《五音集韻》的“五音”次序則大致與《集韻》相同，而《集成》的“五音”次序則更為繁複，甚至常有一韻之中重複出現聲類次序的情況，這可能與《集成》時代，介音已經產生的情況有關。其次，每個小韻下的韻字羅列方面，《集韻》與《五音集韻》大致相同，而《集成》則有較多韻字不列，這主要與收字的數量有關。再次，在韻字的音讀上，《集成》與《集韻》的切語相似度較大，與《集韻》的切語則距離較大些。

四　韻部歸併的關係考證

從《集韻》到《五音集韻》，再到《集成》，三部韻書的韻部數由二百零六韻到一百六十韻，再到七十六韻，呈遞減的趨勢。雖然三部韻書在韻部總數上有較大的距離，但三部韻書的韻部歸併還是挺有規律的。下面，就將三部韻書韻部的對應關係進行簡單梳理，列成表十八，進行簡要的對比分析：

表十八：三部韻書韻部歸併情況

<table>
<tr><th>《集韻》韻部</th><th>《五音》韻部</th><th>《集成》韻部</th></tr>
<tr><td>東</td><td>東</td><td rowspan="4">東</td></tr>
<tr><td>冬</td><td>冬</td></tr>
<tr><td>鐘</td><td>鐘</td></tr>
<tr><td>江</td><td>江</td></tr>
</table>

續表

《集韻》韻部	《五音》韻部	《集成》韻部
支	脂（支之）	支
脂	脂（支之）	支
之	脂（支之）	支
微	微	支
魚	魚	魚
虞	虞	魚
模	模	模
齊	齊	齊
皆	皆（佳）	皆
佳	皆（佳）	皆
咍	咍	皆
灰	灰	灰
真	真（臻）	真
臻	真（臻）	真
諄	諄	真
文	文	真
欣	殷	真
魂	魂	真
痕	痕	真
元	元	寒
寒	寒	寒
桓	桓	寒
刪	山（刪）	山
山	山（刪）	山
先	仙（先）	先
僊	仙（先）	先
蕭	宵（蕭）	蕭
宵	宵（蕭）	蕭

續表

<table>
<tr><th>《集韻》韻部</th><th>《五音》韻部</th><th>《集成》韻部</th></tr>
<tr><td>爻</td><td>肴</td><td rowspan="2">爻</td></tr>
<tr><td>豪</td><td>豪</td></tr>
<tr><td>歌</td><td>歌</td><td rowspan="2">歌遮</td></tr>
<tr><td>戈</td><td>戈</td></tr>
<tr><td>麻</td><td>麻</td><td>麻遮</td></tr>
<tr><td>陽</td><td>陽</td><td rowspan="2">陽</td></tr>
<tr><td>唐</td><td>唐</td></tr>
<tr><td>庚</td><td rowspan="2">庚（耕）</td><td rowspan="6">庚</td></tr>
<tr><td>耕</td></tr>
<tr><td>清</td><td>清</td></tr>
<tr><td>青</td><td>青</td></tr>
<tr><td>蒸</td><td>蒸</td></tr>
<tr><td>登</td><td>登</td></tr>
<tr><td>尤</td><td rowspan="2">尤(幽)</td><td rowspan="3">尤</td></tr>
<tr><td>幽</td></tr>
<tr><td>侯</td><td>侯</td></tr>
<tr><td>侵</td><td>侵</td><td>侵</td></tr>
<tr><td>覃</td><td rowspan="2">覃(談)</td><td rowspan="2">覃</td></tr>
<tr><td>談</td></tr>
<tr><td>鹽</td><td rowspan="2">鹽(添)</td><td rowspan="6">鹽</td></tr>
<tr><td>沾</td></tr>
<tr><td>凡</td><td rowspan="2">凡(嚴)</td></tr>
<tr><td>嚴</td></tr>
<tr><td>鹹</td><td rowspan="2">鹹(銜)</td></tr>
<tr><td>銜</td></tr>
</table>

註：1. 括號內為《五音集韻》所包含《集韻》韻部；

2.《集成》遮韻包含《集韻》麻韻和戈韻，包含《五音集韻》麻韻。

如表十六所示，舉平以賅上去入（結合部分非平聲韻的情況分析），就《集成》和《集韻》的韻部歸併而言，《集韻》東冬鍾江合併為《集成》東韻；支脂之微合併為支韻；魚虞合併為魚；佳皆咍合併為皆；真諄臻文欣魂痕合併為真；元寒桓合併為寒；刪山合併為山；先仙合併為先；蕭宵合併為蕭；爻豪合併為爻；歌戈合併為歌；陽唐合併為陽；庚耕清青蒸登合併為庚；尤幽侯合併為尤；覃談合併為覃；鹽沾凡嚴鹹銜合併為鹽；齊模灰麻侵韻大體保持不變。《集韻》四個獨立去聲字祭泰夬廢，《集成》已經併入相應的韻部中，如泰韻併入"皆"韻中。《集韻》的麻韻到了《集成》分為兩個韻部，一部分歸麻韻，一部分另立為遮韻。此外，某些韻字署有不同，如《集韻》莫，《集成》暮，《集韻》皆韻上聲駭，去聲怪，《集成》上聲解，去聲泰；《集韻》山韻去聲襇，入聲黠，《集成》去聲諫，入聲轄；《集韻》庚韻去聲映，《集成》去聲敬。

《五音集韻》對《集韻》韻部的歸併比較簡單，主要以攝為單位，把同一攝個別小韻併在一起，如將止攝四韻支脂之微併為兩部，脂部和微部，前者包含了《集韻》的前三個小韻。而《集成》對兩部韻書的合併，則更為精簡些，其中麻韻和遮韻的情況較為特殊。《集韻》《五音集韻》的歌、戈二韻，《集成》依然分為二韻，只是混併成歌、遮二韻，互有混置。而前二書的麻韻，到了《集成》則分化為麻、遮二韻。其他韻部的歸併大致以攝為單位，或者併一攝小韻為一韻，或者併為二三韻不等。

總體而言，《集成》對前二書的韻部歸併較為明顯，但韻部的交叉混置現象並不嚴重，所以從韻部來考察三部韻書的關係，除了遞減的特徵外，其韻字歸併就成了分析其關係的主要依據。那麼，如何體現三部韻書的韻字歸併呢？筆者認為，最有代表性的，當為《集成》所引的《集韻》註音語料。通過這些語料的分析，最能體現三部韻書的關係。

五　《集韻》《五音集韻》對《集成》語料的影響

從《集成》所引用的《集韻》語料的分析，發現這些語料並不單純源自《集韻》，也有的源自《五音集韻》，從而引發了筆者對三部韻書的關係考證，應該説這都是《集成》語料所彰顯的作用。但從上文的分析中可以看出，雖然《五音集韻》"是用等韻學對《廣韻》《集韻》的改併、增補、重編。改併，主要是語音結構上的更動。金人對舊韻的批評集中在音韻上，在文字訓詁上並無責難。《五音集韻》照錄《廣韻》《集韻》的單字和註釋，反切用字也很少更動”，[1]但其與《集韻》還是有相當大的距離。主要體現在以下兩個方面。

第一，小韻總數與次序不同。由於《五音集韻》的韻部總數已由《廣韻》《集韻》的二百零六韻歸併為一百六十韻，勢必對《廣韻》《集韻》的韻部進行改併，就導致了其小韻次序與《集韻》有較大的差距。即便是没有歸併的韻部的小韻排列次序，也存在較大的不同。《集韻》每個韻部的小韻雖依一定的聲類次序來排列，但這次序不是固定的，而《五音集韻》小韻的排列次序則十分固定，都以見母起首，而且每一系聲母的先後次序十分清楚，這顯然與《集韻》次序是不一樣的。

第二，等第規律不同。《集韻》體現的是中古音，其韻字先後既依開合，亦依等第。一韻之中有不同等的，一般依從一到四等的次第排列，如東韻，先排一等再排三等；又如庚韻，先排二等再排三等。《五音集韻》則有較大不同，主要體現在兩個方面，一個方面是其排列韻字依據的首要條件是聲類次序；其次，由於首先要依據聲類次序，所以其對中古韻字開合也是依據聲類次序來列，再在同一聲系中先列開口字，再列合口字。就其所排列的聲類次序來説，我們不妨將前五個韻部的聲類次序列表如下（表十九中聲類次序均只列出該聲組首字，如“見”指“見組”）：

表十九：《五音集韻》韻字排列規律表

韻部	次序（聲組）
東韻	見、端、知、幫、非、精、照、影、來、日
冬韻	見、端、精、影、來
鐘韻	見、知、非、精、照、影 、來、日
江韻	見、知、幫、照、影、來
脂韻	見、知、幫、精、照、影、來、日

通過以上五個韻部的韻字排列分析，可以清楚地看出《五音集韻》在韻字排列上的次序是十分嚴格的，依據“始見終日”的次序來排列。由於在編排韻字時都服從於這一次序要求，因此自然會出現等第次序與

[1] 甯忌浮：《校訂五音集韻前言》，北京：中華書局，1992：5。

《集韻》不同、開合次序與《集韻》不同的情況。當然，除此之外，韻字在歸部上的不同也是二書這種等第次序不同的一個原因所在。如《集韻》庚韻的二等字仍列於《五音集韻》的二等韻“庚”韻中，而三等韻字，如“兄瞥榮”等，卻列於“清”韻中。這説明了《五音集韻》在合併《廣韻》《集韻》韻部的同時，也將部分等第不同的韻字進行了分立，把原屬“庚”韻的韻字分併到“庚”“清”二韻中。

《集成》在韻字的排列上也是較有規律的，但與《五音集韻》相比也是不同的，一般依據的是“始見終非”的次序。因此，就韻字排列的次序上，三部韻書是存在著相當的差別，並沒有體現出很明顯的共同性。

綜上分析，從三部韻書在體例、韻字排列和韻部的歸併上來看，其關係似乎不是十分密切，也似乎看不出直接的傳承關係，看不出由《集韻》到《五音集韻》，再到《集成》這樣的傳承鏈。但不能因此説三部韻書不存在聯繫。正是《集成》所引的《集韻》的語料彰顯了三部韻書的特殊關係。這些語料所透露出的三部韻書在釋義、字形分析和註音等三個方面上的聯繫是多方面的，也是較為複雜的。但無論多複雜，它向我們明確傳遞了這樣一個資訊：此二書對《集成》的編纂具有重要的影響。這些影響主要體現在以下三個方面：

首先，《集成》韻字的切語，多承用《集韻》的切語，尤其是《廣韻》為類隔切的一些韻字的切語。如果追根溯源的話，《集成》基本沿用《集韻》體係。試列舉十個《廣韻》類隔切的韻字在《玉篇》《集韻》《五音集韻》《正韻》和《集成》等韻書中的切語情況，比較如下表（限於表格要求，韻書不加書名號，五音、正韻分別指《五音集韻》和《正韻》）：

表二十：《廣韻》10個類隔切韻字在諸韻書的切語比較

韻字	《玉篇》	《廣韻》	《集韻》	《五音》	《正韻》	《集成》
貯	知呂切	丁呂切	展呂切	丁呂切	直呂切	腫庾切
卑	補支切	府移切	賓彌切	府移切	逋眉切	逋眉切
皮	被奇切	符羈切	蒲糜切	符羈切	蒲靡切	蒲靡切
悲	筆眉切	府眉切	逋眉切	波為切	逋眉切	逋眉切
眉	莫饑切	武悲切	旻悲切	靡為切	謨杯切	旻悲切

續表

韻字	《玉篇》	《廣韻》	《集韻》	《五音》	《正韻》	《集成》
媥	方間切	方閑切	逋閑切	布還切	逋閑切	逋還切
兵	彼榮切	甫明切	晡明切	甫明切	補明切	晡明切
明	靡兵切	武兵切	眉兵切	武兵切	眉庚切	眉兵切
便	婢仙切	房連切	毗連切	房連切	蒲眠切	蒲眠切
貧	皮旻切	符巾切	皮巾切	符巾切	毗賓切	毗賓切

從表中可以清晰地看出《五音集韻》的切語與《廣韻》完全相同，這説明《五音集韻》沿承的是《廣韻》舊例，守舊的成分是不言而喻的。同時，也可以説明《五音集韻》在反映時音方面是遠不如《集韻》的。而《集成》的反切雖然基本源自《正韻》，也有個別直接是從《集韻》搬過來的，但無論是源自《正韻》的，還是從《集韻》直接搬過來的，要追根溯源的話，也應該是源自《集韻》一係的韻書，且《集成》這十個韻字的切語與《集韻》這十個韻字的切語所拼切出來的讀音是完全一樣的，這與上文所分析的，《集成》所引的《集韻》的註音語料中，與《集韻》的切語相似度較高是相一致的。而註音語料所提到的"《集韻》某某切"則與《五音集韻》的相似度較高，這就説明了《集成》的取捨傾向：它一般是不以《五音集韻》的反切作為韻字的反切，而是依據《正韻》定例之後，列舉《五音集韻》的音讀進行比較。所以，我們有理由這樣認為：《集成》註音語料中"《集韻》某某切"的目的，主要是起語音的比較作用。通過比較，更能體現出《集成》在編纂過程重視時音、採用時音的主導思想。

其次，《集成》小韻依聲排列的體例及其次序應該源於《五音集韻》。雖然《集成》在編纂過程中，其體例的許多方面參酌了《韻會》（下文詳述）。但小韻依聲列字的體例，即便是《韻會》也是參酌了前代韻書的體例。甯忌浮曾將《五音集韻》和五大韻圖——《七音畧》《韻鏡》《切韻指掌圖》《四聲等子》和《切韻指南》等書的三十六字母的排列次序進行比較之後説："以見母為首的排列法，大概始于韓氏父子。《切韻指掌圖》的成書時間可能不會早于韓孝彥的《五音篇》。"[1]《集成》及元代韻書《韻會》也是都以見母為

[1] 甯忌浮：《校訂五音集韻前言》，北京：中華書局，1992：8。

首的。《五音篇》這一體例的首創性，從《集成・凡例》中的説明也可以得到證明："古之篇韻，翻切繁舛，不能歸一。昔韓道昭改併《五音篇海》，既按七音三十六母，元有假音反切者，傳而不改正之。"説明作者也是認為韓道昭改併的《五音篇海》排列小韻次序是"即按七音三十六母"之序的。除此，作者没有提到早於該韻書的其他韻書是按這樣的次序來排列的，這也是我們判斷《集成》小韻排列次序源於《五音集韻》的一個重要因素。這一排列體例，比起《廣韻》《集韻》，顯然是一個不小的進步，它為後人瞭解韻字的聲韻地位提供了極大的方便。

再次，《集韻》《五音集韻》收字都達到五萬三千多字，對《集韻》的字形分析和收字總數都有深刻的影響。《集成》所引的衆多字書、韻書的語料中，其收字情況懸殊較大，各不相同，如《説文》（收九千三百五十三字）、《禮部韻畧》（收九千五百九十字）、《韻會》（收一萬二千六百三十二字）[1]、《增韻》（收一萬三千六百四十七字）、《玉篇》（收二萬二千五百六十字）、《廣韻》（收二萬六千一百九十四字）、《集韻》（收五萬三千五百二十五字）、《類篇》（收三萬一千三百一十九字）、《龍龕手鏡》（收二萬六千四百三十餘字）、《正韻》（收一萬四千零一十八字）等，《集韻》和《五音集韻》的收字最多[2]。雖然《集成》在編纂中，許多字的收錄依據不只是源自《集韻》和《五音集韻》二書，如：

鄸、䅳：見《廣韻》；𢗯、崴：見《玉篇》；罝：見《五音篇》；䛐：見《集韻》。

這些字形語料中，引自《龍龕手鏡》《五音篇》和《玉篇》的均不在少數（這些資料統計，另文交代），但最多的還是引自《集韻》。就《集成》所引《集韻》的四千多條語料中，僅涉及字形分析一類就多達近兩千條，而這些字形語料並不全來自《集韻》，也有部

[1] 以上各書收字資料主要參考自各書的《凡例》説明。《凡例》無説明的，依據馬文熙、張歸璧等編著的《古漢語知識詳解辭典》的有關收字資料，如《增修互註禮部韻畧》收字總數就是依據該書第400頁的資料説明相加而成的。《古今韻會舉要・凡例》指出該書收字一萬二千六百五十二字，依甯忌浮先生整理的《古今韻會舉要・前言》所計，其實該書收字當為一萬二千六百三十二字，本書依此説。

[2] 據劉思思《漢語發展特點的體現》（載《科教文匯》2007年第2期，第171頁）的觀點，"據14世紀明洪武年間編的《洪武正韻》收字32200字"。據虞萬里《有關〈永樂大典〉幾個問題的辯證》（載《史林》2005年第6期，第33、35頁）的觀點，《正韻》80韻本的收字才14018字，本書依此觀點。

分來自《五音集韻》。這些字形資料，是《集成》收字過程用來比較字形情況，或説明收字依據的重要載體，可見《集韻》《五音集韻》對其收字具有重要的影響。但為何不是只源於其中一本韻書，而是二者兼而有之，這也是筆者最感困惑之處，對於這一問題的解釋，目前尚不得而知。

上文已經提到，《集成》小韻次序的排列，當可溯源至《五音集韻》。對於《五音集韻》的研究和整理，貢獻最大的應該是甯忌浮。他的《校訂五音集韻》可以説是一部集研究和古籍整理、校訂為一體的巨著[1]。唐作藩在《〈校訂五音集韻〉序》中給予了高度的評價，並對該書的貢獻進行了簡要的介紹，他指出：

> 更令人欽佩的是，忌浮先生的研究還揭示出，《五音集韻》這一部韻書中包含有兩套音係。由十六攝、一百六韻與三十六字母和一二三四等交織而成的體係，是它的表層音係，雖然突破《切韻》係韻書體係，向現實語言靠近了一大步，在一定程度上反映了語音的變化，但仍然不徹底，受傳統韻書和舊等韻的桎梏還很明顯。除了維護三十六字母，不少現實語言裏早已合流的韻部，它仍不分開，如東、冬鐘，脂微、魚虞、真殷、諄文、元仙、鹽凡，甚至還保留“重紐”的區别。正因為如此，有人還將《五音集韻》看作是《切韻》係韻書一類。另方面，忌浮先生在校讀《五音集韻》時發現它還隱含一套深層音係，這是由它的收字、切語的失誤反映出來的，如全濁聲母已清化，知、照二組混用，疑喻與影母合流；三、四等韻實已不分，蟹攝的齊祭廢灰併入止攝，全濁上聲變讀去聲，入聲字亦在消變等，這些都是韓道昭口語的自然流露，多方面地反映了近代北方漢語語音的發展變化和現實情況。這是更寶貴的材料。《五音集韻》在漢語語音史研究上的價值是不容忽視的，應予充分肯定。[2]

正如唐作藩先生所言“《五音集韻》在漢語語音史研究上的價值是不容忽視的”，在本課題的研究中更具有重要地位。由於《五音集韻》

[1] 甯忌浮：《校訂五音集韻》，北京：中華書局，1992。

[2] 唐作藩：《〈校訂五音集韻〉序》，載《古漢語研究》1992年第1期，第4頁。

在本課題所涉及的韻書中，上可追溯《切韻》音系，下可順推至對明代韻書的影響，具有承上啟下的作用。具體説來，其重要地位至少體現在以下三個方面：一、其編排體例對後代韻書的深遠影響；二、其保留的《切韻》系韻書的音系特點，對我們研究語音演變中的一些特殊現象，如重紐的演變、等第的變化情況，以及韻部的歸併等，都具有重要的參考價值；三、對版本的校對和韻字的歸併情況，也具有十分重要的參考價值。因此，對該書作進一步的研究還大有作為。

參考文獻

林玉芝．《韻學集成》與《集韻》和《五音集韻》關係考證[D]．福建師範大學碩士學位論文，2008.

趙振鐸．集韻研究[M]．北京：語文出版社，2006.

王英慧．《集韻》的字書性質[J]．科技情報開發與經濟，2007(11).

董同龢．漢語音韻學[M]．北京:中華書局,2001.

豐逢奉．畧論《集韻》的字訓法[J]．辭書研究，1989(6).

唐作藩．《校訂五音集韻》序[J]．古漢語研究， 1992(1).

趙　繼．集韻究竟收多少字[J]．辭書研究，1986（6）.

于建華．《集韻》及其辭彙研究［J］． 南京師範大學學報,2005（4）.

裘錫圭．文字學概要[M]．北京：商務印書館，2005.

鄭賢章．《龍龕手鏡》未識俗字考辨[J]．語言研究，2002(2).

鄧福禄．《龍龕手鏡》疑難字考釋[J]．語言研究，2004（3）.

甯忌浮．《洪武正韻》研究[M]．上海：上海辭書出版社，2003.

甯忌浮．古今韻會舉要及相關韻書[M]．北京：中華書局，1997.

甯忌浮．校訂五音集韻前言[Z]．北京：中華書局，1992.

甯忌浮．漢語韻書史[M]．上海：世紀出版集團，2009.

董小征．《五音集韻》與《切韻指南》音係之比較研究[D]．福建師範大學碩士學位論文，2004.

趙誠．中國古代韻書[M]．北京：中華書局，1979.

李新魁．漢語音韻學[M]．北京：北京出版社，1986.

王力．漢語語音史[M]．北京：中國社會科學出版社，1998.

馬文熙，張歸璧．古漢語知識詳解辭典[Z]．北京：中華書局，1996.

劉思思．漢語發展特點的體現[J]．科教文彙，2007.

虞萬里．有關《永樂大典》幾個問題的辯證［J］．史林，2005.

第六章　《集成》與《韻會》《中原雅音》

元代韻書，學術界研究較多的主要有《中原音韻》《蒙古字韻》《韻會》和《中原雅音》（據邵榮芬研究，該書應成書於明代，但語音系統多認為是元代，故放此）。《集成》語料所引元代韻書的內容，主要體現在《中原雅音》和《韻會》兩部韻書上，因此，本課題主要探討《集成》與此二書的關係及其傳承問題。

第一節　《集成》與《韻會》的傳承關係

我們在《緒論》中曾引用徐博序，其提到章氏搜閱“《三蒼》《爾雅》《字說》《字林》《韻集》《韻畧》《説文》《玉篇》《廣韻》《韻會》《聲韻》《聲譜》《雅音》諸家書”，《嘉定縣誌》中也有關於《集成》的分韻及體例問題，“其分部遵《洪武正韻》，四聲具者九部，三聲無入者十一部。其隸字先後從《韻會舉要》例，以字母為序”。 章氏在《凡例》後所附的“七音三十六母清濁切法”中也提到聲母的排列與《玉篇》的關係，可見《集成》在編纂中所參閱的韻書之多。但綜觀《集成》全書，其在編排和釋字體例上，除主要依《正韻》定例外，與《韻會》的關係是相當密切的。我們可以從以下兩個方面看出二者的關係。

一　《集成》對《韻會》的承襲

《集成》對《韻會》的承襲體現在以下三個方面：

第一，《集成》“七音清濁”的標註來源於《韻會》。章黼在《集成·凡例》“七音三十六母清濁切法”涉及聲母位置時，自稱均“依《韻會》”，可見章黼對《韻會》是推崇備至的。《韻會》在釋字時，都在小韻的反切之下註出七音清濁，並以反白形式標示出來，讓人一目瞭然，如：雞，堅奚切，角清音（此三字反白顯示）；《集成》在每個韻部的小韻首字目錄表及正文小韻首字的釋文中，都標註了該小韻的七音清濁，在正文中的釋例，也是依《韻會》順序的，如：雞，堅奚切，角清音。不同之處在於《韻會》在涉及七音清濁、增註、補遺、異音及異體等方面時，常以反白的形式凸顯出來，而《集成》則沒有這樣的處理。我們還是以東韻平聲為例，將其七音清濁作個簡要的對比（《集成》的七音清濁詳見附錄的小韻首字表）：

公：沽紅切，角清音；　空：枯公切，角次清音；　東：都籠切，徵清音；　通：他東切，徵次清音；　同：徒東切，徵濁音；　濃：奴同切，徵濁音；　蓬：蒲蒙切，宮濁音；　蒙：謨蓬切，宮次濁音；　瞢：謨中切，宮次濁音；　風：方馮切，次宮清音；　豐：敷馮切，次宮次清音；　馮：符風切，次宮濁音；　嵏：祖叢切，商清音；　戎：而融切，半商徵音；　雄：胡弓切，羽濁音；　匆：粗叢切，商次清音；　檧：蘇叢切，商次清音；　叢：徂聰切，商濁音；　中：陟隆切，次商清音；　終：之戎切，次商清音；　充：昌嵩切，次商次清音；　忡：敕中切，次商次清音；翁：烏公切，羽清音；　崇：鉏弓切，次商濁音；　烘：呼公切，羽次清音；　洪：胡公切，羽濁音；　籠：盧東切，半徵商音；　弓：居雄切，角清音；　穹：丘弓切，角次清音；　窮：渠弓切，角濁音；　嵩：思融切，商次清次音；蟲：持中切，次商濁音；　融：餘中切，羽次濁音；　隆：良中切，半徵商音。

由於“終”與“中”同音，“瞢”與“蒙”同音，“忡”與“充”同音，因而可以各算為一類，這樣一來，《韻會》東韻共有三十一個小韻，與《集成》小韻相同的有二十三個，其七音清濁完全一樣。

《集成》没有的幾個小韻分別是豐、竅、匆、忡、嵩、憹、濃和籠等八韻，考《集成》，以上八個韻字除“憹”字没有、“濃”字較特殊外，其他六字歸入所在的韻部如下：豐-風韻（次宮清音）、竅-宗（元從冬韻，祖冬切，商清音）、匆-悤（倉紅切，商次清音）、忡-充（昌中切，次商次清音）、嵩-淞（元從冬韻，息中切，商次清次音）、籠-龍（元從冬韻，虛容切，半商音），都與《韻會》的七音清濁完全一樣。而“濃”字，《集成》歸入“農”韻中（目錄第二十五類，誤將“醲”寫成“濃”），並釋“農”為“元從冬韻，徵次濁音”；《韻會》釋為“同濃音”，即徵濁音；而“醲”字，《集成》釋為“元從冬韻，尼容切，次商次濁音”，則與《韻會》冬韻“醲”字所釋相同。由上述可見，《韻會》東韻三十一小韻的七音清濁除“濃”稍有不同外，都與《集成》東韻相應小韻的七音清濁完全一樣，完全可以説，《集成》的七音清濁是照搬《韻會》的。

另外，《韻會》的冬韻的三十個小韻，有二十個與東韻合併，標為“音與某韻同”，如攻：沽宗切，音與東韻公同；冬：都宗切，音與東同；彤：徒冬切，音與同同。没有合併的十個小韻分別是：舂（書容切，次商次清音）、鱅（常容切，次商次濁音）、醲（尼容切，次商次濁音）、顒（魚容切，角次濁音）、縱（將容切，商清音）、摐（七恭切，商次清音）、從（牆容切，商濁音）、邕（于容切，羽清音）、松（商次濁音）、胸（虛容切，羽次清音），而十個小韻分別歸入《集成》的舂、戎、醲、顒、宗、悤、從、邕、松和兇韻中，其七音清濁除“戎（半商徵音）”韻外，其他九韻也完全與《韻會》相同；不同的“鱅”韻在併入《集成》“戎”韻中也註明“元常容切，次商次濁音……《洪武正韻》併音戎，《中原雅音》音蟲”，其七音清濁也完全一樣。足見《集成》的七音清濁當來自《韻會》。

第二，章氏在《集成•凡例》雖強調“但依《洪武正韻》定例”，但整部韻書在釋字上的體例顯然不是依照《正韻》，而是依照《韻會》來定的。這體現在兩個方面：

一是“七音清濁”的標註方式依《韻會》而不依《正韻》例。《正韻》在釋字體例中一般是不涉及七音清濁的，即使偶有出現，也是編纂過程中的失誤，甯忌浮（2003：64—65）就對《正韻》中出現的七音清濁現象提出批評意見，甯先生說："《正韻》依《平水韻》《韻會》增補韻字或援引它們的註釋，應當把它們同化到自己的體例之中，刪除韻藻及七音清濁。可是《正韻》未能完全刪除，殘留的韻藻及七音清濁非常刺眼，與全書不和諧。"

二是在釋字方面的詳盡與否上，《集成》也多依《韻會》而不依《正韻》。這一點，正如甯忌浮所言："《韻學集成》援引《韻會》甚多，特別是註釋文字，常常是照抄而又很少交代出處。"甯先生還列出了許多實例來說明《集成》"照錄《韻會》"[1]。《集成》引用《韻會》的釋字語料確實很多，如：空，《正韻》釋為"苦紅切，虛也"；《韻會》釋為"枯公切，角次清音，《說文》空，竅也，從穴工聲，又虛也，又太空，天也，又官名，司空主國空地以居民，又董送韻"；《集成》釋為"去紅切，角次清音，虛也，盡也，《說文》竅也，又太空，天也，司空，官名，主國空地以居民，又姓，唐有司空圖，又上去二聲"。綜觀三本韻書，在釋字體例上《集成》與《韻會》更近，而與《正韻》更遠，正如崔樞華（1997）所提到的"《洪武正韻》是明王朝科舉考試在文字音韻方面的依據，因此它收字少、釋義簡略"一樣，《正韻》在釋字體例上是較為精簡的。而《集成》在釋字上基本體現就繁避簡的趨勢，而《韻會》的編纂，依王碩荃（2002：1）所言"在《四庫全書》纂輯者看來，《韻會》的語音，記錄了唐宋以後語音發展史上的一次重大變革，而且又是集各家變革之大成者"，因此《集成》在某些地方依《韻會》而不依《正韻》是自然的。

第三，對許多韻字的歸部上，《集成》也有依《韻會》而不依《正韻》之處。如"橫""榮""宏"三字，《集成》都在庚韻中，分別釋為：橫：羽濁音，胡盲切；榮：于平切，角次濁音；宏與橫音和。《韻會》橫、宏也都在庚韻橫小韻中，但都註為"音與洪同"；榮也是庚韻中的一個小韻，于營切，角次濁次音。而《正韻》釋橫為"《韻會》胡盲切，音與洪同，定正入洪韻"，"宏"也釋為"《韻會》乎盲切，音與洪同，定正入洪韻"。而釋"榮"為"《韻會》于營切，定正入融韻"。也即把以上三字併入東韻中。用圖表表示就很明顯可以看出這種不同了：

[1] 詳見《漢語韻書史》（明代卷）第72—74頁的有關表述。

	《韻會》	《集成》	《正韻》
橫、宏：	屬庚韻橫韻	屬庚韻橫韻	屬東韻洪韻
榮：	屬庚韻榮韻	屬庚韻榮韻	屬東韻融韻

這就存在著《集成》與《正韻》在韻部歸字上的區別。可見，《集成》也有不少韻字的歸部是直接參酌《韻會》，而不依《正韻》的，這樣的例子還很多，主要集中在《正韻》的古音部分。以上三個韻字的歸例，《正韻》應當是參酌《中原音韻》的，據楊耐思（1985：78—80）所列的“中原音韻同音字表”，“橫宏榮”均屬“東鐘”韻平聲陽，只是聲母有所不同：“橫宏”屬“x”母；“榮”屬零聲母。由此可見，在一些韻字的歸屬上，《正韻》是參酌了《中原音韻》的。

另外，《集成》對《韻會》韻字歸部上的承襲，還可以從一些韻部合併上看出來。試舉例如下：

《韻會》“叢”屬東韻：徂聰切，商濁音，“從”屬冬韻：牆容切，商濁音。考《集成》東韻：“從”、“叢”併為一類，均為商濁音。

應該説，這一部分也正是《集成》與《正韻》在韻字歸類上的一個重要區別，下文詳述。

二 《集成》對《韻會》的改易

《集成》對《韻會》的承襲是很明顯的，但也有不少地方對《韻會》的內容進行了改易，如在反切上的一些改易、韻部歸類上的改易及韻目排列順序等，都有與《韻會》不同的地方。我們簡要敘述如下。

第一，反切上的改易。《集成》的反切較多地依照《正韻》，而不是《韻會》，上文的反切比較，就是一個很好的説明。對反切上下字的改易，基本上没有造成聲、韻類的變化，如：

公：古紅切——沽紅切； 東：德紅切——都籠切； 英：于京切——於驚切

檉：醜成切——癡貞切； 聲：書征切——書盈切；

以上韻字（切語前為《集成》，後為《韻會》），要麼反切上字改易，要麼下字改易，要麼上下字都改，但都没有改變韻字的聲韻類。而有些韻字的反切改易，則關係到其聲、韻類的變化，如：

弸：悲朋切——浦萌切；　禎：諸成切——知盈切；　靴：毀遮切——許茄切

弸：《集成》屬庚韻幫母，《韻會》屬庚韻並母；禎：《集成》《韻會》都在庚韻，但"諸"與"章"分屬不同聲類；靴：《集成》屬遮韻曉母，《韻會》屬戈韻曉母。當然，這種通過反切的改易來改變聲韻情況是比較少的，《集成》對《韻會》反切的改易，多依《正韻》，而且大多數改易並没有改變聲、韻、調的性質。

第二，韻目排列順序的改易。《集成》每一韻部的小韻首字的排列是依聲類次序來排列的，一般依見組→影組→精組→知（照）組→日、來→端組→幫組→非組的順序（缺韻或少數韻除外）排列，而《韻會》排列順序也不依舊韻體係，對小韻的排列次序作了更改，多依牙音→唇音→齒音→舌音→舌齒音→喉音之序，如庚韻等，但較不固定。

第三，聲類的改易。從我們係聯的情況來看，《集成》的聲類共分三十類，其中中古知徹澄與照穿牀六母兩兩合併、喻與疑合併、泥與娘合併、非與敷合併。而《韻會》除非與敷分立外，其他都與《集成》一樣。而且《集成》合併的情況與《韻會》所標註該合併的情況是一致的，可以説是對《韻會》内容的傳承，但非與敷的合併則是對《韻會》的改易，具體情況詳見下節分析。

第四，韻部歸類的改易。韻部歸類的改易反映在兩個方面，其一，韻部分類的歸併上，《集成》承襲《正韻》，將《韻會》的一百零七韻合併為七十六韻，由原來的三十個韻部合併為二十二個韻部，可以説，在韻部歸類上是對《韻會》的一種改易。如東韻，《韻會》將中古通攝分二部，一部是東韻，一部是冬與鍾通。《集成》依《正韻》將其併為一部。又如《集成》庚韻，合併了《韻會》庚（與耕清通）、青（獨用）和蒸（與登通）三個韻部的韻字。而《韻會》魚韻的韻字，則被《集成》分併到魚韻和模韻二韻中。其二，個別韻字歸屬韻部的不同。這又分兩個方面，一方面是按《韻會》的標註改變韻字改變韻字的歸屬，如《韻會》冬韻以下韻字都分別標註：

攻，音與東韻公同；彤，音與同同；農，音與濃同；封，音與風同；逢，音與馮同。

《集成》都依其標註分別歸入東韻的公、同、醲、風和馮等小韻中。另一方面是不按《韻會》的標註來決定韻字的歸屬，如《韻會》庚韻（與庚清通）中，“盲”“甍”二字均註“音與蒙同”，《集成》仍排在庚韻盲韻中；“觥”註“音與東韻公同”，《集成》仍排在庚韻觥韻中。還有，如《韻會》融：餘中切，羽次濁音；顒：魚容切，角次濁音；分屬東韻和冬韻，在聲類顯然是有所區別的，但《集成》依《正韻》將“融”的反切改為“以中切”，並將二者併為同一聲類，卻沒有改變其七音清濁。

從對《韻會》的改易上來説，《集成》有著自己的一套系統，不是簡單拷貝《韻會》的內容。正如李妮所指出的：“在小韻和韻字的排列順序來看，《集成》與《韻會》之間的傳承關係不明顯，聯繫不密切，存在著很多不同；《集成》韻字的七音清濁可以説是完全承襲《韻會》的，但是儘管如此，《集成》韻字的七音清濁與《韻會》的七音清濁還是有一定差別的，並不是百分之百相同，而這對兩本韻書韻字七音清濁的繼承關係影響甚微。”[1]在韻字關係的處理上，它也不像《韻會》那樣，只是以標註的形式來體現某些同音韻字的關係，而把《韻會》中標註同音的韻字應當併者合併在一起，不當併者依然分立，可以説它更能體現時音的特點，這一點，我們也可以從《集成》所援引的諸多韻書的音讀中進行選擇的風格中窺見一斑。

三 《集成》對《韻會》音系的傳承

關於二書的音系問題，我們有必要對《韻會》的音系背景作些交代。李立成指出：“《舉要》以‘平水韻’的一百零七韻作為基本框架，按平上去入四聲分卷，這是因襲《禮部韻畧》的做法。但是實際上，《舉要》對於聲類和韻類的安排則是依據《七音》和《蒙古字韻》來操作的。”[2]他同時指出：“《蒙古字韻》《七音》《舉要》之間的關係是非常密切的。我們認為，《蒙古字韻》是根據某種方言而制的，這種方言後來成為一定程度的‘官話’。《七音》則是把《蒙古字韻》

[1] 參見李妮碩士論文《〈韻學集成〉與〈古今韻會舉要〉關係考》第34頁。

[2] 李立成：《元代漢語音係的比較研究》，北京：外文出版社，2002：8。

音系移植到《禮部韻畧》的框架中來的，這大概也是按官方的意志來辦的。《舉要》又是根據《七音》和《蒙古字韻》來確定音類的。”[1]依此説法，《集成》也當與《七音》和《蒙古字韻》的音系稍作比較。但由於此二書在《集成》提得極少，因此，我們主要將重點放在《集成》與《韻會》音系的比較上。

我們知道，《集成》對《韻會》七音清濁的繼承是非常徹底的，而七音清濁應該最能體現二者的聲母傳承關係。雖然《集成》在繼承其體例的同時，也對《韻會》的聲母進行了歸併，但基本没有改變《韻會》的聲類數。以東韻為例：

《集成》東韻為三十七個小韻，將相同的七音清濁合併：半徵商、角清音、角次清音、羽清音、羽次清音、羽濁音各二合一之後，不同的七音清濁共三十一類（其中次商次濁與徵次濁音分别是娘母和泥母，暫不合併）；《韻會》東韻和冬韻共有六十一類（東韻已合併三類相同的），相同的七音清濁合併之後完全與《集成》相同。

其他韻部的聲類也基本一様。只是少數韻部畧有更動，如：灰韻“回”字，《集成》標為“羽濁”音，《韻會》標為“羽濁次音”；《韻會》元韻“元”小韻與先韻“員”小韻均屬“角次濁次”音，《集成》合併到先韻的一類中，七音清濁改為“角次濁音”。

另外，我們從《韻會》的聲類提示中，也可以進一步證實我們在第二章分析的《集成》的聲類合併情況。我們上文分析，《集成》的知組和照組、非與敷、疑與喻、泥與娘已經合併，跟《韻會》的情況大體一様，唯有《韻會》的非敷二母韻字尚未合併。對以上的結論，我們試舉例、分析如下：

（一）喻與疑：

依第二章的分析，《集成》喻疑已經合併為一類，但在七音清濁的標註上比較複雜，如：

東韻喻疑合併，但喻母字“融甬用育”等標為“羽次濁音”，疑母字“顒峆玉”等標為“角次濁”，即七音清濁仍存古，但其位置排在影組中，表示二母是併入喻母中；《韻會》“融”屬東韻羽次濁音，“顒”屬冬韻角次濁音，没有標註二者合併；所以《集成》雖將二者合併，但七音清濁没有改動。

[1] 李立成：《元代漢語音係的比較研究》，北京：外文出版社，2002：12。

實際上《韻會》在多數韻部中喻疑也是合併為一類的。如：

《韻會》蕭韻“遙”標為羽次濁音，“堯”標為“音與遙同”，合併為一類；《集成》依《韻會》將“遙”（喻母字）和“堯”（疑母字）合併為一類，並標為“羽次濁音”。

《韻會》標“危”：角次濁音，“為”：音與危同；《集成》“為”（喻母字）併入“危”（疑母字）中，並標為：角次濁音。

《韻會》“尤”：角次濁音，“牛”：音與尤同；《集成》將“尤”與“牛”併為一類，並標為：角次濁音。

《韻會》“元”：角次濁音，“員”：音與元同；《集成》將二者合併為一類，並標為：角次濁音。

綜上可見，《集成》喻疑合併是依《韻會》的標註來定的，而且當《韻會》標喻母字的讀音同疑母字的讀音時，其七音清濁就標為疑母字的七音清濁，即“角次濁”音；當《韻會》標疑母字讀如喻母字時，則其七音清濁就標為喻母字的七音清濁，即“羽次濁”音；當《韻會》喻疑母分立時，《集成》就將二者合併為一類，但其七音清濁仍然存古分立。

（二）泥與娘：

《集成》泥與娘已經合併為一類，如東韻、庚韻、鹽韻等。但《韻會》並沒有直接標明泥娘二母合併為一類，其與《韻會》的關係卻是比較複雜的。如：

《集成》庚韻寧（泥）與匿（娘）併為一類，而《韻會》寧：徵次濁音；匿：音與尼同；尼：女夷切，次商次濁音；二韻分立。

《集成》鹽韻拈（泥）與黏（娘）合併，但七音清濁仍分別標為：徵次濁音和次商次濁音；《韻會》二韻分立：黏：次商次濁音；拈：徵次濁音。

《集成》農（泥）與醲（娘）分立，分別標為：徵次濁音和次商次濁音，“濃”字歸“農”韻，並釋“醲”為：“元從冬韻，尼容切，次商次濁音，《洪武正韻》農醲同音，奴宗切，又與濃同”；《韻會》“農”：奴冬切，音同濃；濃：奴同切，徵濁音；“醲”：尼容切，次商次濁音。

《集成》真韻“紉”字原為泥母字，卻標為娘母：尼鄰切，次商次濁音；《韻會》“紉”：泥鄰切，徵次濁音，舊韻尼鄰切。

《集成》爻韻猱（泥）與鐃（娘）分立，分別標為：徵次濁音和次商次濁音，鐃：尼交切；《韻會》鐃：泥交切，徵次濁音；猱：奴刀切，音與鐃同；二韻合併。

《集成》覃韻南（泥）諵（娘）分立：分別標為：徵次濁音和次商次濁音；“諵”釋為“元從鹹韻，女鹹切，次商次濁音”；《韻會》“諵”有兩讀，一同“南”韻，那含切，徵次濁音，一為泥鹹切（屬鹹韻），徵次濁音，當均屬泥母字；《正韻》則“南諵”同音，《增韻》也兩讀，一為那含切，一為尼鹹切（屬鹹韻）。這樣看來，《集成》“諵”韻的標註可能有誤。

綜上可見，《集成》泥娘合併也是依《韻會》而定，《韻會》二母雖較多分立，但從以上材料，可以肯定“尼泥奴”同母，因此《集成》將二母合併。

（三）知組與照組：

《集成》知徹澄與照穿牀已兩兩合併為一類。這一合併，也可以從《韻會》的語音材料中得到輔證：

《集成》東韻知與照合併：知母：中：陟隆切，次商清音；照母：終鐘等均與知母併為一類；《韻會》中：陟隆切，次商清音；終：音與中同；鐘：音與終同，三韻合為一類。

《集成》東韻徹與穿合併：徹母字“忡”與穿母字“充”併為一類；《韻會》充：昌嵩切，次商次清音；忡：音與充同；二韻合為一類。

《集成》東韻澄牀分立：澄母字“蟲重”均標“次商濁音”，牀母字“崇”也標次商濁音，但二者卻分屬不同聲類；《韻會》崇：鉏弓切，次商濁音；蟲：持中切，次商濁音；重：傳容切，音與蟲同；《韻會》七音清濁相同竟沒標“音與某某同”，故《集成》分立，實可合併。

《集成》支韻知照分為兩類，助紐一類標為知母、一類標為照母，七音清濁亦均標為：次商清音；韻字知母如：知，陟離切；照母如：支，旨而切；《韻會》支：章移切，次商清音；知：珍離切，音與支同；二韻合為一類。

以上韻例亦可見知組與照組在《集成》和《韻會》中都是合二為一的。

（四）非與敷：

《集成》非與敷二母合併，非母字七音清濁標為“次宮清音”，敷母字標為“次宮次清音”。但在目錄中無論是標註哪一母，都是二母韻字的混同，但《韻會》非敷二母尚處分立狀態。

《集成》模韻標為敷母：次宮次清，但敷母字：敷：芳無切，非母字：膚等，已合併在一起；《韻會》膚：風無切，宮清音（按：以《韻會》七音排列次序，宮音已列“逋鋪”等韻，“膚”韻以下如“敷扶無”等緊隨其後，均標為“次宮音”，此處標為“宮音”有誤，當標為“次宮音”），二韻分立。

《集成》支韻標為敷母：次宮次清，但敷母字：霏，非母字：非等，已合併在一起；《韻會》非：次宮清音；霏：次宮次清音；二韻分立。

《集成》東韻標為非母：次宮清音，但非母字：風封；敷母字：豐等已合併在一起；《韻會》：風：次宮清音；封：音與風同；豐：次宮次清；二母分立。

《集成》非敷二母合併的還有山韻、尤韻、覃韻、陽韻、真韻等五個韻部，而《韻會》這五個韻部的非敷二母韻字均分立。今考《正韻》東韻，“風封豐”等韻字已併入“風”韻中，切語為方中切；支韻“非霏妃”已併入“霏”韻，芳微切；真韻“分芬紛”等已併入“芬”韻，敷文切；刪韻“番翻潘蕃藩”等字已併入“翻”韻中，孚艱切。因此，《集成》非敷二母韻字的合併，並非源自《韻會》，而是依《正韻》定例，這是《集成》與《韻會》音係有所區別的重要現象之一。

（五）聲調與字母韻：

對於聲調，《集成》與《韻會》都是平上去入四聲俱全，這裡不再贅述。但有一個現象值得我們關注，甯忌浮（1997：37—38）指出《韻會》的聲母有“清濁分韻”的情況，甯先生認為：“第四節例三（按：指的是文韻和先韻中一些韻字分屬兩個不同字母韻的情況），可稱之為‘清濁分韻’。此類例子，《韻會》一係韻書甚多……儘管清濁分韻現象發生的範圍是局部的（《禮部韻畧》二百零六個韻部只涉及二十八個，且多是三、四等韻），而且又極不嚴整，帶隨意性，但它卻牽動了中古十個全濁聲母的全部，破壞了傳統韻圖的清、次清、全濁的塞音三位對比的格局。韻圖上全濁聲母的可有可無，是韻圖作者口耳没有全濁聲母的反應；韻圖上大面積的全濁聲母，是作者對舊韻圖不得不就範的結果，它不代表時音。不能説《七音韻》没有全濁聲母，也不能説《七音韻》完好地保留了全濁聲母，但可以這樣説，全濁聲母清化在《七音韻》中有所反應，它畢竟不是單一音系的記錄。”甯先生的這段論述一針見血地指出《韻會》與《集成》在聲母上的另一個重要區别：那就是《韻會》比《集成》多了所謂的“字母韻”。因為《韻會》通過“字母韻”，強行將韻部歸類，導致聲類上的臨時聚類，正如《韻會》在按語中提及：“又《禮部韻畧》承用既久，學者童習白紛，難以遽變，今但於逐韻各以類聚，註云‘已上屬某字母韻’。若貢舉文字、事幹條制，須俟申明，至於泛作詩文，無妨通押，以取諧叶之便。”可見其“字母韻”的主要用途就在於“諧叶之便”，我們試以東韻和支韻為例來分析：

東韻：

公字母韻含有清濁兩類韻字：清音韻字有：公、東、通、風、豐、中充等；濁音韻字有：濃、蓬、蒙、洪、崇等。

雄字母韻也含有清濁和半商半徵音三類韻字：清音韻字有：弓、穹、嵩等；濁音韻字有：窮、蟲、融、雄等；半商或半徵韻字有：戎、隆等。

支韻：

羈字母韻含有清濁音韻字：清音韻字有：羈欺卑支等腰三角形；濁音韻字有：宜毗彌尼等。

惟字母韻含有次濁音韻字：惟、維、唯等。

雞字母韻含有濁音音韻字：祇、岐、祁、耆等。

貲字母韻含有清濁音韻字：清音韻字如：貲、雌、差、師等；濁音韻字如：慈、茲、瓷等。

媯字母韻含有清濁音韻字：清音韻字如：媯、虧、陂、吹、隹等；濁音韻字如：危、皮、椎、垂等。

規字母韻含有清濁兩類韻字：清音韻字如：規；濁音韻字如：觹。

麾字母韻含有清音韻字，如：麾摩。

乖字母韻含有清音韻字，如：衰榱。

以上字母韻字，雄屬濁音，惟屬次濁音，其他均屬清音字。應該説字母韻字也是清濁音具備，而非全部是清音字母韻字，只是相對來説，濁音字母韻字少些。《韻會》的這種“字母韻”的功能，依筆者之見，當全為這種“諧叶之便”而設，並没有改變聲類的意圖。其“字母韻”的提法，《集成》全部摒棄了，這也是《集成》對《韻會》體例的一種改易。

綜上，《集成》與《韻會》在音係上的最大區别當為：《集成》聲類上的非與敷合併為一類，而《韻會》分立，這樣一來，《韻會》的聲類就比《集成》多出一個，聲類總數為三十一個。但《集成》的二十二韻部七十六韻是對《韻會》一百零七韻的合併，而其合併《韻會》的韻部多依《韻會》某韻“音與某同”的提示來合併的，而在聲調上二者也都是平上去入四聲相承。因此，對《韻會》音系的傳承是主要的。只是《韻會》一百零七韻傳承的是舊韻的體例，是守舊的表現；而《集成》二十二個韻部傳承的是《正韻》的體例，是定正和體現時音的表現。而《韻會》所守的舊規就是《禮部韻畧》《平水韻》和《增韻》等的體例，這樣一來，其音系應當有一脈相承的特徵。慎鏞權（2003：58—73）認為“《韻會》音系是在北宋的首都汴京音的基礎上形成的，反映南宋首都臨安通用的雅音”，而《正韻》則是“反映明代官話”的語音系統。從其傳承關係上來説，二者同為南部某種音系的代表的説法，是很有道理的。而從以上《集成》對《韻會》驚人相似的傳承，其音系當與《韻會》一脈相承，也就是説《韻會》《正韻》和《集成》二書在音係上應當存在著較大的共同性。理由有二：第一，《正韻》與《集成》對《韻會》的聲韻調都有傳承（詳見第五章論述）；第二，三書的聲韻調存在著相似，甚至一致性。聲類除喻疑合併與否有所不同外，其他均相同；《集成》《正韻》的二十二個韻部多是按《韻會》一百零七韻中關於某字“音與某某同”的按語來合併的，體現出驚人的相似之處，可以説，它們的音系基礎是一脈相承的。

第二節 《集成》在保存《中原雅音》上的貢獻

一 《集成》所載《中原雅音》的語料

《中原雅音》（以下簡稱《雅音》）已經亡佚，對其內容的記載，至今為止最為齊全的當為《集成》，這在學術上是較為公認的。而《集成》時音價值的體現，就在於書中大量援引代表當時時音的《中原雅音》的反切與直音。邵榮芬在《中原雅音研究》（1981：28）中提及"從《集成》引述的材料看，《雅音》所收的字既有註音，也有釋義。註音的方式有反切，有直音，有反切兼直音等幾種"。邵先生在該書前言中指出："《中原雅音》這部書早已失傳，而且作者無考。它的出現年代可能是在1398—1460年之間。它是《中原音韻》以後，另一個記錄北方方言語音的最早的韻書。它為我們提供了很多不見於《中原音韻》的當時北方語音的重要材料，豐富了近代語音史的資料，擴大了我們的視野。它確實是關於近代漢語語音的一部重要著作，對研究近代漢語語音的發展具有很高的價值。"甯忌浮（2003：51）指出："《正韻》將舊韻的二百零六韻併為七十六韻也有所本。主要依據是《增韻》毛氏父子的按語以及《古今韻會舉要》關於韻部分併的按語，當然還有現實語音，即中原雅音。"甯忌浮（2003：120，161）援引呂坤《交泰韻》批評《正韻》之語："高廟如諸臣而命之云，韻學起於江左，殊失正音，須以中原雅音為定。而諸臣自謂從雅音矣。及查《正韻》，未必盡脱江左故習，如序、敘、象、像、尚、丈、杏、幸、棒、項、受、舅等字，俱作上聲。此類頗多，與雅音異。"並在提及《正韻》的失敗時，説："明太祖要求編寫一部代表中原雅音語音系統的新韻書卻不拋棄舊韻書，而是要詞臣用中原雅音去校正舊韻書。不拋棄舊書，在舊韻書上改併重編，即使再重修，也做不到'一以中原雅音為定'，永遠也編不出像《中原音韻》那樣的韻書來。"由此可見，《正韻》是沒有完成"一以中原雅音為定"的目標，因此，甯先生認為它是失敗的。與此相比，《集成》在這方面是成功的，它在體現時音方面從其釋字體例即可窺見一斑，如韻目"松"，《正韻》並沒提到時音，而《集成》則釋為：

舊韻詳容切，商次濁音……《洪武正韻》息中切，見上音淞，《中原雅音》亦音淞。

不僅提到"舊韻"，而且引用《正韻》的反切，同時引用雅音的讀法。《集成》這樣的例子很多，兩千五百七十一個小韻首字的註音中有二百一十多個提到“舊韻”、近一百個引用“正韻”、約九百八十個提到“中原雅音”。諸多讀音同時體現在一個韻字的註釋中為我們進行歷時比較或共時比較研究提供了翔實的語音資料。邵先生從《集成》所提供的史料基礎上，輔之以《字彙》《正字通》及《康熙字典》等材料，還原出《中原雅音》的面貌。這可以説是《集成》的一大貢獻，正如邵榮芬（1981：15—16）所指出的：“由此可見，今日所見《雅音》中最早、最直接、最完備的材料，還是見於《集成》的引述。”他還説，“《集成》所引述的《雅音》材料，共一千四百零五條。除去與語音無關的一百一十二條，還剩一千二百九十三條。……在一千二百多條與語音有關的材料中，《集成》絕大多數引自《雅音》的原文”。

當然，《集成》在反映《中原雅音》的原貌方面也有不足之處，如李無未在《〈辨音纂要〉所傳〈中原雅音〉》（2003）一文中，提及“《辨》提到《中原雅音》主要是在一些韻目下雙行小字註中，資料雖然不多，卻十分重要”，並羅列有關的韻目如下：

六灰，平聲。此韻《中原雅音》併屬齊微。

八質，入聲。此韻《中原雅音》併屬齊微。

九寒，平聲。此五母（見溪影曉匣）《中原雅音》併屬後刪韻內。

九旱，上聲。此三母（見溪曉）《中原雅音》併屬後產韻內。

九翰，去聲。此五母（見溪影曉匣）《中原雅音》併屬後諫韻內。

九曷，入聲。《中原雅音》此韻皆屬歌戈。

十轄，入聲。《中原雅音》此韻併屬家麻。

十一屑，入聲。此韻《中原雅音》皆屬車遮。

十三爻，平聲。此三聲（平上去）《中原雅音》併屬蕭筱嘯內。

十七藥，入聲。此韻《中原雅音》皆屬蕭豪。

十八陌，入聲。此韻《中原雅音》多屬齊微。

二十緝，入聲。此韻《中原雅音》皆屬齊微。

二十一合，入聲。此韻《中原雅音》多屬家麻。

二十二葉，入聲。此韻《中原雅音》多屬車遮。

此外，在八質韻內還有《中原雅音》字樣出現，比如，用三十字母順序註字音，表明它屬於“齊微”韻，最後在日母所屬字後另起一行支：“下韻，《中原雅音》皆屬魚模。”然後，以三十字母順序重新列字，這等於把《辨音纂要》“質”韻按《中原雅音》一分為二，很像顧炎武后來用“離析唐韻”之法研究上古音而以《中原雅音》離析《辨音纂要》。

李先生的考證十分重要，考之《集成》，質、旱、翰等十一韻均有提到《中原雅音》的讀音或反切，而灰、寒、陌三韻没有記錄《中原雅音》的實際讀音或反切，足見《集成》對《中原雅音》語音的反映並不全面，這則是《集成》反映時音的不足之處。

二　《集成》與《中原雅音》不是同一音系

上文提及“《集成》所引述的《雅音》材料，共一千四百零五條”，而這一千四百零五條中，《集成》的小韻首字引述的就有九百七十八條，這是研究《集成》與《雅音》音系關係的最重要材料。從這些資料整理、分析出來的結果顯示，《集成》與《雅音》不是同一音系。我們將這些材料依《集成》的小韻首字、所在韻部及聲調、反切及雅音的反切或音讀羅列如下：

馮　東平　符中　付蒙切
伏　東入　房六　付無切
肉　東入　而六　更音獸
熇　東入　呼木　音虎
蟲　東平　持中　江中切
朒　東入　女六　尼救切
蓬　東平　蒲紅　普蒙切
蔟　東入　千木　七古切
窮　東平　渠宮　器紅切
叢　東平　徂紅　青蔥切
麴　東入　丘六　丘羽切
動　東上　徒總　去聲音
重　東上　直隴　去聲音眾
尰　東上　時勇　日孔切
孰　東入　神六　世由切
叔　東入　式竹　式魯切
速　東入　蘇谷　思魯切
雄　東平　胡弓　戲容切
洪　東平　胡公　戲同切
澒　東上　胡孔　休貢切去聲
畜　東入　許六　音旭
玉　東入　魚六　以育欲玉同音芋
僕　東入　步木　音逋
蔔　東入　博木　音補
崇　東平　鉏中　音蟲弓
柷　東入　昌六　音杵

洞 東去 徒弄 音凍
牘 東入 徒穀 音都
鳳 東去 馮貢 音諷
奉 東上 父勇 音諷
福 東入 方六 音府
弓 東平 居中 音公
供 東去 居用 音貢
共 東去 巨用 音貢
谷 東入 古祿 音古
哄 東去 胡貢 音烘休貢切
斛 東入 胡谷 音胡更音火模切
局 東入 渠六 音居
匊 東入 居六 音矩
穹 東平 丘中 音空
恐 東上 丘隴 音孔
恐 東去 欺用 音控
酷 東入 枯沃 音苦
篤 東入 都毒 音琽
龍 東平 盧容 音隆
祿 東入 盧谷 音路
木 東入 莫蔔 音墓
顒 東平 魚容 音濃
傉 東入 奴篤 音奴
撲 東入 普蔔 音普
松 東平 詳容 音淞
禿 東入 他穀 音土
屋 東入 烏穀 音塢
擁 東上 委勇 音勇
育 東入 餘六 音芋
鬱 東入 乙六 音芋
寵 東上 醜勇 音腫
仲 東去 直眾 音衆

祝 東入 之六 音主又音肘
從 東去 才用 音粽
族 東入 昨木 音租
拱 東上 居辣 音i
邕 東平 于容 於公切
逐 東入 直六 之狐切
蹙 東入 子六 子羽切
戎 東平 而中 慵音蟲江中切
醝 歌平 才何 妻禾切
爸 歌上 蒲可 去聲音播
柁 歌上 待可 去聲音剁
和 歌去 胡隊 去聲音貨
禍 歌上 胡果 去聲音貨
坐 歌上 徂果 去聲音佐
婆 歌平 蒲禾 四摩切
臥 歌去 五貨 烏過切音涴
何 歌平 寒苛 希哥切似訶
和 歌平 戶戈 希鍋切
荷 歌去 胡個 休個切
餓 歌去 五個 夷個切
訛 歌平 五禾 夷何切
蔢 歌去 傍個 音播
馱 歌去 唐佐 音剁
駝 歌平 唐何 音他
座 歌去 徂隊 音佐
白 庚入 簿陌 邦埋切
北 庚入 必勒 邦每上聲
蝱 庚上 蒲猛 邦夢去聲
甓 庚入 皮亦 邦迷切
崩 庚平 悲朋 邦松切
絣 庚平 補耕 邦松切
呈 庚平 直征 尺乘切

橙 庚平 除庚 尺能切
坼 庚入 恥格 醜海切
橕 庚平 抽庚 醜增切
絣 庚上 補梗 董韻音琫
迥 庚上 戶頂 董韻音洶
礦 庚上 古猛 董韻音䵋
特 庚入 敵得 多杯切
劇 庚入 竭係 音記
憬 庚上 居永 九勇切
庚 庚平 古行 九蒸切似經
闃 庚入 苦臭 苦舉切
勒 庚入 曆德 另昧切
烹 庚平 普庚 普公切
僻 庚入 匹亦 普禮切
拍 庚入 普伯 普買切
朋 庚平 蒲弘 普蒙切
彭 庚平 蒲庚 普蒙切
層 庚平 才登 七棱切
情 庚平 慈盈 七盈切
昔 庚入 息積 薺韻音洗
擎 庚平 渠京 丘盈切
杏 庚上 何梗 去聲休徑切音興
厄 庚入 乙革 去聲音隘
並 庚上 部迥 去聲音柄
廾 庚上 胡猛 去聲音烘
悻 庚上 下頂 去聲音興
德 庚入 多則 上聲多每切
裓 庚入 古得 上聲古每切
克 庚入 苦得 上聲丘每切
忒 庚入 胎德 上聲他每切
積 庚入 資昔 上聲音濟切
則 庚入 子德 上聲子每切

釋 庚入 施只 失禮切
繩 庚平 神陵 世乘切
仍 庚平 如陵 世移切
石 庚入 裳只 世移切
寔 庚入 承職 世移切
生 庚平 師庚 式登切
餳 庚平 徐盈 思盈切似星
迸 庚去 北孟 送韻邦夢切
色 庚入 所力 所馬切
索 庚入 山責 所買切
騰 庚平 徒登 他棱切
庭 庚平 唐丁 他令切
弘 庚平 胡肱 戲同切
形 庚平 奚經 戲盈切
獲 庚入 胡麥 休乖切
剨 庚入 霍虢 休乖切
亨 庚平 虛庚 休棱切
劾 庚入 胡得 休梅切
赫 庚入 呼格 休梅切
額 庚入 鄂格 依戒切
伯 庚入 博陌 音擺
匐 庚入 步黑 音逋
吃 庚入 苦係 音恥
鄧 庚去 唐亙 音鐙
狄 庚入 杜曆 音低
的 庚入 丁曆 音底
定 庚去 徒逕 音矴
鋌 庚上 徒鼎 音矴
肱 庚平 姑弘 音公
觥 庚平 姑橫 音公
虢 庚入 古伯 音拐
國 庚入 古或 音鬼

轟	庚平	呼宏	音烘	檄	庚入	刑狄	音喜
横	庚去	戶孟	音烘休貢切	虩	庚入	迄逆	音喜
横	庚平	胡盲	音紅戲同切	鬩	庚入	馨激	音喜
或	庚入	檴北	音回	脛	庚去	刑定	音興休徑切
寂	庚入	前曆	音齎	行	庚平	何庚	音刑似興戲盈切
戟	庚入	居逆	音幾	兄	庚平	呼榮	音凶
格	庚入	各額	音解	殈	庚入	呼臭	音許
梗	庚上	古杏	音景	匿	庚入	昵力	音意
更	庚去	居孟	音敬	役	庚入	營只	音意
痙	庚上	巨郢	音敬	繹	庚入	夷益	音意
競	庚去	具映	音敬	域	庚入	越逼	音意
臭	庚入	古闃	音舉	凝	庚平	魚陵	音盈
客	庚入	乞格	音揩	營	庚平	餘傾	音盈
肯	庚上	苦等	音墾	縈	庚平	于營	音盈
敻	庚去	呼正	音哭休用切	郢	庚上	以井	音影
曆	庚入	郎狄	音利	媵	庚去	以證	音映
陌	庚入	莫白	音賣	迎	庚去	魚慶	音映又盈切
墨	庚入	密北	音妹	行	庚去	胡孟	音媵
覓	庚入	莫狄	音袂	硬	庚去	喻孟	音媵
盲	庚平	眉庚	音蒙	瑩	庚去	縈定	音用
猛	庚上	毋梗	音蠓	永	庚上	於憬	音員
孟	庚去	莫更	音夢	側	庚入	劄色	音責
平	庚平	蒲明	音蛢	宅	庚入	直格	音齋
隙	庚入	乞逆	音啟	鋥	庚去	除更	音掌
坑	庚平	丘庚	音輕	赤	庚入	昌石	音稚
傾	庚平	窺營	音輕	刺	庚入	七逆	之禮切
榮	庚平	于平	音容	只	庚入	之石	之禮切
塞	庚入	悉則	音腮	責	庚入	陟格	之買切
盛	庚去	時正	音聖	贈	庚去	昨鄧	子鄧切
剔	庚入	他曆	音體	淨	庚去	疾正	子徑切
泓	庚平	烏宏	音翁	靜	庚上	疾郢	子徑切
席	庚入	詳亦	音西	甑	庚去	子孕	子徑切

鈸　寒入　蒲撥　布摩切
半　寒去　博漫　諫韻音扮
伴　寒上　蒲滿　去聲音半
畔　寒去　薄半　去聲音半
旱　寒上　侯罕　去聲音漢
緩　寒上　胡管　去聲音喚
末　寒入　莫葛　去聲音磨
趃　寒入　相活　蘇果切
桓　寒平　胡官　戲盤切
活　寒入　戶括　休科切
按　寒去　于幹　伊炭切
岸　寒去　魚幹　音按
鉢　寒入　比末　音跛
段　寒去　杜玩　音段
奪　寒入　徒活　音多
掇　寒入　都括　音朵
遏　寒入　阿葛　音婀
葛　寒入　居曷　音哿
括　寒入　古活　音果
翰　寒去　侯幹　音漢
曷　寒入　何葛　音呵
換　寒去　胡玩　音換
闊　寒入　苦括　音顆
捋　寒入　蘆活　音邏
盤　寒平　蒲官　音潘
潑　寒入　普活　音叵
團　寒平　徒官　音團
侻　寒入　他括　音妥
玩　寒去　五換　音腕
緝　寒入　子括　音左
掿　寒入　烏活　於果切
渴　寒入　丘葛　音可

椎　灰平　直追　尺回切似吹
揣　灰上　楚委　解韻醜拐切
葵　灰平　渠為　渠回切
隊　灰去　杜對　去聲音對
鐓　灰上　杜罪　去聲音對
跪　灰上　巨委　去聲音儈
隨　灰上　隨婢　去聲音碎
誰　灰平　視佳　世追切
衰　灰平　所追　式乖切
帥　灰去　所類　式賣切
倍　灰上　部浼　收去聲貝
遂　灰去　徐醉　通音碎
瘣　灰上　戶賄　亦音賄
佩　灰去　步妹　音貝
摧　灰平　徂回　音催
慧　灰去　胡桂　音晦
潰　灰去　胡對　音晦
匱　灰去　具位　音喟同儈
裴　灰平　蒲枚　音醅
瑞　灰去　殊偽　音稅
威　灰平　於非　音煨
韙　灰上　於鬼　音猥
胃　灰去　於貴　音畏
魏　灰去　魚胃　音畏
墜　灰去　直類　音綴
萃　灰去　秦醉　音醉
罪　灰上　徂賄　音醉
危　灰平　魚為　餘回切
維　灰平　以追　餘回切
釵　皆平　初皆　尺齋切
來　皆平　郎才　力崖切
唻　皆平　賴諧　力崖切

埋 皆平 謨皆 眉槐切
愛 皆去 于蓋 尼蓋切
欸 皆上 衣亥 泥海切
排 皆平 步皆 普埋切
亥 皆上 胡改 去聲休蓋切
騃 皆上 語駭 去聲音隘
待 皆上 蕩亥 去聲音帶
在 皆上 盡亥 去聲音再
廌 皆上 鉏買 去聲音債
台 皆平 堂來 他亥切似貽
敗 皆去 薄賣 通音拜
孩 皆平 何開 休哀切似咍
駭 皆上 下楷 休擺切
諧 皆平 雄皆 休崖切
害 皆去 下蓋 休蓋切
喊 皆去 許介 休蓋切
械 皆去 下戒 休戒切
壞 皆去 華賣 休買切
懷 皆平 乎乖 休排切
哀 皆平 於開 夷該切
涯 皆平 宜皆 夷皆切
睚 皆去 牛懈 音隘
柴 皆平 牀皆 音釵
代 皆去 度耐 音帶
戴 皆去 丁代 音帶
貸 皆去 他代 音泰
載 皆去 昨代 音再
瘥 皆去 楚懈 音債
砦 皆去 助賣 音債
齋 皆平 莊皆 只來切
打 麻上 都瓦 都馬切
伽 麻平 求加 立遮切

杷 麻平 蒲巴 匹麻切似葩
下 麻上 亥雅 去聲休價切
罷 麻去 皮駕 去聲音霸
跁 麻上 傍下 去聲音霸
踝 麻上 戶瓦 去聲餘罵切
遐 麻平 何加 休加切音呀
華 麻平 胡瓜 休麻切
啞 麻上 倚下 象聲詞
畫 麻去 胡卦 音化
完 麻去 五吴 音搵
暇 麻去 胡駕 音罅休價切
訝 麻去 五架 音亞
瓦 麻上 五寡 音掗於寡切
嗏 麻平 七加 音增
咱 麻平 子沙 音增
乍 麻去 鉏駕 音乍
攨 麻平 五瓜 餘瓜切
樝 麻平 莊加 只沙切
拏 麻平 奴加 作拿切
鉏 模平 牀魚 尺盧切
初 模平 楚徂 醜都切
扶 模平 逢夫 付無切似夫音
戶 模上 侯古 呼故切
胡 模平 洪孤 火模切似呼音
蒲 模平 薄胡 普模切似鋪音
徂 模平 叢租 七盧切似麁音
杜 模上 徒五 去聲音妬
簿 模上 裴古 去聲音布
父 模上 扶古 去聲音父
粗 模上 坐五 去聲音祖
徒 模平 同都 土模切
吾 模平 訛胡 夷模切

步 模去 薄故 音布
誤 模去 五故 音惡烏故切
附 模去 符遇 音付
護 模去 胡故 音戽呼故切
所 模上 踈五 音數
五 模上 阮古 音塢
助 模去 牀祚 之布切似詛
祚 模去 靖故 昨素切
弟 齊上 杜禮 去聲音帝
薺 齊上 在禮 去聲音霽
徯 齊上 戶禮 去聲音戲
題 齊平 杜兮 剔奚切似梯音
兮 齊平 賢雞 戲夷切
第 齊去 大計 音帝
嚌 齊去 才詣 音霽
係 齊去 胡計 音戲
湁 侵入 尺入 尺禮切
岑 侵平 鋤簪 尺林切
[illegible]侵入 初戢 醜禮切
濇 侵入 尼立 尼禮切
緝 侵入 七入 七禮切
十 侵入 實執 世移切
諶 侵平 時壬 世針切
甚 侵去 時鴆 式陰切
葚 侵上 食枕 式蔭切去聲
尋 侵平 徐心 四淫切似心音
及 侵入 忌立 音雞
集 侵入 秦入 音齎
急 侵入 居立 音幾
湒 侵入 齎入 音濟上聲
蕈 侵上 慈荏 音浸去聲
澿 侵上 渠飲 音禁去聲
噤 侵去 巨禁 音禁去聲
泣 侵入 乞及 音啟
[illegible]侵平 才心 音侵
琴 侵平 渠今 音欽
澀 侵入 色入 音史
習 侵入 席入 音西
霫 侵入 息入 音洗
吸 侵入 許及 音喜
揖 侵入 一入 音意
熠 侵入 弋入 音意
吟 侵平 魚今 音淫
戢 侵入 側入 之禮切
執 侵入 質入 之禮切
鴆 侵去 直禁 之甚切
朕 侵上 呈稔 之甚切
蟄 侵入 直立 只移切
怎 侵上 子吽 子磣切
察 山入 初戛 醜馬切
剿 山入 初刮 醜馬切
潺 山平 鉏山 醜頑切
達 山入 堂滑 丁加切
妲 山入 當拔 丁加切
發 山入 方伐 方馬切
轄 山入 胡瞎 伏牙切
煩 山平 符艱 付還切
辦 山去 備莧 郭盼切音扮
患 山去 胡慣 呼慣切
辣 山入 郎達 力架切
捺 山入 乃入 奴亞切
貀 山入 女滑 女下切
汃 山入 普八 普馬切
擦 山入 七煞 七賈切

閑 山平 休艱 休艱切
尷 山平 跪頑 丘頑切
楬 山入 丘瞎 丘雅切
限 山上 下簡 去聲休諫切
但 山上 徒亶 去聲音旦
撰 山上 雛綰 去聲之慣
棧 山上 鉏限 去聲之訕
輚 山去 助諫 去聲之訕
殺 山入 山戛 沙下切
薩 山入 桑轄 思賈切
撻 山入 他達 他馬切
韈 山入 無發 無罵切
閑 山平 何艱 休艱切
莧 山去 狹澗 休諫切
晥 山上 戶版 休綰切
瞎 山入 許瞎 休雅切
還 山平 胡關 許鑾切
拔 山入 蒲八 音巴
八 山入 布拔 音把
憚 山去 杜晏 音旦
飯 山去 扶諫 音販
刮 山入 古滑 音寡
灌 山去 求患 音慣
滑 山入 戶八 音花
傄 山入 呼八 音化
戛 山入 訖黠 音賈
斕 山平 力頑 音爛
帓 山入 莫瞎 音罵
壇 山平 唐蘭 音灘
瓚 山上 在簡 音贊
劄 山入 則八 音鮓
竅 山入 張滑 音鮓

頑 山平 五還 餘還切
穵 山入 烏八 於寡切
鍘 山入 查轄 只沙切
拶 山入 子末 子賈切
囋 山入 才達 子沙切
齾 山入 牙八 中原韻音牙
俺 覃上 女敢 女敢切
臿 覃入 測洽 醜馬切
蠶 覃平 徂含 葱藍切
慚 覃平 財甘 葱藍切
遝 覃入 徒合 丁加切收麻韻
法 覃入 方甲 方馬切
乏 覃入 扶法 府麻切
礘 覃入 五合 更音尼戈切
甘 覃平 古三 九擔切
拉 覃入 落合 力架切
南 覃平 那含 奴藍切
湳 覃上 乃感 奴覽切
納 覃入 奴答 奴亞切
諳 覃平 烏含 女甘切
唵 覃上 烏感 女敢切
踫 覃平 白銜 鋪鹹切
慘 覃上 七感 七濫切去聲
囃 覃入 七合 七下切
歉 覃去 口陷 丘鑒切
恰 覃入 苦洽 丘雅切
堪 覃平 苦含 渠藍切
歃 覃入 色洽 沙下切
僁 覃入 私盍 思賈切歸趿
趿 覃入 悉合 思買切
坍 覃平 他酣 他藍切
貪 覃平 他含 他藍切

榻 覃入 讬甲 他馬切
錔 覃入 讬合 他馬切
覃 覃平 徒含 他南切
談 覃平 徒甘 他南切音覃
姶 覃入 遏合 烏可切音婀
含 覃平 胡南 戲藍切
峆 覃平 呼含 休甘切
嗛 覃上 下斬 休鑒切
憾 覃去 胡紺 休鑒切
頷 覃上 戶感 休鑒切去聲
咸 覃平 胡岩 休岩切
欱 覃入 呼合 休我切
洽 覃入 胡夾 休牙切
呷 覃入 呼甲 休稚切
岩 覃平 魚鹹 夷緘切
婪 覃平 盧含 又音藍
讒 覃平 鋤鹹 音攙
答 覃入 得合 音打
耽 覃平 都含 音擔
潭 覃去 徒紺 音馱
泛 覃去 孚梵 音販
梵 覃去 扶泛 音販
范 覃上 房琰 音販去聲
合 覃入 古遝 音哿
陷 覃去 乎韽 音譀休鑒切
合 覃入 胡合 音呵
夾 覃入 古洽 音賈
榼 覃入 苦盍 音可
壈 覃上 盧感 音覽
三 覃去 息暫 音倸
禫 覃上 徒感 音毯他覽切
鴨 覃入 乙甲 音亞

怛 覃去 徒濫 音簷
淡 覃上 徒覽 音簷去聲
雜 覃入 昨合 音咱子沙切
箚 覃入 竹洽 音鮓
儳 覃去 丈陷 音蘸
湛 覃上 丈減 音蘸去聲
霅 覃入 直甲 音查只沙切
昝 覃上 子感 子敢切
暫 覃去 昨濫 子監切
槧 覃上 在敢 子監切去聲
歜 覃上 徂感 子沙切
帀 覃入 作答 子沙切
垄 覃入 才盍 子沙切
鷩 先入 必列 邦也切
涓 先平 圭淵 併音眷
別 先入 避列 布耶切
徹 先入 敕列 醜也切
歠 先入 昌悅 醜也切
電 先去 蕩練 多練切
闉 先入 丁結 多也切
阮 先上 五遠 歸怨切
傑 先入 巨列 九耶切
掘 先入 其月 九耶切
結 先入 吉屑 九也切
厥 先入 居月 久也切
劣 先入 力輟 力射切
列 先入 良薛 力夜切
滅 先入 彌列 眉夜切
孽 先入 魚列 尼夜切
涅 先入 乃結 尼夜切
緶 先平 蒲眠 普綿切
撇 先入 匹蔑 普也切

挈 先入 詰結 丘也切
闕 先入 丘月 丘也切
權 先平 逵員 丘員切
圈 先上 巨卷 去聲眷
辯 先上 婢免 去聲音遍
件 先上 巨展 去聲音見
踐 先上 慈演 去聲音箭
善 先上 上演 去聲音扇
峴 先上 胡典 去聲音獻
泫 先上 胡犬 去聲音絢
篆 先上 柱兗 去聲音囀
熱 先入 而列 日夜切
舌 先入 食列 式耶切
設 先入 式列 式也切
漩 先去 隨戀 思戀切
旋 先平 旬緣 四宣切
鐵 先入 他結 他也切
賢 先平 胡田 休虔切
纈 先入 胡結 休耶切
歇 先入 許竭 休也切
穴 先入 胡決 休也切
血 先入 呼決 休也切
拽 先入 延結 衣夜切
便 先去 毗面 音遍
纏 先平 呈延 音梴
椽 先平 重員 音川
耋 先入 杜結 音爹
健 先去 渠建 音見
賤 先去 在線 音箭
絕 先入 情雪 音嗟
蕝 先入 子悅 音姐
倦 先去 逵眷 音眷

前 先平 才先 音千
幹 先平 渠焉 音牽
切 先入 千結 音且
全 先平 才緣 音詮
繕 先去 時戰 音扇
説 先入 輸藝 音舍式也切
田 先平 亭年 音天
殄 先上 徒典 音腆
涎 先平 徐延 音先思延切
玄 先平 胡涓 音賢休虔切
羨 先去 似面 音線
現 先去 形甸 音獻
屑 先入 先結 音寫
雪 先入 蘇絕 音寫
旋 先上 徐兗 音選思戀切
眩 先去 熒絹 音絢
演 先上 以淺 音偃
彥 先去 魚戰 音燕
院 先去 於眷 音怨
願 先去 虞怨 音怨
纏 先去 直碾 音戰
躔 先上 直善 音戰
浙 先入 之列 音者
拙 先入 朱劣 音者
傳 先去 柱戀 音囀
節 先入 子結 音阻
月 先入 魚厥 餘夜切
越 先入 五伐 餘夜切
噦 先入 一決 於也切
轍 先入 直列 之耶切
雋 先上 徂兗 子戀切
截 先入 昨結 子耶切

韶　蕭平　時招　醜饒切
潮　蕭平　馳遙　醜饒切似超
瓢　蕭平　毗招　匹遙切似漂
殍　蕭上　婢表　匹杳切音醥
調　蕭去　徒吊　去聲音吊
窕　蕭上　徒了　去聲音吊
[illegible]　蕭上　巨夭　去聲音叫
紹　蕭上　市紹　去聲音少
溔　蕭上　以紹　去聲音要
趙　蕭上　直紹　去聲音照
迢　蕭平　田聊　他遙切
驃　蕭去　毗召　音俵
轎　蕭去　渠廟　音叫
噍　蕭去　在肖　音醮
鳥　蕭上　都了　音裊
喬　蕭平　祁堯　音趫丘遙切
邵　蕭去　實照　音少
[illegible]　蕭上　胡了　音杳
耀　蕭去　弋笑　音要
召　蕭去　直笑　音照
蟾　鹽平　時占　尺廉切音簷
襜　鹽平　蚩占　醜也切
甜　鹽平　徒廉　更音添
輒　鹽入　質涉　更音者
笈　鹽入　極曄　九耶切
頰　鹽入　占協　儿也切
獵　鹽入　力涉　力夜切
撚　鹽入　奴協　尼夜切
聶　鹽入　尼輒　尼夜切
箝　鹽平　其廉　丘廉切
篋　鹽入　乞葉　丘也切
簟　鹽上　徒點　去聲店

儉　鹽上　巨險　去聲劍
歉　鹽上　苦簟　去聲通欠
涉　鹽入　實攝　式耶切
攝　鹽入　失涉　式也切
[illegible]　鹽平　徐廉　四廉切
帖　鹽入　他協　他也切
協　鹽入　胡頰　休耶切
脅　鹽入　虛業　休也切
業　鹽入　魚怯　衣夜切同更音
葉　鹽入　弋涉　衣夜切
嚴　鹽平　魚杴　亦音鹽
貶　鹽上　悲檢　音匾
磹　鹽去　徒念　音店
牒　鹽入　徒協　音爹
跕　鹽入　丁協　音爹
鐱　鹽去　渠驗　音劍
漸　鹽上　秦冉　音僭去聲
接　鹽入　即涉　音姐
拈　鹽平　奴兼　音黏
潛　鹽平　慈鹽　音簽
妾　鹽入　七接　音且
贍　鹽去　時豔　音苫去聲
嫌　鹽平　胡兼　音忺
燮　鹽入　悉協　音寫
灭　鹽平　直廉　音簷
琰　鹽上　以冉　音掩衣檢切
豔　鹽去　以贍　音厭
擪　鹽入　于葉　於也切
牒　鹽入　直獵　之耶切
捷　鹽入　疾業　子邪切
長　陽平　仲良　癡穰切似昌
常　陽平　辰羊　癡穰切音長

娖 陽入 測角 醜果切
綽 陽入 尺約 醜杳切
唐 陽平 徒郎 當音湯
鐸 陽入 達各 多高切
縛 陽入 符約 夫毛切
房 陽平 符方 付亡切
粕 陽入 匹各 䈙韻音叵
卻 陽入 乞約 更音巧
江 陽平 古雙 江玒併姜
桄 陽去 古曠 九曠切
講 陽上 古項 九兩音繈
絳 陽去 古巷 九向切
弶 陽去 其亮 九向切
腳 陽入 訖約 覺韻音絞
虐 陽入 魚約 女吊切
咢 陽入 逆各 女告切
惡 陽入 烏各 女告切
攮 陽上 匿講 女廣切
旁 陽平 蒲光 普江切
鵲 陽入 七雀 七小切
牆 陽平 慈良 齊羊切
強 陽上 巨兩 丘兩切
棒 陽上 步項 去聲音謗
蕩 陽上 徒黨 去聲音當
洛 陽入 曆各 去聲音潦又音邐
象 陽上 似兩 去聲音相
上 陽上 是掌 去聲音餉
丈 陽上 呈兩 去聲音帳
若 陽入 如灼 日曜切又月夜切
各 陽入 葛鶴 上聲音縞
壑 陽入 黑各 上聲音好
杓 陽入 時灼 時昭切

朔 陽入 色角 式卯切
鑠 陽入 式約 式沼切似少
祥 陽平 徐羊 四羊切似襄
醠 陽去 烏桄 烏曠切
浞 陽入 鉏角 五果切
獲 陽入 胡郭 希毛切
鶴 陽入 曷各 希高切似蒿
杭 陽平 胡岡 戲岡切
黃 陽平 胡光 戲江切
沆 陽上 下朗 戲朗切
吭 陽去 下浪 戲浪切
降 陽平 胡江 戲陽切
愰 陽上 虛講 休朗切
況 陽去 虛放 許曠切
學 陽入 轄覺 依遙切似囂
卬 陽平 五剛 夷江切
仰 陽上 魚兩 夷兩切
傍 陽去 蒲浪 音謗
雹 陽入 弼角 音包
博 陽入 伯各 音包
藏 陽平 徂郎 音倉
牀 陽平 助莊 音倉
錯 陽入 七各 音草
㦸 陽去 色絳 音㓷
宕 陽去 徒浪 音當
誑 陽去 古況 音桄九曠切
晃 陽上 戶廣 音慌又去聲沉
霍 陽入 忽郭 音火
匠 陽去 疾亮 音醬
噱 陽入 極虐 音交
覺 陽入 古嶽 音絞
恪 陽入 克各 音考

廓 陽入 苦郭 音顆
狂 陽平 渠王 音匡
煌 陽去 乎曠 音況
誆 陽去 渠放 音曠
畧 陽入 力灼 音料又邏切
莫 陽入 末各 音磨又音冒
諾 陽入 奴各 音鬧
強 陽平 渠良 音羌
索 陽入 昔各 音掃
讬 陽入 他各 音討
王 陽平 于方 音汗
尚 陽去 時亮 音餉式亮切
巷 陽去 胡降 音向去聲
項 陽上 戶講 音向去聲
殼 陽入 黑角 音曉
削 陽入 息約 音筱
養 陽上 以兩 音鞅
漾 陽去 餘亮 音怏
握 陽入 乙角 音杳
約 陽入 乙卻 音杳
藥 陽入 弋灼 音靿於吊切
藏 陽去 才浪 音葬
奘 陽上 在朗 音葬
昨 陽入 疾各 音遭
作 陽入 即各 音早
灼 陽入 職畧 音沼亦灼切
狀 陽去 助浪 音壯
往 陽上 羽枉 餘廣切
枉 陽上 嫗住 餘廣切
臒 陽入 烏郭 餘果切
旺 陽去 于放 餘曠切
籰 陽入 羽廓 餘昭切

搦 陽入 女角 於吊切
岳 陽入 逆各 於吊切音靿
捉 陽入 側角 之卯切
爵 陽入 即約 子小切
譟 爻平 楚交 醜高切
炒 爻上 楚絞 醜惱切
鐃 爻平 尼交 奴高切同猱
奧 爻去 於到 女告切
襖 爻上 烏皓 女好切
庖 爻平 蒲交 普毛切
曹 爻平 財勞 妻勞切
抱 爻上 蒲皓 去聲音報
導 爻去 徒到 去聲音到
道 爻上 杜皓 去聲音到
皓 爻上 胡老 去聲音秏
漕 爻去 在到 去聲音灶
造 爻上 在早 去聲音灶
儏 爻上 鉏絞 去聲音罩
套 爻去 他到 他到切
陶 爻平 徒刀 他毛切
豪 爻平 胡刀 希高切似蒿
敖 爻平 牛刀 夷高切
傲 爻去 魚到 夷告切
爻 爻平 何交 夷交切
暴 爻去 蒲報 音報
鉋 爻去 皮教 音豹
鮑 爻上 部巧 音豹
號 爻去 胡到 音秏
茅 爻平 謨交 音毛
貌 爻上 眉教 音貌
效 爻去 胡孝 音孝
樂 爻去 魚教 音靿

棹 爻去 直教 音罩
巢 爻平 鋤交 音讓N
牛 尤平 魚求 併音尤
愁 尤平 鋤尤 尺候切
浮 尤平 房鳩 付無切
謳 尤平 烏侯 女勾切
裒 尤平 蒲侯 普婁切
酋 尤平 慈秋 砌由切似秋
求 尤平 渠尤 丘侯切
囚 尤平 徐由 四由切
母 尤上 莫厚 通作姥
頭 尤平 徒侯 吐婁切音偷
候 尤去 胡茂 休後切
厚 尤上 胡口 休後切去聲
偶 尤上 語口 音嘔
仇 尤平 時流 音儔
豆 尤去 大透 音鬪
鋀 尤上 徒口 音鬪去聲
缶 尤上 俯九 音甫
覆 尤去 敷救 音赴
阜 尤上 房缶 音赴去聲
侯 尤平 胡鉤 音齁
舊 尤去 巨又 音救
臼 尤上 巨九 音救去聲
蔻 尤去 許候 音寇
謀 尤平 莫侯 音模
滮 尤平 皮休 音秠
瓿 尤上 薄口 音剖
授 尤去 承呪 音獸
受 尤上 是酉 音獸去聲
驟 尤去 鉏救 音縐去聲
穋 尤上 鉏九 音縐去聲

宙 尤去 直又 音晝
紂 尤上 丈九 音晝去聲
剩 尤去 才奏 音奏
就 尤去 疾僦 子救切音僦
除 魚平 長魚 尺如切似樞音
渠 魚平 求于 丘於切似墟音
敘 魚上 象呂 去聲音絮
柱 魚上 丈呂 去聲音註
聚 魚去 族遇 去聲子娶切
殊 魚平 尚朱 世餘切似舒音
徐 魚平 祥於 思餘切
具 魚去 忌遇 音據
豎 魚上 上主 音聲
樹 魚去 殊遇 音恕
屐 魚去 徐預 音絮
語 魚上 偶許 音雨
禦 魚去 魚據 音芋
豫 魚去 羊茹 音禦
箸 魚去 治據 音註
于 魚平 雲俱 余於魚音同
魚 魚平 牛居 魚虞于俞餘同音
査 遮平 才邪 七邪切
瘸 遮平 巨靴 丘靴切
藉 遮去 慈夜 去聲音借
担 遮上 慈也 去聲音借
社 遮上 常者 去聲音舍
射 遮去 神夜 去聲音舍
灺 遮上 似也 去聲音卸
謝 遮去 詞夜 音卸
弼 真入 薄密 邦迷切
陳 真平 池鄰 醜仁切
崒 真入 昨律 當音租

焚 真平 符分 付文切
近 真上 巨謹 九印切
郡 真去 具運 九醞切
恩 真平 烏痕 女根切
頻 真平 毗賓 披民切
盆 真平 蒲奔 普渾切
匹 真入 僻吉 普禮切
焌 真入 促律 七古切
七 真入 戚悉 七禮切
存 真平 徂尊 齊孫切
勤 真平 渠斤 丘寅切
屈 真入 曲勿 丘雨切
羣 真平 渠雲 丘匀切
囤 真上 杜本 去聲頓
窘 真上 巨隕 去聲九醞
旛 真上 部本 去聲音奔
腎 真上 時軫 去聲音抻
盡 真上 慈忍 去聲音近
隕 真上 羽敏 去聲音醞
日 真入 人質 日吏切
失 真入 式質 失禮切
純 真平 殊倫 世均切
實 真入 神質 世移切
恤 真入 雪律 思雨切
窣 真入 蘇骨 蘇古切
屯 真平 徒孫 吐渾切
魂 真平 胡昆 戲昆切
痕 真平 胡恩 休根切
恨 真去 下艮 休艮切
狘 真入 休筆 休舉切
很 真上 下懇 休懇切
坌 真去 步悶 音奔

牝 真上 婢忍 音鬢
孛 真入 蒲没 音逋
不 真入 逋骨 音補
慎 真去 時刃 音抻
叱 真入 尺粟 音耻
出 真入 尺律 音杵
咄 真入 當没 音措
突 真入 陀訥 音都
鈍 真去 徒困 音頓
分 真去 房問 音糞
憤 真上 房吻 音糞
佛 真入 符勿 音夫
拂 真入 敷勿 音府
骨 真入 古忽 音古
麧 真入 下没 音核休梅切
鶻 真入 胡骨 音呼
忽 真入 呼骨 音虎
慁 真去 胡困 音惛
疾 真入 昨悉 音齎
吉 真入 激質 音幾
堲 真入 子悉 音濟
覲 真去 其吝 音靳
倔 真入 渠勿 音居
橘 真入 厥筆 音矩
窟 真入 苦骨 音苦
栗 真入 力質 音利
肆 真入 蘆没 音慮
密 真入 覓筆 音袂
没 真入 莫孛 音暮
訥 真入 奴骨 音怒
乞 真入 欺訖 音啟
瑟 真入 色櫛 音史

順 真去 食運 音舜
宊 真入 他骨 音土
兀 真入 五忽 音烏
膃 真入 烏骨 音塢
勿 真入 文拂 音務
悉 真入 息七 音洗
肸 真入 黑乙 音喜
燼 真去 徐刃 音信
昵 真入 尼質 音羿
一 真入 益悉 音意
逸 真入 弋質 音意
銀 真平 魚巾 音寅
引 真上 以忍 音隱
胤 真去 羊進 音印
聿 真入 以律 音於
運 真去 禹慍 音醞
陣 真去 直刃 音震
紖 真上 直忍 音震
媋 真平 式勻 音朱
窋 真入 竹律 音主
啐 真入 即律 音祖
卒 真入 臧没 音祖
捽 真入 昨没 音祖
鬱 真入 紆勿 於舉切
質 真入 職日 之禮切
櫛 真入 仄瑟 之買切
秩 真入 直質 只移切
鐏 真去 徂悶 祖悶切

馳 支平 陳知 尺迷切
差 支平 叉茲 醜支切
扉 支去 父沸 當音沸
茨 支平 才資 齊茲切
奇 支平 渠宜 器夷切
陫 支上 父尾 去聲音沸
技 支上 巨綺 去聲音記
是 支上 上紙 去聲音試
婢 支上 部比 收去聲
雉 支上 丈幾 又音智
詞 支平 詳茲 四茲切
悲 支平 逋眉 音杯
避 支去 毗意 音貝
秘 支去 兵媚 音貝
廁 支去 初寺 音次
肥 支平 符非 音非付微切
芰 支去 奇寄 音記
糜 支平 忙皮 音梅
靡 支上 毋彼 音浼
紕 支平 篇夷 音批
皮 支平 蒲糜 音披
誓 支去 時制 音勢
寺 支去 祥吏 音四
似 支上 詳子 音四
以 支上 養裏 音倚
異 支去 以智 音意
治 支去 直意 音智
自 支去 疾二 音恣

以上九百七十八條與《雅音》音讀有關的材料中，《集成》主要採取五種方式引述它：第一種是直接標出《雅音》反切。第二種是直音，如：如聿，《雅音》音於；以，《雅音》音倚，等等。第三種是既直音，又標反切。第四種是在引述《雅音》反切的基礎上標“似某音”。第五種，直接標明聲調（主要是濁上歸去和入派三聲）並加上直音。當然，還有其他方式，如改變音讀、改韻及小韻首字内的韻字音讀的説明等，如“玉，《雅音》以育欲玉同音芋”；“迥，《雅音》董韻，音洶”；戎韻中註明“慵，《雅音》音蟲，江中切”，等等。其中，《集成》全濁上聲一百一十個字，直接標明《雅音》去聲的有七十九個，加上二十來個《雅音》的反切下字是去聲的，這樣就有一百來字在《雅音》中屬去聲，其他韻字，由於無法看到《雅音》原書，故無法確定其聲調，如：

> 強：《雅音》丘兩切；　殄：《雅音》音腆；　晃：《雅音》音慌；　駭：《雅音》休擺切。

但就這一百一十個全濁上聲小韻首字，就有百分之九十一以上的韻字歸入去聲，可以説，《雅音》的全濁上聲已基本歸入去聲了。

入聲韻字三百六十一個，直接標明平聲、上聲或去聲等三聲的，則不多，但據《集成》的説明，《雅音》是没有濁聲母的，如：

> 模韻去聲“祚”：靖故切。……《中原雅音》昨素切，昨轉音遭，遭是清音，昨是濁音，本作遭素切，與去聲祖字臧祚切相似，則作當音祖故。《中原雅音》無濁音字，他放此。（第139頁）
>
> 山韻平聲“閑”：《中原雅音》休艱切，羽次清音，義與何艱切同。……今依《中原雅音》添出之，但凡濁音，《中原雅音》皆作次清音，及“何下侯胡為”反切皆以改作休戲而反之。他放此，又見下何艱切。（第274頁）

當然，對於以上材料的分析，我們主要依據邵榮芬（1981：82—86）所總結的《雅音》語音系統特點的結論。邵先生總結出《雅音》語音系統的特點中關於聲母的有六條，韻母有十三條，聲調有三條，共二十二條，大多與《集成》不同；其中與《集成》語音系統區别較大的有如下幾點（韻母特點只列出其中一條，其他省畧）：

1. 全濁聲母全部失去濁音成分；
2. 疑母消失，與影、云、以三母合併，變成零聲母；

3. 影母、疑母的一部分字在-m，-n（山攝未見例子），-i，-u等韻尾的一等開口韻前增生聲母n；

4. 入聲韻全部變入陰聲韻；

5. 全濁上聲變同去聲；

6. 入聲消失，變入舒聲。清入變上聲，全濁入變平聲，次濁入變去聲。

除此，最重要的不同在於，據邵先生研究的結果，《雅音》的聲母二十個，韻部二十個，聲調只有平上去三聲。同時，邵先生（1981：90）認為"《雅音》是反映當時北方語音的一部韻書"。"北方語音"的定位與多數學者的觀點是一致的，如龍晦（1984）、劉淑學（1996）等。

由此可見，《集成》的語音系統與《雅音》的語音系統相差甚遠，當屬兩個不同的音系。另據李無未（2003）所發現，《中原雅音》的韻目"如《中原音韻》那樣分韻十九，韻部名稱完全一樣，這更進一步證實了它與《中原音韻》之間的密切關係"。李先生（2004：390）還提到："如果我們把《中原雅音》的體例構成放到《中原音韻》一系韻書的體例構成系統中去考察，就會看到它的存在不是偶然的。"甯忌浮（2003：160—161）也認為"《正韻》所輯錄的中原雅音不豐厚，中原雅音作為一個語音系統，在《正韻》中遠未形成"。甯先生還對《集成·凡例》第四條所提到"《中原雅音》以濁音字更作清音及無入聲，今註於韻該更音聲之首字下"的內容時評價章氏"一語道破《雅音》的本質特徵：濁音清化，入派三聲。而這兩項恰恰跟他自己的書截然相反。真是異乎尋常，章氏竟系統地刻意展示《雅音》與自己的差異"[1]。顯然，《集成》一系韻書代表的肯定不是中原雅音音系，《集成》中引用那麼多的《中原雅音》的語音材料或異讀進行比較也可成為這一觀點的輔證。從下文的共同比較中，我們可以看出，《雅音》的語音系統與衆多北方語音系統的韻書存在許多相同之處，其音系當為北方的語音系統。而《集成》採用《雅音》語音的情況是很少的，如上文"閑"字，是"依《中原雅音》添出之"，還有少數韻字的反切是採用《雅音》的，如：

[1] 見甯忌浮《漢語韻書史》第75頁。

套：《中原雅音》他到切。

俺：《中原雅音》女敢切，次商次濁音。

而以上二字《正韻》《韻會》均無收，這也是《集成》兼收並蓄的一個表現，應該說，它採用《雅音》音切，只是收字需要，而非受到《雅音》音系的影響。如《集成》魚韻以下韻字的解釋：

魚韻魚：牛居切，角次濁次音。……《中原雅音》魚虞于余俞等字併同音。

魚韻于：元從虞韻，雲俱切，音與魚同。本魚于同出，因魚語御各有俗聲，故分出之。《中原雅音》魚、于、餘等字同音。

魚韻餘：元羊諸切，羽次濁音，《正韻》併音於。（按：章氏將其併入“魚”韻中）

語韻雨：元從麌韻，王矩切，音與語同。《正韻》併音與。《中原雅音》以、雨、語、與等字皆同音。

禦韻豫：羊茹切。《中原雅音》音禦，禦、遇、豫皆音芋。

雖從體例來看，《集成》以上三字所註的同音現象，都與《正韻》和《雅音》同，但《集成》又有“本魚於同出，因魚語御各有俗聲，故分出之”的按語，顯然與二者是與二者不同的；且其同音現象，都有標註依《正韻》併之的按語，説明其同音現象主要依據《正韻》，而其列《雅音》同音現象，應當是一種附註或對比，而不是依《雅音》的音係。而書中，我們没有看到關於《中原音韻》的引述。如果像楊耐思(1978)和冀伏(1980)、李無未（2003：302）所認為的《雅音》是《中原音韻》一係的韻書那樣，《集成》依《雅音》音讀的例子也是很少的，這也可進一步證實，《四庫全書提要》提到的《集成》“其音兼載《中原音韻》之北聲”的情況是較少的。因此，我們認為，《集成》音係没有體現“南北雜糅”的特點，與《正韻》所深受《中原音韻》影響是不同的，這應該是二書在音系上的最大區别。

參考文獻

甯忌浮．《洪武正韻》研究[M]．上海：上海辭書出版社，2003.

崔樞華. 重編廣韻考[J]. 古漢語研究，1997（2）.

楊耐思. 中原音韻音係[M]. 北京：中國社會科學出版社，1985.

李立成. 元代漢語音係的比較研究[M]. 北京：外文出版社，2002.

甯忌浮.《洪武正韻》支微齊灰分併考[J].古漢語研究，1998（3）.

甯忌浮. 古今韻會舉要及相關韻書[M]. 北京：中華書局，1997.

王碩荃. 韻會音係基礎初探[J]. 語言研究，1991年增刊.

王碩荃. 古今韻會舉要辨證[M]. 石家莊：河北教育出版社，2002.

慎鏞權. 古今韻會舉要研究. 南京大學博士學位論文（未刊稿）[D]，2003.

邵榮芬. 中原雅音研究[M]. 济南：山東人民出版社，1981.

李無未. 《辨音纂要》所傳《中原雅音》[J]. 中國語言學報，2003（11）.

李無未. 《中原雅音》的體例問題[A]. 音韻論叢[C]. 濟南：齊魯書社，2004.

龍晦. 釋中原雅音[M]. 音韻學研究第一輯. 北京：中華書局，1984.

劉淑學. 井陘方音是中原雅音音係的基礎[J]. 語言研究，1996年增刊.

甯忌浮.漢語韻書史（明代卷）[M].上海：上海人民出版社，2009.

楊耐思. 韻學集成所傳中原雅音[J]. 中國語文，1978（4）.

冀伏.中原雅音考辨[J].吉林大學學報，1980（2）.

李妮.《韻學集成》與《古今韻會舉要》關係考[D].福建師範大學碩士學位論文，2013.

第七章　《集成》與《正韻》

《集成》書成於明代。但對明代諸韻書多有參酌與傳承，這在《集成》的序言中可見端倪。

《韻學集成•凡例》除了提及“但依《洪武正韻》定例”外，還提及：“古之篇韻，翻切繁舛，不能歸一。昔韓道昭改併《五音篇海》，既按‘七音三十六母’。元有假音反切者，傳而不改正之，如‘煸披譬模’四字屬宮音之清濁也，以‘煸’字作方間切，‘披’字作敷羈切，‘譬’字作扶真切，‘模’字作亡胡切，乃‘方敷扶亡’四字是次宮音也，故借音互用，豈能翻之已。上‘方敷扶亡’四字宜改作‘邦鋪蒲芒’，為毋反切之正得。‘煸披譬模’四字乃是今韻，以正切篇以直音，無音者亦以正切定之，斯為順矣……每韻目錄以領音之字逐一布定音切聲號……字有多音者，以他音切一一次第註之。”而《正韻》的撰者宋濂又依《五音篇海》編纂了《篇海類編》一書。雲間陳繼儒在《篇海類編序》中指出：“高皇帝以同文之治一天下，緣訛究弊，定為《洪武正韻》。令甲昭然，安可不遵守哉？景濂宋學士恐學者牽於俗迷於教，而或識認不真，嘗以《篇海》原本遵依《洪武正韻》而參合成書。”可見，即便是明代韻書，它們之間的關係也十分複雜。那麼，《集成》依《正韻》定例，到底在哪些方面傳承了《正韻》的內容呢？本章就著重來探討這個問題的答案。

第一節《集成》對《正韻》的傳承

一　《集成》對《正韻》的傳承

《集成》對《正韻》的傳承是顯而易見的。正如《集成•凡例》中提到的："但依《正韻》定例"，説明其"例"是依據《正韻》的。甯忌浮指出，章黼"以'併音連聲'的方式對《洪武正韻》進行改編，改變了傳統韻書的編排體例，對后世韻書很有影響"。[1]既然是對《正韻》的改編，而且依《正韻》定例，肯定也會繼承《正韻》的一些内容，而且涉及面較為廣泛，這些内容表現在韻部分類、聲調、小韻排列次序、韻字切語等諸多方面對《正韻》的傳承。

在韻部分類上，與七十六韻本《正韻》的韻部總數是一樣的，均分七十六韻，韻中名稱也基本一樣，只有個别字不同。聲調都是平上去入四聲相承，都有全濁聲母字。切語的傳承，可見表二十一、表二十二和表二十三（下文詳敘）三表中的韻字比較。至於小韻排列的次序，可以説《集成》的排列比《正韻》更有秩序，下面以二書支韻、齊韻、魚韻、模韻和灰韻的小韻排列次序為例對比如下：

支韻：

《集成》：奇伊義夷咨雌私茨詞知摛馳支差詩時兒悲紕皮糜霏肥微；

《正韻》：支菑施差時兒斯雌貲疵知摛馳紕悲皮麋夷奇義伊詞微肥霏。

齊韻：

《集成》：雞溪兮齎妻西齊離低梯替題泥篦迷；

《正韻》：齊西妻齎氐梯題泥倪離雞溪兮迷炷。

魚韻：

《集成》：居墟渠魚於虚苴趨胥苴聚徐諸樞書除殊如袽閭；

《正韻》：魚于於虚區居渠胥疽徐書諸除殊如袽樞閭趨。

模韻：

《集成》：孤吾枯烏呼胡租麁蘇徂祚初蔬鉏盧都瑹徒奴逋鋪蒲模敷扶無；

《正韻》：模鋪逋租徂蒲都徒盧奴胡孤枯呼吾粗烏蘇初蔬敷扶無。

灰韻：

《集成》：傀規恢窺葵危為煨威灰麾回攜維嶉催翠雖摧隨佳吹衰椎誰甤雷堆推隤挼杯壞裴枚浼；

《正韻》：灰恢煨傀規回危堆推隤雷崔杯丕枚垂隨佳甤雖為葵嶉裴

[1] 參見《漢語韻書史》（明代卷）第76頁。

衰痿厜誰睢吹摧。

從以上韻部的小韻首字的次序及數目可以看出，二書没有一個韻部的小韻是全部相同的，即便是數目全部相同的齊韻，其小韻首字的次序也畧有差别，如《集成》"低"，《正韻》即"氐"（"低"字收入其中）；又如《正韻》烓：淵畦切，楊時偉按語標註："《說文》惟古迥切一音，讀若冋，在上聲。《篇海》音威音惠，《博雅》音桂，併與《說文》不合。《韻會》淵畦切更遠。"《正韻》顯然是依《韻會》切。今考《韻會》，"烓"屬羽清音，而《集成》齊韻無此音，該字被併到灰韻威小韻下；《集成》宫清音字"箆"字，邊迷切，《韻會》釋為"邊迷切，音與支韻卑同"，而"卑"則為"賓彌切，宫清音"。而《正韻》則將"卑"併入支韻"悲"中，卻無收"箆"字。《集成》依《正韻》將"卑"收入"悲"韻中，卻又改易了《韻會》的標註，將"箆"字另立一類。另外，《正韻》小韻的排列次序主要依據《增韻》，是比較没有規律的，而《集成》小韻的排列次序則是按一定的聲類次序，一般以見組先，以非組收尾。

以上只是小韻首字的次序問題。《正韻》的小韻次序，依甯忌浮（2003：31）的研究，"《增韻》小韻次第、韻字次第，甚至被合併了的韻部次第都給予相當的尊重"，顯然是依《增韻》的次第來列小韻的，没有固定的次序。而《集成》的小韻則是按一定次序來排列的，詳見第三章第三節論述。

關於切語的傳承，以東韻的小韻首字為例，將《集韻》《韻會》等韻書的反切摘錄如表二十一，來分析《集成》對《正韻》切語的傳承情況。

從表二十一中，我們可以看出切語的相似率最高的是《集成》與《正韻》。《正韻》東韻三十五個小韻首字（不含古音）中，只有縱、胸兩小韻《集成》没有，而《集成》三十七個小韻中，只有淞、兇、醲和詎四小韻《正韻》没有；更能説明二者體例相似的是三十三個相同小韻中，只有烘、空、松和雄四小韻的切語不盡相同外，其他的二十九個小韻的切語完全一樣。相比較而言，《集成》離《廣韻》《韻會》的距離就更遠一些了。《韻會》東韻三十一個小韻首字中，有八個《集成》是没有的，且二者二十四個相同的小韻首字中也只有六個小韻的切語完全相同。可見，《集成》在切語上，主要還是傳承

《正韻》的反切。

二 《集成》對《正韻》的改易

《集成》在傳承《正韻》音係的過程中，也不是全盤照搬，在許多細節上，《集成》也是有所改易的。儘管這種改易十分有限，正如甯忌浮所言："章黼對《正韻》心存敬畏。《正韻》是奉詔頒行的官韻。明代的音韻學者雖然並非衷心崇敬，但也很少有人敢褻慢。章黼的改動很是謹慎。"[1]從《集成》分韻七十六部的情況來看，《集成》定例當依《正韻》七十六韻本，而非八十韻本。甯先生（1998）認為《正韻》八十韻本的修訂是參酌了《中原音韻》的，他認為：

> 雖然《洪武正韻凡例》以及宋濂序、吳沉序都未提及《中原音韻》，但從書中審音定韻的很多做法可以看出《洪武正韻》確實參照了《中原音韻》。八十韻本有一特殊現象，即"皮疲分韻"，就是一個很有說服力的證據。《增韻》支韻第二十七小韻，蒲糜切，收"皮疲罷郫"四個韻字。七十六韻本將它們作為支韻第十五小韻的前四個字。八十韻本突然單把"皮"字抽出，歸入灰韻蒲枚切小韻與"裴"字同音，而"疲罷郫"三個字留在微韻，以"疲"字作小韻首字。並將第十六小韻的反切"忙皮切"改為"忙疲切"。"皮"與"疲"在《平水韻》《蒙古字韻》《古今韻會舉要》都同音，現代北方方言也沒有不同音的。八十韻本憑什麼把它們分開？憑《中原音韻》！《中原音韻》"皮"字讀[P ‘ui]，"疲"字讀[P ‘i]。[2]
>
> 《洪武正韻》是在毛晃、毛居正父子《增修互註禮部韻畧》（簡稱《增韻》）的基礎上改併重編而成。支微齊灰等十二個韻部來自《增韻》的支脂之微齊灰祭廢泰等二十一個韻部。七十六韻本的最主要工程就是歸併韻部、合併小韻。韻部的歸併與小韻的合併是一致的，後者是前者的基礎。當舉例説明。支韻有24個小韻485個韻字，是由《增韻》支脂之微齊五個韻部中的71個小韻合併而成。如第17小韻"夷，延知切"的68個韻字，分別來自《增韻》如下幾

[1] 參見甯忌浮《漢語韻書史》（明代卷）第71頁。

[2] 忌浮：《〈洪武正韻〉支微齊灰分併考》，載《古漢語研究》1998年第3期，第6頁。

個小韻：

脂韻第20小韻，延知切，夷等20字；

支韻第41小韻，魚奇切，宜等10字；

之韻第17小韻，魚其切，疑等4字；

支韻第31小韻，余支切，移等19字；

微韻第10小韻，魚依切，沂等2字；

之韻第12小韻，盈之切，飴等12字；

脂韻第21小韻，夷佳切，遺1字。

同音（聲韻調全同）才可合併。從上例可以看出，中古疑母喻母字已混同，"夷、宜、疑、移、沂、飴、遺"同音，與《中原音韻》完全一致。[1]

考之《集成》，支韻的情況，與七十六韻本《正韻》的情況是相同的，切語相同，且前四個韻字也是收"皮疲罷郫"；同時，次序也相同，支韻都在第十五小韻。另外，《正韻》的第十七小韻夷，《集成》的反切也一樣，只是次序不同，放在第四小韻上，韻字也遠比《正韻》多，共有一百零八個韻字，其中添入了《玉篇》《集韻》和《五音篇》的一些韻字，如：嶬寲崖等；及齊韻倪小韻的一些韻字，並將原來九個韻字添至十四個韻字。由此可見，《集成》在小韻排列的次序和收字體例上，都對七十六韻本《正韻》進行了改易。同時，由甯先生的以上研究，我們可以推測，《正韻》七十六韻本受到《中原音韻》的影響就少多了。而依七十六韻本定例的《集成》，無論從註音，還是釋義，都看不出與《中原音韻》有多大的傳承關係，因此，《四庫全書提要》所提到的"其音兼載《中原音韻》之北聲"是應該受到質疑的。

瞭解《集成》對《正韻》的傳承與改易，還得從註音中明確標明與《正韻》關係的一百個小韻首字的情況進行分析，這是瞭解《集成》在傳承中改易的最好資料，我們依《集成》所屬韻部（舉平以賅上、去、入）、反切和《正韻》註音情況（或反切、或直音、或併音及其他）的順序羅列比較如下：

[1] 忌浮《〈洪武正韻〉支微齊灰分併考》，載《古漢語研究》1998年第3期，第3頁。

奉 東 父勇 併音捧
農 東 奴冬 奴宗切
醲 東 尼容 奴宗切
松 東 詳容 息中切
雄 東 胡弓 胡容切
擁 東 委勇 音勇
剁 歌 都唾 併丁佐切
韡 歌 許戈 毀遮切收遮韻
北 庚 必勒 必勒切
崩 庚 悲朋 併音絣
兵 庚 哺明 併音兵
匐 庚 步黑 步黑切
肱 庚 姑弘 併音觥
輷 庚 呼迸 户孟切作横
弘 庚 胡肱 音横
或 庚 檴北 檴北切
克 庚 苦得 併音客
瞢 庚 彌登 併音盲
懵 庚 毋亙 併音孟
墨 庚 密北 密北切
朋 庚 蒲弘 併音彭
㛹 庚 滂丁 披耕切
珽 庚 他頂 併音徒鼎
謍 庚 餘傾 併音榮
縈 庚 于謍 併音榮
硬 庚 喻孟 魚孟切
崱 庚 疾力 疾力切
毳 灰 蚩瑞 蚩瑞切
雖 灰 蘇回 蘇回切
危 灰 魚為 吾回切
維 灰 以追 兩音
委 灰 鄔毀 音猥

胃 灰 于貴 於位切
貸 皆 他代 他蓋切
柰 皆 乃帶 尼帶切
跐 皆 側買 初買切
打 麻 都瓦 馬韻
離 齊 鄰溪 鄰溪切
利 齊 力至 力地切
係 齊 胡計 胡計切
岌 侵 魚及 音及
噤 侵 巨禁 併音禁
汕 山 所簡 併音剗
撰 山 雛綰 雛產切
刖 山 五刮 音刮
慚 覃 財甘 音讒
儋 覃 都監 都監切
惋 寒 烏貫 收諫韻音綰
欱 覃 呼合 併音合
糝 覃 桑感 又收寑韻
談 覃 徒甘 徒監切
孽 先 魚列 魚列切
言 先 魚軒 雅音歸延
衍 先 延面 歸硯倪甸
巘 先 以淺 語蹇切
彥 先 魚戰 歸衍
元 先 遇袁 音員
遠 先 雨阮 音阮五遠
怨 先 於願 迂絹切
願 先 虞怨 虞怨切
越 先 五伐 併音月
鳥 蕭 都了 尼了切
繞 蕭 人要 併音紹
[illegible] 蕭 胡了 併音杳

廣　鹽　疑檢　　併音琰
拈　鹽　奴兼　　併音黏
撚　鹽　奴協　　併音聶
贍　鹽　時豔　　併音舒贍切
涉　鹽　實攝　　音攝
脅　鹽　虛業　　併音協
嚴　鹽　魚杴　　併音鹽
常　陽　辰羊　　陳羊切
防　陽　符訪　　音訪
煌　陽　乎曠　　音王於放
殼　陽　黑角　　併音學
江　陽　古雙　　與雅音同
姜　陽　居兩　　居良切
腳　陽　訖約　　併音覺韻
虐　陽　魚約　　併音藥
往　陽　羽枉　　羽枉切
報　爻　博耗　　併音豹
铇　爻　皮教　　音暴
瓿　尤　薄口　　併音剖
鴀　尤　方鳩　　併音浮
牛　尤　魚求　　併音尤
囚　尤　徐由　　音酋慈秋
與　魚　弋渚　　併音與
靴　遮　毀遮　　毀遮切
不　真　逋骨　　逋没切
媋　真　式勻　　產併從術
犉　真　如勻　　併音純
盾　真　豎允　　乳允切
稟　真　必敏　　稟品軫韻
品　真　丕敏　　丕敏切
寅　真　夷真　　寅銀同切
糜　支　忙皮　　存支韻
靡　支　毋彼　　收薺韻
靡　支　縻詖　　又音米袂
陫　支　父尾　　併音尾
徵　支　陟裏　　併音止

《集成》以上一百條資料，排除異切同音或字異音同的切語用字，只有十八條的切語用字完全與《正韻》相同，其餘的反切，都與《正韻》不同，但這些不同並没有造成韻部歸屬上的改易。綜上資料，一共只有四個韻字的韻部與《正韻》不同：鞾（《正韻》屬遮韻）槮（寑）靡（薺）靡（霽），其中"靡"字兩讀，實際只有三個韻字歸部不同，這種情況與上文所列的支韻、齊韻等小韻排列次序的情形是大體一致的，因此，我們認為這種切語的改易，實際並没有太多影響到其韻部歸屬的改易，應該説，只是用字的不同而已。

表二十一：四部韻書的東韻字及其切語比較

《廣韻》	《韻會》	《正韻》	《集成》
東，德紅切	公，沽紅切	東，德紅切	公，古紅切

續表

《廣韻》	《韻會》	《正韻》	《集成》
同，徒紅切	空，枯公切	通，他紅切	空，枯紅切
中，陟弓切	東，都籠切	同，徒紅切	翁，烏紅切
蟲，直弓切	通，他東切	龍，盧容切	烘，呼紅切
終，職戎切	同，徒紅切	隆，良中切	洪，胡公切
忡，敕中切	濃，奴同切	蓬，蒲紅切	宗，祖冬切
崇，鋤弓切	蓬，蒲蒙切	蒙，莫紅切	悤，倉紅切
嵩，息弓切	蒙，謨蓬切	悤，倉紅切	淞，息中切
戎，如融切	風，方馮切	宗，祖冬切	從，牆容切
弓，居戎切	豐，敷馮切	縱，將容切	叢，徂紅切
融，以戎切	嵏，祖叢切	叢，徂紅切	松，詳容切
雄，羽弓切	匆，粗叢切	從，牆容切	弓，居中切
瞢，莫中切	忪，蘇叢切	洪，胡公切	穹，丘中切
穹，去宮切	叢，徂聰切	烘，呼洪切	窮，渠宮切
窮，渠弓切	中，陟隆切	空，苦紅切	邕，于容切
馮，房戎切	充，昌嵩切	公，古紅切	凶，許容切
風，戎乜切	忡，敕中切	翁，烏紅切	雄，胡弓切
豐，敷空切	翁，烏公切	風，方中切	融，以中切
充，昌終切	崇，鉏弓切	馮，符中切	顒，魚容切
隆，力中切	烘，呼公切	松，息中切	中，陟隆切
空，苦紅切	洪，胡公切	充，昌中切	充，昌中切
公，古紅切	籠，盧東切	中，陟隆切	舂，書容切
蒙，莫紅切	弓，居雄切	戎，而中切	蟲，持中切
籠，盧紅切	穹，丘弓切	崇，鉏中切	崇，鉏中切
洪，戶公切	窮，渠弓切	蟲，持中切	戎，而中切
叢，徂紅切	嵩，思融切	融，以中切	醲，尼容切
翁，烏紅切	蟲，持中切	顒，魚容切	龍，盧容切
匆，倉紅切	融，餘中切	弓，居中切	隆，良中切
通，他紅切	隆，良中切	穹，丘中切	東，德紅切
嵏，子紅切	戎，而融切	窮，渠宮切	通，他紅切

續表

《廣韻》	《韻會》	《正韻》	《集成》
蓬，薄紅切	雄，胡弓切	農，奴宗切	同，徒紅切
烘，呼東切		舂，書容切	農，奴冬切
峣，五東切		胸，許容切	普工，撲蒙切
檧，蘇公切		邕，于容切	蓬，蒲紅切
		雄，胡容切	蒙，莫紅切
		古音38個，略	風，方中切
			馮，符中切

《集成》對《正韻》的改易，還體現在體例上的區別。首先，體現在《集成》在每一韻類前比《正韻》多了一張韻圖。《集成》在每一韻部之前均列有一表，將該韻部韻字的七音、三十六母、反切及韻調都排於表中。它不像以《韻鏡》為代表的宋元時期的韻圖，每圖均包括等次、開合呼、內外轉及攝類等內容。但也有一表總括各圖體例，此圖列在《直音篇》的前面，名為“七音清濁三十六母反切定局”。我們摘錄如表一（第44頁）。

這圖是各韻部聲類的總繩。從表一中，我們可以更準確地把握各韻部中聲類地位的情況。我們說《集成》也是韻圖，除此表外，還因《集成》將七十六韻分為二十二組，每組又將小韻首字按平上去入四聲依次分組列於表中，並在表中註明其聲類、反切及七音情況。基本上又以一大類分成一卷，東（舉平以賅上、去、入，下同）、真、先、陽、庚類各分一卷；兩或三小類合成一卷，如支齊、魚模、灰皆、寒山、蕭爻、歌麻遮、尤侵、覃鹽類各合成一卷，共十三卷。但每一類自成一圖，用徐博序言的話來說，是“聲韻區分，開卷在目”，這就體現了韻圖的特徵——聲韻調的表格化。這表格化的二十二圖，確實給檢覽者大大提供了方便，也是《集成》體例獨特的一個體現，就連改定《集成》而成的《集要》，也只是把小韻首字列表於前，而無法將聲類、反切等諸方面內容列成目錄表，並體現於每一韻部之前。可以說，在這點上，《集成》的工具性更強，尤其是其助紐字的使用為聲類的歸納提供了詳細的材料，《集成》的這一優點也讓我們看到《正韻》在編纂過程中的一個不足之處。

其次，《集成》對《正韻》的改易，還體現在對《正韻》諸多重出小韻的更正上。《正韻》在編纂中出現了諸多問題，如重出切語、重出小韻，重出已刪併的舊韻舊切等，甯忌浮（2003：661—668）已進行了全面的論述。而其許多問題，在《集成》中基本得到了更正。我們以重出小韻為例，《正韻》庚韻中第六小韻“橫胡盲切”中重出的小韻“弦”，寘韻第二十九小韻“費芳未切”中重出的小韻“費”，在《集成》庚韻和寘韻中，均已得到了更正。其他更正例子不再贅述。可見，《集成》在編纂過程已經注意到了《正韻》的諸多不足，而且進行了比較徹底的訂正。

再次，從小韻首字的切語不同，可以看出《集成》與《正韻》的聲韻區別，從而說明《集成》對《正韻》的改易。還是以表二十一的東韻為例。《集成》東韻有三十七個韻目，《正韻》有三十五個，二書東韻有三十三個相同小韻，在這一點上二書極為接近。但《集成》並不是“抄襲”，相同的三十三個韻目中，有烘、空、松和雄四小韻的切語不同，如：

《集成》	《正韻》	《廣韻》
烘：呼紅切 ；羽次清音，曉母興軒	烘：呼洪切	烘：呼東切
松：詳容切 ；商次濁音，邪母餳涎	松：息中切	松：詳容切
空：枯紅切 ；角次清音，溪母輕牽	空：苦紅切	空：苦紅切
雄：胡弓切 ；羽濁音，匣母型賢	雄：胡容切	雄：羽弓切

切語不同的四個韻目中，烘、空和雄三字，雖然要麼反切上字不同，要麼下字不同，但從其切語的上下字的音學地位來看，應該都是相同的，因此，此三字的切語不同，只是形式上的不同，歸屬則是相同的。這一點甯忌浮（2003：51）在論述到《正韻》與《增韻》反切字改易時，也指出“半數以上的反切還看不出有什麼語音價值，如東韻‘烘，呼洪切——呼紅切’之類”。雖然没有什麼大的價值，但至少可以看出其切語用字的習慣或傾向。當然，也不是全部没有區別，既然切語用字發生了改變，多少可以反映一些問題，如“松”字，《集成》與《廣韻》相同，為詳容切；《正韻》為息中切，息歸心母，詳歸邪母，均為三等。這就説明《集成》與《正韻》在“松”字的切語上就存在區別，而這一區別就為我們進一步深入研究二者的聲類提供了一個資訊，如：二書在心母、邪母的歸字上有何區別？也為我們進一步

的研究提供了方向。

第二節　《集成》與《正韻》對“舊韻”的傳承

一　《集成》與《正韻》對“舊韻”的傳承

韻書編纂過程都會參酌前代韻書的內容，這些前代韻書都可稱為“舊韻”。這一方面的內容，我們已經在第四章進行論述。《集成》和《正韻》在編纂過程中，也當然地參酌了前代的“舊韻”，而且二書中都有相當數量的“舊韻某某切”的表述。那麼，二書參酌的“舊韻”是否一致呢？依甯忌浮（2003：25—68）的研究，《正韻》七十六韻本《凡例》中的“舊韻”“指的是《禮部韻畧》和《增韻》”（第27頁）。甯先生（1997：1）同時也指出：“《韻會》以《禮部韻畧》為基礎”，《韻會》中的“舊韻”“即指《禮部韻畧》”。而《增韻》是增補《禮部韻畧》而成的，因而甯先生（1997：258）說：“《古今韻會舉要》對《增韻》所增補的韻字，註釋以及字形的勘正，多有採擷，對《增韻》所記錄的一些語音演變現象，也多有吸收。明代的官韻《正韻》是《增韻》的改併重編，它的切語、小韻次第、韻字排列、註釋文字，無不脱胎於毛氏父子。”另外，《正韻》在引證古音時，也多以《韻會》某韻“音與某韻同”的説明進行歸併的，如東韻“崩”字，釋為“蔔公切，定正幫公切。《韻會》悲朋切，而朋字註音與蓬同”，而章氏在編纂《集成》時是“依《正韻》定例”，但同時在體例上對《韻會》有很大的承襲，而《正韻》與《韻會》都與《七音韻》《禮部韻畧》和《增韻》有著千絲萬縷的關係，《韻會•凡例》中指出：“舊韻所載，考之七音，有一韻之字而分入數韻者，有數韻之字而併為一韻者。今每韻依《七音韻》，各以類聚，註云：‘以上按七音屬某字母韻。’”由於《七音韻》無從考證，有極少數《韻會》提及舊韻反切時，與《禮部韻畧》或《增韻》的切語是不符的（據我們考證，多數是符合的，如尤、牛、銀等字），如：“罌”字，《韻會》註“舊韻於莖切”，《集成》也註“元於莖切”，但《禮部韻畧》和《增韻》都是“於耕切”，有可能就是與《七音韻》相吻合。因此對這極少數韻字的反切待考外，我們認為從廣義來説，《集成》和《正韻》在傳承舊韻上具有一定的同源性，即都參酌了《增韻》和《韻會》的內容，並以它們為源本進行改編。只不過是《集成》同時又傳承了《正韻》的體例。下面，我們從兩個方面來看看這種廣義上的傳承的同源性。

第一，我們通過《韻會》所載“毛氏韻增”的韻字來看《集成》和《正韻》對《韻會》和《增韻》二書的傳承情況（表中《增韻》一欄的順序是韻字、所在韻部、所在小韻及反切；《韻會》韻部取第一字，除附註語外，與後二書中的順序則為所在韻部、所在小韻和反切）：

表二十二：四部韻書部分韻字語音地位比較

《增韻》	《韻會》	《集成》	《正韻》
兒-齊-倪-研奚	齊-倪-研奚	支-**夷-延知**（註有“元從齊韻，正韻研奚切”）	齊-倪-研奚
欸-咍-哀-於開	**灰**-哀-於開	**皆**-哀-於開	**皆**-哀-於開
蘊-文-煴-於雲	文-煴-於雲	真-**氳**-於雲	真-**氳-紆倫**
昆-元-魂-胡昆	元-魂-胡昆	**真**-魂-胡昆	真-**魂-胡昆**
攤-寒-灘-他幹	寒-灘-他幹	**山**-灘-**他丹**	**刪**-灘-**他丹**
貫-寒-歡-沽歡	寒-官-沽歡	寒-官-沽歡	寒-官-沽歡
患-刪-還-胡關	**山**-還-胡關	**山**-還-胡關	刪-還-胡關
殷-先-煙-因肩	先-煙-因肩	先-煙-因肩	先-煙-因肩
廖-蕭-聊-蓮條	蕭-聊-**憐蕭**	蕭-聊-蓮條	蕭-聊-蓮條
胞-爻-包-班交	**肴**-包-班交	爻-包-班交	爻-包-班交
耗-豪-毛-莫袤	豪-毛-莫袤（註有“音與茅同”，茅：謨交切）	**爻-茅**-謨交（註有“元從豪韻，莫袤切”）	**爻-茅**-謨交
請-庚-清-七情	庚-**清-親盈**（請入情韻）	庚-清-七情	庚-清-七情
衆-東-終-之中	東-**終-之戎**（音與中同，中-陟隆切）	東-**中-陟隆**	東-**中-陟隆**
濡-之-而-人之	支-而-人之（音與兒同，兒-如支切）	支-兒-**如支**	支-兒-**如支**

續表

《增韻》	《韻會》	《集成》	《正韻》
齬-魚-魚-牛居	魚-魚-**魚居**（舊韻牛居切）	魚-魚-牛居	魚-魚-牛居
甯-魚-除-陳如	魚-除-陳如	魚-除-**長魚**	魚-除-**長魚**
桐-東-同-徒紅	東-同-**徒東**	東-同-徒紅	東-同-徒紅
淹-覃-諳-烏含	覃-諳-烏含	淹-覃-諳-烏含	淹-覃-諳-烏含
鑒-銜-監-古銜	咸-監-**居銜**（音與緘同，緘-居鹹切）	**覃-緘-古鹹**（註有“元從鹹韻”）	**覃**-監-古銜

從以上韻字的韻部及反切比較來看，三部韻書對《增韻》的內容各有傳承，也各有不同，加粗字就是其具體表現。《韻會》所載《增韻》的內容，《集成》與《正韻》基本有參照，這種傳承關係應該説是比較密切的。只是二者在參照過程中，《集成》對韻部的歸類變化比《韻會》更大些。《集成》在體現這種傳承關係時，主要通過“元從某韻”或“元某某切”來體現。而《正韻》對《韻會》的傳承，《韻會》張鯤序中就有提及：“我太祖高皇帝龍飛八年，召命詞臣樂韶鳳、宋濂諸學士大夫刊定《洪武正韻》，以括舉一切補韻者五十家之偏陋，以風同文。而學士大夫一時號稱博雅，並以《韻會》為之證據，然後經生學子始知《韻會》者，藝圃之寶也。”同時，《正韻》在定正古音時，也多依《韻會》（詳見本節下文），這些均可看出《正韻》對《韻會》的傳承。當然，在傳承舊韻中，《韻會》反切的改易較多，在傳承過程中發生反切用字的改易是很正常的現象，因為時代在發展變化中，韻書要反映時音，在參考舊韻書的同時，也要有所揚棄或更改。而對舊韻書切語的傳承情況，可以看出其與舊韻書之間的關係，下面就從這個方面來比較。

第二，我們比較《增韻》的韻字在二書中的切語情況，來看看二書對《增韻》傳承的相似度。由於《集成》與《正韻》都出現了全濁上聲韻字兩讀的情況，應當最有可能發生音變，我們就以全濁上聲字為例進行比較如下：

表二十三：四部韻書部分全濁上聲字切語比較表

韻字	增韻	集成	正韻	韻會	韻字	增韻	集成	正韻	韻會
苛	下可	下可	下可	合可	限	下簡	下簡	下簡	下簡
澒	胡孔	胡孔	胡孔	虎孔	晃	户廣	户廣	户廣	户廣
蕩	徒黨	徒黨	徒黨	待朗	鮑	部巧	部巧	部巧	部巧
户	侯古	侯古	侯古	後五	項	户講	户講	户講	户講
簿	斐古	斐古	斐古	伴姥	巨	臼許	臼許	臼許	臼許
亥	胡改	胡改	胡改	下改	禫	徒感	徒感	徒感	徒感
盡	慈忍	慈忍	慈忍	上忍	簟	徒點	徒點	徒點	徒點
杏	何梗	何梗	何梗	下梗	踝	户瓦	户瓦	户瓦	户瓦
駭	下楷	下楷	下楷	下楷	悻	下頂	下頂	下頂	下頂
臼	巨九	巨九	巨九	巨九	粗	坐五	坐五	坐五	坐五
偶	語口	語口	語口	語口	薺	在禮	在禮	在禮	在禮
技	巨綺	巨綺	巨綺	巨綺	很	下懇	下懇	下懇	下懇

我們隨意抽取的以上二十四個全濁上聲韻字中，除十六個四部韻書的切語完全相同外，有八個韻字是《韻會》與其他三部韻書不同的。不同的八個韻字《韻會》所改易的反切，都主要是反切上字，在中古除“伴”與“斐”是類隔切外，“慈”與“上”、“虎”與“胡”，各分屬不同聲類，因而已改變韻字的聲類；其他没有改變聲類類別，只是韻字的不同而已。但整體可以看出在切語上《集成》與《正韻》比《韻會》更接近於《增韻》。當然，也有一些韻字的反切，《增韻》與其中的某韻書相同，而與其他的不同，但大體都能體現三者對《增韻》的傳承關係，而且這種關係是比較複雜的。就以上的分析，我們可以將《禮部韻署》《增韻》《韻會》《集成》和《正韻》五書的傳承關係，用一個較為簡單的關係圖來表示：

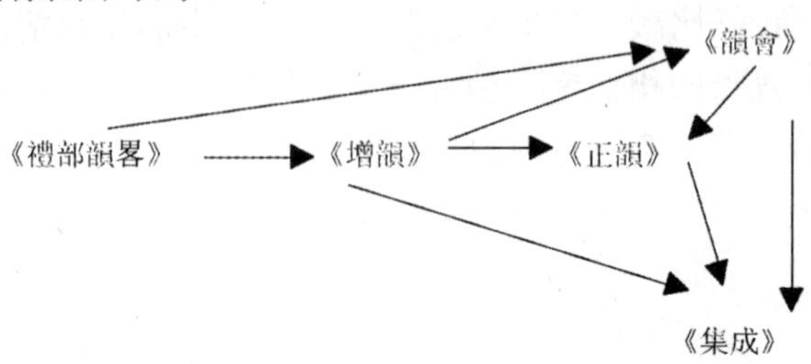

從上面的關係圖，我們可以看出，《增韻》《正韻》和《韻會》三部韻書都是《集成》編纂過程中參酌的“舊韻”，而且《集成》正文都有提到這三部韻書。而《集成》没有提到的《禮部韻畧》則直接或間接地對這三部韻書的編纂產生了影響。更重要的是，《禮部韻畧》通過《增韻》《正韻》和《韻會》三部韻書間接性地對《集成》的編纂產生了影響，而且是這三部韻書傳承的源頭。由此可以推測，《集成》所引的“舊韻”從追根溯源的角度來看，應該是指《禮部韻畧》。這一關係圖剛好可以印證本書第四章相關論述的觀點。這與甯先生所認為的《韻會》中的“舊韻”“指的是《禮部韻畧》”的觀點是吻合的。既然《集成》是“依《正韻》定例”，而且改編《正韻》而成的，那麼，其所提的“舊韻”應當與《正韻》有相同之處，這是我們的理由之一。此外，《集成》在編纂過程中，雖然也傳承了《正韻》和《韻會》的許多内容，但其所引的“舊韻”的釋例，卻不可能指《正韻》和《韻會》，因為《集成》釋語中大量明確引有《正韻》和《韻會》兩本韻書，章氏再糊塗，也不可能在釋語中一會兒用“《正韻》”或“《韻會》”，一會兒用“舊韻”。李妮認為：“韻字‘涉’在《集成》中的實攝切是‘從舊韻的結果’，而舊韻中只有《韻會》的反切是實攝切，所以我們可以得出就‘涉’字的釋語而言，‘舊韻’是指《韻會》。通過以上分析我們可以推斷《集成》中的‘舊韻’可能是指《韻會》。”[1]這一點給了筆者很大的啟示，除了《韻會》外，《附釋文互註禮部韻畧》的“涉”字都為“實攝切”，這也是我們認為《集成》所引“舊韻”當與《韻會》相同的另一重要理由。

二　《集成》與《正韻》傳承“舊韻”的差異性

從狹義上來看，《集成》和《正韻》所傳承的“舊韻”是不完全相同的。二書對“舊韻”的傳承存在差異，《正韻》傳承的“舊韻”指的是《禮部韻畧》和《增韻》；而《集成》所傳承的“舊韻”指的是《禮部韻畧》。這一點，上文第四章已經進行過專門論述。從廣義上説，《集成》和《正韻》在傳承“舊韻”上具有同源性的特點，因為二者所參酌的“舊韻”具有較大的重疊性。儘管如此，二書在傳承“舊韻”上

[1] 參見李妮《〈韻學集成〉與〈古今韻會舉要〉關係考》，第62頁。

還存在一些差異值得我們關注。由上圖的關係表，我們還可以看到《正韻》對舊韻傳承的體系較為單一，而《集成》則同時對《增韻》《正韻》和《韻會》都有傳承，這勢必導致二書在傳承舊韻書的過程中在音系、體例等方面的不同，音系方面我們下節詳論，這裡先探討一下傳承體例的差異。

首先，來探討存古與定正的關係。在傳承舊韻書的體例上，《集成》採取兼收並蓄的存古方式，而《正韻》則採取大刀闊斧的定正方式。《集成》的體例從上文分析中，我們可以感受到濃厚的《韻會》氣息，古韻、今韻大薈萃，並多有交代其源流所在，如：

覃韻平聲“談”：《正韻》徒藍切，《集韻》併音覃韻，《韻會》徒甘切，與覃同。……《中原雅音》音覃，亦他南切。（第589頁）（在目錄中“談”為徒甘切）

鹽韻入聲“涉”：《廣韻》時攝切，《正韻》音攝，《韻會》實攝切，音與牒同。本從牒出之，因《中原雅音》各反之，今從舊韻。《説文》……《中原雅音》式耶切。（第604頁）

真韻平聲“銀”：魚巾切，角次濁次音。《正韻》銀寅並出……《中原雅音》音寅。（第209頁）

真韻平聲“寅”：夷真切，羽次濁音。《正韻》以寅與銀併音同切，然依同號，銀有俗聲，故分出之。（第208頁）

魚韻平聲“于”：元從虞韻，雲俱切，音與魚同。本“魚于”同出，因魚語御各有俗聲，故分出之。《中原雅音》魚、于、餘等字同音。

以上五例，可以感受到這種存古方式對實現章氏定書名時這個“集成”的意義所在。尤其對我們分析一些韻部及切語考源或比較等，都起到了十分重要的作用，如“銀”與“寅”，一個標角次濁次音（疑母），一個標羽次濁音（喻母），在許多場合二母的韻字是一起出現的（例子詳見第二章“喻”“疑”合併專述），《正韻》也是“喻”“疑”合一的，甯忌浮(1998)認為《正韻》:“中古疑母喻母字已混同，‘夷、宜、疑、移、沂、飴、遺’同音，與《中原音韻》完全一致。”通過上述“寅銀”、“魚於”二例，我們就清楚了，原來《集成》有時二者合一，有時又分開，主要原因是疑母“俗聲”在作怪，這也説明，章氏在編纂《集成》時認同《正韻》把二者併為一類，因為他在目錄中就是把“寅”“銀”併為一類的，而“銀有俗聲，故分出之”“因魚語御各有俗聲，故分出之”的交代，則説明他把方音介入其音係中了，這應該説是章氏在編纂過程中的雙重標準導致的。因此，章氏在《集成》的編纂過程中有可能以兩種語音系統來編排的，書中雖然對這一觀點的支持僅有三例（另一例是“硬”字，詳見最後一節）。但這對分析喻疑二母的情況是大有裨益的。我們對《集成》喻疑二母分析的結果是二母已併為一類，但可分為兩小類，這肯定與《集成》所提到的“俗聲”有關。葉寶奎（2002：96—98）在分析《洪武正韻譯訓》（1455）的俗音時指出“俗音聲母系統與正音大體相同。所異者唯疑母畧有不同。《譯訓》疑母之反切上字尚有‘魚牛牙虞宜越’等六字，《譯訓》以此六字作反切上字之小韻，皆註疑母，但其下所註俗音卻多半為喻母”。這種情況無疑與《集成》的情況是相似的，這對解釋喻疑二母的有些韻字為何時分時合的現象提供了一個很好的思路。這一點，可以説是《集成》對《正韻》傳承中的改易。

《集成》在體例上的存古，最重要的表現，當是對《韻會》七音清濁體例的全盤接受。《集成》兩千五百七十一個小韻的七音清濁完全是對《韻會》七音清濁的再現，只不過是有些韻部的七音清濁因為從《韻會》到《集成》的分併而發生相應的變化。這主要體現在兩個方面：一個是同一聲類內的合併，有些韻部的七音清濁稍微發生變化。下面是這一類型變化的兩個例子：

1.《韻會》的冬韻“農”小韻：奴冬切，音與濃同；東韻“濃”小韻：奴同切，徵濁音；此二韻均併入《集成》東韻“農”小韻：奴冬切，元從冬韻，徵次濁音。

2.《韻會》的庚韻“行”小韻：何庚切，羽濁次音；“莖”韻：何耕切，音與行同；此二韻均併入《集成》庚韻的“行”小韻：何庚切，七音清濁改為“羽濁音”。

另一個是不同聲類的合併，如知組與照組的合併、泥母字與娘母字的合併、非母字與敷母字的合併，其七音清濁則有時會不變，有時則依一方給出其七音清濁，如：

《韻會》“鹽”韻“嚴”小韻：疑杴切，角次濁音；“鹽”小韻：余廉切，羽次濁音；此二韻《集成》併為一類，助紐仍然保持不同，但把七音清濁改成與“鹽”小韻同為“羽次濁音”。

《集成》的這種存古體例比《韻會》強多了，因為它把《韻會》就已經是同一聲類或韻部本就應該合併而《韻會》没有合併的工作完成了，而且還讓我們能看到其合併的來龍去脈，可以猜測說，這也是《集成》為什麼要保持“仍見母音切”的主要原因了。

《正韻》的體例則不然，由於它是明代官定的韻書，是明王朝科舉考試在文字音韻方面的依據，要維護它具有法定的權威地位，因此它在重刊時對舊韻書採取了大刀闊斧的定正。正如宋濂《洪武正韻序》所言：“恭惟皇上，稽古右文，萬機之暇，親閱韻書，見其比類失倫，聲音乖舛，如詞臣諭之曰：‘韻學起於江左，殊失正音。有獨用當併為通用者，如東冬清青之屬；亦有一韻當析為二韻者，如虞模麻遮之屬。若斯之類，不可枚舉。卿等當廣詢通音韻者，重刊定之’”，其編纂的目的就是要定正時音。這種定正，多體現在每部後面對“古音”和“逸字”的定正，如東韻後對“古音”的定正：

朋：蓬；《韻會》蒲弘切，音與蓬同，定正併公切，載入蓬韻。

馮、彭：《韻會》音與蓬同，定正入蓬韻。

盲：蒙；定正入蒙，《韻會》亦入瞢矇。

榮：雄；《韻會》于營切，定正入融韻。

横：洪；《韻會》胡盲切，音與洪同，定正入洪韻。

《正韻》在定正中，則存在著較多的矛盾之處，如以上韻字已經定正到東韻中了，然而，我們在庚韻中仍可見到上述的韻字，如：

横：胡盲切……而古多從東者，《韻會》皆兩讀，定正則盡入東，不入庚，宜從兩讀為是。

盲：眉庚切。

榮：于平切……定正專屬東，文憲專屬庚，《韻會》兩讀存古，從今兩通；既已定正，何來兩讀？還有許多韻字在定正過程中出現切語上字或下字即為被切字本身，如：銑韻：遠：五遠切；隊韻：位：於位切；葉韻：涉：失涉切；可見《正韻》在定正中，出現的失誤是比較多的。

其次，再來看看二者在傳承舊韻中釋字體例的差異。應該說，在傳承舊韻過程中，二書的編纂目的是不同的。《集成•凡例》中提到“今韻所增之字，每字考是依例併收；每韻目錄以領音之字逐一布定音切聲號；每音平上去入四聲連之；每字通義詳依韻書增註；字有多音者以他音切一一次第註之；字有相類者辨正字體偏旁兩相引註。”可見其編纂是以詳細考註音義的來龍去脈，以音義“集成”為目的的。這一點與《韻會》更為相似些，《韻會》在《禮部韻畧》的基礎上，又參酌了《禮部韻畧續降》《禮部韻畧補遺》《增韻》《壬子新刊禮部韻畧》及“今增”韻字（《凡例》一）等方面韻字，而且都各有標註，較為詳細（例子見第四章第一節“空”字釋義比較）；《集成》則又在《韻會》基礎上加考《正韻》《雅音》《集韻》《五音篇》《龍龕手鑒》《玉篇》等諸韻書的內容，使之在收字上由《韻會》的一萬二千六百五十二字猛增至四萬三千多字，可謂收字浩繁，是一個浩大的工程。在編纂過程中，凡遇一字多音或歸入不同韻部的，一般都會註明又讀情況，如寘韻異韻，收有“隸”字，其後註有“又泰韻音代”，泰韻代韻中也可見“隸”字註有“又寘韻音異”；同音“曳”字，其後註有“又屑韻延結切”，收入先韻拽韻的曳也註有“又寘韻以制切”，應該説其釋字是比較詳盡的。而《正韻》的釋字體例則延續《禮部韻畧》和《增韻》的風格，以簡明扼要為主。正如甯忌浮（2003：31）所提到的：“《增韻》小韻次第、韻字次第甚至被合併了的韻部次第都給了相當的尊重。至於註釋更是一依毛晃父子之舊。”不僅如此，甯先生（2003：149）還指出：“説《正韻》遷就舊韻書，確乎如此。豈止是遷就……《增韻》的三十一聲類、四聲格局、陽入相配等，七十六韻本《正韻》都襲下來。”同時，《正韻》又在許多方面給了《韻會》相當重要的地位，如對“古音”的定正，許多是依《韻會》定正的，如東韻“朋”“橫”“肱”“榮”等韻字的定正；還有，一些韻字的歸部及切語，尤其是增補《增韻》內容的，也較多依《韻會》定例，如下文提到的“烓”：“淵畦切……按：《説文》惟古迥切一音，讀若冋，在上聲；《篇海》音威音惠，《博雅》音桂，並與《説文》不合，《韻會》淵畦切，更還平聲三齊”，就是依《韻會》定例的。

第三節　《集成》與《正韻》的關係

一　《正韻》的語音基礎及其對《集成》的影響

要探析《集成》的語音基礎，首先要探析《正韻》的語音基礎，因為《集成》"依《正韻》定例"，是改編《正韻》而成的。而《正韻》的語音基礎，是音韻學界的一個熱點問題，學術界仁者見仁，智者見智，提出許多不同觀點。甯忌浮（2003：148）在討論《正韻》性質的時候，有一段論述對《正韻》性質的學術分歧進行了總結，可以說是比較全面的，我們將其論述引用如下：

> 前輩學者錢玄同、羅常培、王力、張世禄、趙蔭棠、董同龢、張清常諸先生及當代學者李新魁、葉寶奎諸先生，對《正韻》的性質有種種論述。常被引用的有如下四種：一、"《洪武正韻》的分韻，實在是藍本於《中原音韻》""《中原音韻》和《洪武正韻》是元明時代的標準音。"二、"《洪武正韻》雖然說是'一以中原雅音為定'，可是內容上並非純粹屬於北音系統，一方面遷就了舊韻書，一方面又參雜了當時的南方的方音"。三、"如果洪武正韻沒有遷就舊韻書的地方，他所表現的，或者就是當時的南方官話。""它總是反映元末明初南京話的材料，今南京方言是屬於北方方言而又有入聲的。"或曰："《正韻》所代表的是以南京為中心的江淮方言。"四、"基本上代表了明代初年中原共同語的讀書音系統。"

對於以上觀點，我們試列舉諸家論點，以作比較。如王力在《漢語史稿》（2002：9）說："明初樂韶鳳、宋濂等奉敕所撰的《洪武正韻》（1375）自稱'一以中原雅音為定'，可是它裏面雜著吳音的特點（如濁音和入聲）"；葉寶奎(2002:44)認為《正韻》的語音基礎是"14世紀漢民族共同語的讀書音，它代表的是明初官話音係，比較準確地說，是14世紀以讀書音為基礎的官話音係"。 劉靜(1984)也認為《正韻》"所代表的無疑是14世紀共同語語音，是以'中原雅音'為其語音基礎的"。李葆嘉（1998：103）說："認為《洪武正韻》南北雜糅的學者，一是過於將《中原》音係'正統化'，一是混淆口用俗音與書用雅音、北留汴洛語音與南遷汴洛語音的差別。僅僅看到《中原》與《洪武》時代之先後，看不到地域與語體的差異，認定《洪武》為《中原》之延續，故責難《洪武》雜湊。因此，可以認為由汴洛正音南遷演變而來的南方官話就是以金陵音為代表的江淮官話，《洪武正韻》反映的是南方官話音係即元明之交的江淮話音系。”李葆嘉先生（2003：254）還説：“《洪武》音係以南京音系為主體的江淮語言為基礎，入聲韻和濁聲紐是當時南京書面雅音的實際反映，既不可能是‘南北雜糅’，更不可能是‘復古倒退’。”而甯忌浮先生（2003：161）則認為“時音和舊韻並存，雅音與方言相雜，這就是《洪武正韻》。《正韻》不是單純的、聲諧韻協的、完整的語音系統，它不能代表明初的中原雅音（即明初的官話），也不是舊韻的翻版，也不是江淮方言的反映，更不是什麼讀書音系統”。

由此可見，對《正韻》音系性質的討論，學術界存在著較大的分歧，體現出複雜性和多元性。由此，我們可以想象依《正韻》定例的《集成》，其音系性質也肯定存在著多元性，許多專家學者的看法與分析《正韻》的音系性質一樣存在著分歧就不足為怪了（《集成》音系性質的述評，詳見本書“緒論”）。當然，以上的分歧，我們看到更多的專家、學者認為《正韻》與南方官話的關係更為密切些。正如慎鏞權（2003：54—57）將《韻會》與《正韻》進行比較時，探索了“反映明代官話的《洪武正韻》和反映南宋通語的《韻會》之間語音系統的差異”，引發了我們的思考，即《集成》傳承了《正韻》的什麼內容？它的音系與《正韻》音系關係如何？解決了這兩個問題，我們來討論《集成》的音系，才不至於迷失方向。

二　《集成》與《正韻》的音系關係

要解決《集成》與《正韻》的音系關係，就得解決上文提出的問題。《集成》對《正韻》的傳承是多方面的，首先，聲韻調的傳承是最為關鍵的。《集成》的韻部與平上去入四聲相承，存在全濁聲母韻字，都是與《正韻》一樣的。只是聲類畧有不同。據劉文錦(1931：237—249)係聯的結果，《正韻》共有三十一個聲類：

古類（見）、苦類（溪）、渠類（羣）、五類（疑）、呼類（曉）、胡類（匣）、烏類（影）、以類（喻及疑母一部分）、陟類（知照）、丑類（徹穿）、直類（澄、牀及禪母一部分）、所類（審）、時類（禪）、力類（來）、而類（日）、子類（精）、七類（清）、昨類（從，牀四字，澄部分）、蘇類（心）、徐類（邪）、都類（端）、他類（透）、徒類（定）、奴類（泥娘）、博類（幫）、普類（滂）、蒲類

（並）、莫類（明）、方類（非敷）、符類（奉）、武類（微）。

劉先生指出："綜此三十一個聲類與等韻三十六字母相較，則知徹澄娘與照穿牀泥不分，非與敷不分；禪母半轉為牀，疑母半轉為喻；而正齒音二等亦與齒頭音每相涉入，（如牀母'鉏鋤查'可與從母'徂叢坐'係聯；《廣韻》魚韻'菹沮'兩字本作'側魚切'屬照母，《正韻》魚韻改作'子餘切'轉為精母。）此其大齊也。"

據葉寶奎（2002：31—32）的考證，早在1517年崔世珍的《四聲通解》序中就有《洪武韻三十一字母之圖》，考訂出《正韻》的三十一字母，葉先生提到"崔世珍考訂的洪武韻三十一母是：見溪羣疑、端透定泥、幫滂並明、非奉微、精清從心邪、照穿牀審禪、影曉匣喻、來日。在字母圖下加註云：'時用漢音，以知併於照，徹併於穿，澄併於牀，娘併於泥，敷併於非而不用，故今亦去之。'"葉先生同時指出："崔世珍所歸納的三十一字母與劉文錦的分類大同小異。劉文錦《洪武正韻聲類考》中的'以類'與《四聲通解》畧有不同。劉氏把'以類'看作'喻母及疑母的一部分'，但在崔世珍的三十一字母裏劉氏的'以類'被分為疑母、影母、匣母、喻母。"

《集成》三十個聲類與《正韻》三十一個聲類的區別，主要在於"喻母"與"疑母"的合併與否，筆者認為二者應該合併，而劉先生等認為當分兩類：一類是中古疑母字的大部分，一類是中古喻母字和轉入喻母字的疑母字。高龍奎（2004）對《集成》"喻疑"母字的分析情況也與劉先生一致。從《正韻》的角度來看，這樣分也許是有道理的，但從《集成》的實際歸類來看，是沒必要分開的。章氏將"喻疑"分開，最有可能的就是他所提到的"俗音"的影響。除此因素外，從《集成》七音清濁的標註可以看出，二者實際已經合二為一了：《集成》標為"喻"母字的，確實有中古的疑母字，如東韻的"顒玉"、支韻的"疑義藝"、魚韻的"魚語御"等；但標為"疑"母字的，也有中古的喻母字，如灰韻的"為圍衛"、尤韻的"尤友有"等。這就是説，二者已經混同了，其聲類係聯的結果也是如此，其與不同等第的韻母相拼，只能説可以相對再分為兩小類，而是聲類的對立，否則反切上字就不可能會係聯為同一類了。

由此可見，《集成》與《正韻》的聲類是大體一致的，概括二者聲類的共同特點有：一、都對三十六母進行歸併，非與敷不分、喻與疑基本不分、知徹澄與照穿牀不分；二、都保留有全濁音聲母；三、都併等為呼。

其次，《正韻》所體現出來的一些方音特點，《集成》也是有所傳承的。《集成》在傳承中雖然改變了《正韻》的一些小韻次序，但在《正韻》體現出方音特點的一些韻字的歸併上，《集成》是依《正韻》的，如甯忌浮（2003：149—155）指出《正韻》有“吳音的流露”，並論及八十韻本入聲字與江淮方言的關係。關於《正韻》與江淮方言的關係，甯先生的理由主要有三點：

“1. 明朝立國於南京，《正韻》成書在南京。朱元璋及其左右多是江淮人，樂韶鳳的籍貫即是安徽全椒。

2.《正韻》有入聲韻，江淮方言有入聲。

3.‘班關’與‘般官’不同音，江淮方言區許多方言點都如此，與《正韻》一致。”

甯先生說：“現代漢語有入聲的方言不少，很難論證《正韻》的入聲韻與江淮方言有傳承關係。七十六韻本的十個入聲韻大抵依照《增韻》的獨用通用例合併而成，不便與今方言比較。”他還提到“可否這樣說，14世紀末以揚州為代表的江淮方言，在古入聲字的分併上，與《正韻》並不相同”。至於第三點，甯先生說“這也不是江淮方言所獨有的現象，今吳語、贛語、客家話甚至是汀語粵語也有……”黎新第（1995：85）指出寒、桓分韻的情況，“這裡‘寒’‘桓’分別指《中原音韻》的寒山合口和桓歡，‘分韻’謂二者唇音和牙喉音字讀音有區別……顯示出明代官話方音中南、北兩係的又一項差異：仍舊只是南方係才保持了前代南方係官話方音中寒、桓分韻的特點”。而甯忌浮（2003：153）則認為“江淮方言區的通泰方言，如南通泰州，‘幹寒’與‘桓歡’同韻，跟《正韻》相同。本書認為《正韻》的‘殘’‘寒’分韻是吳音的反映，通泰方言與吳語同源，故‘幹寒’與‘桓歡’同韻不視為江淮方言的特點”。兩位先生的觀點實際並不矛盾，因為“殘”是寒韻的開口韻，這樣，“殘”“寒”分韻就不是黎先生所提到的“寒、桓分韻”。那麼，《正韻》與《集成》是否具有江淮方言的以上特點呢？我們以《中原音韻》寒山韻的合口字與桓歡韻的韻字進行一個詳細的比較，看看《正韻》與《集成》是否是“寒、桓分韻”：

依楊耐思（1985：129—131）所列寒山合口韻字大體如以下（舉平

以賅上去）：

跧饌譔拴篹；還環擐圜寰患幻宦豢；彎灣頑綰腕

楊先生所列的桓歡韻字大致如下：

搬般；潘盤磐；瞞謾縵漫饅鏝；端耑；湍團摶漙；鸞鑾欒灤；鑽；攛攢；酸狻；官冠觀；寬；歡桓貛；剜豌蜿丸紈完等。

考之《正韻》，寒韻中收有以上《中原音韻》桓歡韻中的所有韻字；刪韻則收有《中原音韻》所有寒山韻的合口韻字。因此，在歸字上，正如黎新第（1995：85）所說的“乃至雖然主要是反映明代讀書音或官話音，但也較多地綜合了南方系官話方音特點的《洪武正韻》(1375)和金尼閣《西儒耳目資》(1626)，也全都是寒與桓不同韻。直到現代江淮官話中，也還都有不少方言在這方面繼續保持區別”，可以說《正韻》是“寒、桓分韻”的。這也進一步證實，《正韻》應該體現了江淮方言的某些特點的。考之《集成》，在韻字的歸部上是與《正韻》相同的，完全傳承了《正韻》在語音上的這一江淮方言的特點。

而對於吳音，甯先生所舉的幾個例子，我們在《集成》確實可以看到其對《正韻》的傳承，如甯先生提到的“古禪日牀澄從母字，今吳語多混同”，《集成》在這一點上對《正韻》多有傳承：

東韻：戎茸（古日母字，以下標註同）鱅（禪）同切，歸入日母，同《正韻》；中古鐘合三牀母字“贖”併入禪母中，亦同《正韻》；

真韻：純（禪）脣（牀）同屬禪母“殊倫切”，與《正韻》同；犉仍為日母，與《正韻》不同；中古真開三牀母字“神實”等，也併入禪母中，與《正韻》同；

庚韻：中古蒸開三牀母字“繩乘食蝕”等併入禪母中，《正韻》除“繩”仍另立一類外，“乘食蝕”均歸入禪母中。

《集成》依《正韻》將牀母字歸入禪母字的例子還很多。另外，據《現代漢語方言概論》（2002：71）中引用趙元任的《現代吳語的研究》中所提出的：“現在暫定的‘工作假設’就是暫以幫滂並，端透定，見溪羣三級分法為吳語的特徵”，並繼而指出“趙氏揭示和闡明的‘塞音三分’這一現代吳語的特徵，‘對內’（用之於吳方言內部）具有高度的一致性，‘對外’（用之於其他方言）具有很高的排他性，反映了現代吳音系統的一個最重要的基本特點，因而20世紀初葉以來，語言學家一直把這一音韻特徵作為確立和劃分吴語區的一個最主要的標準。”明清時代的吴語，如耿振生（1992：202—205）所列出的吴方言區的韻書：《聲韻會通》（1540）、《韻學大成》（1578）、《音聲紀元》（1611）等，都體現這“塞音三分”的特點。而《正韻》《集成》在這“塞音三分”上顯然是比較突出的。加之，以上古牀禪日母的混同情況較多，我們可以確定地説，二書是具有吴方言的某些特點的。

綜上，《集成》《正韻》的音系，具有吴方言和江淮方言的某些特點是可以肯定的。同時也可以看出，《集成》也傳承了《正韻》音係的某些特點。

另外，《集成》的聲韻調與《正韻》是一樣，也即二者當屬同一音係，這是《集成》傳承《正韻》音係的最重要表現。同理，由於《正韻》與《增韻》一衣帶水的關係及以下音係特點上的共性：三十一個聲類、四聲相承、陽入相配、全濁聲母等，二者也當屬同一音係。《集成》與《韻會》的關係也是如此，《韻會》音係上的特點：三十一個聲類、四聲相承、陽入相配、全濁聲母等，也與《增韻》相同，更為重要的是《增韻》的二百零六韻，到《韻會》的一百零七韻，再到《集成》、《正韻》的二十二個韻部，都存在著一衣帶水的傳承關係。我們來看看其演變過程：《增韻》上平聲二十八部，其中有十部標註與某韻通，但在體例上依然分立；四部標為獨用：

標為通用的如：二冬與鐘通；五支與脂之通；十虞與模通；十三佳與皆通；十五灰與咍通；十七真與諄臻通；二十文與欣通；二十二元與魂痕通；二十五寒與歡（即桓）通；二十七删與山通。

標為獨用的如：一東獨用、四江獨用、九魚獨用、十二齊獨用。

《韻會》上平聲十五部，就是將《增韻》標註通用的韻部合併為一部，《增韻》標為獨用的仍獨用：

標為通用的，如：二冬與鐘通；四支與脂之通；七虞與模通；九佳與皆通；十灰與咍通；十一真與諄臻通；十二文與欣通；十三元與魂痕通；十四寒與桓通；十五删與山通。

標為獨用的，如：一東獨用、三江獨用、六魚獨用、八齊獨用。

其他幾個韻部：下平聲、上聲、去聲和入聲，都是如此。由此可見，《韻會》的韻部歸併是依《增韻》的。而《集成》的韻部歸併又是依《韻會》的，其編纂體例同時依據了《正韻》。這樣一來，我們可以將這四部韻書歸為同一系韻書，因此，本書提及的“《集成》一系韻書”多指《增韻》《韻會》《正韻》和《集成》等四部韻書。

參考文獻

甯忌浮．洪武正韻研究[M]．上海：上海辭書出版社，2003.

甯忌浮．古今韻會舉要及相關韻書[M]．北京：中華書局，1997.

忌浮.《洪武正韻》支微齊灰分併考[J].古漢語研究，1998（3）.

甯忌浮.漢語韻書史（明代卷）[M].上海：上海人民出版社，2009.

葉寶奎．明清官話音系[M]．厦門：厦門大學出版社，2002.

王力．漢語史稿[M]．北京：中華書局，2002.

劉靜．論洪武正韻的語音基礎[J]．陝西師大學報，1984（4）.

李葆嘉．當代中國音韻學[M]．廣州：廣東教育出版社，1998.

李葆嘉．中國語言文化史[M]．南京：江蘇教育出版社，2003.

慎鏞權．古今韻會舉要研究[D]．南京大學博士學位論文(未刊稿)，2003.

劉文錦．洪武正韻聲類考[A]．中研院歷史語言研究所集刊三本二分[C]，1931.

高龍奎．韻學集成中的喻母和疑母[J]．濟寧師範專科學校學報，2004(2).

黎新第．明清時期的南方係官話方言及其語音特點[J]．重慶師院學報，1995（4）.

楊耐思．中原音韻音係[M]．北京：中國社會科學出版社，1985.

侯精一．現代漢語方言概論[M]．上海：上海教育出版社，2002.

耿振生．明清等韻學通論[M]．北京：語文出版社，1992.

李妮．《韻學集成》與《古今韻會舉要》關係考[D].福建師範大學碩士學位論文，2013.

第八章　《集成》與《字學集要》

第一節　《字學集要》簡介

一　《字學集要》及其音系性質研究綜述

《字學集要》全名《併音連聲字學集要》（以下簡稱《集要》），據《古漢語知識詳解辭典》（1996：415）介紹：“不著撰人。由宛陵人周屬校正刊行。常見者為明天啟五年（1625年）朱錦等所重輯，四卷。卷首有萬曆二年（1574年）陶承學所作序。此書正文實為韻書，分平聲韻為二十二部，上去入三聲分隸平聲之下，如‘東董湅篤’，四聲一貫，依次列字，並畧為釋義。書前載《切字要法》，可考其分聲母為二十七類。與三十六母相較，刪去羣疑透牀禪知徹娘邪非微匣十二母而增入勤逸歎三母。以助紐字為標目……卷首另列一韻表，撮取各部之代表字，按四聲相承排列，如‘東董湅篤、空孔控酷、翁塕甕屋、烘嗊烘熇’之類。由‘東’韻至‘支齊魚’諸韻，序次與正文部分相應，今可以韻圖視之。此書語音系統與《韻學集成》畧同，於近代漢語語音研究有一定參考價值。”耿振生（1992：202）認為該書：重訂者會稽毛曾、陶承學，成書於嘉靖辛酉（1561年）。今存世者有萬曆二年周恪校正本、天啟五年朱錦重刊本。它的音係比《韻學集成》大大接近於吳方言實際語音。書中聲母有二十七個：

經堅[k]　輕牽[k‘]　擎虔[g]　迎妍[ŋ]/[ȵ]

丁顛[t]　汀天[t‘]　亭田[d]　零連[l]

賓邊[p]　娉偏[p‘]　平便[b]　明眠[m]

分番[f]　墳煩[v]

精箋[ts]　清千[ts‘]　餳涎[dz]　新鮮[s]

征氈[tɥ] 稱川[tʂʻ] 澄廛[dʐ] 聲膻[ʂ] 人然[ʐ]

因煙[ø] 興掀[h] 刑賢[ɦ] 匀緣[j]

聲母的特點有：a. “迎研”一母包括了古泥母和疑母，在書中細音字二類完全合流，洪音字仍存在對立，故擬為兩個音標。b. 古匣、喻二母字在書中已完全合流，“刑賢”“匀緣”兩母實屬同一音位，前者用於洪音，後者用於細者。c. 一部分古知、照系字變入精系。d. 古從母、邪母合流。e. 古船、禪、日三母合流，分屬“澄廛”“人然”。f. 古奉、微二母合一。

韻母系統也和《韻學集成》一樣分二十二韻部、七十六韻。其體現吳方言特點的地方如：a. 寒、山分韻，古一等開口舌齒音有歸入山韻的。b. 陽韻中姜、江對立。c. 庚韻中古二等韻獨立。d. 古舌齒音合口字多轉入開口音。二十二部擬音於下：

東[oŋ] 支[ï] [i] 齊[ɪ] 魚[y] 模[u]

灰[uɥ] 皆[ai] 真[ən] 寒[an] 山[an]

先[ɛn] 蕭[ɛu] 高[au] 歌[o] 瓜[ɒ]

嗟[ɔ] 陽[aŋ][ɑŋ] 庚[əŋ][ɚŋ] 尤[ɤ ɯ] 侵[əm]

覃[am][ɑm] 鹽[ɛm]

支、齊之分，沿《集成》之舊，未必完全符合實際語音。耿先生將此書歸為“吳方言區的等韻音係”。

李新魁（1983：231）也認為《併音連聲字學集成》：“此書不著撰人。由宛陵人周恪校正刊佈，明天啟年間，朱錦加以重輯。此書卷首有萬曆二年（1574年）陶承學所寫的序言，謂：‘學囊在南台，按行吳中，得韻學一編，愛其四聲貫穿，類總相屬，下有註釋，多本《說文》，不詳撰者名氏。覽而歎曰：豈即徐李撰述之遺耶？’陶氏所說的‘四聲貫穿’，是指此書正文部分按四聲一貫排列，如‘東董凍篤’由平至上至去至入。各字之下註明切語及意義。……此書分韻類為二十二部，與《韻學集成》相同。聲母方面，也是以助紐字作為標目，分為二十七聲類……因煙 人然 新鮮 餳涎 迎研 零連 清千 賓邊 經堅 匀緣 征氈 俜偏 亭田 澄廛 平便 擎虔 輕牽 稱川 丁顛 興掀 精箋 明眠 聲膻 分蕃 墳煩 刑賢 汀天，這二十七個聲母，較之三十六字母，少了疑、微、非、邪、禪、牀、知、徹、娘九母，這大概表示當時的疑母已經消失，變入零聲母（一部分字合入泥母），微母也是如此。而非母與敷母合一，邪與從、禪、牀與澄合一，知與照、徹與穿合一，娘與泥合一。這個聲母系統，與《韻學集成》、《韻學大成》相去不遠，它們都保存了全濁音聲母，只是其中某些聲母合併了。” 同時，李先生（1986：256）還認為：“《韻學集成》之後，明代的另一音學著作《併音連聲字學集要》也倣照它的格式，於韻書之前列一韻譜，以與韻書相配。此書的分韻也與《韻學集成》一樣，分為二十二類，聲母則定為二十七母，聲調同作四聲。它所反映的也是讀書音系統。”

《集要》書後附有《四庫全書提要》指出：“不著撰人名氏，明萬曆二年會稽陶承學得此書於吳中，屬其同邑毛曾刪除繁冗以成是編。承學自為之序，其書併上下平為二十二部，以上去入三聲分隸平聲之下，並畧為箋釋字義。前列切字要法，刪去羣疑透牀禪知徹娘邪非微匣十二母，又增入勤、逸、歎三母，蓋以‘勤’當‘羣’、以‘逸’當‘疑’、以‘歎’當‘透’，而省併其九母，又無説以申明之，殊為師心自用。”趙蔭棠（1957：148）認為：“現查‘以勤當羣’與‘以歎當透’的話是對的，至言‘以逸當疑’，恐怕有誤。‘逸’係‘喻’母字，其助紐‘刑賢’係‘匣’母字，而‘寅延’又係‘喻’母字，此蓋‘匣喻互通’之象，與‘疑’母無關。‘泥’母之助紐字，既曰迎妍銀言（疑），復曰寧年（泥），是‘疑’母與‘泥’母相併也。除此之外，以‘禪’與‘日’歸併，以‘微’併‘奉’，俱非當時雅音。從他的二十七聲看起來，不過比《聲韻會通》少一疑母，其餘全相同。因此，我很疑心這書是抄襲前書（筆者按，此指《聲韻會通》）的。”趙先生（1957：145）在介紹王應電《聲韻會通》時也提到：“惟以‘日’與‘禪’歸併，以‘微’與‘奉’歸併，與《併音連聲字學集要》所載之現象相同。恐怕是當時當地的方言。”

以上三家，主要對《集要》的體例和聲類的歸併作了分析，耿先生還分析了韻類。從三家的分析來看，大體的共同點是《集要》的韻類和調類《集成》是一樣的，區別不大；而且也都認為《集要》的聲類是二十七個，並分別進行了簡要分析。而他們的分析基本以《集要》總目之後的“切字要法”為依據，然而，筆者在將其與《集成》進行比較研究後，覺得“切字要法”與正文的韻類羅列是有出入的，因此，很有必要進行深入的比較研究。

近年來，學術界日益重視對《集要》的研究，從2005年至今，已經出現了多篇專門研究《集要》的學位論文，主要有臺灣許煜青的《〈併音連聲字學集要〉音系研究》（2006）、廈門大學丁艷紅的《〈併音連聲字學集要〉語音研究》（2009）、福建師范大學榮菊的《〈字學集要〉音系研究》（2009）。許煜青列出了前輩學者關于《集要》相關論述的十一部參考文獻，如羅常培的《敦煌寫本守溫韻學殘卷跋》，劉文錦的《〈洪武正韻〉聲類考》，趙蔭棠的《等韻源流》，鄭再發的《漢語音韻史的分期問題》，林平和的《明代等韻學之研究》，李新魁的《漢語等韻學》，魯國堯的《〈南村輟耕錄〉與元代吳方言》，耿振生的《明清等韻學通論》，李新魁、麥耘的《韻學古籍述要》，王松木的《明代等韻之類型及其開展》，林慶勳的《明清韻書韻圖反映吳語音韻特點觀察》等，較為詳盡；並用反切系聯法，系聯出《集要》共有二十八個聲母、四十個韻類。

二　《集要》的聲韻調系統

（一）《集要》的聲母系統

明清等韻學前期和中期出現的許多等韻圖與宋元時相比，更註重對時音的分析。這個時期的很多等韻圖從口語中取材，表現不同的方言音系，來適應實際語音的變化。聲母和韻母較中古都有了很大的變化：聲母方面，出現了與口語一致的聲母體系，最突出的就是吳方言區的三十二母、三十一母、三十母、二十八母、二十七母，如明王應電的《聲韻會通》的二十八母；韻母方面，韻部較《廣韻》二百零六韻大大減少，韻部的合併、簡化成為主要趨勢，如《集要》的七十六韻，《韻學大成》的二十八韻；介音方面，開、齊、合、撮四呼逐漸取代了中古的開合四等，這一點在《集成》《集要》中都有所體現。

第一，《集要》的聲類。

《集要》共有2135個反切，其中有467個反切上字，798個反切下字。有7個小韻首字無反切，分別為魚韻的13去恕；山韻的6去骭；歌韻的16去馱；瓜韻的1去卦；陽韻的37平桑；覃韻的11入臘和27入踏。我們將通過歸納分析《集要》的反切上字來考證其聲母系統。

《集要》書前列有《切字要法》，從中也可看出作者對聲母的增刪情況。《集要》與《集成》不同：未用七音和清濁給每一聲母定位，而是採用了宮、商、角、徵、羽五音說。

從我們檢索到的資料來看，就《集要》的聲母提出看法的有：

趙蔭棠認為："逸（喻母）"與其助紐"刑賢（匣母）""寅延（喻母）"應該屬於"匣喻互通"，而與"疑"母無關。"泥"母與"疑"母合併了。另外，禪日歸併，微併丁奉，趙先生認為這些都不是當時雅音的表現。[1]

羅常培則認為，以"逸"當"疑"是與喻母發生了混併。

李新魁認為：《集要》"聲母方面，也是以助紐字作為標目，分為二十七聲類……這二十七個聲母，較之三十六字母，少了疑、微、非、邪、禪、牀、知、徹、娘九母，這大概表示當時的疑母已經消失，變入零聲母（一部分字合入泥母)，微母也是如此。而非母與敷母合一，邪與從、禪、牀與澄合一，知與照、徹與穿合一，娘與泥合一。這個聲母系統，與《韻學集成》《韻學大成》相去不遠，它們都保存了全濁音聲母，只是其中某些聲母合併了"。[2]耿振生也定其聲母為二十七個。

筆者曾提出二十五類說："《集要》的聲類顯然有了較大幅度的歸併，其對《集成》各聲類的歸併主要體現在微奉合一、禪日合一、邪從合一、匣喻合一、泥娘疑合一、清澈穿合一這六組上。因此，我們可以肯定《集要》的聲類實際上只有二十五個。從《集要》書中的'切字要法'中，可以看出微奉合一、禪日合一、邪從合一的定局。如果只是這樣，那麼《集要》的聲類為二十七個則確實没錯。然而，從我們將其與《集成》聲類的比較來看，匣喻疑合一、清澈穿合一也是肯定的。"[3]

現在看來，匣喻疑合一、清澈穿合一還有待進一步論述。我們採用陳澧的系聯法對《集要》的聲類進行重新考察，認同二十七類說。這二十七類分別為：博類、普類、蒲類、莫類、方類、符類、都類、他類、徒類、奴類、陟類、丑類、直類、所類、子類、七類、昨類、蘇類、古類、苦類、渠類、五類、烏類、以類、呼類、力類、而類。

第二，《集要》聲類表（右下標數字表示該字作為反切上字出現的次數，下同）。

1. 博類（幫母）：補$_{14}$博$_{11}$逋$_{8}$布$_{5}$悲$_{4}$卑$_{4}$必$_{4}$陂$_{2}$邦$_{2}$晡$_{2}$班$_{1}$奔$_{1}$彼$_{1}$比$_{1}$兵$_{1}$伯$_{1}$筆$_{1}$畢$_{1}$邉$_{1}$北$_{1}$壁$_{1}$

2. 普類（滂母）：普$_{26}$匹$_{13}$披$_{6}$紕$_{3}$滂$_{3}$鋪$_{3}$丕$_{1}$僻$_{1}$頗$_{1}$篇$_{1}$撲$_{1}$

3. 蒲類（並母）：蒲$_{24}$部$_{7}$薄$_{6}$毗$_{6}$步$_{5}$婢$_{3}$皮$_{3}$傍$_{2}$弼$_{1}$並$_{1}$避$_{1}$簿$_{1}$裴$_{1}$備$_{1}$菩$_{1}$

[1] 趙蔭棠：《等韻源流》，北京：商務印書館，1957：148。

[2] 李新魁：《漢語等韻學》，北京：中華書局，1983：231—232。

[3] 王進安：《〈韻學集成〉研究》，福建師範大學博士學位論文，2005。

4. 莫類（明母）：莫$_{36}$謨$_{8}$彌$_{6}$眉$_{6}$母$_{4}$忙$_{1}$弭$_{1}$麼$_{1}$蒙$_{1}$美$_{1}$綿$_{1}$名$_{1}$覓$_{1}$末$_{1}$謀$_{1}$靡$_{1}$

5. 方類（非敷）：方$_{8}$敷$_{6}$芳$_{4}$孚$_{2}$府$_{1}$斐$_{1}$甫$_{1}$妃$_{1}$俯$_{1}$

6. 符類（奉微）：符$_{9}$房$_{5}$馮$_{1}$逢$_{1}$父$_{1}$扶$_{1}$
無$_{3}$罔$_{1}$文$_{1}$巫$_{1}$武$_{1}$

7. 都類（端母）：都$_{26}$丁$_{20}$多$_{12}$當$_{5}$得$_{3}$東$_{1}$德$_{1}$董$_{1}$覩$_{1}$典$_{1}$

8. 他類（透母）：他$_{44}$吐$_{8}$土$_{4}$托$_{2}$湯$_{2}$通$_{2}$天$_{1}$台$_{1}$惕$_{1}$統$_{1}$

9. 徒類（定母）：徒$_{37}$杜$_{9}$唐$_{4}$大$_{3}$蕩$_{2}$待$_{2}$堂$_{2}$達$_{2}$笛$_{1}$度$_{1}$敵$_{1}$地$_{1}$同$_{1}$亭$_{1}$陀$_{1}$

10. 奴類（泥娘）：奴$_{32}$乃$_{22}$囊$_{2}$那$_{2}$能$_{1}$年$_{1}$農$_{1}$弩$_{1}$
女$_{6}$尼$_{3}$

11. 陟類（知照）：之$_{16}$側$_{8}$職$_{6}$章$_{5}$知$_{4}$諸$_{4}$止$_{4}$朱$_{3}$莊$_{3}$陟$_{3}$質$_{2}$甾$_{1}$支$_{1}$竹$_{1}$旨$_{1}$腫$_{1}$只$_{1}$阻$_{1}$主$_{1}$專$_{1}$

12. 丑類（徹穿）：醜$_{15}$昌$_{13}$楚$_{10}$尺$_{9}$初$_{8}$齒$_{4}$敕$_{3}$抽$_{3}$恥$_{1}$充$_{1}$敞$_{1}$蚩$_{1}$稱$_{1}$春$_{1}$測$_{1}$樞$_{1}$創$_{1}$

13. 直類（澄牀）：直$_{27}$鉏$_{8}$牀$_{5}$助$_{4}$鋤$_{4}$除$_{4}$呈$_{3}$丈$_{3}$差$_{2}$池$_{2}$仲$_{1}$治$_{1}$長$_{1}$逐$_{1}$柱$_{1}$陳$_{1}$茶$_{1}$持$_{1}$查$_{1}$食$_{1}$雛$_{1}$實$_{1}$

14. 所類（審母）：所$_{15}$式$_{14}$始$_{5}$屍$_{5}$聲$_{4}$山$_{4}$詩$_{3}$失$_{3}$師$_{3}$舒$_{2}$數$_{2}$色$_{2}$輸$_{1}$施$_{1}$商$_{1}$試$_{1}$升$_{1}$沙$_{1}$賞$_{1}$書$_{1}$朔$_{1}$矢$_{1}$申$_{1}$

15. 子類（精母）：子$_{38}$作$_{9}$祖$_{8}$即$_{7}$將$_{6}$則$_{6}$資$_{4}$臧$_{3}$咨$_{3}$茲$_{2}$宗$_{2}$津$_{2}$積$_{1}$節$_{1}$摠$_{1}$齎$_{1}$租$_{1}$箋$_{1}$

16. 七類（清母）：七$_{35}$倉$_{14}$千$_{10}$此$_{8}$取$_{3}$采$_{2}$村$_{1}$雌$_{1}$逡$_{1}$且$_{1}$戚$_{1}$蒼$_{1}$

17. 昨類（從邪）：徂$_{13}$慈$_{8}$疾$_{8}$在$_{7}$昨$_{6}$才$_{6}$牆$_{2}$秦$_{2}$前$_{2}$叢$_{1}$靖$_{1}$坐$_{1}$齊$_{1}$財$_{1}$盡$_{1}$
詳$_{3}$徐$_{3}$祥$_{2}$似$_{2}$詞$_{1}$象$_{1}$

18. 蘇類（心母）：蘇$_{20}$息$_{14}$先$_{12}$思$_{7}$悉$_{5}$桑$_{3}$想$_{2}$須$_{2}$斯$_{1}$司$_{1}$私$_{1}$損$_{1}$孫$_{1}$昔$_{1}$新$_{1}$相$_{1}$

19. 古類（見母）：古$_{52}$居$_{47}$吉$_{6}$姑$_{6}$舉$_{4}$堅$_{3}$公$_{3}$經$_{2}$攻$_{1}$沽$_{1}$孤$_{1}$斤$_{1}$賈$_{1}$厥$_{1}$各$_{1}$柯$_{1}$圭$_{1}$幹$_{1}$訖$_{1}$規$_{1}$激$_{1}$佳$_{1}$涓$_{1}$

20. 苦類（溪母）：苦$_{38}$丘$_{31}$口$_{12}$乞$_{7}$枯$_{6}$驅$_{6}$去$_{5}$區$_{4}$曲$_{2}$欺$_{2}$克$_{2}$窺$_{2}$棄$_{2}$空$_{2}$墟$_{1}$孔$_{1}$祛$_{1}$牽$_{1}$可$_{1}$康$_{1}$

21. 渠類（羣母）：渠$_{21}$巨$_{17}$具$_{5}$其$_{4}$極$_{3}$逵$_{2}$忌$_{2}$求$_{2}$奇$_{1}$臼$_{1}$跪$_{1}$祁$_{1}$竭$_{1}$

22. 五類（疑母）：五$_{14}$語$_{5}$疑$_{1}$午$_{1}$偶$_{1}$吾$_{1}$倪$_{1}$遇$_{1}$鄂$_{1}$阮$_{1}$訛$_{1}$

23. 烏類（影母）：于$_{55}$烏$_{44}$乙$_{6}$伊$_{6}$一$_{3}$衣$_{3}$安$_{3}$倚$_{2}$委$_{2}$遏$_{2}$阿$_{1}$鴉$_{1}$益$_{1}$隱$_{1}$
因$_{1}$已$_{1}$汪$_{1}$嫗$_{1}$握$_{1}$縈$_{1}$紆$_{1}$

24. 以類（匣喻）：胡$_{47}$下$_{13}$户$_{10}$何$_{8}$侯$_{3}$形$_{2}$乎$_{2}$雄$_{1}$亥$_{1}$寒$_{1}$曷$_{1}$洪$_{1}$奚$_{1}$轄$_{1}$華$_{1}$

魚$_{35}$牛$_{8}$餘$_{4}$牙$_{2}$雨$_{2}$雲$_{2}$寅$_{1}$尤$_{1}$淫$_{1}$虞$_{1}$越$_{1}$為$_{1}$

以$_{10}$弋$_{5}$夷$_{3}$宜$_{3}$羊$_{3}$移$_{2}$禹$_{1}$延$_{1}$羽$_{1}$尹$_{1}$逆$_{1}$亦$_{1}$

25. 呼類（曉母）：呼$_{44}$許$_{35}$虛$_{18}$虎$_{6}$火$_{4}$休$_{2}$荒$_{2}$黑$_{2}$迄$_{1}$翾$_{1}$況$_{1}$霍$_{1}$馨$_{1}$忽$_{1}$籲$_{1}$曉$_{1}$

26. 力類（來母）：力$_{19}$盧$_{17}$郎$_{15}$魯$_{10}$良$_{6}$離$_{3}$裹$_{2}$龍$_{2}$曆$_{2}$來$_{1}$兩$_{1}$勞$_{1}$落$_{1}$淩$_{1}$零$_{1}$鄰$_{1}$連$_{1}$犂$_{1}$

27. 而類（日船禪）：而$_{11}$如$_{8}$忍$_{5}$日$_{1}$儒$_{1}$仁$_{1}$人$_{1}$

時$_{7}$上$_{2}$丞$_{2}$辰$_{1}$尚$_{1}$神$_{1}$石$_{1}$常$_{1}$承$_{1}$是$_{1}$市$_{1}$

第三，《集要》聲母系統的特點。我們將其聲母系統列表如下（表二十四）：

表二十四：《集要》二十七聲母

清濁五音		全清	次清	全濁	次濁	清	濁
牙音		見	溪	羣	疑（開口）		
舌音	舌頭	端	透	定	泥（娘疑）		
	舌上			澄（牀）			
脣音	重脣	幫	滂	並	明		
	輕脣		敷(非)	奉(微)			
齒音	齒頭	精	清	從(邪)		心	
	正齒	(知)照	(徹)穿			審	
喉音		影			喻(匣)	曉	
半舌音					來		
半齒音					日(船、禪)		

1. 保存全濁聲母

明朝初期很多韻書保留全濁聲母。《集要》也不例外。

其實，全濁聲母在《中原音韻》中已經清化。但是全濁聲母在明初奉敕編纂的《正韻》中再度出現。此後南方出現的韻書，大都受《正韻》的影響，仍保留全濁聲母。這與當時南方官話保存濁音系統有很大的關係。

在《廣韻》中有十個全濁聲母，《集要》中全濁聲母數目減少，只有六個：羣、定、澄、並、奉、從。

2. 輕唇音非敷合一，但未與奉、微合併

《廣韻》音系中，只有重唇音“幫滂並明”，而無輕唇音“非敷奉微”。宋初三十六字母時，輕唇音已經從重唇音中分化出來。在《集要》中，非、敷兩個聲母已經合一，但並未與奉、微合併。

《集要》標為“非”母的只有東韻一類，標為“敷”母的有支韻、模韻、陽韻三類，標為“非、敷”有真韻、山韻、尤韻三類。其實每一韻類中都是二母的合併，例如：

東韻第31類“風”韻中，既收有“封葑葑腹”等中古非母字，又收有“豐烽峯副”等中古敷母字。

支韻第18類“霏”韻中，除了收中古敷母字外，還收有“匪悱沸”等中古非母字。

真韻中的“敷”母均是由中古“非”“敷”二母的合口三等韻字合併而成。

由此可見，《集要》與很多韻書一樣，已將中古的“非”“敷”二母韻字完全合併成一類。

3. 奉微合一

據劉雲凱（1989）的研究，奉微合流現象只在吳語方言中出現，官話和閩語方言都不具備此特點。

《集要》中奉、微合併情況如下：

支韻第19類：	肥（奉微合三平止）	尾（微微合三上止）
	未（微微合三去止）	
模韻第21類：	扶（奉虞合三平遇）	武（微虞合三上遇）
	附（奉虞合三去遇）	
山韻第27類：	煩（奉元合三平山）	晚（微元合三上山）
	飯（奉元合三去山）	伐（奉月合三入山）
陽韻第51類：	房（奉陽合三平宕）	罔（微陽合三上宕）
	妄（微陽合三去宕）	縛（奉藥合三入宕）

支韻、模韻、山韻、陽韻這四韻中奉母與微母平上去入四聲相承，説明聲母已經合一。

4. 從、邪二母合流

例如：東韻第9類“從從族（從母）”平、去、入三韻，除了收入從母字外，“崇”等中古崇母字及“松頌誦訟續俗”等邪母字，也併入從母。

支韻第8類“詞似寺（邪母）”韻中，也有“茨自”等從母字併入。

灰韻第15類“摧猶（從母）遂（邪母）”三韻平上去相承，從、邪合一。

真韻第11類“旬（邪母）盡（從母）藎（邪母）疾（從母）”四聲相承，也可以看出該書中從、邪已經合流。

另外，陽韻第6類“牆（從母）象（邪母）匠嚼（從母）”四韻，侵韻第11類“尋（邪母）蕈集（從母）”三韻，也都是從、邪合一。在這幾韻中，從母與邪母平、上、去、入相承，說明二母已經合流。現代吳語也是從邪全合。

5. 古船、禪、日三母合流

如：支韻：第13類“時”韻中不僅收禪母字，還收有“舐示謚”三個船母字。時：仁之切。第13類禪母與第14類日母合併，排列在照組中。

魚韻：第15類平聲“殊”（禪母）韻中收有“如洳茹儒濡”等中古日母字，上去聲“汝孺”（日母）韻中收有“殳茱豎樹墅署曙薯”等中古禪母字，禪日已經合流。

真韻：第23類“辰”韻中真開三、諄合三船母字與禪、日母合流：神實、唇吮順述。

先韻：第16類“舌（船母）善繕（禪母）然（日母）”四聲相承，船、禪、日合併。

嗟韻：第8類“蛇射（船母）社（禪母）”三聲相承。

尤韻：第27類“授（禪母）柔蹂（日母）”三聲相承，禪、日合併。

《集要》的東韻、支韻、魚韻、灰韻、真韻、先韻、蕭韻、嗟韻、陽韻、庚韻、尤韻、侵韻、鹽韻等13韻中，都出現了船、禪、日三母合流的現象。

6. 知莊章三組字合流（知照、徹穿、澄牀合併）

陳澧把《廣韻》音係中的照組聲母分為兩類，一類為照二莊組，即莊初崇生；一類為照三章組，即章昌船書禪。中古的知、莊、章三組聲母，在現代普通話中已經完全合流，演變為tʂ、tʂ、ʂ。三組的合流過程非常漫長、複雜。在《集要》中，莊、章組和舌上音知組也合併了，具體的合併情況見下：

東韻：

知照合併：知母字分別為：忠衷築竺竹钃塚塚；照母字為：終衆粥祝鍾腫伀彸踵燭；

徹穿合併：徹母字有：寵惷亍忡畜蓄沖；穿母字有：艟觸充銃柷；還混有沖翀種等澄母字。

支韻：

知照合併：知母字為：知蜘智胝質致征置；照母字為：支紙寘脂旨至之止志；

徹穿合併。

第9類"摛"韻中收有中古徹母字：摛螭彲絺瓻笞癡褫恥祉屎佁；還收有中古穿母字：胵媸蚩嗤眵侈齒掣懘；禪母字：觢；審母字：翅。

魚韻：

第11類知、照合併：知母字有：豬潴邾株誅蛛拄著鉒駐壴；照母字有：朱諸渚翥主注；

第12類徹、穿合併：徹母字有：攄樗褚楮；穿母字有：樞姝杵處。

灰韻：知章合併，知母字有：諈追綴；章母字有：捶惴贅；垂陲等部分禪母字併入澄母。

其餘幾韻中三組合併情況如下：

知照合併：覃韻第19類詀箚（知母）斬蘸（莊母）；先韻第12類展（知母）饘戰浙（章母）；陽韻第25類張（知母）掌障灼（章母）；侵韻第17類揕（知母）斟枕執（章母）；鹽韻第12類輒（知母）詹颭占（章母）。

徹穿不分立：先韻第13類闡繟（昌母）梴徹（徹母）；蕭韻第12類覞（昌母）超（徹母）；庚韻第27類稱赤（昌母）檉逞（徹母）；尤韻第24類臭（昌母）抽醜（徹母）；覃韻第20類：攙懺臿（初母）臿（徹母）；鹽韻第13類襜（昌母）諂謵（徹母）。

澄牀不能分立：皆韻第21類廌（澄母）柴砦（崇母）；高韻第25類棹（澄母）巢儫（崇母）；覃韻第22類湛霅（澄母）讒儳（崇母）。

元明時，知組和照組就已經完全合併。李新魁認為，明代以後，已經沒有照二、照三之別。但是在《集要》中，只有陽韻中出現了照二和照三合併的情況。

王力指出，知照系影響韻頭，是近代語音發展的一條重要規律。

具體説明如下："知照系三等字屬於齊齒呼和撮口呼。到了元代，知照系字有一部分變為捲舌音(舌尖後音)。到了明代以後，在北方話裏，知照系全部變為捲舌音。依漢語習慣，捲舌音後面不可能有[i][y],因為[i][y]是舌面音，與捲舌音有矛盾。為此，在北方話裏，知照系字原讀齊齒呼的變為開口呼，原讀撮口呼的變為合口呼。其他方言有三種情況：第一種如蘇州話，它受北方話影響，雖然没有捲舌音，知照系齊撮字也變了開口呼（一部分撮口字保存撮口呼）；第二種如長沙話，它也受北方話影響，知照系齊齒字變了開口呼，但是撮口字仍讀撮口呼；第三種如廣州話，它没有受北方話影響，知照系齊撮字平上去聲多數仍讀齊齒呼和撮口呼。"[1]

王力還指出："莊系及知系二等在一定程度上有其獨立發展的道路，與三等字不同。在現代北京話裏，江陽韻知照三等字由齊齒呼變為開口呼，莊係及知係二等字則由齊齒呼變為合口呼。在現代蘇州話裏，知照三等字讀[aŋ]，莊係及知係二等字讀[oŋ]。"[2]

7.部分古知、照系字歸入精系

例如：

支韻：第6類"雌此次"平上去三聲中古屬清母字，有"差嵯廁"等中古穿母字併入。

模韻：第8類麤措錯醋（清母）楚初齼（初母），第9類蘇酥（心母）所疏梳（生母）。

高韻：第22類"嘲爪罩"中古屬知莊母，而《集要》中"嘲爪罩"切上字選用中古精母"子"字。

真韻：第8類"津榼晉聖"中古屬精母字，還收有"榛臻蓁溱"等中古莊母字；第32類孫損巽（心母）率（生母）。

山韻：第1類"山汕訕殺"中古屬生母字，此外，還收有"珊跚散馓薩"等中古心母字；第7類儹贊拶（精母）跧（莊母），第8類餐粲（清母）剗察（初母）。

庚韻：第10類彰蹭（清母）測（初母），第22類掟（精母）爭諍責（初母）。第24類"生省貹索"中古屬生母字，還收有"僧塞"等心母字。

尤韻：第12類趣湊（清母）謅（初母），第13類叟嗽（心母）搜

[1] 王力：《漢語語音史》，北京：中國社會科學出版社，1985：580—585。

[2] 同上。

（生母）。

侵韻：第12類怎（精母）簪譖戢（莊母）。

李行傑（1994）在《知莊章流變考論》中指出："在上古語音系統中，中古的莊組字常與精組字互諧，經典異文和通假字也顯示出莊組與精組互通"，《集要》中有8個韻部出現莊組與精組相混，該書中的莊組與精組關係比較密切。

8. 泥、娘二母合併，部分疑母字併入

具體情況如下：

《集要》東韻、齊韻、模韻、灰韻、皆韻、真韻、寒韻、山韻、蕭韻、高韻、歌韻、陽韻、鹽韻等14韻中只有泥母。

東韻第16類"顒"韻（疑母）收入"醲濃穠脓忸"等娘母字；第26類"農"韻中收入"濃"娘母字。

齊韻第11類"泥你泥"平上入三韻中不僅收入"尼怩呢旎狔抳柅秜膩"等娘母字，還收入"宜擬誼"等疑母字。

魚韻第1類"魚語御"（疑母）中收"袽帤挐女"等娘母字。

真韻第7類"銀聽慭仡"（疑母　）中收"紉昵尼柅"等娘母字；第44類入聲"訥"（泥母字）韻中還收入"肭"這個娘母字。

寒韻第3類豻（疑母）：能（泥母）寒切；第21類上聲"暖"韻收入"暖煖餪"等泥母字。

山韻第15類的"赧戁"等韻字，瓜韻第17類的"拏"韻，二者都屬於中古娘母二等字。《集要》將其併入泥母，且排在端組中。由此看出，泥娘合併在一起的，都排在端組，這説明當時二者的讀音已相當接近。

先韻第7類"言撚彥孽"韻中收入"年蹨跈涅㙞苶"等中古泥母字和"碾蹍"等中古娘母字。

高韻、尤韻中泥母與娘母對立並存。

陽韻中第2類娘、疑母合併。如平聲"娘娘"都為娘母字，去聲"仰"（疑母）韻中收入"釀"這個娘母字，拼三等；第45類泥母拼一等。

庚韻中泥、疑並存；第4類中的"寧濘佞"等中古泥母細音字與"匿"等中古娘母字合併在一起，歸入見組疑母中；第49類"能㲰䏻"為中古泥母洪音字，則歸在端組中。

鹽韻第7類平聲"嚴"（疑母）韻收有"黏粘"等娘母字，入聲

“業”韻收“聶鑷躡蹑”等娘母字；另外該韻中第21類泥母，歸在端組。

侵韻中只有娘母。

覃韻第16類比較特殊，上聲“俺”（娘母）與影母排列在一起，第28類為泥母。

《集要》中古泥、娘二母韻字合併之後在韻等上的排列情況，與《集成》一樣，都非常有規律：一、四等字均排在泥母位置上，二、三等字則排在娘母位置上。比較特殊的是瓜韻的“拏”韻與山韻的“赧”韻，它們中古屬於娘母二等字，而《集要》標為泥母。《集要》中泥、娘二母的韻字排列構成互補。

9. 匣喻合一，前者用於洪音，後者用於細音

《集要》中匣、喻與疑三母的關係有些複雜，除了匣喻合併之外，某些韻中還涉及疑母，所以必要時，我們三母一起分析。

中古喻、疑二母合併後，或排在見組，或排在影組；具體分析情況如下：

東韻：合口一等字中，匣母仍獨立存在，排在影組；合口三等字中，匣喻合一，且與疑母合併，排在影組；例如東韻第15類“雄勇用育”在中古屬喻母，第16類“顒峪玉”中古屬疑母，兩類合併後排在影組中。

支韻：開口三等字中，匣、喻、疑三母相混，也排在影組。

魚韻：喻母與疑母均為合口三等，不相混，喻母排在見組。

模韻：疑母合口一等排在見組，匣母合口一等排在影組，界限分明，沒有混併。

灰韻：疑、喻、匣三母排在見組，其中，匣合口一等、喻合口三等相混。

皆韻：疑母開口一、二等和合口二等均排在見組，匣母開口一、二等及合口二等也都排在影組，兩不相混。

真韻：喻、疑開口三等排在影組；匣母開口一、三等排在影組；合口一等匣母不混，合口三等中匣、喻相混，且排在影組。

寒韻：疑母開合口一等，均排在見組，與其他聲母不混，匣母也是如此。

山韻：疑母排在見組，匣母開合二等排在影組，無相混情況。

先韻：匣、喻開合口三、四等相混，且都與疑母排在影組；此外，疑、泥、娘相混。

蕭韻：部分疑母字與喻母相混，排在影組；開口四等中，疑泥相混，排在端組。

高韻：疑母開口一、二等排在見組，匣母開口一、二等排在影組，均無相混情况。

歌韻：疑母開口一等，排在見組，匣母開口一等排在影組，都没有相混。

瓜韻：疑母和匣母也都没有相混情況出現。

陽韻：喻開口三等、疑開口三等排在一起；疑母開口一等排在見組，匣母開口一、二等排在影組；都未與其他聲母合併；在第36類匣母合口一、三等中，匣、喻二母相混。

庚韻：疑開口三等、泥開口四等相混，排在見組；開合口三、四等中，匣、喻相混，排在影組。

尤韻：第1類“尤有宥”云母開口三等字中，收有中古疑母“牛”字，採用《正韻》的音讀“正韻音尤”。疑母開口一等排在見組，匣母開口一等排在影組，各不相混。

侵韻：喻、疑開口三等，排在影組。

覃韻：匣母開口一、二等均排在影組，疑母開口二等排在見組，都不相混。

鹽韻：開口三等中，匣、喻相混；疑、泥、娘三母相混，排在影組。

喻、疑合併後排在影組的有東韻、支韻、真韻、先韻、蕭韻、陽韻、侵韻、鹽韻等八個韻類；疑、喻合併後排在見組的只有灰韻。

匣、喻合一的韻類主要有東韻（合口三等）、支韻（匣喻疑三母相混）、灰韻、真韻、先韻、陽韻、庚韻、鹽韻。

《集要》中“匣”“喻”“疑”三母的歸併情況較複雜，但匣喻二母、喻疑二母的合併，基本都是細音字合併。

10. 古疑母的歸併情況比較複雜：或與古喻母在部分韻中合併，或與古泥、娘母相混，甚至支韻中出現古匣、喻、疑三母相混的情況。

古泥母和疑母，在書中細音字二類已經合流，但洪音字仍存在對立。

齊韻第11類“泥你泥”平、上、入三韻中不僅收有娘母字，還收有“宜擬誼”等疑母字。

蕭韻第20類“堯裹尿”韻中，泥母與疑母合併。

陽韻中第2類娘母、疑母合併。

具體情況見表二十五：

表二十五：《集要》部分韻字中古來源分析表

韻部	聲母	例字	中古來源
先	疑母	言彥孽	來自元開三、仙開三疑母
	泥母	撚	來自先開四泥母
蕭	疑母	堯	來自蕭開四疑母
	泥母	裹尿	來自蕭開四泥母
陽	疑母	仰仰虐	來自陽開三疑母
	娘母	娘	來自陽開三娘母
庚	疑母	凝逆	來自蒸開三、陌開三疑母
	泥母	濘佞	來自青開四泥母

第四，《集要》聲母表

見[k]	溪[k‘]	羣[g]	疑[ŋ]
端[t]	透[t‘]	定[d]	泥[n]
			澄[dʐ]
幫[p]	滂[p‘]	並[b]	明[m]
敷[f]	奉[v]		
精[ts]	清[ts‘]	從[dz]	心[s]
照[tʂ]	穿[tʂ‘]		審[ʂ]
影[Ø]		喻[ɦ]	曉[x]
			來[l]
			日[ʐ]

（二）《集要》的韻母系統

第一，《集要》各組韻分析

《集要》有七十六韻，合併了《廣韻》二百零六韻中的許多韻部。

所以我們通過考察《集要》韻字的中古來源，再運用係聯法、審音法，來分析《集要》的韻類，歸納其韻母。

陳澧的《切韻考》制定了研究《廣韻》韻類的補充條例："《廣韻》同音之字不分兩切語，此必陸氏舊例也。其兩切語……上字同類者，下字必不同類，如公，古紅切，弓，居戎切，'古、居'聲同類，則'紅、戎'韻不同類。今分析每韻二類、三類、四類者據此定之也。"[1]

1. 東韻（舉平以賅上去入，下同）：主要來自中古通攝的東、冬、鐘三韻。

其中，東韻的見、溪、影、曉母字各分兩類，分別來自中古一、三等韻；其餘各聲均為一類。因此，我們把東韻分為洪音、細音兩類韻母。

這一韻中比較特殊的為精、清、從、心、來、明母字。

例如東韻第9類"從從"平去二韻中古屬東韻從母合口三等韻，卻收入中古屬東韻從母合口一等韻的"叢"字；第22類平聲韻"龍"韻中古屬鐘韻來母合口三等韻，收入東韻來母合口三等平聲韻的"隆窿癃"等字，上入"籠禄"二韻中古屬東韻來母合口一等韻，分別收入鐘韻來母合口三等韻的"龍隴壟"等字和東韻來母合口三等入聲韻"六陸戮"等字。

精、清、從、心、來、明母中的一等和三等合併排在洪音中。

2. 支韻：主要來自中古止攝的支、脂、之、微四韻。

該韻中知照組只有一組細音，而《集成》中的照組還存在著對立。

知、征、智等中古知母字併入第1類"支紙寘"（章母）韻中；"差廁"等中古初母字併入第6類"雌此次"（清母）韻中；"茨自"等中古從母字併入第8類"詞似寺"（邪母）韻中。

3. 齊韻：主要來自中古蟹攝的齊、祭韻，還有一部分來自止攝的支、脂、之三韻。

齊韻開口四等字有：齊薺嚌溪齎濟霽妻洓砌西細雞低邸帝梯體替題弟第泥迷米

祭韻開口四等字：袂

支韻開口三等字有：徙寄離

脂韻開口三等字有：器利

[1] 陳澧撰、羅偉豪點校《切韻考》，廣州：廣東高等教育出版社，2004：4。

之韻開口三等字有：起己裏你

實際上，在喉牙音字中，支、齊二韻相互補充，支韻中為羣母、影母、曉母和喻母（匣喻合一），齊韻中為見溪二母，支、齊韻中喉牙音字二分。

《集要》中的齊韻只包括一個ɪ韻母，而支韻含有ï、ei和屬齊韻i韻母的字。擬音據耿振生(1992：203)為兩韻所擬音。

4. 魚韻：主要來自中古遇攝的魚、虞兩韻。

魚韻合口三等字有：魚語御墟去渠巨與豫于飫虛許噓苴怚覷胥諝絮徐敘諸著杵處書暑恕除箸汝居舉據閭呂慮。

虞韻合口三等字有：具於傴趨取主樞柱殊孺。

這一韻中各聲均分一類，只有細音，耿振生認為：《中原音韻》時代已經奠定了四呼的基礎，明初《正韻》和《韻畧易通》魚、模分韻，反映了魚韻由[iu]變成[y]的事實，現代學者認為介音[y]也是在這個時候由[iu]變來的，這就是四呼正式形成的時代。[1]

5. 模韻：主要來自中古遇攝的魚、虞、模三韻。

魚韻合口三等字有：楚所疏。

虞韻合口三等字有：敷撫赴扶武附。

模韻合口一等字有：模姥暮枯苦庫吾五誤烏塢汙呼虎謼胡户護租祖作麤措蘇徂粗祚盧魯路都睹妒土兔徒杜度奴弩怒逋補布鋪普蒲簿步孤古顧。

該韻中各聲也分為一類，只有一個洪音韻母。

6. 灰韻：主要來自中古蟹攝的灰、祭、泰、廢韻，止攝的支、脂、微三韻。

灰韻合口一等字有：灰賄誨恢磈塊隗瘣煨猥傀催璀摧雷堆對推腿退隤鐓隊捼餧内杯背坯配裴琲佩枚浼妹。

祭韻合口三等字有：毳歲稅芮。

泰韻合口一等字有：儈。

廢韻合口三等字有：穢。

支韻合口三等字有：跪危為詭捶惴觜吹揣髓縈。

脂韻合口三等字有：隹嶵醉翠雖衰帥水遂誰椎墜壘類葵匱。

微韻合口三等字有：魏胃。

[1] 耿振生：《明清等韻學通論》，北京：語文出版社，1992：62。

這一韻主要為合口呼。

7. 皆韻：主要來自中古蟹攝的佳、皆、咍、泰、夬五韻。

皆韻中見、溪、疑、影、匣母各分三類，一類來自中古開口一等韻，一類來自中古開口二等韻，第三類來自中古合口二等韻；其他各聲都為一類。我們把這一韻分為開口、齊齒、合口呼三類。

8. 真韻：主要來自中古臻攝的真、諄、文、欣、魂、痕六韻，還有一部分來自深攝的侵韻。

真韻中的見、溪、影母可分為四類，這四類分別來自中古開口一等、中古開口三等、中古合口三等、中古合口一等。

曉母分為三類，一為中古開口三等，一位中古合口一等，一為中古合口三等。

羣、疑、匣、喻、來、章、昌母、精組、幫組分為兩類。

其餘各為一類。

真韻中開、齊、合、撮四呼俱全。“稟品”是中古-m尾唇音字，高龍奎（2001）認為這是異化作用的結果。

9. 寒韻：主要來自中古山攝的寒、桓二韻。

寒韻中見、溪、疑、影、曉、匣母分為兩類，一類來自中古開口一等，另一類為中古合口一等；其他各聲均為一類。

寒韻開口一等字有：寒旱翰曷刊侃看渴豻岸辥安按遏暵罕漢喝幹稈旰葛

桓韻合口一等字有：官管貫括寬款闊岏玩枂桓緩換活剜盌惋捾歡喚豁鑽纂繓攛竄撮酸算筭攢攢柮鸞卵亂捋端短鍛掇湍疃彖倪團斷叚奪渜暖愞般粄半缽潘坢判潑盤伴畔鈸瞞滿幔末

這一韻只有開口呼和合口呼兩類。

10. 山韻：主要來自中古山攝的元、寒、桓、刪、山韻。

山韻中見、影、曉、匣、生母各分為兩類，一類來自中古開口二等，一類來自中古合口二等；其他聲各為一類。

這一韻分為洪音、細音兩類。

11. 先韻：主要來自中古山攝的元、先、仙韻。

先韻中見、溪、羣、疑、影、曉母各分為兩類，分別來自中古開口三、四等，和中古合口三、四等；其他各聲均為一類。

這一韻有齊齒、撮口二呼。

12. 蕭韻：主要來自中古效攝的蕭、宵二韻。

蕭韻中各聲均分為一類，來自中古開口三、四等。

蕭韻開口四等字有：蕭筱嘯麼杳曉驍皎叫鄡竅聊了料貂鳥吊祧眺糶迢窕調堯裹尿。

宵韻開口三等字有：樵嶕囂歊遙漾燿焦勦醮鍬悄陗喬轎趫昭沼照超覞燒少潮趙召韶紹邵表俵殍苗要焱漂縹勡驃眇妙。

該韻中只有齊齒呼。

13. 高韻：主要來自中古效攝的豪、肴兩韻。

該韻中的見、溪、疑、影、曉、匣母各分為兩類，一類為中古的開口一等，一類為中古的開口二等。

豪韻開口一等字有：高杲誥尻考犒敖傲熝襖奧蒿好耗豪皓號遭早灶操草糙騷埽噪曹造漕勞老刀倒到饕討套陶道導猱腦褒寶報炮務帽。

肴韻開口二等字有：交絞教敲巧磽敲樂坳拗靿哮孝爻效嘲爪罩炒鈔捎稍巢棹鐃橈鬧包飽豹泡庖鮑铇茅卯貌毛。

這一韻中有洪音、細音兩類。

14. 歌韻：主要來自中古果攝的歌、戈兩韻。

歌韻中見、曉母都分為兩類，一類來自中古開口一等，一類來自中古合口一等。

歌韻開口一等字有：歌哿箇珂可莪我餓阿婀侉訶呵何荷；左蹉瑳鎖醛
羅邏多嚲癉佗駝馱那娜

戈韻合口一等字有：波跛播頗叵破婆爸蔢摩麼磨；課戈果過韓火貨剉
娑坐座裸妥唾稞

歌韻中分為洪音、細音兩類，我們擬為o和uo。

15. 瓜韻：主要來自中古假攝的麻韻，部分來自蟹攝的佳韻，梗攝庚韻的打字。

瓜韻中見、溪、影、曉、匣母各分為兩類，一類來自中古開口二等，一類來自中古合口二等；其他各聲均為一類。

麻韻開口二等字有：嘉賈駕呿跒髂牙雅訝鴉啞亞呀間罅遐下暇
樝鮓詐叉奼沙灑嗄槎乍拏巴把霸葩怕杷跁罷麻馬禡

庚韻開口二等字為：打

麻韻合口二等字有：瓜寡誇跨窊捴攨花化華踝

佳韻合口二等字有：卦畫

瓜韻中有洪音、細音。《集要》中的瓜韻，未收“茄”字。

王力認為：“麻韻齊齒呼、戈韻齊撮呼的母音前化：麻韻在隋唐時代讀[a]，元代麻韻齊齒字分化出來，成為車遮韻，讀[e]，到了清代，受捲舌聲母的影響，麻韻齊齒知照係字又分化出來，讀[ə]。這是因為韻頭[i]是前母音，影響到後面的母音發音部位也向前移了。

……只有蘇州話精係字和喻母字保存了隋唐韻母[ia]，其餘都變了。成都話在這方面接近《中原音韻》的讀音，因為一律讀車遮韻[e]。”[1]

16. 嗟韻：主要來自中古假攝的麻韻，部分來自果攝的戈韻。

嗟韻中各聲都分為一類，均來自中古三等。但羣、影母比較特殊，來自中古合口三等。

麻韻開口三等字有：嗟姐借且笡些寫卸邪灺謝遮者蔗車撦奢舍舍蛇社射耶野夜爹罝乜。

戈韻合口三等字有：瘸伽。

我們將這一韻分為兩個韻母。

《集要》只有羣母字、影母字。嗟韻11平收“瘸伽茄”三個韻字。而“茄”字在《集成》中歸入麻韻，與“瘸”讀音不同。

《集要》“茄”的歸韻與《韻畧易通》一致。在《韻畧易通》中，這一韻為一類，是因為“茄”與“瘸”同音，開口和合口併一。[2]

17. 陽韻：主要來自中古宕攝的陽唐韻，還有部分來自江攝的江韻。

影母分為四類，分別來自中古的開口一等韻、開口二等韻、開口三等韻、合口一等韻。溪母也分為四類：分別來自中古開口一等韻、開口三等韻、合口一等韻、合口三等韻。

曉、匣、見母各分三類；其餘各聲分為兩類或一類。

陽韻開口三等字有：陽養漾藥娘仰虐將蔣爵槍搶踖鵲襄想相削牆象匠皭良兩諒掠羌唴卻強弶噱央鞅怏約香響向謔姜繈腳莊壯張掌障灼昌敞唱綽商賞餉鑠長丈仗著常上尚若牀狀。

陽韻合口三等字有：匡矍狂俇誆枉況芳紡訪房罔妄縛。

唐韻開口一等字有：岡㧏各康忼抗恪卬枊咢佒坱盎惡壑杭沆吭鶴倉蒼錯臧駔葬作藏奘昨桑顙喪索郎朗浪洛當党湯儻鐋讬唐蕩宕鐸囊曩諾榜

[1] 王力：《漢語語音史》，北京：中國社會科學出版社，1985：618。

[2] 張玉來：《韻畧易通研究》，天津：天津古籍出版社，1999：36。

謗博滂粕旁傍茫莽漭莫

唐韻合口一等字有：光廣桄郭壙曠廓汪臒荒慌霍黃晃獲

江韻開口二等字有：降項巷學捉朕㩳握雙朔浞幢撞濁椓邦胖棒雹。

《集要》把《集成》中的江、講、絳、覺分别併入岡、䀎、㨻各韻中，但“江”韻音仍採用“《正韻》併音姜”。“姜”與“江”仍存在著對立。這體現了吳語的特徵。

我們認同高龍奎的分法，該韻中有四組對立的韻母。

18. 庚韻：主要來自中古梗攝的庚、耕、清、青四韻，曾攝的蒸、登二韻。

見母分為四類，分别來自中古開口一、二等韻，開口三等韻，合口二等韻及合口三、四等韻。

曉母也分為四類：來自中古開口二等韻、開口三等韻、合口二等韻及合口三、四等韻。

溪母分為三類：主要來自中古開口一、二等韻，開口三、四等韻，合口三等韻。

影母也分為三類：主要來自中古開口二等韻，開口三等韻，合口三、四等韻。

匣母分為三類：來自中古開口一、二等韻，開口四等韻，合口二等韻。

幫母分為三類：分别來自中古開口一等韻、開口二等韻及開口三、四等韻。

其他各聲均分為兩類。

庚韻開口二等字有：庚梗更格行杏坑客額亨擤赫橕牚坼生省棖瑒鋥宅伯烹拍彭甏白盲猛孟陌。

登韻開口一等字有：㔁增則蹭層贈賊肯更裓棱勒登等嶝德鼟忒騰鄧特能螿崩北。

耕韻開口二等字有：娙硬厄爭諍責索絣迸。

庚韻開口三等字有：卿慶隙擎競劇英影映虢京景敬戟貹兵丙柄平病甓明命。

清韻開口三等字有：痙逆益繹精井積清請倩刺省性昔情靜淨征整正只檉逞赤聲聖釋呈徎鄭成領聘。

青韻開口四等字有：謦濘佞形悻脛星寂掟令曆丁頂矴的聽珽剔庭鋌

定狄壁𠂢頩僻並茗覓冷。

蒸韻開口三等字有：凝興甑測稱直寔。

庚韻合口二等字有：觥礦虢横。

耕韻合口二等字有：轟輷割獲。

蒸韻合口三等字有：域。

庚韻合口三等字有：憬臭兄榮永詠。

清韻合口三等字有：傾頃闃瓊縈敻。

青韻合口四等字有：扃瀅瑩詗殈。

這一韻中也開、齊、合、撮俱全。

19. 尤韻：主要來自中古流攝的尤、侯、幽三韻。

尤韻中，見、溪、影、曉、精、清母均分為兩類，一類來自中古的開口三等，一類來自中古的開口一等。

尤韻開口三等字有：尤有宥鳩九救丘糗求臼舊憂休朽齅啾酒僦秋修滫秀酉就搜留柳溜紐糅周帚呪抽醜臭收首狩儔紂冑柔蹂授愁驟謀碢缶覆浮阜複

侯韻開口一等字有：諏走奏趣湊叟嗽鉤耇冓彄口寇齵偶謳歐漚齁吼蔻侯厚候樓塿漏兜鬥鬪偷黈透頭鋀豆槈吙剖踣裒瓿母茂

幽韻開口三等字有：黝幼丟彪繆謬

該韻中有開口、齊齒兩呼。

20. 侵韻：主要來自中古深攝的侵韻。

精組、見組、知組、照組、來母、日母、曉母、喻母都來自中古的開口三等，影母來自中古開口三等和四等。

侵韻開口三等字有：侵寑沁緝今錦禁急欽坅撳泣琴澿噤及音飲陰揖歆吽吸淫熠吟傑岌祲浸湒心伈霫尋蕈集簪怎譖戢參墋讖森滲澀岑壬任入斟枕揕執琛踸闖湁深審濕沈朕鴆蟄抌賃林廩臨立

該韻只有照組字存在對立，我們分為洪音、細音兩類。

21. 覃韻：主要來自中古咸攝的覃、談二韻。

覃韻中的見、溪、影、曉、匣母各分為兩類，分別來自中古的開口一等和開口二等；其餘各分一類。

覃韻開口一等字有：覃禫遝感紺合堪坎勘欲含頷憾合簪昝篸帀參慘謲毿糝倸趿蠶雜棽壈拉耽馱答貪禣探鍩搨踏南湳婻納

談韻開口一等字有：甘橄譀唵暗始蹔藍覽濫臘俺喊紞儋膽擔坍菼睒

談淡憺

鹹韻開口二等字有：緘減夾槏恰岩諳鹹賺陷洽詀斬蘸劄臿臿摻歃讒湛儳

銜韻開口二等字有：鑒嵌鴨譀呷攙懺衫釤霅

覃韻中也兩組對立的韻母，開口呼和齊齒呼。

22. 鹽韻：主要來自中古鹹攝的鹽、添、嚴韻。

鹽韻中各聲都分為一類，來自中古開口三、四等。此韻中只有一類細音。

鹽韻開口三等字有：鹽琰豔葉檢箝儉鐱笈淹奄險廠驗尖接簽塹妾銛潛漸捷詹颭占輒襜諂謵苫閃攝髥冉染顳廉斂殮獵砭貶窆厭壓

嚴韻開口三等字有：忺姸脅嚴業

添韻開口四等字有：兼頰謙歉傔僭燮占點店跕添忝帖甜簟磹牒拈淰念撚

第二，《集要》韻類表（右下標數字表示該字作為切上字出現的次數，下同）。

一東	1. 紅類：	紅$_{9}$冬$_{2}$公$_{1}$蒙$_{1}$洪$_{1}$
	2. 中類：	中$_{8}$容$_{6}$弓$_{1}$隆$_{1}$宮$_{1}$
一董	1. 孔類：	孔$_{6}$董$_{3}$摠$_{3}$動$_{1}$蠓$_{1}$總$_{1}$湩$_{1}$
	2. 勇類：	勇$_{6}$隴$_{4}$竦$_{2}$拱$_{1}$
一涷	1. 貢類：	貢$_{9}$弄$_{5}$涷$_{1}$送$_{1}$
	2. 用類：	用$_{8}$仲$_{2}$鳳$_{1}$頌$_{1}$衆$_{1}$
一篤	1. 六類：	六$_{13}$木$_{5}$谷$_{5}$匐$_{2}$祿$_{1}$篤$_{1}$沃$_{1}$毒$_{1}$
	2. 玉類：	玉$_{1}$竹$_{1}$欲$_{1}$
二支	1. 知類：	知$_{4}$之$_{2}$而$_{1}$
	2. 茲類：	茲$_{2}$私$_{1}$咨$_{1}$
	3. 靡類：	宜$_{3}$夷$_{2}$靡$_{1}$皮$_{1}$
	4. 微類：	微$_{1}$非$_{1}$
二紙	1. 氏類：	氏$_{2}$旨$_{1}$止$_{1}$
	2. 子類：	子$_{1}$似$_{1}$姊$_{1}$此$_{1}$
	3. 比類：	弭$_{1}$委$_{1}$幾$_{1}$比$_{1}$
	4. 尾類：	尾$_{1}$匪$_{1}$

二寘　1. 至類：智$_2$至$_2$俻$_1$
　　　2. 四類：四$_2$漬$_1$
　　　3. 意類：意$_3$寄$_1$義$_1$戲$_1$
　　　4. 未類：沸$_1$未$_1$
三齊　1. 西類：西$_2$黎$_2$兮$_2$奚$_1$溪$_1$齊$_1$題$_1$
三薺　1. 禮類：禮$_7$裏$_4$以$_1$
三嚌　1. 計類：計$_7$器$_1$詣$_1$蔽$_1$冀$_1$
四魚　1. 於類：于$_6$居$_3$朱$_2$餘$_1$魚$_1$俱$_1$虛$_1$須$_1$如$_1$
四語　1. 呂類：呂$_6$許$_3$舉$_2$與$_2$語$_1$庾$_1$主$_1$渚$_1$
四御　1. 據類：據$_7$慮$_2$御$_2$遇$_2$預$_1$茹$_1$豫$_1$
五模　1. 胡類：胡$_8$都$_4$粗$_1$孤$_1$夫$_1$乎$_1$模$_1$無$_1$謨$_1$徒$_1$蘇$_1$租$_1$
五姥　1. 古類：古$_{10}$五$_7$補$_1$祖$_1$土$_1$
五暮　1. 故類：故$_{16}$祚$_1$慕$_1$遇$_1$
六皆　1. 來類：來$_8$開$_5$才$_3$哀$_1$
　　　2. 皆類：皆$_{11}$耶$_1$
　　　3. 乖類：乖$_3$咼$_1$懷$_1$
六解　1. 亥類：亥$_9$改$_4$宰$_1$
　　　2. 買類：買$_7$蟹$_3$駭$_2$楷$_1$擺$_1$
　　　3. 拐類：（買）
六戒　1. 蓋類：代$_8$蓋$_4$艾$_1$大$_1$耐$_1$帶$_1$
　　　2. 懈類：懈$_4$賣$_4$戒$_2$邁$_1$拜$_1$
　　　3. 怪類：怪$_3$夬$_2$壞$_1$
七灰　1. 回類：回$_{12}$隹$_2$為$_2$追$_2$杯$_1$魁$_1$垂$_1$枚$_1$威$_1$綏$_1$媯$_1$惟$_1$
七賄　1. 委類：委$_6$罪$_6$賄$_4$猥$_3$累$_1$軌$_1$蘂$_1$浼$_1$偎$_1$
七誨　1. 對類：對$_3$內$_2$類$_2$佩$_2$瑞$_2$遂$_2$胃$_2$醉$_2$睡$_1$芮$_1$銳$_1$稅$_1$
　　　　　　　魏$_1$味$_1$妹$_1$貴$_1$位$_1$
八真　1. 痕類：痕$_2$恩$_2$
　　　2. 人類：人$_4$鄰$_3$斤$_3$真$_3$民$_2$賓$_1$辛$_1$巾$_1$銀$_1$珍$_1$
　　　3. 昆類：昆$_{10}$尊$_2$奔$_2$孫$_1$渾$_1$魂$_1$
　　　4. 倫類：倫$_5$雲$_3$分$_2$文$_1$溫$_1$
八軫　1. 很類：很$_3$懇$_1$
　　　2. 忍類：忍$_{12}$錦$_4$軫$_1$謹$_1$

3. 本類：本$_{16}$衮$_{2}$
4. 允類：允$_{3}$隕$_{3}$敏$_{2}$吻$_{2}$筍$_{1}$蘊$_{1}$粉$_{1}$

八震　1. 恨類：恨$_{3}$艮$_{1}$
2. 刃類：刃$_{11}$進$_{2}$吝$_{1}$僅$_{1}$振$_{1}$焮$_{1}$
3. 困類：困$_{12}$悶$_{6}$寸$_{1}$
4. 運類：運$_{3}$問$_{2}$閏$_{2}$慍$_{1}$

八質　1. 質類：質$_{6}$筆$_{3}$栗$_{3}$吉$_{3}$乙$_{2}$疾$_{1}$乞$_{1}$密$_{1}$日$_{1}$訖$_{1}$入$_{1}$
2. 没類：没$_{8}$骨$_{6}$勿$_{3}$忽$_{2}$勃$_{1}$訥$_{1}$
3. 律類：律$_{5}$聿$_{2}$

九寒　1. 寒類：寒$_{4}$幹$_{2}$潘$_{1}$
2. 官類：官$_{14}$歡$_{1}$勸$_{1}$桓$_{1}$

九旱　1. 旱類：旱$_{4}$滿$_{2}$罕$_{1}$伴$_{1}$
2. 管類：管$_{11}$緩$_{2}$

九翰　1. 幹類：幹$_{3}$半$_{3}$汗$_{2}$漫$_{1}$翰$_{1}$
2. 玩類：玩$_{8}$貫$_{2}$亂$_{2}$换$_{1}$唤$_{1}$筭$_{1}$

九曷　1. 葛類：葛$_{5}$撥$_{1}$曷$_{1}$末$_{1}$八$_{1}$
2. 活類：活$_{8}$括$_{7}$

十山　1. 丹類：丹$_{1}$闌$_{1}$壇$_{1}$
2. 閑類：閑$_{6}$艱$_{4}$山$_{2}$班$_{1}$奸$_{1}$
3. 還類：還$_{5}$頑$_{2}$關$_{2}$

十汕　1. 亶類：亶$_{1}$但$_{1}$
2. 簡類：版$_{7}$簡$_{5}$限$_{4}$産$_{1}$
3. 綰類：綰$_{2}$

十訕　1. 旦類：旦$_{1}$爛$_{1}$
2. 諫類：諫$_{5}$晏$_{6}$澗$_{2}$莧$_{1}$
3. 患類：患$_{6}$慣$_{1}$

十殺　1. 達類：八$_{8}$拔$_{2}$達$_{2}$
2. 黠類：轄$_{3}$戛$_{2}$黠$_{2}$伐$_{1}$法$_{1}$瞎$_{1}$
3. 滑類：滑$_{4}$

十一先　1. 延類：延$_{5}$年$_{3}$先$_{3}$前$_{2}$連$_{2}$堅$_{2}$眠$_{2}$肩$_{1}$間$_{1}$言$_{1}$田$_{1}$天$_{1}$
2. 淵類：淵$_{2}$權$_{1}$軒$_{1}$玄$_{1}$圓$_{1}$員$_{1}$

十一銑：1. 典類：典$_{6}$演$_{4}$免$_{2}$展$_{2}$善$_{2}$辨$_{1}$輦$_{1}$淺$_{1}$踐$_{1}$幰$_{1}$

2. 泫類：泫$_2$阮$_2$遠$_2$卷$_1$兗$_1$

十一霰 1. 甸類：甸$_6$見$_5$戰$_5$殄$_2$練$_2$電$_1$建$_1$線$_1$面$_1$膳$_1$善$_1$

2. 願類：願$_2$卷$_1$眷$_1$掾$_1$眩$_1$怨$_1$

十一屑 1. 列類：列$_{10}$結$_9$竭$_1$蔑$_1$屑$_1$歇$_1$薛$_1$

2. 月類：月$_4$決$_2$厥$_1$

十二蕭 1. 招類：招$_5$堯$_3$遙$_3$聊$_2$消$_2$鑣$_1$驕$_1$條$_1$妖$_1$姚$_1$刁$_1$雕$_1$凋$_1$昭$_1$

十二篠 1. 了類：了$_6$紹$_3$沼$_4$小$_3$皎$_2$表$_1$鳥$_1$少$_1$杳$_1$殀$_1$

十二嘯 1. 吊類：吊$_7$笑$_6$照$_3$妙$_2$肖$_2$召$_2$廟$_1$嘯$_1$

十三高 1. 刀類：刀$_9$高$_3$勞$_2$曹$_1$

2. 交類：交$_{13}$肴$_1$敲$_1$毫$_1$毛$_1$

十三杲 1. 皓類：皓$_7$老$_6$早$_2$浩$_2$

2. 巧類：巧$_8$絞$_4$保$_1$飽$_1$

十三誥 1. 到類：到$_{12}$導$_1$耗$_1$號$_1$

2. 教類：教$_{11}$報$_2$效$_2$孝$_2$

十四歌 1. 何類：何$_{13}$哥$_1$

2. 禾類：禾$_4$戈$_2$波$_1$

十四哿 1. 可類：可$_{10}$我$_2$

2. 果類：果$_5$火$_4$

十四箇 1. 箇類：個$_5$

2. 臥類：臥$_8$佐$_3$賀$_2$過$_2$課$_1$

十五瓜 1. 加類：加$_{12}$巴$_2$牙$_1$

2. 瓜類：瓜$_4$華$_1$

十五寡 1. 下類：下$_{13}$馬$_2$雅$_1$

2. 瓦類：瓦$_2$寡$_2$

十五卦 1. 駕類：駕$_7$亞$_3$嫁$_2$架$_2$罵$_1$

2. 化類：化$_2$卦$_1$畫$_1$話$_1$

十六嗟 1. 遮類：遮$_5$邪$_2$嗟$_1$奢$_1$

2. 靴類：靴$_2$

十六姐 1. 野類：野$_4$也$_3$者$_3$

十六借 1. 夜類：夜$_8$謝$_1$射$_1$

十七陽 1. 郎類：郎$_{13}$剛$_4$當$_1$旁$_1$堂$_1$桑$_1$

2. 良類：良$_{12}$羊$_4$江$_2$王$_2$房$_1$方$_1$商$_1$章$_1$張$_1$

3. 光類：光$_5$黃$_1$霜$_1$莊$_1$

十七養　1. 黨類：黨$_5$朗$_5$曩$_3$盎$_1$莽$_1$旷$_1$

2. 兩類：兩$_{14}$仰$_2$項$_2$紡$_1$獎$_1$講$_1$賞$_1$掌$_1$

3. 廣類：廣$_2$晃$_1$爽$_1$往$_1$

十七漾　1. 浪類：浪$_{16}$謗$_1$宕$_1$

2. 亮類：亮$_{15}$降$_4$向$_1$仗$_1$

3. 曠類：放$_3$曠$_2$況$_2$桄$_1$旺$_1$

十七藥　1. 各類：各$_{16}$

2. 角類：角$_7$灼$_4$約$_8$雀$_2$畧$_2$覺$_1$虐$_1$卻$_1$嶽$_1$

3. 郭類：郭$_4$縛$_3$博$_1$

十八庚　1. 登類：庚$_9$登$_7$耕$_3$莖$_1$行$_1$朋$_1$曾$_1$騰$_1$

2. 京類：京$_4$明$_2$陵$_2$經$_1$城$_1$成$_1$呈$_1$征$_1$丁$_1$貞$_1$兵$_1$青$_1$輕$_1$ 情$_1$
卿$_1$形$_1$盈$_1$

3. 横類：横$_1$宏$_1$

4. 榮類：營$_3$熒$_1$榮$_1$

十八梗　1. 梗類：等$_6$梗$_5$猛$_4$杏$_3$鄧$_1$肯$_1$

2. 郢類：郢$_6$頂$_3$井$_2$挺$_2$丙$_1$鼎$_1$景$_1$靜$_1$領$_1$影$_1$勁$_1$

3. 礦類：猛$_1$

4. 永類：迥$_1$永$_1$憬$_1$穎$_1$

十八更　1. 更類：更$_6$孟$_5$鄧$_5$迸$_3$諍$_1$

2. 定類：正$_{12}$定$_4$病$_2$慶$_2$盛$_1$敬$_1$徑$_1$應$_1$映$_1$孕$_1$

3. 横類：孟$_1$

4. 詠類：命$_1$

十八格　1. 格類：格$_6$德$_4$得$_2$則$_2$伯$_2$陌$_2$白$_1$革$_1$勒$_1$墨$_1$責$_1$額$_1$

2. 曆類：曆$_4$力$_3$逆$_3$狄$_2$戟$_2$昔$_2$亦$_2$石$_2$積$_1$跡$_1$只$_1$職$_1$益$_1$勒$_1$逼$_1$伯$_1$麥$_1$

3. 虢類：虢$_1$

4. 臭類：臭$_2$闃$_1$

十九尤　1. 侯類：侯$_{15}$鉤$_1$溝$_1$

2. 尤類：尤$_8$鳩$_4$留$_2$求$_2$由$_2$猷$_1$彪$_1$流$_1$秋$_1$搜$_1$羞$_1$周$_1$

十九有　1. 口類：口$_8$厚$_4$後$_3$鬥$_1$苟$_1$

2. 九類：九$_{11}$有$_2$酉$_2$缶$_1$糾$_1$久$_1$

十九宥　1. 候類：候$_{11}$豆$_2$茂$_1$透$_1$奏$_1$

2. 救類：救$_{11}$又$_{3}$就$_{1}$僦$_{1}$謬$_{1}$幼$_{1}$呪$_{1}$
二十侵 1. 林類：林$_{4}$今$_{4}$簪$_{3}$深$_{3}$音$_{2}$沉$_{1}$心$_{1}$禽$_{1}$森$_{1}$吟$_{1}$針$_{1}$
二十寢 1. 錦類：錦$_{8}$荏$_{3}$稔$_{2}$飲$_{2}$廩$_{1}$衽$_{1}$甚$_{1}$沈$_{1}$怎$_{1}$枕$_{1}$
二十沁 1. 禁類：禁$_{14}$鴆$_{3}$浸$_{1}$沁$_{1}$任$_{1}$蔭$_{1}$
二十緝 1. 入類：入$_{12}$立$_{4}$及$_{3}$執$_{1}$戢$_{1}$
二十一覃 1. 含類：含$_{12}$南$_{2}$
2. 鹹類：鹹$_{5}$監$_{3}$銜$_{3}$喦$_{1}$
二十一禫 1. 感類：感$_{13}$敢$_{3}$唵$_{1}$禫$_{1}$膽$_{1}$淡$_{1}$覽$_{1}$
2. 減類：減$_{4}$斬$_{3}$
二十一潭 1. 紺類：紺$_{12}$濫$_{3}$暗$_{1}$瞰$_{1}$
2. 陷類：陷$_{5}$鑒$_{3}$鮨$_{1}$
二十一沓 1. 合類：合$_{9}$盍$_{2}$合$_{1}$遝$_{1}$荅$_{1}$答$_{1}$
2. 洽類：洽$_{5}$甲$_{4}$夾$_{1}$
二十二鹽 1. 廉類：廉$_{11}$兼$_{2}$占$_{2}$鹽$_{2}$嫌$_{1}$炎$_{1}$嚴$_{1}$杴$_{1}$
二十二琰 1. 琰類：檢$_{4}$點$_{3}$琰$_{3}$冉$_{3}$漸$_{1}$險$_{1}$蕈$_{1}$忝$_{1}$奄$_{1}$
二十二豔 1. 豔類：豔$_{6}$念$_{5}$驗$_{3}$欠$_{3}$贍$_{2}$店$_{1}$
二十二葉 1. 涉類：涉$_{7}$協$_{7}$葉$_{3}$業$_{1}$接$_{1}$怯$_{1}$曄$_{1}$

第三，《集要》韻母系統特點：

1. 支韻與齊韻相互補充。

支韻齒音部分來源於中古的支脂之三韻的齒音開口字，唇音部分來源於支脂韻開口字，齊韻個別唇音字也併入支韻，中古的祭廢韻開口字併入寘韻。

中古去聲祭韻併入霽韻。

支韻有些字的切下字不在本韻，而見於齊韻，如紙韻第2類“倚”：隱綺切，第11類：巨綺切，第3類喜：許裏切。綺、裏屬薺韻字。

2. 韻母y形成。

3. a與ɛ仍存在對立。

4. 寒、山韻分立，古一等開口舌齒音有歸入山韻的。如：闌讕懶丹旦灘坦壇難。

《中原音韻》中“寒、山”合為一韻，但吳語韻書及相關文獻資料都具有寒、山分韻，覃、鹹分韻的特徵。

陽韻中姜、江對立。

“姜、江對立”，是吳方言韻書的一個突出特點。陽開三“商常”等中古書、禪母字失去-i介音，與“桑、岡”等一等字為一類。

5. 庚韻中古二等韻獨立。

6. 中古山鹹攝一等字摻入二等韻。

如山韻第7類“跧（二等）儹贊拶（一等）”，第8類“餐（一等）剗（二等）粲（一等）察（二等）”，第15類“難（一等）赧（二等）難捺（一等）”。

覃韻第16類“猎（二等）俺（一等）籍鴨（二等）”，第17類“鹹（二等）喊（一等）譀呷（二等）”。

7. 中古開口二等喉牙音產生-i介音。《集要》中有二等韻的韻部共七個，分別為皆韻、山韻、高韻、瓜韻、陽韻、庚韻、覃韻。除了庚韻一、二等韻已經合併之外，其他六個韻部中都產生了-i介音。

8. 仍保留十個入聲韻，-m：-p、-n：-t、-ŋ：-k相配。

第四，《集要》韻母表（擬音主要參考耿振生、高龍奎的擬音）。

東[uŋ]	支[ei][ï][i]	齊[ɪ]	魚[y]	模[u]
灰[uɥ]	皆[ɑi]	真[ən]	寒[an]	山[ɑn]
先[ɛn]	蕭[ɛu]	高[ɑu]	歌[ɔ]	瓜[ɒ]
嗟[iɛ]	陽[aŋ][ɑŋ]	庚[əŋ]	尤[əu]	侵[əm]
覃[am]	鹽[iɛm]			

（三）《集要》的聲調系統及其特點

中古時期很多韻書的聲調都沿用齊梁以來的平、上、去、入四聲系統，到了元周德清的《中原音韻》，聲調系統才有了很大改觀。《中原音韻》中平聲已經分為陰、陽兩類，濁上也變讀為去聲，入聲則派入三聲。

與《中原音韻》相比，後出之作《集要》的聲調系統還是非常守舊的，仍分為平、上、去、入四聲，平聲也不分陰陽；全濁聲母上聲字也未變讀為去聲；入聲仍然獨立，未派入三聲。

1. 平聲未分陰陽：《集要》中仍保存全濁聲母，同一發音部位的聲母之間有清濁的對立，但沒有造成聲調上陰陽的對立。這與《中原音韻》的化濁為清不同，因此平聲未分陰陽。例如東韻中的1平“東”、24平“通”、25平“同”，“東”為全清音平聲，“通”為次清音平聲，“同”為全濁音平聲，清濁只是造成聲母在發音上的對立。

2. 濁上還未變去：中古的上聲字在《中原音韻》裏以清濁為條件分化為上聲、去聲兩類：原清音聲母、次濁聲母上聲字仍讀上聲，全濁聲母上聲字變讀為去聲。而《集要》中的全濁上聲並未變讀為去聲，如東韻第20類上聲“重”韻，中古屬於澄母，仍為上聲，去聲韻雖也收“重”字，但二者意義不一致，其他有上去兩讀的全濁上聲字，一般情況為具體義讀上聲，抽象義讀去聲。

3. 入聲仍然獨立，未派入三聲：《集要》中仍保留著十個入聲韻部，没有派入三聲，且與陽聲韻相配，仍保持著-p、-t、-k 三尾。還把母音相近的一些入聲字進行合併，如藥韻合併了鐸、藥、覺三韻。

第二節 《集成》與《集要》的體例及音系比較

一 關於助紐、分韻和聲類

從《集要》體例與《集成》的比較來看，由於《集要》成書的時間遠遠遲於《集成》，且在體例上有驚人的相似之處，耿振生（1992：202）認為該書是“是改訂章黼《併音連聲韻學集成》而成的”是不無道理的。下面，我們就從聲韻調三方面來比較二者的體例。

首先，《集要》的“切字要法”的助紐字以《集成》為依據。《集要》在總目之後列有“切字要法”，其助紐、反切和三十六字母的對應關係為：

因煙—於境切—影	人然—石質切—日	新鮮—思尋切—心
餳涎—牆容切—從	迎妍—年題切—泥	零連—郎才切—來
清千—七精切—清	賓邊—博旁切—幫	經堅—經電切—見
勻緣—俞戌切—喻	征氈—之笑切—照	娉偏—普郎切—滂
亭田—徒徑切—定	澄廛—持陵切—澄	平便—部茗切—並
擎虔—衢斤切—勤	輕牽—牽奚切—溪	稱川—昌緣切—穿
丁顛—多官切—端	興軒—馨皎切—曉	精箋—子盈切—精
明眠—眉兵切—明	聲膻—式荏切—審	分番—芳蕪切—敷
墳煩—父勇切—奉	刑賢—以一切—逸	汀天—通萬切—歎

上面所列的助紐下面，都有一些與《集成》助紐名稱相同的别稱，如：因煙，即殷焉；人然，即神禪；新鮮，即新仙；餳涎，即秦前；迎妍，即銀言、寧年；零連，即鄰連；清千，即親千；匀緣，即營員；征氈，即真氈；娉偏，即繽偏；亭田，即廷田；澄廛，即陳纏；平便，即頻駢；擎虔，即勤虔；稱川，即嗔昌、假延；興掀，即馨掀、兄喧；精箋，即津煎；明眠，即民綿；聲膻即身膻；墳煩，即文樠；刑賢，即寅延。然而查《集要》正文，並無任何有關助紐的解釋，那麽，這些助紐字來源於何處？是否像趙蔭棠（1957：148）所説的是抄襲《聲韻會通》呢？我們進行了考察，得出的結論是：這些助紐字大部分來源於《集成》。因為它們與係聯出來的《集成》的聲類基本相同，只有"迎妍即銀言、寧年"（泥母）、"刑賢即寅延"（逸母）和"墳煩即文樠"（奉母）三母與《集成》不同，這與《集要》的聲類歸併有關，詳見下文分析。至於趙蔭棠所説的抄襲《聲韻會通》的説法，筆者覺得可能性不大，因為《集要》的聲類名稱，基本與《集成》相同，而《聲韻會通》的二十八聲類，則是用"乾坤清甯日月昌明天子聖哲丞弼乂英兵法是恤禮教丕興同文等字"等二十八字來體現的，如果是抄襲，《集要》的聲類就不會不採用《聲韻會通》的聲類名稱，而與《集成》的聲類名稱那麽相似了。

其次，分韻相同。《集要》與《集成》都分二十二韻部，且排列次序相同。不同的是，《集成》的韻部名稱大都以《廣韻》韻目的四聲為名（第九卷"遮者蔗"除外），如東董送屋、山産諫轄、庚梗敬陌等；《集要》的韻部名稱畧有改動，主要以實際韻部的小韻首字的四聲相承為名，如東董湅篤、山汕訕殺、瓜寡卦、庚梗更格等。但這些不同，只是韻字代表的不同，没有影響到韻類的變化，因此，二者的二十二韻部是完全一樣的。同時，《集要》每韻的目錄排列，也基本像《集成》那樣，按一定的聲類次第來排列（如每韻都把"見"組按次第排在前面），不同的是《集要》將每韻的韻名排在第一組，其餘再依《集成》的韻目排列次第來排列，而把"見組"應排在第一位的聲類（一般是見母）與韻目名稱所排的聲類位置對調了一下。如："支"韻，《集成》的聲類是把"奇技芰"排在第一組，把"支紙寘"排在第十五組，而《集要》則把二者的位置對換了一下。由於《集要》每韻的聲部分目數基本比《集成》少（詳見表二十六），其韻目排列就無法與《集成》完全等同，這主要體現了《集要》的聲類歸併問題，也説明了它不是一種抄襲行為。而《聲韻會通》則分為四十五個韻類，顯然與《集成》《集要》的分韻是大相徑庭的，從這一點上看，《集要》的體例應與《集成》更接近，而與《聲韻會通》更遠些。

再次，聲類區別較大。《集成》和《集要》的小韻首字均以韻部的先後順序依聲類不同來排列，且都以表格形式在目錄中列出，每個韻部的小韻首字均按聲類不同四聲相承豎列於目錄中，同時在四聲相承上方都標明其次序。這一次序的標明，為二者的聲類分類數的比較提供了詳實的資料。經比較，可以發現《集成》每個韻部的聲類分類數，《集要》除寒韻一樣、爻韻多出一類外，大都有刪減。二書的聲部分目數情況如表十六：

表二十六：《集成》、《集要》聲部分目數比較

韻部	東	支	齊	魚	模	灰	皆	真	寒	山	先	蕭	爻	歌	麻	遮	陽	庚	尤	侵	覃	鹽
《集成》	37	26	14	19	26	27	40	73	25	40	45	26	31	27	26	18	62	63	49	28	34	24
《集要》	32	19	12	17	21	26	35	54	25	27	31	24	32	21	21	13	51	57	40	22	28	22

依《集成》的聲類，二書聲部分目數的增減、歸併情況具體如下：

東韻：《集成》“融勇用育”四聲相承，屬以類（喻疑二母）；“雄”歸匣母；而《集要》雄勇用育四聲相承，且切語均與《集成》相同（本節如無另文説明，二書的切語均相同，為節省篇幅，下畧），合併為一類。

支韻：《集成》“肥陫扉”三聲相承，屬奉母，“微尾未”三聲相承，屬微母；《集要》“肥尾未”三聲相承，合併為一類。

魚韻：《集成》“殊豎樹”三聲相承，屬禪母，“如汝孺”三聲相承，屬日母；《集要》“殊汝孺”三聲相承，併為一類。

模韻：《集成》“扶父附”三聲相承，屬奉母，“無武務”三聲相承，屬微母；《集要》“扶武附”三聲相承，併為一類。《集成》“麄蘆措”三聲相承，屬清母，“初楚楚”三聲相承，屬丑類（徹穿）；

《集要》“麄楚措”三聲相承，合併為一類。

灰韻：《集成》“回瘣潰”三聲相承，屬匣母，“為韙胃”三聲相承，屬以類（喻疑二母）；《集要》“為瘣胃”三聲相承，併為一類；《集成》“甤橤芮”三聲相承，屬日母，誰瑞二聲相承，屬禪母；《集要》“誰橤芮”三聲相承，併為一類。

真韻：《集成》“辛信悉”三聲相承，屬心母開口，“荀筍峻恤”四聲相承，屬心母合口；《集要》“辛筍峻悉”四聲相承，併為一呼；《集成》“旬殉”二聲相承，屬邪母，“秦盡藎疾”四聲相承，屬從母；《集要》“旬盡藎疾”四聲相承，併為一類；《集成》“辰腎慎實”四聲相承，屬禪母，“人忍刃日”四聲相承，屬日母；《集要》“辰腎刃日”四聲相承，併為一類。《集成》“津榼晉堲”四聲相承，屬子類（精母）開口呼，“尊撙捘卒”四聲相承，屬子類合口呼，“俊啐”去入二聲相承，屬子類撮口呼；《集要》則將“俊啐”併入“尊”韻，也即後二者合併為一類。

山韻：《集成》“閑休艱切瞎”二聲相承，屬曉母，“閑何艱切限莧狹澗切轄胡瞎切”四聲相承，屬匣母；《集要》“羴許閑切莧許澗切瞎”三聲相承，當屬曉母；《集成》“餐粲擦”三聲相承，屬清母，“獼剗鏟察”四聲相承，屬丑類（徹穿二母）；《集要》“餐剗粲察”四聲相承，併為一類，《集成》以上兩聲類的七個韻字中，在《集要》的“餐剗粲察”一類中，除所缺“獼”字以外，其他各字都有且均被歸入相應的聲調中。《集成》“煩飯伐”三聲相承，屬奉母，“樠晚萬韈”四聲相承，屬微母；《集要》“煩晚飯伐”四聲相承，併為一類。

先韻：《集成》“延演衍抴”四聲相承，屬以類（喻疑），“賢峴現纈”四聲相承，屬匣母；《集要》“賢演現纈”四聲相承，併為一類；《集成》“然撚熱”三聲相承，屬日母，“鋋善繕舌”四聲相承，屬禪母；《集要》“然善繕舌”四聲相承，併為一類。《集成》“纏纏轍”屬直類（澄牀二母）開口，“椽篆傳”屬直類合口，《集要》“纏篆纏轍”四聲相承，併為一類；《集成》“員遠院越雨月切”四聲屬以類（喻疑）開口，“元阮願月”四聲屬以類合口；《集要》則一分為兩個聲類。

歌韻：《集成》“珂可軻”屬溪母洪音，“科顆課”屬溪母細音；《集要》“珂可課”三聲相承，併為一呼。

陽韻：《集成》“娘蘘釀逽”四聲相承，屬奴類（泥娘），“仰仰虐”三聲相承，屬以類；《集要》“娘仰仰虐”四聲相承，併為一類；《集成》“牆匠嚼”屬從母，“祥象”屬邪母；《集要》“牆象匠嚼”四聲相承，併為一類；《集成》“妐盱謈”屬曉母洪音，“舡憒巷赫巷切設”屬曉母細音，《集要》“妐盱巷呼降切謈”四聲相承，併為一呼。《集要》多出“幢直商切撞直降切濁直角切”三聲，反切上字均為“直”，與“長丈仗直亮切著直畧切”四聲當為同類，然“濁”字下註釋為“直角切，音與浞同”，這又與“牀助莊切狀助浪切浞鋤角切”三聲當為同類；而《集成》“長丈仗著”和“牀狀浞”均與《集要》同切，屬直類（澄牀二母）洪音、細音之別。

庚韻：《集成》“彰蹭”屬清母，“測”屬丑類（徹穿二母），《集要》併為一類成“彰蹭測”三聲相承；《集成》“坑客”屬溪母洪音，“肯克”屬溪母細音；《集要》“坑肯客”三聲相承，併為一類。《集成》“娙脛額”三聲相承，屬以類細音，“硬”屬以類洪音；《集要》“娙脛硬額”四聲相承，併為一類。

尤韻：《集成》“仇受授”三聲相承，屬禪母；“柔蹂輮”三聲相承，屬日母；《集要》“柔蹂授”三聲相承，併為一類。

侵韻：《集成》“尋羽”平入二聲相承，屬徐類（邪母），“鮳蕈集”平、上、入三聲相承，屬昨類（從母）；《集要》“尋蕈集”平、上、入三聲相承，併為一類。《集成》“怎”字屬子類（精母）洪音；“簪譖戢”平、去、入三聲相承，屬陟類（知、照母）；《集要》“簪怎譖戢”四聲相承，併為一類。但後者的合併，應該是特例，《集成》“怎”獨字成類，並釋為“《中原雅音》子磣切，商清音；《集韻》子吽切。語辭也。《五音篇》中，先人立作此字，無切腳可稽。昌黎子定作‘枕’字。今此寢韻中精母之下，並立切腳子吽切。其‘吽’字，曉母安之，呼怎切，兩字遞相為韻切之，豈不妙哉！後進細詳，方知為正者也”。《集要》“怎”字也是獨字成類，並釋為“子沈切，語辭也”。

覃韻：《集成》“覃禫潭沓”四聲相承，“談淡怛”平上去三聲相承，分屬定母洪細音，其中，“踏”字歸入“沓”韻中。《集要》則“覃禫潭沓”和“談淡怛踏”各四聲相承，分屬兩類，其入聲“踏”韻中的所有韻字“踏”“蹋”“蹹”和“闒”等字，在《集成》中均屬“沓”韻。而以上各字《正韻》亦同《集成》屬“沓”韻。這説明到了

《集要》，“沓”與“踏”的讀音已經發生了分化。

由以上十四個韻部的增減及歸併情況來看，《集要》的聲類顯然有了較大幅度的歸併，其對《集成》各聲類的歸併主要體現在微奉合一、禪日合一、邪從合一、匣喻合一、泥娘疑合一、清澈穿合一這六組上。因此，嚴格來説，我們可以確定《集要》的聲類實際上只有二十五個。如果依據《集要》書中的“切字要法”，可以看出微奉合一、禪日合一、邪從合一的定局，從這一角度而言，《集要》的聲類應為二十七個。不過，從我們將其與《集成》聲類的比較來看，《集要》的聲類存在部分匣喻疑混合、清澈穿混合的情況。關於匣喻合一，丁艷紅（2009：79）、榮菊（2009：13）的論文中也都提到了；許煜青（2006：134）則認為“中古匣、以、云三母合流。其中又以開合為條件區分兩個聲母，下母見於開口，雨母見於合口，二者實際上屬於同一個音位”。這種混合，形式上是分立的，實質上也可以合併，因此，把聲類合併為二十五個就是根據實際韻字的混合情況來概括的。但這種部分混合，也可以看作守舊上的分立，正如《集要》“總目”後、目錄前所附的《切字要法》所列的助紐共有二十七個，作者應當是把它理解為聲類數的。這種歸類，主要看研究者如果界定。如李新魁就根據這些助紐字認為《集要》有二十七個聲類，李先生説《集要》的聲母方面：

> 也是以助紐字作為標目，分為二十七聲類……因煙 人然 新鮮 錫涎 迎研 零連 清千 賓邊 經堅 勻緣 征氈 娉偏 亭田 澄廛 平便 擎虔　輕牽 稱川 丁顛 興掀 精箋 明眠 聲膻 分蕃 墳煩 刑賢 汀天，這二十七個聲母，較之三十六字母，少了疑、微、非、邪、禪、　、知、徹、娘九母，這大概表示當時的疑母已經消失，變入零聲母（一部分字合入泥母），微母也是如此。而非母與敷母合一，邪與從、禪、　與澄合一，知與照、徹與穿合一，娘與泥合一。這個聲母系統，與《韻學集成》、《韻學大成》相去不遠，它們都保存了全濁音聲母，只是其中某些聲母合併了。[1]

因此，我們此前把《集要》的聲類為二十七個[2]，就是從形式上的

[1] 李新魁：《漢語等韻學》，北京：中華書局，1983：231。

[2] 王進安：《〈韵学集成〉研究》，上海：上海三聯書店，2009：278。

聲類存在來說的，也是根據李先生的論述而定。

從以上分析來看，《集要》的音系與《集成》的音系有著密切的傳承關係，這主要體現在以下兩點：第一，《集要》繼承了《集成》的基本體例，韻目及其排列次序和韻字的次第等。第二，聲韻調有著高度的相似之處：韻部也分二十二類，排列次序也依《集成》；聲調上也是平、上、去入四聲相承；只是它歸併了《集成》的個別聲類，使得聲類數由三十個銳減了五個，但仍有全濁聲母字。因而，耿振生說它是改訂《集成》體例而成並不為過。只是其聲母少了三類，當與《集成》有所區別，可能更體現出某種方言的特徵。而這種方言就是吳方言（詳見下文分析）。

二 《集成》與《集要》聲韻調比較

（一）聲母比較

《集要》與《集成》相比，聲母方面相同的特點有：兩書都保存全濁聲母；輕唇音非敷兩母都已經合併，但奉母並未與非、敷二母合併；泥、娘均合併了，且吳方言中，古泥母字細音前一般讀ȵ，洪音前一般讀n[1]，由於它們出現時條件不同，所以我們把二者歸為一個音位n；知照、徹穿、澄牀都不能分立。兩書中的喻母與疑母都部分合併。高龍奎認為：喻母字大多出現在細音之前，疑母大多出現在洪音之前，當然也有例外。這種情況和現代吳語有些類似，在現代吳語中，古疑母洪音一般讀ŋ母，仍為疑母字。高氏仍將喻、疑分立。

兩書在聲母方面，不同之處如下：

1. 全濁聲母數量減少。

《集成》與《集要》都保存全濁聲母，只是《集要》中的全濁聲母數量減少了。

《集成》共有九個全濁聲母，明確標為濁音的有七個：羣、定、牀、並、奉、從、匣，澄母併入牀母；還有標為次濁的邪母和標為次濁次的禪母。

《集要》中全濁聲母有羣、定、澄、並、奉、從六母。

2. 《集要》中，奉微合一，而《集成》中的微母，仍獨立存在，未與奉母合併。

---

[1] 顏逸明：《吳語概説》，上海：華東師範大學出版社，1994：21。

王力（1985：394）説："從《等韻圖經》看，則明萬曆年間已經没有微母了。在《等韻圖經》中，'文晚味問'都被歸入了影母。"《等韻圖經》中微母併入影母，但《集要》中微母併入奉母。

支韻：《集成》中"肥陫扉"三聲為中古奉母字，"微尾未"為中古微母字；但《集要》中兩類合併為"肥尾未"三聲，奉微已經合流。

模韻中，《集成》的"扶父附"為奉母字，"無武務"屬微母；而在《集要》中合併為"扶武附"。山韻中，《集成》的"煩飯伐"三聲中古屬奉母，"樠晚萬韤"屬微母；但《集要》中併為"煩晚飯伐"四聲。陽韻中，《集成》的"房迒防縛"（奉母）與"亡罔妄"（微母）獨立存在；《集要》中"房罔妄縛"四聲相承，奉微合一。

3.《集要》中船、禪、日三母合流；《集成》中船、禪在部分韻中合併了，例如尤韻中"繕"與"古"，庚韻中"石"與"食蝕"，但禪母仍作為獨立的聲母存在。例如：

魚韻：《集成》"殊豎樹"中古均屬禪母，"如汝孺"中古都屬日母；而在《集要》中則為"殊汝孺"三聲相承，顯然，禪、日二母已經併為一類。

灰韻：《集成》"甤蘂芮"三聲中古均屬日母，誰瑞二聲中古屬禪母；而《集要》中"誰蘂芮"三聲相承，禪、日也合流。

真韻：《集成》"辰腎慎實"四聲相承，中古屬禪母，"人忍刃日"四聲相承，中古屬日母；而《集要》中"辰腎刃日"四聲相承，禪、日合流。

先韻：《集成》中禪、日二母獨立；《集要》"然善繕舌"四聲相承，日、禪、船三母併為一類。

尤韻：《集成》"仇受授"中古均屬禪母；"柔蹂輮"中古屬日母；而在《集要》中"柔蹂授"三聲相承，禪、日合流。

4.《集要》中從、邪合流，《集成》中從、邪獨立存在。

《集要》真韻第11類"旬盡藎疾"四聲相承，從、邪二母併為一類；而《集成》邪母字"旬殉"，從母字"秦盡藎疾"獨立存在，從、邪並未合併。

5.《集要》中匣喻合一，《集成》中匣、喻二母未合併。

東韻：《集成》中"雄"為匣母，"融勇用育"四聲均屬喻母；而《集要》中併為"雄勇用育"四聲，由此可見，匣、喻二母已合併。

齊韻：《集成》“兮徯係”三聲相承，均屬匣母；而《集要》把“兮徯係”併入支韻第4類“夷以異”喻母字中。

灰韻、先韻中也出現匣喻合併的情況。

6.《集成》知二組與莊二組合併後多拼洪音（除爻韻、覃韻外），其他情況下莊二組拼洪音，而在《集要》中拼細音。

《集要》模韻：第8類上聲楚（初母）、第9類上去聲所疏（生母）拼細音合口三等；

灰韻：第10類上去聲揣毳（初母）、第13類平去二聲衰帥（生母）也拼細音合口三等；

真韻：第32類入聲率（生母）拼細音合口三等；

庚韻：第10類入聲測（初母），第24類去聲貹（生母）拼細音開口三等；

尤韻：第13類平聲搜（生母），第28類平去二聲愁驟（崇母）拼細音開口三等；

侵韻：第12類平去入三聲簪譖戢（莊母）均拼細音開口三等。

（二）韻母系統比較

《集成》有2571個反切，《集要》有2128個反切，比《集成》少了443個反切，減少的反切相當於《集成》反切總數的17.2%。

1.小韻首字比較。

《集要》一書所列的韻數與《集成》的韻數完全一致：平聲二十二部，上聲二十二部，去聲二十二部，入聲十部，共七十六韻，且排列次序完全相同。

《集要》一書所用的韻目與《集成》絕大多數相同，不同者如下：

《字學集要》	《集成》	《字學集要》	《集成》
涷	送	瓜	麻
篤	屋	寡	馬
嚌	霽	卦	禡
誨	隊	嗟	遮
戒	泰	姐	者
汕	產	借	蔗
訕	諫	更	敬

殺　轄　格　陌
高　爻　禫　感
杲　巧　潭潭　勘
誥　效　沓　合

《集要》在選取韻目方面比《集成》技高一籌：韻目的聲母都是同一聲母，與《集成》相比，更為有序。例如：東董凍篤（端母）；支紙寘（章母）；齊薺嚌（從母）；魚語御（疑母）；模姥暮（明母）；灰賄誨（曉母）；皆解戒（見母）；真軫震質（章母）；寒旱翰曷（匣母）；山汕訕殺（生母）；先銑霰屑（心母）；蕭篠嘯（心母）；高杲誥（見母）；歌哿箇（見母）；瓜寡卦（見母）；嗟姐借（精母）；陽養漾藥（喻母）；庚梗更格（見母）；尤有宥（喻母）；侵寢沁緝（清母）；覃禫潭沓（定母）；鹽琰豔葉（喻母）。

《集成》共有2571個小韻首字，《集要》有2135個小韻首字，減少了436個。

表二十七：《集成》《集要》小韻首字數明細

韻部	《集成》小韻首字數	《集要》小韻首字數	韻部	《集成》小韻首字數	《集要》小韻首字數
東韻	132	120	支韻	73	57
齊韻	42	36	魚韻	60	51
模韻	76	63	灰韻	101	75
皆韻	114	95	真韻	257	205
寒韻	94	94	山韻	128	99
先韻	200	124	蕭韻	74	71
爻韻／高韻	100	95	歌韻	80	63
麻韻／瓜韻	69	59	遮韻／嗟韻	40	32
陽韻	231	199	庚韻	256	209
尤韻	133	111	侵韻	96	85
覃韻	139	108	鹽韻	94	83

兩書很多小韻首字的排列次第不同：《集要》往往是先列韻目，再

列其他小韻，同一韻内聲母排序不如《集成》整齊。

李新魁在《韻鏡研究》中說："假如説，某韻圖所用的字全部與某一韻書的小韻首字吻合……那麼就大致可以斷言，這部韻圖就是根據這部韻書而作。反之，如果某韻圖所列的字完全不合或有許多不合某一韻書的小韻首字，那麼，這韻圖與這韻書的關係必定不怎麼密切。"因此，韻圖的用字合不合韻書的小韻首字，將成為判别韻圖與韻書的關係的一個重要根據。這樣看來，判斷兩部韻書之間的關係遠近，也可依李先生的説法。我們將《集要》卷首韻圖的用字和小韻首字與《集成》的進行逐一比較，發現《集要》的用字與《集成》的小韻首字幾乎完全相同，只是《集要》比《集成》少列了四百三十六個小韻首字，有些小韻首字《集要》未收錄，但是大部分被併入相鄰韻中。如：

《集成》東韻第10類"松頌續"（邪母）韻，在《集要》中已併入第9類"從從族"（從母）韻。

《集成》支韻第26類"微"（微母）韻，在《集要》中併入第19類"肥"（奉母）韻。

《集成》齊韻第3類"兮徯係"（匣母）韻，《集要》把這三韻併入支韻第4類"夷以異"（喻母）韻。

我們分析了其他韻部，也出現這種情況，由此看出，《集要》時，這些韻的聲母出現合流現象，中古時聲母不同類，説明此時它們的讀音相同或者相近了，因此併在一起。

《集要》和《集成》的七十六韻基本按四呼形式編排，但一個韻裏邊介音不同的韻類排列交錯，規則不固定。

2. 韻母y的出現。

《集要》與《正韻》《集成》一樣，魚韻和模韻已經分開，魚韻獨立成韻。如庚韻中：顯示出了-i-、-u-、-y-三種介音的不同。

龍莊偉認為："'等'的觀念完全被'呼'所代替，明代末年，這一變化基本完成。到清代，就完全用四呼來代替原來的兩呼四等了。明清時代等呼觀念的變化是等韻發展的一個重要内容。兩呼四等合流為四呼的大概情況是：開口一二等變為開口呼，開口三四等變為齊齒呼，合口一二等變為合口呼，合口三四等變為撮口呼。"[1]

3. a與ɛ的對立。

[1] 龍莊偉：《漢語音韻學》，北京：語文出版社，2005：47—48。

兩書中都存在a與ɛ的對立，比如蕭韻與爻韻的細音，覃韻細音與鹽韻構成的對立。

4.寒、山分立，姜、江分立。

《集要》和《集成》二書中寒、山二韻分立；部分二等江韻字和三等陽韻字對立出現，如“姜”與“江”的對立，二者均是吳語特徵的表現。

5.都有十個入聲韻。

兩書中都存在著十個入聲韻，合併了《廣韻》中主要母音相同或相近的入聲韻。入聲韻仍與陽聲相配，形成-p:-m、-t:-n、-k:-ŋ的格局，且-p尾、-t尾、-k尾没有混淆。

（三）聲調系統比較

總體而言，吳方言區的韻書都採用傳統的平、上、去、入四聲，並不區別陰陽調類。但耿振生（1992：160）認為：吳方言各地的調類平聲分陰陽，上、去、入也分陰陽的狀況，不可能是晚近形成的，一定有較長的歷史，明代的南曲韻書如范善臻的《中州全韻》就已經有了平去各分陰、陽的先例。等韻學家對四聲不分陰陽，實與他們的審音有關：吳方言能分辨聲母的清濁，而調類的陰陽與聲母的清濁緊密相關，其辨義功能是重合的，等韻學家把陰陽與清濁併為一談就是很自然的了。重視清濁的區別作用，就可以不再追究由清濁引起的陰陽調類問題。

在聲調方面，《集要》與《集成》都表現出大致一樣的特點。主要表現在以下四個方面：

1.聲調仍為傳統的平、上、去、入四聲。

2.平聲都未分陰、陽。同一發音部位的聲母之間有清濁的對立，聲調並没有清濁的對立。

3.全濁上聲未變讀為去聲。兩書都保存著全濁聲母，全濁上聲與去聲形成調位上的對立。

4.入聲仍獨立存在，未派入三聲，而且都保持著-p、-t、-k三尾。

第三節　《集要》的音系性質

前輩學者對《集要》的音系問題，持有不同見解。

趙蔭棠把《集要》歸入受《正韻》影響的“明清等韻之存濁系統”

一派；此外，趙先生認為該書表現出的疑泥合併、禪日歸併、微併入奉等語音現象，表明其反映的已經不是當時的雅音，但並未説明具體反映哪種方言。[1]

《集要》為二十七聲，《聲韻會通》分二十八聲，由於《集要》只比《聲韻會通》少一疑母，其餘都相同，因此趙先生又懷疑《集要》是抄襲《聲韻會通》而成。

李新魁把其歸入“表現明清時代讀書音的等韻圖”一類，並且進一步歸入“《集成》一系的韻圖”。

耿振生一方面認為《集要》“是改訂章黼《併音連聲韻學集成》而成的”，另一方面又把其歸入吴方言係韻書。

首先，我們認為“《集要》抄襲《聲韻會通》而成”的説法不能成立，因為二者的聲類名稱相差很大。分韻方面，《集要》因襲《正韻》《集成》的七十六韻的分法，而《聲韻會通》是按韻母單獨分部，没有受古韻和官韻的影響。

那麼，《集要》反映的到底是明代的讀書音，還是吴方言呢？我們先來總結該書的聲韻調系統情況，再與吴方言系韻書的音系特點進行比較。

經過反切系聯及聲、韻系統的分析，大體情況如下：

聲母系統：仍保存全濁聲母，輕唇音非敷合併，奉微合一，匣喻合一，從邪合流，知照、徹穿、澄牀不能分立，相當一部分古知照系字歸入精組，疑、泥、娘在部分韻中合併；疑母和喻母在九個韻裏已經合併了；此外，船禪日三母在《集要》中合併了，如東韻中“肉”“贖”“淑”同音，及蕭韻中的“鐃”和“韶”。這些特徵與《正韻》更接近，與《集成》關係更遠一些。

韻母系統：《集要》中寒、山分韻，姜、江對立，中古山鹹攝一二等字分韻，入聲韻與陽聲韻相配，仍保持著-m：-p、-n：-t、-ŋ：- k相配的格局。

聲調系統：仍保持傳統的平、上、去、入四聲，且平聲不分陰陽，全濁上聲也未變讀為去聲。

在《明清等韻學通論》中，耿先生指出吴方言中聲母的重要特徵為：保存全濁音，匣喻合一，奉微合一，日母歸入禪母，邪母字分別為

[1] 趙蔭棠：《等韻源流》，北京：商務印書館，1957：146。

濁塞擦音和擦音，船禪二母各分別歸於濁塞擦音和擦音；[1]此外，還應具有不能分立知照、徹穿、澄牀、非敷的語音特點。

林燾、耿振生把吳方言韻圖的音系特點概括為："保存聲母的全濁音，匣母和喻母合一，日母併入禪母；韻母裹山、鹹攝一等字與二等字分韻，合口字一般只見於牙喉音；聲調都是平上去入四聲。"[2]

劉雲凱對非官話音中的禪日合流和奉微合流現象進行研究後認為：中古的禪（指禪三）、日、奉、微四紐分立劃然。近代以後（指宋以後），禪日與奉微這兩對聲母才在部分漢語方言中分別出現了混同現象。據我們所知，這一現象在目前的現代漢語方言中似乎只見于部分吳語。可見它們的合流只是一種並不具有普遍意義的方言音變　。其中，奉微合流，是區別官話、吳語及閩語的最重要特徵。[3]

吳方言中極顯著的語音特徵：匣喻合一，奉微合一，禪日合一，知照歸精，有全濁聲母；寒、山分韻，姜、江對立；聲調仍為平、上、去、入四聲；這些語音特徵《集要》都具備。全濁聲母的保留，是明代南方官話的一個重要特徵。《集要》中保存全濁音聲母和入聲，應是"存雅"的表現，但其餘的語音特徵與明代的吳方言已經非常吻合。

可以說，《集要》也是一部韻圖與韻書相配的著作，雖然大體依《集成》定例，但比《集成》更真實地反映明代中期的吳方言語音特徵。其所反映的語言現象對後人研究吳方言的語音發展演變，有重要的參考價值。

兩書的體例、分韻列字、系聯得出的聲類基本相同，說明《集要》與《集成》關係密切，但它並不是對《集成》的簡單模倣和抄襲，陶承學和毛曾二人在編訂過程中，没有囿于原書，從每卷前的韻圖排列、收字的多少再到引用前代韻書的材料（《集成》引述了1400多條《中原雅音》的材料，而《集要》只引述了26條），《集要》都有自身的特點。如果說《集成》重在"彙集"，那麼《集要》則重在刪減、合併。《集要》應是陶、毛二人結合當時的語音實際對原書進行的再創作。

[1] 耿振生：《明清等韻學通論》，北京：語文出版社，1992：156。

[2] 林燾、耿振生：《音韻學概要》，北京：商務印書館，2004：168。

[3] 劉雲凱：《歷史上的禪日合流與奉微合流兩項非官話音變小考》，載《漢字文化》1989年第3期，第36—38頁。

通過對《集要》聲韻調的全面分析，及與相關韻書比較，我們總結出其突出的語音特徵為：匣喻合一，奉微合一，禪日合一，知照歸精，保存全濁聲母；寒、山分韻，姜、江對立，仍有入聲，保持著-m：-p、-n：-t、-ŋ：-k相配的格局；聲調為傳統的平、上、去、入四聲。其中，聲母方面“匣喻合一、奉微合一、禪日合一、知照歸精”的語音特徵，深刻體現出明代中期吳方言韻書的語音特點。尤其是奉、微二母的合流，成為區分官話、吳語、閩語的重要特徵。

張衛東指出：“南方官話這個相對穩定的語音系統，歷代皆有量變，然而直到明初洪武年間仍未發生質的變化。”[1]南方官話的一個重要特徵就是保存全濁聲母，這是“存雅”的表現。南方方言區的很多韻書都保存全濁聲母和入聲，《集要》也不例外。

因此，我們認為《集要》音係應是以吳方言為主，部分“存雅”的語音系統。

參考文獻

古籍部分：

朱光家.字學指南[Z]，济南：齐鲁書社，四庫全書存目叢書第192冊.

不著撰者.併音連聲字學集要[Z]，济南：齐鲁書社，1996.四庫全書存目叢書第209冊.

陶承學、毛曾．併音連聲字學集要四卷[Z]．《續修四庫全書》第259冊．上海：上海古籍出版社，1995.

章黼．重刊併音連聲韻學集成十三卷[Z]．四庫全書存目叢書第208冊．濟南：齊魯書社，1996.

濮陽淶．元聲韻學大成四卷[Z]．四庫全書存目叢書第208—209冊．濟南：齊魯書社，1996.

釋行均．龍龕手鏡（高麗本）[Z]．北京：中華書局，2006：45.

康熙會稽縣誌二十八卷[Z]．線裝第四冊卷二十二．人物志，列傳七.

專著部分：

趙元任．現代吳語的研究[M]．北京：科學出版社，1956.

趙蔭棠．等韻源流[M]．北京：商務印書館，1957.

[1] 張衛東：《試論近代南方官話的形成及其地位》，載《深圳大學學報》（人文社會科學版）1998年第3期，第77頁。

王力．漢語音韻學[M]．北京：中華書局，1956.

王力．漢語語音史[M]．北京：中國社會科學出版社，1985.

王力．漢語史稿[M]．北京：中華書局，2003（2003年重印）.

王力．中國語言學史[M].上海：復旦大學出版社，2006.

王進安.《韵学集成》研究[M]，上海：上海三聯書店，2009.

李新魁．漢語等韻學[M]．北京：中華書局，1983.

李新魁．漢語音韻學[M]．北京：北京出版社，1986.

邵榮芬．中原雅音研究[M]．濟南：山東人民出版社，1981.

劉志成．漢語音韻學研究導論[M]．成都：巴蜀書社，2004.

郭錫良．漢字古音手冊[M]．北京：北京大學出版社，1986.

陳振寰．音韻學[M]．長沙：湖南人民出版社，1986.

唐作藩．音韻學教程[M]．北京：北京大學出版社，1987.

唐作藩．漢語史學習與研究[M]．北京：商務印書館，2001.

徐通鏘．歷史語言學[M]．北京：商務印書館，1991.

董同龢．漢語音韻學[M].北京：中華書局，2001.

濮之珍．中國語言學史[M].上海：上海古籍出版社，1987.

詹伯慧主編．漢語方言及方言調查[M]．武漢：湖北教育出版社，1991.

耿振生．明清等韻學通論[M]．北京：語文出版社，1992.

錢乃榮．當代吳語研究[M]．上海：教育出版社，1992.

顏逸明．吳語概説[M]．上海：華東師範大學出版社，1994.

丁鋒．琉漢對音與明代官話音研究[M]．北京：中國社會科學出版社，1995.

高本漢．中國音韻學研究[M]．北京：商務印書館，1995.

馬文熙、張歸璧編著．古漢語知識詳解辭典[M]．北京：中華書局，1996.

楊耐思．近代漢語音論[M].北京：商務印書館，1997.

馬重奇．漢語音韻學論稿[M]．成都：巴蜀書社，1998.

林端．音韻學[M]．烏魯木齊：新疆人民出版社，2000.

袁賓．二十世紀的近代漢語研究[M]．太原：書海出版社，2001.

葉寶奎．明清官話音系[M]．厦門：厦門大學出版社，2001.

侯精一．現代漢語方言概論[M]．上海：上海教育出版社，2002.

林燾，耿振生．音韻學概要[M]．北京：商務印書館，2004．

陳澧撰，羅偉豪點校．切韻考[M]．廣州：廣東高等教育出版社，2004．

袁家驊．漢語方言概要[M]．北京：文字改革出版社，1983．

耿振生．20世紀漢語音韻學方法論[M]．北京：北京大學出版社，2004．

羅常培．羅常培語言學論文集[C]．北京：商務印書館，2004．

龍莊偉．漢語音韻學[M]．北京：語文出版社，2005．

蔣紹愚．近代漢語研究概要[M]．北京：北京大學出版社，2005．

高小方．中國語言文字學史料學[M]．南京：南京大學出版社，2005．

李無未．漢語音韻學通論[M]．北京：高等教育出版社，2006．

竺家寧主编．五十年來的中國語言學研究[C]．臺北：臺灣學生書局有限公司，2006．

石汝傑．明清吳語和現代方言研究[M]．上海：上海辭書出版社，2006．

張玉來．韻畧易通研究[M]．天津：天津古籍出版社，1999．

裘錫圭．文字學概要[M]．北京：商務印書館，2005：205．

魯國堯．魯國堯語言學論文集[C]．南京：江蘇教育出版社，2003．

論文部分：

李新魁．韻鏡研究[J]．語言研究創刊號，1981(7)．

李新魁．論近代漢語介音的發展[J]．音韻學研究第一輯[C]，北京：中華書局，1984．

馮蒸.漢語音韻研究方法論[J].語言教學與研究，1989(3)．

葉寶奎．《洪武正韻》與明初官話音系[J]．廈門大學學報（哲社版），1994（1）．

李行傑．知莊章流變考論[J]．青島師專學報，1994（6）．

劉雲凱．歷史上的禪日合流與奉微合流兩項非官話音變小考．漢字文化，1989（3）．

黎新第．近代漢語共同語語音的構成、演進與量化分析[J]．語言研究，1995(2)．

黎新第．明清時期的南方系官話方言及其語音特點[J]．重慶師院學報（哲社版），1995(4).

馮蒸.《爾雅音圖》音註所反映的宋初非敷奉三母合流——兼論《音圖》微母的演化[J]. 雲夢學刊，1994(4).

忌浮.《洪武正韻》支微齊灰分併考[J]. 古漢語研究，1998（3）.

黎新第. 明清官話語音及其基礎方音的定性與檢測[J]. 語言科學，2003（1）.

鄒德文.《元聲韻學大成》聲調研究[J]. 延邊大學學報（社會科學版），2005(3).

鄒德文. 論《元聲韻學大成》濁聲母清化問題[J]. 北方論叢，2006(4).

鄒德文.《元聲韻學大成》版本及研究狀況考[J]. 古籍整理研究學刊，2005(6).

張衛東.試論近代南方官話的形成及其地位[J].深圳大學學報，1998（3）.

劉曉南.中古以來的南北方言試說[J].湖南師範大學學報，2003（4）.

李運富. 關於“異體字”的幾個問題［J］. 語言文字應用，2006（1）：74.

王繼洪. 異體字與漢字學研究［J］. 上海大學學報，1999（4）：51.

李國英. 異體字的定義與類型[J]. 北京師範大學學報，2007（3）.

高更生. 談異體字整理[J]. 語文建設 ，1991(10) .

高更生. 異形詞答問[J]. 山東教育 ，2002(07) .

李索. 敦煌寫卷《春秋經傳集解》異文中通假現象研究[J]. 大連大學學報 ，2007(02) .

李無未. 辨音纂要所傳中原雅音[J]. 中國語言學報，2003（11）.

李無未，崔建昆.明抄本《辨音纂要》初探[J].文獻，2003（1）.

碩博論文部分：

路建彩.《元聲韻學大成》與明代吳語[D]. 山東師範大學碩士學位論文，2000.

王寶紅．《洪武正韻》研究[D]．陝西師範大學碩士學位論文，2001.

高龍奎．《韻學集成》音系初探[D]．山東師範大學碩士學位論文，2001.

王進安．《韻學集成》研究[D]．福建師範大學博士學位論文，2005.

周錄．《類篇》部首異體字研究[D]．浙江大學碩士學位論文，2005.

（臺灣）許煜青．《併音連聲字學集要》音系研究[D].臺灣中山大學碩士學位論文，2006.

榮菊．《字學集要》音系研究[D] ．福建師範大學碩士學位論文，2009.

李海涛．《類篇》異體字研究[D].山東大學碩士學位論文，2006 .

丁艷紅．《併音連聲字學集要》語音研究[D].廈門大學碩士學位論文，2009.

第九章　《集成》與《字學指南》

《集成》的編纂，不僅受到了許多前代韻書、字書的影響，而且影響了不少其後的韻書或字書。從筆者目前收集和研究的情況來看，《集成》對後代韻書的影響，主要體現在《字學指南》和《集要》等書上。此外，據李無未《〈辨音纂要〉所傳〈中原雅音〉》和《明抄本〈辨音纂要〉初探》[1]二文的研究，《辨音纂要》的韻目與《集成》完全一樣，而且引證了大量《集成》的語料，其編纂顯然是在一定程度上受到了《集成》的影響。這足以說明《集成》對後代韻書的影響絕不只是《集要》和《字學指南》，但限於課題組的研究能力，我們主要把研究精力放在這兩本書上。我們於第八章分析了《集成》與《集要》的關係，本章將討論《集成》與《字學指南》的關係。

第一節　《字學指南》簡介

一　《指南》作者及其編纂目的探析

《字學指南》（以下簡稱《指南》），共十卷。明朝朱光家撰[2]。刊成于明萬曆辛丑仲冬望日（即1601年，農曆十一月十五日）。

有關於編訂者生平事蹟的相關資料，我們雖經多方查找但仍無以得知。因此，我們只能在本書序言、作者引言、跋語中總結出關於朱光家的一些資訊：

[1] 李無未在此二文中詳細介紹了《辨音纂要》的寫作時間、編排體例及其引證的材料等，並列舉了一些語言事實來說明《辨音纂要》與《集成》的關係。

[2] 《字學指南》每卷卷首都標註有“上海後學謙甫朱光家輯註，社友洪州王圻、自齊陸從平校正”字樣。結合序文，可能朱光家的同鄉好友王圻，姻親陸從平等人也參加了最後的校正工作。特作説明。

（一）其好友王圻在為其寫的跋文中提到："余友槐里朱先生，少閒博士，業與余坎壈詞場者二十餘年，余幸博一第，而先生竟以儒官屏跡私門，窮研典籍，一意著述，尤究心于六書之學。"

（二）署名為海壖逸叟朱光家所寫的引言也提到作者自己的狀況："家世習舉子業，八試不偶，知無分矣。"

（三）其同鄉友人張仲謙在為《指南》寫的序言中提到："余友海上槐里朱先生，少負材諝，弗究於用。晚歲掩關謝事，獨留心書法，匯成一編，名曰《字學指南》。"

從中我們可以大致瞭解朱光家的情況：朱光家，字謙甫，自號海壖逸叟。明朝嘉靖、萬曆年間上海縣人。出生于讀書人家庭，有些許才氣，先後八次參加鄉試，皆是落榜。作者最終閉門謝客，專心於編寫《指南》一事。

作者在卷首《指南》引言中説明了自己編書的原因："嘗謂讀書必先識字。字要在正音，而正音考義須從翻切，雖胡僧了義之《字母》洩其秘而隱微罕究，進士郭恕之《佩觿》襲其跡而掛漏不經，至於《直音篇海》《字學集成》則音正旨明，義詳體備，其書既浩瀚而難窮，尤非寒素之所能辨也。余得覩是書之全，撿閲反覆，研窮考究，幸悟其機、明其理矣。"

由此可見，作者參看了前人的字學、韻學著作，主要有宋代郭忠恕的《佩觿》《直音篇海》以及《字學集成》等。在吸收前人編輯字典韻書經驗教訓的基礎上，同時也因為"字學有關世教而人持異説，各執己見，難乎家諭戶曉。是編若出，則世無不識之字，人無不正之音。從邑而郡，自近而遠，坦坦周行，人皆可由，無惑於他歧，不迷於曲徑"。懷著幫助後學識字正音進而通經作詩，讀書達理進而有裨世教的願望，作者開始其辛苦的著述生涯。

另外在書前有作者與其學生所寫的序言，其中詳細地交代了成書經過：

1. 王學詩在《原六書》中談道："學詩弱冠時，從先生游。先生于傳經授業之隙，即留意於字書，凡字書有資檢討、可廣見聞，不惜金為先生致之，至充架滿笥。先生每檢討有得疑義當參考者，即條分縷析，粘之案頭。不旬月間，窗牖戶壁皆滿，隨命學詩輩分類錄之。次月復然，積有年歲，漸成帙矣。學詩窗友俞顯卿、朱應麒皆以科第離函丈。

學詩與先生俱坎坷場屋，學詩歷貲受一職歸，而先生亦棄去舉子業，日益肆力於字書。學詩亦以閑曠助先生……"

2. 作者本人所寫《指南》引言也提到："……乃稽古考文之暇，于經書子史通用之字，有體一用殊，聲同義別或點畫辯於毫毛，音韻分乎唇舌者，即劄而記之。家世習舉子業，八試不偶，知無分矣。即援例就閑，退而檢平昔所劄記者，字分句析，依韻註釋，彙以成帙，帙之不盈尺，置之案頭，省翻閱之煩而得開卷之便。無束脩之費而有指示之益。名之曰《字學指掌》，言易見也。往謁洪州王公。公總角時與予同遊黌序，英資睿質、博學多通。余心師之，時宦，成家居茲，以就正焉。公又薦之。請裁于郡侯、太宗師，相與參互考訂、刪繁、正訛、拾遺、補闕……誠中國之指南，為更其名曰《字學指南》。家深契焉，命家梓以行世。家辭以耋耄昏荒，力所不逮。即邀家入郡，捐貲發粟，鳩工聚材，一力任之。家持以裁之自齋陸公……且曰字學之書不貴于博，在於簡而當，不尚於奇在於正而顯。是編簡而顯，當而正矣。欣然協贊其成，遂卜肆長春館，庀徒供役給以餼廩，乃□[1]以初夏肇工，仲冬望日竣業編成。"

由上可知《指南》是作者一生心血的結晶。作者在還未放棄科舉時就留心于此，利用讀書教學的間隙，在學生們的協助下完成了前期資料的收集、整理、修訂工作。在著者放棄科舉之後，更是閉門謝客，一心將所收集到的資料彙集整理，編寫成書，並把書命名為《字學指掌》。作者編書之事告知其好友王圻後，王圻十分認可該書的價值，認為此書為"中國之指南"，於是將書更名為《指南》，並在自己幫忙推敲的同時，也將該書介紹給知府許氏號繩齋者[2]指正。作者本人也請其姻親陸從平幫忙訂正，最後在王圻與陸從平的資助下，該書才得以刊成並流傳於世。

據《文字音韻訓詁知見書目》介紹，目前此書流傳於世的版本僅有一種，即明萬曆辛醜（二十九年）刻本（八行，大字十二，小字雙行，每行多至二十二字，左右雙邊，無刻工）。此刻本，現藏於上海圖書

[1] 此處文字，可能由於年代以及影印問題，已經不能看清。因此付之闕如。

[2] 王圻在《跋字學指南》中提到"因以就正于郡侯繩齋許老公祖，複為指示疑義，重加裁定……"。

館、安徽師範大學圖書館[1]。

《四庫全書存目叢書》經部第192冊與《續修四庫全書》經部第238冊都收有此書，都是據上海圖書館藏明萬曆刻本影印，原書版框高二百一十毫米，寬二百九十毫米。

本書所採用的《指南》本子是藏於本校圖書館的齊魯書社出版《四庫全書存目叢書》經部第192冊。

關於《指南》的作者、編纂時間及其編纂目的等，還可以從以下三段文字看出端倪：

文淵閣《四庫全書總目》卷四十三“小學類存目”釋《字學指南十卷》（浙江巡撫採進本）如下：“明朱光家撰，光家，字謙甫，上海人。是書成於萬歷辛丑……自三卷以下，則以韻隸字，併為二十二部，每一部以一字調四聲，如東董涷篤之類，各標一字為綱，而同音之字列於其下，如：蝀從東，懂從董，棟從涷，督從篤之類。”

卷首附有王圻《跋字學指南》指出：“先生竟以儒官屏跡私門，窮研典籍，一意著述，尤究心于六書之學。凡《埤》《倉》《廣雅》《古今字詁》《字統》《字林》《韻海》《韻集》《韻畧》及西僧反切諸書，靡不冥搜廣引，據古證今，刊訛削謬，類成一家言，名曰《字學指南》，珍藏室笥。余明農暇日購而讀之，則首之以審音辨體，次之以正誤釋艱，而復分係之二十二韻，以便檢閱，大都體裁以《說文》為正，而反切以梵學為宗……”

卷首亦附有《字學指南例論》：

“字之用有三：形體可象謂之文，文則豪釐必辨也。啟口出聲，有聲有字謂之音，音則稱呼必欲正也。文所該括，一字一理謂之義，則旨歸必欲明也。不得于文即不得于音，不得于音即不得于義。而發言下筆皆罔矣。故是編先于辨體正音。”

由此可知朱光家編纂《指南》主要是為了“辨體正音”，但《四庫全書總目》卷四十三同時也指出“其前二卷所列大抵漫無考證，如斷断、燈灯、來来皆上正下俗，而此書斷音短，断音段。燈為燈籠，灯為灯火，來為往來，来為来牟，均以臆自為分別，非有根據也”。說明《四庫提要》對其所謂“辨體”是持否定態度的。

[1] 陽海清、褚佩瑜、蘭秀英編《文字音韻訓詁知見書目》，武漢：湖北人民出版社，2002：14。

其實，《指南》的編纂目的，不僅僅是為了“辨體”，而是為了體現具有更廣泛意義上的辨識形音義的功能。這主要體現在卷一、卷二，這是《指南》與其他韻書或字書的一個重要區別。該書卷一、卷二所佔篇幅較大，列有“辨體辨音”“同音異義”“古今變體”“同音互體”“駢奇解義”“同體異義”“正誤舉例”“駢字轉注”“假借從譯”等內容。這些內容有的至今仍然十分有用，如 “同音異義”“古今變體”“同音互體”“駢奇解義”等，從字形、字體、字音或字義等方面進行比較和分析，都是大有裨益的。《四庫提要》所否定的，應該不是這些內容。從《四庫提要》所批評的內容來看，應當指“辨體辨音”這一部分的內容。此外，卷一中的“異體同音同義”，從現在看來，也是有問題的。下面，就以卷一所列的一組“異體同音同義”字為例，進行考證，分析其是非。

《指南》卷一列有“異體同音同義”，由二字到十三字同共12類。二字同，如和龢、崧嵩、旹時等共372組744字；三字同，如愓惖悐、櫂棹𦪙、恧忸䎤等共84組252字；四字同，如愞偄耎需、險嶮礆儉、饐咽噎餇、腕捥掔掔等共89組356字；五字同，如𥻨惸孛嫥嬛、訶苛呵荷何等共38組190字；六字同，如撰譔篹籑饌䐣等共25組150字；七字同，如班斑班頒朌（從肉）朌（從月）攽等共15組105字；八字同，如惰媠憜憜㥩隓隓墮等共13組104字；九字同、十字同、十一字同、十二字同和十三字同均各有2組。這些“異體同音同義”字，與今所言，頗有相左。我們以其所列十一字同的“競”字為例，檢討“異體同音同義”這一指稱的歷史演變。

《指南》所謂“異體同音同義”，現在看來顯然已經無法認定為異體字了。如耐需耎、苛呵荷何等，從現代漢語的角度來審視，不僅讀音已經不同，更不用說意義所發生的演變了。筆者認為，《指南》所列的這些“異體同音同義”字，由于音義已經發生了變化，它們大多數已經不同音同義了。

那么，在編纂者時代，這些“異體同音同義”字，是否屬於我們現在所説的異體字呢？這首先得從異體字的定義説起。關於異體字的定義問題，學術界至今還存在著較大的分歧。不少專家和學者至今還在為異體字的定義和性質的界定而胼手胝足。對於異體字的定義，歷來都有廣狹之分。就狹義層面來説，李運富指出漢字的本體研究應該分為字樣學、字構學和字用學[1]三個范疇，並把異體字放到這三個范疇中加以分析，而且認為“‘功能相同’才是‘異體字’的本質屬性，‘形體相同’只是次要的屬性”[2]。李國英則吸取蔣紹愚的定義方式和王力、裘錫圭所確定的異體字的范圍，從構形和功能兩個維度把異體字定義為“是為語言中同一個詞而造的同一個字的不同形體，並且這些不同的形體音義完全相同，在使用中功能不發生分化”[3]。裘錫圭指出：“嚴格地說，只有用法完全相同的字，也就是一字的異體，才能稱為異體字。”[4]如果從這一層面來看待《指南》的“異體同音同義”字，即使在編纂年代，也應當不屬狹義的異體字范疇。

而從廣義層面來界定的異體字，其尺度相對就較寬一些，如裘先生指出：“但一般所說的異體字往往包括只有部分用法相同的字。嚴格意義的異體字可以稱為狹義異體字，部分用法相同的字可以稱為部分異體字，二者合在一起就是廣義的異體字。”[5]裘先生所說的這種“部分異體字”，與李國英所說的“同詞異形”[6]大體一致。從這一層面來看待《指南》的“異體同音同義”字，那么在編纂年代，應該屬於廣義異體字的范疇。試以下文分析輔證之。

《指南》“異體同音同義”中所列的十一字同，共有2組22字。其中一組為：競競譩竸竸傹倞競𧬄誩譶，也即此十一字為異體同音同義字。考《指南》卷九“庚梗更格”韻的第三類去聲“競”韻下列有五個韻字（731頁）：

競：具映切。逐也；強語也；競同。

[1] 李連富在他的文章《關於“異體字”的幾個問題》（載《語言文字應用》2006年第1期，第74頁）指出：“漢字學的本體研究應該分為三個范疇，即以字樣、字體為主要內容的漢字字樣態學（簡稱字樣學）、以結構理據為主要內容的漢字構形學（簡稱字構學）、以字符職能為主要內容的漢字語用學（簡稱字用學）。漢字學的具體問題都應該分別放到這三個范疇內加以分析和解釋，異體字也不例外。”

[2] 李運富：《關於“異體字”的幾個問題》，載《語言文字應用》2006第1期第76頁。

[3] 李國英：《異體字的定義與類型》，載《北京師範大學學報》2007年第3期第49頁。

[4] 裘錫圭：《文字學概要》，北京：商務印書館，2005：205。

[5] 同上。

[6] 李國英在其文章《異體字的定義與類型》中指出：“我們可以把自從《一異表》公布之后，學術界對于異體字的界定從本質上分為兩種類型：1.異體字是同詞異形現象，即異體字記錄同一個詞的不同的書面形式，實質上包括了我們上面所說的同字關係的字，也包括記詞功能部分重合的字；2.異體字是同字異體現象，即異體字是為語言中同一個詞而造的不同形體及其書寫變異，范圍相當于我們上面所說的同字關係。”

倞：強。

傹：同（筆者按：應指同上內容）。

誩：爭言。

曔：明。

以上五字同音，“曔”不在此十一字之列，可以不管。依從“部分用法相同”的廣義的異體原則，“競競”同音同義，形體不同，符合異體條件；“倞傹”同音同義，形體不同，也符合形體條件。然考是書卷八“陽养漾藥”韻的第九類去聲中亦列有“倞”字，標註為“索。又遠也”。未標註又音。無法證實“競競”與“倞傹”互為異體字；同理，也無法證實“誩”字與上二組字互為異體字。這樣的狀況，可以從《類篇》和《集韻》中得到證實。考之二書，有以下情況：

（1）《類篇》卷七釋“譻”為：“於莖切。《説文》聲也。文一。”釋“譲”為：“渠映切，強語也，一曰逐也。文一。”

（2）《類篇》卷八釋“誩”為：“言也。古文作譻。渠慶切。誩，又巨兩切，又他紺切，又徒濫切，《字林》競：言也。文二重音三。”釋“譲競”為：“渠映切。《説文》強語也。一曰逐也，隸作競。文二。”

（3）《類篇》卷二十二釋“傹”為：“其亮切，強也。又渠耿切。文一，重音一。”釋“倞”為：“居良切，強也。又力讓切，遠也。又其亮切，又渠映切，文一，重音三。”

（4）《集韻》卷八去聲“映”韻中列有：“譲競譲”同作小韻首字，釋為“渠映切，《説文》強語也。一曰逐也，隸作競，或作譲，文十二。”下有“倞傹”釋為“《説文》大強也，或从傹”。“誩譻”釋為“《説文》競言也，从二言。古作譻”。

依據以上四條所列，“譲譲競竸”可算為異體。然，亦無法證實“倞傹”與上述各字為異體關係，主要在於釋語“強語也”與“強也”的差異上。然考之《廣韻》和《五音集韻》，則可證實二組形成異體，如：

（5）《廣韻》卷四，“競：渠敬切。爭也，强也，逐也，高也，遽也”；“倞，強也”。

（6）《五音集韻》卷十二去聲“勁”韻所列，“譲競譲”為一組，釋為“渠敬切。爭也；強也；逐也；高也；遽也”；“竸：俗”；“誩：爭言”；“譻：古文”；“倞傹：強也”。

雖然《説文》《玉篇》等都釋“競”為“強語也”。考《説文繫傳》卷五,釋“競”為“強語也。從誩，二人。一曰逐也。臣鍇按：《詩曰》：‘無競惟烈。’競，強也”。所以，筆者認為《廣韻》《五音集韻》釋“競”為“強也”可能就是依據徐鍇《説文繫傳》所釋。這樣，“誩誩競竸倞傹”已符合廣義原則下的同音同義異體。

考之《玉篇》卷九，誩部凡七字。“誩：競言也。”“誩：強語也，一曰逐也。”“競：同上（指與誩同）”。

竸競互為異體，有古書為證。如唐顏元孫《干禄字書》、元李文仲的《字鑑》和遼釋行均的《龍龕手鏡》等，都認為二者是俗體與正體的關係，竸為俗，競為正。

《集要》卷四“庚梗更格”韻的第三類去聲“競”韻下則只列兩個字：競：具映切，盛也，彊也，爭也，逐也，高也，遽也。倞：強也，《詩》“秉心無倞”。考《四庫全書》，共有39處匹配，其中38處寫作“秉心無競”，一處寫作“秉心無強”。《詩集傳》卷十七有兩種表達，一為“秉心無競”，一為“秉心無強”。《詩緝》卷二十九“秉心無競”釋為：“《傳》曰：競，強也。今曰謂自強也，執競武王。”《詩傳通釋》卷十八、《詩經疏義會通》卷十八、《詩傳大全》卷十八、《欽定詩經傳説彙纂》卷十九等的“秉心無競”下均註“競”為“叶其兩切”。《待軒詩記》卷七、《詩經通義》卷十等亦註音為“其兩切”。《詩經世本古義》卷十六“秉心無競”后釋“競”為：“敬韻，亦叶漾韻，其亮翻。《五經文字》作倞。”《通雅》卷八則明言“《五經文字》：《詩》‘秉心無倞’即無競”。《呂氏家塾讀詩記》卷二十七則釋“君子實維，秉心無競，誰生厲階，至今為梗（古杏反）”。維與階押、競與梗押，當為交韻。可見，把“競”釋為“叶其兩切”，是不符合語言事實的。《指南》與《集要》所釋，當為正：“敬韻，具映反，強也”，使得“競”與“倞”成為一組“異體同音同義”字。

《龍龕手鏡》言部上聲“誩”：“其兩反。競言也。”[1] 立部去聲列有三字：“竸：俗”；“競：古”；“競：正。擎敬反。爭也，強也，逐也，高也，遽也。”人部去聲“倞”釋為“音競。強也。《玉篇》又音亮，信也”。

[1] 釋行均：《龍龕手鏡（高麗本）》，北京：中華書局，2006：45.

這樣一來，《指南》所列的這一組字中，除“竸䜋”二字無法找到相關字源外，其他字從廣義的角度來分析，屬於“異體同音同義”字應該是不成問題的。

從字書所列，可以大致看出隨著時代的演變，漢字異體的情況也在發生演變。如《干禄字書》列有“竸競敻夐勁勁”為同音同義字，且“上俗下正”。而從“用法完全相同”的原則來看，這些“異體同音同義”字從狹義上來説，顯然已經不能算作“異體字”了。那麼作者為何把這么多字都列為異體呢？一方面，可能是作者認為只要有相同的義項，讀音相同，寫法不同的一組字就可以算作“異體同音同義”；另一方面，也可能是朝代的發展導致語意的變化，正如王繼洪所指出的：“在漢字演變過程中，形聲字的比例在不斷地加重，這是漢字從象形的表意文字向符號的表意文字進化的標誌。這一現象從衆多的異體字中也可以得到證明，或者説，異體字數量的大幅增加，是與漢字總體向形聲化方向發展是同步的。一個新字的產生或定型需要有廣泛的選擇性，需要有約定俗成的過程，不少異體字就是這個過程的產物。”[1]因此，即便在作者年代，這些“異體同音同義”也只能是廣義上的，而不可能是狹義上的。但是，這些字確實存在相同的義項，説它完全是“以臆自為分別，非有根據”似乎太過了些。

從傳統小學的角度來劃分，《指南》與前一章所分析的《集要》應當都屬於韻書的範疇，因為二者都是依韻列字，且每卷前面都列有各韻的韻目表。但二者在編纂體例上，存在較大的區別。《集要》除了書前列有“切字要法”外，就直接切入各韻目錄表和各韻的正文。而《指南》則在目錄表之前列有“字學指南例論”、“六書解義”和“辨音五音要訣”三個部分的內容。此外，還在目錄表之後用了兩卷的內容來分析形音義及其辨識問題，從這一角度上看，《指南》更具有綜合性工具書的性質。那麼，《指南》的編纂目的是否如此呢？我們可以從下文的“註釋形式”中窺見一斑。

二 《指南》的註釋形式

《指南》的註釋涉及字義、字形和字音三個部分。與一般韻書的註釋不同，除釋義和註音外，《指南》還特別對一些字形進行標註，

[1] 王繼洪：《異體字與漢字學研究》，載《上海大學學報》1999年第4期，第51頁。

是《指南》的一個特點。現將《指南》的音註與形註部分的形式總結如下：

首先，音註部分：

（一）標註本音

1. 某，某某切。如：

（1）東：德洪切。 （2）董：多動切。 （3）涷：多貢切。

（4）篤：都毒切。 （5）支：旨而切。 （6）齊：前西切。

（7）皆：居偕切。 （8）真：之人切。 （9）覃：徒含切。

（10）鹽：移廉切。

除了東韻十七類的上聲“雍”字以直音標註（雍：音勇）外，其餘註音之字都使用反切來標註。本類標註均標註於各個小韻首字之下，統轄該小韻下所有韻字的讀音。

2. 標註助紐。如：

（1）排：貧駢母。 （2）埋：民眠母。 （3）勤：擎虔母。

（4）因：因焉母。 （5）欣：興軒母。 （6）寅：刑賢母。

標註助紐字就是標註其聲母。《指南》對小韻首字的註音十分有特色，除標註切語外，還用助紐字標註每個四聲相承的小韻的聲母類別，而且只於每個四聲相承的韻類的平聲韻中標註，上去（入）聲中均不標註。

（二）標註又音

某些字除了與其小韻首字同音之外，還有其他多種讀音。作者在書中運用下列多種方式標註這些多音字：

1. 以直音標註又音，基本格式為：某：又音某。並在此基礎上衍生多種格式。如：

（1）竺：又音竹。 （2）㕙：亦音俊、音詮。

（3）淛：亦音浙。 （4）台：又音胎、臺。

（5）涯：又音牙、音崖。 （6）思、厶：又音墟、又音毋。

（7）禺：虞、遇二音。 （8）施：又移、以、異三音。

（9）澌：亦私、西二音。 （10）譔：一音篆、一音僎。

2. 以反切標註又音，基本格式為：某：又某某切。並在此基礎上衍生多種格式。如：

（1）寅：又夷真切。 （2）曳：又延結切。

（3）矍；攫；戄；钁；玃；躩；貜：以上七字，又收丘縛切。

（4）觿：許規、户圭二音。 （5）撬：又蕭韻丘夭切。

（6）畜：又許六、昌六切。 （7）倪：又妍奚、妍計二切。

（8）賧：又吐濫切。（9）實、寔：又神質切。（10）劾：又胡得切。

3. 以聲調標註又音，基本格式為：某：又某聲調。並在此基礎上衍生多種格式。如：

（1）倲：又去聲。 （2）奉：又收上、去聲。

（3）非：又上、去二聲。 （4）酟：亦讀平聲。

（5）窆：字從去、入聲。 （6）仗：上、去二聲通用。

（7）近：遠近之近則上聲，附近則去聲。 （8）猗：又上聲。

（9）涞：義同平聲。 （10）跨：又去聲。

4. 還有個別字使用直接標註讀音數的。但此形式出現不多。如：

（1）賁：有七音。 （2）朿：亦兩音。 （3）賁：有七音。

（4）茀：有五音。 （5）比：有六音。 （6）蹻：有五音。

5. 除以上的方式外，本書還有其他標示多音的方式，但僅有一個例證：

嶽；獄；鸑；樂：以上四字，又收藥韻。

（三）引用書籍

《指南》也出現了一些引用其他書籍音讀的情況。例如：

1. 失：《晉史》音試。2. 戲：《大學》音呼，又《韓信傳》則讀麾。

3. 訟：舊韻去聲，《詩》作平聲。 4. 室：《協韻》去聲。

5. 議：《詩》叶平聲。 6. 底：《書》又讀止。

7. 銀：又《正韻》音寅。 8. 詔：《禮記》讀作紹。

9. 嘉：《詩箋》音戶嫁切。 10. 沾：《唐書》註：式贍切。

其次，形詳部分：

作為一本字書與韻書兼備的著作，在《指南》的韻書部分，作者在排列韻字的同時，順帶提及此字的異體、俗體、通假、古今字等情況。這是該書的一大特色。

（一）某：亦作某。並在此基礎上衍生多種格式，例如，某：又作某。如：

1. 維：亦作雍。 2. 溽：亦作闒茸。 3. 謚：亦作謚。

4. 傂：亦作虒。 5. 筋：又作竻。 6. 犀：又作棲。

7. 呪：亦作說、詋。 8. 愬：亦作愒、憩。 9. 暱：亦作昵。

10. 佗：亦作他、它、蛇。

（二）某：某同。並在此基礎上衍生多種格式，例如，某，與某同；某，同某等。如：

1. 嚳：俈同。 2. 祇：示同。 3. 拳：同棫。

4. 摯：與鷙同。 5. 希：少也，與稀同；望也，與睎同。

6. 涕：淚洟同。 7. 噲：與快同。 8. 鎚：錘同。

9. 帥：率同。 10. 於：籲同。

（三）某：某同上。並在此基礎上衍生多種格式，例如，某：某同；某：某上同；某：某與上同等。如：

1. 緫：摠同上。總：同上。2. 虢：虢同。 3. 拱：共上同。

4. 值：直與上同。 5. 湧：涌同。

6. 齏：整同上；韲亦同上；齍俱同上。 7. 棲：棲：同上。

8. 實：寔；實；宲：併同上。9. 鞋：鞜同；鞻同。 10. 祇：祇同上。

（四）某：通作某。並在此基礎上衍生多種格式，例如，某：某通；某：亦某通；某：與某通；某：亦與某通；某：通作某；某：某某通用；某：與某某通用；某：通某。如：

1. 阬：通作鞠。 2. 史：通作使。 3. 父：古父、甫通用。

4. 筒：通簫。 5. 蕃：與蚩通。 6. 黻：亦與紱通。

7. 裷：裷、褫通用。 8. 荐：與薦、洊通用。 9. 岨：岏通。

10. 凋：亦彫通。

（五）某，或作某。並在此基礎上衍生出某，或用某這一格式。例如：

1. 筒：或作洞。 2. 訾：或作貲。 3. 癠：或作臍。

4. 跐：或作刵。 5. 焠：或用淬。 6. 循：或用紃。

7. 憀：或用聊。 8. 酶：或作媒。 9. 癩：或作癘。

10. 磽：或作墽。

（六）某：古某字。並在此基礎上衍生多種格式，例如，某：古作某；某：古文某字。如：

1. 仝：古同字。 2. 飛：古蜚字。 3. 爕：古義字。

4. 戲：古文呼字。 5. 敕：古陳字。 6. 恐：古作忎。

7. 觸：古作牛角。 8. 匪：古作篚。 9. 它：古作蛇。

10. 叟：古作叜。

（七）某：單作某。並在此基礎上衍生出某：單用某這一格式。如：

1. 擁：單作雍。　2. 衕：單作甬。　3. 犝：單作童。
4. 睎：單作希。　5. 迊：單用帀。　6. 愈：單作俞。
7. 隧：單作遂。　8. 偃：單作匽。　9. 圓：單作員。
10. 肮：單作亢。

（八）某：俗作某。並在此基礎上衍生多種格式，例如，某：俗為某；某：俗某字。如：

1. 頤：俗作頣。　2. 邇：俗作迩。　3. 麁：俗為麤。
4. 冣：俗作最。　5. 盡：俗作儘。　6. 獻：俗作献。
7. 孌：俗作变。　8. 效：俗作効。　9. 帀：俗作匝。
10. 牀：俗作牀。

（九）某：本作某。如：

1. 謻：本作移。　2. 謚：本作諡。　3. 慕：本作慕。
4. 俛：本作俛。　5. 樽：本作尊。　6. 熱：本作埶。
7. 瘦：本作瘦。　8. 圓：本作圜。　9. 馱：本作佗。
10. 吒：本作叱。

（十）某：今作某。例如：

1. 悆：今作塗。　2. 泭：今作桴。　3. 掔：今作腕。
4. 晅：今作烜。　5. 羑：今作羔。　6. 穢：今作荒。
7. 娉：今作聘。　8. 艁：今作造。　9. 塗：今作搽。
10. 薹：今作疍疍。

（十一）某：借作某。並在此基礎上衍生出兩種格式，例如，某：藉為某與某：藉作某字。但此形式出現不多，如：

1. 從：今藉作從。　2. 囪：俗藉為悤。　3. 盭：藉作戾字。
4. 縣：藉作懸字。

（十二）引用書籍。

《指南》也常常出現引用其他書籍、經典中該字的字形情況。如：

1. 鐘：《周禮》作鍾。　2. 爞：《詩》作蟲。
3. 鏤：《毛遂傳》作嫁，《馬援傳》作陸。　4. 施：《易》作移。

5.䅸：《廣韻》作秢。6.黎：《國書》作黎。7.苦：《西字賦》通楛。
8.秷：《書》作銍。 9.鷗：《列子》作漚。
10.跨下：《史記》作袴下，《漢書》作胯下。
（十三）其他：
1.誼：唐明皇詔，改作義。2.礎：隸作從。 3.臟：經典作藏。
4.華：經史通作華。 5.臣：武后作恧。

以上只是就《指南》各種音註和形註體例進行舉例性説明，韻書裏都不乏其例。此外，本書音註和形註引用到的古籍還有：《禮記》《左傳》《公羊傳》《谷梁傳》《唐書》《晉史》《宋史》、包括史書中的個人傳記，例如《鄒陽傳》《相如傳》《孔興傳》等，《老子》《莊子》《淮南子》《詩傳》《爾雅》《集韻》《説文》《國語》《考工記》《方術要法》等，其中包括唐詩、漢賦以及石鼓文。

從《指南》上述的音註體例可以看出，本書中的一字多音部分，值得我們繼續深入探討。這不僅是因為該書對又音的註釋體例很豐富，而且可以讓我們對該語音系統的多音字有個較全面的認識。對該書又音標註的探究，或許還可以彌補研究“本音”的不足，甚至還能從中獲得一些歷時語音材料。這對於《指南》音系的研究，無疑具有相當重要的作用。遺憾的是，全書中又音字的數量很多，我們難以在短期之内作仔細的分析和處理，因此本書主要依據“本音”的反切，來探究《指南》的語音系統。此外，對於《指南》豐富的形註内容，也只能留待今後或是其他學界同人去挖掘這座豐富的寶藏。

三　《指南》與明代上海方言

朱光家是上海縣人。結合《指南》正文之前的序文來看，作者生活及遊歷的範圍亦不廣，大概終其一生都在上海一帶。耿振生認為：“各個作者總是把他熟悉的方言作為著書的重要根據。”[1]林慶勳進一步指出：“一個人受母語影響相當大，無論成長後在什麼方言地區發展，當他編輯韻書或韻圖時，必然多少受到母語的制約。”[2]因此《指南》所反映出來的音系，很可能與明代吳語上海方言關係密切。

[1] 耿振生：《論近代書面音係研究辦法》，北京：北京大學出版社，1999：356。
[2] 林慶勳：《明清韻書韻圖反映吳語音韻特點觀察》，載《聲韻論叢》2005年第14期，第91頁。

根據錢乃榮的研究："以'上海'相稱的聚落，最早見於北宋熙寧十年（1077年）《宋會要輯稿》，該書稱在華亭縣（後稱松江縣）的東北方，有一個名叫'上海務'的管理酒類買賣和征酒稅的集市……後來到了南宋，吳淞江開始淤塞，原來在吳淞江上的大港口青龍鎮為上海務替代……宋元之交，上海已發展為華亭縣東北的大鎮。到元至和二十八年（1291年）析華亭東北五鄉置上海縣時，縣治就在宋代的上海務處，在這裡形成了一個規模較大的人口聚居中心……大致就在上海縣的地域內，縣治的人口向周圍逐漸擴散，語言也形成了一個有別於松江方言的上海方言區。"[1]考明嘉靖三年（1524年）《上海縣誌》，書中介紹上海方言語音到"方言語音視華亭為重"。[2]華亭縣在松江府治下，由此可知當時上海人是以松江方言為基礎的，上海方言與松江方言應該相差無幾。因此，當時的上海方言與朱光家以及書中所提到的另外幾位校改者的母語應當相差不遠。

目前能夠查檢得到的關於明代上海方言的研究成果比較少。據我們檢索，成果中主要有兩篇論文，分別為許寶華、游汝傑所寫的《方志所見上海方言初探》以及馬重奇所寫的《明末上海松江韻母系統研究——晚明施紹莘南曲用韻研究》與本書研究關係密切，值得關注。

許寶華和游汝傑兩位先生根據所能見到的現代上海市所轄地區的方志中關於方言的記載為依據，對明清上海方言作了盡可能詳細的研究，取得了豐碩的成果。馬先生則是通過系聯明萬曆天啟年間著名南曲作家施紹莘的作品韻腳，並結合明清戲曲理論及現代松江方言，考證出明末松江方言擁有韻部17個、韻母47個。這些都是我們考察《指南》語音系統的重要參考資料。

但是我們注意到，作者的最終目的是使"人無不正之音"、為"中國之指南"。且書中延續明朝官韻《正韻》22韻部的安排，而與馬先生所考證的明末松江方言的17個韻部有較大不同。由此可知該書不應是一本僅反映上海方言的韻書，而可能是本讀書音與方音相混合的綜合性的韻書。至於具體的情況如何，我們還需要進一步分析其聲韻調系統，以便更好地確定其音系性質。

[1] 錢乃榮：《上海語言發展史》，上海：上海人民出版社，2003：1—2。
[2] 劉民鋼：《上海話語音簡史》，上海：學林出版社，2004：136。

第二節 《指南》聲韻調系統

《指南》和《集要》一樣，傳承了《集成》的編纂體例。即在正文前都列有各個韻部的目錄表，從這個目錄表中，讀者很容易看出該韻部的聲類、韻類、聲調及其拼合關係，目錄表中的一個字就代表韻書中的一個小韻，因此笔者將此目錄表统稱為小韻首字表[1]。其實，這個目錄表就是一張張的韻圖。耿振生認為："韻圖和韻書相配合是明清時期比較流行的一種編撰方法。"[2]耿先生認為，《集成》屬於"把書、圖合在一書中共用一個名稱"的那一類。筆者十分認同這一觀點，並認為《集要》和《指南》與《集成》同屬一類。這幾本韻書的等韻圖音係面貌較宋元等韻圖就有很大改變：聲母方面，不再拘泥于傳統三十六字母，而是依據作者當時的實際語音或讀書音所描繪出來的聲韻調圖。這一時期的許多韻書都有此特點，通過音係分析，大體能夠看出一些實際語音的特點。聲類方面，如《集要》的二十七母，《聲韻會通》的二十八母；韻母方面，合併、簡化中古韻部成為當時分韻的主要趨勢，如《韻學大成》分二十八韻，《指南》分七十六韻；介音方面：中古的開合四等發生了重大變化，逐漸變成了開、齊、合、撮四呼。筆者認為，《集成》《集要》和《指南》中的韻圖都能夠體現這一時期韻圖的特點。具體來説，可以從《指南》的聲韻調分析看出一些端倪。

一 《指南》聲母系統

（一）《指南》的聲類

《指南》共有反切二千二百一十一個，其中有四百八十二個反切上字，八百三十五個反切下字。其中，東韻第17類上聲雍字以直音標示。另有4個小韻首字没標明反切。它們分別為：灰韻第14類去聲税字，山韻第31類入聲伐字，瓜韻第2類去聲跨字，鹽韻第20類平聲甜字。還有一個

[1] 關於《集成》的小韻首字情況，可以參考本書附錄一，也可能參考《〈韵学集成〉研究》第19頁的介绍。

[2] 本段引用詳見《明清等韻學通論》第14、15頁相關論述。

是反切重複出現並且應刪除其中一個的：真韻第23類入聲失字[1]。我們可以通過對《指南》的反切上字歸納分析來考證《指南》的聲母系統。

我們上文已經提及《指南》的一個顯著特點就是每組小韻首字的第一個字下，作者絕大多數會標明助紐。考察《字學指南例論》，作者指出："知切之難，難於用母，是編首標之字本直音易曉亦註翻切，即填應用字母於旁覽者，依倣默切久而熟便……"這說明作者將助紐等同於字母，並且用來教人拼讀字母反切。因此助紐在《指南》的聲類歸納中也有一定的影響。但在實際系聯過程中，我們發現不能夠嚴格依據其助紐字來歸納聲類，這一點我們在後面的分析中會具體談到。

通過運用陳澧的反切系聯法對《指南》所有小韻首字的聲類進行考察，我們認為《指南》的聲類共有29類。這二十九類聲母所屬助紐及其對應中古聲母的具體情況見表二十八：

表二十八：《指南》聲母及助紐與中古聲母對應關係

《指南》聲母	所屬助紐	對應中古聲母
補類	賓邊	幫
普類	紕偏、娉偏、俜偏	滂
蒲類	貧駢、頻駢、嬪駢、頻便	並
莫類	民眠	明
方類	分番、分翻	非、敷
符類	焚煩、墳煩	奉、微
都類	丁顛	端
他類	汀天	透
徒類	亭田	定
奴類	寧年、銀言、迎研、迎年、迎妍、紉聯、紉年	泥多、娘多、疑少
力類	鄰連、零連	來
子類	津煎、精箋、精煎、征氈	精、莊
七類	親千、青千、清千、嗔梴	清、初

[1] 考察此字，其反切為式質切，下收室、鞓、實三字，而在真韻第28類又入聲中也有標明反切為式質切的失字，其所收入的字為室、厔、鞓、實、寔，並且釋義大致相同。考察真韻目錄，真韻23類中沒有入聲失字。根據韻書收字的常例，我們懷疑這是作者的一個失誤，因此將其去除。

續表

《指南》聲母	所屬助紐	對應中古聲母
徂類	情全、秦潺、秦前、秦全、晴全	從、邪多、崇
蘇類	新仙、新先、星先、星仙	心、生
詳類	錫涎、錫前	邪少
之類	征氈、征專、迍氈、迍邅	章、知
丑類	嗔昌、稱川、稱川	昌、徹
直類	澄纏、陳纏、澄廛、陳廛、乘纏、成纏	澄
式類	身羶、升羶	書
時類	人然、繩然、神禪、榛潺	船、禪、日
而類	人然、繩然、神然	日
古類	經堅	見
苦類	輕溪	溪
渠類	勤虔、擎虔	羣
五類	銀言、迎研、迎年、迎妍、刑賢	疑多、娘少、泥少
烏類	因煙、因焉、英煙、刑賢	影
呼類	興軒	曉
胡類	寅延、盈延、銀言、刑賢、迎研	云、匣、以

《指南》29個聲母的代表字是取該聲母的反切上字中所使用次數最多的，主要是為了能在行文上更便於指稱，避免與中古聲類混為一談（反切上字表見下文）。最後一欄所列的與中古三十六字母對應關係是從大體上而言的，各中古聲母之間所存在的少數聲母相混情況並沒有在表中體現出來，其中若另有分化條件的，則使用小字標註在聲母後面。從表中可看出助紐存在混用的情況，比如：時母中使用了助紐“人然、繩然”，同時“人然、繩然”也在而母中使用；又如：助紐“銀言、迎研、迎年、迎妍”為五、奴二母所共用，等等。此外，助紐字的使用有時也與小韻首字重字，造成一定的解讀混亂。如先韻第四類平聲“烟”韻：因肩切，因烟母；第二十四類平聲小韻首字“蓮”：零年切，零蓮母。助紐字與被釋的小韻首字有重字，這也是其助紐字使用混亂的一個表現。至於這些聲母之間為何會產生助紐混用的情況，我們在後文中會具體解釋。

上列29個聲母中，其來源與內容大致與中古聲類等同而沒有太大變化的有：唇音補類（幫）、普類（滂）、蒲類（並）、莫類（明）；舌音都類（端）、他類（透）、徒類（定）、力類（來）；牙音古類（見）、苦類（溪）、渠類（羣）；喉音烏類（影）、呼類（曉）等13個聲母。而剩下的16個聲母，或分開或合併，也多能與吳語方言的聲母系統相呼應，這也是《指南》的特色所在。我們在下文中會就此一一討論。

（二）《指南》反切上字用字表

我們將《指南》所用反切上字分類列出於下。右下所標數字表示該字作為反切上字出現的次數，無數位顯示的表示此字只用了一次。

（1）　補類：補$_{17}$博$_{10}$誧$_{7}$必$_{6}$布$_{6}$悲$_{4}$卑$_{3}$陂$_{2}$晡$_{2}$北奔比彼畢壁兵伯邊邉班邦

（2）　普類：普$_{26}$匹$_{11}$披$_{5}$鋪$_{3}$紕$_{3}$滂$_{2}$丕僻篇頗樸

（3）　蒲類：蒲$_{22}$薄$_{6}$毗$_{6}$步$_{5}$部$_{5}$婢$_{3}$皮$_{3}$傍備弼避簿裴菩

（4）　莫類：莫$_{36}$謨$_{7}$眉$_{6}$母$_{4}$彌$_{3}$彌$_{3}$忙美蒙靡弭覓綿名末謀

（5）　方類：方$_{10}$斐甫府俯/敷$_{6}$芳$_{3}$孚$_{2}$妃

（6）　符類：符$_{11}$房$_{5}$扶$_{3}$逢馮/無$_{4}$罔文巫武

（7）　都類：都$_{26}$丁$_{18}$多$_{12}$當$_{5}$得$_{3}$德典東董覩

（8）　他類：他$_{13}$吐$_{7}$土$_{5}$湯$_{2}$通$_{2}$台惕天統讬托

（9）　徒類：徒$_{34}$杜$_{10}$大$_{3}$唐$_{3}$堂$_{2}$達$_{2}$待$_{2}$蕩$_{2}$笛敵度亭同屠陀

（10）　奴類：奴$_{27}$乃$_{20}$那$_{2}$囊$_{2}$昵年農弩/女$_{12}$尼$_{2}$/魚$_{14}$研$_{3}$語宜牛偶

（11）力類：力$_{22}$盧$_{15}$郎$_{14}$魯$_{9}$良$_{6}$離$_{3}$龍$_{3}$裏$_{2}$曆$_{2}$來勞黎連兩劣鄰淩零籠蘆落閭

（12）子類：子$_{43}$祖$_{8}$即$_{7}$作$_{7}$將$_{6}$則$_{6}$資$_{4}$宗$_{3}$咨$_{3}$臧$_{3}$茲$_{2}$津$_{2}$賫卽牋節積租/側$_{10}$莊菑$_{3}$阻 /竹$_{2}$

（13）七類：七$_{36}$倉$_{12}$千$_{12}$此$_{7}$取$_{4}$采$_{2}$且$_{2}$蒼雌促村戚逡/初$_{12}$楚$_{8}$測創/齒/醜

（14）徂類：徂$_{15}$慈$_{10}$疾$_{9}$才$_{8}$昨$_{8}$在$_{5}$前$_{2}$牆$_{2}$財從嵳盡靖齊秦情/助$_{5}$鋤$_{4}$鉏$_{4}$牀查雛狀/徐$_{4}$詳$_{3}$似席象/丈$_{2}$直茶

（15）蘇類：蘇$_{23}$息$_{16}$先$_{12}$思$_{9}$須$_{5}$悉$_{4}$想$_{3}$桑$_{3}$私$_{2}$司斯聳孫損昔相新雪/所$_{16}$山$_{4}$師$_{3}$色$_{2}$數$_{2}$沙生疏疎蹠

（16）詳類：詳$_{3}$似$_{4}$徐$_{4}$隨祥旬

（17）之類：之$_{16}$止$_{6}$朱$_{5}$職$_{5}$諸$_{4}$專$_{2}$章$_{2}$支耽主旨/知$_{5}$陟$_{5}$質$_{2}$株竹 /側$_{3}$

（18）丑類：醜$_{14}$尺$_{10}$齒$_{2}$[1]蚩$_{2}$敞稱充春樞/昌$_{14}$敕$_{4}$抽$_{3}$恥楚

（19）直類：直$_{24}$除$_{4}$呈$_{3}$池$_{2}$持$_{2}$柱$_{2}$丈$_{2}$杖治仲重逐長陳

（20）式類：式$_{17}$屍$_{4}$始$_{4}$失$_{3}$詩$_{3}$書$_{2}$舒$_{2}$商$_{2}$賞申升矢試施輸/朔色師所

（21）時類：時$_{13}$神$_{4}$食$_{3}$丞$_{2}$上$_{2}$常辰承尚石實市是視殊豎/而$_{7}$如$_{4}$忍$_{2}$儒人仁日/鉏

（22）而類：而$_{6}$如$_{5}$儒$_{2}$乳2爾爾人仁忍

（23）古類：古$_{55}$居$_{47}$姑$_{6}$吉$_{6}$舉$_{4}$堅$_{3}$公$_{3}$經$_{2}$厥$_{2}$佳斤柯各賈葛規攻沽激圭吃訖涓俱

（24）苦類：苦$_{33}$丘$_{28}$口$_{10}$枯$_{6}$乞$_{6}$驅$_{6}$區$_{4}$曲$_{2}$克$_{2}$空$_{2}$孔$_{2}$窺$_{2}$欺$_{2}$棄$_{2}$牽康可去祛

（25）渠類：渠$_{21}$巨$_{17}$具$_{4}$其$_{3}$極$_{3}$求$_{2}$逵$_{2}$忌$_{2}$竭臼祁奇

（26）五類：五$_{25}$魚$_{17}$牛$_{7}$語$_{4}$宜$_{2}$牙$_{2}$俄疑訛鄂阮吾逆

（27）烏類：烏$_{44}$於$_{42}$乙$_{7}$伊$_{6}$一$_{3}$衣$_{3}$倚$_{2}$隱$_{2}$安$_{2}$遏$_{2}$鴉么依益因縈紆嫗阿汪委/於/已

（28）呼類：呼$_{40}$許$_{30}$虛$_{13}$虎$_{6}$虗$_{5}$火$_{4}$荒$_{2}$迄$_{2}$休$_{2}$籲$_{2}$毀霍況曉忻噓翾黑忽

（29）胡類：胡$_{54}$下$_{13}$戶$_{10}$何$_{7}$侯$_{3}$乎$_{2}$形$_{2}$亥寒河曷洪花奚轄弦/以$_{10}$弋$_{6}$羊$_{3}$夷$_{3}$ 餘$_{3}$餘$_{2}$移$_{2}$延寅尹/於$_{10}$雨$_{2}$為雄尤羽禹越云雲/魚五虞遇

（三）《指南》聲母系統特點

在上文中，我們提到根據作者在《字學指南例論》中所提出的編纂安排，《指南》中的助紐安排應該也會對其聲類的劃分有很大的影響。可是我們在實際的係聯中卻發現了助紐與聲類劃分並不是嚴格對應的情況（見表二十八）。這個部分的內容在我們研究《指南》聲類之前，需要先介紹一下。

助紐是中國韻書發展過程中的一個特殊現象。簡單地說，助紐是韻書編輯過程中用於輔助拼讀反切切語的一組雙聲字和一種方法。助紐字

[1] 先韻第27類上聲闡字，《字學指南》所註反切為此善切，此字中古清母。考察此小韻其他諸字反切上字分別為抽、敕、尺，中古屬徹母與昌母，助紐稱川母，稱川中古也是昌母。考察其他韻書：《洪武正韻》《字學集要》闡字皆為齒善切，齒字中古昌母。綜合《字學指南》的聲母特點後（見下文），我們認為此處闡字應改為齒善切。因此反切上字表由此、齒，改為齒、齒。

系統可以推溯至宋代《玉篇》卷首的《切字要法》[1]。直至明代，助紐系統還被一些韻書所採用，如：元代福建建安刊刻的《事林廣記》中的“切字要法·六十字訣”，元明之際陶宗儀《南村輟耕錄》中的“射字法”以及明代章黼《集成》中的“七音清濁三十六母反切定居”，　明代陶承學、毛曾重訂的《集要》中的“切字要法”等。但助紐在韻書編纂過程中所承擔的主要作用也是隨著韻書編纂發展歷程而不斷變化的。筆者在文中指出：在《玉篇》時期，助紐字的主要作用是輔助拼讀字母的反切上字，但到了宋元時期，它所起的輔助拼讀作用慢慢弱化，逐漸成為一種替代字母的名詞。而到了明清時期，助紐系統的作用已經顯得混亂。筆者在文中指出：在《集成》中，其所列的助紐字的地位與字母相同且並存，但助紐字與字母的關係並不是一一對應。並且認為《集成》中的助紐字已經成為一種擺設，不能嚴格地把這些助紐字作為歸納聲類的依據。與《集成》中的助紐字相比，《集要》中的助紐字也與字母相當且並存，更重要的是《集要》的助紐字是真正用於輔助字母拼讀的。可見《字學集要》助紐字的作用是《集成》助紐字所不能比的[2]。

通過對表二十八的分析，我們發現《指南》中的助紐字與聲母的地位是相同且并存的，但是其助紐字與聲母不是一一對應的。《指南》對助紐的用字似乎比較隨意，如詳類，其對應中古聲母為邪母。同為詳類的助紐，其名稱就有餳涎、秦全、餳前等，顯然，前（從，中古聲母，下同）是無法與餳（邪）成雙聲的，造成這種情況的，要麼是編輯者失誤，要麼與方言有關（按：如果與方言有關，在同樣反映吳語方言的韻書《集要》中的助紐系統應該會有體現，但是我們並沒有看到《集要》有相關情況。因此我們認為編輯者出現失誤的可能性更大。另外，同樣的現象我們還能從《集成》中觀察到）。此外，在《指南》中有時候幾個助紐只代表一個聲類，如：人（日）然（日），繩（船）然，神（船）然等共同表示而類（中古對應日母）。但有時候某一助紐字在代表一個聲類的同時也與其他助紐字同表一個聲類（如征氈）。另外有些小韻並沒有標明助紐，如：東韻第31類“琫”韻，灰韻第14類“水”韻，皆韻第21類“柴”韻。除此之外有部分韻沒標明助紐的韻部還有：

[1] 王進安、李紹羣：《宋元明清韻書編纂中“助紐”的傳承與演變》，載《福建師範大學學報(哲學社會科學版)》2008年第5期，第93頁。

[2] 同上書，第95—98頁。

真韻、山韻、蕭韻、瓜韻、嗟韻、陽韻、庚韻等7個韻部。還有些小韻助紐字明顯用錯，例如：鹽韻第22類“砭貶窆”，反切上字為悲（幫）、悲（幫）、陂(幫)。但是此類卻標了兩個反切上字，一個標在平聲“砭”下，標明為賓邊，一個表在去聲“窆”字下，標明經堅。但經堅中古都是見母，並且與作者所規定的助紐體例不同。這種與《集成》相似的對助紐的隨意應用現象，讓我們覺得在《指南》中的助紐功用已經弱化。因此我們在歸納聲類的過程中，只是將助紐字作為一種分類的參考，而並非嚴格地依據助紐來分類[1]。為使這二十九個聲母的五音歸類更加清晰，我們將其與五音、清濁的關係列成如表二十九：

表二十九：《指南》二十九聲母的五音分類

清濁 五音		全清	次清	全濁	次濁	清	濁
牙音		古類	苦類	渠類	五類		
舌音	舌頭	都類	他類	徒類	奴類		
	舌上			直類			
唇音	重唇	補類	普類	蒲類	莫類		
	輕唇	方類		符類			
齒音	齒頭	子類	七類	徂類		蘇類	詳類
	正齒	之類	丑類			式類	時類
喉音		烏類				呼類	胡類
半舌音					力類		
半齒音					而類		

1. 保持“幫滂並，端透定，見溪羣”三級分法

趙元任在《現代吳語的研究》一書中指出：“現在暫定的‘工作的假設’以有幫滂並，端透定，見溪羣三級分法為吳語的特徵。”[2]這一“塞

[1] 我們在歸納聲類的時候，首先是依據係聯的結果，並在韻書語音系統性的基礎上，考慮助紐字所反映的聲類。

[2] 趙元任：《現代吳語的研究》，北京：清華學校出版社，1928：2。

音三分”的理論，對於吳語内部有廣泛的適用性，並對非吳語方言具有高度的排他性，反映了現代吳語語音系統一個重要的基本特點，此後的研究者也多以此方法來判别某一文獻是否屬於吳語音系。

按照這個方法來審視《指南》聲母系統，《指南》中補、普、蒲三母的來源為中古幫、滂、並；都、他、徒三母的來源為中古端、透、定；古、苦、渠三母的來源為中古見、溪、羣，我們可以發現《指南》完整地繼承了中古塞音聲母三分的架構。如表三十所示：

表三十：《指南》三類聲母分析

《指南》聲母	五音	擬音[1]	中古聲類
古	牙音	k	見
苦		k^h	溪
渠		g	羣
都	舌音	t	端
他		t^h	透
徒		d	定
補	唇音	p	幫
普		p^h	滂
蒲		b	並

2. 全濁聲母的保存

在中古三十六聲母中，全濁聲母有十個，分别是“並、定、澄、從、邪、崇、船、禪、羣、匣”。到了近代，漢語共同語的聲母系統簡化趨勢的一個普遍規律就是濁音清化，由此中古所有的全濁聲母已不獨立存在。我們知道，在現代漢語方言中，這些全濁聲母更是大多演變為清聲母了。但在吳語方言和老湘語（主要分佈在大城市以外的地區）中，全濁聲母的保存仍然是其中的一項主要特徵。其中最典型的當屬吳

[1] 此處的擬音，我們參照了吳方言相關韻書聲母的擬音，如《字學集要》《音韻正訛》等韻書。又參照錢乃榮先生《上海語言發展史》中記錄的1853年英國傳教士艾約瑟記錄的上海音係聲母部分的讀音。表擬音同此。

語方言[1]。因此研究吳語方言的專家學者們必然不會忽畧吳語方言聲母的這一重要特點。

《指南》同樣保存了較為完整的全濁聲母系統，即渠、徒、直、蒲、符、徂、詳、時、胡等九母，其中包括了中古羣、定、澄、並、奉、微、從、崇、邪、船、禪、日、云、匣、以等15個全濁與次濁聲母。

兩者對應關係如表三十一所示：

表三十一：《指南》部分全濁聲母字分析

《指南》全濁聲母	發音方法	擬音	中古聲類
蒲	濁塞音	b	並
徒		d	定
渠		g	羣
徂	濁塞擦音	ʣ	從、邪、崇
直		ʤ	澄
詳	濁擦音	z	邪
符		v	奉、微
時		ʒ	船、禪、日
胡		ɦ	匣、以、云

游汝傑在《吳語的音韻特徵》一文中指出：趙元任提出的“三分法”“實際著重在吳語的三組塞音不僅源於中古幫滂並、端透定、見溪羣九母，且在音類上（而非音質上）存在著對立，並沒有特別強調並、定、羣三母的‘濁’音性質”[2]。而後袁家驊、詹伯慧與張琨等都分別從區別發音方法的角度提出了自己的看法。本書舉出詹伯慧的觀點作為代表。

詹先生在《現代漢語方言》中針對吳語共同語音特徵描述道：“比較完整地保留了古全濁塞音、濁塞擦音和濁擦音聲母：b –、d–、g–、ʣ–、ʥ–、z–、ʑ–、v– 、ɦ–。”[3]考察《指南》聲母系統，蒲、徒、渠

[1] 詹伯慧：《現代漢語方言》，武漢：湖北人民出版社，1985：26。
[2] 游汝傑：《吳語的音韻特徵》，載《開篇》1997年第15期，第101頁。
[3] 同上書，第114頁。

三母為濁塞音聲母，徂、直二母為濁塞擦音聲母，詳、符、時、胡四母為濁擦音聲母，這就構成了一個有清濁聲母相互對立的語音系統。而通過分析表七中顯示的《指南》9個全濁聲母與中古聲類的對應關係，該書中全濁聲母的保留並非作者刻意存古的表現，如中古奉微母合流、從邪崇母合流、船禪日母合流以及匣喻母合流的表現等等，這些都有力地證明了該書是表現吳方言音系的韻書。

3. 中古輕唇音的演變

中古輕脣音非、敷、奉、微四母發展到《指南》所代表的時代，非母與敷母已經合流為一，本書稱之為“方”母；而中古奉母與微母也已經合流為一，本書稱之為“符”母。值得我們特別注意的是，中古奉母雖然與微母合流，但是也有一小部分的奉母與微母仍保持對立，另一方面也有部分的奉母，在濁音清化之後與非母、敷母讀為同音了。

具體情況見表三十二：

表三十二：《指南》輕唇音與中古音的對應關係分析

《指南》聲母	五音	擬音	中古聲類
方	唇音	f	非、敷
符		v	奉、微

(1) 中古非母與敷母合流

《指南》反切上字全用“非”母的唯有東韻，反切上字全用“敷”母的有支韻、陽韻兩類，反切上字用為“非、敷”母有模韻、山韻、尤韻、覃韻、真韻五類。但其實每一韻類中都包含“非、敷”二母，例如：

東韻第35類“風”韻中，既收有中古非母“葑泛封復”等字，又收有中古敷母“豐捀賵副”等字。

支韻第25類“霏”韻中，除了收錄中古敷母字以外，還收有中古非母“飛悱沸”等字。

真韻中“敷”母都是由中古“非、敷”二母的合口三等字合流。

由此可見，在《指南》中，中古非母與敷母的合流可以説已經完成了，同時我們還注意到少部分中古奉母也混入方母中，例如：

東韻第35類“風”韻中，屬於中古奉母字的“奉、俸、馥”等混入非母、敷母中。

模韻第20類“敷”韻中，屬於中古奉母字的“釜、黼”等混入非母、敷母中。

山韻第30類“翻”韻中，屬於中古奉母字的“飯”字混入非母、敷母中。

王力在《漢語史稿》中論及現代p，pʰ，m，f的來源時對雙唇音分化及非母、敷母的合流提出了他的看法。王力認為凡是合口三等的雙唇音字到了後來都變成了唇齒音字，而且指出輕唇音中非母與敷母先進行合流，而後到了十二、十三世紀濁音聲母清化的時期，清化了的奉母加入非母、敷母中[1]。上面所舉的《指南》中少部分中古奉母混入方母的現象可以為《指南》的濁音聲母在濁音清化之後，歸併入同發音部位的清音聲母中，並且此音變過程還沒有結束的結論提供最好的佐證。

(2)奉微合流

劉雲凱在《歷史上的禪日合流與奉微合流兩項非官話音變小考》中認為，中古奉、微兩母合流現象在多數吳語方言中出現，並且是官話和閩語方言都不具備的一個特點[2]。

《集要》中奉、微合併情況如下：

支韻第26類收錄有：肥（奉微合口三等平聲）、尾（微微合口三等上聲）、未（微微合口三等去聲）；模韻第21類收錄有：扶（奉虞合口三等平聲）、武（微虞合口三等上聲）、附（奉虞合口三等去聲）；山韻第31類收錄有：煩（奉元合口三等平聲）、晚（微元合口三等上聲）、飯（奉元合口三等去聲）、伐（奉月合口三等入聲）。

支韻、模韻、山韻這三韻中中古奉母與微母四聲相承，説明中古奉母與微母已經合流。

但同時我們注意到陽韻第55、56兩類呈現出奉母與微母相分開的情況，具體情況如下所示：

陽韻第55類：亡（微陽合口三等平聲）　罔（微陽合口三等上聲）
妄（微陽合口三等去聲）

陽韻第56類：房（奉陽合口三等平聲）
防（奉陽合口三等去聲）　縛（奉藥合口三等入聲）

[1] 王力：《漢語史稿》（第二版），北京：中華書局，2004：134—135。

[2] 劉雲凱：《歷史上的禪日合流與奉微合流兩項非官話音變小考》，載《漢字文化》1989年第3期。

這說明《指南》所代表的那個時代與地區的音系中，奉母與微母的合流過程已經開始，但並未結束，一小部分奉母還沒有歸併入其他的聲母中。但我們仍然根據大趨勢認為奉母與微母在《指南》中可以歸併為一個聲母。因此，陽韻此兩類小韻應視為一類。

4. 知、章、莊三係的合流與莊、精二係的關係。

中古時期，照組聲母分成兩類，一類稱為莊組，即莊、初、崇、生，也稱照二；一類稱為章組，即章、昌、船、書、禪，也稱照三。到了宋元以後，莊組、章組與中古的知組出現了混併的現象，而在現代普通話中，中古知、章、莊三組已經完全混合了。但此三組的合流過程漫長且複雜，並且在不同的方言區呈現出不同的情況。至於《指南》中知、章、莊三組分合情況有何特點？下面我們將具體分幾部分來討論。

(1) 知組與章組合流，部分莊組併入

《指南》中，之母主要由中古章母、知母合流，並混入少量的莊母形成；醜母主要由中古昌母、徹母合流，並混入少量的初母形成；直母主要由中古澄母與部分船、禪母合流，並混入少量崇母形成；式母主要有中古書母，並混入少量生母形成。具體情況如下：

第一，中古知、章母合流為之母，部分莊母混入。

①知、章母合流

東韻第21類：中腫（知）衆祝（章），四聲相承。

魚韻第11類：諸主（章）著（知），四聲相承。

真韻：第1類：真軫（章）震（知）質（章），四聲相承。第20類：惇准稕（章）窋（知）四聲相承。其中上聲“准”字中古章母，本書中反切上字用“知（知母）”。中古章、知母合流。

支韻第2類“知”韻中，屬於中古章母的“制、淛、晢、晣、猘”等字與知母合流。

灰韻第8類“捶”韻，屬於章母，但混入中古知母“諈、綴、畷、腄、追”等字。

庚韻第27類“征”韻，屬於章母，但混入中古知母“貞、楨、脀、晸、陟、稙”等字。

《集要》的東韻、支韻、魚韻、灰韻、真韻、先韻、蕭韻、鹽韻、陽韻、庚韻、尤韻、侵韻等12韻中，都出現了知、章母合流的現象。

②知、章母合流，部分莊母混入

支韻第1類“支”韻，屬於章母，但混入中古知母“衹、秖”等字，此外中古莊母“淄、緇、菑、輜、錙”等字混入其中，知、莊、章三組合流。同時第1類“支”韻與第2類“知”韻，合併排在照組字中。

先韻第15類：專轉拙（章）囀（知），中古莊母“蟤、跧、跧、茁”等字混入其中，知、莊、章三組合流。

先韻第16類“饘”韻，屬於章母，但混入中古知母“邅、鱣、襢、輾、喆、悊”等字，此外中古莊母“琖”字混入其中，知、莊、章三組合流。

陽韻第24類：莊（莊）惴（章）壯捉（莊），並且混入中古知母“椿、涍、惷、倖、椓、卓、涿、踔”等字，知、莊、章三組合流。

③濁音清化後混入之母

灰韻第8類“隹”韻中，上聲中混入中古澄母字“鬌”、中古禪母字“倕”，此是中古澄、禪母濁音清化的結果。

第二，中古徹、昌母合流為醜母，部分初母混入。

①徹、昌母合流

東韻第22類：充柷（昌）惷寵（徹），四聲相承。

支韻第14類：摛眙（徹）侈（昌），四聲相承。

真韻第21類：瞋（昌）囅趂（徹）叱（昌），四聲相承。

先韻第17類：梴（徹）闡繟（昌）徹（徹），四聲相承。徹、昌母合流。另外我們注意到上聲“闡”中古昌母，齒善切，而本書反切用“此（清）”字，綜合考察丑類，我們發現清母字混入丑類的只有此一個。因此我們認為作者此處可能是誤用。

魚韻第12類“樞”韻，屬於昌母，但混入中古徹母“攄、樗、楮、褚、絮”等字。

真韻第22類“春”韻，屬於昌母，但混入中古徹母“椿、輴、琽、黜、怵”等字。

先韻第34類“穿”韻，屬於昌母，但混入中古徹母“遂、猭”等字。

《集要》的東韻、支韻、魚韻、灰韻、真韻、先韻、高韻、蕭韻、嗟韻、鹽韻、陽韻、庚韻、尤韻、侵韻等14韻中，都出現了知、章母合流的現象。

②徹、昌母合流，部分初母混入

灰韻第10類：吹（昌）揣毳（初），四聲相承。其中去聲“毳”字，中古初母，而本書反切用“昌（昌）”字。

庚韻第24類“撐”韻，屬於徹母，但中古初母“鏿、琤、鎗、鏘、拆、策、冊、拺”等字混入。

③濁音清化後混入醜母

東韻第22類“充”韻，中古澄母字“翀、沖、沖、種”等字混入醜母。

支韻第14類“摛”韻，中古書母字“翅、翨”等字混入醜母。

真韻第22類“春”韻，中古書母字“膥、賰”等字混入醜母。此是中古澄、書母濁音清化的結果。

第三，式母主體為中古書母，部分生母混入。

《指南》中的式母，共有16組小韻，分部在東韻、支韻、魚韻、灰韻、真韻、先韻、蕭韻、嗟韻、鹽韻、陽韻、庚韻、尤韻、侵韻等14韻中。其中11組中古來源全是書母，有1組小韻中古來源全是生母，但與同韻的書母在音位上不形成對立。另外的一組中古船母、禪母濁音清化後進入書母。剩下有3組小韻書生相混，他們分別是：

東韻第23類“舂”韻，屬於書母，但中古生母“縮、蹜、莤”等字混入。

支韻第19類“詩”韻，屬於書母，但“釃、獅、駛、使”等生母字混入。

真韻第26類：㛸賰舜(書)率(生)，四聲相承。

第四，直母主體為中古澄母，混入部分船、禪母，另外部分崇母混入。

《指南》中的直母，共有16組小韻，分部在東韻、支韻、魚韻、灰韻、真韻、先韻、蕭韻、陽韻、庚韻、尤韻、侵韻等11韻中。其中7組中古來源全是澄母、2組中古船母混入，4組中古禪母混入，另外有4組中古崇母混入。具體情況如下：

①中古澄、船、禪母合流

魚韻第14類“除”韻，屬於澄母，中古禪母“蜍”字混入。

灰韻第17類“椎”韻，屬於澄母，中古禪母“陲”字混入。

真韻第29類“陳”韻，屬於澄母，中古禪母“臣”字混入。

先韻第31類“椽”韻，屬於澄母，中古禪母“槫、腨、膞、遄、圌、歂”等字混入。此外中古船母字“船”混入。

真韻第27類“術”韻，屬於澄母，中古船母“鉥、絉、術、秫、潏”等字混入。其中“術”字中古屬於船母，但此處反切用“直（澄）”字。

②部分崇母混入直母

支韻第16類“馳”韻，屬於澄母，中古崇母“茬”字混入。

先韻第19類“纏”韻，屬於澄母，中古崇母“潺、孱”等字混入。

先韻第32類“饌”韻，屬於澄母。其中韻首字“饌”字中古屬於崇母，但此處反切用“除（澄）”字。

（2）莊係歸精

中古知、章、莊三係在《正韻》中已經混在一起，没有區別了，但是《指南》中卻有系統地呈現出莊組與精組相混的情況。具體情況舉例如下：

第一，莊係與精係合流。

山韻第8類：跧（莊）拶儹贊（精），四聲相承。庚韻第23類：爭諍（莊）掟責（精），四聲相承。侵韻第13類：簪怎（精）譖戢（莊），四聲相承。模韻第7類“租”韻，屬於精母，但中古莊母“阻、岨、爼、詛、謯”等字混入其中。精莊合流。

模韻第8類：粗（清）楚（初）措（清），四聲相承。山韻第9類：餐（清）剗（初）粲（清）察（初），四聲相承。灰韻11類“催”韻，屬於清母，但中古初母“衰、榱”等字混入。寒韻14類“攛”韻，屬於清母，但中古初母字“篡、篹”等字混入其中。清初合流。

模韻第9類：蘇（心）疏所（生），四聲相承。尤韻第8類：搜叟（生）嗽（心），四聲相承。真韻第27類“生”韻，屬於生母，其中“生”字中古屬於生母，但此處反切用“思（心）”字。真韻第10類“辛”韻，屬於生母，但其中“甡、籸、侁、詵”等中古生母字併入其中。心生合流。

第二，莊係系統地進入精係。

皆韻：第18類：跐齋債，屬於莊母開口二等，但標明助紐為“精煎”；第19類：釵瘥，屬於初母開口二等，但標明助紐為“青千”；第20類：簁灑曬，屬於生母開口二等，但標明助紐為“星先”。

高韻：第22類：嘲爪罩，屬於精母開口二等，標明助紐為“精煎”；第23類：譟爒鈔，屬於初母開口二等，但標明助紐為“青千”；第24類：梢稍搜，屬於生母開冂二等，但標明助紐為“星仙”。

瓜韻：第17類：樝鮓詐，屬於莊母開口二等，但標明助紐為“精煎”；第18類：叉（初）姹（昌）詫（徹），皆為開口二等字，標明助紐為“青千”；第19類：沙嗄灑，屬於生母開口二等，但標明助紐為“星先”。

侵韻：第13類：簪怎（精）譖戢（莊），屬於精、莊母開口三等，標明助紐為“精煎”；第14類：參墋讖屆，屬於初母開口三等，但標明助紐為“青千”；第15類：森滲瘁澀，屬於生母開口三等，但標明助紐為“星仙”。

覃韻：第21類：劄詀（知）斬醮（莊），屬於知、莊母開口二等，標明助紐為“征氈”；第22類：攙臿懺臿，屬於初母開口二等，但標明助紐為“青千”；第23類：衫釤摻歃，屬於生母開口二等，但標明助紐為“新仙”。

這種系統地將中古莊系二等字及小部分的莊係三等字助紐編為精系所使用的助紐的現象[1]，根據韻書編排中將同發音部位的聲母排列在一起的常例以及《指南》的實際編排體例，我們可以認為這是作者有意識地將莊系排列在精組，從而形成中古莊系歸精系的現象。這種主流上莊組二等字歸精組的演變現象在《同文備考》中也出現，丁鋒指出：“在近四百莊組字中有約三百二十個字歸精組五母，占了百分之八十。《同文備考》主流上莊二歸精。”[2]不僅僅是《指南》，據我們瞭解的情況看來，在同為反映元明時期吳方言的《南村輟庚錄》（吳語松江方言，基礎音系，下同）、《同文備考》《集要》《元聲韻學大成》等韻書中我們都觀察到了這種現象。這個與《正韻》中古知莊章三系合流格局所不同的現象，可能除了《正韻》音系較保守這個原因外，也與這些韻書反映的是吳語方言有關。

許煜青在論及《集要》中精、莊二系合流的現象時，認為“或許可以解釋為中古知、照系向精系的演變，是以莊系字為最先，並且完成到

[1] 僅有的一個例外，出現在覃韻第21類，下文會提及。

[2] 丁鋒：《同文備考音系》，福岡：川島弘文社，2001：153。

一定的程度”。[1] 這可以合理解釋《指南》中莊精二系合流現象。並且在《指南》中我們可以找到中古莊組向精組合流過程中的痕跡，例如：

瓜韻第15類：咱（精麻開口二等平聲）。

瓜韻第17類：樝（莊麻開口二等平聲）；鮓（莊麻開口二等上聲）。詐（莊麻開口二等去聲）。

瓜韻第16類：嗏（清麻開口二等平聲）。

瓜韻第18類：叉（初麻開口二等平聲）；姹（昌麻開口二等上聲）。詫（徹麻開口二等去聲）。

與此相似的情況還出現在侵韻第1類“侵”韻：清母開口三等字與第14類“參”韻：初母開口三等字；侵韻第10類“祲”韻：精母開口三等字與第13類“簪”韻：精、莊母開口三等字；侵韻第11類“心”韻：心母開口三等字與第15類“森”韻：生母開口三等字；覃韻第11類平聲“三”字：心母開口二等字與第23類“衫”韻：生母開口二等字。

這小部分小韻間形成音位對立，卻不該依據對立音位將這些韻部中精系、莊系分開。此現象與本書中其他韻部莊系、精系合併的情況不同，這就顯現出部分莊系（主要是莊系二等）從中古知、照系分出並與精系的合流的過程才剛剛起步，還未達到莊精系合併的水準。這就可以解釋在覃韻21類小韻所使用的助紐是征氈，而發音部位相同的22類、23類、24類小韻卻用精系助紐的情況。

與《集要》相同，《指南》也有少量中古章、知二系字併入中古莊、精二系的例子。例如：瓜韻第18類：叉（初）姹（昌）詫（徹），三聲相承，放在精組上；覃韻第21類：劄詀（知）斬蘸（莊），四聲相承，放在精組上。這顯示出吳方言區中部分莊系（主要是莊系二等）從中古知、照系分出並與精系的合流進行了一段過程後，知章二系與精系合流趨勢的萌芽。今天大部分吳語地區中古精、章、知、莊四系聲母已經合流，而這些現象可能正好代表了四系合流的演變過程中的一個環節。

5. 中古從邪二母合流，部分崇、澄母混入。但部分邪母仍然獨立

（1）中古從、邪二母合流

中古從邪二母的合流與部分相混的情況，是不少吳語方言韻書所共

[1] 許煜青：《〈併音連聲字學集要〉音係研究》，台灣中山大學碩士學位論文，2006：147。

同反映的一個特點。《指南》中也顯現出這一特點。具體舉例如下：

灰韻第10類：遂催（從）罪（邪），三聲相承。

嗟韻第4類：邪灺（邪）謝（從），三聲相承。其中“謝”字中古邪母，但本書中反切上字用“慈（從）”字。從邪相混。

魚韻第16類：徐敘孱，屬於邪母，但中古從母“鋻、冣、嶼”等字混入。

尤韻第10類：酋就，屬於從母，但混入中古邪母“囚、泅、袖”等字。

真韻第13類：“旬”韻，屬於邪母，但不與其他真韻從母字在音位上形成對立，並參考其助紐“秦全”，故將其排在從母中。

（2）部分崇、澄母字混入徂母

《指南》中的徂母主要由從邪二母合流形成。但是隨著上文所述中古莊系歸精系的演變過程，以及知、章二組開始向精系流動的趨勢的萌芽，中古崇、澄二母（主要是崇、澄二母的二等字與小部分三等字）也併入徂母。舉例如下：

瓜韻第20類：槎（從）痄（澄）乍（崇），皆是二等字。其中“槎”字中古崇母二等，《指南》反切上字用“嵳（從）”；“痄”字中古崇母二等，《指南》反切上字用“茶（澄）”。從澄崇三母混併。

陽韻第26類：藏藏昨，屬於從母，混入“浞、峑、鋜”等崇母二等字。

魚韻第16類：徐敘孱，屬於徂母，中古澄母合口三等字“苧”混入。

皆韻第21類：柴砦廌，皆是崇母二等字。其中“廌”字中古澄母二等，本書反切上字用“鉏（崇）”。崇澄二母混。但根據本書莊系混入精系的特點，以及皆韻18類、19類、20類等同發音部位的聲母皆同歸入精系的實際情況，我們認為這組字應該歸入徂母。與此情況相同的小韻還有高韻第25類，侵韻第16類等。

（3）部分邪母仍然對立

相對于許多吳語方言體現出的從、邪二母合流的現象。在《指南》一書中，從母與邪母也有在同一韻中形成音韻對立的例子：

東韻第13類：松頌續（邪鐘合三/邪燭合三）與東韻第12類：從（平）從（去）族（從鐘合三/從屋合一）對立。

支韻第13類：詞寺似（邪之開三）與支韻第12類：茨自（從之開三）對立。

先韻第12類：涎綫羨（邪仙開三）與先韻第11類：前賤踐截（從先開四/從仙開三/從屑開四）對立。

先韻第14類：旋旋漩（邪仙合三）與先韻第13類：全雋絕（從仙合三/從薛合三）對立。

陽韻第8類：祥象（邪陽開三）與陽韻第7類：牆匠嚼（從陽開三/從藥開三）對立。

並且這些對立的小韻中沒有出現從邪母相混的情況，從此可以看出在《指南》中從、邪母並沒有完全合併，還有部分邪母是獨立的。錢乃榮在《上海語言發展史》中指出，以中古從、澄聲母為主的部分字在十九世紀的上海話中仍然保持dz聲母。同時認為吳語中從母是讀dz的，邪母字是讀z的[1]。我們認為錢乃榮的觀點是符合《指南》實際情況的。

6. 中古禪、船、日母合流，少量崇母混入。但日母仍然獨立。

《指南》中時類是中古禪、船二母與日母的合併形成，也同樣是多數現代吳語方言的共同特點。而少量澄、崇母三等字的混入，也體現出知、章、莊三組的合流的特點。與此同時，中古日母仍然還有獨立的部分。具體情況舉例如下：

（1）中古禪、船、日母合流

東韻第25類“戎”韻，皆屬於日母，其中中古禪母“慵”字混入。禪、日母相混。

魚韻第15類：殊（禪）孺汝（日），三聲相承。禪、日母相混。

先韻第20類：鋋善繕（禪）繕（船），四聲相承。禪、船母相混。

真韻第30類：辰腎慎（禪）實（船），四聲相承。第35類：純盾（禪）順（船），三聲相承。同時“盾”字中古船母，但本書反切上字用“豎（禪）”。禪、船母合流。

蕭韻第15類：韶紹（禪）邵（船），三聲相承。同時“邵”字中古禪母，但本書反切上字用“實（船）”。另外中古日母“饒、嬈、擾、繞、袑”等字混入。禪、船、日母合流。

嗟韻第8類：蛇社（禪）射（船），三聲相承。同時“蛇”字中古船母，但本書反切上字用“石（禪）”。另外中古日母“若、惹、喏”等

[1] 錢乃榮：《上海語言發展史》，上海：上海人民出版社，2003：21—22。

字混入。禪、船、日母合流。

庚韻第32類：繩（日）石（禪）授（船），四聲相承。同時“石”字中古禪母，但本書反切上字用“人（日）”。禪、船、日母合流。

侵韻第17類：壬（日）飪（船）任入（日），四聲相承。其中中古禪母“黮、葚”字混入。禪、船、日母合流。

《集要》的東韻、支韻、魚韻、灰韻、真韻、先韻、蕭韻、嗟韻、陽韻、庚韻、尤韻、侵韻、鹽韻等13韻中，不同程度地出現了船、禪母合流並有日母混入的現象。

（2）少量崇、澄母混入時母

東韻第12類：崇（崇）尰（禪）孰（船），三聲相承。另外中古澄母“蓟、鵫”等字混入其中。

支韻第20類：時（日）是侍（禪），三聲相承。同時“時”字中古禪母，但本書反切上字用“仁（日）”。禪、日母相混。另外中古崇母“士、仕、柹、筙”等字混入。

（3）日母仍然獨立

相對于許多吴語方言體現出的禪、船、日三母合流的現象，在《指南》一書中，日母與時類也有在同一韻中形成音韻對立的例子：

支韻第21類：兒耳二（日支開三/日脂開三）與支韻第20類：時是侍（時之開三/時支開三）。

真韻第31類：人（而鄰切）忍（爾軫切）刃（而振切）日（人質切）與真韻第30類：辰（丞真切）慎（時刃切）腎（時軫切）實（神質切），反切下字互用。日母獨立。

真韻第36類：犉（如勻切）蝡（乳允切）閏（儒順切）與真韻第35類：純（殊倫切）盾（時允切）順（食閏切），反切下字互用。日母獨立。

先韻第21類：然（如延切）橪（忍善切）熱（而列切）與先韻第20類：鋋（時連切）善（上演切）繕（時戰切）繕（食列切），反切下字互用。日母獨立。

庚韻第33類：仍（如陵切）扔（而證切）與庚韻第32類：繩（神陵切）石（人只切），反切下字互用。日母獨立。

從此可以看出在《指南》中日母與船、禪母並沒有完全合併，還有部分日母是獨立的。

以上我們將中古精、莊、知、章系四組聲母的分化演變情況分別作了介紹，最後我們將其列為圖表（表三十三）以更好地説明這一演變情況。

表三十三：《指南》與中古精、莊、知、章系四組聲母的對應關係

《指南》聲母	發音部位	擬音	中古聲類
子	舌尖前	ts	精、莊
七		ts‘	清、初
徂		dz	從、邪多、崇
蘇		s	心、生
詳		z	邪少
之	舌葉	ʧ	章、知
醜		ʧ‘	昌、徹
直		ʤ	澄
式		ʃ	書
時		ʒ	船、禪、日多
而	舌面前	ʑ	日少

前文我們分析了《指南》中古莊系（主要是莊系二等字）系統地歸入精系之中（子系），並與知系、章系以及未與精系合流的莊系字形成對立（之系）。其中子系聲母，綜合前人的研究與英國傳教士艾約瑟1853年所記錄的上海縣城語音[1]，將其擬作[ts-]、[ts‘-]、[dz-]、[s-]，並將邪母擬為[z-]是没有問題的。

錢乃榮曾指出，吳語地區中古知系三等和章系聲母所經歷的音變規律有下列兩種途徑：一、[tɕ-]>[tɕ-]/[ts-]>[ts-]，[tɕ-]到[ts-]的過程是漸進的。二、[tɕ-]>[tʂ-]>[ts-]，或[tɕ-]>[tʃ-]>[ts-]，中間又經過了一個[tʂ-]或[tʃ-]的讀音[2]。因此《指南》之系聲母的讀音就有[tɕ-]、[tʂ-]以及[tʃ-]這三種可能性。我們在擬音時，不僅要考慮聲母演變的歷史，更重要的要通過整體，特别是聲母與介音的配合關係來考察。由前人研究成果可知，從聲母與介音拼合情況上看，[tɕ-]聲母不容易與介音

[1] 錢乃榮：《上海語言發展史》，上海：上海人民出版社，2003：14。

[2] 錢乃榮：《當代吳語研究》，上海：上海教育出版社，1992：9。

[-u-]拼合，[tʂ-]聲母也不容易與介音[-i-]、[-y-]拼合，唯有[tʃ-]聲母比較不受開齊合撮四呼的限制，可以自由拼合。而考察《指南》中之系聲母與開齊合撮四呼都有拼合。所以我們將之、醜、直、式、時五母擬音作[ʧ-]、[ʧʰ-]、[ʤ-]、[ʃ-]、[ʒ-]等舌葉音聲母，將仍有部分獨立没有併入中古船、禪母的而母擬音為[ʑ-]。

7. 中古泥娘二母合流，疑母細音與奴母合流、洪音對立。

（1）中古泥、娘二母的歸併

王力在《漢語史稿》中論及n、l、ʐ來源的時候，曾經指出："在北京話和其他許多方言（如吴方言、客家方言）裏，聲母n是最穩固的聲母之一。……三十六字母中的泥和娘只算一類，依照這個看法，從中古到現代，n始終是個n，没有起什麼變化。"[1]

《指南》也反映出了這種情況，現舉例如下：

東韻第30類"農"韻，屬於泥母，其中中古娘母字"濃"混入。

灰韻第20類"捼"韻，屬於泥母，其中中古娘母"諉、餧"等字混入。

庚韻第5類"寧"韻，屬於泥母，其中中古娘母"恧、惄、糑、鬡"等字混入。

齊韻第12類：泥你泥，屬於泥母，其中"你"字中古屬於娘母，但本書所用反切上字為"乃（泥）"。

瓜韻第22類"拏"，屬於泥母，其中"拏"字中古屬於娘母，但本書所用反切上字為"奴（泥）"。

高韻第26類：鐃橈（泥）閙（娘），且其中"鐃、橈"字中古屬於娘母，但本書所用反切上字為"乃（泥）"。

《指南》中東韻、齊韻、灰韻、寒韻、山韻、高韻、鹽韻、瓜韻、庚韻等9韻都出現了泥娘合流的現象。當然也有一些韻部中泥娘母單獨出現，例如：

山韻第20類：難難赧捺（泥寒開一等/泥删開二等/泥黠開二等）與山韻第13類：奻豽（娘删合二等/娘黠合二等）。

陽韻第2類：娘孃釀逽（娘陽開三等/娘藥開三等）與陽韻第49類：囊曩儾諾（泥唐開一等/泥鐸開一等）。

尤韻第16類：紐糅（娘尤開三等）與尤韻第33類：羺穀耨（泥侯開

[1] 王力：《漢語史稿》（第二版），北京：中華書局，2004：151。

一等）。

但由於它們並不存在音位上的對立，再加上泥娘母多有相混，所以我們仍然認為泥娘母已經混同為一個聲類了。

（2）疑母與奴母細音合流

《指南》中的奴母主體為泥娘兩母的合流，但其中也混入了疑母的細音字，具體情況舉例如下：

東韻第20類：顒玉，屬於疑母三等字，中古娘母“醲、濃、穠、忸、襛、恧、朒”等字混入。

支韻第8類又去：詣，屬於疑母四等字，中古娘母字“誽”混入。

魚韻第1類：魚語御，屬於疑母三等字，中古娘母“袽、帤、挐、恕、女”等字混入。

先韻第7類：言（疑）撚（泥）彥孽（疑），疑母三等字與泥母三等字四聲相承。同時中古娘母“輾、碾、踉”等字混入。

庚韻第4類：凝（疑）濘（泥）佞逆（疑），疑母三等字與泥母四等字四聲相承。其中“佞”字中古泥母，但本書反切上字用“魚（疑）”。

《指南》中東韻、支韻、魚韻、真韻、先韻、陽韻、庚韻等7韻都出現了疑母細音與奴母合流的現象。

（3）疑母與奴母洪音對立

中古泥、娘二母與中古疑母，兩者在書中細音字已經合流，但洪音字還存在對立的情況，舉例如下：

模韻第15類：奴（農都切）砮（奴古切）怒（奴故切），都屬於泥母一等字，與模韻第3類：吾（訛胡切）五（阮古切）誤（五故切），都屬於疑母一等字。反切下字互用。泥，疑母洪音對立。

寒韻第21類：渜（奴官切）暖（乃管切）偄（奴亂切），都屬於泥母一等字，與寒韻第9類：岏（吾官切）玩（五換切）枂（五活切），都屬於疑母一等字。反切下字互用。泥，疑母洪音對立。

山韻第20類：難（那壇切）赧（乃版切）難（乃旦切）捺（乃八切），屬於泥母一等字與泥母二等字，與山韻第9類：顔（牛堅切）眼（五限切）鴈（魚澗切）齾（牙八切），都屬於疑母二等字。反切下字互用。泥，疑母洪音對立。

山韻第13類：奻（女還切）貀（女滑切），都屬於娘母二等字，與山韻第11類：頑（五還切）𧄍（五患切）刖（五刮切），都屬於疑母二等字。反切下字互用。娘，疑母洪音對立。

高韻第15類：猱（奴刀切）惱（乃老切）臑（奴報切），都屬於泥母一等字，與高韻第3類：敖（牛刀切）𥡴（五老切）傲（魚到切），都屬於疑母一等字。反切下字互用。泥，疑母洪音對立。

瓜韻第22類：拏（奴加切），屬於泥母二等字，與瓜韻第10類：牙（牛加切）雅（語下切）訝（五駕切），都屬於疑母二等字。反切下字互用。泥，疑母洪音對立。

尤韻第33類：䨲（奴侯切）𥚦（乃後切）槈（乃豆切），都屬於泥母一等字，與尤韻第19類：齵（魚侯切）偶（語口切）偶（五豆切），都屬於疑母一等字。反切下字互用。泥，疑母洪音對立。

《指南》中模韻、皆韻、寒韻、山韻、高韻、陽韻、尤韻、庚韻、瓜韻、侵韻、歌韻、真韻、覃韻等13韻都出現了疑母洪音與奴母對立的現象。

但我們必須注意到，中古疑母細音與奴母合流，洪音對立的現象並非絕對，也有兩個例外情況。具體為：

中古疑母細音未與奴母合流的：灰韻第4類“危”韻，皆屬於疑母字，其中“隗”字為疑母一等字，“危、魏”二字為疑母三等字。

中古疑母細音與奴母對立的：侵韻第22類：誑（女林切）拰（尼廩切）賃（女禁切）湆（尼立切），都屬於娘母三等字，與侵韻第8類：吟（魚音切）僸（魚錦切）吟（宜禁切）岌（魚及切），都屬於疑母三等字。反切下字互用。泥，疑母細音對立。鹽韻第8類：嚴廣驗業，屬於疑母三等字，與鹽韻第22類：“拈淰念捻”屬於泥母四等字。泥，疑母細音對立。

我們將中古疑母與泥母在《指南》中總體的分合情況用表三十四來表示：

表三十四：中古疑母與泥母在《指南》中的分合情況

《指南》聲母	五音	擬音	中古聲類
奴	舌音	n	泥$_{多}$、娘$_{多}$、疑$_{細}$
五	牙音	ŋ	疑$_{洪}$、娘$_{少}$、泥$_{少}$

顏逸明指出：中古泥母在吳語中，一般情況下洪音讀為[n]聲母，細音讀為[ȵ]聲母。古疑母洪音一般讀為[ŋ]聲母，影母字一般讀為零聲母[1]。錢乃榮進一步指出："疑母字在今開口和u韻前讀[ŋ]，在今齊撮口前讀[ȵ]。"[2]綜合兩種觀點，即現代吳語方言中，泥母洪音字一般讀為[n]，泥母、疑母細音字一般合讀為[ȵ]，而疑母洪音字一般讀為[ŋ]。考察英國傳教士艾約瑟1853年所記錄的上海縣城語音[3]，我們發現其所記錄的語言事實也符合這條規則。並且與《指南》中古泥母、疑母細音合流、洪音對立的現象相照應。因此我們將《指南》中五母擬音為[ŋ]。

另外上海話中[n]與[ŋ]是同一音位的兩個變體[4]。據我們考察，現代上海話中在開口、合口呼前面出現[n]聲母，在齊齒、撮口呼前面出現[ȵ]聲母。同時從《指南》中我們還不能確定中古精係、見係是否完全產生腭化。另外，書中往往將都母、他母、徒母、奴母排在一起，例如：東韻第28類"通"韻（他母），第29類"同"韻（徒母），第30類"農"韻（奴母）；蕭韻第17類"貂"韻（都母），第18類"祧"韻（他母），第19類"迢"韻（徒母），第20類"裹"韻（奴母）。這説明奴母與都、他、徒三母發音部位相近。因此我們將奴母擬音為與都、他、徒三母相同的舌尖前音[n]。

8. 云母、以母、匣母的合流與疑母的混入

中古云母、以母、匣母到了《指南》之時，已經合流為一了，本書稱為"胡"母。三個中古聲母在《指南》中，有些表現為在同一小韻字下以同音字的形式出現；有些雖然是分別單獨出現，但三者之間並没有音位上對立的情況。因此我們認為在《指南》中，中古云母、以母、匣母三個聲母在讀音上並没有區別了。

（1）中古云母、以母、匣母的合流

中古云、以二母的合併，前賢都有提及。王力認為："云餘合流的時期很早，至少在第十世紀就已經完成了。不管是三十六字母或三十字母，喻母都不分兩類。"[5]《指南》中的云、以兩母也已經合流了，這裡就不加贅述了。

[1] 顏逸明：《吳語概説》，上海：華東師範大學出版社，1994：96—98。

[2] 錢乃榮：《當代吳語研究》，上海：上海教育出版社，1992：10。

[3] 錢乃榮：《上海語言發展史》，上海：上海人民出版社，2003：14—15。

[4] 同上書，第8頁。

[5] 王力：《漢語史稿》（第二版），北京：中華書局，2004：153。

另外除了云、以二母以外，中古的匣母字也合併進來形成了《指南》中的胡母。舉例如下：

灰韻第5類：為（云）瑰（匣）胃（云），三聲相承，中古以母字“瞶、睿、鋭”也混入。

真韻第43類：雲隕運（云）聿（以），四聲相承，另中古匣母“沄、昡、䢵、鋆” 等字混入。

先韻第39類：“員”韻，屬於云母，中古匣母“玄、懸、泫、蔙、穴”等字混入，中古以母“悅、説、閲”等字混入。

陽韻第40類：往暀（云）獲（匣），三聲相承。

庚韻第8類：形脛悻（匣）繹（以），四聲相承。

庚韻第43類“榮”韻，屬於云母，中古匣母“滎、螢、炯”等字混入，中古以母“營、役、塋”等字混入。

《指南》中支韻、灰韻、真韻、先韻、陽韻、庚韻等6個韻都反映出匣母混入云、以二母的現象。

中古匣母與云、以二母的混用情況並非《指南》所獨有的音韻現象，據我們瞭解的情況，明清不少反映吳語方言的韻書都反映出這一特點，如王應電的《聲韻會通》，陶承學、毛曾的《併音連聲字學集要》與梅膺祚的《字彙》等書，都反映了中古匣母與喻母合流或相混的現象。事實上，今日吳語多數方言區中匣、喻二母都有合流的現象[1]。此外依照前人的研究與英國傳教士艾約瑟1853年所記錄的上海縣城語音[2]，可以將胡母擬音為[ɦ]。

（2）中古疑母細音字混入胡類

《集要》中古疑母細音字還有歸入胡類的，具體情況如下：

支韻第5類：夷以（以）異（匣），三聲相承。其中“異”中古屬於以母，《指南》用“胡（匣）”。另外中古疑母三等字“義、儀、涯、錡、沂、蟻、譺、蟻、嶷、疑”等字混入，中古云母字“矣”混入。

先韻第40類“元”韻，中古疑母三等字，混入中古喻母“掾、媛”等字。

蕭韻第5類“遙”韻，中古以母，混入中古疑母四等字“嶢、垚、僥”。

[1] 錢乃榮：《當代吳語研究》，上海：上海教育出版社，1992：10。

[2] 錢乃榮：《上海語言發展史》，上海：上海人民出版社，2003：15。

尤韻第1類“尤”韻，中古云母，混入中古疑母三等字“牛”與中古以母“悠、遊、油、攸、秞”等字。

許寶華、游汝傑在《方志所見上海方言初探》一文中通過方言資料指出上海方言中的文白異讀現象：“若月，若玥，則讀音喻母，語音疑母[1]。”許煜青也曾指出，在多數現代吳語方言中，匣、以、云三母字有[ç-]、[ɦ-]、[ø-][ʔ-]等讀音，疑母則有[ȵ-]和少量[ɦ-]、[ʔ-]的讀音。其中某些地區，如上海，疑母字“宜、疑、藝”讀作[ȵi113/ɦi113]，“議、毅”讀作[ɦi 113/ ȵi 113] [2]。這正可以説明《指南》中古疑母細音字分別與中古泥母以及匣、云、以三母相混的現象。

同時，《指南》的五母中有三個小韻其助紐是“刑賢”，它們是皆韻第15類“涯”韻，高韻第18類“鮌”韻與瓜韻第10類“牙”韻皆是中古疑母二等字。雖然它們用了胡母的助紐字，但從本書疑母細音混入胡母的規律，以及它們在各自韻部中都排在見組的情況來看[3]，我們認為它們應該放在見組中。這也許體現了疑母與胡母相混但有所區別的情況。

9.《指南》中的中古影母

中古影母在《指南》中並沒有太多變化，以影母為主體形成了《指南》中的烏母，依照前人的研究與英國傳教士艾約瑟1853年所記錄的上海縣城語音[4]可以將烏母擬音為[ø]。但其中有兩個變化值得我們注意：

（1）中古以母混入影母

《指南》中出現了一小部分中古以母混入以母的現象，具體情況如下：

東韻第17類：邕雍鬱（影）雍（以），四聲相承，以母混入。其中入聲字“雍”中古影母，本書中雍字未標明反切，而以直音（音勇）為其註音。考察“勇”字，《指南》中標明尹竦切，中古以母。此類助紐標明“刑賢”，但此類與東韻第19類“融”韻形成音位對立。

陽韻第12類：央鞅怏（影）約（以），四聲相承，影、以母相混。

[1] 許寶華、游汝傑：《方志所見上海方言初探》，載《吳語論叢》，上海：上海教育出版社，1988：187。

[2] 許煜青：《〈併音連聲字學集要〉音係研究》，台灣中山大學碩士學位論文，2006：157。

[3] 如：皆韻第13類“該”韻，屬於中古見母；第14類“揩”韻，屬於中古溪母；第16類“挨”韻，屬於影母，第15類屬於見組。而高韻、瓜韻在韻部中的位置皆如此。

[4] 錢乃榮：《上海語言發展史》，上海：上海人民出版社，2003：15。

其中入聲字“約”中古影母，本書反切上字用“已（以）”。此類與陽韻第1類“陽”韻形成音位對立。

覃韻第18類：猞黯韽鴨，小韻中全是影母，但其助紐標明“刑賢”，並且此類與覃韻第20類“咸”韻形成音位對立。

雖然有影、以二母相混的情況，烏類也有用胡類的助紐“刑賢”的現象，但我們認為實際上，影、以二母還是兩個對立的音位。

影母與以、云母相混的情況，鄭再發（1965）在《漢語音韻史的分期問題》中指出這種音變現象最早可以在北宋時期邵雍的《皇極經世聲音唱和圖》一書中一見端倪，至遲在《中原音韻》後有較為明顯而成系統的表現。結合音韻演變的歷史來看，《指南》中與以母混同的影母字應當是在《指南》所處的時代中這些影母字丟失了其喉塞音的性質，而讀同喻母了。

（2）中古影母混入奴母

《指南》的奴母中有一個小韻不屬於上文所介紹的奴母演變規律的，它是覃韻第25類“俺”韻，“俺”字中古屬於影母，但此處卻用了女敢切（娘母談韻開口一等）。考察《廣韻》《集韻》《禮部韻畧》《韻會》《集成》，我們發現除了《集成》有收錄此字外，其餘諸書都沒有收錄此字。其中《集成》下註釋有：“《中原雅音》女敢切，我也。”可見此字屬於娘母的情況在《中原雅音》中有體現。

董冰華在《〈中原雅音〉新考》中指出：“《中原雅音》中一部分零聲母派生出一個n聲母。……《雅音》出現這種n聲母的字是有條件的。影泥互註的前提條件是在-m、-n、-i、-u等韻尾的一等開口韻前增生聲母n。”[1]並認為這可能是一種語音同化的現象。《指南》反切中“俺”字女敢切，在現代北方方言中，俺字也讀為[nan]，二者讀音相同。上文已提過，《指南》深受吳語上海方言的影響，而此處卻反應出了北方方言的一個特點。這或許是作者在編韻書時考慮了雅音因素的證據。

（四）聲母與方言的差異

許寶華、游汝傑在《方誌所見上海方言初探》一文中，通過方誌的記載歸納了一些上海方言聲母的特點。主要有：“第一，有的見母二等字仍讀牙音，不齶化；第二，有的疑母字仍讀牙音；第三，重唇存古；第四，照三和精組混；第五，有的日母字讀娘母；第六，鼻音m、ŋ自成

[1] 董冰華：《〈中原雅音〉新考》，吉林大學碩士學位論文，2004：47。

音節[1]。”由於本書作者也是上海縣人，因此我們可以通過對比來檢查這些觀點。

1. 可以相互印證的語音材料

（1）有的疑母字仍讀牙音。上文提及疑母的時候，我們認為在《指南》中疑母細音混入奴母以及胡母之中，但疑母洪音仍然獨立存在且排在見組上。另外，混入奴母以及胡母的字，有些仍然用中古疑母字用來作為其反切上字。如陽韻第3類入聲“虐、瘧”字，混入奴母，仍然用“魚（疑）”字作反切上字；先韻第40類入聲“月”字，混入胡母，仍然用“魚（疑）”字作反切上字。

（2）照三和精組混。我們在提及中古莊組與精組合併的時候，也論及了章、知組有相繼混入精組的趨勢，這裡可以互相印證。

（3）鼻音m、ŋ自成音節。許寶華、游汝傑認為“無、吳、母、魚、五、午、畝”等字，並推測分為兩類。即“母、無、畝”為一類讀m，“五、午、吳、魚”為一類讀ŋ[2]。這可以在韻書中得到印證。模韻第1類平聲“模”韻下收了同音字“母、無”，屬於明母；模韻第3類上聲“五”韻下收了同音字“五、午”，屬於疑母。

2. 不能互相印證的語音材料

（1）有的見母二等字仍讀牙音，但齶化。此條特點下舉出例子為“江（見母二等），俗呼如岡（見母一等）”。《指南》中，“江”字收錄于陽韻第16類平聲韻下，而“岡”字收于陽韻第15類平聲韻下。二韻分開，並没有瓜葛。

（2）重唇字不存古，《指南》中輕唇字與重唇字已然分開，没有存古現象。文章舉出的“未為米，呼物為末，呼忘為忙或茫，呼痱為佩，呼哺為捕”等例子，在《指南》中已經没有如此現象了。例如：“未”字收錄于支韻第26類平聲字中，屬於符母；“米”字收于齊韻第14類上聲字中，屬於明母；“痱”字收錄于支韻第25類去聲字中，屬於方母；“佩”字收錄于支韻第25類去聲字中，屬於蒲母。

（3）日母字不讀娘母，且截然分明。文中舉的例子為“呼二為膩、兒為倪、日為聶、人為迎、認為佞、耳為膩、熱為業”。但《指南》“兒”字收于支韻第21類平聲，屬於日母；“倪”字收于支韻第7類平

[1] 許寶華、游汝傑：《方志所見上海方言初探》，載《吳語論叢》，上海：上海教育出版社，1988：187。

[2] 同上。

聲，屬於疑母；“認”字收於庚韻第32類去聲，屬於日母；“佞”字收於庚韻第4類去聲，屬於疑母。

雖然不能印證，但是文中指出了上海方言中的文白異讀現象，其中引用民國七年排印的《上海縣續誌》指出：“若未、若味，則讀音輕唇，語音重唇。”[1]而“江”與“岡”也只在 “俗呼”中同音。同時日母讀娘母現象，最早出現于嘉慶時期的地方誌，也不能排除時間影響。另外，我們認為這還有可能是韻書反映的是文讀音的緣故，所以雖然上述特點没有相互印證，也不能認為方誌中反應的聲母特點不存在。

（五）《指南》聲母表

依據上文分析，我們將《指南》的二十九個聲母及其擬音情況整理如下：

古[k]	苦[k‘]	渠[g]	五[ŋ]	
都[t]	他[t‘]	徒[d]	奴[n]	
補[p]	普[p‘]	蒲[b]	莫[m]	
方[f]		符[v]		
子[ts]	七[ts‘]	徂[dz]	蘇[s]	詳[z]
之[ʧ]	醜[ʧ‘]	直[ʤ]	式[ʃ]	時[ʒ]
烏[ø]			呼[h]	胡[ɦ]
			力[l]	
			而[ʑ]	

二　《指南》韻母系統

(一)《指南》各韻分析

與《正韻》韻目安排類似，《指南》並未沿襲《廣韻》二百零六韻的韻目安排方式，而是將此二百零六韻進行合併與精簡，形成了二十二部七十六韻的韻部編排體係。因此，我們可以通過考察《指南》中韻字的中古來源，再通過係聯法、審音法的運用，分析《指南》的韻類進而歸納《指南》所反映的韻母系統。

陳澧在《切韻考》一書中制定了研究《廣韻》韻類所用的補充條

[1] 許寶華、游汝傑：《方志所見上海方言初探》，載《吳語論叢》，上海：上海教育出版社，1988：187。

例："《廣韻》同音之字不分兩切語，此必陸氏舊例也。其兩切語……上字同類者，下字必不同類，如公，古紅切，弓，居戎切，'古、居'聲同類，則'紅、戎'韻不同類。今分析每韻二類、三類、四類者據此定之也。"[1]

1.東韻（即東董湅篤，舉平以賅上去入，下同）

東韻主要來自中古通攝的東韻、冬韻與鐘韻。其中，東韻的奴母、古母、苦母、徂母、烏母、呼母、胡母字各分兩類，分別來自中古一、三等韻；其餘各母均是一類。因此我們將東韻分為洪音與細音兩類。

該韻所收錄的合口一等字"蒙蓬通東空籠翁宗烘洪叢公農讀舡琫"[2]等字，入聲有"木蔔同禄酷斛熇屋悤僫秃篤撲僕"等字；合口三等字"風馮融贸蟲雄中邕充舂戎從崇淞松窮穹顒弓"等字，入聲有"福伏局速孰族肉柷畜育郁逐叔祝續曲玉掬"等字。

現代上海話中東韻洪細兩類韻母讀音分別為[oŋ]/[oʔ]和[ioŋ]/[ioʔ]，在參考他人為同時期相關吳語方言韻書的擬音後，我們分別將其擬為[oŋ]/[ok]和[ioŋ]/[iok]。[3]

另外，此韻中子母、七母、力母、明母、烏母、蘇母、方母與奉母字呈現出一些特殊現象。

例如：東韻第26類平聲"龍"韻中古屬於來母鐘韻合口三等韻，但該小韻下也收入來母東韻合口三等平聲韻的"隆窿癃"等字，上聲"籠"韻中古屬於來母東韻合口一等韻，卻收入來母鐘韻合口三等韻的"龍隴壟"等字。東韻第6類：宗粽總（中古精母合口一等韻）蹙（中古精母合口三等韻），四聲相承。東韻第35類上聲"捧"韻中古屬於鐘韻合口三等韻，但本書切下字卻用"孔"字，而"孔"字中古屬於東韻合口一等韻。又如東韻第17類：邕（中古影母合口一等韻）雍（中古影母

[1] 陳澧撰，羅偉豪點校《切韻考》，廣州：廣東高等教育出版社，2004：4。

[2] 此處以平聲小韻首字代替整個音節平上去的所有小韻，若無平聲，則依此以上去入聲代替。入聲單獨列出。下同。

[3] 本書韻母擬音在參考其他相似韻書，如耿振生、許煜青為《字學集要》所作擬音，丁鋒為《同文備考》所作擬音以及劉民鋼在《上海話語音簡史》中所記中古音與20世紀80年代上海音對照表。將其進行綜合歸納而得。因為《字學指南》在韻部安排上與《字學集要》相同，且《字學指南》與《字學集要》《同文備考》時代接近也同為反映當時吳語方言的著作；同時上海方言作為本書的音係基礎，所以這些都是擬音的重要依據。

合口三等韻）雍（中古影母合口一等韻）鬱（以母合口三等韻），四聲相承。

在本書中，子母、七母、力母與明母排在洪音中，烏母、蘇母、方母與奉母排在細音中。

另外《指南》亦保持了通攝的獨立性，這與當時官話方言中通曾耕諸攝完全合併的現象不同[1]，並且這種通攝獨立的現象在《正韻》《集成》與《集要》等韻書中也出現了。

2. 支韻

支韻主要來自中古止攝、蟹攝，包括支韻、脂韻、之韻與微韻，此外還有個別的齊韻字與祭韻字。

本韻中之母的情況值得關注：支韻第1類“支”韻與第2類“知”韻，雖然一類屬於中古章母開口三等字，一類屬於中古知母開口三等字從而形成對立。但正如上文所分析的第1類章母中混入中古知、莊母，第2類知母中也混入中古章母，因此可以合併一起排在之母。本韻各聲母只有一類。

該韻中收錄的支韻開口三等字“支庀奇是知兒馳彼羲摛義私雌”等字；之韻開口三等字“征治耳時喜貽詞以子”等字；脂韻開口三等“伊雉紕悲二夷茨咨次”等字；微韻合口三等字“紕肥”等字；齊韻開口四等字“詣倪”等字；祭韻開口三等字“曳世誓詩”等字。

3. 齊韻

齊韻主要來自中古蟹攝的齊韻、祭韻，此外還有一部分來自止攝的支韻、脂韻與之韻。該韻中各聲分為一類。

該韻收錄的中古齊韻開口四等字“齊溪齎妻西雞低梯題泥迷箆兮”等字；所收錄祭韻開口四等字“袂”等字；所收錄支韻開口三等字“徙寄離”等字；所收錄脂韻開口三等字“器利”等字；所收錄之韻開口三等字“起巳裏你”等字。在現代上海方言中大部分韻母讀音都為[i]。因此我們將本書齊韻擬音為[i]。

《指南》中的支、齊二韻，從表面上看二者仍然維持從中古206韻以來支、齊分韻的框架。但是考察它們的反切，我們就能發現它們的反切下字存在多處重複互用的情況。

例如：支韻平聲第7韻“倪，研奚切”與齊韻平聲第2韻“溪，牽奚

[1] 丁豔紅：《〈併音連聲字學集要〉語音研究》，廈門大學碩士學位論文，2009：81。

切”，同用一反切下字“奚”； 支韻平聲第24韻“皮，蒲迷切”與齊韻平聲第13韻“篦，邊迷切”，同用一反切下字“迷”； 支韻平聲第14韻“摛，抽知切”，第16韻“馳，陳知切”， 第5韻“夷，延知切”與齊韻平聲第8韻“離，鄰知切”，同用一反切下字“知”。支韻上聲第2韻“征，陟裏切”，第4韻“喜，許裏切”，第14韻“侈，尺裏切”，第5韻“以，羊裏切”與齊韻上聲第12韻“你，乃裏切”，第2韻“起，區裏切”， 第6韻“徙，想裏切”，同用一反切下字“裏”。去聲則如支韻第7韻“義，研計切”，第8韻“詣，研計切”，第3韻“意，隱計切”，第5韻“異，胡計切”與齊韻第9韻“帝，丁計切”，第10韻“替，他計切”， 第11韻“第，大計切”，第12韻“泥，乃計切”，同用一反切下字“計”； 支韻第21韻“二，而至切”，第19韻“試，式至切”與齊韻第8韻“利，力至切”，反切下字都用“至”字。

另外通過分析，我們也可以發現支韻與齊韻的聲母也呈現出一種互補的關係，具體如表三十五所示：

表三十五：支韻、齊韻聲母的關係表

聲母	古	苦	渠	五	都	他	徒	奴	補	普	蒲	莫	方	符	子
支韻			○	○					○	○	○		○	○	○
齊韻	○	○			○	○	○	○	○			○			○
聲母	七	徂	蘇	詳	之	醜	直	式	時	烏	呼	胡	力	而	
支韻	○	○	○	○	○	○	○	○	○	○	○	○		○	
齊韻	○	○	○									○	○		

在支韻與齊韻的聲母安排大致互補的情況下，兩韻仍然存在音節重疊的現象，分別存在於精係子、七、徂與蘇母、幫組補母以及影組胡母。《指南》所呈現出來的反切下字共用，聲母大致互補的現象，足以證明在《指南》内部，傳統支、齊分韻的架構已經被打破，在實際語音中未必有支韻、齊韻之分。至於精係子、七、徂與蘇母間的對立情況，許煜青在研究《集要》時，認為這種現象代表了舌尖母音的產生[1]。結合《指南》實際情況，我們認為《指南》中也產生了舌尖母音。

[1] 許煜青《〈併音連聲字學集要〉音係研究》，台灣中山大學碩士學位論文，2006：171—173。

因此支韻的韻母可以分為兩類，一類是精組與時母、而母，分別擬作[ɿ]與[ʅ]。

徐通鏘指出："[i]是一個舌面高母音，在母音系統的變動中（如高化之類）會受其他母音的推和拉而發生變化。它的發音點如果由舌面移至舌尖，就會轉化為舌尖前母音[ɿ]，如果舌尖畧為翹起，它就會轉化為舌尖後母音[ʅ][1]。"

《指南》中子系聲母讀為舌尖前音，則"咨、私、茨、雌、詞、詩"等字的韻母就要擬為舌尖前母音[ɿ]；而時母與而母讀為舌面前音，則"兒、時、誓"等字聲母就要擬為舌尖後母音[ʅ]。習慣上都用[ï]來表示。

而與齊韻成為互補的知組、章組、見組以及影組字則應擬為[i]韻。

同時，支韻幫組，非組支、微韻字"肥皮悲紕霏"等字，現代上海方言中有部分開口呼字及微韻合口呼讀為[ɥ]韻。但劉民鋼指出，在老派讀音中，這些字大部分讀為[i]韻，例如被、彼都有韻母為[i]韻的又讀音[2]。所以我們認為在更古老的上海話中這些字也應該讀[i]韻，因此也將它們擬為[i]韻。

4. 魚韻

魚韻主要來自中古遇攝的魚韻與虞韻的合口三等字。該韻各聲都只有一類，均為細音。

該韻收錄的中古魚韻合口三等字"魚墟渠與於虛苴覷胥徐諸杵書除汝居閭"等字，所收錄虞韻合口三等字"具於傴趨取主樞柱殊孺"等字。

魚韻所收的這些字，在今天吳語方言中多數讀成[y]韻，現代上海話也不例外，因此我們將本韻類擬為[y]。

5. 模韻

模韻主要來自中古遇攝的模韻合口一等字以及魚韻與虞韻合口三等字。各聲也只有一類，為洪音韻母。

該韻收錄的中古魚韻合口三等字"楚所疏"等字，所收錄虞韻非組合口三等字"敷扶"等字，所收錄模韻合口一等字"模枯吾烏呼胡租蘇徂粗盧都瑹徒奴逋鋪蒲孤"等字。

[1] 徐通鏘：《語言論》，吉林：東北師範大學出版社，1997：152。

[2] 劉民鋼：《上海話語音簡史》，上海：上海世紀出版集團、學林出版社，2004：186。

在現代上海話中，模韻合口一等字與虞韻非組合口三等字都讀為[u]韻，另外的中古魚韻合口三等字“楚所疏”在本書中反切下字為“祖故五”，皆為模韻合口一等字。故我們將本韻類擬為[u]。

6. 灰韻

灰韻主要來自中古蟹攝的灰韻、祭韻、泰韻與廢韻，止攝的支韻、脂韻與微韻。

該韻收錄的中古灰韻合口一等字“灰恢隗瘣煨傀催璀摧罪雷堆對推腿退隤捼杯壞配裴枚谆”等字，所收錄祭韻合口三等字“毳歲稅芮”等字，所收錄泰韻合口一等字“儈”等字，所收錄廢韻合口三等字“穢”等字，所收錄支韻合口三等字“跪危為詭捶惴觜吹揣髓繠”等字，所收錄脂韻合口三等字“隹嶉翠雖衰帥水遂誰椎墜壘類葵”等字，所收錄微韻合口三等字“魏胃”等字。

本韻各聲也只有一個韻類，為合口韻。在現代上海方言中，中古灰韻合口字常常讀為[uɿ]，但考察1883年由法國傳教士記錄並出版的字典中：“灰塊會葵”記錄為“[uei]”[1]。由此可見在早期上海方言中，[ei]這一複合元音還未進行單純化演變。因此《指南》中灰韻可以擬為[uei]。

7. 皆韻

皆韻主要來自中古蟹攝的佳韻、皆韻、咍韻、泰韻與夬韻。該韻中苦母、古母、奴母、烏母與胡母各分三類，分別來自中古開口一等韻、開口二等韻以及合口二等韻；子母與蘇母各分兩類，分別來自中古開口二等韻以及合口二等韻；其他各聲都為一類。

皆韻中收入中古開口一等韻的有“黵皚艾咍孩才哀犕哉顋胎來開揩蓋該台痐奈”等字，主要來自咍、泰二韻。在現代上海話中，這些字多數讀為[ɿ]，少數讀為[a]韻。收入中古合口二等韻的有“崴驓乖拐咼快聵詬怪懷壞夥”等字，主要來自皆、佳二韻。在現代上海話中，這些字多數讀[ua]。收入中古開口二等韻的有“擺拜捀排解揩皆買埋敗涯睚跐瘥鷹砦柴箉釵齋挨矮諧”等字，主要來自皆、佳、夬三韻。在現代上海音中，這些字有[a]與[ia]兩讀。

唐作藩指出：“從《廣韻》的開合四等來看，一般來說古代開口三四等演變為現代的齊齒呼，合口三四等演變為現代的撮口呼，合口

[1] 錢乃榮：《上海語言發展史》，上海：上海人民出版社，2003：12。

一二等演變為現代的合口呼，開口一二等就是現代的開口呼。”[1]

整體而言，本韻的主要母音可以擬作[a]，而[ɥ]的讀音，應該為吳語中元音高化的一個表現。另外據前輩學者的研究，吳語經過了蟹攝字[-i]韻尾失落的過程，這個過程在同樣反映吳語方言的《集要》與《同文備考》中都有表現。考察全書音係，我們認為《指南》中[-i]韻尾應該還未失落，因此我們把皆韻分為開口[ai]韻、合口[uai]韻、以及齊齒[iai]韻三類。

8. 真韻

真韻主要來自中古臻攝，包括了真、諄、臻、文、欣、魂、痕七韻，還有一部分來自深攝的侵韻與緝韻。

本韻中古母、苦母、烏母、胡母可分四類，這四類分別來源於中古開口一等、中古開口三等、中古合口三等、中古合口一等；力母、蘇母、徂母、子母、七母分為三類，分別來源於中古開口一等、中古開口三等、中古合口三等。

其中子母與七母有一些特別：真韻第8類：“津榼晉塱”，屬於中古精母真韻開口三等，第37類：“臻櫛”，屬於中古莊母真、櫛二韻開口三等；真韻第9類：“親親七”，屬於中古清母真韻開口三等，第11類：“齔櫬”，屬於中古初母真、欣二韻開口三等字。現代上海音中真韻開口三等字有兩個讀音一為[ən]韻，一為[in]韻，此處顯示出真韻中精組與莊組合流的趨勢，以及讀音上的區分。

幫組、奴母、渠母、而母、之母、醜母、式母、直母、時母與呼母分為兩類。其餘各聲母各為一類。

真韻，前輩學者均擬為[ən]，其中收錄中古混韻合口一等“屯磨昆論坤兀尊村孫存奔歕門盆敦暾温昏魂”等字，没韻合口一等“不朏孛突硉窟兀卒猝膃忽鶻捽窣訥骨宊没咄”等字，在現代上海音中屬於合口呼，因此擬為[uən]/[uət]；所收錄的中古真韻開口三等字“賓繽頻鄰螓津秦人申真陳因寅瞋辰辛栗親襯巾民銀”等字，質韻開口三等字“必匹弼悉實日疾叱質秩一逸失七塱吉姞密”等字，欣韻開口三等字“聽斳欣隱勤”等字，迄韻開口三等字“仡乞”等字，在現代上海音中為齊齒呼，因此擬為[iən]/[iət]；所收錄的中古真韻開口三等字“臻櫬”，櫛韻開口三等字“櫛”，欣韻開口三等字“齔”，痕韻開口一等字“根艱恩

[1] 唐作藩：《音韻學教程》（第三版），北京：北京大學出版社，2002：170。

痕”等字，在現代上海音中屬於開口呼，因此擬為[ən]/[ət]；所收錄的中古諄韻合口三等“倫鈞囷荀旬婘純惇春犉俊逡窘”等字，文韻合口三等“芬焚氳雲捃羣”等字，術韻合口三等“律卹橘屈出術崒率窋焌聿啐”等字，物韻合口三等“拂佛鬱熏倔”等字，在現代上海音中屬於撮口呼，因此擬為[yən]/[yət]。

9. 寒韻

寒韻主要來自中古山攝的寒韻與桓韻。該韻中苦母、古母、五母、烏母、胡母以及呼母分為兩類，分別來自中古開口一等與中古合口一等。其他各聲母均為一類。

寒韻中收錄的寒韻開口一等“幹栞豻寒膜安”等字，曷韻開口一等字“葛渴曷嶭遏喝”等字；桓韻合口一等“般潘盤瞞渜鸞鑽攛酸歡桓剜攢官岏寬奪團湍端”等字，末韻合口一等“缽潑枂鈸侻緣柮跬撮活掊闊括捋末掇”等字。寒韻字在現代上海音中，舒聲韻讀為[ʮ]/[ø]，入聲韻讀為[aʔ]/[əʔ]。桓韻字在現代上海音中，開口呼舒聲韻讀為[ʮ]/[ø]， 入聲韻讀為[əʔ]；其合口呼，舒聲韻讀為[uʮ]/[uø] ，入聲韻讀為[uəʔ]。考慮到吳語所經歷過的元音高化過程以及明代吳語中古山攝字仍有舌尖鼻音[-n]韻尾，結合前輩學者擬音的成果，我們將本書寒韻的開口呼擬為[ɔn]/[ɔt]，其合口呼擬為[uɔn]/[uɔt]。

10. 山韻

山韻主要來自中古山攝的元韻、寒韻、刪韻與山韻。該韻中奴母、五母、古母、七母、蘇母、烏母、呼母以及胡母分為兩類，分別來自中古開口一等與中古合口一等。其他各聲母均為一類。

山韻中收錄的開口一等字有“班攀瓣單壇慳跧餐難撰黫閑彞潺山顏斓閑灘煩蠻帓”等字，其入聲字有“八汃髮闥捺戞扴鬟洲瞎轄軋殺察齸達辥妲伐拔”；該韻中收錄的合口一等字有“奻關篡還儇彎擐頑”等字，其入聲字有“豽刮空傦滑刷醛刖”。總體來説，書中山韻在現代上海音中，開口呼舒聲韻讀為[ʮ]，入聲韻讀為[uaʔ]；其合口呼舒聲韻讀為[uʮ]，入聲韻讀為[uaʔ]。考慮到吳語所經歷過的元音高化過程以及明代吳語中古山攝字仍有舌尖鼻音[-n]韻尾，結合前輩學者擬音的成果，我們將本書山韻的開口呼擬為[æn]/[æt]，其合口呼擬為[uæn]/[uæt]。

11. 先韻

先韻主要來自中古山攝的元韻、先韻與仙韻。該韻中力母、苦母、古母、渠母、子母、七母、蘇母、徂母、詳母、而母、之母、醜母、直母、烏母、呼母以及胡母分為兩類，一為中古開口三、四等，一為中古合口三、四等。其他各聲母都只有一類。這一韻分為齊齒與撮口二呼。

先韻中收錄的開口細音字有“邊篇緶言蓮牽箋先涎前然膻纏覽煙軒梃饘鋋涎千幹堅田天顛眠”等字，入聲有“鱉擎別孽列結傑切屑熱轍僁謁歇纈截徹浙舌截節挈鲝鐵闋滅”；該韻收錄的合口細音字有“攣涓詮宣睼穿員暄元饌專淵椽全旋鐫棬權”等字，入聲有“劣畎蕝雪爇腕噦血月越歠囀絕絟闕掘”。總體來說，書中先韻在現代上海音中，開口細音字讀為[i]，入聲韻讀為[iɪʔ]；合口細音字讀為[yø]，入聲韻讀為[yɪʔ]。考慮到吳語所經歷過的元音高化過程以及明代吳語中古山攝字仍有舌尖鼻音[-n]韻尾，結合前輩學者擬音的成果，我們將本書先韻的齊齒呼擬為[ien]/[iet]，其撮口呼擬為[yen]/[yet]。

12. 蕭韻

蕭韻主要來自中古效攝的蕭韻與宵韻。這一韻只有一類。

蕭韻中收錄的宵韻開口三等字有“猋漂焦瓢趫韶昭遙燒囂要超鍬樵喬苗”等字，所收錄的蕭韻開口四等字有“貂祧迢驍竅曉么蕭聊裹”等字。

13. 高韻

高韻主要來自中古效攝的豪韻與肴韻。該韻中補母、莫母、奴母、古母、五母、子母、七母、蘇母、徂母、烏母、呼母以及胡母分為兩類，一類為中古肴韻開口二等，一類為中古豪韻開口一等。其他各聲母只有一類。

高韻中收錄的肴韻開口二等字有“包泡茅交嘲巢趠爻哮梢坳譟鮌敲鐃”等字，所收錄的豪韻開口一等有“褒毛刀勞操騷高蒿豪曹爊遭牛敖尻猱陶饕”等字。

蕭、高兩韻在現代上海方言中都讀作[ɔ]和[iɔ]韻，具體為大部分宵韻開口三等字與蕭韻開口四等字讀為[iɔ]，大部分肴韻開口二等字與豪韻開口一等字讀為[ɔ]。但是《指南》並沒有把蕭韻與高韻合併在一起，反而將其分為兩類。説明在當時此兩韻的主要母音以及韻尾必定有所不同。這種情況在《集要》中也出現了，結合前人的研究成果，我們將蕭韻擬為齊齒呼的[iɛu]，將高韻中的開口呼擬為[au]，高韻中的齊齒呼擬為[iau]。

14. 歌韻

歌韻主要來自中古果攝的歌韻與戈韻。該韻中古母、烏母、呼母以及胡母分為兩類，一類主要來自戈韻合口一等，一類主要來自歌韻開口一等。

歌韻中收錄的中古合口一等字有“波頗妥餒娑醝和韝蹉涴戈婆磨”等字，還有兩個戈韻合口三等字“婐涴”；收入的中古開口一等字有“多駝阿訶何羅莪珂歌”。現代上海方言多讀為[u]韻，戈韻合口三等字讀為[y]韻。考慮吳語方言經歷過的元音高化的過程，綜合前人研究成果，我們將本書歌韻中開口呼擬音為[o]，其合口呼擬音為[uo]。

15. 瓜韻

瓜韻主要來自中古假攝的麻韻，部分來自蟹攝的佳韻與夬韻。該韻中古母、苦母、五母、烏母、呼母以及胡母分為兩類，分別來自中古開口二等與中古合口二等。

瓜韻中收錄的中古麻開口二等有“巴葩拏咱叉沙槎嗏樝杷麻”等字；收錄的中古麻合口二等有“打瓜窊華花誇瓦”等字，中古佳韻合口二等有“卦畫”等字，中古夬韻合口二等字“化”。在現代上海方言中，麻韻開口二等字有兩種讀音，見係字讀為[a]韻，其他讀為[o]韻；麻韻開口二等字讀為[o]韻；佳韻合口二等字與夬韻合口二等字讀為[ua]韻。其中[o]韻應該是元音高化的結果，而書中的韻字分類也證明了本韻早期屬於[a]韻。因此我們把書中瓜韻開口呼擬為[a]，而將其合口呼擬為[ua]。

另外對於喉牙音聲母的部分，羣母字中有一個開口三等字：茄。這與《集成》的歸字情況相同，因此我們需要在以上擬音基礎上，為喉牙音聲母的韻母另擬音為[ia],它的中古來源為：

中古麻韻開口二等字“牙伽呿嘉呀假鴉遐”等字，中古羣母戈韻開口三等字：“茄”。

16. 嗟韻

嗟韻主要來自中古假攝的麻韻，部分來自果攝的戈韻。嗟韻中的各聲都只有一類，均來自中古三等字。與其他韻字不同，嗟韻喉牙音部分，來自於中古合口三等字，這種排列與《集成》所反映出來的情況相同，因此我們必須為這些部分的韻字另擬一個撮口呼的韻母。

嗟韻中收錄的麻韻開口三等字有“罝嗟蛇遮車奢且邪些耶野夜”等

字；該韻中收錄戈韻合口三等“靴瘸肥鞾”等字。麻韻開口三等在現代上海方言中，中古章組字讀為[o]韻，其他聲母則讀成[ia]韻。《指南》將中古假攝依洪音細音分韻，分為瓜韻與嗟韻，那麼在主要母音或韻尾上必定有所改變，這種情況在《集成》中也同樣出現。結合前人研究成果，我們將嗟韻中收錄的麻韻開口三等字的韻母擬為[iɔ]。同時戈韻合口三等字在現代上海方言中讀為[y]，屬於撮口呼，因此我們將這些字的韻母擬為[yɔ]。

17. 陽韻

陽韻主要來自中古宕攝的陽韻與唐韻，還有部分來自江攝的江韻。該韻中的占母、烏母、胡母分為四類，分別來自中古開口一等韻、開口二等韻、開口三等韻以及中古陽唐韻的合口韻；苦母、呼母分為三類，分別來自中古開口一等韻、開口二等韻以及中古陽唐韻的合口韻；徂母分三類分別來自中古開口一等韻、開口二等韻以及開口三等韻；奴母、力母、精母、七母、蘇母分為兩類，一類來自中古開口一等韻，一類來自中古開口三等韻；渠母分為兩類，一類來自中古開口一等韻，一類來自中古開口三等韻；之母、式母與直母也分為兩類，兩類都屬於中古陽韻開口三等韻，但一類入聲混入了中古覺韻開口二等韻。

中古宕攝的陽韻與唐韻以及江攝的江韻，在現代上海話中其主要母音是[a]/ [ɑ]韻，入聲韻為[oʔ]/[aʔ]韻。而在法國傳教士1883年所記錄的上海徐家匯地區的音系中，這些字的主要母音被記錄為[ɒ]。例如：“堂”字記音為[ɒ]，“荒”字記音為[uɒ]等[1]。因此我們將本書中陽韻主要母音擬為[ɒ]。

本韻中收錄的中古唐韻開口一等“邦滂湯唐康卬桑郎藏臧倉咢岡囊旁茫當”等字，入聲有“愽托洛各作昨錯索恪鐸諾粕莫”等字；中古江韻開口二等唇音字有“棒”字，入聲有“雹椓”等字；中古陽韻合口三等唇音字有“芳亡房”等字，入聲有“縛”字。我們將這些字擬作開口呼[ɒŋ]/[ɒk]。所收錄的陽韻開口三等字（除了時母、之母、式母、醜母與直母外）有“娘仰羌將央牆祥香陽襄槍良強姜”等字，入聲有“逽虐畧削噱皭謔藥約鵲爵却腳”等字。我們將這些字擬作合口呼[uɒŋ]/[uɒk]。所收錄的唐韻合口一等字有“光曠汪黃荒”等字，入聲有“郭廓臒獲霍”等字；陽韻合口三等字（除了唇音字外）有“狂匡往壯枉”等

[1] 錢乃榮：《上海語言發展史》，上海：上海人民出版社，2003：13。

字，入聲“矍”字；陽韻開口三等（徂母、之母與式母）有“牀莊霜”等字，並且這些字與入聲覺韻開口二等“浞捉朔濁”等字四聲相承。我們將這些字擬作齊齒呼[iɒŋ]/[iɒk]。收錄的江韻開口二等（古母、胡母）“江降”等字，入聲“覺握學”等字；陽韻開口三等（時母，之母、醜母、式母與直母）“常張昌長商”等字，並且這些字與入聲藥韻開口三等字“若灼著綽鑠”等字四聲相承。我們將這些字擬作齊齒呼[iɑŋ]/[iɑk]。

18. 庚韻

庚韻主要來自中古梗攝的庚韻、耕韻、清韻與青韻以及中古曾攝的蒸韻與登韻。該韻中古母分為四類，分別是中古開口三等韻、中古開口一等韻，中古合口二等韻，中古合口三、四等韻；呼母分四類，分別是中古開口三等韻，中古開口二等韻，中古合口二等韻，中古合口三、四等韻；胡母分四類，分別是中古開口三、四等韻，中古開口二等韻，中古合口二等韻，中古合口三等韻；苦母分為三類，一類為中古開口洪音字、一類為中古開口細音字、一類為中古合口細音字；醜母、直母與烏母分為兩類，分別是中古開口三等韻、中古開口二等韻；徂母分為兩類，分別是中古開口三等韻、中古開口一等韻；渠母分為兩類，分別為中古開口三等韻、中古合口三等韻；端組分為兩類，分別為中古開口四等韻、中古開口一等韻；幫組、子母、七母與蘇母也各分兩類，一類為中古開口洪音字、一類為中古開口細音字。

本韻中收錄的中古開口細音字有“兵娦聽凝寧京擎精星征情興形英呈聲檉仍成繩清庭卿令平丁明”等字，入聲有“壁僻丁狄逆劇隙刺寔只釋虢益繹直石赤昔寂戟匿曆剔甓覓”等字。現代上海方言中將其讀成[iŋ]/[iɪʔ]等韻，為齊齒呼。所收錄的中古開口洪音字有“崩絣行增亨根撐生層彭娙坑爭烹庚棱揯鼟能騰登盲彭”等字，入聲有“比刻赫宅厄賊坼索伯客忒責額格特祴勒拍德白陌”等字；還有部分開口細音字“脛甑省”等，入聲“積測”等字。現代上海方言中將其讀成[ᴇŋ]、[aŋ]/[ᴇʔ]、[ʌʔ]等韻，為開口呼。收錄的中古合口細音字有“扃傾瓊榮縈兄”等字，入聲有“狊闃殈域”等字。現代上海方言中將其讀成[ioŋ]韻，同時入聲無例字。所收錄的中古合口洪音字有“觥轟横”等字，入聲有“虢剨獲”等字。現代上海方言中將其讀成[uaŋ]/[uᴇʔ]等韻，為合口呼。

前輩學者為明代吳語方言韻書擬音時，此韻皆擬音為[əŋ]，但薛才德曾指出吳語中元音讀成[i]或[ə]的字，是文讀音與白讀音在競爭過程中，文讀音勝利的結果[1]。而在法國傳教士1883年所記錄的上海徐家匯地區的音系中，這些字的主要母音被記錄為[a]。例如："生"字記音為[ã]，"橫"字記音為[uã]等[2]。可以看出本韻在明清時期上海話中其主要母音應該是[a]，而[ə]韻應該是語音變化的結果。因此我們將庚韻的開口呼擬作[aŋ]/[ak]，其齊齒呼擬作[iaŋ] /[iak]，其合口呼擬作[uaŋ] /[uak]，其撮口呼擬作[yaŋ]/[yak]。

19. 尤韻

尤韻主要來自中古流攝的尤韻、侯韻與幽韻。該韻中莫母、都母、力母、古母、苦母、子母、七母、烏母、呼母、胡母均分為兩類，一類來自中古開口一等韻，一類來自中古開口三等韻。

本韻收錄的中古尤韻開口三等"彪紐鳩丘啾酋愁收儔周尤休憂抽柔修秋求留鵃丟浮"等字，幽韻開口三等"繆黝"等字。在現代上海方言中讀為[iɤ]韻。所收錄的中古侯韻開口一等"吥裒謀謳侯齁搜謅謅諏齵彄鉤兜樓頭偷"等字。在現代上海方言中讀為[ɤ]韻。許煜青曾經指出，中古流攝字的讀音，在早期往往帶有一個[-u]韻尾，而在宜興、上海等地一些仍然讀複合元音的吳語方言中，讀為[ɤɯ]比較常見，而少有讀為[ɤu]的[3]。因此我們將尤韻的開口呼擬為[ɤɯ]，其齊齒呼擬為[iɤɯ]。

20. 侵韻

侵韻主要來自中古深攝的侵韻。子母、七母與蘇母字存在對立。其他各聲都只有一類。

本韻中收錄的中古侵韻開口三等"誑欽祲侵尋琛歆音心淫沈深斟壬琴林吟今"等字，入聲"濇立急岌霫執集吸揖熠 濕湁入緝湒及泣"等字。在現代上海方言中讀為[in]韻，入聲讀為[iɪʔ]韻。本韻中收錄的子母、七母與蘇母中重出的侵韻開口三等"簪怎參森岑"等字，入聲有"戢届澀"字。在現代上海方言中讀為[ən]韻，入聲讀為[ənʔ]韻。結合中古陽聲韻語音韻尾演變的規律，我們將本書侵韻的開口呼擬為[əm]/

[1] 薛才德：《吳語梗攝字和宕攝字的分合及類型》，載《吳語研究第三屆國際吳方言學術研討會論文集》，上海：上海世紀出版集團、上海教育出版社，2005：182。

[2] 錢乃榮：《上海語言發展史》，上海：上海人民出版社，2003：12。

[3] 許煜青：《〈併音連聲字學集要〉音係研究》，台灣中山大學碩士學位論文，2006：188。

[əp]，其齊齒呼擬為[iəm]/[iəp]，且與真韻相對應。

21. 覃韻

覃韻主要來自中古咸攝的覃韻、談韻、鹹韻、銜韻與凡韻。該韻中力母、古母、子母、七母、蘇母、烏母、胡母與呼母分為兩類，分別來自中古開口一等韻與中古開口二等韻。另外覃韻的端組也分為兩類，其中一類來自中古覃韻開口一等，另一類來自中古談韻開口一等與銜韻開口二等。其他各聲各分一組。

本韻中收錄的中古覃韻開口一等字有“耽婪堪簪譧三毿崊含諳參貪甘覃南”等字，入聲有“答鍣拉榼礚姶趿欱合倕礷帀遝合納”等字；中古凡韻合口三等唇音字有“泛凡”等字，入聲有“法乏”等字。在上海方言中讀為[ᴇ]/[ø]，入聲讀為[aʔ]/[əʔ]。所收錄的中古談韻開口一等字有“儋坍藍喊談俺”等字，入聲有“皶榻蹹”等字；銜韻開口二等字有“嵌攙衫陷譀”等字，入聲有“霅鴨呷洽”等字；中古鹹韻開口二等見組字有“緘槏鹹歁讒喦猎摻臽詀”等字，入聲有“夾恰劄臿歃”等字。在上海方言中讀為[ᴇ]韻，入聲[aʔ]/[iaʔ]韻，部分見組字讀為[i]韻。但在英國傳教士1853年所記錄的上海縣城方言音係中，庚韻字的主要母音記錄為[æ]韻，例如：“法”字韻母記錄為[æʔ]，“甲”字韻母記錄為[iæʔ][1]。因此我們將本書庚韻字的主要母音擬為[æ]韻，其中開口呼擬為[æm]/[æp]，齊齒呼擬為 [iæm]/[iæp]。

22. 鹽韻

鹽韻主要來自中古鹹攝的鹽韻、添韻與嚴韻。該韻各聲母只有一類，來自中古開口三等韻與開口四等韻。

本韻收錄的鹽韻開口三等“砭窆簽廉襜潛淹苫險鹽蟾詹銛箝尖檢”等字，入聲有“獵笈捷攝涉擪葉謵輒接妾”等字；嚴韻開口三等“劍嚴忺”等字，入聲有“業脅”等字；添韻開口四等“占添謙嫌礹兼甜撚”等字，入聲有“跕帖篋協頰燮牒拈”等字。現代上海方言中讀為[i]/[ø]，入聲讀為[iɪʔ]，且與先韻相對應。因此我們將本書鹽韻擬為[iem]/[iep]。

(二)《指南》韻母表

通過以上分析，我們構擬了《指南》的韻母表，如表三十六：

[1] 錢乃榮：《上海語言發展史》，上海：上海人民出版社，2003：10。

表三十六：《指南》韻母表

	開口	齊齒	合口	撮口
東董凍篤	oŋ/ ok	ioŋ/ ioŋ		
支紙寘	ï(ʅ、ʅ)	ɪ		
齊薺嚌		ɪ		
魚語御				y
模母暮			u	
灰賄誨			uei	
皆解戒	ai	uai	iai	
真軫震質	ən/ət	iən/iət	uən/uət	yən/yət
寒旱翰曷	ɔn/ɔt		uɔn/uɔt	
山汕散殺	æn/æt		uæn/uæt	
先詵霰屑		ien/iet		yen/yet
蕭篠嘯		iɛu		
高杲誥	au	ɪau		
歌果箇	o	uo		
瓜寡卦	a	ɪa	ua	
嗟姐借		iɔ		yɔ
陽養漾藥	ɒŋ/ɒk	iɒŋ/iɒk iɑŋ/iɑk	uɒŋ/uɒk	
庚梗更格	aŋ/ak	iaŋ/iak	uaŋ/uak	yaŋ/yak
尤有宥	ɤɯ	iɤɯ		
侵寢沁緝	əm/əp	iəm/iəp		
覃禫潭遝	æm/ æp	iæm/iæp		
鹽琰豔葉		iem/iep		

（三）《指南》韻母特點分析

1.[y]韻的形成

直到《中原音韻》時，魚、模二韻還沒有分開，但到了1442年蘭茂編寫《韻略易通》中，將魚韻與模韻分為居魚韻與呼模韻，說明魚韻與模韻已經有區別了，多數學者也都認為此時[y]韻已經形成並獨立。唐作藩（1991：174）認為："[y]音的產生才標誌四呼的形成。15世紀的

《韻畧易通》將《中原音韻》的魚模部析為居魚與呼模二部，表明居魚的韻母已不是《中原音韻》那樣讀iu，而已演變為y了……《等韻圖經》雖只分開口篇與合口篇，實際上已有四呼……”其實，早在《正韻》時期，[y]音就已經產生了。甯忌浮（2003：160）指出：“魚虞與模分立，標明現代漢語[y]韻母的形成。前輩把[y]韻母產生時間定在十六世紀，例證有《字母切韻要法》《西儒耳目資》《類音》。今依《正韻》可將[y]韻母出現的時間提前至十四世紀。”依《正韻》定例的《集成》也已魚語御三聲相承、模姥暮三聲相承，魚與模分立。《集要》也是魚模分立。考察《指南》中的分韻，作者也將魚韻與模韻分開了，這表明《指南》中[y]韻的形成，并且魚韻[y]和模韻[u]形成了對立。李無未指出：“由於語音演變[i][u]開頭的合口韻就變成撮口[y]韻，於是韻頭就有了[i]、[u]、[y]三類，加上韻母裏不用[i]、[u]、[y]作韻頭或韻腹的，就分別形成了開口、齊齒、合口、撮口四呼。”[1]因此我們認為《指南》中開齊合撮四呼也肯定形成了。

2. 舌尖母音的形成

從表面上看《指南》仍然維持從中古二百零六韻以來的支、齊分韻的架構，但是我們發現它們的反切下字共用，並且存在兩韻音節互補的現象。結合前人研究，我們認為這應該反映了當時的語音音係中除了[i]韻外另有舌尖母音的存在。但與現代吳語方言中，中古止攝之韻、脂韻、支韻以及蟹攝祭韻開口三等的精、莊、知、章四係聲母字多數讀為舌尖母音的現象不同，本書中知、章兩係字（時母、而母除外）的韻母舌尖化現象在本書中還沒有反映。

3. 姜、江分立

《指南》陽韻中，“姜”收錄於第十四小韻，“江”收錄於第16小韻，“岡”收錄於第15小韻，形成了姜與江分立的情況。姜與江分立是吳語方言的一個典型特徵，這在同時期的吳語韻書如《集成》《集要》《元聲韻學大成》等書中也存在這樣的現象。

例如：《集成》中“江講絳覺”韻放在陽韻第24類，“姜繈腳”韻放在陽韻第1類，“岡甿擱各”韻放在陽韻第14類。而《集要》雖然把“江講絳覺”分別放入陽韻第13類“岡甿擱各”韻，但仍然與陽韻第12韻“姜繈腳”形成對立。

[1] 李無未：《漢語音韻學通論》，北京：高等教育出版社，2006：88。

我們將有關論著為《集要》與《指南》中“姜”、“岡”、“江”三韻的擬音整理出來進行列表如下（表中三位作者的論文名稱詳見參考文獻所列）：

表三十七：《集要》、《指南》擬音列舉

擬音 韻字	許煜青 《集要》	丁豔紅 《集要》	高龍奎 《集成》
岡	ɒŋ	aŋ	aŋ
江	ɒŋ	ɪɑŋ	iɑŋ
姜	iɒŋ	iaŋ	iaŋ

從表中看，多數學者認為“江”與“姜”之間的區別在於主要母音之間的差別。許煜青可能是考慮到《集要》中“江”字與“岡”字同在一個小韻下的情況。上文已經探討過《指南》中陽韻字的主要母音是後低圓唇母音[ɒ]，因此我們為《指南》中“江”字擬音為[iɑŋ]，“姜”字擬音為[iɒŋ]。

4. 寒、山分韻

《指南》中寒韻與山韻仍然分開，這與同時期北方官話中寒韻與山韻合併情況不同。寒山分韻也是吳語方言的重要特點。《集成》《集要》《元聲韻學大成》等同時期的吳語韻書也存在著這種現象。

5. 鼻音韻尾與塞音韻尾的保留

《指南》仍然保存了[-n]、[-ŋ]與[-m]三個鼻音韻尾以及[-t]、[- k]與[-p]三個塞音韻尾，並且將入聲韻與相應陽聲韻相配。這與中古《廣韻》中反映出來的入聲韻配陽聲韻的格局一致。所不同的是，《指南》中入聲韻的數目已經減少到十個了。

（四）韻母與方言的差異

許寶華、游汝傑在《方誌所見上海方言初探》一文中，通過方誌的記載歸納了一些上海方言韻母的特點。主要有：第一，庚從陽；第二，支微入魚；第三，江陽不分；第四，真庚同吻；第五，真侵同吻；第六，灰入麻；第七，陌入黠；第八、陌入藥[1]。

---

[1] 許寶華、游汝傑：《方誌所見上海方言初探》，載《吳語論叢》，上海：上海教育出版社，1988：185—186。

根據《指南》七十六韻的排列，庚韻與陽韻；支韻、微韻與魚韻；真韻與庚韻、侵韻；灰韻與麻韻這些韻部之間界限分明。“江”字（見母江韻開口三等字）與“姜”字（見母陽韻開口三等字）存在音位上的對立。同時書中列舉陌韻併入黠韻、藥韻的例子如“尺、赤、坼、白、百、客、射、拍、赫、責”等入聲字仍然收在本書庚韻之下，並没有混入山韻與陽韻中。

出現這樣的差異現象的原因可能有以下幾點：第一，方誌記錄的是口語音，而韻書記錄的是文讀音。如：文中用“石，俗呼為實若反”來説明陌韻併入藥韻，而《指南》中“石”字為人隻切；第二，由於所處的時期不同，《指南》出版于明萬曆年間，而許寶華、游汝傑文章中所舉方志除了一本為明正德年間修訂的《華亭縣誌》外，其餘的方志都為清代所修訂。第三，地域不同，上文説過，朱光家是當時的上海縣人，而方誌所涉及的地域包括當時的上海縣、嘉定縣、松江府、川沙、華亭縣以及羅店鎮。語音系統、時間與地域上的差别可能都導致了方誌所記載的韻母特點與韻書所反映的韻母特點不一致。當然，正是因為這種不一致，更説明了《指南》不可能以當時上海方言為基礎。

另外，馬重奇通過研究明末著名南曲作家施紹莘南曲作品，並結合各方成果，認為明末松江方言有17個韻部，分别為：一東鐘、二江陽、三真庚、四天廉、五齊魚、六蘇歌、七皆來、八蕭豪、九家麻、十車遮、十一尤候、十二質直、十三突足、十四白客、十五角畧、十六鴨達、十七切月[1]。而《指南》共有22個韻部。分韻的差别也可證明《指南》並不是當時上海實際語音系統的反映。

三 《指南》聲調系統及其特點

《指南》在聲調系統部分有以下幾個主要特點：一、平聲不分陰陽；二、保留全濁上聲；三、入聲仍然獨立，且不派入平、上、去三聲。這與《正韻》中没有分出陰平、陽平，入聲獨立且没派入三聲的情況相同。

（一）平聲不分陰陽

從本書的目錄上看，《指南》的聲調分為平、上、去、入四聲。

[1] 馬重奇：《明末上海松江韻母系統研究——晚明施紹莘南曲用韻研究》，載《福建師範大學學報》（哲學社會科學版）1998年第3期，第70頁。

且平聲並没有分為陰平、陽平，只標一個聲調。從韻書内部看，由於平聲分陰陽的分化條件是聲母清濁的變化情況，而《指南》中同一發音部位的聲母雖然也存在著清濁的對立，但是並没有出現全濁聲母清化的現象，因此没有造成聲調上陰陽的對立情況，故我們認為《指南》中平聲未分陰陽。例如：東韻第6類平聲“宗”、第7類平聲“悤”、第14類平聲“叢”，“宗”（子母）為全清音平聲，“悤”（七母）為次清音平聲，“叢”（徂母）為全濁音平聲，清濁音只是造成了聲母在發音上產生對立，並没有造成它們的平聲調的區别。

（二）全濁上聲還未變為去聲

考察《指南》，其中的全濁音上聲字仍然讀成上聲，並且與去聲在調位上形成對立。例如東韻中第24類上聲“重”（直母）、第29類上聲“動”（徒母）等字分别與同聲母的去聲字、同發音部位的去聲字：眾（之母）惷（醜母）仲（直母）、董（都母）統（他母）洞（徒母）在調位元上形成對立情況。這與《正韻》中存在部分全濁上聲字變為去聲字的情況不同，這也許反映出《指南》的音系系統更為守舊的特點。

（三）保留入聲，且未派入三聲

與《正韻》相同，《指南》也將中古入聲韻中主要母音相同或相近的進行了合併，也保留了十個入聲韻。這十個入聲韻分别為：篤、質、曷、殺、屑、藥、格、緝、遝、葉十韻。這些入聲調仍然保留了[-t]、[-k]、[-p]三個塞音韻尾。同時入聲調並没有派入平、上、去三聲之中。因此我們認為《指南》完整地保留了入聲。

第三節 《集成》與《指南》的關係

《指南》的體例與《集成》十分相似，也是分為二十二個韻部。《四庫提要》也明確交代了《集成》與《指南》的關係，如《四庫全書總目》卷四十三指出《指南》：“蓋本諸章黼《集成》。惟黼聚四聲於一韻，仍各自為部。此則四聲參差聯貫併為一部，為小變其例耳。”

一 從列字體例和助紐字看《集成》對《指南》的影響

從列字體例來看，《指南》傳承《集成》的印記十分明顯。從表三十八可以看出，《集成》三十個聲類中每個聲類都有自己的助紐字，第三章也專門對助紐的流傳作了介紹。《指南》雖然没有對助紐字和聲類進行列表陳述，但其在正文中的每個四聲（或三聲）相承的平聲小韻首字下，都列出了其助紐字。如蕭韻中“蕭”：先凋切，星先母。“樵”：慈消切，情全母。其中“星先”“情全”就是助紐字。我們可以通過表三十八來比較《指南》和《集成》兩部韻書的助紐異同：

表三十八：《指南》《集成》助紐異同比較

《集成》助紐	《指南》助紐	《指南》助紐對應中古聲母
賓邊	賓邊	幫
娉偏、繽偏	絣偏、娉偏、俜偏	滂
平便、頻便	貧騈、頻騈、嬪騈、頻便	並
民綿	民眠	明
分蕃、芬番	分番、分翻	非、敷
墳煩、文樠、無文	焚煩、墳煩	奉、微
丁顛	丁顛	端
汀天	汀天	透
亭田	亭田	定
迎妍、銀言	寧年、銀言、迎研、迎年、迎妍、紉聯、紉年、刑賢	泥$_{多}$、娘$_{多}$、疑$_{少}$
紉聯（娘）、寧年（泥）		
鄰連、零連	鄰連、零連	來
精箋、津煎（精）	津煎、精箋、精煎、征氈	精、莊
清千、親千（清）	親千、青千、清千、嗔梴	清、初
秦前（從）、錫涎（邪）	情全、秦潺、秦前、秦全、晴全	從、邪$_{多}$、崇
新仙（心）	新仙、新先、星先、星仙	心、生
	錫涎、錫前	邪$_{少}$
征氈、真氈（知照）	征氈、征專、迍氈、迍邅	章、知
稱燀、嗔延、嗔昌（徹穿）	嗔昌、稱川、稱川	昌、徹

續表

《集成》助紐	《指南》助紐	《指南》助紐對應中古聲母
陳廛	澄纏、陳纏、澄廛、陳廛、乘纏、成纏	澄
聲膻、身膻（審）	身羶、升羶	書
榛潺（牀）；神禪、辰常（禪）	人然、繩然、神禪、榛潺	船、禪、日
人然	人然、繩然、神然	日
經堅	經堅	見
輕牽	輕溪	溪
擎虔、勤虔	勤虔、擎虔	羣
因煙	因煙、因焉、英煙、刑賢	影
興軒	興軒	曉
寅延、勻緣（喻） 刑賢（匣）	寅延、盈延、銀言、刑賢、迎研	云、匣、以

從表三十八中我們可以明顯看出，《指南》的助紐字與《集成》的助紐字有著驚人的相似之處，除聲類合併（《指南》奉微合併，《集成》奉微分立）和助紐字對應中古音的歸屬畧有不同外，簡直如出一轍，而它們與第三章所介紹的各朝代其他韻書的助紐字則存在著一定的差別，就這一點來説，《集成》對《指南》編纂體例和助紐字使用的影響是顯而易見的。當然，從比較中也可看出，《指南》的助紐字使用得比《集成》更隨意些，至於其混用情況及歸類情況，本章上文已有詳述，這裡不再贅言。

二　從分韻和韻目用字看《集成》對《指南》的影響

《集成》雖依《正韻》定例，但卻未跟從《正韻》四聲分陳，而是採用四聲相承的方式來羅列韻字，這種編纂體例對《集要》和《指南》都產生了深遠的影響，從而使二書的編纂也採用四聲相承的列字模式。

在韻部的分類上，《集要》和《指南》都和《集成》一樣，分為22個韻部，三部韻書一模一樣。只是在韻目的用字上，三部韻書畧有不同，但並沒造成韻部上的任何區別。如《集成》“蕭筱嘯”，《指南》

“蕭小嘯”；《集成》“麻馬禡”，《指南》“瓜寡卦”；等等。

在韻部用字的使用上，《正韻》採用《廣韻》等宋元韻書慣用的代表字，如東董送屋，而且平上去入四聲的小韻首字也都用這四個字為代表。《集成》目錄雖沿用“東董送屋”的韻部用字和分部，但在正文中卻分別以東董凍篤作為四聲的小韻首字，使得相承的四調聲類更加一致。應該説，這樣做，體現了《集成》反映時音的一個特點。我們將《集成》正文中四聲相承的代表字與目錄表中的四聲相承的用字不同羅列比較如下：

東董凍篤（端母。不用屋，是因其屬影母）；齊薺嚌（從母，不用霽，是因其屬清母字）；灰賄誨（曉母。不用隊，是因其屬定母）；皆解戒（見母。不用泰，是因其屬透母）；山汕訕殺（審母。上聲不用産，是因《正韻》併入剗韻中，《集成》兩讀，既屬知母，又屬審母；不用諫，是因其屬見母；不用轄，是因其屬匣母）；爻澀效（匣母。上聲不用巧，是因其屬溪母）；庚梗更格（見母。改“敬”為“更”無別，均為見母字；不用陌，是因其屬明母）；覃禫潭沓（定母。感屬見母，勘屬溪母，合屬匣母）。

可見目錄的用字與正文的用字有較大的區別，這種區別正是《集成》依《正韻》定例卻不從《正韻》守舊的一個重要表現，也是章氏編纂中體現時音特點的一個重要表現。而這一表現，被《集要》和《指南》都繼承了下來。下面是我們所列《指南》22韻部的韻目用字：

東董凍篤（端母）；支紙寘（章母）；齊薺嚌（從母）；魚語御（疑母）；模姥暮（明母）；灰賄誨（曉母）；皆解戒（見母）；真軫震質（章母）；寒旱翰曷（匣母）；山汕訕殺（生母）；先銑霰屑（心母）；蕭小嘯（心母）；高杲誥（見母）；歌哿箇（見母）；瓜寡卦（見母）；嗟姐借（精母）；陽養漾藥（喻母）；庚梗更格（見母）；尤有宥（喻母）；侵寢沁緝（清母）；覃禫潭沓（定母）；鹽琰豔葉（喻母）。

《指南》在韻目用字上雖不全與《集成》同，但在四聲相承的工整上與《集成》如出一轍。《指南》的“高杲誥”“瓜寡卦”“嗟姐借”三韻部對應《集成》的“爻澀效”“麻馬禡”和“遮者蔗”。只是聲類不同而已，没有韻部的區別。從以上比較來看，二書在韻目用字的使用上有異曲同工之妙。因此，無論從韻部的分類上，還是從韻目用字的風格上看，《集成》都對《指南》有著深厚的影響力。

三　從聲韻調看《集成》對《指南》的影響

兩書在聲韻調等方面，有許多相同之處，也有一些不同之處。我們通過簡要比較來看《指南》受到《集成》影響的情況。

首先，來看看聲母的情況，二書的聲母分類只差一個奉母。《指南》中，奉微合一，而《集成》中的微母，仍獨立存在，未與奉母合併。如支韻中，《集成》中“肥陫扉”三聲為中古奉母字，“微尾未”為中古微母字；但《指南》中兩類合併為“肥尾未”三聲相承，奉微已經合流。

王力（1985：394）說：“從《等韻圖經》看，則明萬曆年間已經沒有微母了。在《等韻圖經》中，‘文晚味問’都被歸入了影母。”《等韻圖經》中微母併入影母，但《指南》中微母併入奉母。其餘各類完全一樣。這一點《指南》與《集要》十分相似。從三部韻書聲類上這些共同點，更可以看出《集成》《集要》和《指南》有著十分密切的傳承關係。只是在列字上，《指南》的聲類混用比較明顯，從上表（表三十八）就可以看出這一特點來。

其次，來看看二書在韻部上的聯繫與區別。兩部韻書韻部相同，而且每個韻部的小首字也大致相同，只是列字次序和列字數量畧有差異，《集成》列字周詳，《指南》列字簡畧。《集成》排列小韻首字，有見母的一般見母先，有比較嚴格的次序；而《指南》列字，則一般把韻部代表字列為第一類，其他再按《集成》的列字次序來排列。如齊韻，二書均為十四類，每類三聲共42個小韻首字。除《集成》的一、七類被《指南》換成七、一類（其中“齊薺嚌”因為韻部代表字，由第七類被換到第一類）外，各類的次序和小韻首字完全一樣（以正文列字為準）。有區別的，只是《指南》小韻首字下所列韻字較少，釋字大大簡省而已。所以，從韻部比較的角度來説，我們甚至可以説《指南》是《集成》的縮畧本。

再次，來看看聲調的問題。在聲調方面，《指南》與《集成》都表現出一樣的特點：一、平聲不分陰陽；二、保留全濁上聲；三、入聲仍然獨立，且多數尚未派入平、上、去三聲。這些特點與《正韻》的情況大致相同。

總之，通過本章的分析和比較，我們可以判定二書的編纂存在密切的傳承關係，《集成》是源，《指南》是流，《集成》更詳細，《指南》更簡約。

參考文獻

古籍部分：

（明）方以智.通雅[Z].北京：中國書店，1990.

（清）紀昀等著,四庫全書研究所整理.欽定四庫全書總目（整理本）[Z]. 北京：中華書局，1997.

（明）陶承學，毛曾．併音連聲字學集要四卷[Z].續修四庫全書第25冊. 上海：上海古籍出版社，1995.

（清）應保時等修,俞樾、方宗誠纂.上海縣誌卷二十七・藝文志[Z].中國方志叢書華中地方第169號，臺北：成文出版社，1970年。

（明）朱光家.字學指南[Z].四庫全書存目叢書第192冊.濟南：齊魯書社，1997.

專著部分：

陳澧撰,羅偉豪點校．切韻考[M]．廣州：廣東高等教育出版社，2004.

丁鋒. 同文備考音系[M].福岡：川島弘文社，2001.

董同龢.漢語音韻學[M].北京：中華書局，2001.

耿振生.明清等韻學通論[M]. 北京：語文出版社，1992.

耿振生.20世紀漢語音韻學方法論[M].北京：北京大學出版社，2004.

羅常培．羅常培語言學論文集[M].北京：商務印書館，2004.

魯國堯.魯國堯語言學論文集[M].江蘇：江蘇教育出版社，2003.

劉民鋼.上海話語音簡史[M].上海：學林出版社，2004.

唐作藩.中原音韻的開合口[M]. 中原音韻新論. 北京：北京大學出版社，1991.

甯忌浮. 《洪武正韻》研究[M].上海辭書出版社，2003.

李無未. 漢語音韻學通論[M].北京：高等教育出版社，2006.

李新魁. 漢語等韻學[M].北京：中華書局，1983.

李新魁. 漢語音韻學[M].北京：北京出版社，1986.

馬文熙，張歸璧編著．古漢語知識詳解辭典[Z]．北京：中華書局，1996.

濮之珍．中國語言學史[M].上海：上海古籍出版社，1987.

錢乃榮．當代吳語研究[M]．上海：教育出版社，1992.

錢乃榮．上海語言發展史[M].上海：上海人民出版社，2003.

裘錫圭．文字學概要[M]．北京：商務印書館，2005：205.

邵榮芬．中原雅音研究[M].濟南：山東人民出版社，1981.

石汝傑．明清吳語和現代方言研究[M]．上海：上海辭書出版社，2006.

釋行均．龍龕手鏡（高麗本）[Z]．北京：中華書局，2006：45.

唐作藩．音韻學教程[M]．北京：北京大學出版社，1987.

王　力．漢語音韻學[M]．北京：中華書局，1956.

王　力．漢語史稿（第一版）[M]．北京：中華書局，2003.

王　力．漢語語音史[M]．北京：中國社會科學出版社，1985.

王進安．《韻學集成》研究[M]．上海：上海三聯書店，2009.

徐通鏘．語言論[M].吉林：東北師範大學出版社，1997.

葉寶奎．明清官話音系[M]．廈門：廈門大學出版社，2001.

袁　賓．二十世紀的近代漢語研究[M]．太原：書海出版社，2001.

袁家驊．漢語方言概要[M]．北京：文字改革出版社，1983.

顏逸明．吳語概說[M]．上海：華東師範大學出版社，1994.

詹伯慧．現代漢語方言[M].武漢：湖北人民出版社，1985.

趙　誠．中國古代韻書[M].北京：中華書局，2003.

趙元任．現代吳語的研究[M]．北京：科學出版社，1956.

鄭再發． 漢語音韻史的分期問題[M]．《中央研究院歷史語言研究所集刊》第36冊，1965.

趙蔭棠．等韻源流[M]．北京：商務印書館，1957.

論文部分：

忌　浮．《洪武正韻》支微齊灰分併考[J]．古漢語研究，1998（3）。

耿振生．論近代書面音系研究辦法[Z]．北京大學百年國學文粹・語言文獻卷[C]，北京：北京大學出版社，1992.

林慶勳．明清韻書韻圖反映吳語音韻特點觀察[Z]．聲韻論叢，2005（14）.

黎新第．明清時期的南方系官話方言及其語音特點[Z]．重慶師院學報（哲學社會科學版），1995(4).

黎新第．明清官話語音及其基礎方音的定性與檢測[J]．語言科學，2003（1）。

李行傑.知莊章流變考論[J].青島師專學報，1994（6）。

劉雲凱．歷史上的禪日合流與奉微合流兩項非官話音變小考[J]．漢字文化，1989（3）。

馬重奇．明末上海松江韻母系統研究——晚明施紹莘南曲用韻研究[J]．福建師範大學學報，1998（3）。

王進安，李紹羣．宋元明清韻書編纂中“助紐”的傳承與演變[J]．福建師範大學學報，2008（5）。

許寶華，遊汝傑．方誌所見上海方言初探．吳語論叢[C]，上海：上海教育出版社，1988.

薛才德．吳語梗攝字和宕攝字的分合及類型．吳語研究第三屆國際吳方言學術研討會論文集[C]，上海：上海世紀出版集團、上海教育出版社，2005.

葉寶奎．《洪武正韻》與明初官話音系[J]．廈門大學學報，1994（1）.

游汝傑．吳語的音韻特徵[J]．開篇．1997（15）.

張衛東.試論近代南方官話的形成及其地位[J].深圳大學學報，1998（3）.

張竹梅.試論《瓊林推韻》音系的性質[J].陝西師範大學學報，1988(1).

李運富．關於“異體字”的幾個問題[J]．語言文字應用，2006(1)：74.

王繼洪．異體字與漢字學研究[J]．上海大學學報，1999（4）：51.

李國英．異體字的定義與類型[J]．北京師範大學學報，2007（3）.

高更生．談異體字整理[J]．語文建設 ，1991(10).

高更生．異形詞答問[J]．山東教育 ，2002(7).

李索．敦煌寫卷《春秋經傳集解》異文中通假現象研究[J]．大連大學學報 ，2007(2).

碩博論文部分：

董冰華.《中原雅音》新考[D].吉林大學碩士學位論文，2004.

丁豔紅.《併音連聲字學集要》語音研究[D].廈門大學碩士學位論文，2009.

高龍奎.《韻學集成》音系初探[D].山東師範大學碩士學位論文，2001.

榮菊.《字學集要》音系研究[D].福建師範大學碩士學位論文，2009.

王寶紅.《洪武正韻》研究[D].陝西師範大學碩士學位論文，2001.

許煜青.《併音連聲字學集要》音系研究[D].台灣中山大學碩士學位論文，2006.

蕭幸茹.《音韻正訛》的音韻研究[D].台灣中山大學碩士学位論文，2008.

林一鳴.《字學指南》音系研究[D].福建師範大學碩士學位論文，2010.

周錄.《類篇》部首異體字研究[D].浙江大學碩士學位論文，2005.

第十章　總論

第一節　《集成》的史料價值

從前面九章的論述，可以很清楚地看出韻書的編纂具有很強的傳承性，後代韻書在參酌前代韻書時或多或少都會體現揚棄的思想。就本課題所涉及的這些韻書和字書（按：指具有“篇韻”關係的一類書），《集成》都與其有一定的關係，要麼是音係上傳承，要麼是體例上的傳承，要麼是釋字内容的傳承，諸如此類。而這些傳承的内容，體現在《集成》這本韻書上的就是《集成》的聲韻調和釋字内容。從《集成》的聲韻調分析及其與相關韻書的比較，筆者覺得《集成》的學術價值，尤其是其史料價值不可輕視。

一　引證豐富

從《集成》與諸韻書的比較來看，章黼個人編纂的《集成》在音韻史上的地位固然没有《增韻》《韻會》和《正韻》等官修韻書的顯赫地位，也没有以上韻書所具有的深遠影響，但它確實是一部體例比較獨特、旁徵博引、檢覽方便、收字較多的韻書，不能不引起我們的重視。筆者曾從五個方面探索其音韻價值：一、具有顯著的韻圖功能，“七音三十六母反切”歸類一目了然；二、對《正韻》倣而不拘，體例獨特；三、史料豐富、例字詳盡；四、體現時音的特點；五、《直音篇》作為《集成》的姊妹篇，具有歸類例字、直音便覽的重要作用[1]。下面畧引部分論述以作佐證。

筆者認為：《集成》分部雖然一準《正韻》，但隸字、分配五音則

[1] 王進安：《韻學集成音韻價值研究》，載《澳門語言學刊》2004年第27期，第54—65頁。

主要從《韻會》和《玉篇》。這就體現了釋字體例的不同，同時，它們在引用史料方面也存在著不同。為進一步説明《集成》所引史料與《正韻》的區別，筆者將《廣韻》《韻會》《正韻》和《集成》所引史料列表比較如下（韻目或例字隨機抽取，限於表格的篇幅，表中所引史料内容均不標書名號）。

表三十九：《集成》韻字所引史料與諸韻書比較

所引史韻書料 内容韻目韻字	《廣韻》	《韻會》	《洪武正韻》	《集成》
東	吳都賦、左傳、五神仙傳、宋賈執英賢傳、齊諧記、莊子、漢平原東方朔曹瞞傳	説文、漢志、廣韻	説文、漢志、鄭樵通志、詩、爾雅、邢昺疏	説文、漢志、淮南子
董	無	書	左傳、晉史	無
送	無	説文、籀文、增韻	陸賈傳、詩	廣韻、陸賈傳、籀文
屋	淮南子、風俗通、魏書官氏傳	説文、風俗通、淮南子、漢書	周禮、詩、漢書、南史	淮南子、周禮、廣韻、五音篇、中原雅音
中	風俗通、漢書藝文志	説文、廣韻、增韻、籀文、禮記、漢書	列子、漢志	説文、廣韻、列子、玉篇、籀文
模	無	説文、集韻	説文	廣韻、集韻
姥	無	無	無	廣韻
暮	無	説文	無	無
麻	風俗通	説文、爾雅、風俗通、	爾雅、説文、詩、風俗通	玉篇、爾雅、廣韻、風俗通、
馬	説文、尚書、風俗通	周官、周禮、説文、籀文	周官、爾雅、晉史、漢書	周官、説文、玉篇、籀文、周禮

續表

所引史韻書料 內容韻目韻字	《廣韻》	《韻會》	《洪武正韻》	《集成》
禡	無	說文、周禮、詩、周官	詩、禮記	說文、詩、禮記
寒	無	說文	說文、國語、左傳、後漢記	說文
旱	無	說文、詩	詩	詩、中原雅音
翰	說文、左傳	說文、易、左傳、詩	詩、易	說文、禮記、詩、書、韻會、中原雅音
曷	無	說文、增韻、孟子	無	中原雅音
支	無	廣韻、毛詩、集韻	詩、揚雄傳、漢書、子虛賦、爾雅	廣韻、玉篇、韻會、毛詩、揚雄、孟子、漢書
紙	後魏書官氏志	釋名、後魏書官氏志	前漢皇后紀、韻會	前漢皇后紀
寘	無	周禮、荀子、記	無	無
侵	說文	說文、左傳、穀梁傳、韓詩外傳	左傳、公羊傳、韓詩	玉篇、公羊傳、韓詩外傳、廣韻
寑	說文	說文、釋名、史記	禮記	無
沁	無	說文、漢書、山海經、韓文	說文	通志
緝	無	禮記	詩	龍龕手鏡、中原雅音

表三十九為抽樣列舉，二十三個例字中，《韻會》所引史料共六十一個次，其中最多的是《說文》，共有十六個次；《正韻》所史料四十七個次，最多的是《詩經》，共有九個次；《集成》則較分散，所引史料五十六個次中，《廣韻》八個次，《說文》六個次，《玉篇》和

《中原雅音》各五個次。由此可見，《集成》在援引史料方面不僅與《正韻》存在著較大的區別，與其他三部韻書所引的史料也存在較大的差異。因此，我們說《集成》在釋字體例和引用史料方面的一個突出特點是倣而不拘。另外，《集成》東韻的去聲韻字配為涷，入聲韻字配為篤；送配為凇的去聲，屋配為翁的入聲。這種情況在不少韻部上都有體現，如山韻、灰韻、皆韻等，這一體例倒也被《集要》《指南》繼承了。這一四聲相承例字不同的情況，是對自《廣韻》以來206韻四聲配對的一大反叛，與諸多韻書是大不相同的，值得我們進一步研究和思考。

二　收字詳盡

筆者還提及：《集成》史料價值的第三個方面體現在其收字容量上，例字詳盡，《凡例》中提到，書中共錄有例字“四萬三千餘字”。一般情況下，韻書的韻字收字越多，其參考的編纂資料應該也會越多，正如趙振鐸所説的：《集韻》“如果從引用的材料看，它收羅的材料非常廣泛”。[1]這四萬多字，除在《集成》是按韻依次釋字外，又按各例字所在偏旁，分475部分列於《直音篇》中。故徐博序中提到的“便學者檢覽其用”，應該也有《直音篇》的功勞。《直音篇》共分七卷，將475部分列在七卷中，每卷開篇都將部首名稱及其例字總數列表介紹。每一部的釋字體例一般是先部首名稱及其例字總數列於前，而後列字；列字又按韻類的先後順序排列，並註明每一例字所在的韻部及聲調；而後釋字，釋字則主要是“直音”，一般採用反切法或直音法，也有個別標明異體（如古今寫法或不同史料的不同寫法）或簡單釋義（詳細釋義則在《集成》裏體現）等。如：

一部“爾”：音耳，《爾雅》又汝也。（屬支韻上聲）

一部“平”：蒲明切，正也，均也，和也，坦也，易也。（屬庚韻平聲）

示部“𠀚”：同上（筆者註：指上文“示”字），古文。（屬支韻去聲）

二部“凡”：同上，今文。（屬覃韻平聲）

可見，《直音篇》有兩個作用：一是偏旁歸類，供讀者查覽其音；二是按偏旁彙總，便於讀者查覽例字的有無。可以説，這也是章黼的獨

[1] 參見趙振鐸《集韻研究》第32頁。

創，“積三十年始克成編”，足見其用心良苦。當然，四萬三千多字的浩浩長卷，在韻書學史上，也可説是繼《集韻》之後的又一收字大作。因此，“就韻字數目而論，《韻學集成》已步入大型韻書之列”[1]的説法就順理成章了。

三 史料揚棄

《集成》對前代韻書史料的引用雖豐富而詳盡，但其引用前代韻書的史料，不是全面照搬的。通過上文的比較研究，我們可以對以上結論稍作補充：

第一，《集成》在體例上倣照的韻書主要有《玉篇》《增韻》《韻會》和《正韻》四部韻（字）書，可以説是對以上韻書、字書體例上的一種揚棄。後三部韻書在編排上都是平、上、去、入四聲分開，甚至平聲還分上、下兩部分，可以説在體例上是承襲《禮部韻畧》一係韻書體例的一種傳統。《集成》在體例上進行了大膽的改革，以韻部為單位，將每部的平、上、去、入四聲韻字合併在一起，並通過每個韻部小韻首字的總目錄，以聲類順序為經線，以韻部的平上去入四聲相承和每韻細分出來的韻類為緯線，以韻圖的形式體現出來，並給每個小韻標上七音、清濁、助紐和反切，這是一件極有意義卻不容易的工作。這一體例應該説，比它所依據的任何一部韻書的體例更具優越性。《集成》目錄的這一體例似乎讓我們看到了宋元早期諸如《韻鏡》等韻圖體例的回歸，只是它已經没有等第的概念了。

第二，在體現時音上，《集成》則旁徵博引，引了大量既具有歷時性又有共時性的材料進行比較。這也是《集成》在編纂過程較能體現章氏意圖之處——“字有多音者以他音切一一次第註之”（《凡例》）。我們舉例如下：

模韻去聲“祚”：靖故切。福也，位也。《廣韻》：禄，福也；《説文》作胙，俗作祚。《中原雅音》昨素切，昨轉音遭，遭是清音，昨是濁音，本作遭素切，與去聲祖字臧祚切相似，則作當音祖故。《中原雅音》無濁音字，他倣此。（第139頁）

灰韻平聲“危”：元從支韻，舊韻魚為切，角次濁次音。《正韻》吾回切，《説文》……《韻會》古作……《洪武正韻》危巍嵬三韻字通

[1] 參見甯忌浮《漢語韻書史》（明代卷）第68頁。

併音吾回切，《中原雅音》以嵬韋為危維巍六音等字併作一音餘回切。（第158頁）

山韻平聲“閑”：《中原雅音》休艱切，羽次清音，義與何艱切同。《説文》止也，故云邊閑。今依《中原雅音》添出之，但凡濁音，《中原雅音》皆作次清音及“何下侯胡為”反切皆以改作休戲而反之。他倣此，又見下何艱切。（第274頁）

覃韻平聲“談”：《正韻》徒藍切，《集韻》併音覃韻，《韻會》徒甘切，與覃同。……《中原雅音》音覃，亦他南切。（第589頁）

鹽韻入聲“涉”：《廣韻》時攝切，《正韻》音攝，《韻會》實攝切，音與牒同。本從牒出之，因《中原雅音》各反之，今從舊韻。《説文》……《中原雅音》式耶切。（第604頁）

以上五例，可以感受到《集成》在審音定切時態度是審慎的，它既羅列了歷時音讀，也羅列了同時代韻書的音讀，然後再確定該韻字的音讀。在許多韻字的音讀上，章氏就是這樣來審音定切的。

第三，《直音篇》的編排體例，為我們進一步進行諧聲系統研究提供了一份詳盡的資料。《直音篇》雖倣《玉篇》編排體例，以部首為序，但每部當中又以韻部為序，這就容易形成大量的諧聲字在一起的情況，為我們下一步深入研究諧聲字提供了很好的材料。

基於以上的特點，我們説《集成》雖是倣照《玉篇》《韻會》和《正韻》等韻書的體例並依《正韻》韻部分類，但在許多方面不囿於《正韻》等韻書的局限，七音、助紐及清濁的介入，使得其韻字歸類更有據可依、有例可循。因此説其“根本先謬”是不恰當的，我們應該承認其應有的音學作用，它也為我們全面研究明代音係韻書體例及其音系提供了一個重要平臺。

《集成》與《直音篇》是一套雙軌並行的“篇韻”模式，而且這一套“篇韻”模式，與其他四套雙軌並行“篇韻”模式都存在較為密切的關係，不僅是對四套編纂模式的傳承，而且還傳承了它們之中的許多語音成分。這為我們整理與之有關的韻書之間的傳承鏈提供了很大的幫助。而據拙作的分析，《集成》的音系“兼收並蓄”[1]，其傳承前代韻書也體現了“兼收並蓄”的特點，加之其釋字十分詳盡，因此，可以説《集成》是一本前代韻書的史料大全，研究《集成》，就要研究其史

[1] 參見王進安《〈韻學集成〉研究》，第315頁。

料，從其史料中分析韻書之間的傳承，比較語音的發展，總結語音演變的規律，如邵榮芬的《中原雅音研究》[1]就得益於《集成》所提供的史料。《集成》的語音資料中，也有大量舊韻的語料，主要體現為“元從某韻”“元某某韻”或“元某某切”等，筆者想，是否也可以學習邵先生的方法，結合歷史比較，把語料所反映的舊韻面貌還原出來？甯忌浮對其史料價值也給予了高度的評價，我們就引甯先生的這段“結束語”來肯定其史料價值：“章黼為音韻學奉獻終生，鍥而不捨，令人崇敬，千古流芳。他以‘併音連聲’的方式對《洪武正韻》進行改併重編，改變了傳統韻書的編排體例，對後世韻書很有影響。在韻書史上，《併音連聲韻學集成》有價值。書中征引《五音篇》《古今韻會舉要》《中原雅音》甚多，保存了豐富的韻書史料。”[2]

第二節 《集成》與有關韻書的傳與承

一 《集成》與有關韻書對前代韻書的“承”

韻書在編纂過程中，伴隨著對前代韻書傳承的同時，也必定對前代韻書所有揚棄，否則就原地踏步，無法體現語音的發展；或者成了抄襲，成了複製，無法體現韻書的社會功能。

在分析《集成》與有關韻書的傳承關係時，我們不能迴避一個重要問題，那就是這些前代韻書的什麼內容被《集成》等後代韻書給繼承了？為什麼是這些內容被繼承，而其他內容被“遺棄”了呢？從韻部來看，由206韻到160韻，到107韻，再到76韻，《五音集韻》把《廣韻》的支之韻併入脂韻中，佳韻併入皆韻，臻韻併入真韻中……通過這樣的合併，把206韻併為160韻，而《韻會》則依據《廣韻》的獨用、同用例的標註，將其合併為107韻。同樣是依據《廣韻》，為何會有如此的不同呢？唐作藩認為：《五音集韻》合併《廣韻》，它“所併的韻，還只是《廣韻》同用的一部分，限於等呼相同的。不同等呼的韻，《廣韻》雖定為同用，《五音集韻》一般不合併”。[3]顯然，二書對《廣韻》的內容都進行了繼承，只是二書在繼承《廣韻》的標準上不一樣。而它們

[1] 邵榮芬先生就是通過《集成》所反映的《中原雅音》的史料，來揭示和重建《中原雅音》的語音系統的。

[2] 參見甯忌浮《漢語韻書史》（明代卷）第76頁。

[3] 參見唐作藩《〈校訂五音集韻〉序》。

都在繼承的同時進行了創新。張世禄認為："一百七部或一百六部這種韻目產生之後，在元明間發生了兩種作用：一種是承襲《集韻》《五音集韻》的體例，把這種韻目和等韻表配合，是用來審辨音讀的，可以拿黃公紹《古今韻會舉要》來做代表。"[1]張先生還説："自金韓道昭《五音集韻》始，以七音、四等、三十六母，顛倒唐宋之字紐，而韻書一變。"[2]張先生把二書在傳承《廣韻》的創新特點一針見血地道出來了。

《集成》對前代韻書的繼承是顯而易見的。這既可以從《集成》所引的史料窺見一斑，也可以從《集成》的編纂體例，甚至是其語音體系總結出來。《集成·凡例》指出"依《洪武正韻》定例"，甯忌浮將其歸為"《洪武正韻》系韻書"[3]是十分恰當的。甯先生還將其與《正韻》《韻會》和《中原雅音》進行了簡要對比或分析，並明確指出："《韻學集成》是《洪武正韻》的改併、增補、重編。"同時，他還指出："《韻會》的七音清濁是章氏重新排列《正韻》小韻的依據，某些小韻的分合也以《韻會》為准。"這些都説明《集成》在繼承前代韻書時，不是單向繼承，而是多向繼承的，是一種匯流。正因如此，《集成》才會有如上節所論述的那樣，具有重要的史料價值。但事物的發展是辯證的，材料多了，來源多了，自然就顯得雜了，語音的標準就無法那麼單一和統一了，因此，我們認為《集成》是"以江淮方言為主，雜有吳方言某些特點的時音和舊韻並存，且不是單純的、聲諧韻協的、完整的語音系統"[4]，就是基於其"兼收並蓄"的特點來分析的。

從繼承的角度來説，《集成》有其成功之處，也有其失敗之處。成功之處，首先體現在體例方面的揚長避短和博採衆長。前文已經分析過，《集成》的目録具有韻圖性質，便於檢覽，尤其是其七音清濁、助紐、反切都彙集於目録中，又加之四聲相承，使讀者一目了然，功德無量。其成功之處，還體現在繼承了許多前代韻書的語料，從字形分析，到詞彙内容，到釋義，到反切的比較，再到韻部的歸併和異讀的情況，都十分詳盡，有利某些專題的分析和研究。例如，《集成》提到的許多詞彙就標明"見於《廣韻》"等，有利於對詞彙的溯源和檢索。所以趙

[1] 參見張世禄《中國音韻學史》（下冊）第130頁。

[2] 同上書，第131頁。

[3] 參見甯忌浮《漢語韻書史》（明代卷）第二章，本段引用本書的均引自該章内容。

[4] 參見王進安《〈韻學集成〉研究》，第323頁。

蔭棠認為“此書雖於講音理上無多貢獻，但在翻查當時的讀音上亦有許多便利”。[1]當然，其最成功之處，就在於繼承“篇韻”雙軌並行的辭書編纂模式，為進一步進行韻書、字書編纂的類型研究提供了很好的素材和思路。

當然，其失敗也是在所難免的。一部韻書和一部字書，花費了作者三十年的時間，時間經歷太長，篇幅又太長，也往往導致作者的顧此失彼，因此會導致不少的失誤和不足。但只要没有改變或影響到整部韻書所反映的音系，這些失誤與不足都是可以理解和原諒的，畢竟個人的能力有限。既然是韻書，自然要體現其規範語音、代表時音的特點，但《集成》的語音體係卻無法做到讓人信服，它雖然已經盡力羅列一些語音現象，進行比較和分析，但由於其語音的取向較為模糊，標準不一，所以常令人有新舊混雜的感覺。如它雖然羅列了許多《正韻》的舊韻進行比較，並改併《正韻》的一些音切或歸類，但它仍無法擺脱《正韻》的束縛和影響，因此其語音總體上還是體現《正韻》的語音系統。“由於《洪武正韻》反映的是明代的讀書音系統，因此《韻學集成》中的韻圖也反映了這一語音系統。”[2]趙振鐸也指出《集成》的“這些韻圖所反映的基本上就是《洪武正韻》的系統”。[3]而耿振生則認為其屬“混合型等韻音系”[4]。這就造成認識上的許多干擾和混亂，難怪甯忌浮説其“在語音史上，價值真的是微乎其微了”[5]。

當然，《集成》與宋金元明有關韻書的傳承問題，絕不只是本課題所研究的這幾本韻書就能夠完成的。還有許多筆者没有提到的韻書，其實與本課題的研究也休戚相關。例如，甯忌浮《漢語韻書史》（明代卷）提到的《正韻》系韻書，除《集成》外，還有《重編廣韻》《洪武正韻箋》《辨音纂要》和“遵韻”類韻書[6]。其他時代的韻書也有類似的“某某系”韻書，這樣系聯起來，本課題涉及的韻書或字書將更廣泛、更複雜。限於筆者的研究能力，對宋金元明與《集成》有關韻書的關係分析，只限於本書所提及的一些韻書，這是不夠全面的，也是筆者

[1] 参見趙蔭棠《等韻源流》，第142頁。

[2] 参見李恕豪《中國古代語言學簡史》，第225頁。

[3] 参見趙振鐸《中國語言學史》，第320頁。

[4] 参見耿振生《明清等韻學通論》，第240頁。

[5] 参見甯忌浮《漢語韻書史》（明代卷），第76頁。

[6] 同上書，第76—100頁。

下一步研究需要補充和完善的。只有把與之有關的所有韻書都羅列在一起，並對其語音發展演變的情況進行全面的分析和研究，才能使本課題更加飽滿，更具可信力。

二　《集成》對後代韻書的“傳”

《集成》對後代韻書産生較大影響的，筆者目前主要研究《集要》和《指南》兩書。當然，《集成》對後代韻書産生影響的，肯定遠不止此二書，目前知道的，比較明確的還有無名氏的《辨音纂要》，甯忌浮認為“《辨音纂要》的韻字是《集成》的簡縮。聲韻結構也與《韻學集成》相同”。[1]李無未也多次論及《辨音纂要》[2]。《集成》之後編纂的而且是22個韻部76韻的一些《正韻》系韻書，也可能與《集成》有著某種傳承關係。限於筆者的能力，都暫不分析，而只分析《集要》和《指南》兩書。從前兩章的分析可以看出，此二書與《集成》的關係十分密切，都是22個韻部，使用的聲類表達方式也是傳統的36母表達法，雖然根據我們的系聯，三本書的聲類數各不相同，但他們排列韻字的次序和風格十分相似，説明《集成》對二書的編纂都産生了重要影響。《集成》對此二書的影響，主要體現在兩個方面：

第一，編纂體例的影響。編纂體例的影響，明顯的應該是“四聲相承”羅列韻字。傳統韻書列字方法多傳承唐宋韻書舊例，一般是平、上、去、入四聲分列，這種列字方法直到《韻會》和《正韻》還是深受其影響。《集成》在編纂中雖然主要參酌了以上兩部韻書，但大膽地進行列字的改造，採用四聲相承的列字方法，並於每一韻部之前先所有的小韻首字依四聲相承的次序羅列出來，並配以七音清濁和助紐、反切等，作為目錄，使韻部系統一目了然。這樣的列字方法，到了《集要》和《指南》時，雖然被大大簡化，但是每個韻部的小韻首字依四聲相承的次序被羅列出來作為目錄這一韻圖性質的列字方法被二書繼承了下來。

第二，語音體系的影響。明代韻書的體系很複雜，各韻書之間的韻部差異也很大。雖然二書的聲類與《集成》都畧有差別，本課題分析，《集要》27個聲類，《指南》29個聲類，而《集成》30個聲類，並不

[1] 參見甯忌浮《漢語韻書史》（明代卷），第97頁。

[2] 可以參見李無未先生《〈辨音纂要〉所传〈中原雅音〉》和《〈中原雅音〉研究的起始时间问题》等文章。

是説三部韻書在聲類上的差别特别大。《集要》與吳語方言更接近些，《指南》則與《集成》的更接近些。但從其助紐字的使用和各韻部依聲列韻次的情況來看，三部韻書具體高度的相似性。因此，我們認為三部韻書在音系，尤其是相同的韻部，存在著明顯的傳承關係，《集成》是源，其他二書是流。這三部韻書具體韻目上的區别，可以詳見本書後三部韻書小韻首字的附錄。

雖然《集要》和《指南》在列字都很簡約，註音和釋義也遠不如《集成》詳細，但通過文獻資料的檢索，還是可以看出，二書無論在訓詁或語音上都具有一定的作用。如《四庫全書・集部》之詩文評類《歷代詩話》中出現《集要》的有關解釋多達十三次，多涉及註音和釋字，如卷九：

《涉江篇》：乘舲船余上沅兮，齊吳榜而擊汰。吳旦生曰："舲，音零。船有牕牖曰舲。"

《字學集要》云：舟有牕者。亦作舲艫艀。當亦取牕櫺之義耶。王維詩:擊汰復揚舲，全用其語。

另外，考《康熙字典》共引《指南》22處。多用來解釋字體或字音的，如：

亝：《字彙》補，與姓同。見《字學指南》。

緐：《字學指南》與係同。

唫：《五音篇海》音琴，《字學指南》與吟同。

翿：《字學指南》與儔同。

……

而這些資料，在《集成》都可以找到相同的解釋，如卷十一庚韻中有"令"的平聲韻"艋"釋為："舟名，一曰舟有牕者。亦作舲艫艀。"與《集要》同。又如卷十二侵韻平聲韻"吟"中有如下釋語"亦作唫，《集韻》或作訡，古作齡。《五音篇》作唫，又上去二聲。《中原雅音》音淫"。"唫同吟"，與《指南》所釋一致。據此，我們可以看出《集成》與二書在語音上的聯繫。

總之，我們分析《集成》相關韻書之間的傳承關係，就是要探索韻書之間千絲萬縷的關係，找出韻書編纂的血緣關係，分析其克隆與變異的模式或渠道，從而為描繪語音發展演變的軌跡提供有益的語言材料。

參考文獻

甯忌浮.漢語韻書史（明代卷）[M].上海：上海人民出版社，2009.

趙振鐸.集韻研究[M].北京：語文出版社，2006.

王進安.《韻學集成》研究[M].上海：上海三聯書店，2009.

邵榮芬.中原雅音研究[M].濟南：山東人民出版社，1981.

李恕豪.中國古代語言學簡史[M].成都：巴蜀書社，2003.

趙振鐸.中國語言學史[M].石家莊：河北教育出版社，2000.

趙蔭棠.等韻源流[M].上海：商務印書館，1957.

耿振生.明清等韻學通論[M].北京：語文出版社，1992.

張世祿.中國音韻學史[M].北京：商務印書館，1998.

唐作藩.校訂五音集韻·序[J].古漢語研究，1992(1).

李無未.《中原雅音》研究的起始時間問題[J].中國語文，2004(3).

李無未.《辨音纂要》所傳《中原雅音》[J].中國語言學報，2003（11）.

附録一：《韻學集成》小韻首字表

所属韻類	聲調	小韻首字	七音	清濁	聲類	反切	
東董送屋	1平	公	角	清	經堅	古	紅
東董送屋	1上	𩌱	角	清	經堅	古	孔
東董送屋	1去	貢	角	清	經堅	古	送
東董送屋	1入	穀	角	清	經堅	古	禄
東董送屋	2平	空	角	次清	輕牽	枯	紅
東董送屋	2上	孔	角	次清	輕牽	康	董
東董送屋	2去	控	角	次清	輕牽	苦	貢
東董送屋	2入	酷	角	次清	輕牽	枯	沃
東董送屋	3平	翁	羽	清	因煙	烏	紅
東董送屋	3上	塕	羽	清	因煙	烏	孔
東董送屋	3去	瓮	羽	清	因煙	烏	貢
東董送屋	3入	屋	羽	清	因煙	烏	谷
東董送屋	4平	烘	羽	次清	具軒	呼	紅
東董送屋	4上	嗊	羽	次清	具軒	虎	孔
東董送屋	4去	烘	羽	次清	具軒	呼	貢
東董送屋	4入	熇	羽	次清	具軒	呼	木
東董送屋	5平	洪	羽	濁	刑賢	胡	公
東董送屋	5上	澒	羽	濁	刑賢	胡	孔
東董送屋	5去	哄	羽	濁	刑賢	胡	貢
東董送屋	5入	斛	羽	濁	刑賢	胡	谷
東董送屋	6平	宗	商	清	精箋	祖	冬
東董送屋	6上	總	商	清	精箋	作	孔

續表

所属韻類	聲調	小韻首字	七音	清濁	聲類	反切	
東董送屋	6去	糉	商	清	精箋	作	弄
東董送屋	6入	蹙	商	清	精箋	子	六
東董送屋	7平	悤	商	次清	清千	倉	紅
東董送屋	7上	總	商	次清	清千	且	勇
東董送屋	7去	謥	商	次清	清千	千	弄
東董送屋	7入	蔟	商	次清	清千	千	木
東董送屋	8平	淞	商	次清次	新仙	息	中
東董送屋	8上	竦	商	次清次	新仙	息	勇
東董送屋	8去	送	商	次清次	新仙	蘇	弄
東董送屋	8入	速	商	次清次	新仙	蘇	谷
東董送屋	9平	從	商	濁	秦前	牆	容
東董送屋	9平	叢	商	濁	秦前	徂	紅
東董送屋	9去	從	商	濁	秦前	才	用
東董送屋	9去	敤	商	濁	秦前	徂	送
東董送屋	9入	族	商	濁	秦前	昨	木
東董送屋	10平	松	商	次濁	錫前	詳	容
東董送屋	10去	頌	商	次濁	錫前	似	用
東董送屋	10入	續	商	次濁	錫前	似	足
東董送屋	11平	弓	角	清	經堅	居	中
東董送屋	11上	拱	角	清	經堅	居	辣
東董送屋	11去	供	角	清	經堅	居	用
東董送屋	11入	匊	角	清	經堅	居	六
東董送屋	12平	穹	角	次清	輕牽	丘	中
東董送屋	12上	恐	角	次清	輕牽	丘	隴
東董送屋	12去	恐	角	次清	輕牽	欺	用
東董送屋	12入	麴	角	次清	輕牽	丘	六
東董送屋	13平	窮	角	濁	勤虔	渠	宮
東董送屋	13上	洪	角	濁	勤虔	巨	勇
東董送屋	13去	共	角	濁	勤虔	巨	用

續表

所屬韻類	聲調	小韻首字	七音	清濁	聲類	反切	
東董送屋	13入	局	角	濁	勤虔	渠	六
東董送屋	14平	邕	羽	清	因煙	於	容
東董送屋	14上	擁	羽	清	因煙	委	勇
東董送屋	14去	雍	羽	清	因煙	於	用
東董送屋	14入	郁	羽	清	因煙	乙	六
東董送屋	15平	胸	羽	次清	具軒	許	容
東董送屋	15上	兇	羽	次清	具軒	許	拱
東董送屋	15去	啕	羽	次清	具軒	許	仲
東董送屋	15入	畜	羽	次清	具軒	許	六
東董送屋	16平	雄	羽	濁	刑賢	胡	弓
東董送屋	17平	融	羽	次濁	寅延	以	中
東董送屋	17平	顒	羽	次濁	寅延	魚	容
東董送屋	17上	勇	羽	次濁	寅延	尹	竦
東董送屋	17去	用	羽	次濁	寅延	余	頌
東董送屋	17去	峅	羽	次濁	寅延	牛	仲
東董送屋	17入	育	羽	次濁	寅延	余	六
東董送屋	17入	玉	羽	次濁	寅延	魚	六
東董送屋	18平	中	次商	清	征氈	陟	隆
東董送屋	18上	腫	次商	清	征氈	知	隴
東董送屋	18去	衆	次商	清	征氈	之	仲
東董送屋	18入	祝	次商	清	征氈	之	六
東董送屋	19平	充	次商	次清	稱燀	昌	中
東董送屋	19上	寵	次商	次清	稱燀	丑	勇
東董送屋	19去	惷	次商	次清	稱燀	丑	用
東董送屋	19入	柷	次商	次清	稱燀	昌	六
東董送屋	20平	春	次商	次清次	聲羶	書	容
東董送屋	20入	叔	次商	次清次	聲羶	式	竹
東董送屋	21平	蟲	次商	濁	陳廛	持	中
東董送屋	21上	重	次商	濁	陳廛	直	隴

續表

所屬韻類	聲調	小韻首字	七音	清濁	聲類	反切	
東董送屋	21去	仲	次商	濁	陳廛	直	衆
東董送屋	21入	逐	次商	濁	陳廛	直	六
東董送屋	22平	崇	次商	濁	榛潺	鉏	中
東董送屋	23上	尰	次商	次濁	神禪	時	勇
東董送屋	23入	孰	次商	次濁	神禪	神	六
東董送屋	24平	戎	半商徵		人然	而	中
東董送屋	24上	宂	半商徵		人然	而	隴
東董送屋	24去	毧	半商徵		人然	而	用
東董送屋	24入	肉	半商徵		人然	而	六
東董送屋	25平	濃	次商	次濁	紉聯	尼	容
東董送屋	25入	朒	次商	次濁	紉聯	女	六
東董送屋	26平	龍	半徵商		零連	盧	容
東董送屋	26上	籠	半徵商		零連	力	董
東董送屋	26去	弄	半徵商		零連	盧	貢
東董送屋	26入	祿	半徵商		零連	盧	谷
東董送屋	27平	隆	半徵商		鄰連	良	中
東董送屋	28平	東	徵	清	丁顛	德	紅
東董送屋	28上	董	徵	清	丁顛	多	動
東董送屋	28去	凍	徵	清	丁顛	多	貢
東董送屋	28入	篤	徵	清	丁顛	都	毒
東董送屋	29平	通	徵	次清	汀天	他	紅
東董送屋	29上	統	徵	次清	汀天	他	總
東董送屋	29去	痛	徵	次清	汀天	他	貢
東董送屋	29入	禿	徵	次清	汀天	他	谷
東董送屋	30平	同	徵	濁	亭田	徒	紅
東董送屋	30上	動	徵	濁	亭田	徒	總
東董送屋	30去	洞	徵	濁	亭田	徒	弄
東董送屋	30入	牘	徵	濁	亭田	徒	谷
東董送屋	31平	農	徵	次濁	寧年	奴	冬

續表

所屬韻類	聲調	小韻首字	七音	清濁	聲類	反切	
東董送屋	31上	癑	徵	次濁	寧年	乃	董
東董送屋	31去	齈	徵	次濁	寧年	奴	涷
東董送屋	31入	傉	徵	次濁	寧年	奴	篤
東董送屋	32上	琫	宮	清	賔邊	迈	孔
東董送屋	32入	卜	宮	清	賔邊	博	木
東董送屋	33平	韸	宮	次清	娉偏	撲	蒙
東董送屋	33入	撲	宮	次清	娉偏	普	卜
東董送屋	34平	蓬	宮	濁	平便	蒲	紅
東董送屋	34上	埲	宮	濁	平便	蒲	蠓
東董送屋	34去	槰	宮	濁	平便	菩	貢
東董送屋	34入	僕	宮	濁	平便	步	木
東董送屋	35平	蒙	宮	次濁	民綿	莫	紅
東董送屋	35上	蠓	宮	次濁	民綿	毋	揔
東董送屋	35去	夢	宮	次濁	民綿	莫	弄
東董送屋	35入	木	宮	次濁	民綿	莫	卜
東董送屋	36平	風	次宮	清	芬蕃	方	中
東董送屋	36上	捧	次宮	清	芬蕃	方	孔
東董送屋	36去	諷	次宮	清	芬蕃	方	鳳
東董送屋	36入	福	次宮	清	芬蕃	方	六
東董送屋	37平	馮	次宮	濁	墳煩	符	中
東董送屋	37上	奉	次宮	濁	墳煩	父	勇
東董送屋	37去	鳳	次宮	濁	墳煩	馮	貢
東董送屋	37入	伏	次宮	濁	墳煩	房	六
支紙寘	1平	奇	角	濁	擎虔	渠	宜
支紙寘	1上	技	角	濁	擎虔	巨	綺
支紙寘	1去	芰	角	濁	擎虔	奇	寄
支紙寘	2平	伊	羽	清	因煙	於	宜
支紙寘	2上	倚	羽	清	因煙	隱	綺
支紙寘	2去	意	羽	清	因煙	於	戲

續表

所屬韻類	聲調	小韻首字	七音	清濁	聲類	反切	
支紙寘	3平	羲	羽	次清	具軒	虛	宜
支紙寘	3上	喜	羽	次清	具軒	許	里
支紙寘	3去	戲	羽	次清	具軒	許	意
支紙寘	4平	夷	羽	次濁	寅延	延	知
支紙寘	4上	以	羽	次濁	寅延	養	里
支紙寘	4去	異	羽	次濁	寅延	以	智
支紙寘	5平	咨	商	清	精箋	津	私
支紙寘	5上	子	商	清	精箋	祖	似
支紙寘	5去	恣	商	清	精箋	資	四
支紙寘	6平	雌	商	次清	親千	此	玆
支紙寘	6上	此	商	次清	親千	雌	氏
支紙寘	6去	次	商	次清	親千	七	四
支紙寘	7平	私	商	次清次	新仙	相	咨
支紙寘	7上	死	商	次清次	新仙	想	姊
支紙寘	7去	四	商	次清次	新仙	息	漬
支紙寘	8平	茨	商	濁	秦前	才	資
支紙寘	8去	自	商	濁	秦前	疾	二
支紙寘	9平	詞	商	次濁	錫玆	詳	玆
支紙寘	9上	似	商	次濁	錫玆	詳	子
支紙寘	9去	寺	商	次濁	錫玆	祥	吏
支紙寘	10平	知	次商	清	真氈	陟	離
支紙寘	10上	徵	次商	清	真氈	陟	里
支紙寘	10去	智	次商	清	真氈	知	意
支紙寘	11平	摛	次商	次清	稱燀	抽	知
支紙寘	11上	侈	次商	次清	稱燀	尺	里
支紙寘	11去	眙	次商	次清	稱燀	丑	吏
支紙寘	12去	世	次商	次清次	聲羶	始	制
支紙寘	13平	馳	次商	濁	陳廛	陳	知
支紙寘	13上	雉	次商	濁	陳廛	丈	几

續表

所属韻類	聲調	小韻首字	七音	清濁	聲類	反切	
支紙寘	13去	治	次商	濁	陳廛	直	意
支紙寘	14去	誓	次商	次濁次	神禪	時	制
支紙寘	15平	支	次商	清	征氊	旨	而
支紙寘	15上	紙	次商	清	征氊	諸	氏
支紙寘	15去	寘	次商	清	征氊	支	義
支紙寘	16平	差	次商	次清	嗔延	叉	茲
支紙寘	16上	敹	次商	次清	嗔延	初	紀
支紙寘	16去	廁	次商	次清	嗔延	初	寺
支紙寘	17平	詩	次商	次清次	身羶	申	之
支紙寘	17上	弛	次商	次清次	身羶	詩	止
支紙寘	17去	試	次商	次清次	身羶	式	至
支紙寘	18平	時	次商	次濁次	辰常	辰	之
支紙寘	18上	是	次商	次濁次	辰常	上	紙
支紙寘	18去	侍	次商	次濁次	辰常	時	吏
支紙寘	19平	儿	半商徵		人然	如	支
支紙寘	19上	耳	半商徵		人然	忍	止
支紙寘	19去	二	半商徵		人然	而	至
支紙寘	20平	悲	宮	清	賔邊	逋	眉
支紙寘	20上	彼	宮	清	賔邊	補	委
支紙寘	20去	祕	宮	清	賔邊	兵	媚
支紙寘	21平	紕	宮	次清	娉偏	篇	夷
支紙寘	21上	庀	宮	次清	娉偏	普	弭
支紙寘	21去	譬	宮	次清	娉偏	匹	智
支紙寘	22平	皮	宮	濁	平便	蒲	糜
支紙寘	22上	婢	宮	濁	平便	部	比
支紙寘	22去	避	宮	濁	平便	毗	意
支紙寘	23平	糜	宮	次濁	民綿	忙	皮
支紙寘	23上	靡	宮	次濁	民綿	毋	彼
支紙寘	23去	靡	宮	次濁	民綿	縻	詖

續表

所屬韻類	聲調	小韻首字	七音	清濁	聲類	反切	
支紙寘	24平	霏	次宮	次清	芬番	芳	微
支紙寘	24上	斐	次宮	次清	芬番	敷	尾
支紙寘	24去	費	次宮	次清	芬番	芳	未
支紙寘	25平	肥	次宮	濁	墳煩	符	非
支紙寘	25上	陫	次宮	濁	墳煩	父	尾
支紙寘	25去	扉	次宮	濁	墳煩	父	沸
支紙寘	26平	微	次宮	次濁	無文	無	非
支紙寘	26上	尾	次宮	次濁	無文	無	匪
支紙寘	26去	未	次宮	次濁	無文	無	沸
齊薺霽	1平	雞	角	清	經堅	堅	溪
齊薺霽	1上	已	角	清	經堅	居	里
齊薺霽	1去	寄	角	清	經堅	吉	器
齊薺霽	2平	谿	角	次清	輕牽	牽	溪
齊薺霽	2上	起	角	次清	輕牽	墟	里
齊薺霽	2去	器	角	次清	輕牽	去	異
齊薺霽	3平	兮	羽	濁	刑弦	賢	雞
齊薺霽	3上	傒	羽	濁	刑弦	户	礼
齊薺霽	3去	系	羽	濁	刑弦	胡	計
齊薺霽	4平	齎	商	清	精箋	箋	西
齊薺霽	4上	济	商	清	精箋	子	礼
齊薺霽	4去	霽	商	清	精箋	子	計
齊薺霽	5平	妻	商	次清	清千	千	西
齊薺霽	5上	泚	商	次清	清千	此	礼
齊薺霽	5去	砌	商	次清	清千	七	計
齊薺霽	6平	西	商	次清次	新仙	先	齊
齊薺霽	6上	徙	商	次清次	新仙	想	里
齊薺霽	6去	细	商	次清次	新仙	思	計
齊薺霽	7平	齊	商	濁	秦前	前	西
齊薺霽	7上	薺	商	濁	秦前	在	礼

續表

所屬韻類	聲調	小韻首字	七音	清濁	聲類	反切	
齊薺霽	7去	嚌	商	濁	秦前	才	詣
齊薺霽	8平	離	半徵商		鄰連	鄰	溪
齊薺霽	8上	里	半徵商		鄰連	良	以
齊薺霽	8去	利	半徵商		鄰連	力	至
齊薺霽	9平	低	徵	清	丁顛	都	黎
齊薺霽	9上	底	徵	清	丁顛	典	礼
齊薺霽	9去	帝	徵	清	丁顛	丁	計
齊薺霽	10平	梯	徵	次清	汀天	天	黎
齊薺霽	10上	体	徵	次清	汀天	他	礼
齊薺霽	10去	替	徵	次清	汀天	他	計
齊薺霽	11平	題	徵	濁	亭田	杜	兮
齊薺霽	11上	弟	徵	濁	亭田	杜	礼
齊薺霽	11去	第	徵	濁	亭田	大	計
齊薺霽	12平	泥	徵	次濁	寧年	年	提
齊薺霽	12上	伱	徵	次濁	寧年	乃	礼
齊薺霽	12去	泥	徵	次濁	寧年	乃	計
齊薺霽	13平	篦	宮	清	賔邊	边	迷
齊薺霽	13上	毗	宮	清	賔邊	補	米
齊薺霽	13去	閉	宮	清	賔邊	必	計
齊薺霽	14平	迷	宮	次濁	民綿	綿	兮
齊薺霽	14上	米	宮	次濁	民綿	莫	礼
齊薺霽	14去	袂	宮	次濁	民綿	彌	計
魚語御	1平	居	角	清	經堅	斤	於
魚語御	1上	舉	角	清	經堅	居	許
魚語御	1去	據	角	清	經堅	居	御
魚語御	2平	墟	角	次清	輕牽	丘	於
魚語御	2上	去	角	次清	輕牽	丘	舉
魚語御	2去	去	角	次清	輕牽	丘	據
魚語御	3平	渠	角	濁	勤虔	求	於

續表

所屬韻類	聲調	小韻首字	七音	清濁	聲類	反切	
魚語御	3上	巨	角	濁	勤虔	臼	許
魚語御	3去	具	角	濁	勤虔	忌	遇
魚語御	4平	魚	角	次濁次	迎妍	牛	居
魚語御	4上	語	角	次濁次	迎妍	偶	許
魚語御	4去	御	角	次濁次	迎妍	魚	據
魚語御	4平	余	羽	次濁	迎妍	羊	諸
魚語御	4上	與	角	次濁	迎妍	弋	渚
魚語御	4去	豫	角	次濁	迎妍	羊	茹
魚語御	5平	於	羽	清	因煙	衣	虛
魚語御	5上	傴	羽	清	因煙	於	語
魚語御	5去	飫	羽	清	因煙	於	據
魚語御	6平	虛	羽	次清	具軒	休	居
魚語御	6上	許	羽	次清	具軒	虛	吕
魚語御	6去	嘘	羽	次清	具軒	許	御
魚語御	7平	苴	商	清	津煎	子	余
魚語御	7上	苴	商	清	津煎	子	與
魚語御	7去	怚	商	清	津煎	將	預
魚語御	8平	趨	商	次清	親千	逡	須
魚語御	8上	取	商	次清	親千	此	主
魚語御	8去	覻	商	次清	親千	七	慮
魚語御	9平	胥	商	次清次	新仙	新	於
魚語御	9上	諝	商	次清次	新仙	私	吕
魚語御	9去	絮	商	次清次	新仙	息	據
魚語御	10平	葅	商	濁	秦前	才	余
魚語御	10上	咀	商	濁	秦前	在	吕
魚語御	10去	聚	商	濁	秦前	族	遇
魚語御	11平	徐	商	次濁	錫延	祥	於
魚語御	11上	敘	商	次濁	錫延	象	吕
魚語御	11去	屐	商	次濁	錫延	徐	預

續表

所屬韻類	聲調	小韻首字	七音	清濁	聲類	反切	
魚語御	12平	諸	次商	清	真氊	專	於
魚語御	12上	主	次商	清	真氊	腫	庾
魚語御	12去	著	次商	清	真氊	陟	慮
魚語御	13平	樞	次商	次清	嗔延	抽	居
魚語御	13上	杵	次商	次清	嗔延	敞	吕
魚語御	13去	處	次商	次清	嗔延	昌	據
魚語御	14平	書	次商	次清次	身羶	商	居
魚語御	14上	暑	次商	次清次	身羶	賞	吕
魚語御	14去	恕	次商	次清次	身羶	商	豫
魚語御	15平	除	次商	濁	陳廛	長	魚
魚語御	15上	柱	次商	濁	陳廛	丈	吕
魚語御	15去	筯	次商	濁	陳廛	治	據
魚語御	16平	殊	次商	次濁次	辰常	尚	朱
魚語御	16上	豎	次商	次濁次	辰常	上	主
魚語御	16去	樹	次商	次濁次	辰常	殊	遇
魚語御	17平	如	半商徵		人然	人	余
魚語御	17上	汝	半商徵		人然	忍	與
魚語御	17去	孺	半商徵		人然	而	遇
魚語御	18平	袽	次商	次濁	紉聯	女	居
魚語御	18上	女	次商	次濁	紉聯	尼	吕
魚語御	18去	女	次商	次濁	紉聯	尼	據
魚語御	19平	閭	半徵商		鄰連	淩	如
魚語御	19上	吕	半徵商		鄰連	兩	舉
魚語御	19去	慮	半徵商		鄰連	良	據
模姥暮	1平	孤	角	清	經堅	攻	乎
模姥暮	1上	古	角	清	經堅	公	土
模姥暮	1去	故	角	清	經堅	古	慕
模姥暮	2平	枯	角	次清	輕牽	空	胡
模姥暮	2上	苦	角	次清	輕牽	孔	五

續表

所屬韻類	聲調	小韻首字	七音	清濁	聲類	反切	
模姥暮	2去	庫	角	次清	輕牽	苦	故
模姥暮	3平	吾	角	次濁	銀言	訛	胡
模姥暮	3上	五	角	次濁	銀言	阮	古
模姥暮	3去	誤	角	次濁	銀言	五	故
模姥暮	4平	烏	羽	清	因煙	汪	胡
模姥暮	4上	塢	羽	清	因煙	安	古
模姥暮	4去	汙	羽	清	因煙	烏	故
模姥暮	5平	呼	羽	次清	興軒	荒	胡
模姥暮	5上	虎	羽	次清	興軒	火	五
模姥暮	5去	謼	羽	次清	興軒	荒	故
模姥暮	6平	胡	羽	濁	刑賢	洪	孤
模姥暮	6上	户	羽	濁	刑賢	侯	古
模姥暮	6去	護	羽	濁	刑賢	胡	故
模姥暮	7平	租	商	清	精箋	宗	蘇
模姥暮	7上	祖	商	清	精箋	揔	五
模姥暮	7去	作	商	清	精箋	臧	祚
模姥暮	8平	麁	商	次清	清千	倉	胡
模姥暮	8上	蘆	商	次清	清千	採	五
模姥暮	8去	措	商	次清	清千	倉	故
模姥暮	9平	蘇	商	次清次	新仙	孫	徂
模姥暮	9去	素	商	次清次	新仙	蘇	故
模姥暮	10平	徂	商	濁	秦前	从	租
模姥暮	10上	粗	商	濁	秦前	坐	五
模姥暮	10去	祚	商	濁	秦前	靖	故
模姥暮	11上	阻	次商	清	真氈	壯	所
模姥暮	11去	詛	次商	清	真氈	莊	助
模姥暮	12平	初	次商	次清	嗔延	楚	徂
模姥暮	12上	楚	次商	次清	嗔延	創	祖
模姥暮	12去	楚	次商	次清	嗔延	創	故

續表

所属韻類	聲調	小韻首字	七音	清濁	聲類	反切	
模姥暮	13平	蔬	次商	次清次	身羶	山	徂
模姥暮	13上	所	次商	次清次	身羶	踈	五
模姥暮	13去	疏	次商	次清次	身羶	所	故
模姥暮	14平	鉏	次商	濁	榛潺	牀	魚
模姥暮	14上	齟	次商	濁	榛潺	牀	吕
模姥暮	14去	助	次商	濁	榛潺	牀	祚
模姥暮	15平	盧	半徵商		零連	龍	都
模姥暮	15上	魯	半徵商		零連	郎	古
模姥暮	15去	路	半徵商		零連	魯	故
模姥暮	16平	都	徵	清	丁顛	東	徒
模姥暮	16上	覩	徵	清	丁顛	董	五
模姥暮	16去	妒	徵	清	丁顛	都	故
模姥暮	17平	瑹	徵	次清	汀天	通	都
模姥暮	17上	土	徵	次清	汀天	他	魯
模姥暮	17去	兔	徵	次清	汀天	土	故
模姥暮	18平	徒	徵	濁	亭田	同	都
模姥暮	18上	杜	徵	濁	亭田	徒	五
模姥暮	18去	度	徵	濁	亭田	徒	故
模姥暮	19平	奴	徵	次濁	寧年	農	都
模姥暮	19上	弩	徵	次濁	寧年	奴	古
模姥暮	19去	怒	徵	次濁	寧年	奴	故
模姥暮	20平	逋	宮	清	賓邊	奔	模
模姥暮	20上	補	宮	清	賓邊	博	古
模姥暮	20去	布	宮	清	賓邊	博	故
模姥暮	21平	鋪	宮	次清	娉偏	滂	模
模姥暮	21上	普	宮	次清	娉偏	滂	五
模姥暮	21去	鋪	宮	次清	娉偏	普	故
模姥暮	22平	蒲	宮	濁	平便	薄	胡
模姥暮	22上	簿	宮	濁	平便	裴	五

續表

所屬韻類	聲調	小韻首字	七音	清濁	聲類	反切	
模姥暮	22去	步	宮	濁	平便	薄	故
模姥暮	23平	模	宮	次濁	民綿	莫	胡
模姥暮	23上	姥	宮	次濁	民綿	莫	補
模姥暮	23去	暮	宮	次濁	民綿	莫	故
模姥暮	24平	敷	次宮	次清	芬蕃	芳	無
模姥暮	24上	撫	次宮	次清	芬蕃	斐	古
模姥暮	24去	赴	次宮	次清	芬蕃	芳	故
模姥暮	25平	扶	次宮	濁	墳煩	逢	夫
模姥暮	25上	父	次宮	濁	墳煩	扶	古
模姥暮	25去	附	次宮	濁	墳煩	符	遇
模姥暮	26平	無	次宮	次濁	文樠	微	夫
模姥暮	26上	武	次宮	次濁	文樠	罔	古
模姥暮	26去	務	次宮	次濁	文樠	亡	暮
灰賄隊	1平	傀	角	清	經堅	姑	回
灰賄隊	1平	規	角	清	經堅	居	為
灰賄隊	1上	詭	角	清	經堅	古	委
灰賄隊	1去	儈	角	清	經堅	古	外
灰賄隊	1去	貴	角	清	經堅	居	胃
灰賄隊	2平	恢	角	次清	輕牽	枯	回
灰賄隊	2平	窺	角	次清	輕牽	缺	規
灰賄隊	2上	魂	角	次清	輕牽	苦	猥
灰賄隊	2上	跬	角	次清	輕牽	犬	蘂
灰賄隊	2去	塊	角	次清	輕牽	窺	睡
灰賄隊	2去	喟	角	次清	輕牽	丘	媿
灰賄隊	3平	葵	角	濁	勤虔	渠	為
灰賄隊	3上	跪	角	濁	勤虔	巨	委
灰賄隊	3去	匱	角	濁	勤虔	具	位
灰賄隊	4平	危	角	次濁	迎研	魚	為
灰賄隊	4平	為	角	次濁	迎研	于	媯

續表

所属韻類	聲調	小韻首字	七音	清濁	聲類	反切	
灰賄隊	4上	隗	角	次濁	迎研	五	罪
灰賄隊	4上	韙	角	次濁	迎研	于	鬼
灰賄隊	4去	魏	角	次濁	迎研	魚	胃
灰賄隊	4去	胃	角	次濁	迎研	于	貴
灰賄隊	5平	煨	羽	清	因煙	烏	魁
灰賄隊	5平	威	羽	清	因煙	於	非
灰賄隊	5上	猥	羽	清	因煙	烏	賄
灰賄隊	5上	委	羽	清	因煙	鄔	毁
灰賄隊	5去	穢	羽	清	因煙	烏	胃
灰賄隊	5去	尉	羽	清	因煙	紆	胃
灰賄隊	6平	灰	羽	次清	具軒	呼	回
灰賄隊	6平	麾	羽	次清	具軒	呼	為
灰賄隊	6上	賄	羽	次清	具軒	呼	罪
灰賄隊	6上	毁	羽	次清	具軒	虎	委
灰賄隊	6去	誨	羽	次清	具軒	呼	對
灰賄隊	6去	諱	羽	次清	具軒	許	貴
灰賄隊	7平	回	羽	濁	刑賢	胡	傀
灰賄隊	7平	攜	羽	濁	刑賢	户	圭
灰賄隊	7上	瘣	羽	濁	刑賢	户	賄
灰賄隊	7去	潰	羽	濁	刑賢	胡	對
灰賄隊	7去	慧	羽	濁	刑賢	胡	桂
灰賄隊	8平	維	羽	次濁	寅延	以	追
灰賄隊	8上	唯	羽	次濁	寅延	以	水
灰賄隊	9平	嶉	商	清	津煎	尊	綏
灰賄隊	9上	觜	商	清	津煎	即	委
灰賄隊	9去	醉	商	清	津煎	將	遂
灰賄隊	10平	催	商	次清	親千	倉	回
灰賄隊	10上	璀	商	次清	親千	取	猥
灰賄隊	10去	翠	商	次清	親千	七	醉

續表

所屬韻類	聲調	小韻首字	七音	清濁	聲類	反切	
灰賄隊	11平	雖	商	次清次	新仙	蘇	回
灰賄隊	11上	髓	商	次清次	新仙	息	委
灰賄隊	11去	岁	商	次清次	新仙	須	銳
灰賄隊	12平	摧	商	濁	秦前	徂	回
灰賄隊	12上	罪	商	濁	秦前	徂	賄
灰賄隊	12去	萃	商	濁	秦前	秦	醉
灰賄隊	13平	随	商	次濁	錫涎	旬	威
灰賄隊	13上	獢	商	次濁	錫涎	随	婢
灰賄隊	13去	遂	商	次濁	錫涎	徐	醉
灰賄隊	14平	隹	次商	清	真氈	朱	惟
灰賄隊	14上	捶	次商	清	真氈	主	蘂
灰賄隊	14去	惴	次商	清	真氈	之	瑞
灰賄隊	15平	吹	次商	次清	嗔延	昌	垂
灰賄隊	15上	揣	次商	次清	嗔延	楚	委
灰賄隊	15去	毳	次商	次清	嗔延	蚩	瑞
灰賄隊	16平	衰	次商	次清次	身羶	所	追
灰賄隊	16上	水	次商	次清次	身羶	式	軌
灰賄隊	16去	帥	次商	次清次	身羶	所	類
灰賄隊	16去	税	次商	次清次	身羶	輸	芮
灰賄隊	17平	椎	次商	濁	陳廛	直	追
灰賄隊	17去	墜	次商	濁	陳廛	直	類
灰賄隊	18平	誰	次商	次濁	辰常	視	隹
灰賄隊	18去	瑞	次商	次濁	辰常	殊	僞
灰賄隊	19平	甤	半商徵		人然	如	佳
灰賄隊	19上	桑	半商徵		人然	如	累
灰賄隊	19去	芮	半商徵		人然	如	税
灰賄隊	20平	雷	半徵商		鄰連	盧	回
灰賄隊	20上	壘	半徵商		鄰連	魯	猥
灰賄隊	20去	類	半徵商		鄰連	力	遂

續表

所屬韻類	聲調	小韻首字	七音	清濁	聲類	反切	
灰賄隊	21平	堆	徵	清	丁顛	都	回
灰賄隊	21上	錞	徵	清	丁顛	都	罪
灰賄隊	21去	對	徵	清	丁顛	都	内
灰賄隊	22平	推	徵	次清	汀天	通	回
灰賄隊	22上	腿	徵	次清	汀天	吐	猥
灰賄隊	22去	退	徵	次清	汀天	吐	内
灰賄隊	23平	隤	徵	濁	亭田	徒	回
灰賄隊	23上	鐓	徵	濁	亭田	杜	罪
灰賄隊	23去	隊	徵	濁	亭田	杜	對
灰賄隊	24平	捼	徵	次濁	寧年	奴	回
灰賄隊	24上	餧	徵	次濁	寧年	奴	罪
灰賄隊	24去	内	徵	次濁	寧年	奴	對
灰賄隊	25平	杯	宮	清	賔邊	牧	回
灰賄隊	25上	悖	宮	清	賔邊	布	委
灰賄隊	25去	背	宮	清	賔邊	邦	妹
灰賄隊	26平	壞	宮	次清	娉偏	鋪	杯
灰賄隊	26上	俖	宮	次清	娉偏	普	罪
灰賄隊	26去	配	宮	次清	娉偏	滂	佩
灰賄隊	27平	裴	宮	濁	平便	蒲	魯
灰賄隊	27上	倍	宮	濁	平便	部	浼
灰賄隊	27去	佩	宮	濁	平便	步	妹
灰賄隊	28平	枚	宮	次濁	民綿	模	杯
灰賄隊	28平	浼	宮	次濁	民綿	莫	賄
灰賄隊	28上	妹	宮	次濁	民綿	莫	佩
灰賄隊	28上	眉	宮	次濁	民綿	旻	悲
灰賄隊	28去	美	宮	次濁	民綿	毋	鄙
灰賄隊	28去	媚	宮	次濁	民綿	明	祕
皆解泰	1平	該	角	清	經堅	柯	開
皆解泰	1上	改	角	清	經堅	居	亥

續表

所屬韻類	聲調	小韻首字	七音	清濁	聲類	反切	
皆解泰	1去	盖	角	清	經堅	居	大
皆解泰	2平	開	角	次清	輕牽	丘	哀
皆解泰	2上	愷	角	次清	輕牽	可	亥
皆解泰	2去	慨	角	次清	輕牽	丘	盖
皆解泰	3平	揩	角	濁	擎虔	渠	開
皆解泰	3去	隑	角	濁	擎虔	巨	代
皆解泰	4平	皚	角	次濁	銀言	魚	開
皆解泰	4去	艾	角	次濁	銀言	牛	盖
皆解泰	5平	哀	羽	清	因煙	於	開
皆解泰	5上	欸	羽	清	因煙	衣	亥
皆解泰	5去	愛	羽	清	因煙	於	盖
皆解泰	6平	咍	羽	次清	具軒	呼	来
皆解泰	6上	海	羽	次清	具軒	呼	改
皆解泰	6去	餀	羽	次清	具軒	呼	艾
皆解泰	7平	孩	羽	濁	刑賢	何	開
皆解泰	7上	亥	羽	濁	刑賢	胡	改
皆解泰	7去	害	羽	濁	刑賢	下	盖
皆解泰	8平	哉	商	清	精箋	將	来
皆解泰	8上	宰	商	清	精箋	子	亥
皆解泰	8去	再	商	清	精箋	作	代
皆解泰	9平	猜	商	次清	清千	倉	来
皆解泰	9上	采	商	次清	清千	此	宰
皆解泰	9去	菜	商	次清	清千	倉	代
皆解泰	10平	顋	商	次清次	新仙	桑	才
皆解泰	10去	賽	商	次清次	新仙	先	代
皆解泰	11平	才	商	濁	秦前	牆	来
皆解泰	11上	在	商	濁	秦前	盡	亥
皆解泰	11去	載	商	濁	秦前	昨	代
皆解泰	12平	犓	次商	次清	稱燀	昌	来

續表

所屬韻類	聲調	小韻首字	七音	清濁	聲類	反切	
皆解泰	12去	茝	次商	次清	稱燀	昌	亥
皆解泰	13平	皆	角	清	經堅	居	諧
皆解泰	13上	解	角	清	經堅	佳	買
皆解泰	13去	戒	角	清	經堅	居	拜
皆解泰	14平	揩	角	次清	輕牽	丘	皆
皆解泰	14上	楷	角	次清	輕牽	口	駭
皆解泰	14去	鞜	角	次清	輕牽	口	戒
皆解泰	15上	箉	角	濁	擎虔	求	蟹
皆解泰	15去	齘	角	濁	擎虔	渠	介
皆解泰	16平	涯	角	次濁	迎研	宜	皆
皆解泰	16上	騃	角	次濁	迎研	語	駭
皆解泰	16去	睚	角	次濁	迎研	牛	懈
皆解泰	17平	娃	羽	清	因煙	幺	皆
皆解泰	17上	矮	羽	清	因煙	鴉	蟹
皆解泰	17去	隘	羽	清	因煙	烏	懈
皆解泰	18平	䀹	羽	次清	具軒	火	皆
皆解泰	18去	喊	羽	次清	具軒	許	介
皆解泰	19平	諧	羽	濁	刑賢	雄	皆
皆解泰	19上	駭	羽	濁	刑賢	下	楷
皆解泰	19去	械	羽	濁	刑賢	下	戒
皆解泰	20平	齋	次商	清	征氈	莊	皆
皆解泰	20上	跐	次商	清	征氈	側	買
皆解泰	20去	債	次商	清	征氈	側	賣
皆解泰	21平	釵	次商	次清	稱燀	初	皆
皆解泰	21去	瘥	次商	次清	稱燀	楚	懈
皆解泰	22平	簁	次商	次清次	聲羶	山	皆
皆解泰	22上	灑	次商	次清次	聲羶	所	懈
皆解泰	22去	曬	次商	次清次	聲羶	所	賣
皆解泰	23平	柴	次商	濁	榛潺	牀	皆

續表

所屬韻類	聲調	小韻首字	七音	清濁	聲類	反切	
皆解泰	23上	廌	次商	濁	榛潺	鉏	買
皆解泰	23去	砦	次商	濁	榛潺	助	賣
皆解泰	24平	來	半徵商		鄰連	郎	才
皆解泰	24上	銂	半徵商		鄰連	來	改
皆解泰	24去	徠	半徵商		鄰連	落	代
皆解泰	24平	唻	半徵商		鄰連	賴	諧
皆解泰	24上	攋	半徵商		鄰連	洛	駭
皆解泰	24去	賴	半徵商		鄰連	落	盖
皆解泰	25平	䨻	徵	清	丁顛	丁	來
皆解泰	25上	等	徵	清	丁顛	多	改
皆解泰	25上	歹	徵	清	丁顛	多	乃
皆解泰	25去	戴	徵	清	丁顛	丁	代
皆解泰	25去	帶	徵	清	丁顛	當	盖
皆解泰	26平	胎	徵	次清	汀天	湯	來
皆解泰	26上	嚎	徵	次清	汀天	他	亥
皆解泰	26去	貸	徵	次清	汀天	他	代
皆解泰	26去	泰	徵	次清	汀天	他	盖
皆解泰	27平	臺	徵	濁	亭田	堂	來
皆解泰	27上	待	徵	濁	亭田	蕩	亥
皆解泰	27上	箂	徵	濁	亭田	徒	駭
皆解泰	27去	代	徵	濁	亭田	度	耐
皆解泰	27去	大	徵	濁	亭田	度	奈
皆解泰	28平	痲	徵	次濁	寧年	囊	來
皆解泰	28上	乃	徵	次濁	寧年	囊	亥
皆解泰	28去	柰	徵	次濁	寧年	乃	带
皆解泰	29平	乖	角	清	經堅	公	懷
皆解泰	29上	枴	角	清	經堅	古	買
皆解泰	29去	怪	角	清	經堅	古	壞
皆解泰	30平	咼	角	次清	輕牽	苦	乖

續表

所屬韻類	聲調	小韻首字	七音	清濁	聲類	反切	
皆解泰	30去	快	角	次清	輕牽	苦	夬
皆解泰	31平	詬	角	次濁	銀言	五	咼
皆解泰	31去	聵	角	次濁	銀言	魚	怪
皆解泰	32平	崴	羽	清	因煙	烏	乖
皆解泰	32去	黵	羽	清	因煙	烏	怪
皆解泰	33平	竵	羽	次清	具軒	火	媧
皆解泰	33上	扮	羽	次清	具軒	花	夥
皆解泰	33去	舙	羽	次清	具軒	火	怪
皆解泰	34平	懷	羽	濁	刑賢	乎	乖
皆解泰	34上	夥	羽	濁	刑賢	胡	買
皆解泰	34去	壞	羽	濁	刑賢	華	賣
皆解泰	35平	膗	次商	濁	榛潺	鉏	懷
皆解泰	35上	掰	次商	濁	榛潺	丈	夥
皆解泰	35去	顡	次商	濁	榛潺	除	賣
皆解泰	36平	膠	半徵商		零連	力	懷
皆解泰	37上	擺	宮	清	賓邊	補	買
皆解泰	37去	拜	宮	清	賓邊	布	怪
皆解泰	38上	掰	宮	次清	娉便	普	擺
皆解泰	38去	派	宮	次清	娉便	普	夬
皆解泰	39平	排	宮	濁	平便	步	皆
皆解泰	39上	罷	宮	濁	平便	部	買
皆解泰	39去	敗	宮	濁	平便	薄	賣
皆解泰	40平	埋	宮	次濁	民綿	謨	皆
皆解泰	40上	買	宮	次濁	民綿	莫	蟹
皆解泰	40去	賣	宮	次濁	民綿	莫	懈
真軫震質	1平	巾	角	清	經堅	居	銀
真軫震質	1上	緊	角	清	經堅	居	忍
真軫震質	1去	靳	角	清	經堅	居	炘
真軫震質	1入	吉	角	清	經堅	激	質

續表

所屬韻類	聲調	小韻首字	七音	清濁	聲類	反切	
真軫震質	2平	炊	角	清	輕牽	去	斤
真軫震質	2上	螼	角	清	輕牽	弃	忍
真軫震質	2去	菣	角	清	輕牽	去	刃
真軫震質	2入	乞	角	清	輕牽	欺	訖
真軫震質	3平	勤	角	濁	勤虔	渠	斤
真軫震質	3上	近	角	濁	勤虔	巨	謹
真軫震質	3去	覲	角	濁	勤虔	其	吝
真軫震質	3入	姞	角	濁	勤虔	極	乙
真軫震質	4平	因	羽	清	因煙	伊	真
真軫震質	4上	隱	羽	清	因煙	於	謹
真軫震質	4去	印	羽	清	因煙	伊	刃
真軫震質	4入	一	羽	清	因煙	益	悉
真軫震質	5平	欣	羽	次清	具軒	許	斤
真軫震質	5上	蠛	羽	次清	具軒	許	謹
真軫震質	5去	釁	羽	次清	具軒	許	刃
真軫震質	5入	肸	羽	次清	具軒	黑	乙
真軫震質	6平	寅	羽	次濁	寅延	夷	真
真軫震質	6上	引	羽	次濁	寅延	以	忍
真軫震質	6去	胤	羽	次濁	寅延	羊	進
真軫震質	6入	逸	羽	次濁	寅延	弋	質
真軫震質	6平	銀	角	次濁	銀言	魚	巾
真軫震質	6上	听	角	次濁	銀言	語	謹
真軫震質	6去	憖	角	次濁	銀言	魚	僅
真軫震質	6入	仡	角	次濁	銀言	魚	乞
真軫震質	7平	津	商	清	津煎	資	辛
真軫震質	7上	榼	商	清	津煎	即	忍
真軫震質	7去	晋	商	清	津煎	即	刃
真軫震質	7入	堲	商	清	津煎	子	悉
真軫震質	8平	親	商	次清	親千	七	人

續表

所属韻類	聲調	小韻首字	七音	清濁	聲類	反切	
真軫震質	8上	笉	商	次清	親千	七	忍
真軫震質	8去	親	商	次清	親千	七	刃
真軫震質	8入	七	商	次清	親千	戚	悉
真軫震質	9平	辛	商	次清次	新仙	斯	鄰
真軫震質	9去	信	商	次清次	新仙	思	進
真軫震質	9入	悉	商	次清次	新仙	息	七
真軫震質	10平	秦	商	濁	秦前	慈	鄰
真軫震質	10上	盡	商	濁	秦前	慈	忍
真軫震質	10去	藎	商	濁	秦前	齊	進
真軫震質	10入	疾	商	濁	秦前	昨	悉
真軫震質	11去	烬	商	次濁	餳延	徐	刃
真軫震質	12平	鄰	半徵商		鄰連	離	珍
真軫震質	12上	嶙	半徵商		鄰連	良	忍
真軫震質	12去	吝	半徵商		鄰連	良	刃
真軫震質	12入	栗	半徵商		鄰連	力	質
真軫震質	13平	臻	次商	清	真氊	側	詵
真軫震質	13上	鰆	次商	清	真氊	仄	謹
真軫震質	13入	櫛	次商	清	真氊	仄	瑟
真軫震質	14上	齓	次商	次清	嗔延	初	謹
真軫震質	14去	櫬	次商	次清	嗔延	初	覲
真軫震質	14入	剢	次商	次清	嗔延	初	栗
真軫震質	15平	莘	次商	次清次	聲羶	疏	臻
真軫震質	15上	庣	次商	次清次	聲羶	所	近
真軫震質	15去	閔	次商	次清次	聲羶	所	進
真軫震質	15入	瑟	次商	次清次	聲羶	色	櫛
真軫震質	16平	榛	次商	濁	榛潺	鉏	臻
真軫震質	16入	龇	次商	濁	榛潺	崱	瑟
真軫震質	17平	根	角	清	經堅	古	臻
真軫震質	17上	頣	角	清	經堅	古	很

續表

所屬韻類	聲調	小韻首字	七音	清濁	聲類	反切	
真軫震質	17去	艮	角	清	經堅	古	恨
真軫震質	18平	龈	角	次清	輕牽	口	恩
真軫震質	18上	懇	角	次清	輕牽	口	很
真軫震質	18去	硍	角	次清	輕牽	苦	恨
真軫震質	19上	領	角	濁	勤虔	其	懇
真軫震質	20平	垠	角	次濁	銀言	五	根
真軫震質	20上	眼	角	次濁	銀言	魚	懇
真軫震質	20去	饐	角	次濁	銀言	五	恨
真軫震質	21平	恩	羽	清	因煙	烏	痕
真軫震質	21上	穏	羽	清	因煙	安	很
真軫震質	21去	饐	羽	清	因煙	烏	恨
真軫震質	22平	痕	羽	濁	刑賢	胡	恩
真軫震質	22上	很	羽	濁	刑賢	下	懇
真軫震質	22去	恨	羽	濁	刑賢	下	艮
真軫震質	22入	麧	羽	濁	刑賢	下	没
真軫震質	23平	真	次商	清	真氈	之	人
真軫震質	23上	軫	次商	清	真氈	止	忍
真軫震質	23去	震	次商	清	真氈	之	刃
真軫震質	23入	質	次商	清	真氈	職	日
真軫震質	24平	瞋	次商	次清	嗔延	稱	人
真軫震質	24上	矖	次商	次清	嗔延	丑	忍
真軫震質	24去	趂	次商	次清	嗔延	丑	刃
真軫震質	24入	叱	次商	次清	嗔延	尺	粟
真軫震質	25平	申	次商	次清次	身羶	升	人
真軫震質	25上	哂	次商	次清次	身羶	失	忍
真軫震質	25去	胂	次商	次清次	身羶	試	刃
真軫震質	25入	失	次商	次清次	身羶	式	質
真軫震質	26平	陳	次商	濁	陳廛	池	鄰
真軫震質	26上	紖	次商	濁	陳廛	直	忍

續表

所屬韻類	聲調	小韻首字	七音	清濁	聲類	反切	
真軫震質	26去	陣	次商	濁	陳廛	直	刃
真軫震質	26入	秩	次商	濁	陳廛	直	質
真軫震質	27平	辰	次商	次濁次	神禪	丞	真
真軫震質	27上	腎	次商	次濁次	神禪	時	軫
真軫震質	27去	慎	次商	次濁次	神禪	時	刃
真軫震質	27入	實	次商	次濁次	神禪	神	質
真軫震質	28平	人	半商徵		人然	而	鄰
真軫震質	28上	忍	半商徵		人然	而	軫
真軫震質	28去	刃	半商徵		人然	而	振
真軫震質	28入	日	半商徵		人然	人	質
真軫震質	29平	紉	次商	次濁	紉聯	尼	鄰
真軫震質	29入	暱	次商	次濁	紉聯	尼	質
真軫震質	30平	鈞	角	清	經堅	規	倫
真軫震質	30上	攈	角	清	經堅	舉	蘊
真軫震質	30去	捃	角	清	經堅	居	運
真軫震質	30入	橘	角	清	經堅	厥	筆
真軫震質	31平	囷	角	次清	輕牽	區	倫
真軫震質	31上	稛	角	次清	輕牽	苦	隕
真軫震質	31入	屈	角	次清	輕牽	曲	勿
真軫震質	32平	羣	角	濁	勤虔	渠	云
真軫震質	32上	窘	角	濁	勤虔	巨	隕
真軫震質	32去	郡	角	濁	勤虔	具	運
真軫震質	32入	倔	角	濁	勤虔	渠	勿
真軫震質	33平	氳	羽	清	因煙	於	云
真軫震質	33上	蘊	羽	清	因煙	委	粉
真軫震質	33去	醖	羽	清	因煙	於	敏
真軫震質	33入	鬱	羽	清	因煙	紆	勿
真軫震質	34平	熏	羽	次清	具軒	許	云
真軫震質	34去	訓	羽	次清	具軒	吁	運

續表

所屬韻類	聲調	小韻首字	七音	清濁	聲類	反切	
真軫震質	34入	䫻	羽	次清	具軒	休	筆
真軫震質	35平	雲	羽	次濁	匀緣	于	分
真軫震質	35上	隕	羽	次濁	匀緣	羽	敏
真軫震質	35去	運	羽	次濁	匀緣	禹	愠
真軫震質	35入	聿	羽	次濁	匀緣	以	律
真軫震質	36去	俊	商	清	津煎	祖	峻
真軫震質	36入	啐	商	清	津煎	即	律
真軫震質	37平	逡	商	次清	親千	七	倫
真軫震質	37入	焌	商	次清	親千	促	律
真軫震質	38平	荀	商	次清次	新仙	須	倫
真軫震質	38上	筍	商	次清次	新仙	松	允
真軫震質	38去	峻	商	次清次	新仙	須	閏
真軫震質	38入	恤	商	次清次	新仙	雪	律
真軫震質	39入	崒	商	濁	秦前	昨	律
真軫震質	40平	旬	商	次濁	錫延	詳	倫
真軫震質	40去	殉	商	次濁	錫延	松	閏
真軫震質	41平	倫	半徵商		鄰連	龍	春
真軫震質	41上	輪	半徵商		鄰連	力	準
真軫震質	41入	律	半徵商		鄰連	劣	戌
真軫震質	42平	尊	商	清	津煎	祖	昆
真軫震質	42上	撙	商	清	津煎	祖	本
真軫震質	42去	捘	商	清	津煎	祖	寸
真軫震質	42入	卒	商	清	津煎	臧	没
真軫震質	43平	村	商	次清	親千	倉	尊
真軫震質	43上	忖	商	次清	親千	取	本
真軫震質	43去	寸	商	次清	親千	村	困
真軫震質	43入	猝	商	次清	親千	倉	没
真軫震質	44平	孫	商	次清次	新仙	蘇	昆
真軫震質	44上	損	商	次清次	新仙	蘇	本

續表

所属韻類	聲調	小韻首字	七音	清濁	聲類	反切	
真軫震質	44去	巽	商	次清次	新仙	蘇	困
真軫震質	44入	窣	商	次清次	新仙	蘇	骨
真軫震質	45平	存	商	濁	秦前	徂	尊
真軫震質	45上	鱒	商	濁	秦前	徂	本
真軫震質	45去	鐏	商	濁	秦前	徂	悶
真軫震質	45入	捽	商	濁	秦前	昨	没
真軫震質	46平	昆	角	清	經堅	吉	渾
真軫震質	46上	衮	角	清	經堅	古	本
真軫震質	46去	睔	角	清	經堅	古	困
真軫震質	46入	骨	角	清	經堅	古	忽
真軫震質	47平	坤	角	次清	輕牽	枯	昆
真軫震質	47上	悃	角	次清	輕牽	苦	本
真軫震質	47去	困	角	次清	輕牽	苦	悶
真軫震質	47入	窟	角	次清	輕牽	苦	骨
真軫震質	48入	兀	角	次濁	銀言	五	忽
真軫震質	49平	温	羽	清	因煙	烏	昆
真軫震質	49上	穩	羽	清	因煙	烏	本
真軫震質	49去	揾	羽	清	因煙	烏	困
真軫震質	49入	膃	羽	清	因煙	烏	骨
真軫震質	50平	昏	羽	次清	具軒	呼	昆
真軫震質	50上	緫	羽	次清	具軒	虚	本
真軫震質	50去	惛	羽	次清	具軒	呼	困
真軫震質	50入	忽	羽	次清	具軒	呼	骨
真軫震質	50入	欻	羽	次清	具軒	許	勿
真軫震質	51平	魂	羽	濁	刑賢	胡	昆
真軫震質	51上	混	羽	濁	刑賢	胡	本
真軫震質	51去	慁	羽	濁	刑賢	胡	困
真軫震質	51入	鶻	羽	濁	刑賢	胡	骨
真軫震質	52平	諄	次商	清	真氈	朱	倫

續表

所屬韻類	聲調	小韻首字	七音	清濁	聲類	反切	
真軫震質	52上	準	次商	清	真氈	之	允
真軫震質	52去	稕	次商	清	真氈	朱	閏
真軫震質	52入	窋	次商	清	真氈	竹	律
真軫震質	53平	春	次商	次清	嗔延	樞	倫
真軫震質	53上	蠢	次商	次清	嗔延	尺	允
真軫震質	53入	出	次商	次清	嗔延	尺	律
真軫震質	54平	㛥	次商	次清次	身羶	式	勻
真軫震質	54上	賰	次商	次清次	身羶	式	允
真軫震質	54去	舜	次商	次清次	身羶	輸	閏
真軫震質	54入	率	次商	次清次	身羶	朔	律
真軫震質	55入	术	次商	濁	陳廛	直	律
真軫震質	56平	純	次商	次濁次	神禪	殊	倫
真軫震質	56上	盾	次商	次濁次	神禪	豎	允
真軫震質	56去	順	次商	次濁次	神禪	食	運
真軫震質	57平	犉	半商徵		人然	如	勻
真軫震質	57上	蝡	半商徵		人然	乳	允
真軫震質	57去	閏	半商徵		人然	儒	順
真軫震質	58平	論	半徵商		鄰連	芦	昆
真軫震質	58上	惣	半徵商		鄰連	芦	本
真軫震質	58去	論	半徵商		鄰連	芦	困
真軫震質	58入	硉	半徵商		鄰連	芦	没
真軫震質	59平	敦	徵	清	丁顛	都	昆
真軫震質	59上	崸	徵	清	丁顛	丁	本
真軫震質	59去	頓	徵	清	丁顛	都	困
真軫震質	59入	咄	徵	清	丁顛	當	没
真軫震質	60平	暾	徵	次清	汀天	他	昆
真軫震質	60上	畽	徵	次清	汀天	他	袞
真軫震質	60去	褪	徵	次清	汀天	他	困
真軫震質	60入	宊	徵	次清	汀天	他	骨

續表

所屬韻類	聲調	小韻首字	七音	清濁	聲類	反切	
真軫震質	61平	屯	徵	濁	亭田	徒	孫
真軫震質	61上	囤	徵	濁	亭田	杜	本
真軫震質	61去	鈍	徵	濁	亭田	徒	困
真軫震質	61入	突	徵	濁	亭田	陀	訥
真軫震質	62平	黁	徵	次濁	寧年	奴	昆
真軫震質	62上	炳	徵	次濁	寧年	乃	本
真軫震質	62去	嫩	徵	次濁	寧年	奴	困
真軫震質	62入	訥	徵	次濁	寧年	奴	骨
真軫震質	63平	奔	宮	清	賓邊	逋	昆
真軫震質	63上	本	宮	清	賓邊	布	衮
真軫震質	63去	奔	宮	清	賓邊	逋	悶
真軫震質	63入	不	宮	清	賓邊	逋	骨
真軫震質	64平	歕	宮	次清	繽偏	鋪	魂
真軫震質	64上	栩	宮	次清	繽偏	普	本
真軫震質	64去	噴	宮	次清	繽偏	普	悶
真軫震質	64入	朏	宮	次清	繽偏	普	没
真軫震質	65平	盆	宮	濁	頻便	蒲	奔
真軫震質	65上	獖	宮	濁	頻便	部	本
真軫震質	65去	坌	宮	濁	頻便	步	悶
真軫震質	65入	孛	宮	濁	頻便	蒲	没
真軫震質	66平	門	宮	次濁	民綿	謨	奔
真軫震質	66上	懣	宮	次濁	民綿	毋	本
真軫震質	66去	悶	宮	次濁	民綿	莫	困
真軫震質	66入	没	宮	次濁	民綿	莫	孛
真軫震質	67平	賓	宮	清	賓邊	畢	民
真軫震質	67上	稟	宮	清	賓邊	必	敏
真軫震質	67去	儐	宮	清	賓邊	必	刃
真軫震質	67入	必	宮	清	賓邊	壁	吉
真軫震質	68平	繽	宮	次清	繽偏	紕	民

續表

所属韻類	聲調	小韻首字	七音	清濁	聲類	反切	
真軫震質	68上	品	宮	次清	繽偏	丕	敏
真軫震質	68去	顮	宮	次清	繽偏	匹	刃
真軫震質	68入	匹	宮	次清	繽偏	僻	吉
真軫震質	69平	頻	宮	濁	頻便	毗	賔
真軫震質	69上	牝	宮	濁	頻便	婢	忍
真軫震質	69入	弼	宮	濁	頻便	薄	密
真軫震質	70平	民	宮	次濁	民綿	彌	鄰
真軫震質	70上	愍	宮	次濁	民綿	美	隕
真軫震質	70入	密	宮	次濁	民綿	覓	筆
真軫震質	71平	芬	次宮	清	芬番	敷	文
真軫震質	71上	粉	次宮	清	芬番	府	吻
真軫震質	71去	糞	次宮	清	芬番	方	問
真軫震質	71入	拂	次宮	清	芬番	敷	勿
真軫震質	72平	焚	次宮	濁	墳煩	符	分
真軫震質	72上	憤	次宮	濁	墳煩	房	吻
真軫震質	72去	分	次宮	濁	墳煩	房	問
真軫震質	72入	佛	次宮	濁	墳煩	符	勿
真軫震質	73平	文	次宮	次濁	文樠	無	分
真軫震質	73上	吻	次宮	次濁	文樠	武	粉
真軫震質	73去	問	次宮	次濁	文樠	文	運
真軫震質	73入	勿	次宮	次濁	文樠	文	拂
寒旱翰曷	1平	干	角	清	經堅	居	寒
寒旱翰曷	1上	稈	角	清	經堅	古	旱
寒旱翰曷	1去	幹	角	清	經堅	古	汗
寒旱翰曷	1入	葛	角	清	經堅	居	曷
寒旱翰曷	2平	刊	角	次清	輕牽	丘	寒
寒旱翰曷	2上	侃	角	次清	輕牽	空	旱
寒旱翰曷	2去	看	角	次清	輕牽	袪	幹
寒旱翰曷	2入	渴	角	次清	輕牽	丘	葛

續表

所屬韻類	聲調	小韻首字	七音	清濁	聲類	反切	
寒旱翰曷	3平	豻	角	次濁	迎研	俄	寒
寒旱翰曷	3去	岸	角	次濁	迎研	魚	幹
寒旱翰曷	3入	嶭	角	次濁	迎研	牙	葛
寒旱翰曷	4平	安	羽	清	因煙	於	寒
寒旱翰曷	4去	按	羽	清	因煙	於	幹
寒旱翰曷	4入	遏	羽	清	因煙	阿	葛
寒旱翰曷	5平	暵	羽	次清	具軒	許	干
寒旱翰曷	5上	罕	羽	次清	具軒	許	罕
寒旱翰曷	5去	漢	羽	次清	具軒	虛	汗
寒旱翰曷	5入	曷	羽	次清	具軒	許	葛
寒旱翰曷	6平	寒	羽	濁	刑賢	何	干
寒旱翰曷	6上	旱	羽	濁	刑賢	侯	罕
寒旱翰曷	6去	翰	羽	濁	刑賢	侯	幹
寒旱翰曷	6入	曷	羽	濁	刑賢	何	葛
寒旱翰曷	7平	官	角	清	經堅	沽	歡
寒旱翰曷	7上	管	角	清	經堅	古	緩
寒旱翰曷	7去	貫	角	清	經堅	古	玩
寒旱翰曷	7入	括	角	清	經堅	古	活
寒旱翰曷	8平	寬	角	次清	輕牽	枯	官
寒旱翰曷	8上	款	角	次清	輕牽	苦	管
寒旱翰曷	8去	鏉	角	次清	輕牽	口	喚
寒旱翰曷	8入	闊	角	次清	輕牽	苦	括
寒旱翰曷	9平	岏	角	次濁	銀言	五	官
寒旱翰曷	9去	玩	角	次濁	銀言	五	換
寒旱翰曷	9入	枂	角	次濁	銀言	五	活
寒旱翰曷	10平	剜	羽	清	因煙	烏	歡
寒旱翰曷	10上	盌	羽	清	因煙	烏	管
寒旱翰曷	10去	惋	羽	清	因煙	烏	貫
寒旱翰曷	10入	捾	羽	清	因煙	烏	活

續表

所屬韻類	聲調	小韻首字	七音	清濁	聲類	反切	
寒旱翰曷	11平	歡	羽	次清	具軒	呼	官
寒旱翰曷	11上	濺	羽	次清	具軒	火	管
寒旱翰曷	11去	喚	羽	次清	具軒	呼	玩
寒旱翰曷	11入	豁	羽	次清	具軒	呼	括
寒旱翰曷	12平	桓	羽	次濁	刑賢	胡	官
寒旱翰曷	12上	緩	羽	次濁	刑賢	胡	管
寒旱翰曷	12去	換	羽	次濁	刑賢	胡	玩
寒旱翰曷	12入	活	羽	次濁	刑賢	户	括
寒旱翰曷	13平	鑽	商	清	津煎	祖	官
寒旱翰曷	13上	纂	商	清	津煎	作	管
寒旱翰曷	13去	鑽	商	清	津煎	祖	筭
寒旱翰曷	13入	繓	商	清	津煎	子	括
寒旱翰曷	14平	攛	商	次清	親千	七	桓
寒旱翰曷	14去	竄	商	次清	親千	取	亂
寒旱翰曷	14入	撮	商	次清	親千	倉	括
寒旱翰曷	15平	酸	商	次清次	新仙	蘇	官
寒旱翰曷	15上	算	商	次清次	新仙	損	管
寒旱翰曷	15去	筭	商	次清次	新仙	蘇	貫
寒旱翰曷	15入	趃	商	次清次	新仙	相	活
寒旱翰曷	16平	欑	商	濁	秦前	徂	官
寒旱翰曷	16去	攢	商	濁	秦前	在	玩
寒旱翰曷	16入	欑	商	濁	秦前	徂	活
寒旱翰曷	17平	鸞	半徵商		鄰連	芦	官
寒旱翰曷	17上	卵	半徵商		鄰連	魯	管
寒旱翰曷	17去	亂	半徵商		鄰連	芦	玩
寒旱翰曷	17入	捋	半徵商		鄰連	芦	活
寒旱翰曷	18平	端	徵	清	丁顛	多	官
寒旱翰曷	18上	短	徵	清	丁顛	都	管
寒旱翰曷	18去	鍛	徵	清	丁顛	都	玩

續表

所屬韻類	聲調	小韻首字	七音	清濁	聲類	反切	
寒旱翰曷	18入	掇	徵	清	丁顛	都	括
寒旱翰曷	19平	湍	徵	次清	汀天	他	官
寒旱翰曷	19上	疃	徵	次清	汀天	土	緩
寒旱翰曷	19去	彖	徵	次清	汀天	吐	玩
寒旱翰曷	19入	侻	徵	次清	汀天	他	括
寒旱翰曷	20平	團	徵	濁	亭田	徒	官
寒旱翰曷	20上	斷	徵	濁	亭田	徒	管
寒旱翰曷	20去	段	徵	濁	亭田	杜	玩
寒旱翰曷	20入	奪	徵	濁	亭田	徒	活
寒旱翰曷	21平	渜	徵	次濁	寧年	奴	官
寒旱翰曷	21上	煖	徵	次濁	寧年	乃	管
寒旱翰曷	21去	愞	徵	次濁	寧年	奴	亂
寒旱翰曷	22平	般	宮	清	賔邊	逋	潘
寒旱翰曷	22上	粄	宮	清	賔邊	補	滿
寒旱翰曷	22去	半	宮	清	賔邊	博	漫
寒旱翰曷	22入	钵	宮	清	賔邊	比	末
寒旱翰曷	23平	潘	宮	次清	繽偏	鋪	官
寒旱翰曷	23上	坢	宮	次清	繽偏	普	伴
寒旱翰曷	23去	判	宮	次清	繽偏	普	半
寒旱翰曷	23入	泼	宮	次清	繽偏	普	活
寒旱翰曷	24平	槃	宮	濁	頻便	蒲	官
寒旱翰曷	24上	伴	宮	濁	頻便	蒲	滿
寒旱翰曷	24去	畔	宮	濁	頻便	薄	半
寒旱翰曷	24入	鈸	宮	濁	頻便	蒲	撥
寒旱翰曷	25平	瞞	宮	次濁	民綿	謨	官
寒旱翰曷	25上	滿	宮	次濁	民綿	莫	旱
寒旱翰曷	25去	幔	宮	次濁	民綿	莫	半
寒旱翰曷	25入	末	宮	次濁	民綿	莫	葛
山產諫轄	1平	閒	角	清	經堅	居	閑

續表

所屬韻類	聲調	小韻首字	七音	清濁	聲類	反切	
山產諫轄	1上	簡	角	清	經堅	古	限
山產諫轄	1去	諫	角	清	經堅	古	晏
山產諫轄	1入	戛	角	清	經堅	訖	黠
山產諫轄	2平	慳	角	次清	輕牽	丘	閑
山產諫轄	2上	豤	角	次清	輕牽	口	限
山產諫轄	2入	鵠	角	次清	輕牽	丘	瞎
山產諫轄	3入	齰	角	濁	勤虔	渠	瞎
山產諫轄	4平	顏	角	次濁	迎研	牛	奸
山產諫轄	4上	眼	角	次濁	迎研	五	限
山產諫轄	4去	鴈	角	次濁	迎研	魚	澗
山產諫轄	4入	齾	角	次濁	迎研	牙	八
山產諫轄	5平	黫	羽	清	因煙	烏	顏
山產諫轄	5去	晏	羽	清	因煙	於	諫
山產諫轄	5入	軋	羽	清	因煙	乙	轄
山產諫轄	6平	閑	羽	次清	具軒	休	艱
山產諫轄	6入	瞎	羽	次清	具軒	許	瞎
山產諫轄	7平	閑	羽	濁	刑賢	何	艱
山產諫轄	7上	限	羽	濁	刑賢	下	簡
山產諫轄	7去	莧	羽	濁	刑賢	狹	澗
山產諫轄	7入	轄	羽	濁	刑賢	胡	瞎
山產諫轄	8上	儧	商	清	精箋	積	產
山產諫轄	8去	賛	商	清	精箋	則	諫
山產諫轄	8入	拶	商	清	精箋	子	末
山產諫轄	9平	餐	商	次清	清千	千	山
山產諫轄	9去	粲	商	次清	清千	倉	晏
山產諫轄	9入	攃	商	次清	清千	七	煞
山產諫轄	10平	跚	商	次清次	新仙	相	間
山產諫轄	10上	繖	商	次清次	新仙	蘇	簡
山產諫轄	10去	散	商	次清次	新仙	先	諫

續表

所屬韻類	聲調	小韻首字	七音	清濁	聲類	反切	
山產諫轄	10入	薩	商	次清次	新仙	桑	轄
山產諫轄	11平	殘	商	濁	秦前	才	干
山產諫轄	11上	瓉	商	濁	秦前	在	簡
山產諫轄	11去	瓉	商	濁	秦前	才	賛
山產諫轄	11入	囋	商	濁	秦前	才	達
山產諫轄	12上	琖	次商	清	精箋	祖	限
山產諫轄	12入	札	次商	清	精箋	則	八
山產諫轄	13平	貚	次商	次清	嗔延	充	山
山產諫轄	13上	刬	次商	次清	嗔延	楚	產
山產諫轄	13去	鏟	次商	次清	嗔延	楚	諫
山產諫轄	13入	察	次商	次清	嗔延	初	戛
山產諫轄	14平	山	次商	次清次	身羶	師	間
山產諫轄	14上	汕	次商	次清次	身羶	所	簡
山產諫轄	14去	訕	次商	次清次	身羶	所	晏
山產諫轄	14入	殺	次商	次清次	身羶	山	戛
山產諫轄	15平	潺	次商	濁	榛潺	鉏	山
山產諫轄	15上	棧	次商	濁	榛潺	鉏	限
山產諫轄	15去	輚	次商	濁	榛潺	助	諫
山產諫轄	15入	鐁	次商	濁	榛潺	查	轄
山產諫轄	16入	髾	半商徵		人然	而	轄
山產諫轄	17平	斓	半徵商		令連	離	閑
山產諫轄	17上	嬾	半徵商		令連	魯	簡
山產諫轄	17去	爛	半徵商		令連	郎	患
山產諫轄	17入	辣	半徵商		令連	郎	達
山產諫轄	18平	單	徵	清	丁顛	都	艱
山產諫轄	18上	亶	徵	清	丁顛	多	簡
山產諫轄	18去	旦	徵	清	丁顛	多	諫
山產諫轄	18入	妲	徵	清	丁顛	當	技
山產諫轄	19平	灘	徵	次清	汀天	他	丹

續表

所属韻類	聲調	小韻首字	七音	清濁	聲類	反切	
山產諫轄	19上	坦	徵	次清	汀天	他	旦
山產諫轄	19去	炭	徵	次清	汀天	他	晏
山產諫轄	19入	撻	徵	次清	汀天	他	達
山產諫轄	20平	壇	徵	濁	亭田	唐	兰
山產諫轄	20上	但	徵	濁	亭田	徒	亶
山產諫轄	20去	憚	徵	濁	亭田	杜	晏
山產諫轄	20入	達	徵	濁	亭田	堂	滑
山產諫轄	21平	難	徵	次濁	寧年	那	壇
山產諫轄	21上	赧	徵	次濁	寧年	乃	版
山產諫轄	21去	難	徵	次濁	寧年	乃	旦
山產諫轄	21入	捺	徵	次濁	寧年	乃	入
山產諫轄	22平	關	角	清	經堅	姑	還
山產諫轄	22去	慣	角	清	經堅	古	患
山產諫轄	22入	刮	角	清	經堅	古	滑
山產諫轄	23平	櫳	角	濁	勤虔	跪	頑
山產諫轄	23去	權	角	濁	勤虔	求	患
山產諫轄	24平	頑	角	次濁	銀言	五	還
山產諫轄	24上	齗	角	次濁	銀言	五	板
山產諫轄	24去	薍	角	次濁	銀言	五	患
山產諫轄	24入	刖	角	次濁	銀言	五	刮
山產諫轄	25平	彎	羽	清	因煙	烏	還
山產諫轄	25上	綰	羽	清	因煙	烏	版
山產諫轄	25去	綰	羽	清	因煙	烏	患
山產諫轄	25入	空	羽	清	因煙	烏	八
山產諫轄	26平	儇	羽	次清	具軒	呼	関
山產諫轄	26入	傄	羽	次清	具軒	呼	八
山產諫轄	27平	還	羽	濁	刑賢	胡	関
山產諫轄	27上	睆	羽	濁	刑賢	户	版
山產諫轄	27去	患	羽	濁	刑賢	胡	慣

續表

所属韻類	聲調	小韻首字	七音	清濁	聲類	反切	
山產諫轄	27入	滑	羽	濁	刑賢	户	八
山產諫轄	28平	跧	次商	清	真氈	阻	頑
山產諫轄	28入	窡	次商	清	真氈	張	滑
山產諫轄	29上	篹	次商	次清	嗔延	初	患
山產諫轄	29入	篡	次商	次清	嗔延	初	刮
山產諫轄	30平	欆	次商	次清次	身羶	數	還
山產諫轄	30去	灪	次商	次清次	身羶	所	患
山產諫轄	30入	刷	次商	次清次	身羶	數	滑
山產諫轄	31上	撰	次商	濁	榛潺	雛	綰
山產諫轄	32平	奻	次商	次濁	紉聯	女	還
山產諫轄	32去	奻	次商	次濁	紉聯	女	患
山產諫轄	32入	豽	次商	次濁	紉聯	女	滑
山產諫轄	33平	爐	半徵商		鄰連	力	頑
山產諫轄	34平	班	宮	清	賓邊	逋	還
山產諫轄	34上	版	宮	清	賓邊	補	綰
山產諫轄	34去	扮	宮	清	賓邊	逋	患
山產諫轄	34入	八	宮	清	賓邊	布	拔
山產諫轄	35平	攀	宮	次清	娉便	披	班
山產諫轄	35上	眅	宮	次清	娉便	普	版
山產諫轄	35去	襻	宮	次清	娉便	普	患
山產諫轄	35入	汃	宮	次清	娉便	普	八
山產諫轄	36平	瓣	宮	濁	頻便	蒲	閑
山產諫轄	36上	阪	宮	濁	頻便	部	版
山產諫轄	36去	辦	宮	濁	頻便	备	莧
山產諫轄	36入	拔	宮	濁	頻便	蒲	八
山產諫轄	37平	蠻	宮	次濁	民綿	謨	還
山產諫轄	37上	矕	宮	次濁	民綿	毋	版
山產諫轄	37去	慢	宮	次濁	民綿	莫	晏
山產諫轄	37入	帓	宮	次濁	民綿	莫	瞎

續表

所屬韻類	聲調	小韻首字	七音	清濁	聲類	反切	
山產諫轄	38平	翻	次宮	清	芬蕃	孚	艱
山產諫轄	38上	返	次宮	清	芬蕃	甫	版
山產諫轄	38去	販	次宮	清	芬蕃	方	諫
山產諫轄	38入	髮	次宮	清	芬蕃	方	伐
山產諫轄	39平	煩	次宮	濁	墳煩	符	艱
山產諫轄	39去	飯	次宮	濁	墳煩	扶	諫
山產諫轄	39入	伐	次宮	濁	墳煩	房	滑
山產諫轄	40平	樠	次宮	次濁	文樠	武	元
山產諫轄	40上	晚	次宮	次濁	文樠	武	綰
山產諫轄	40去	萬	次宮	次濁	文樠	無	販
山產諫轄	40入	韈	次宮	次濁	文樠	無	發
先銑霰屑	1平	堅	角	清	經堅	經	天
先銑霰屑	1上	繭	角	清	經堅	吉	典
先銑霰屑	1去	見	角	清	經堅	經	電
先銑霰屑	1入	結	角	清	經堅	吉	屑
先銑霰屑	2平	牽	角	次清	輕牽	苦	堅
先銑霰屑	2上	遣	角	次清	輕牽	驅	演
先銑霰屑	2去	譴	角	次清	輕牽	詰	戰
先銑霰屑	2入	挈	角	次清	輕牽	詰	結
先銑霰屑	3平	乾	角	濁	擎虔	渠	焉
先銑霰屑	3上	件	角	濁	擎虔	巨	展
先銑霰屑	3去	健	角	濁	擎虔	渠	建
先銑霰屑	3入	傑	角	濁	擎虔	巨	列
先銑霰屑	4平	煙	羽	清	因煙	因	肩
先銑霰屑	4上	偃	羽	清	因煙	於	幰
先銑霰屑	4去	宴	羽	清	因煙	伊	甸
先銑霰屑	4入	謁	羽	清	因煙	於	歇
先銑霰屑	5平	軒	羽	次清	具軒	虛	延
先銑霰屑	5上	顯	羽	次清	具軒	呼	典

續表

所屬韻類	聲調	小韻首字	七音	清濁	聲類	反切	
先銑霰屑	5去	獻	羽	次清	具軒	曉	見
先銑霰屑	5入	歇	羽	次清	具軒	許	竭
先銑霰屑	6平	賢	羽	濁	刑賢	胡	田
先銑霰屑	6上	峴	羽	濁	刑賢	胡	典
先銑霰屑	6去	現	羽	濁	刑賢	形	甸
先銑霰屑	6入	纈	羽	濁	刑賢	胡	結
先銑霰屑	7平	延	羽	次濁	寅延	夷	然
先銑霰屑	7上	演	羽	次濁	寅延	以	淺
先銑霰屑	7去	衍	羽	次濁	寅延	延	面
先銑霰屑	7入	拽	羽	次濁	寅延	延	結
先銑霰屑	7平	言	角	次濁	銀言	魚	軒
先銑霰屑	7上	巘	角	次濁	銀言	以	淺
先銑霰屑	7去	彥	角	次濁	銀言	魚	戰
先銑霰屑	7入	孽	角	次濁	銀言	魚	列
先銑霰屑	8平	箋	商	清	精箋	將	先
先銑霰屑	8上	剪	商	清	精箋	子	踐
先銑霰屑	8去	薦	商	清	精箋	作	甸
先銑霰屑	8入	節	商	清	精箋	子	結
先銑霰屑	9平	千	商	次清	清千	倉	先
先銑霰屑	9上	淺	商	次清	清千	七	演
先銑霰屑	9去	蒨	商	次清	清千	倉	甸
先銑霰屑	9入	切	商	次清	清千	千	結
先銑霰屑	10平	先	商	次清次	新先	蘇	前
先銑霰屑	10上	銑	商	次清次	新先	蘇	典
先銑霰屑	10去	霰	商	次清次	新先	先	見
先銑霰屑	10入	屑	商	次清次	新先	先	結
先銑霰屑	11平	前	商	濁	秦前	才	先
先銑霰屑	11上	踐	商	濁	秦前	慈	演
先銑霰屑	11去	賤	商	濁	秦前	在	線

續表

所屬韻類	聲調	小韻首字	七音	清濁	聲類	反切	
先銑霰屑	11入	截	商	濁	秦前	昨	結
先銑霰屑	12平	涎	商	次濁	錫延	徐	延
先銑霰屑	12上	縒	商	次濁	錫延	徐	剪
先銑霰屑	12去	羨	商	次濁	錫延	似	面
先銑霰屑	13平	饘	次商	清	征氈	諸	延
先銑霰屑	13上	展	次商	清	征氈	之	輦
先銑霰屑	13去	戰	次商	清	征氈	之	膳
先銑霰屑	13入	浙	次商	清	征氈	之	列
先銑霰屑	14平	梴	次商	次清	稱燀	抽	延
先銑霰屑	14上	闡	次商	次清	稱燀	齒	善
先銑霰屑	14去	繟	次商	次清	稱燀	尺	戰
先銑霰屑	14入	徹	次商	次清	稱燀	敕	列
先銑霰屑	15平	羶	次商	次清次	聲羶	尸	連
先銑霰屑	15上	燃	次商	次清次	聲羶	式	善
先銑霰屑	15去	扇	次商	次清次	聲羶	式	戰
先銑霰屑	15入	設	次商	次清次	聲羶	式	列
先銑霰屑	16平	纏	次商	濁	陳廛	呈	延
先銑霰屑	16上	躔	次商	濁	陳廛	直	善
先銑霰屑	16去	纏	次商	濁	陳廛	直	碾
先銑霰屑	16入	轍	次商	濁	陳廛	直	列
先銑霰屑	17平	鋋	次商	次濁次	神禪	時	連
先銑霰屑	17上	善	次商	次濁次	神禪	上	演
先銑霰屑	17去	繕	次商	次濁次	神禪	時	戰
先銑霰屑	17入	舌	次商	次濁次	神禪	食	列
先銑霰屑	18平	然	半商徵		人然	如	延
先銑霰屑	18上	橪	半商徵		人然	忍	善
先銑霰屑	18入	熱	半商徵		人然	而	列
先銑霰屑	19平	蓮	半徵商		零連	令	年
先銑霰屑	19上	輦	半徵商		零連	力	展

續表

所屬韻類	聲調	小韻首字	七音	清濁	聲類	反切	
先銑霰屑	19去	練	半徵商		零連	郎	甸
先銑霰屑	19入	列	半徵商		零連	良	薛
先銑霰屑	20平	顛	徵	清	丁顛	多	年
先銑霰屑	20上	典	徵	清	丁顛	多	殄
先銑霰屑	20去	殿	徵	清	丁顛	丁	練
先銑霰屑	20入	闉	徵	清	丁顛	丁	結
先銑霰屑	21平	天	徵	次清	汀天	他	前
先銑霰屑	21上	腆	徵	次清	汀天	他	典
先銑霰屑	21去	瑱	徵	次清	汀天	他	甸
先銑霰屑	21入	鐵	徵	次清	汀天	他	結
先銑霰屑	22平	田	徵	濁	亭田	亭	年
先銑霰屑	22上	殄	徵	濁	亭田	徒	典
先銑霰屑	22去	電	徵	濁	亭田	蕩	練
先銑霰屑	22入	耊	徵	濁	亭田	杜	結
先銑霰屑	23平	年	徵	次濁	寧年	寧	田
先銑霰屑	23上	撚	徵	次濁	寧年	乃	殄
先銑霰屑	23去	晛	徵	次濁	寧年	乃	見
先銑霰屑	23入	涅	徵	次濁	寧年	乃	結
先銑霰屑	24平	涓	角	清	經堅	圭	淵
先銑霰屑	24上	畎	角	清	經堅	古	泫
先銑霰屑	24去	絹	角	清	經堅	吉	椽
先銑霰屑	24入	厥	角	清	經堅	居	月
先銑霰屑	25平	捲	角	次清	輕牽	驅	圓
先銑霰屑	25上	犬	角	次清	輕牽	苦	泫
先銑霰屑	25去	勸	角	次清	輕牽	區	願
先銑霰屑	25入	闕	角	次清	輕牽	丘	月
先銑霰屑	26平	權	角	濁	勤虔	逵	員
先銑霰屑	26上	圈	角	濁	勤虔	巨	卷
先銑霰屑	26去	倦	角	濁	勤虔	逵	眷

續表

所屬韻類	聲調	小韻首字	七音	清濁	聲類	反切	
先銑霰屑	26入	掘	角	濁	勤虔	其	月
先銑霰屑	27平	淵	羽	清	因煙	縈	員
先銑霰屑	27上	宛	羽	清	因煙	於	阮
先銑霰屑	27去	怨	羽	清	因煙	於	願
先銑霰屑	27入	噦	羽	清	因煙	一	决
先銑霰屑	28平	暄	羽	次清	具軒	呼	淵
先銑霰屑	28上	烜	羽	次清	具軒	况	遠
先銑霰屑	28去	絢	羽	次清	具軒	翾	眩
先銑霰屑	28入	血	羽	次清	具軒	呼	决
先銑霰屑	29平	玄	羽	濁	刑賢	胡	涓
先銑霰屑	29上	泫	羽	濁	刑賢	胡	犬
先銑霰屑	29去	眩	羽	濁	刑賢	熒	絹
先銑霰屑	29入	穴	羽	濁	刑賢	胡	决
先銑霰屑	30平	員	角	次濁	銀言	于	權
先銑霰屑	30上	遠	角	次濁	銀言	雨	阮
先銑霰屑	30去	院	角	次濁	銀言	于	眷
先銑霰屑	30入	越	角	次濁	銀言	五	伐
先銑霰屑	30平	元	角	次濁	銀言	遇	袁
先銑霰屑	30上	阮	角	次濁	銀言	五	遠
先銑霰屑	30去	願	角	次濁	銀言	虞	怨
先銑霰屑	30入	月	角	次濁	銀言	魚	厥
先銑霰屑	31平	鐫	商	清	津煎	子	全
先銑霰屑	31上	臇	商	清	津煎	子	兖
先銑霰屑	31入	蕝	商	清	津煎	子	悦
先銑霰屑	32平	詮	商	次清	親千	且	緣
先銑霰屑	32上	烇	商	次清	親千	七	選
先銑霰屑	32去	縓	商	次清	親千	取	絹
先銑霰屑	32入	絟	商	次清	親千	七	絕
先銑霰屑	33平	宣	商	次清次	新先	匆	緣

續表

所屬韻類	聲調	小韻首字	七音	清濁	聲類	反切	
先銑霰屑	33上	選	商	次清次	新先	須	兖
先銑霰屑	33去	巽	商	次清次	新先	須	絹
先銑霰屑	33入	雪	商	次清次	新先	蘇	絕
先銑霰屑	34平	全	商	濁	秦前	才	緣
先銑霰屑	34上	雋	商	濁	秦前	徂	兖
先銑霰屑	34入	絕	商	濁	秦前	情	雪
先銑霰屑	35平	旋	商	次濁	錫涎	旬	緣
先銑霰屑	35上	臇	商	次濁	錫涎	徐	兖
先銑霰屑	35去	漩	商	次濁	錫涎	隨	戀
先銑霰屑	35入	授	商	次濁	錫涎	寺	劣
先銑霰屑	36平	專	次商	清	真氊	朱	緣
先銑霰屑	36上	轉	次商	清	真氊	止	兖
先銑霰屑	36去	囀	次商	清	真氊	株	戀
先銑霰屑	36入	拙	次商	清	真氊	朱	劣
先銑霰屑	37平	穿	次商	次清次	嗔昌	昌	緣
先銑霰屑	37上	舛	次商	次清次	嗔昌	尺	兖
先銑霰屑	37去	釧	次商	次清次	嗔昌	樞	絹
先銑霰屑	37入	歠	次商	次清次	嗔昌	昌	悅
先銑霰屑	38平	栓	次商	次清次	身羶	山	緣
先銑霰屑	38去	篡	次商	次清次	身羶	所	眷
先銑霰屑	38入	說	次商	次清次	身羶	輸	爇
先銑霰屑	39平	椽	次商	濁	陳廛	重	員
先銑霰屑	39上	篆	次商	濁	陳廛	柱	兖
先銑霰屑	39去	傳	次商	濁	陳廛	柱	戀
先銑霰屑	40平	堧	半商徵		人然	而	宣
先銑霰屑	40上	輭	半商徵		人然	乳	兖
先銑霰屑	40去	難	半商徵		人然	仁	眷
先銑霰屑	40入	爇	半商徵		人然	儒	劣
先銑霰屑	41平	攣	半徵商		鄰連	閭	員

續表

所屬韻類	聲調	小韻首字	七音	清濁	聲類	反切	
先銑霰屑	41上	臠	半徵商		鄰連	力	轉
先銑霰屑	41去	戀	半徵商		鄰連	龍	眷
先銑霰屑	41入	劣	半徵商		鄰連	力	輟
先銑霰屑	42平	邊	宮	清	賓邊	畢	眠
先銑霰屑	42上	匾	宮	清	賓邊	補	典
先銑霰屑	42去	徧	宮	清	賓邊	畢	見
先銑霰屑	42入	鷩	宮	清	賓邊	必	列
先銑霰屑	43平	篇	宮	次清	繽偏	紕	連
先銑霰屑	43上	鴘	宮	次清	繽偏	披	免
先銑霰屑	43去	片	宮	次清	繽偏	匹	見
先銑霰屑	43入	撇	宮	次清	繽偏	匹	蔑
先銑霰屑	44平	緶	宮	濁	平便	蒲	眠
先銑霰屑	44上	辮	宮	濁	平便	婢	免
先銑霰屑	44去	便	宮	濁	平便	毗	面
先銑霰屑	44入	别	宮	濁	平便	避	列
先銑霰屑	45平	眠	宮	次濁	民綿	莫	堅
先銑霰屑	45上	免	宮	次濁	民綿	美	辨
先銑霰屑	45去	麪	宮	次濁	民綿	莫	見
先銑霰屑	45入	滅	宮	次濁	民綿	彌	列
蕭篠嘯	1平	驍	角	清	經堅	堅	堯
蕭篠嘯	1上	皎	角	清	經堅	吉	了
蕭篠嘯	1去	叫	角	清	經堅	古	弔
蕭篠嘯	2平	趫	角	次清	輕牽	丘	妖
蕭篠嘯	2上	譤	角	次清	輕牽	苦	皎
蕭篠嘯	2去	竅	角	次清	輕牽	苦	弔
蕭篠嘯	3平	喬	角	濁	勤虔	祁	堯
蕭篠嘯	3上	驕	角	濁	勤虔	巨	夭
蕭篠嘯	3去	轎	角	濁	勤虔	渠	廟
蕭篠嘯	4平	幺	羽	清	因煙	伊	堯

續表

所屬韻類	聲調	小韻首字	七音	清濁	聲類	反切	
蕭篠嘯	4上	杳	羽	清	因煙	伊	鳥
蕭篠嘯	4去	要	羽	清	因煙	一	笑
蕭篠嘯	5平	囂	羽	次清	具軒	呼	驕
蕭篠嘯	5上	曉	羽	次清	具軒	馨	杳
蕭篠嘯	5去	歊	羽	次清	具軒	許	照
蕭篠嘯	6上	溋	羽	濁	刑賢	胡	了
蕭篠嘯	7平	遙	羽	次濁	寅延	余	招
蕭篠嘯	7上	溔	羽	次濁	寅延	以	紹
蕭篠嘯	7去	耀	羽	次濁	寅延	弋	笑
蕭篠嘯	8平	焦	商	清	津煎	兹	消
蕭篠嘯	8上	剿	商	清	津煎	子	小
蕭篠嘯	8去	醮	商	清	津煎	子	肖
蕭篠嘯	9平	鍬	商	次清	親千	七	遙
蕭篠嘯	9上	悄	商	次清	親千	七	小
蕭篠嘯	9去	陗	商	次清	親千	七	肖
蕭篠嘯	10平	蕭	商	次清次	新仙	先	彫
蕭篠嘯	10上	篠	商	次清次	新仙	先	了
蕭篠嘯	10去	嘯	商	次清次	新仙	先	弔
蕭篠嘯	11平	樵	商	濁	秦前	慈	消
蕭篠嘯	11去	嶕	商	濁	秦前	在	肖
蕭篠嘯	12平	昭	次商	清	征氊	之	遙
蕭篠嘯	12上	沼	次商	清	征氊	止	少
蕭篠嘯	12去	照	次商	清	征氊	之	笑
蕭篠嘯	13平	超	次商	次清	稱燀	蚩	招
蕭篠嘯	13上	麷	次商	次清	稱燀	齒	沼
蕭篠嘯	13去	覞	次商	次清	稱燀	昌	召
蕭篠嘯	14平	燒	次商	次清次	身羶	尸	招
蕭篠嘯	14上	少	次商	次清次	身羶	始	紹
蕭篠嘯	14去	少	次商	次清次	身羶	失	照

續表

所属韻類	聲調	小韻首字	七音	清濁	聲類	反切	
蕭篠嘯	15平	潮	次商	濁	陳廛	馳	遙
蕭篠嘯	15上	趙	次商	濁	陳廛	直	紹
蕭篠嘯	15去	召	次商	濁	陳廛	直	笑
蕭篠嘯	16平	韶	次商	次濁次	神禪	時	招
蕭篠嘯	16上	紹	次商	次濁次	神禪	市	紹
蕭篠嘯	16去	邵	次商	次濁次	神禪	實	照
蕭篠嘯	17平	饒	半商徵		人然	如	招
蕭篠嘯	17上	擾	半商徵		人然	爾	紹
蕭篠嘯	17去	繞	半商徵		人然	人	要
蕭篠嘯	18平	聊	半徵商		鄰連	連	條
蕭篠嘯	18上	了	半徵商		鄰連	蘆	皎
蕭篠嘯	18去	料	半徵商		鄰連	力	弔
蕭篠嘯	19平	貂	徵	清	丁顛	丁	聊
蕭篠嘯	19上	鳥	徵	清	丁顛	丁	了
蕭篠嘯	19去	弔	徵	清	丁顛	多	嘯
蕭篠嘯	20平	祧	徵	次清	汀天	他	凋
蕭篠嘯	20上	朓	徵	次清	汀天	土	了
蕭篠嘯	20去	糶	徵	次清	汀天	他	弔
蕭篠嘯	21平	迢	徵	濁	亭田	田	聊
蕭篠嘯	21上	窕	徵	濁	亭田	徒	了
蕭篠嘯	21去	調	徵	濁	亭田	徒	弔
蕭篠嘯	22上	褭	徵	次濁	寧年	乃	了
蕭篠嘯	22去	尿	徵	次濁	寧年	奴	弔
蕭篠嘯	23平	猋	宮	清	賓邊	畢	遙
蕭篠嘯	23上	表	宮	清	賓邊	彼	小
蕭篠嘯	23去	俵	宮	清	賓邊	悲	廟
蕭篠嘯	24平	漂	宮	次清	繽偏	紕	招
蕭篠嘯	24上	縹	宮	次清	繽偏	匹	沼
蕭篠嘯	24去	勡	宮	次清	繽偏	匹	妙

續表

所屬韻類	聲調	小韻首字	七音	清濁	聲類	反切	
蕭篠嘯	25平	瓢	宮	濁	頻便	毗	招
蕭篠嘯	25上	殍	宮	濁	頻便	婢	表
蕭篠嘯	25去	驃	宮	濁	頻便	毗	召
蕭篠嘯	26平	苗	宮	次濁	民綿	眉	鑣
蕭篠嘯	26上	眇	宮	次濁	民綿	弭	沼
蕭篠嘯	26去	妙	宮	次濁	民綿	彌	笑
爻巧效	1平	高	角	清	經堅	姑	勞
爻巧效	1上	杲	角	清	經堅	古	老
爻巧效	1去	誥	角	清	經堅	居	號
爻巧效	2平	尻	角	次清	輕牽	苦	高
爻巧效	2上	考	角	次清	輕牽	苦	浩
爻巧效	2去	犒	角	次清	輕牽	口	到
爻巧效	3去	櫭	角	濁	擎虔	巨	到
爻巧效	4平	敖	角	次濁	迎妍	牛	刀
爻巧效	4上	磝	角	次濁	迎妍	五	老
爻巧效	4去	傲	角	次濁	迎妍	魚	到
爻巧效	5平	爊	羽	清	因煙	於	刀
爻巧效	5上	襖	羽	清	因煙	烏	皓
爻巧效	5去	奧	羽	清	因煙	於	到
爻巧效	6平	蒿	羽	次清	具軒	呼	高
爻巧效	6上	好	羽	次清	具軒	許	晧
爻巧效	6去	秏	羽	次清	具軒	虛	到
爻巧效	7平	豪	羽	濁	刑賢	胡	刀
爻巧效	7上	晧	羽	濁	刑賢	胡	老
爻巧效	7去	號	羽	濁	刑賢	胡	到
爻巧效	8平	遭	商	清	精箋	則	刀
爻巧效	8上	早	商	清	精箋	子	皓
爻巧效	8去	竈	商	清	精箋	則	到
爻巧效	9平	操	商	次清	清千	倉	刀

續表

所屬韻類	聲調	小韻首字	七音	清濁	聲類	反切	
爻巧效	9上	草	商	次清	清千	采	早
爻巧效	9去	糙	商	次清	清千	七	到
爻巧效	10平	騷	商	次清次	新仙	蘇	曹
爻巧效	10上	掃	商	次清次	新仙	蘇	老
爻巧效	10去	噪	商	次清次	新仙	先	到
爻巧效	11平	曹	商	濁	秦前	財	勞
爻巧效	11上	造	商	濁	秦前	在	早
爻巧效	11去	漕	商	濁	秦前	在	到
爻巧效	12平	勞	半徵商		令連	朗	刀
爻巧效	12上	老	半徵商		令連	魯	皓
爻巧效	12去	僗	半徵商		令連	郎	到
爻巧效	13平	刀	徵	清	丁顛	都	高
爻巧效	13上	倒	徵	清	丁顛	都	皓
爻巧效	13去	到	徵	清	丁顛	都	導
爻巧效	14平	饕	徵	次清	汀天	他	刀
爻巧效	14上	討	徵	次清	汀天	土	皓
爻巧效	14去	套	徵	次清	汀天	他	到
爻巧效	15平	陶	徵	濁	亭田	徒	刀
爻巧效	15上	道	徵	濁	亭田	杜	皓
爻巧效	15去	導	徵	濁	亭田	徒	到
爻巧效	16平	猱	徵	次濁	寧年	奴	刀
爻巧效	16上	腦	徵	次濁	寧年	乃	老
爻巧效	16去	臑	徵	次濁	寧年	奴	到
爻巧效	17平	交	角	清	經堅	居	肴
爻巧效	17上	絞	角	清	經堅	古	巧
爻巧效	17去	教	角	清	經堅	居	效
爻巧效	18平	敲	角	次清	輕牽	丘	交
爻巧效	18上	巧	角	次清	輕牽	苦	絞
爻巧效	18去	磽	角	次清	輕牽	口	教

續表

所屬韻類	聲調	小韻首字	七音	清濁	聲類	反切	
爻巧效	19平	豴	角	次濁	銀言	五	交
爻巧效	19上	齩	角	次濁	銀言	五	巧
爻巧效	19去	樂	角	次濁	銀言	魚	教
爻巧效	20平	坳	羽	清	因煙	於	交
爻巧效	20上	拗	羽	清	因煙	於	巧
爻巧效	20去	靿	羽	清	因煙	於	教
爻巧效	21平	哮	羽	次清	具軒	虛	交
爻巧效	21去	孝	羽	次清	具軒	許	教
爻巧效	22平	爻	羽	濁	刑賢	何	交
爻巧效	22上	滈	羽	濁	刑賢	下	巧
爻巧效	22去	效	羽	濁	刑賢	胡	孝
爻巧效	23平	嘲	次商	清	征氈	陟	交
爻巧效	23上	爪	次商	清	征氈	側	絞
爻巧效	23去	罩	次商	清	征氈	陟	教
爻巧效	24平	謙	次商	次清	嗔延	楚	交
爻巧效	24上	炒	次商	次清	嗔延	楚	絞
爻巧效	24去	鈔	次商	次清	嗔延	楚	教
爻巧效	25平	梢	次商	次清次	身羶	所	交
爻巧效	25上	数	次商	次清次	身羶	山	巧
爻巧效	25去	稍	次商	次清次	身羶	所	教
爻巧效	26平	巢	次商	濁	陳廛	鋤	交
爻巧效	26上	僺	次商	濁	陳廛	鉏	絞
爻巧效	26去	棹	次商	濁	陳廛	直	教
爻巧效	27平	鐃	次商	次濁	紉聯	尼	交
爻巧效	27上	橈	次商	次濁	紉聯	女	巧
爻巧效	27去	鬧	次商	次濁	紉聯	女	教
爻巧效	28平	包	宮	清	賓邊	班	交
爻巧效	28上	飽	宮	清	賓邊	博	巧
爻巧效	28去	豹	宮	清	賓邊	布	教

續表

所屬韻類	聲調	小韻首字	七音	清濁	聲類	反切	
爻巧效	28平	褒	宮	清	賓邊	博	毛
爻巧效	28上	寶	宮	清	賓邊	博	浩
爻巧效	28去	報	宮	清	賓邊	博	耗
爻巧效	29平	泡	宮	次清	娉偏	披	交
爻巧效	29去	砲	宮	次清	娉偏	披	教
爻巧效	29平	橐	宮	次清	娉偏	普	袍
爻巧效	29上	皫	宮	次清	娉偏	滂	保
爻巧效	29去	橐	宮	次清	娉偏	匹	到
爻巧效	30平	庖	宮	濁	平便	蒲	交
爻巧效	30上	鮑	宮	濁	平便	部	巧
爻巧效	30去	鉋	宮	濁	平便	皮	教
爻巧效	30上	抱	宮	濁	平便	蒲	皓
爻巧效	30去	暴	宮	濁	平便	蒲	報
爻巧效	31平	茅	宮	次濁	民綿	謨	交
爻巧效	31平	卯	宮	次濁	民綿	莫	包
爻巧效	31上	貌	宮	次濁	民綿	眉	教
爻巧效	31上	毛	宮	次濁	民綿	莫	褒
爻巧效	31去	務	宮	次濁	民綿	莫	老
爻巧效	31去	帽	宮	次濁	民綿	莫	報
歌哿箇	1平	歌	角	清	經堅	居	何
歌哿箇	1上	哿	角	清	經堅	賈	我
歌哿箇	1去	箇	角	清	經堅	古	荷
歌哿箇	2平	珂	角	次清	輕牽	丘	何
歌哿箇	2上	可	角	次清	輕牽	口	我
歌哿箇	2去	軻	角	次清	輕牽	口	个
歌哿箇	3平	翗	角	濁	擎虔	巨	柯
歌哿箇	4平	娥	角	次濁	迎研	牛	何
歌哿箇	4上	我	角	次濁	迎研	五	可
歌哿箇	4去	餓	角	次濁	迎研	五	个

續表

所屬韻類	聲調	小韻首字	七音	清濁	聲類	反切	
歌哿箇	5平	阿	羽	清	因煙	於	何
歌哿箇	5上	婀	羽	清	因煙	烏	可
歌哿箇	5去	侉	羽	清	因煙	安	賀
歌哿箇	6平	訶	羽	次清	具軒	虎	何
歌哿箇	6上	歌	羽	次清	具軒	虛	可
歌哿箇	6去	呵	羽	次清	具軒	呼	个
歌哿箇	7平	何	羽	濁	刑賢	寒	苛
歌哿箇	7上	苛	羽	濁	刑賢	下	可
歌哿箇	7去	荷	羽	濁	刑賢	胡	个
歌哿箇	8平	戈	角	清	經堅	古	禾
歌哿箇	8上	果	角	清	經堅	古	火
歌哿箇	8去	過	角	清	經堅	古	隊
歌哿箇	9平	科	角	次清	輕牽	苦	禾
歌哿箇	9上	顆	角	次清	輕牽	苦	果
歌哿箇	9去	課	角	次清	輕牽	苦	隊
歌哿箇	10平	訛	角	次濁	迎妍	五	禾
歌哿箇	10上	姬	角	次濁	迎妍	五	果
歌哿箇	10去	卧	角	次濁	迎妍	五	貨
歌哿箇	11平	窩	羽	清	因煙	烏	禾
歌哿箇	11上	婐	羽	清	因煙	烏	果
歌哿箇	11去	涴	羽	清	因煙	烏	隊
歌哿箇	12平	鞾	羽	次清	具軒	許	戈
歌哿箇	12上	火	羽	次清	具軒	虎	果
歌哿箇	12去	貨	羽	次清	具軒	呼	隊
歌哿箇	13平	和	羽	濁	刑賢	户	戈
歌哿箇	13上	禍	羽	濁	刑賢	胡	果
歌哿箇	13去	和	羽	濁	刑賢	胡	隊
歌哿箇	14平	侳	商	清	精箋	子	戈
歌哿箇	14上	左	商	清	精箋	臧	可

續表

所屬韻類	聲調	小韻首字	七音	清濁	聲類	反切	
歌哿箇	14去	佐	商	清	精箋	子	賀
歌哿箇	15平	蹉	商	次清	清千	倉	何
歌哿箇	15上	瑳	商	次清	清千	千	可
歌哿箇	15去	剉	商	次清	清千	千	隊
歌哿箇	16平	娑	商	次清次	新仙	桑	何
歌哿箇	16上	鎖	商	次清次	新仙	蘇	果
歌哿箇	16去	娑	商	次清次	新仙	蘇	果
歌哿箇	17平	醝	商	濁	秦前	才	何
歌哿箇	17上	坐	商	濁	秦前	徂	果
歌哿箇	17去	座	商	濁	秦前	徂	隊
歌哿箇	18平	羅	半徵商		令連	郎	何
歌哿箇	18上	裸	半徵商		令連	郎	果
歌哿箇	18去	邏	半徵商		令連	郎	佐
歌哿箇	19平	多	徵	清	丁顛	得	何
歌哿箇	19上	觶	徵	清	丁顛	丁	可
歌哿箇	19去	癉	徵	清	丁顛	丁	佐
歌哿箇	19平	除	徵	清	丁顛	丁	戈
歌哿箇	19上	朶	徵	清	丁顛	都	火
歌哿箇	19去	剁	徵	清	丁顛	都	唾
歌哿箇	20平	他	徵	次清	汀天	湯	何
歌哿箇	20上	妥	徵	次清	汀天	吐	火
歌哿箇	20去	唾	徵	次清	汀天	吐	卧
歌哿箇	21平	駝	徵	濁	亭田	唐	何
歌哿箇	21上	柁	徵	濁	亭田	待	可
歌哿箇	21去	馱	徵	濁	亭田	唐	佐
歌哿箇	22平	那	徵	次濁	寧年	奴	何
歌哿箇	22上	娜	徵	次濁	寧年	奴	可
歌哿箇	22去	稬	徵	次濁	寧年	奴	卧
歌哿箇	23平	波	宫	清	賔邊	補	禾

續表

所屬韻類	聲調	小韻首字	七音	清濁	聲類	反切	
歌哿箇	23上	跛	宮	清	賔邊	補	火
歌哿箇	23去	播	宮	清	賔邊	補	過
歌哿箇	24平	頗	宮	次清	娉偏	普	禾
歌哿箇	24上	叵	宮	次清	娉偏	普	火
歌哿箇	24去	破	宮	次清	娉偏	普	過
歌哿箇	25平	婆	宮	濁	平便	蒲	禾
歌哿箇	25上	爸	宮	濁	平便	蒲	可
歌哿箇	25去	蔆	宮	濁	平便	傍	个
歌哿箇	26平	摩	宮	次濁	民綿	眉	波
歌哿箇	26上	麽	宮	次濁	民綿	忙	果
歌哿箇	26去	磨	宮	次濁	民綿	莫	隊
歌哿箇	27去	縛	次宮	濁	墳煩	符	隊
麻馬禡	1平	瓜	角	清	經堅	古	華
麻馬禡	1上	寡	角	清	經堅	古	瓦
麻馬禡	1去	卦	角	清	經堅	古	畫
麻馬禡	2平	誇	角	次清	輕牽	枯	瓜
麻馬禡	2上	跨	角	次清	輕牽	苦	瓦
麻馬禡	2去	跨	角	次清	輕牽	苦	化
麻馬禡	3平	倾	角	次濁	迎妍	五	瓜
麻馬禡	3上	瓦	角	次濁	迎妍	五	寡
麻馬禡	3去	宼	角	次濁	迎妍	五	吴
麻馬禡	4平	窊	羽	清	因煙	烏	瓜
麻馬禡	4上	搲	羽	清	因煙	烏	寡
麻馬禡	4去	攨	羽	清	因煙	烏	吴
麻馬禡	5平	花	羽	次清	具軒	呼	瓜
麻馬禡	5去	化	羽	次清	具軒	呼	霸
麻馬禡	6平	華	羽	濁	刑賢	胡	瓜
麻馬禡	6上	踝	羽	濁	刑賢	户	瓦
麻馬禡	6去	畫	羽	濁	刑賢	胡	卦

續表

所属韻類	聲調	小韻首字	七音	清濁	聲類	反切	
陽養漾藥	23平	藏	商	濁	秦前	徂	郎
陽養漾藥	23上	奘	商	濁	秦前	在	朗
陽養漾藥	23去	藏	商	濁	秦前	才	浪
陽養漾藥	23入	昨	商	濁	秦前	疾	各
陽養漾藥	24平	江	角	清	經堅	古	雙
陽養漾藥	24上	講	角	清	經堅	古	項
陽養漾藥	24去	絳	角	清	經堅	古	巷
陽養漾藥	24入	覺	角	清	經堅	古	岳
陽養漾藥	25入	[illegible]	角	濁	勤虔	巨	各
陽養漾藥	26平	峣	角	次濁	銀言	五	江
陽養漾藥	26入	岳	角	次濁	銀言	逆	各
陽養漾藥	27平	胦	羽	清	因煙	握	江
陽養漾藥	27上	慃	羽	清	因煙	音	項
陽養漾藥	27入	握	羽	清	因煙	乙	角
陽養漾藥	28平	舡	羽	次清	具軒	許	江
陽養漾藥	28上	[illegible]	羽	次清	具軒	虚	講
陽養漾藥	28去	惷	羽	次清	具軒	赫	巷
陽養漾藥	28入	殼	羽	次清	具軒	黑	角
陽養漾藥	29平	降	羽	濁	刑賢	胡	江
陽養漾藥	29上	項	羽	濁	刑賢	户	講
陽養漾藥	29去	巷	羽	濁	刑賢	胡	降
陽養漾藥	29入	學	羽	濁	刑賢	轄	覺
陽養漾藥	30平	張	次商	清	征氊	陟	良
陽養漾藥	30上	掌	次商	清	征氊	止	兩
陽養漾藥	30去	障	次商	清	征氊	知	亮
陽養漾藥	30入	灼	次商	清	征氊	職	畧
陽養漾藥	31平	昌	次商	次清	稱燀	齒	良
陽養漾藥	31上	敞	次商	次清	稱燀	昌	兩
陽養漾藥	31去	唱	次商	次清	稱燀	尺	亮

續表

所屬韻類	聲調	小韻首字	七音	清濁	聲類	反切	
陽養漾藥	31入	綽	次商	次清	稱燀	尺	約
陽養漾藥	32平	商	次商	次清次	聲羶	尺	羊
陽養漾藥	32上	賞	次商	次清次	聲羶	始	兩
陽養漾藥	32去	餉	次商	次清次	聲羶	式	亮
陽養漾藥	32入	鑠	次商	次清次	聲羶	式	約
陽養漾藥	33平	長	次商	濁	陳廛	仲	良
陽養漾藥	33上	丈	次商	濁	陳廛	呈	兩
陽養漾藥	33去	仗	次商	濁	陳廛	直	亮
陽養漾藥	33入	著	次商	濁	陳廛	直	畧
陽養漾藥	34平	娘	次商	次濁	紉聯	女	良
陽養漾藥	34上	纕	次商	次濁	紉聯	女	兩
陽養漾藥	34去	釀	次商	次濁	紉聯	女	亮
陽養漾藥	34入	逽	次商	次濁	紉聯	女	畧
陽養漾藥	35平	常	次商	次濁	辰常	辰	羊
陽養漾藥	35上	上	次商	次濁	辰常	是	掌
陽養漾藥	35去	尚	次商	次濁	辰常	時	亮
陽養漾藥	35入	杓	次商	次濁	辰常	時	灼
陽養漾藥	36平	穰	半商徵		人然	如	羊
陽養漾藥	36上	壤	半商徵		人然	汝	兩
陽養漾藥	36去	讓	半商徵		人然	而	亮
陽養漾藥	36入	若	半商徵		人然	如	灼
陽養漾藥	37平	光	角	清	經堅	姑	黄
陽養漾藥	37上	廣	角	清	經堅	古	晃
陽養漾藥	37去	桄	角	清	經堅	古	曠
陽養漾藥	37入	郭	角	清	經堅	古	博
陽養漾藥	38上	俇	角	次清	經堅	居	住
陽養漾藥	38去	誑	角	次清	經堅	古	況
陽養漾藥	38入	矍	角	次清	經堅	古	霍
陽養漾藥	39平	骩	角	次清	輕牽	苦	光

續表

所屬韻類	聲調	小韻首字	七音	清濁	聲類	反切	
陽養漾藥	7去	仰	角	次濁	迎研	魚	向
陽養漾藥	7入	虐	角	次濁	迎研	魚	約
陽養漾藥	8平	將	商	清	精箋	資	良
陽養漾藥	8上	蔣	商	清	精箋	子	兩
陽養漾藥	8去	將	商	清	精箋	子	亮
陽養漾藥	8入	爵	商	清	精箋	即	約
陽養漾藥	9平	槍	商	次清	清千	千	羊
陽養漾藥	9上	搶	商	次清	清千	七	兩
陽養漾藥	9去	蹌	商	次清	清千	七	亮
陽養漾藥	9入	鵲	商	次清	清千	七	雀
陽養漾藥	10平	襄	商	次清次	新仙	息	良
陽養漾藥	10上	想	商	次清次	新仙	息	兩
陽養漾藥	10去	相	商	次清次	新仙	息	亮
陽養漾藥	10入	削	商	次清次	新仙	息	約
陽養漾藥	11平	牆	商	濁	秦前	慈	良
陽養漾藥	11去	匠	商	濁	秦前	疾	亮
陽養漾藥	11入	嚼	商	濁	秦前	疾	雀
陽養漾藥	12平	祥	商	次濁	錫涎	徐	羊
陽養漾藥	12上	象	商	次濁	錫涎	似	兩
陽養漾藥	13平	良	半徵商		令連	龍	張
陽養漾藥	13上	兩	半徵商		令連	良	奖
陽養漾藥	13去	諒	半徵商		令連	力	仗
陽養漾藥	13入	畧	半徵商		令連	力	灼
陽養漾藥	14平	岡	角	清	經堅	居	郎
陽養漾藥	14上	甿	角	清	經堅	舉	盎
陽養漾藥	14去	掆	角	清	經堅	古	浪
陽養漾藥	14入	各	角	清	經堅	葛	鶴
陽養漾藥	15平	康	角	次清	輕牽	丘	剛
陽養漾藥	15上	慷	角	次清	輕牽	口	朗

續表

所屬韻類	聲調	小韻首字	七音	清濁	聲類	反切	
陽養漾藥	15去	抗	角	次清	輕牽	口	浪
陽養漾藥	15入	恪	角	次清	輕牽	克	各
陽養漾藥	16平	卬	角	次濁	迎研	五	剛
陽養漾藥	16上	駠	角	次濁	迎研	語	吭
陽養漾藥	16去	昻	角	次濁	迎研	魚	浪
陽養漾藥	16入	咢	角	次濁	迎研	逆	各
陽養漾藥	17平	佒	羽	清	因煙	烏	郎
陽養漾藥	17上	坱	羽	清	因煙	烏	朗
陽養漾藥	17去	盎	羽	清	因煙	烏	浪
陽養漾藥	17入	惡	羽	清	因煙	烏	各
陽養漾藥	18平	炕	羽	次清	具軒	呼	郎
陽養漾藥	18上	旰	羽	次清	具軒	呼	朗
陽養漾藥	18入	壑	羽	次清	具軒	黑	各
陽養漾藥	19平	杭	羽	濁	刑賢	胡	岡
陽養漾藥	19上	沆	羽	濁	刑賢	下	朗
陽養漾藥	19去	吭	羽	濁	刑賢	下	浪
陽養漾藥	19入	鶴	羽	濁	刑賢	曷	各
陽養漾藥	20平	臧	商	清	精箋	兹	郎
陽養漾藥	20上	髒	商	清	精箋	子	朗
陽養漾藥	20去	葬	商	清	精箋	則	浪
陽養漾藥	20入	作	商	清	精箋	即	各
陽養漾藥	21平	倉	商	次清	清千	千	剛
陽養漾藥	21上	蒼	商	次清	清千	采	朗
陽養漾藥	21去	稖	商	次清	清千	七	浪
陽養漾藥	21入	錯	商	次清	清千	七	各
陽養漾藥	22平	桑	商	次清次	新仙	蘇	郎
陽養漾藥	22上	顙	商	次清次	新仙	寫	朗
陽養漾藥	22去	喪	商	次清次	新仙	蘇	浪
陽養漾藥	22入	索	商	次清次	新仙	昔	各

續表

所属韻類	聲調	小韻首字	七音	清濁	聲類	反切	
遮者蔗	3上	寫	商	次清次	新仙	先	野
遮者蔗	3去	卸	商	次清次	新仙	司	夜
遮者蔗	4平	査	商	濁	秦前	才	邪
遮者蔗	4上	担	商	濁	秦前	慈	也
遮者蔗	4去	藉	商	濁	秦前	慈	夜
遮者蔗	5平	邪	商	次濁	錫涎	徐	嗟
遮者蔗	5上	灺	商	次濁	錫涎	似	也
遮者蔗	5去	謝	商	次濁	錫涎	詞	夜
遮者蔗	6平	遮	次商	清	征氈	之	奢
遮者蔗	6上	者	次商	清	征氈	止	野
遮者蔗	6去	蔗	次商	清	征氈	之	夜
遮者蔗	7平	車	次商	次清	稱燀	昌	遮
遮者蔗	7上	撦	次商	次清	稱燀	昌	者
遮者蔗	7去	赿	次商	次清	稱燀	充	夜
遮者蔗	8平	奢	次商	次清次	聲羶	詩	遮
遮者蔗	8上	捨	次商	次清次	聲羶	始	野
遮者蔗	8去	舍	次商	次清次	聲羶	式	夜
遮者蔗	9平	蛇	次商	次濁次	神禪	石	遮
遮者蔗	9上	社	次商	次濁次	神禪	常	者
遮者蔗	9去	射	次商	次濁次	神禪	神	夜
遮者蔗	10上	惹	半商徵		人然	尔	者
遮者蔗	10去	偌	半商徵		人然	人	夜
遮者蔗	11平	耶	羽	次濁	寅延	余	遮
遮者蔗	11上	野	羽	次濁	寅延	以	者
遮者蔗	11去	夜	羽	次濁	寅延	寅	射
遮者蔗	12平	儸	半徵商		零連	利	遮
遮者蔗	13平	爹	徵	清	丁顛	丁	邪
遮者蔗	14平	䏿	角	次清	輕牽	去	靴
遮者蔗	15平	瘸	角	濁	勤虔	巨	靴

續表

所屬韻類	聲調	小韻首字	七音	清濁	聲類	反切	
遮者蔗	16平	肥	羽	清	因煙	於	靴
遮者蔗	17平	靴	羽	次清	具軒	毀	遮
遮者蔗	18平	冐	宮	次濁	民綿	彌	耶
遮者蔗	18上	乜	宮	次濁	民綿	彌	也
遮者蔗	18去	殗	宮	次濁	民綿	名	夜
陽養漾藥	1平	姜	角	清	經堅	居	兩
陽養漾藥	1上	襁	角	清	經堅	居	仰
陽養漾藥	1入	腳	角	清	經堅	訖	約
陽養漾藥	2平	羌	角	次清	輕牽	驅	羊
陽養漾藥	2上	磋	角	次清	輕牽	丘	仰
陽養漾藥	2去	唴	角	次清	輕牽	丘	亮
陽養漾藥	2入	却	角	次清	輕牽	乞	約
陽養漾藥	3平	彊	角	濁	擎虔	渠	良
陽養漾藥	3上	彊	角	濁	擎虔	巨	兩
陽養漾藥	3去	弶	角	濁	擎虔	其	亮
陽養漾藥	3入	噱	角	濁	擎虔	極	虐
陽養漾藥	4平	央	羽	清	因煙	於	良
陽養漾藥	4上	鞅	羽	清	因煙	倚	兩
陽養漾藥	4去	怏	羽	清	因煙	於	亮
陽養漾藥	4入	約	羽	清	因煙	乙	却
陽養漾藥	5平	香	羽	次清	具軒	虚	良
陽養漾藥	5上	響	羽	次清	具軒	許	兩
陽養漾藥	5去	向	羽	次清	具軒	許	亮
陽養漾藥	5入	謔	羽	次清	具軒	迄	約
陽養漾藥	6平	陽	羽	次濁	寅延	移	章
陽養漾藥	6上	養	羽	次濁	寅延	以	兩
陽養漾藥	6去	漾	羽	次濁	寅延	余	亮
陽養漾藥	6入	藥	羽	次濁	寅延	弋	灼
陽養漾藥	7上	仰	角	次濁	迎研	魚	兩

續表

所屬韻類	聲調	小韻首字	七音	清濁	聲類	反切	
麻馬禡	7平	嘉	角	清	經堅	居	牙
麻馬禡	7上	賈	角	清	經堅	舉	下
麻馬禡	7去	駕	角	清	經堅	居	亞
麻馬禡	8平	呿	角	次清	輕牽	丘	加
麻馬禡	8上	跒	角	次清	輕牽	苦	下
麻馬禡	8去	髂	角	次清	輕牽	枯	架
麻馬禡	9平	伽	角	濁	勤虔	求	加
麻馬禡	10平	牙	角	次濁	銀言	牛	加
麻馬禡	10上	雅	角	次濁	銀言	語	下
麻馬禡	10去	訝	角	次濁	銀言	五	架
麻馬禡	11平	鴉	羽	清	因煙	於	加
麻馬禡	11上	啞	羽	清	因煙	倚	下
麻馬禡	11去	亞	羽	清	因煙	衣	架
麻馬禡	12平	呀	羽	次清	具軒	虛	加
麻馬禡	12上	閜	羽	次清	具軒	許	下
麻馬禡	12去	罅	羽	次清	具軒	呼	嫁
麻馬禡	13平	遐	羽	濁	刑賢	何	加
麻馬禡	13上	下	羽	濁	刑賢	亥	雅
麻馬禡	13去	暇	羽	濁	刑賢	胡	駕
麻馬禡	14平	咱	商	清	精箋	子	沙
麻馬禡	14上	姐	商	清	精箋	子	瓦
麻馬禡	15平	嗏	商	次清	親千	七	加
麻馬禡	16平	樝	次商	清	征氈	莊	加
麻馬禡	16上	鮓	次商	清	征氈	側	下
麻馬禡	16去	詐	次商	清	征氈	則	駕
麻馬禡	17平	叉	次商	次清	嗔延	初	加
麻馬禡	17上	姹	次商	次清	嗔延	齒	下
麻馬禡	17去	詫	次商	次清	嗔延	丑	亞
麻馬禡	18平	沙	次商	次清次	身羶	師	加

續表

所屬韻類	聲調	小韻首字	七音	清濁	聲類	反切	
麻馬禡	18上	灑	次商	次清次	身羶	沙	下
麻馬禡	18去	嗄	次商	次清次	身羶	所	駕
麻馬禡	19平	搽	次商	濁	榛潺	鉏	加
麻馬禡	19上	槎	次商	濁	榛潺	茶	下
麻馬禡	19去	乍	次商	濁	榛潺	鉏	駕
麻馬禡	20平	鑾	半徵商		零連	力	華
麻馬禡	20上	藞	半徵商		零連	力	瓦
麻馬禡	21上	打	徵	清	丁顛	都	瓦
麻馬禡	22平	拏	徵	次濁	寧年	奴	加
麻馬禡	22上	絮	徵	次濁	寧年	奴	下
麻馬禡	22去	膠	徵	次濁	寧年	乃	亞
麻馬禡	23平	巴	宮	清	賓邊	邦	加
麻馬禡	23上	把	宮	清	賓邊	補	下
麻馬禡	23去	霸	宮	清	賓邊	必	駕
麻馬禡	24平	葩	宮	次清	繽偏	披	巴
麻馬禡	24上	吧	宮	次清	繽偏	披	馬
麻馬禡	24去	怕	宮	次清	繽偏	普	駕
麻馬禡	25平	杷	宮	濁	頻便	蒲	巴
麻馬禡	25上	跁	宮	濁	頻便	傍	下
麻馬禡	25去	罷	宮	濁	頻便	皮	駕
麻馬禡	26平	麻	宮	次濁	民綿	謨	加
麻馬禡	26上	馬	宮	次濁	民綿	莫	下
麻馬禡	26去	禡	宮	次濁	民綿	莫	駕
遮者蔗	1平	嗟	商	清	精箋	咨	邪
遮者蔗	1上	姐	商	清	精箋	子	野
遮者蔗	1去	借	商	清	精箋	子	夜
遮者蔗	2上	且	商	次清	清千	七	野
遮者蔗	2去	笡	商	次清	清千	千	謝
遮者蔗	3平	些	商	次清次	新仙	思	遮

續表

所屬韻類	聲調	小韻首字	七音	清濁	聲類	反切	
庚梗敬陌	23上	擤	羽	次清	具軒	虎	梗
庚梗敬陌	23去	誶	羽	次清	具軒	許	更
庚梗敬陌	23入	赫	羽	次清	具軒	呼	格
庚梗敬陌	23入	黑	羽	次清	具軒	迄	得
庚梗敬陌	24平	行	羽	濁	刑賢	何	庚
庚梗敬陌	24上	杏	羽	濁	刑賢	何	梗
庚梗敬陌	24去	行	羽	濁	刑賢	胡	孟
庚梗敬陌	24平	恒	羽	濁	刑賢	胡	登
庚梗敬陌	24入	劾	羽	濁	刑賢	胡	得
庚梗敬陌	25平	爭	次商	清	征氊	甾	耕
庚梗敬陌	25上	掟	次商	清	征氊	陟	猛
庚梗敬陌	25去	諍	次商	清	征氊	側	迸
庚梗敬陌	25入	責	次商	清	征氊	陟	格
庚梗敬陌	25入	側	次商	清	征氊	札	色
庚梗敬陌	26平	橕	次商	次清	稱燀	抽	庚
庚梗敬陌	26去	牚	次商	次清	稱燀	敕	諍
庚梗敬陌	26入	坼	次商	次清	稱燀	恥	格
庚梗敬陌	26入	測	次商	次清	稱燀	初	力
庚梗敬陌	27平	生	次商	次清次	聲羶	師	庚
庚梗敬陌	27上	省	次商	次清次	聲羶	所	景
庚梗敬陌	27去	貹	次商	次清次	聲羶	所	敬
庚梗敬陌	27入	索	次商	次清次	聲羶	山	責
庚梗敬陌	27平	殑	次商	次清次	聲羶	山	矜
庚梗敬陌	27上	洗	次商	次清次	聲羶	色	拯
庚梗敬陌	27入	色	次商	次清次	聲羶	所	力
庚梗敬陌	28平	橙	次商	濁	陳廛	除	庚
庚梗敬陌	28上	瑒	次商	濁	陳廛	除	梗
庚梗敬陌	28去	鋥	次商	濁	陳廛	除	更
庚梗敬陌	28入	宅	次商	濁	陳廛	直	格

續表

所属韻類	聲調	小韻首字	七音	清濁	聲類	反切	
庚梗敬陌	28入	崱	次商	濁	陳廛	疾	力
庚梗敬陌	29平	征	次商	清	征氈	諸	成
庚梗敬陌	29上	整	次商	清	征氈	之	郢
庚梗敬陌	29去	正	次商	清	征氈	之	盛
庚梗敬陌	29入	隻	次商	清	征氈	之	石
庚梗敬陌	30平	蟶	次商	次清	稱燀	丑	成
庚梗敬陌	30上	逞	次商	次清	稱燀	丑	郢
庚梗敬陌	30去	稱	次商	次清	稱燀	丑	正
庚梗敬陌	30入	赤	次商	次清	稱燀	昌	石
庚梗敬陌	31平	聲	次商	次清次	聲羶	書	征
庚梗敬陌	31去	聖	次商	次清次	聲羶	式	正
庚梗敬陌	31入	釋	次商	次清次	聲羶	施	隻
庚梗敬陌	32平	呈	次商	濁	陳廛	直	征
庚梗敬陌	32上	徎	次商	濁	陳廛	丈	井
庚梗敬陌	32去	郑	次商	濁	陳廛	直	正
庚梗敬陌	32入	直	次商	濁	陳廛	逐	力
庚梗敬陌	32平	成	次商	次濁次	神禪	時	征
庚梗敬陌	32去	盛	次商	次濁次	神禪	時	正
庚梗敬陌	32入	寔	次商	次濁次	神禪	承	職
庚梗敬陌	32平	繩	次商	次濁次	神禪	神	陵
庚梗敬陌	32入	石	次商	次濁次	神禪	裳	隻
庚梗敬陌	33平	仍	半商徵		人然	如	陵
庚梗敬陌	33去	扔	半商徵		人然	而	證
庚梗敬陌	34平	令	半徵商		零連	離	聖
庚梗敬陌	34上	領	半徵商		零連	里	郢
庚梗敬陌	34去	令	半徵商		零連	力	正
庚梗敬陌	34入	歷	半徵商		零連	郎	狄
庚梗敬陌	35平	丁	徵	清	丁顛	當	經
庚梗敬陌	35上	頂	徵	清	丁顛	都	領

續表

所屬韻類	聲調	小韻首字	七音	清濁	聲類	反切	
庚梗敬陌	6入	闃	羽	次清	具軒	馨	激
庚梗敬陌	7平	形	羽	濁	刑賢	奚	經
庚梗敬陌	7上	悻	羽	濁	刑賢	下	頂
庚梗敬陌	7去	脛	羽	濁	刑賢	刑	定
庚梗敬陌	7入	檄	羽	濁	刑賢	刑	狄
庚梗敬陌	8平	盈	羽	次濁	寅延	余	輕
庚梗敬陌	8上	郢	羽	次濁	寅延	以	井
庚梗敬陌	8去	媵	羽	次濁	寅延	以	證
庚梗敬陌	8入	繹	羽	次濁	寅延	夷	益
庚梗敬陌	8去	硬	羽	次濁	寅延	喻	孟
庚梗敬陌	9平	增	商	清	精箋	咨	登
庚梗敬陌	9上	噌	商	清	精箋	子	等
庚梗敬陌	9去	甑	商	清	精箋	子	孕
庚梗敬陌	9入	則	商	清	精箋	子	德
庚梗敬陌	10平	彰	商	次清	清千	七	曾
庚梗敬陌	10去	蹭	商	次清	清千	七	鄧
庚梗敬陌	11平	僧	商	次清次	新仙	思	登
庚梗敬陌	11去	䵬	商	次清次	新仙	息	贈
庚梗敬陌	11入	塞	商	次清次	新仙	悉	則
庚梗敬陌	12平	層	商	濁	秦前	才	登
庚梗敬陌	12去	贈	商	濁	秦前	昨	鄧
庚梗敬陌	12入	賊	商	濁	秦前	疾	則
庚梗敬陌	13平	精	商	清	精箋	子	盈
庚梗敬陌	13上	井	商	清	精箋	子	郢
庚梗敬陌	13去	精	商	清	精箋	子	正
庚梗敬陌	13入	積	商	清	精箋	資	昔
庚梗敬陌	14平	清	商	次清	清千	七	情
庚梗敬陌	14上	請	商	次清	清千	七	靜
庚梗敬陌	14去	倩	商	次清	清千	七	正

續表

所属韻類	聲調	小韻首字	七音	清濁	聲類	反切	
庚梗敬陌	14入	刺	商	次清	清千	七	逆
庚梗敬陌	15平	星	商	次清次	新仙	先	清
庚梗敬陌	15上	省	商	次清次	新仙	息	井
庚梗敬陌	15去	性	商	次清次	新仙	息	正
庚梗敬陌	15入	昔	商	次清次	新仙	息	積
庚梗敬陌	16平	情	商	濁	秦前	慈	盈
庚梗敬陌	16上	靜	商	濁	秦前	疾	郢
庚梗敬陌	16去	淨	商	濁	秦前	疾	正
庚梗敬陌	16入	寂	商	濁	秦前	前	歷
庚梗敬陌	17平	餳	商	次濁	餳涎	徐	盈
庚梗敬陌	17入	席	商	次濁	餳涎	詳	亦
庚梗敬陌	18平	庚	角	清	經堅	古	行
庚梗敬陌	18上	梗	角	清	經堅	古	杏
庚梗敬陌	18去	更	角	清	經堅	居	孟
庚梗敬陌	18入	格	角	清	經堅	各	額
庚梗敬陌	19平	阬	角	次清	輕牽	丘	庚
庚梗敬陌	19入	客	角	次清	輕牽	乞	格
庚梗敬陌	20上	肯	角	次清	輕牽	苦	等
庚梗敬陌	20入	克	角	次清	輕牽	苦	得
庚梗敬陌	20平	搄	角	清	經堅	居	登
庚梗敬陌	20上	𡪢	角	清	經堅	孤	等
庚梗敬陌	20去	亘	角	清	經堅	居	鄧
庚梗敬陌	20入	裓	角	清	經堅	古	得
庚梗敬陌	21平	娙	角	次濁	迎研	五	莖
庚梗敬陌	21上	脛	角	次濁	迎研	五	郢
庚梗敬陌	21入	額	角	次濁	迎研	鄂	格
庚梗敬陌	22上	䁝	羽	清	因煙	於	杏
庚梗敬陌	22入	厄	羽	清	因煙	乙	革
庚梗敬陌	23平	亨	羽	次清	具軒	虛	庚

續表

所屬韻類	聲調	小韻首字	七音	清濁	聲類	反切	
陽養漾藥	54去	宕	徵	濁	亭田	徒	浪
陽養漾藥	54入	鐸	徵	濁	亭田	達	各
陽養漾藥	55平	囊	徵	次濁	寧年	奴	當
陽養漾藥	55上	曩	徵	次濁	寧年	乃	黨
陽養漾藥	55去	儴	徵	次濁	寧年	奴	浪
陽養漾藥	55入	諾	徵	次濁	寧年	奴	各
陽養漾藥	56平	邦	宮	清	賔邊	博	旁
陽養漾藥	56上	榜	宮	清	賔邊	補	曩
陽養漾藥	56去	謗	宮	清	賔邊	補	曠
陽養漾藥	56入	博	宮	清	賔邊	伯	各
陽養漾藥	57平	滂	宮	次清	繽偏	普	郎
陽養漾藥	57上	髈	宮	次清	繽偏	匹	朗
陽養漾藥	57去	胖	宮	次清	繽偏	普	浪
陽養漾藥	57入	粕	宮	次清	繽偏	匹	各
陽養漾藥	58平	旁	宮	濁	頻便	蒲	光
陽養漾藥	58上	棒	宮	濁	頻便	步	項
陽養漾藥	58去	傍	宮	濁	頻便	蒲	浪
陽養漾藥	58入	雹	宮	濁	頻便	弼	角
陽養漾藥	59平	茫	宮	次濁	民綿	謨	郎
陽養漾藥	59上	莽	宮	次濁	民綿	毋	黨
陽養漾藥	59去	漭	宮	次濁	民綿	莫	浪
陽養漾藥	59入	莫	宮	次濁	民綿	末	各
陽養漾藥	60平	芳	次宮	次清	芬番	敷	房
陽養漾藥	60上	紡	次宮	次清	芬番	妃	兩
陽養漾藥	60去	訪	次宮	次清	芬番	敷	亮
陽養漾藥	60入	膊	次宮	次清	芬番	孚	縛
陽養漾藥	61平	房	次宮	濁	墳煩	符	方
陽養漾藥	61上	迈	次宮	濁	墳煩	防	罔
陽養漾藥	61去	防	次宮	濁	墳煩	符	訪

續表

所属韻類	聲調	小韻首字	七音	清濁	聲類	反切	
陽養漾藥	61入	縛	次宮	濁	墳煩	符	約
陽養漾藥	62平	亡	次宮	次濁	文瞞	無	方
陽養漾藥	62上	罔	次宮	次濁	文瞞	文	紡
陽養漾藥	62去	妄	次宮	次濁	文瞞	巫	放
庚梗敬陌	1平	京	角	清	經堅	居	卿
庚梗敬陌	1上	景	角	清	經堅	居	影
庚梗敬陌	1去	敬	角	清	經堅	居	慶
庚梗敬陌	1入	戟	角	清	經堅	居	逆
庚梗敬陌	2平	卿	角	次清	輕牽	丘	京
庚梗敬陌	2上	謦	角	次清	輕牽	弃	挺
庚梗敬陌	2去	慶	角	次清	輕牽	丘	正
庚梗敬陌	2入	隙	角	次清	輕牽	乞	逆
庚梗敬陌	2入	喫	角	次清	輕牽	苦	擊
庚梗敬陌	3平	擎	角	濁	擎虔	渠	京
庚梗敬陌	3上	痙	角	濁	擎虔	巨	郢
庚梗敬陌	3去	競	角	濁	擎虔	具	映
庚梗敬陌	3入	劇	角	濁	擎虔	竭	戟
庚梗敬陌	4平	凝	角	次濁	迎研	魚	陵
庚梗敬陌	4去	迎	角	次濁	迎研	魚	慶
庚梗敬陌	4入	逆	角	次濁	迎研	宜	戟
庚梗敬陌	5平	英	羽	清	因煙	於	京
庚梗敬陌	5上	影	羽	清	因煙	於	丙
庚梗敬陌	5去	映	羽	清	因煙	於	命
庚梗敬陌	5入	益	羽	清	因煙	於	戟
庚梗敬陌	6平	興	羽	次清	具軒	虚	陵
庚梗敬陌	6上	鴨	羽	次清	具軒	呼	頸
庚梗敬陌	6去	興	羽	次清	具軒	許	應
庚梗敬陌	6入	虩	羽	次清	具軒	迄	逆
庚梗敬陌	6平	馨	羽	次清	具軒	醯	經

續表

所屬韻類	聲調	小韻首字	七音	清濁	聲類	反切	
陽養漾藥	39上	壙	角	次清	輕牽	苦	廣
陽養漾藥	39去	曠	角	次清	輕牽	苦	謗
陽養漾藥	39入	廓	角	次清	輕牽	苦	郭
陽養漾藥	40平	匡	角	次清	輕牽	曲	王
陽養漾藥	40去	眶	角	次清	輕牽	區	旺
陽養漾藥	40入	躩	角	次清	輕牽	丘	縛
陽養漾藥	41平	狂	角	濁	勤虔	渠	王
陽養漾藥	41上	迋	角	濁	勤虔	具	往
陽養漾藥	41去	誑	角	濁	勤虔	渠	放
陽養漾藥	41入	矍	角	濁	勤虔	具	縛
陽養漾藥	42平	王	角	次濁	銀言	于	方
陽養漾藥	42上	往	角	次濁	銀言	羽	枉
陽養漾藥	42去	旺	角	次濁	銀言	于	放
陽養漾藥	42入	籰	角	次濁	銀言	羽	廓
陽養漾藥	43平	汪	羽	清	因煙	烏	光
陽養漾藥	43上	枉	羽	清	因煙	嫗	往
陽養漾藥	43去	醭	羽	清	因煙	烏	桄
陽養漾藥	43入	臒	羽	清	因煙	烏	郭
陽養漾藥	44平	荒	羽	次清	具軒	呼	光
陽養漾藥	44上	慌	羽	次清	具軒	虎	晃
陽養漾藥	44去	况	羽	次清	具軒	虛	放
陽養漾藥	44入	霍	羽	次清	具軒	忽	郭
陽養漾藥	45平	黄	羽	濁	刑賢	胡	光
陽養漾藥	45上	晃	羽	濁	刑賢	户	廣
陽養漾藥	45去	煌	羽	濁	刑賢	乎	曠
陽養漾藥	45入	穫	羽	濁	刑賢	胡	郭
陽養漾藥	46平	莊	次商	清	征占	側	霜
陽養漾藥	46上	慡	次商	清	征占	之	爽
陽養漾藥	46去	壯	次商	清	征占	側	况

續表

所屬韻類	聲調	小韻首字	七音	清濁	聲類	反切	
陽養漾藥	46入	捉	次商	清	征占	側	角
陽養漾藥	47平	瘡	次商	次清	嗔延	初	莊
陽養漾藥	47上	磢	次商	次清	嗔延	楚	兩
陽養漾藥	47去	刱	次商	次清	嗔延	楚	浪
陽養漾藥	47入	娖	次商	次清	嗔延	測	角
陽養漾藥	48平	霜	次商	次清次	身羶	師	莊
陽養漾藥	48上	爽	次商	次清次	身羶	所	兩
陽養漾藥	48去	截	次商	次清次	身羶	色	絳
陽養漾藥	48入	朔	次商	次清次	身羶	色	角
陽養漾藥	49平	牀	次商	濁	榛潺	助	莊
陽養漾藥	49去	狀	次商	濁	榛潺	助	浪
陽養漾藥	49入	浞	次商	濁	榛潺	鉏	角
陽養漾藥	50平	鬞	次商	次濁	紉聯	女	江
陽養漾藥	50上	擃	次商	次濁	紉聯	匿	講
陽養漾藥	50入	搦	次商	次濁	紉聯	女	角
陽養漾藥	51平	郎	半徵商		鄰連	魯	堂
陽養漾藥	51上	朗	半徵商		鄰連	里	黨
陽養漾藥	51去	浪	半徵商		鄰連	郎	宕
陽養漾藥	51入	洛	半徵商		鄰連	歷	各
陽養漾藥	52平	當	徵	清	丁顛	都	郎
陽養漾藥	52上	黨	徵	清	丁顛	多	朗
陽養漾藥	52去	當	徵	清	丁顛	丁	浪
陽養漾藥	52入	椓	徵	清	丁顛	都	角
陽養漾藥	53平	湯	徵	次清	汀天	他	郎
陽養漾藥	53上	儻	徵	次清	汀天	他	朗
陽養漾藥	53去	鐋	徵	次清	汀天	他	浪
陽養漾藥	53入	託	徵	次清	汀天	他	各
陽養漾藥	54平	唐	徵	濁	亭田	徒	郎
陽養漾藥	54上	蕩	徵	濁	亭田	徒	黨

續表

所屬韻類	聲調	小韻首字	七音	清濁	聲類	反切	
尤有宥	22上	歐	羽	清	因煙	於	口
尤有宥	22去	漚	羽	清	因煙	於	候
尤有宥	23平	齁	羽	次清	具軒	呼	侯
尤有宥	23上	吼	羽	次清	具軒	許	后
尤有宥	23去	蔻	羽	次清	具軒	許	候
尤有宥	24平	侯	羽	濁次	刑賢	胡	鉤
尤有宥	24上	厚	羽	濁次	刑賢	胡	口
尤有宥	24去	候	羽	濁次	刑賢	胡	茂
尤有宥	25平	周	次商	清	征氊	職	流
尤有宥	25上	帚	次商	清	征氊	止	酉
尤有宥	25去	呪	次商	清	征氊	職	救
尤有宥	26平	抽	次商	次清	嗔延	丑	鳩
尤有宥	26上	丑	次商	次清	嗔延	敕	九
尤有宥	26去	臭	次商	次清	嗔延	尺	救
尤有宥	27平	收	次商	次清次	身羶	尸	周
尤有宥	27上	首	次商	次清次	身羶	始	九
尤有宥	27去	狩	次商	次清次	身羶	舒	救
尤有宥	28平	儔	次商	濁	陳廛	除	留
尤有宥	28上	紂	次商	濁	陳廛	丈	九
尤有宥	28去	宙	次商	濁	陳廛	直	又
尤有宥	29平	讎	次商	次濁次	神禪	時	流
尤有宥	29上	受	次商	次濁次	神禪	是	酉
尤有宥	29去	授	次商	次濁次	神禪	承	呪
尤有宥	30平	柔	半商徵		人然	而	由
尤有宥	30上	蹂	半商徵		人然	忍	九
尤有宥	30去	輮	半商徵		人然	如	又
尤有宥	31平	鄒	次商	清	征氊	側	鳩
尤有宥	31上	掫	次商	清	征氊	側	九
尤有宥	31去	縐	次商	清	征氊	側	救

續表

所属韻類	聲調	小韻首字	七音	清濁	聲類	反切	
尤有宥	32平	篘	次商	次清	嗔延	楚	搜
尤有宥	32上	鞇	次商	次清	嗔延	初	九
尤有宥	32去	篬	次商	次清	嗔延	初	救
尤有宥	33平	搜	次商	次清次	身羶	疏	尤
尤有宥	33上	溲	次商	次清次	身羶	所	九
尤有宥	33去	瘦	次商	次清次	身羶	所	救
尤有宥	34平	愁	次商	濁	榛潺	鋤	尤
尤有宥	34上	穮	次商	濁	榛潺	鉏	九
尤有宥	34去	驟	次商	濁	榛潺	鉏	救
尤有宥	35平	樓	半徵商		鄰連	盧	侯
尤有宥	35上	塿	半徵商		鄰連	郎	斗
尤有宥	35去	漏	半徵商		鄰連	郎	豆
尤有宥	36平	兜	徵	清	丁顛	當	侯
尤有宥	36上	斗	徵	清	丁顛	當	口
尤有宥	36去	鬬	徵	清	丁顛	丁	候
尤有宥	37平	偷	徵	次清	汀天	他	侯
尤有宥	37上	黈	徵	次清	汀天	他	口
尤有宥	37去	透	徵	次清	汀天	他	候
尤有宥	38平	頭	徵	濁	亭田	徒	侯
尤有宥	38上	鋀	徵	濁	亭田	徒	口
尤有宥	38去	豆	徵	濁	亭田	大	透
尤有宥	39平	皾	徵	次濁	寧年	奴	侯
尤有宥	39上	穀	徵	次濁	寧年	乃	后
尤有宥	39去	槈	徵	次濁	寧年	乃	豆
尤有宥	40上	捊	宮	清	賔邊	布	垢
尤有宥	41平	吥	宮	次清	繽偏	普	溝
尤有宥	41上	剖	宮	次清	繽偏	普	厚
尤有宥	41去	踣	宮	次清	繽偏	匹	候
尤有宥	42平	裒	宮	濁	頻便	蒲	侯

續表

所屬韻類	聲調	小韻首字	七音	清濁	聲類	反切	
尤有宥	1上	九	角	清	經堅	舉	有
尤有宥	1去	救	角	清	經堅	居	又
尤有宥	2平	丘	角	次清	輕牽	驅	牛
尤有宥	2上	糗	角	次清	輕牽	去	九
尤有宥	2去	蹥	角	次清	輕牽	丘	救
尤有宥	3平	求	角	濁	勤虔	渠	尤
尤有宥	3上	臼	角	濁	勤虔	巨	九
尤有宥	3去	舊	角	濁	勤虔	巨	又
尤有宥	4平	尤	角	次濁	銀言	于	求
尤有宥	4上	有	角	次濁	銀言	云	九
尤有宥	4去	宥	角	次濁	銀言	尤	救
尤有宥	4平	牛	角	次濁	銀言	魚	求
尤有宥	4去	鼿	角	次濁	銀言	牛	救
尤有宥	5平	憂	羽	清	因煙	於	尤
尤有宥	5上	黝	羽	清	因煙	於	九
尤有宥	5去	幼	羽	清	因煙	伊	謬
尤有宥	6平	休	羽	次清	具軒	虛	尤
尤有宥	6上	朽	羽	次清	具軒	許	久
尤有宥	6去	齅	羽	次清	具軒	許	救
尤有宥	7平	啾	商	清	津煎	即	由
尤有宥	7上	酒	商	清	津煎	子	酉
尤有宥	7去	僦	商	清	津煎	即	就
尤有宥	8平	秋	商	次清	親千	此	由
尤有宥	9平	脩	商	次清次	新仙	思	留
尤有宥	9上	滫	商	次清次	新仙	息	有
尤有宥	9去	秀	商	次清次	新仙	息	救
尤有宥	10平	酋	商	濁	秦前	慈	秋
尤有宥	10去	就	商	濁	秦前	疾	僦
尤有宥	11平	囚	角	次濁	餳涎	徐	由

續表

所属韻類	聲調	小韻首字	七音	清濁	聲類	反切	
尤有宥	11去	岫	角	次濁	錫涎	似	救
尤有宥	12平	諏	商	清	津煎	將	侯
尤有宥	12上	走	商	清	津煎	子	口
尤有宥	12去	奏	商	清	津煎	則	候
尤有宥	13平	誰	商	次清	親千	千	侯
尤有宥	13上	趣	商	次清	親千	此	苟
尤有宥	13去	湊	商	次清	親千	千	候
尤有宥	14平	漱	商	次清次	新仙	先	侯
尤有宥	14上	叟	商	次清次	新仙	蘇	后
尤有宥	14去	嗽	商	次清次	新仙	先	奏
尤有宥	15平	剽	商	濁	秦前	徂	鉤
尤有宥	15去	剹	商	濁	秦前	才	奏
尤有宥	16平	留	半徵商		鄰連	力	求
尤有宥	16上	柳	半徵商		鄰連	力	九
尤有宥	16去	溜	半徵商		鄰連	力	救
尤有宥	17平	丢	徵	清	丁顛	丁	羞
尤有宥	18平	啋	次商	次濁	紉聯	尼	猷
尤有宥	18上	紐	次商	次濁	紉聯	女	九
尤有宥	18去	糅	次商	次濁	紉聯	女	救
尤有宥	19平	鉤	角	清	經堅	居	侯
尤有宥	19上	耇	角	清	經堅	舉	后
尤有宥	19去	冓	角	清	經堅	居	候
尤有宥	20平	彄	角	次清	輕牽	驅	侯
尤有宥	20上	口	角	次清	輕牽	苦	厚
尤有宥	20去	寇	角	次清	輕牽	丘	候
尤有宥	21平	齵	角	次濁	銀言	魚	侯
尤有宥	21上	偶	角	次濁	銀言	語	口
尤有宥	21去	偶	角	次濁	銀言	五	豆
尤有宥	22平	謳	羽	清	因煙	烏	侯

續表

所屬韻類	聲調	小韻首字	七音	清濁	聲類	反切	
庚梗敬陌	50入	德	徵	清	丁顛	多	則
庚梗敬陌	51平	鼟	徵	次清	汀天	他	登
庚梗敬陌	51去	磴	徵	次清	汀天	台	鄧
庚梗敬陌	51入	忒	徵	次清	汀天	胎	德
庚梗敬陌	52平	騰	徵	濁	亭田	徒	登
庚梗敬陌	52上	蹬	徵	濁	亭田	徒	等
庚梗敬陌	52去	鄧	徵	濁	亭田	唐	亘
庚梗敬陌	52入	特	徵	濁	亭田	敵	得
庚梗敬陌	53平	能	徵	次濁	寧年	奴	登
庚梗敬陌	53上	噰	徵	次濁	寧年	奴	等
庚梗敬陌	53入	螚	徵	次濁	寧年	奴	勒
庚梗敬陌	54平	觥	角	清	經堅	姑	横
庚梗敬陌	54上	礦	角	清	經堅	古	猛
庚梗敬陌	54入	虢	角	清	經堅	古	伯
庚梗敬陌	54平	肱	角	清	經堅	姑	弘
庚梗敬陌	54入	國	角	清	經堅	古	或
庚梗敬陌	55平	銧	角	次清	輕牽	口	觥
庚梗敬陌	55入	礖	角	次清	輕牽	口	獲
庚梗敬陌	56入	趪	角	濁	勤虔	求	獲
庚梗敬陌	57平	泓	羽	清	因煙	烏	宏
庚梗敬陌	57上	泂	羽	清	因煙	烏	猛
庚梗敬陌	57去	嚶	羽	清	因煙	於	孟
庚梗敬陌	57入	擭	羽	清	因煙	屋	虢
庚梗敬陌	58平	轟	羽	次清	具軒	呼	宏
庚梗敬陌	58去	輷	羽	次清	具軒	呼	迸
庚梗敬陌	58入	剨	羽	次清	具軒	霍	虢
庚梗敬陌	59平	横	羽	濁	刑賢	胡	盲
庚梗敬陌	59上	卝	羽	濁	刑賢	胡	猛
庚梗敬陌	59去	横	羽	濁	刑賢	户	孟

續表

所屬韻類	聲調	小韻首字	七音	清濁	聲類	反切	
庚梗敬陌	59入	獲	羽	濁	刑賢	胡	麦
庚梗敬陌	59平	弘	羽	濁	刑賢	胡	肱
庚梗敬陌	59入	或	羽	濁	刑賢	獲	北
庚梗敬陌	60平	絣	宫	清	賔邊	補	耕
庚梗敬陌	60上	絣	宫	清	賔邊	補	梗
庚梗敬陌	60去	迸	宫	清	賔邊	北	孟
庚梗敬陌	60入	伯	宫	清	賔邊	博	陌
庚梗敬陌	60平	崩	宫	清	賔邊	悲	朋
庚梗敬陌	60去	堋	宫	清	賔邊	逋	鄧
庚梗敬陌	60入	北	宫	清	賔邊	必	勒
庚梗敬陌	61平	烹	宫	次清	娉偏	普	庚
庚梗敬陌	61上	鄘	宫	次清	娉偏	普	等
庚梗敬陌	61去	鯛	宫	次清	娉偏	匹	正
庚梗敬陌	61入	拍	宫	次清	娉偏	普	伯
庚梗敬陌	62平	彭	宫	濁	平便	蒲	庚
庚梗敬陌	62上	蠯	宫	濁	平便	蒲	猛
庚梗敬陌	62去	髱	宫	濁	平便	蒲	孟
庚梗敬陌	62入	白	宫	濁	平便	簿	陌
庚梗敬陌	62平	朋	宫	濁	平便	蒲	弘
庚梗敬陌	62入	匐	宫	濁	平便	步	黑
庚梗敬陌	63平	盲	宫	次濁	民綿	眉	庚
庚梗敬陌	63上	猛	宫	次濁	民綿	毋	梗
庚梗敬陌	63去	孟	宫	次濁	民綿	莫	更
庚梗敬陌	63入	陌	宫	次濁	民綿	莫	白
庚梗敬陌	63平	瞢	宫	次濁	民綿	彌	登
庚梗敬陌	63上	瞢	宫	次濁	民綿	忙	肯
庚梗敬陌	63去	懵	宫	次濁	民綿	毋	亘
庚梗敬陌	63入	墨	宫	次濁	民綿	密	北
尤有宥	1平	鳩	角	清	經堅	居	尤

續表

所属韻類	聲調	小韻首字	七音	清濁	聲類	反切	
庚梗敬陌	35去	矴	徵	清	丁顛	丁	定
庚梗敬陌	35入	的	徵	清	丁顛	丁	歷
庚梗敬陌	36平	聽	徵	次清	汀天	他	經
庚梗敬陌	36上	珽	徵	次清	汀天	他	頂
庚梗敬陌	36去	聽	徵	次清	汀天	他	正
庚梗敬陌	36入	剔	徵	次清	汀天	他	歷
庚梗敬陌	37平	庭	徵	濁	亭田	唐	丁
庚梗敬陌	37上	鋌	徵	濁	亭田	徒	鼎
庚梗敬陌	37去	定	徵	濁	亭田	徒	逕
庚梗敬陌	37入	狄	徵	濁	亭田	杜	歷
庚梗敬陌	38平	寧	徵	次濁	寧年	奴	經
庚梗敬陌	38上	顊	徵	次濁	寧年	乃	挺
庚梗敬陌	38去	甯	徵	次濁	寧年	乃	定
庚梗敬陌	38入	匿	徵	次濁	寧年	昵	力
庚梗敬陌	39平	扃	角	清	經堅	涓	熒
庚梗敬陌	39上	憬	角	清	經堅	居	永
庚梗敬陌	39入	狊	角	清	經堅	古	闃
庚梗敬陌	40平	傾	角	次清	輕牽	窺	營
庚梗敬陌	40上	頃	角	次清	輕牽	丘	潁
庚梗敬陌	40入	闃	角	次清	輕牽	苦	狊
庚梗敬陌	41平	瓊	角	濁	勤虔	渠	營
庚梗敬陌	42平	縈	羽	清	因煙	於	營
庚梗敬陌	42上	濴	羽	清	因煙	烏	迥
庚梗敬陌	42去	瑩	羽	清	因煙	縈	定
庚梗敬陌	43平	兄	羽	次清	具軒	呼	榮
庚梗敬陌	43上	詗	羽	次清	具軒	火	迥
庚梗敬陌	43去	敻	羽	次清	具軒	呼	正
庚梗敬陌	43入	殈	羽	次清	具軒	呼	狊
庚梗敬陌	44平	榮	角	次濁	銀言	于	平

續表

所屬韻類	聲調	小韻首字	七音	清濁	聲類	反切	
庚梗敬陌	44上	永	角	次濁	銀言	于	憬
庚梗敬陌	44去	詠	角	次濁	銀言	為	命
庚梗敬陌	44入	域	角	次濁	銀言	越	逼
庚梗敬陌	44平	營	羽	次濁	寅延	余	傾
庚梗敬陌	44上	迥	羽	次濁	寅延	户	頂
庚梗敬陌	44入	役	羽	次濁	寅延	營	隻
庚梗敬陌	45平	兵	宫	清	賔邊	晡	明
庚梗敬陌	45上	丙	宫	清	賔邊	補	永
庚梗敬陌	45去	柄	宫	清	賔邊	陂	病
庚梗敬陌	45入	壁	宫	清	賔邊	必	歷
庚梗敬陌	46平	竮	宫	次清	娉偏	滂	丁
庚梗敬陌	46上	頩	宫	次清	娉偏	普	永
庚梗敬陌	46去	聘	宫	次清	娉偏	匹	正
庚梗敬陌	46入	僻	宫	次清	娉偏	匹	亦
庚梗敬陌	47平	平	宫	濁	頻便	蒲	明
庚梗敬陌	47上	竝	宫	濁	頻便	部	迥
庚梗敬陌	47去	病	宫	濁	頻便	皮	命
庚梗敬陌	47入	甓	宫	濁	頻便	皮	亦
庚梗敬陌	48平	明	宫	次濁	民綿	眉	兵
庚梗敬陌	48上	茗	宫	次濁	民綿	莫	迥
庚梗敬陌	48去	命	宫	次濁	民綿	眉	病
庚梗敬陌	48入	覓	宫	次濁	民綿	莫	狄
庚梗敬陌	49平	棱	半徵商		零連	盧	登
庚梗敬陌	49上	冷	半徵商		零連	魯	杏
庚梗敬陌	49去	稜	半徵商		零連	魯	鄧
庚梗敬陌	49入	勒	半徵商		零連	歷	德
庚梗敬陌	50平	登	徵	清	丁顛	都	騰
庚梗敬陌	50上	等	徵	清	丁顛	多	肯
庚梗敬陌	50去	嶝	徵	清	丁顛	丁	鄧

續表

所属韻類	聲調	小韻首字	七音	清濁	聲類	反切	
覃感勘合	15平	嵒	角	次濁	銀言	魚	咸
覃感勘合	16平	猪	羽	清	因煙	乙	咸
覃感勘合	16上	黯	羽	清	因煙	乙	減
覃感勘合	16去	韽	羽	清	因煙	於	陷
覃感勘合	16入	鴨	羽	清	因煙	乙	甲
覃感勘合	17平	獻	羽	次清	具軒	許	咸
覃感勘合	17上	喊	羽	次清	具軒	虎	覽
覃感勘合	17去	譀	羽	次清	具軒	許	鑒
覃感勘合	17入	呷	羽	次清	具軒	呼	甲
覃感勘合	18平	咸	羽	濁	刑賢	胡	嵒
覃感勘合	18上	豏	羽	濁	刑賢	下	斬
覃感勘合	18去	陷	羽	濁	刑賢	乎	韽
覃感勘合	18入	洽	羽	濁	刑賢	胡	夾
覃感勘合	19平	詁	次商	清	真氊	竹	咸
覃感勘合	19上	斬	次商	清	真氊	側	減
覃感勘合	19去	蘸	次商	清	真氊	莊	陷
覃感勘合	19入	箚	次商	清	真氊	竹	洽
覃感勘合	20平	攙	次商	次清	嗔延	初	銜
覃感勘合	20上	臿	次商	次清	嗔延	初	減
覃感勘合	20去	懺	次商	次清	嗔延	楚	鑒
覃感勘合	20入	臿	次商	次清	嗔延	測	洽
覃感勘合	21平	衫	次商	次清次	身羶	師	銜
覃感勘合	21上	摻	次商	次清次	身羶	所	斬
覃感勘合	21去	釤	次商	次清次	身羶	所	鑒
覃感勘合	21入	歃	次商	次清次	身羶	色	洽
覃感勘合	22平	讒	次商	濁	榛潺	鋤	咸
覃感勘合	22上	湛	次商	濁	榛潺	丈	減
覃感勘合	22去	儳	次商	濁	榛潺	丈	陷
覃感勘合	22入	霅	次商	濁	榛潺	直	甲

續表

所屬韻類	聲調	小韻首字	七音	清濁	聲類	反切	
覃感勘合	23上	俺	次商	次濁	紉聯	女	敢
覃感勘合	24平	㪘	半商徵		鄰連	力	銜
覃感勘合	24上	臉	半商徵		鄰連	力	減
覃感勘合	24去	鑑	半商徵		鄰連	力	陷
覃感勘合	25平	耽	徵	清	丁顛	都	含
覃感勘合	25上	紞	徵	清	丁顛	都	感
覃感勘合	25去	馾	徵	清	丁顛	丁	紺
覃感勘合	25入	答	徵	清	丁顛	得	合
覃感勘合	25平	儋	徵	清	丁顛	都	監
覃感勘合	25上	膽	徵	清	丁顛	都	敢
覃感勘合	25去	擔	徵	清	丁顛	都	濫
覃感勘合	25入	皶	徵	清	丁顛	都	盍
覃感勘合	26平	貪	徵	次清	汀天	他	含
覃感勘合	26上	禫	徵	次清	汀天	他	感
覃感勘合	26去	探	徵	次清	汀天	他	紺
覃感勘合	26入	錔	徵	次清	汀天	託	合
覃感勘合	26平	坍	徵	次清	汀天	他	酣
覃感勘合	26上	菼	徵	次清	汀天	吐	敢
覃感勘合	26去	賧	徵	次清	汀天	吐	濫
覃感勘合	26入	榻	徵	次清	汀天	託	甲
覃感勘合	27平	覃	徵	濁	亭田	徒	含
覃感勘合	27上	禫	徵	濁	亭田	徒	感
覃感勘合	27去	潭	徵	濁	亭田	徒	紺
覃感勘合	27入	沓	徵	濁	亭田	徒	合
覃感勘合	27平	談	徵	濁	亭田	徒	甘
覃感勘合	27上	淡	徵	濁	亭田	徒	覽
覃感勘合	27去	憺	徵	濁	亭田	徒	濫
覃感勘合	28平	南	徵	次濁	寧年	那	含
覃感勘合	28上	湳	徵	次濁	寧年	乃	感

續表

所属韻類	聲調	小韻首字	七音	清濁	聲類	反切	
覃感勘合	2平	堪	角	次清	輕牽	苦	含
覃感勘合	2上	坎	角	次清	輕牽	苦	感
覃感勘合	2去	勘	角	次清	輕牽	苦	紺
覃感勘合	2入	榼	角	次清	輕牽	苦	盍
覃感勘合	3去	黔	角	濁	勤虔	其	闇
覃感勘合	4平	諵	角	次濁	銀言	五	含
覃感勘合	4上	顉	角	次濁	銀言	五	感
覃感勘合	4去	儑	角	次濁	銀言	五	紺
覃感勘合	4入	礘	角	次濁	銀言	五	合
覃感勘合	5平	諳	羽	清	因煙	烏	含
覃感勘合	5上	唵	羽	清	因煙	烏	感
覃感勘合	5去	暗	羽	清	因煙	烏	紺
覃感勘合	5入	姶	羽	清	因煙	遏	合
覃感勘合	6平	峆	羽	次清	具軒	呼	含
覃感勘合	6上	顲	羽	次清	具軒	呼	唵
覃感勘合	6去	餓	羽	次清	具軒	呼	紺
覃感勘合	6入	欱	羽	次清	具軒	呼	合
覃感勘合	7平	含	羽	濁	刑賢	胡	南
覃感勘合	7上	頷	羽	濁	刑賢	户	感
覃感勘合	7去	憾	羽	濁	刑賢	胡	紺
覃感勘合	7入	合	羽	濁	刑賢	胡	合
覃感勘合	8平	簪	商	清	津煎	祖	含
覃感勘合	8上	昝	商	清	津煎	子	感
覃感勘合	8去	篸	商	清	津煎	作	紺
覃感勘合	8入	帀	商	清	津煎	作	答
覃感勘合	9平	參	商	次清	新千	倉	含
覃感勘合	9上	慘	商	次清	新千	七	感
覃感勘合	9去	謲	商	次清	新千	七	紺
覃感勘合	9入	囃	商	次清	新千	七	合

續表

所属韻類	聲調	小韻首字	七音	清濁	聲類	反切	
覃感勘合	10平	毿	商	次清次	新仙	蘇	含
覃感勘合	10上	糝	商	次清次	新仙	桑	感
覃感勘合	10去	俕	商	次清次	新仙	蘇	紺
覃感勘合	10入	趿	商	次清次	新仙	悉	合
覃感勘合	10平	三	商	次清次	新仙	蘇	鹽
覃感勘合	10去	三	商	次清次	新仙	息	暫
覃感勘合	10入	僿	商	次清次	新仙	私	盍
覃感勘合	11平	蠶	商	濁	秦前	徂	含
覃感勘合	11上	歜	商	濁	秦前	徂	感
覃感勘合	11入	雜	商	濁	秦前	昨	合
覃感勘合	11平	慚	商	濁	秦前	財	甘
覃感勘合	11上	槧	商	濁	秦前	在	敢
覃感勘合	11去	暫	商	濁	秦前	昨	濫
覃感勘合	11入	鲞	商	濁	秦前	才	盍
覃感勘合	12平	藍	半徵商		鄰連	盧	藍
覃感勘合	12上	覽	半徵商		鄰連	魯	敢
覃感勘合	12去	濫	半徵商		鄰連	盧	瞰
覃感勘合	12平	婪	半徵商		鄰連	盧	含
覃感勘合	12上	壈	半徵商		鄰連	盧	感
覃感勘合	12去	灠	半徵商		鄰連	郎	紺
覃感勘合	12入	拉	半徵商		鄰連	落	合
覃感勘合	13平	緘	角	清	經堅	古	咸
覃感勘合	13上	減	角	清	經堅	古	斬
覃感勘合	13去	鑑	角	清	經堅	古	陷
覃感勘合	13入	夾	角	清	經堅	古	洽
覃感勘合	14平	嵌	角	次清	輕牽	丘	銜
覃感勘合	14上	槏	角	次清	輕牽	苦	斬
覃感勘合	14去	歉	角	次清	輕牽	口	陷
覃感勘合	14入	恰	角	次清	輕牽	苦	洽

續表

所屬韻類	聲調	小韻首字	七音	清濁	聲類	反切	
侵寢沁緝	12上	蕈	商	濁	秦前	慈	荏
侵寢沁緝	12入	集	商	濁	秦前	秦	入
侵寢沁緝	13平	尋	商	次濁	餳涎	徐	心
侵寢沁緝	13入	習	商	次濁	餳涎	席	入
侵寢沁緝	14平	簪	次商	清	征氊	緇	林
侵寢沁緝	14去	譖	次商	清	征氊	側	禁
侵寢沁緝	14入	戢	次商	清	征氊	側	入
侵寢沁緝	15平	参	次商	次清	嗔延	初	簪
侵寢沁緝	15上	墋	次商	次清	嗔延	楚	錦
侵寢沁緝	15去	讖	次商	次清	嗔延	楚	禁
侵寢沁緝	15入	届	次商	次清	嗔延	初	戢
侵寢沁緝	16平	森	次商	次清次	身羶	疏	簪
侵寢沁緝	16上	㾕	次商	次清次	身羶	所	錦
侵寢沁緝	16去	滲	次商	次清次	身羶	所	禁
侵寢沁緝	16入	澀	次商	次清次	身羶	色	入
侵寢沁緝	17平	岑	次商	濁	榛潺	鋤	簪
侵寢沁緝	17去	𨽍	次商	濁	榛潺	鉏	禁
侵寢沁緝	18平	諶	次商	次濁次	神禪	時	壬
侵寢沁緝	18上	葚	次商	次濁次	神禪	食	枕
侵寢沁緝	18去	甚	次商	次濁次	神禪	時	鴆
侵寢沁緝	18入	十	次商	次濁次	神禪	實	執
侵寢沁緝	19平	壬	半商徵		人然	如	深
侵寢沁緝	19上	荏	半商徵		人然	忍	葚
侵寢沁緝	19去	任	半商徵		人然	汝	鴆
侵寢沁緝	19入	入	半商徵		人然	日	執
侵寢沁緝	20平	斟	次商	清	征氊	諸	深
侵寢沁緝	20上	枕	次商	清	征氊	章	荏
侵寢沁緝	20去	揕	次商	清	征氊	職	任
侵寢沁緝	20入	執	次商	清	征氊	質	入

續表

所屬韻類	聲調	小韻首字	七音	清濁	聲類	反切	
侵寢沁緝	21平	琛	次商	次清	稱燀	丑	林
侵寢沁緝	21上	踸	次商	次清	稱燀	丑	錦
侵寢沁緝	21去	闖	次商	次清	稱燀	丑	禁
侵寢沁緝	21入	湁	次商	次清	稱燀	尺	入
侵寢沁緝	22平	深	次商	次清次	聲羶	式	针
侵寢沁緝	22上	審	次商	次清次	聲羶	式	荏
侵寢沁緝	22去	⿸广深	次商	次清次	聲羶	式	禁
侵寢沁緝	22入	濕	次商	次清次	聲羶	失	入
侵寢沁緝	23平	沈	次商	濁	陳廛	持	林
侵寢沁緝	23上	朕	次商	濁	陳廛	呈	稔
侵寢沁緝	23去	鴆	次商	濁	陳廛	直	禁
侵寢沁緝	23入	蟄	次商	濁	陳廛	直	立
侵寢沁緝	24平	⿰言壬	次商	次濁	紉聯	女	林
侵寢沁緝	24上	拰	次商	次濁	紉聯	尼	禀
侵寢沁緝	24去	賃	次商	次濁	紉聯	女	禁
侵寢沁緝	24入	⿰氵香	次商	次濁	紉聯	尼	立
侵寢沁緝	25平	林	半徵商		鄰連	黎	沉
侵寢沁緝	25上	廩	半徵商		鄰連	力	錦
侵寢沁緝	25去	臨	半徵商		鄰連	力	禁
侵寢沁緝	25入	立	半徵商		鄰連	力	入
侵寢沁緝	26平	豣	徵	清	丁顛	丁	林
侵寢沁緝	26入	⿰金入	徵	清	丁顛	得	立
侵寢沁緝	27平	南	徵	次濁	寧年	乃	林
侵寢沁緝	28入	鵖	宮	清	賔邊	彼	及
侵寢沁緝	29入	⿰馬丙	宮	濁	平便	皮	及
覃感勘合	1平	甘	角	清	經堅	古	三
覃感勘合	1上	感	角	清	經堅	古	禫
覃感勘合	1去	紺	角	清	經堅	古	暗
覃感勘合	1入	閤	角	清	經堅	古	沓

續表

所屬韻類	聲調	小韻首字	七音	清濁	聲類	反切	
尤有宥	42上	瓿	宮	濁	頻便	薄	口
尤有宥	42去	尯	宮	濁	頻便	蒲	候
尤有宥	43平	謀	宮	次濁	民綿	莫	侯
尤有宥	43上	母	宮	次濁	民綿	莫	厚
尤有宥	43去	茂	宮	次濁	民綿	莫	候
尤有宥	44平	彪	宮	清	賓邊	補	尤
尤有宥	45平	秠	宮	次清	繽偏	匹	尤
尤有宥	46平	滮	宮	濁	頻便	皮	休
尤有宥	47平	繆	宮	次濁	民綿	莫	彪
尤有宥	47去	謬	宮	次濁	民綿	摩	幼
尤有宥	48平	鴀	次宮	清	分蕃	方	鳩
尤有宥	48上	缶	次宮	清	分蕃	俯	九
尤有宥	48去	覆	次宮	清	分蕃	敷	救
尤有宥	49平	浮	次宮	濁	墳煩	房	鳩
尤有宥	49上	阜	次宮	濁	墳煩	房	缶
尤有宥	49去	復	次宮	濁	墳煩	扶	救
侵寢沁緝	1平	今	角	清	經堅	居	吟
侵寢沁緝	1上	錦	角	清	經堅	居	飲
侵寢沁緝	1去	禁	角	清	經堅	居	廕
侵寢沁緝	1入	急	角	清	經堅	居	立
侵寢沁緝	2平	欽	角	次清	輕牽	驅	音
侵寢沁緝	2上	坅	角	次清	輕牽	丘	錦
侵寢沁緝	2去	搇	角	次清	輕牽	丘	禁
侵寢沁緝	2入	泣	角	次清	輕牽	乞	及
侵寢沁緝	3平	琴	角	濁	勤虔	渠	今
侵寢沁緝	3上	澿	角	濁	勤虔	渠	飲
侵寢沁緝	3去	噤	角	濁	勤虔	巨	禁
侵寢沁緝	3入	及	角	濁	勤虔	忌	立
侵寢沁緝	4平	音	羽	清	因煙	於	禽

續表

所屬韻類	聲調	小韻首字	七音	清濁	聲類	反切	
侵寢沁緝	4上	飲	羽	清	因煙	於	錦
侵寢沁緝	4去	蔭	羽	清	因煙	於	禁
侵寢沁緝	4入	揖	羽	清	因煙	一	入
侵寢沁緝	5平	歆	羽	次清	具軒	虛	今
侵寢沁緝	5上	吽	羽	次清	具軒	呼	怎
侵寢沁緝	5去	廞	羽	次清	具軒	火	禁
侵寢沁緝	5入	吸	羽	次清	具軒	許	及
侵寢沁緝	6平	淫	羽	次濁	寅延	夷	斟
侵寢沁緝	6上	潭	羽	次濁	寅延	以	荏
侵寢沁緝	6去	酖	羽	次濁	寅延	淫	沁
侵寢沁緝	6入	熠	羽	次濁	寅延	弋	入
侵寢沁緝	7平	吟	角	次濁	銀言	魚	今
侵寢沁緝	7上	僸	角	次濁	銀言	魚	錦
侵寢沁緝	7去	吟	角	次濁	銀言	宜	禁
侵寢沁緝	7入	岌	商	次濁	銀言	魚	及
侵寢沁緝	8上	怎	商	清	津煎	子	吽
侵寢沁緝	9平	祲	商	清	津煎	咨	林
侵寢沁緝	9上	寖	商	清	津煎	子	袵
侵寢沁緝	9去	浸	商	清	津煎	子	鴆
侵寢沁緝	9入	湒	商	清	津煎	賫	入
侵寢沁緝	10平	侵	商	次清	親千	七	林
侵寢沁緝	10上	寢	商	次清	親千	七	稔
侵寢沁緝	10去	沁	商	次清	親千	七	鴆
侵寢沁緝	10入	緝	商	次清	親千	七	入
侵寢沁緝	11平	心	商	次清次	新仙	思	林
侵寢沁緝	11上	伈	商	次清次	新仙	悉	枕
侵寢沁緝	11去	勫	商	次清次	新仙	思	沁
侵寢沁緝	11入	霫	商	次清次	新仙	息	入
侵寢沁緝	12平	鮗	商	濁	秦前	才	心

續表

所属韻類	聲調	小韻首字	七音	清濁	聲類	反切	
覃感勘合	28去	婻	徵	次濁	寧年	奴	紺
覃感勘合	28入	納	徵	次濁	寧年	奴	答
覃感勘合	29平	諵	次商	次濁	紉聯	女	咸
覃感勘合	29上	図	次商	次濁	紉聯	女	減
覃感勘合	29去	䛁	次商	次濁	紉聯	尼	賺
覃感勘合	29入	図	次商	次濁	紉聯	女	洽
覃感勘合	30平	䟕	宮	濁	頻便	白	銜
覃感勘合	30去	埿	宮	濁	頻便	蒲	鑒
覃感勘合	31上	鋄	宮	次濁	民綿	忙	范
覃感勘合	32平	芝	次宮	清	芬番	敷	凡
覃感勘合	32上	腇	次宮	清	芬番	府	范
覃感勘合	32去	泛	次宮	清	芬番	孚	梵
覃感勘合	32入	法	次宮	清	芬番	方	甲
覃感勘合	33平	凡	次宮	濁	墳煩	符	咸
覃感勘合	33上	范	次宮	濁	墳煩	房	琰
覃感勘合	33去	梵	次宮	濁	墳煩	扶	泛
覃感勘合	33入	乏	次宮	濁	墳煩	扶	法
覃感勘合	34平	瑷	次宮	次濁	文樠	亡	凡
覃感勘合	34去	萲	次宮	次濁	文樠	亡	泛
鹽琰豔葉	1平	兼	角	清	經堅	堅	廉
鹽琰豔葉	1上	檢	角	清	經堅	居	奄
鹽琰豔葉	1去	劍	角	清	經堅	居	欠
鹽琰豔葉	1入	頰	角	清	經堅	古	協
鹽琰豔葉	2平	謙	角	次清	輕牽	苦	廉
鹽琰豔葉	2上	歉	角	次清	輕牽	苦	簟
鹽琰豔葉	2去	傔	角	次清	輕牽	詰	念
鹽琰豔葉	2入	篋	角	次清	輕牽	乞	葉
鹽琰豔葉	3平	箝	角	濁	勤虔	其	廉
鹽琰豔葉	3上	儉	角	濁	勤虔	巨	險

續表

所属韻類	聲調	小韻首字	七音	清濁	聲類	反切	
鹽琰豔葉	3去	鐱	角	濁	勤虔	渠	驗
鹽琰豔葉	3入	笈	角	濁	勤虔	極	曄
鹽琰豔葉	4平	淹	羽	清	因煙	衣	炎
鹽琰豔葉	4上	奄	羽	清	因煙	於	檢
鹽琰豔葉	4去	厭	羽	清	因煙	於	豔
鹽琰豔葉	4入	壓	羽	清	因煙	於	葉
鹽琰豔葉	5平	忺	羽	次清	具軒	虛	嚴
鹽琰豔葉	5上	險	羽	次清	具軒	虛	檢
鹽琰豔葉	5去	姭	羽	次清	具軒	許	欠
鹽琰豔葉	5入	脅	羽	次清	具軒	虛	業
鹽琰豔葉	6平	嫌	羽	濁	刑賢	胡	兼
鹽琰豔葉	6上	鼸	羽	濁	刑賢	胡	忝
鹽琰豔葉	6入	協	羽	濁	刑賢	胡	頰
鹽琰豔葉	7平	鹽	羽	次濁	寅延	移	廉
鹽琰豔葉	7上	琰	羽	次濁	寅延	以	冉
鹽琰豔葉	7去	豔	羽	次濁	寅延	以	贍
鹽琰豔葉	7入	葉	羽	次濁	寅延	弋	涉
鹽琰豔葉	7平	嚴	角	次濁	銀言	魚	杴
鹽琰豔葉	7上	广	角	次濁	銀言	疑	檢
鹽琰豔葉	7去	驗	角	次濁	銀言	魚	欠
鹽琰豔葉	7入	業	角	次濁	銀言	魚	怯
鹽琰豔葉	8平	尖	商	清	津煎	將	廉
鹽琰豔葉	8上	𩏂	商	清	津煎	子	冉
鹽琰豔葉	8去	僭	商	清	津煎	子	念
鹽琰豔葉	8入	接	商	清	津煎	即	涉
鹽琰豔葉	9平	籤	商	次清	親千	千	廉
鹽琰豔葉	9上	醶	商	次清	親千	七	漸
鹽琰豔葉	9去	塹	商	次清	親千	七	豔
鹽琰豔葉	9入	妾	商	次清	親千	七	接

續表

所属韻類	聲調	小韻首字	七音	清濁	聲類	反切	
鹽琰豔葉	10平	銛	商	次清次	新仙	思	廉
鹽琰豔葉	10去	磯	商	次清次	新仙	先	念
鹽琰豔葉	10入	燮	商	次清次	新仙	悉	協
鹽琰豔葉	11平	潛	商	濁	秦前	慈	鹽
鹽琰豔葉	11上	漸	商	濁	秦前	秦	冉
鹽琰豔葉	11入	捷	商	濁	秦前	疾	業
鹽琰豔葉	12平	爓	商	次濁	錫涎	徐	廉
鹽琰豔葉	13平	詹	次商	清	征氈	之	廉
鹽琰豔葉	13上	颭	次商	清	征氈	職	琰
鹽琰豔葉	13去	占	次商	清	征氈	章	豔
鹽琰豔葉	13入	輒	次商	清	征氈	質	涉
鹽琰豔葉	14平	襜	次商	次清	稱燀	蚩	占
鹽琰豔葉	14上	諂	次商	次清	稱燀	丑	琰
鹽琰豔葉	14去	蹌	次商	次清	稱燀	昌	豔
鹽琰豔葉	14入	詡	次商	次清	稱燀	丑	涉
鹽琰豔葉	15平	苫	次商	次清次	身羶	詩	廉
鹽琰豔葉	15上	閃	次商	次清次	身羶	失	冉
鹽琰豔葉	15去	閃	次商	次清次	身羶	舒	贍
鹽琰豔葉	15入	攝	次商	次清次	身羶	失	涉
鹽琰豔葉	16平	沾	次商	濁	陳廛	直	廉
鹽琰豔葉	16入	牒	次商	濁	陳廛	直	獵
鹽琰豔葉	17平	蟾	次商	次濁	神禪	時	占
鹽琰豔葉	17上	籓	次商	次濁	神禪	時	冉
鹽琰豔葉	17去	贍	次商	次濁	神禪	時	豔
鹽琰豔葉	17入	涉	次商	次濁	神禪	實	攝
鹽琰豔葉	18平	髯	半商徵		人然	而	占
鹽琰豔葉	18上	冉	半商徵		人然	而	琰
鹽琰豔葉	18去	染	半商徵		人然	而	豔
鹽琰豔葉	18入	顳	半商徵		人然	而	涉

續表

所屬韻類	聲調	小韻首字	七音	清濁	聲類	反切	
鹽琰豔葉	19平	廉	半商徵		鄰連	力	鹽
鹽琰豔葉	19上	斂	半商徵		鄰連	力	冉
鹽琰豔葉	19去	殮	半商徵		鄰連	力	驗
鹽琰豔葉	19入	獵	半商徵		鄰連	力	涉
鹽琰豔葉	20平	佔	徵	清	丁顛	丁	廉
鹽琰豔葉	20上	點	徵	清	丁顛	多	忝
鹽琰豔葉	20去	店	徵	清	丁顛	都	念
鹽琰豔葉	20入	跕	徵	清	丁顛	丁	協
鹽琰豔葉	21平	添	徵	次清	汀天	他	廉
鹽琰豔葉	21上	忝	徵	次清	汀天	他	點
鹽琰豔葉	21去	㮇	徵	次清	汀天	他	念
鹽琰豔葉	21入	帖	徵	次清	汀天	他	協
鹽琰豔葉	22平	甜	徵	濁	亭田	徒	廉
鹽琰豔葉	22上	簟	徵	濁	亭田	徒	點
鹽琰豔葉	22去	磹	徵	濁	亭田	徒	念
鹽琰豔葉	22入	牒	徵	濁	亭田	徒	協
鹽琰豔葉	23平	黏	次商	次濁	紉聯	尼	占
鹽琰豔葉	23去	黏	次商	次濁	紉聯	尼	欠
鹽琰豔葉	23入	聶	次商	次濁	紉聯	尼	輒
鹽琰豔葉	23平	拈	徵	次濁	寧年	奴	兼
鹽琰豔葉	23上	淰	徵	次濁	寧年	乃	點
鹽琰豔葉	23去	念	徵	次濁	寧年	奴	店
鹽琰豔葉	23入	捻	徵	次濁	寧年	奴	協
鹽琰豔葉	24平	砭	宮	清	賓邊	悲	廉
鹽琰豔葉	24上	貶	宮	清	賓邊	悲	檢
鹽琰豔葉	24去	窆	宮	清	賓邊	陂	驗

附録二：《字學集要》小韻首字表

所屬韻部	聲調	小韻首字	反切上字	反切下字
東董凍篤	1平	東	德	洪
東董凍篤	1上	董	多	動
東董凍篤	1去	凍	多	貢
東董凍篤	1入	篤	都	毒
東董凍篤	2平	空	去	紅
東董凍篤	2上	孔	康	董
東董凍篤	2去	控	苦	貢
東董凍篤	2入	酷	枯	沃
東董凍篤	3平	翁	烏	紅
東董凍篤	3上	塕	烏	孔
東董凍篤	3去	瓮	烏	貢
東董凍篤	3入	屋	烏	谷
東董凍篤	4平	烘	呼	紅
東董凍篤	4上	嗊	虎	孔
東董凍篤	4去	烘	呼	貢
東董凍篤	4入	熇	呼	木
東董凍篤	5平	洪	胡	公
東董凍篤	5上	澒	胡	孔
東董凍篤	5去	哄	胡	貢
東董凍篤	5入	斛	胡	谷
東董凍篤	6平	宗	祖	冬
東董凍篤	6上	總	作	孔
東董凍篤	6去	糉	作	弄
東董凍篤	6入	蹙	子	六
東董凍篤	7平	悤	倉	紅
東董凍篤	7上	總	且	勇
東董凍篤	7去	謥	此	弄
東董凍篤	7入	蔟	千	木
東董凍篤	8平	淞	息	中
東董凍篤	8上	竦	息	勇
東董凍篤	8去	送	蘇	弄
東董凍篤	8入	速	蘇	六
東董凍篤	9平	從	牆	容
東董凍篤	9去	從	才	用
東董凍篤	9入	族	昨	木
東董凍篤	10平	弓	居	中
東董凍篤	10上	拱	居	竦
東董凍篤	10去	供	居	用
東董凍篤	10入	匊	居	六
東董凍篤	11平	穹	丘	中
東董凍篤	11上	恐	丘	隴
東董凍篤	11去	恐	欺	用

續表

所屬韻部	聲調	小韻首字	反切上字	反切下字
東董凍篤	11入	麴	丘	六
東董凍篤	12平	窮	渠	宮
東董凍篤	12上	拱	巨	勇
東董凍篤	12去	共	渠	用
東董凍篤	12入	局	渠	玉
東董凍篤	13平	邕	於	容
東董凍篤	13上	擁	委	勇
東董凍篤	13去	雍	於	用
東董凍篤	13入	郁	乙	六
東董凍篤	14平	胷	許	容
東董凍篤	14上	兇	許	拱
東董凍篤	14去	匈	許	用
東董凍篤	14入	畜	許	六
東董凍篤	15平	雄	胡	弓
東董凍篤	15上	勇	尹	竦
東董凍篤	15去	用	余	頌
東董凍篤	15入	育	余	六
東董凍篤	16平	顒	魚	容
東董凍篤	16去	岍	牛	仲
東董凍篤	16入	玉	魚	欲
東董凍篤	17平	中	陟	隆
東董凍篤	17上	腫	知	隴
東董凍篤	17去	衆	之	仲
東董凍篤	17入	祝	之	六
東董凍篤	18平	充	昌	中
東董凍篤	18上	寵	丑	勇
東董凍篤	18去	惷	丑	用
東董凍篤	18入	柷	昌	六
東董凍篤	19平	舂	書	容
東董凍篤	19入	叔	式	竹
東董凍篤	20平	蟲	持	中
東董凍篤	20上	重	直	隴
東董凍篤	20去	仲	直	衆
東董凍篤	20入	逐	直	六
東董凍篤	21平	戎	而	中
東董凍篤	21上	宂	而	隴
東董凍篤	21去	軞	而	用
東董凍篤	21入	肉	而	六
東董凍篤	22平	龍	盧	容
東董凍篤	22上	籠	力	董
東董凍篤	22去	弄	盧	貢
東董凍篤	22入	祿	盧	谷
東董凍篤	23平	公	古	紅
東董凍篤	23上	䡨	古	孔
東董凍篤	23去	貢	古	送
東董凍篤	23入	穀	古	祿
東董凍篤	24平	通	他	紅
東董凍篤	24上	統	他	總
東董凍篤	24去	痛	他	貢
東董凍篤	24入	秃	他	谷
東董凍篤	25平	同	徒	紅
東董凍篤	25上	動	徒	揔
東董凍篤	25去	洞	徒	弄
東董凍篤	25入	牘	徒	谷
東董凍篤	26平	農	奴	冬
東董凍篤	26上	癑	乃	湩

續表

所屬韻部	聲調	小韻首字	反切上字	反切下字
東董凍篤	26去	齈	奴	凍
東董凍篤	26入	傉	奴	篤
東董凍篤	27平	琫	邉	孔
東董凍篤	27入	卜	博	木
東董凍篤	28平	韸	撲	蒙
東董凍篤	28入	撲	普	卜
東董凍篤	29平	蓬	蒲	紅
東董凍篤	29上	埲	蒲	蠓
東董凍篤	29去	槰	菩	貢
東董凍篤	29入	僕	步	木
東董凍篤	30平	蒙	莫	紅
東董凍篤	30上	蠓	母	揔
東董凍篤	30去	夢	蒙	弄
東董凍篤	30入	木	莫	卜
東董凍篤	31平	風	方	中
東董凍篤	31上	捧	方	孔
東董凍篤	31去	諷	方	鳳
東董凍篤	31入	福	方	六
東董凍篤	32平	馮	符	中
東董凍篤	32上	奉	父	勇
東董凍篤	32去	鳳	馮	貢
東董凍篤	32入	伏	房	六
支紙寘	1平	支	旨	而
支紙寘	1上	紙	諸	氏
支紙寘	1去	寘	支	義
支紙寘	2平	伊	於	宜
支紙寘	2上	倚	隱	綺
支紙寘	2去	意	於	戲
支紙寘	3平	羲	虛	宜
支紙寘	3上	喜	許	里
支紙寘	3去	戲	許	意
支紙寘	4平	夷	延	知
支紙寘	4上	以	羊	里
支紙寘	4去	異	以	智
支紙寘	5平	咨	津	私
支紙寘	5上	子	祖	似
支紙寘	5去	恣	資	四
支紙寘	6平	雌	此	兹
支紙寘	6上	此	雌	氏
支紙寘	6去	次	七	四
支紙寘	7平	私	相	咨
支紙寘	7上	死	想	姊
支紙寘	7去	四	息	漬
支紙寘	8平	詞	詳	兹
支紙寘	8上	似	詳	子
支紙寘	8去	寺	祥	吏
支紙寘	9平	摛	抽	知
支紙寘	9上	侈	尺	里
支紙寘	9去	眙	丑	吏
支紙寘	10平	馳	陳	知
支紙寘	10上	雉	丈	几
支紙寘	10去	治	直	意
支紙寘	11平	奇	渠	宜
支紙寘	11上	技	巨	綺
支紙寘	11去	芰	奇	寄
支紙寘	12平	詩	申	之

續表

所屬韻部	聲調	小韻首字	反切上字	反切下字
支紙寘	12上	始	詩	止
支紙寘	12去	試	式	至
支紙寘	13平	時	仁	之
支紙寘	13上	是	上	旨
支紙寘	13去	侍	時	吏
支紙寘	14平	兒	如	皮
支紙寘	14上	耳	如	此
支紙寘	14去	二	如	偹
支紙寘	15平	悲	逋	眉
支紙寘	15上	彼	補	委
支紙寘	15去	祕	兵	媚
支紙寘	16平	紕	篇	夷
支紙寘	16上	庀	普	弭
支紙寘	16去	譬	匹	智
支紙寘	17平	皮	蒲	靡
支紙寘	17上	婢	部	比
支紙寘	17去	避	毗	意
支紙寘	18平	霏	芳	微
支紙寘	18上	斐	敷	尾
支紙寘	18去	費	芳	未
支紙寘	19平	肥	符	非
支紙寘	19上	尾	無	匪
支紙寘	19去	未	無	沸
齊薺嚌	1平	齊	前	西
齊薺嚌	1上	薺	在	禮
齊薺嚌	1去	嚌	才	詣
齊薺嚌	2平	谿	牽	奚
齊薺嚌	2上	起	墟	里
齊薺嚌	2去	器	去	冀
齊薺嚌	3平	齎	牋	西
齊薺嚌	3上	濟	子	禮
齊薺嚌	3去	霽	子	計
齊薺嚌	4平	妻	七	夷
齊薺嚌	4上	泚	此	禮
齊薺嚌	4去	砌	七	計
齊薺嚌	5平	西	先	齊
齊薺嚌	5上	徙	想	里
齊薺嚌	5去	細	思	計
齊薺嚌	6平	雞	堅	溪
齊薺嚌	6上	己	居	里
齊薺嚌	6去	寄	吉	器
齊薺嚌	7平	離	鄰	知
齊薺嚌	7上	里	良	以
齊薺嚌	7去	利	力	至
齊薺嚌	8平	低	都	黎
齊薺嚌	8上	邸	典	禮
齊薺嚌	8去	帝	丁	計
齊薺嚌	9平	梯	天	黎
齊薺嚌	9上	體	他	禮
齊薺嚌	9去	替	他	計
齊薺嚌	10平	題	杜	兮
齊薺嚌	10上	弟	待	禮
齊薺嚌	10去	第	大	計
齊薺嚌	11平	泥	年	題
齊薺嚌	11上	你	乃	里
齊薺嚌	11去	泥	乃	計

續表

所屬韻部	聲調	小韻首字	反切上字	反切下字
齊薺嚌	12平	迷	綿	兮
齊薺嚌	12上	米	莫	禮
齊薺嚌	12去	袂	弥	蔽
魚語御	1平	魚	牛	居
魚語御	1上	語	偶	許
魚語御	1去	禦	魚	據
魚語御	2平	墟	丘	於
魚語御	2上	去	丘	舉
魚語御	2去	去	丘	據
魚語御	3平	渠	求	於
魚語御	3上	巨	臼	許
魚語御	3去	具	忌	遇
魚語御	4平	于	雲	俱
魚語御	4上	與	弋	渚
魚語御	4去	豫	羊	茹
魚語御	5平	於	衣	虛
魚語御	5上	傴	於	語
魚語御	5去	飫	於	據
魚語御	6平	虛	休	居
魚語御	6上	許	虛	呂
魚語御	6去	噓	許	御
魚語御	7平	苴	子	余
魚語御	7上	苴	子	與
魚語御	7去	怚	將	豫
魚語御	8平	趨	逡	須
魚語御	8上	取	此	主
魚語御	8去	覰	七	慮
魚語御	9平	胥	新	於
魚語御	9上	諝	私	呂
魚語御	9去	絮	息	據
魚語御	10平	徐	祥	於
魚語御	10上	敘	象	呂
魚語御	10去	屐	徐	預
魚語御	11平	諸	專	於
魚語御	11上	主	腫	庾
魚語御	11去	者	陟	慮
魚語御	12平	樞	春	朱
魚語御	12上	杵	敞	呂
魚語御	12去	處	昌	據
魚語御	13平	書	商	居
魚語御	13上	暑	賞	呂
魚語御	13去	恕	無反切	
魚語御	14平	除	長	魚
魚語御	14上	柱	直	呂
魚語御	14去	筯	治	據
魚語御	15平	殊	尚	朱
魚語御	15上	汝	忍	與
魚語御	15去	孺	而	遇
魚語御	16平	居	斤	於
魚語御	16上	舉	居	許
魚語御	16去	據	居	御
魚語御	17平	閭	凌	如
魚語御	17上	呂	兩	舉
魚語御	17去	慮	良	據
模姥暮	1平	模	莫	胡
模姥暮	1上	姥	謀	補

續表

所屬韻部	聲調	小韻首字	反切上字	反切下字	所屬韻部	聲調	小韻首字	反切上字	反切下字
模姥暮	1去	暮	莫	故	模姥暮	11平	盧	龍	都
模姥暮	2平	枯	空	胡	模姥暮	11上	魯	郎	古
模姥暮	2上	苦	孔	五	模姥暮	11去	路	魯	故
模姥暮	2去	庫	苦	故	模姥暮	12平	都	東	徒
模姥暮	3平	吾	訛	胡	模姥暮	12上	覩	董	五
模姥暮	3上	五	阮	古	模姥暮	12去	妒	都	故
模姥暮	3去	誤	五	胡	模姥暮	13平	瑹	通	都
模姥暮	4平	烏	汪	胡	模姥暮	13上	土	統	五
模姥暮	4上	隖	安	古	模姥暮	13去	兔	土	故
模姥暮	4去	汙	烏	故	模姥暮	14平	徒	同	都
模姥暮	5平	呼	荒	胡	模姥暮	14上	杜	徒	古
模姥暮	5上	虎	火	五	模姥暮	14去	度	徒	故
模姥暮	5去	謼	荒	故	模姥暮	15平	奴	農	都
模姥暮	6平	胡	洪	孤	模姥暮	15上	砮	奴	古
模姥暮	6上	户	侯	古	模姥暮	15去	怒	奴	故
模姥暮	6去	護	胡	故	模姥暮	16平	逋	奔	模
模姥暮	7平	租	宗	蘇	模姥暮	16上	補	博	古
模姥暮	7上	祖	摠	五	模姥暮	16去	布	博	故
模姥暮	7去	作	臧	祚	模姥暮	17平	鋪	滂	謨
模姥暮	8平	麤	倉	胡	模姥暮	17上	普	頗	五
模姥暮	8上	楚	創	祖	模姥暮	17去	鋪	普	故
模姥暮	8去	措	倉	故	模姥暮	18平	蒲	薄	胡
模姥暮	9平	蘇	孫	租	模姥暮	18上	簿	裴	古
模姥暮	9上	所	疏	举	模姥暮	18去	步	薄	故
模姥暮	9去	疏	所	據	模姥暮	19平	孤	攻	乎
模姥暮	10平	徂	叢	粗	模姥暮	19上	古	公	土
模姥暮	10上	粗	坐	五	模姥暮	19去	顧	古	慕
模姥暮	10去	祚	靖	故	模姥暮	20平	敷	芳	無

續表

所屬韻部	聲調	小韻首字	反切上字	反切下字
模姥暮	20上	撫	斐	古
模姥暮	20去	赴	芳	故
模姥暮	21平	扶	逢	夫
模姥暮	21上	武	罔	古
模姥暮	21去	附	符	遇
灰賄誨	1平	灰	呼	回
灰賄誨	1上	賄	呼	罪
灰賄誨	1去	誨	呼	對
灰賄誨	2平	恢	枯	回
灰賄誨	2上	磈	苦	偎
灰賄誨	2去	塊	窺	睡
灰賄誨	3平	葵	渠	為
灰賄誨	3上	跪	巨	委
灰賄誨	3去	匱	具	位
灰賄誨	4平	危	魚	為
灰賄誨	4上	隗	五	罪
灰賄誨	4去	魏	魚	胃
灰賄誨	5平	為	于	媯
灰賄誨	5上	瘣	户	賄
灰賄誨	5去	胃	于	貴
灰賄誨	6平	煨	烏	魁
灰賄誨	6上	猥	烏	賄
灰賄誨	6去	穢	烏	胃
灰賄誨	7平	傀	姑	回
灰賄誨	7上	詭	古	委
灰賄誨	7去	儈	古	魏
灰賄誨	8平	隹	朱	惟
灰賄誨	8上	搥	主	蘂

所屬韻部	聲調	小韻首字	反切上字	反切下字
灰賄誨	8去	惴	之	瑞
灰賄誨	9平	嶉	津	綏
灰賄誨	9上	觜	節	委
灰賄誨	9去	醉	將	遂
灰賄誨	10平	吹	昌	垂
灰賄誨	10上	揣	楚	委
灰賄誨	10去	毳	昌	瑞
灰賄誨	11平	催	倉	回
灰賄誨	11上	璀	取	猥
灰賄誨	11去	翠	七	醉
灰賄誨	12平	雖	蘇	回
灰賄誨	12上	髓	悉	委
灰賄誨	12去	歲	須	銳
灰賄誨	13平	衰	所	隹
灰賄誨	13去	帥	所	類
灰賄誨	14上	水	式	軌
灰賄誨	14去	稅	輸	芮
灰賄誨	15平	摧	徂	回
灰賄誨	15上	⿰犭隨	徂	賄
灰賄誨	15去	遂	徐	醉
灰賄誨	16平	誰	視	隹
灰賄誨	16上	蘂	如	累
灰賄誨	16去	芮	儒	稅
灰賄誨	17平	椎	直	追
灰賄誨	17去	墜	直	類
灰賄誨	18平	雷	盧	回
灰賄誨	18上	壘	魯	猥
灰賄誨	18去	類	力	遂

續表

所屬韻部	聲調	小韻首字	反切上字	反切下字	所屬韻部	聲調	小韻首字	反切上字	反切下字
灰賄誨	19平	堆	都	回	皆解戒	2上	愷	可	亥
灰賄誨	19上	竧	都	罪	皆解戒	2去	慨	丘	盖
灰賄誨	19去	對	都	内	皆解戒	3平	揩	渠	開
灰賄誨	20平	推	通	回	皆解戒	3去	隑	巨	代
灰賄誨	20上	腿	吐	猥	皆解戒	4平	皚	魚	開
灰賄誨	20去	退	吐	内	皆解戒	4去	艾	牛	盖
灰賄誨	21平	隤	徒	回	皆解戒	5平	哀	於	開
灰賄誨	21上	錞	杜	罪	皆解戒	5上	欸	依	亥
灰賄誨	21去	隊	杜	對	皆解戒	5去	愛	於	盖
灰賄誨	22平	捼	奴	回	皆解戒	6平	咍	呼	來
灰賄誨	22上	餧	弩	罪	皆解戒	6上	海	呼	改
灰賄誨	22去	内	奴	對	皆解戒	6去	餀	呼	艾
灰賄誨	23平	杯	晡	回	皆解戒	7平	孩	何	開
灰賄誨	23上	悟	布	委	皆解戒	7上	亥	胡	改
灰賄誨	23去	背	邦	妹	皆解戒	7去	害	下	盖
灰賄誨	24平	壞	鋪	杯	皆解戒	8平	哉	將	來
灰賄誨	24上	俖	普	罪	皆解戒	8上	宰	子	亥
灰賄誨	24去	配	滂	佩	皆解戒	8去	再	作	代
灰賄誨	25平	裴	蒲	枚	皆解戒	9平	猜	倉	才
灰賄誨	25上	琲	部	浼	皆解戒	9上	采	此	宰
灰賄誨	25去	佩	步	昧	皆解戒	9去	菜	倉	代
灰賄誨	26平	枚	謨	杯	皆解戒	10平	顋	桑	才
灰賄誨	26上	浼	莫	賄	皆解戒	10去	賽	先	代
灰賄誨	26去	妹	莫	佩	皆解戒	11平	才	牆	來
皆解戒	1平	皆	居	皆	皆解戒	11上	在	盡	亥
皆解戒	1上	解	佳	買	皆解戒	11去	在	昨	代
皆解戒	1去	戒	居	拜	皆解戒	12平	犕	昌	來
皆解戒	2平	開	丘	哀	皆解戒	12去	茝	昌	亥

續表

所屬韻部	聲調	小韻首字	反切上字	反切下字
皆解戒	13平	該	柯	開
皆解戒	13上	改	居	亥
皆解戒	13去	蓋	居	大
皆解戒	14平	揩	丘	皆
皆解戒	14上	楷	口	駭
皆解戒	14去	鞜	口	戒
皆解戒	15平	涯	宜	皆
皆解戒	15上	騃	語	駭
皆解戒	15去	睚	牛	懈
皆解戒	16平	挨	幺	皆
皆解戒	16上	矮	鴉	蟹
皆解戒	16去	隘	烏	懈
皆解戒	17平	諧	雄	皆
皆解戒	17上	駭	下	楷
皆解戒	17去	械	下	戒
皆解戒	18平	齋	莊	皆
皆解戒	18上	跐	側	買
皆解戒	18去	債	側	賣
皆解戒	19平	釵	初	皆
皆解戒	19去	瘥	楚	懈
皆解戒	20平	篩	山	皆
皆解戒	20上	灑	所	蟹
皆解戒	20去	曬	所	賣
皆解戒	21平	柴	牀	皆
皆解戒	21上	廌	鉏	買
皆解戒	21去	砦	助	邁
皆解戒	22平	來	郎	才
皆解戒	22上	銤	來	改

所屬韻部	聲調	小韻首字	反切上字	反切下字
皆解戒	22去	徠	勞	代
皆解戒	23平	韊	丁	來
皆解戒	23上	等	多	改
皆解戒	23去	戴	丁	代
皆解戒	24平	胎	湯	來
皆解戒	24上	嚏	他	亥
皆解戒	24去	貸	他	盖
皆解戒	25平	臺	堂	來
皆解戒	25上	待	蕩	亥
皆解戒	25去	代	度	耐
皆解戒	26平	痲	囊	來
皆解戒	26上	乃	囊	亥
皆解戒	26去	柰	乃	帶
皆解戒	27平	乖	公	懷
皆解戒	27上	枴	古	買
皆解戒	27去	怪	古	壞
皆解戒	28平	咼	苦	乖
皆解戒	28去	快	苦	夬
皆解戒	29平	詬	五	咼
皆解戒	29去	聵	魚	怪
皆解戒	30平	崴	烏	乖
皆解戒	30去	顮	烏	怪
皆解戒	31平	懷	乎	乖
皆解戒	31上	夥	胡	買
皆解戒	31去	壞	華	賣
皆解戒	32上	擺	補	買
皆解戒	32去	拜	布	怪
皆解戒	33上	掰	普	擺

續表

所屬韻部	聲調	小韻首字	反切上字	反切下字
皆解戒	33去	派	普	夬
皆解戒	34平	排	步	皆
皆解戒	34上	罷	部	買
皆解戒	34去	敗	薄	邁
皆解戒	35平	埋	謨	皆
皆解戒	35上	買	莫	蟹
皆解戒	35去	賣	莫	懈
真軫震質	1平	真	之	人
真軫震質	1上	軫	止	忍
真軫震質	1去	震	知	刃
真軫震質	1入	質	職	日
真軫震質	2平	炊	去	斤
真軫震質	2上	螼	弃	忍
真軫震質	2去	菣	去	刃
真軫震質	2入	乞	欺	訖
真軫震質	3平	勤	渠	斤
真軫震質	3上	近	巨	謹
真軫震質	3去	覲	具	吝
真軫震質	3入	姞	極	乙
真軫震質	4平	因	伊	真
真軫震質	4上	隱	於	謹
真軫震質	4去	印	伊	刃
真軫震質	4入	一	益	吉
真軫震質	5平	欣	許	斤
真軫震質	5上	蟪	許	謹
真軫震質	5去	釁	許	刃
真軫震質	5入	肸	黑	乙
真軫震質	6平	寅	夷	真
真軫震質	6上	引	以	忍
真軫震質	6去	胤	羊	進
真軫震質	6入	逸	弋	質
真軫震質	7平	銀	魚	巾
真軫震質	7上	听	語	謹
真軫震質	7去	憖	魚	僅
真軫震質	7入	仡	魚	乞
真軫震質	8平	津	資	辛
真軫震質	8上	⿰木盡	即	忍
真軫震質	8去	晉	即	刃
真軫震質	8入	堲	子	疾
真軫震質	9平	親	七	人
真軫震質	9上	笉	七	笋
真軫震質	9去	親	七	刃
真軫震質	9入	七	戚	栗
真軫震質	10平	辛	斯	鄰
真軫震質	10上	筍	聳	允
真軫震質	10去	峻	須	閏
真軫震質	10入	悉	息	入
真軫震質	11平	旬	詳	倫
真軫震質	11上	盡	慈	忍
真軫震質	11去	藎	齊	進
真軫震質	11入	疾	昨	栗
真軫震質	12平	鄰	離	珍
真軫震質	12上	嶙	良	忍
真軫震質	12去	吝	良	忍
真軫震質	12入	栗	力	質
真軫震質	13平	根	古	痕

續表

所屬韻部	聲調	小韻首字	反切上字	反切下字
真軫震質	13上	頣	古	很
真軫震質	13去	艮	古	恨
真軫震質	14平	報	口	恩
真軫震質	14上	懇	口	很
真軫震質	14去	硍	苦	恨
真軫震質	15平	恩	烏	痕
真軫震質	15上	穩	安	很
真軫震質	15去	饐	烏	恨
真軫震質	16平	痕	胡	恩
真軫震質	16上	很	下	懇
真軫震質	16去	恨	下	艮
真軫震質	16入	麧	下	栗
真軫震質	17平	巾	居	銀
真軫震質	17上	緊	居	忍
真軫震質	17去	靳	居	焮
真軫震質	17入	吉	激	質
真軫震質	18平	惇	朱	倫
真軫震質	18上	准	知	允
真軫震質	18去	稕	朱	閏
真軫震質	18入	窋	竹	律
真軫震質	19平	瞋	稱	人
真軫震質	19上	軆	丑	忍
真軫震質	19去	趂	丑	刃
真軫震質	19入	叱	尺	律
真軫震質	20平	春	樞	倫
真軫震質	20上	蠢	尺	允
真軫震質	20入	出	尺	律
真軫震質	21平	申	升	人

所屬韻部	聲調	小韻首字	反切上字	反切下字
真軫震質	21上	哂	矢	忍
真軫震質	21去	眒	試	刃
真軫震質	21入	失	式	質
真軫震質	22平	陳	池	鄰
真軫震質	22上	紖	直	忍
真軫震質	22去	陣	直	刃
真軫震質	22入	秩	直	質
真軫震質	23平	辰	丞	真
真軫震質	23上	腎	時	軫
真軫震質	23去	刃	而	振
真軫震質	23入	日	人	質
真軫震質	24平	鈞	規	倫
真軫震質	24上	攟	舉	蘊
真軫震質	24去	捃	居	運
真軫震質	24入	橘	厥	筆
真軫震質	25平	囷	區	倫
真軫震質	25上	稛	苦	隕
真軫震質	25入	屈	曲	聿
真軫震質	26平	羣	渠	云
真軫震質	26上	窘	巨	隕
真軫震質	26去	郡	具	運
真軫震質	26入	倔	渠	聿
真軫震質	27平	氳	於	云
真軫震質	27上	蘊	委	粉
真軫震質	27去	醖	於	問
真軫震質	27入	鬱	紆	勿
真軫震質	28平	熏	許	云
真軫震質	28去	訓	吁	運

續表

所屬韻部	聲調	小韻首字	反切上字	反切下字
真軫震質	28入	㳚	休	筆
真軫震質	29平	雲	于	分
真軫震質	29上	隕	羽	敏
真軫震質	29去	運	禹	慍
真軫震質	29入	聿	以	律
真軫震質	30平	尊	租	昆
真軫震質	30上	撙	祖	本
真軫震質	30去	捘	祖	寸
真軫震質	30入	卒	臧	沒
真軫震質	31平	村	倉	尊
真軫震質	31上	忖	取	本
真軫震質	31去	寸	村	困
真軫震質	31入	猝	蒼	沒
真軫震質	32平	孫	蘇	昆
真軫震質	32上	損	蘇	本
真軫震質	32去	巽	蘇	困
真軫震質	32入	率	朔	律
真軫震質	33平	存	徂	尊
真軫震質	33上	鱒	徂	本
真軫震質	33去	鐏	徂	悶
真軫震質	33入	捽	昨	沒
真軫震質	34平	昆	公	渾
真軫震質	34上	袞	古	本
真軫震質	34去	睔	古	困
真軫震質	34入	骨	古	忽
真軫震質	35平	坤	枯	昆
真軫震質	35上	悃	苦	本
真軫震質	35去	困	苦	悶
真軫震質	35入	窟	苦	骨
真軫震質	36入	兀	午	忽
真軫震質	37平	溫	烏	溫
真軫震質	37上	穩	烏	本
真軫震質	37去	搵	烏	困
真軫震質	37入	膃	烏	骨
真軫震質	38平	昏	呼	昆
真軫震質	38上	緫	虛	本
真軫震質	38去	惛	呼	困
真軫震質.	38入	忽	呼	骨
真軫震質	39平	魂	胡	昆
真軫震質	39上	混	胡	本
真軫震質	39去	慁	胡	困
真軫震質	39入	鶻	胡	骨
真軫震質	40平	論	盧	昆
真軫震質	40上	惀	盧	本
真軫震質	40去	論	盧	困
真軫震質	40入	硉	盧	沒
真軫震質	41平	敦	都	昆
真軫震質	41上	頓	丁	本
真軫震質	41去	頓	都	困
真軫震質	41入	咄	當	沒
真軫震質	42平	暾	他	昆
真軫震質	42上	畽	他	袞
真軫震質	42去	褪	吐	困
真軫震質	42入	宊	地	骨
真軫震質	43平	屯	徒	孫
真軫震質	43上	囤	杜	本

續表

所屬韻部	聲調	小韻首字	反切上字	反切下字
真軫震質	43去	鈍	徒	困
真軫震質	43入	突	陀	訥
真軫震質	44平	黁	奴	昆
真軫震質	44上	㶧	乃	本
真軫震質	44去	嫩	奴	困
真軫震質	44入	訥	奴	骨
真軫震質	45平	奔	逋	昆
真軫震質	45上	本	布	袞
真軫震質	45去	奔	逋	悶
真軫震質	45入	不	逋	沒
真軫震質	46平	歕	鋪	魂
真軫震質	46上	栩	普	本
真軫震質	46去	噴	普	悶
真軫震質	46入	胐	普	沒
真軫震質	47平	盆	蒲	奔
真軫震質	47上	𣄃	部	本
真軫震質	47去	坌	步	悶
真軫震質	47入	孛	蒲	沒
真軫震質	48平	門	謨	奔
真軫震質	48上	懣	莫	本
真軫震質	48去	悶	莫	困
真軫震質	48入	沒	莫	勃
真軫震質	49平	賓	卑	民
真軫震質	49上	稟	筆	錦
真軫震質	49去	儐	必	刃
真軫震質	49入	必	壁	吉
真軫震質	50平	繽	紕	民
真軫震質	50上	品	丕	敏
真軫震質	50去	𧢝	匹	刃
真軫震質	50入	匹	僻	吉
真軫震質	51平	頻	毗	賔
真軫震質	51上	牝	婢	忍
真軫震質	51入	弼	薄	宻
真軫震質	52平	民	彌	鄰
真軫震質	52上	湣	美	隕
真軫震質	52入	密	覓	筆
真軫震質	53平	芬	敷	文
真軫震質	53上	粉	府	吻
真軫震質	53去	糞	方	問
真軫震質	53入	拂	敷	勿
真軫震質	54平	焚	符	分
真軫震質	54上	憤	房	吻
真軫震質	54去	分	無	悶
真軫震質	54入	佛	符	勿
寒旱翰曷	1平	寒	河	干
寒旱翰曷	1上	旱	侯	罕
寒旱翰曷	1去	翰	侯	翰
寒旱翰曷	1入	曷	何	葛
寒旱翰曷	2平	刊	丘	寒
寒旱翰曷	2上	侃	空	旱
寒旱翰曷	2去	看	祛	幹
寒旱翰曷	2入	渴	丘	葛
寒旱翰曷	3平	豻	能	寒
寒旱翰曷	3去	岸	魚	幹
寒旱翰曷	3入	嶭	牙	八
寒旱翰曷	4平	安	於	寒

續表

所屬韻部	聲調	小韻首字	反切上字	反切下字
寒旱翰曷	4去	按	於	幹
寒旱翰曷	4入	遏	阿	葛
寒旱翰曷	5平	暵	許	干
寒旱翰曷	5上	罕	許	旱
寒旱翰曷	5去	漢	虚	汗
寒旱翰曷	5入	喝	許	葛
寒旱翰曷	6平	干	居	寒
寒旱翰曷	6上	稈	古	旱
寒旱翰曷	6去	旰	古	汗
寒旱翰曷	6入	葛	居	曷
寒旱翰曷	7平	官	沽	歡
寒旱翰曷	7上	管	古	緩
寒旱翰曷	7去	貫	古	玩
寒旱翰曷	7入	括	古	活
寒旱翰曷	8平	寬	枯	官
寒旱翰曷	8上	款	苦	管
寒旱翰曷	8去	鑧	口	喚
寒旱翰曷	8入	闊	苦	括
寒旱翰曷	9平	岏	吾	官
寒旱翰曷	9去	玩	五	換
寒旱翰曷	9入	枂	五	活
寒旱翰曷	10平	桓	胡	官
寒旱翰曷	10上	緩	胡	管
寒旱翰曷	10去	換	胡	玩
寒旱翰曷	10入	活	户	括
寒旱翰曷	11平	剜	烏	勸
寒旱翰曷	11上	盌	烏	管
寒旱翰曷	11去	惋	烏	貫
寒旱翰曷	11入	捾	烏	活
寒旱翰曷	12平	歡	呼	官
寒旱翰曷	12上	湲	火	管
寒旱翰曷	12去	喚	呼	玩
寒旱翰曷	12入	豁	呼	括
寒旱翰曷	13平	鑽	祖	官
寒旱翰曷	13上	纂	作	管
寒旱翰曷	13去	鑽	祖	筭
寒旱翰曷	13入	繓	子	括
寒旱翰曷	14平	攛	七	桓
寒旱翰曷	14去	竄	取	亂
寒旱翰曷	14入	撮	倉	括
寒旱翰曷	15平	酸	蘇	官
寒旱翰曷	15上	算	損	管
寒旱翰曷	15去	筭	蘇	貫
寒旱翰曷	15入	𧺆	相	活
寒旱翰曷	16平	欑	徂	官
寒旱翰曷	16去	攢	在	玩
寒旱翰曷	16入	柮	徂	活
寒旱翰曷	17平	鸞	盧	管
寒旱翰曷	17上	卵	魯	管
寒旱翰曷	17去	亂	魯	玩
寒旱翰曷	17入	捋	盧	活
寒旱翰曷	18平	端	多	官
寒旱翰曷	18上	短	都	管
寒旱翰曷	18去	鍛	都	玩
寒旱翰曷	18入	掇	都	括
寒旱翰曷	19平	湍	他	官

續表

所屬韻部	聲調	小韻首字	反切上字	反切下字
寒旱翰曷	19上	疃	土	緩
寒旱翰曷	19去	彖	吐	玩
寒旱翰曷	19入	侻	他	括
寒旱翰曷	20平	團	徒	官
寒旱翰曷	20上	斷	徒	管
寒旱翰曷	20去	叚	杜	玩
寒旱翰曷	20入	奪	徒	活
寒旱翰曷	21平	渜	奴	官
寒旱翰曷	21上	煖	乃	管
寒旱翰曷	21去	愞	奴	乱
寒旱翰曷	22平	般	逋	潘
寒旱翰曷	22上	粄	補	滿
寒旱翰曷	22去	半	博	漫
寒旱翰曷	22入	缽	比	末
寒旱翰曷	23平	潘	鋪	官
寒旱翰曷	23上	坢	普	伴
寒旱翰曷	23去	判	普	半
寒旱翰曷	23入	潑	普	活
寒旱翰曷	24平	槃	蒲	官
寒旱翰曷	24上	伴	蒲	滿
寒旱翰曷	24去	畔	薄	半
寒旱翰曷	24入	鈸	蒲	撥
寒旱翰曷	25平	瞞	謨	官
寒旱翰曷	25上	滿	莫	旱
寒旱翰曷	25去	幔	莫	半
寒旱翰曷	25入	末	莫	葛
山汕訕殺	1平	山	師	間
山汕訕殺	1上	汕	所	簡

所屬韻部	聲調	小韻首字	反切上字	反切下字
山汕訕殺	1去	訕	所	晏
山汕訕殺	1入	殺	山	戛
山汕訕殺	2平	慳	丘	閑
山汕訕殺	2上	豤	口	限
山汕訕殺	2入	楬	丘	瞎
山汕訕殺	3平	顏	牛	奸
山汕訕殺	3上	眼	五	限
山汕訕殺	3去	鴈	魚	澗
山汕訕殺	3入	齾	牙	八
山汕訕殺	4平	黫	烏	閒
山汕訕殺	4去	晏	於	諫
山汕訕殺	4入	軋	乙	黠
山汕訕殺	5平	羴	許	閑
山汕訕殺	5去	莧	許	澗
山汕訕殺	5入	瞎	許	轄
山汕訕殺	6平	閑	何	艱
山汕訕殺	6上	限	下	簡
山汕訕殺	6去	骭	無反切	
山汕訕殺	6入	轄	胡	八
山汕訕殺	7平	跧	阻	頑
山汕訕殺	7上	儹	積	產
山汕訕殺	7去	賛	則	諫
山汕訕殺	7入	拶	宗	滑
山汕訕殺	8平	餐	千	山
山汕訕殺	8上	剗	楚	簡
山汕訕殺	8去	粲	倉	晏
山汕訕殺	8入	察	初	戛
山汕訕殺	9平	閒	居	閑

續表

所屬韻部	聲調	小韻首字	反切上字	反切下字
山汕訕殺	9上	簡	古	限
山汕訕殺	9去	諫	居	晏
山汕訕殺	9入	戛	訖	黠
山汕訕殺	10平	潺	鉏	山
山汕訕殺	10上	棧	鉏	限
山汕訕殺	10去	轏	助	諫
山汕訕殺	10入	鐁	查	轄
山汕訕殺	11平	斕	離	閑
山汕訕殺	11上	嬾	魯	簡
山汕訕殺	11去	爛	郎	患
山汕訕殺	11入	辢	郎	達
山汕訕殺	12平	單	都	艱
山汕訕殺	12上	亶	多	簡
山汕訕殺	12去	旦	得	爛
山汕訕殺	12入	妲	當	拔
山汕訕殺	13平	灘	他	丹
山汕訕殺	13上	坦	他	但
山汕訕殺	13去	炭	他	晏
山汕訕殺	13入	闥	他	達
山汕訕殺	14平	壇	唐	闌
山汕訕殺	14上	但	徒	亶
山汕訕殺	14去	憚	杜	晏
山汕訕殺	14入	達	堂	滑
山汕訕殺	15平	難	那	壇
山汕訕殺	15上	赧	乃	版
山汕訕殺	15去	難	乃	旦
山汕訕殺	15入	捺	乃	八
山汕訕殺	16平	關	姑	還

所屬韻部	聲調	小韻首字	反切上字	反切下字
山汕訕殺	16去	慣	古	患
山汕訕殺	16入	刮	古	滑
山汕訕殺	17平	攌	跪	頑
山汕訕殺	17去	權	求	息
山汕訕殺	18平	彎	烏	還
山汕訕殺	18上	綰	烏	版
山汕訕殺	18去	綰	烏	患
山汕訕殺	18入	空	烏	八
山汕訕殺	19平	儇	呼	關
山汕訕殺	19入	傄	呼	八
山汕訕殺	20平	還	胡	關
山汕訕殺	20上	睆	户	版
山汕訕殺	20去	患	胡	慣
山汕訕殺	20入	滑	户	八
山汕訕殺	21平	擐	數	還
山汕訕殺	21去	孿	生	患
山汕訕殺	21入	刷	數	滑
山汕訕殺	22平	班	逋	還
山汕訕殺	22上	版	補	綰
山汕訕殺	22去	扮	逋	患
山汕訕殺	22入	八	布	拔
山汕訕殺	23平	攀	披	班
山汕訕殺	23上	昄	普	版
山汕訕殺	23去	襻	普	患
山汕訕殺	23入	汃	普	八
山汕訕殺	24平	瓣	蒲	閑
山汕訕殺	24上	昄	部	版
山汕訕殺	24去	辦	備	莧

續表

所屬韻部	聲調	小韻首字	反切上字	反切下字
山汕訕殺	24入	拔	蒲	八
山汕訕殺	25平	蠻	謨	還
山汕訕殺	25上	矕	母	版
山汕訕殺	25去	慢	莫	晏
山汕訕殺	25入	帓	莫	轄
山汕訕殺	26平	翻	孚	艱
山汕訕殺	26上	返	甫	版
山汕訕殺	26去	販	方	諫
山汕訕殺	26入	髮	方	伐
山汕訕殺	27平	煩	符	艱
山汕訕殺	27上	晚	武	綰
山汕訕殺	27去	飯	符	諫
山汕訕殺	27入	伐	房	法
先銑霰屑	1平	先	蘇	前
先銑霰屑	1上	銑	蘇	典
先銑霰屑	1去	霰	先	見
先銑霰屑	1入	屑	先	結
先銑霰屑	2平	牽	苦	堅
先銑霰屑	2上	遣	驅	演
先銑霰屑	2去	譴	苦	戰
先銑霰屑	2入	挈	區	結
先銑霰屑	3平	乾	渠	年
先銑霰屑	3上	件	巨	展
先銑霰屑	3去	健	渠	建
先銑霰屑	3入	傑	巨	列
先銑霰屑	4平	煙	因	肩
先銑霰屑	4上	偃	於	幰
先銑霰屑	4去	宴	伊	甸
先銑霰屑	4入	謁	於	歇
先銑霰屑	5平	軒	虛	延
先銑霰屑	5上	顯	呼	典
先銑霰屑	5去	獻	曉	見
先銑霰屑	5入	歇	許	竭
先銑霰屑	6平	賢	胡	田
先銑霰屑	6上	演	以	淺
先銑霰屑	6去	現	形	甸
先銑霰屑	6入	纈	胡	結
先銑霰屑	7平	言	魚	軒
先銑霰屑	7上	撚	乃	殄
先銑霰屑	7去	彥	魚	戰
先銑霰屑	7入	孽	魚	列
先銑霰屑	8平	箋	將	先
先銑霰屑	8上	剪	子	踐
先銑霰屑	8去	薦	作	甸
先銑霰屑	8入	節	子	結
先銑霰屑	9平	千	倉	先
先銑霰屑	9上	淺	七	演
先銑霰屑	9去	蒨	倉	甸
先銑霰屑	9入	切	千	結
先銑霰屑	10平	堅	經	天
先銑霰屑	10上	繭	吉	典
先銑霰屑	10去	見	經	電
先銑霰屑	10入	結	吉	屑
先銑霰屑	11平	前	才	先
先銑霰屑	11上	踐	慈	演
先銑霰屑	11去	賤	在	線

續表

所屬韻部	聲調	小韻首字	反切上字	反切下字
先銑霰屑	11入	截	昨	結
先銑霰屑	12平	饘	諸	延
先銑霰屑	12上	展	之	輦
先銑霰屑	12去	戰	之	善
先銑霰屑	12入	浙	之	列
先銑霰屑	13平	梴	抽	延
先銑霰屑	13上	闡	齒	善
先銑霰屑	13去	繟	尺	戰
先銑霰屑	13入	徹	敕	列
先銑霰屑	14平	羶	尸	連
先銑霰屑	14上	燃	式	善
先銑霰屑	14去	扇	式	戰
先銑霰屑	14入	設	尸	列
先銑霰屑	15平	纏	呈	延
先銑霰屑	15上	篆	柱	兗
先銑霰屑	15去	纏	直	善
先銑霰屑	15入	轍	直	列
先銑霰屑	16平	然	如	延
先銑霰屑	16上	善	上	演
先銑霰屑	16去	繕	時	戰
先銑霰屑	16入	舌	食	列
先銑霰屑	17平	蓮	零	年
先銑霰屑	17上	輦	力	展
先銑霰屑	17去	练	郎	甸
先銑霰屑	17入	列	良	薛
先銑霰屑	18平	顛	多	言
先銑霰屑	18上	典	多	殄
先銑霰屑	18去	殿	丁	練

所屬韻部	聲調	小韻首字	反切上字	反切下字
先銑霰屑	18入	闉	丁	結
先銑霰屑	19平	天	他	前
先銑霰屑	19上	腆	他	典
先銑霰屑	19去	瑱	他	甸
先銑霰屑	19入	鐵	他	結
先銑霰屑	20平	田	亭	年
先銑霰屑	20上	殄	徒	典
先銑霰屑	20去	電	蕩	練
先銑霰屑	20入	耊	杜	結
先銑霰屑	21平	涓	圭	淵
先銑霰屑	21上	畎	古	泫
先銑霰屑	21去	絹	吉	掾
先銑霰屑	21入	厥	居	月
先銑霰屑	22平	棬	驅	圓
先銑霰屑	22上	棬	苦	泫
先銑霰屑	22去	勸	區	愿
先銑霰屑	22入	闕	丘	月
先銑霰屑	23平	權	逵	員
先銑霰屑	23上	圈	巨	卷
先銑霰屑	23去	倦	逵	卷
先銑霰屑	23入	掘	其	月
先銑霰屑	24平	淵	烏	泫
先銑霰屑	24上	宛	於	阮
先銑霰屑	24去	怨	於	願
先銑霰屑	24入	噦	一	決
先銑霰屑	25平	暄	嘘	淵
先銑霰屑	25上	晅	况	遠
先銑霰屑	25去	絢	翾	眩

續表

所屬韻部	聲調	小韻首字	反切上字	反切下字
先銑霰屑	25入	血	呼	決
先銑霰屑	26平	員	于	權
先銑霰屑	26上	遠	雨	阮
先銑霰屑	26去	院	于	眷
先銑霰屑	26入	越	雨	月
先銑霰屑	27平	元	遇	玄
先銑霰屑	27上	阮	五	遠
先銑霰屑	27去	願	虞	怨
先銑霰屑	27入	月	魚	厥
先銑霰屑	28平	邊	畢	眠
先銑霰屑	28上	匾	補	典
先銑霰屑	28去	徧	卑	見
先銑霰屑	28入	鱉	必	列
先銑霰屑	29平	篇	紕	連
先銑霰屑	29上	鴘	披	免
先銑霰屑	29去	片	匹	見
先銑霰屑	29入	擎	匹	蔑
先銑霰屑	30平	緶	蒲	眠
先銑霰屑	30上	辮	婢	免
先銑霰屑	30去	便	毗	面
先銑霰屑	30入	別	避	列
先銑霰屑	31平	眠	莫	堅
先銑霰屑	31上	免	莫	辨
先銑霰屑	31去	麪	莫	見
先銑霰屑	31入	滅	彌	列
蕭篠嘯	1平	蕭	先	彫
蕭篠嘯	1上	篠	先	了
蕭篠嘯	1去	嘯	先	吊

所屬韻部	聲調	小韻首字	反切上字	反切下字
蕭篠嘯	2平	樵	慈	消
蕭篠嘯	2去	噍	在	笑
蕭篠嘯	3平	幺	伊	堯
蕭篠嘯	3上	杳	伊	鳥
蕭篠嘯	3去	要	一	笑
蕭篠嘯	4平	囂	吁	驕
蕭篠嘯	4上	曉	馨	杳
蕭篠嘯	4去	歊	許	照
蕭篠嘯	5平	遙	餘	招
蕭篠嘯	5上	溔	以	紹
蕭篠嘯	5去	燿	弋	笑
蕭篠嘯	6平	焦	玆	消
蕭篠嘯	6上	剿	子	小
蕭篠嘯	6去	醮	子	肖
蕭篠嘯	7平	鍫	此	遙
蕭篠嘯	7上	悄	七	小
蕭篠嘯	7去	陗	七	肖
蕭篠嘯	8平	喬	祁	堯
蕭篠嘯	8上	驕	巨	殀
蕭篠嘯	8去	轎	渠	妙
蕭篠嘯	9平	驍	堅	堯
蕭篠嘯	9上	皎	吉	了
蕭篠嘯	9去	叫	古	吊
蕭篠嘯	10平	趫	丘	妖
蕭篠嘯	10上	髜	苦	皎
蕭篠嘯	10去	竅	苦	吊
蕭篠嘯	11平	昭	之	遙
蕭篠嘯	11上	沼	止	少

續表

所屬韻部	聲調	小韻首字	反切上字	反切下字
蕭篠嘯	11去	照	之	笑
蕭篠嘯	12平	超	蚩	招
蕭篠嘯	12上	麨	齒	沼
蕭篠嘯	12去	覞	昌	召
蕭篠嘯	13平	燒	尸	昭
蕭篠嘯	13上	少	始	紹
蕭篠嘯	13去	少	始	照
蕭篠嘯	14平	潮	池	姚
蕭篠嘯	14上	趙	直	紹
蕭篠嘯	14去	召	直	笑
蕭篠嘯	15平	韶	時	昭
蕭篠嘯	15上	紹	市	沼
蕭篠嘯	15去	邵	實	照
蕭篠嘯	16平	聊	連	條
蕭篠嘯	16上	了	盧	皎
蕭篠嘯	16去	料	力	吊
蕭篠嘯	17平	貂	丁	聊
蕭篠嘯	17上	鳥	丁	了
蕭篠嘯	17去	吊	多	嘯
蕭篠嘯	18平	祧	他	凋
蕭篠嘯	18上	朓	土	了
蕭篠嘯	18去	糶	他	吊
蕭篠嘯	19平	迢	笛	聊
蕭篠嘯	19上	窕	徒	了
蕭篠嘯	19去	調	徒	吊
蕭篠嘯	20平	堯	倪	刁
蕭篠嘯	20上	裊	乃	了
蕭篠嘯	20去	尿	奴	吊
蕭篠嘯	21平	猋	卑	遙
蕭篠嘯	21上	表	彼	小
蕭篠嘯	21去	俵	悲	廟
蕭篠嘯	22平	漂	紕	招
蕭篠嘯	22上	縹	匹	沼
蕭篠嘯	22去	勡	匹	妙
蕭篠嘯	23平	瓢	毗	招
蕭篠嘯	23上	殍	婢	表
蕭篠嘯	23去	驃	毗	召
蕭篠嘯	24平	苗	眉	鑣
蕭篠嘯	24上	眇	弭	沼
蕭篠嘯	24去	妙	彌	笑
高杲誥	1平	高	姑	劳
高杲誥	1上	杲	古	老
高杲誥	1去	誥	居	號
高杲誥	2平	尻	苦	高
高杲誥	2上	考	苦	浩
高杲誥	2去	犒	口	到
高杲誥	3平	敖	牛	刀
高杲誥	3上	䫨	五	老
高杲誥	3去	傲	魚	到
高杲誥	4平	爊	於	刀
高杲誥	4上	襖	烏	皓
高杲誥	4去	奧	於	到
高杲誥	5平	蒿	呼	高
高杲誥	5上	好	許	晧
高杲誥	5去	耗	虛	到
高杲誥	6平	豪	胡	刀

續表

所屬韻部	聲調	小韻首字	反切上字	反切下字
高杲誥	6上	晧	胡	老
高杲誥	6去	號	胡	到
高杲誥	7平	遭	則	刀
高杲誥	7上	早	子	晧
高杲誥	7去	竈	則	到
高杲誥	8平	操	倉	刀
高杲誥	8上	草	采	早
高杲誥	8去	糙	七	到
高杲誥	9平	騷	蘇	曹
高杲誥	9上	埽	蘇	老
高杲誥	9去	噪	先	到
高杲誥	10平	曹	財	勞
高杲誥	10上	造	在	早
高杲誥	10去	漕	在	到
高杲誥	11平	勞	郎	刀
高杲誥	11上	老	魯	晧
高杲誥	11去	勞	郎	到
高杲誥	12平	刀	都	高
高杲誥	12上	倒	都	晧
高杲誥	12去	到	都	導
高杲誥	13平	饕	他	刀
高杲誥	13上	討	土	晧
高杲誥	13去	套	他	到
高杲誥	14平	陶	徒	刀
高杲誥	14上	道	杜	晧
高杲誥	14去	導	徒	到
高杲誥	15平	猱	奴	刀
高杲誥	15上	腦	乃	老
高杲誥	15去	臑	奴	報
高杲誥	16平	交	居	肴
高杲誥	16上	絞	古	巧
高杲誥	16去	教	居	效
高杲誥	17平	敲	丘	交
高杲誥	17上	巧	苦	絞
高杲誥	17去	磽	口	教
高杲誥	18平	䲔	魚	敲
高杲誥	18上	齩	魚	巧
高杲誥	18去	樂	魚	孝
高杲誥	19平	坳	於	交
高杲誥	19上	拗	於	巧
高杲誥	19去	靿	於	教
高杲誥	20平	哮	虛	交
高杲誥	20去	孝	許	教
高杲誥	21平	爻	何	交
高杲誥	21上	澩	下	巧
高杲誥	21去	效	胡	孝
高杲誥	22平	嘲	子	交
高杲誥	22上	爪	子	絞
高杲誥	22去	罩	子	教
高杲誥	23平	謙	楚	交
高杲誥	23上	煼	楚	絞
高杲誥	23去	鈔	楚	教
高杲誥	24平	梢	所	交
高杲誥	24上	數	山	巧
高杲誥	24去	稍	所	教
高杲誥	25平	巢	鋤	交

續表

所屬韻部	聲調	小韻首字	反切上字	反切下字	所屬韻部	聲調	小韻首字	反切上字	反切下字
高杲誥	25上	僺	鉏	絞	歌哿箇	2去	課	苦	卧
高杲誥	25去	櫂	鉏	教	歌哿箇	3平	莪	牛	何
高杲誥	26平	鐃	乃	交	歌哿箇	3上	我	五	可
高杲誥	26上	橈	乃	巧	歌哿箇	3去	餓	五	箇
高杲誥	26去	鬧	乃	教	歌哿箇	4平	阿	於	何
高杲誥	27平	包	班	交	歌哿箇	4上	婀	烏	可
高杲誥	27上	飽	博	巧	歌哿箇	4去	侉	安	賀
高杲誥	27去	豹	布	效	歌哿箇	5平	訶	虎	何
高杲誥	28平	褒	博	毛	歌哿箇	5上	歌	虚	可
高杲誥	28上	寶	博	浩	歌哿箇	5去	呵	呼	箇
高杲誥	28去	報	博	耗	歌哿箇	6平	何	寒	哥
高杲誥	29平	泡	披	交	歌哿箇	6上	荷	下	可
高杲誥	29上	皰	滂	保	歌哿箇	6去	荷	胡	箇
高杲誥	29去	砲	披	教	歌哿箇	7平	戈	古	禾
高杲誥	30平	庖	蒲	交	歌哿箇	7上	果	古	火
高杲誥	30上	鮑	部	巧	歌哿箇	7去	過	古	卧
高杲誥	30去	铇	皮	教	歌哿箇	8平	鞾	許	戈
高杲誥	31平	茅	謨	交	歌哿箇	8上	火	虎	果
高杲誥	31上	卯	莫	飽	歌哿箇	8去	貨	呼	卧
高杲誥	31去	貌	眉	教	歌哿箇	9平	髽	子	戈
高杲誥	32平	毛	莫	毫	歌哿箇	9上	左	臧	可
高杲誥	32上	務	莫	老	歌哿箇	9去	左	子	賀
高杲誥	32去	帽	莫	報	歌哿箇	10平	蹉	倉	何
歌哿箇	1平	歌	居	何	歌哿箇	10上	瑳	千	可
歌哿箇	1上	哿	賈	我	歌哿箇	10去	剉	千	卧
歌哿箇	1去	箇	古	课	歌哿箇	11平	娑	桑	何
歌哿箇	2平	珂	丘	何	歌哿箇	11上	鎖	蘇	果
歌哿箇	2上	可	口	我	歌哿箇	11去	娑	蘇	箇

續表

所屬韻部	聲調	小韻首字	反切上字	反切下字
歌哿箇	12平	醝	才	何
歌哿箇	12上	坐	徂	果
歌哿箇	12去	座	徂	臥
歌哿箇	13平	羅	郎	何
歌哿箇	13上	裸	郎	果
歌哿箇	13去	邏	郎	佐
歌哿箇	14平	多	得	何
歌哿箇	14上	觶	丁	可
歌哿箇	14去	癉	丁	佐
歌哿箇	15平	佗	湯	何
歌哿箇	15上	妥	吐	火
歌哿箇	15去	唾	吐	臥
歌哿箇	16平	駝	唐	何
歌哿箇	16上	柁	待	可
歌哿箇	16去	馱	唐	佐
歌哿箇	17平	那	奴	何
歌哿箇	17上	娜	奴	可
歌哿箇	17去	稬	奴	臥
歌哿箇	18平	波	補	禾
歌哿箇	18上	跛	補	火
歌哿箇	18去	播	補	過
歌哿箇	19平	頗	普	禾
歌哿箇	19上	叵	普	火
歌哿箇	19去	破	普	過
歌哿箇	20平	婆	蒲	禾
歌哿箇	20上	爸	蒲	可
歌哿箇	20去	蔆	傍	箇
歌哿箇	21平	摩	眉	波

所屬韻部	聲調	小韻首字	反切上字	反切下字
歌哿箇	21上	麽	忙	果
歌哿箇	21去	磨	莫	臥
瓜寡卦	1平	瓜	古	華
瓜寡卦	1上	寡	古	瓦
瓜寡卦	1去	卦	古	畫
瓜寡卦	2平	誇	枯	瓜
瓜寡卦	2上	跨	苦	瓦
瓜寡卦	2去	跨	苦	化
瓜寡卦	3平	窊	烏	瓜
瓜寡卦	3上	搲	烏	寡
瓜寡卦	3去	攨	烏	化
瓜寡卦	4平	花	呼	瓜
瓜寡卦	4去	化	呼	话
瓜寡卦	5平	華	胡	瓜
瓜寡卦	5上	踝	户	寡
瓜寡卦	5去	畫	胡	卦
瓜寡卦	6平	嘉	居	牙
瓜寡卦	6上	賈	舉	下
瓜寡卦	6去	駕	居	亞
瓜寡卦	7平	呿	丘	加
瓜寡卦	7上	跒	苦	下
瓜寡卦	7去	髂	枯	架
瓜寡卦	8平	牙	牛	加
瓜寡卦	8上	雅	語	下
瓜寡卦	8去	訝	五	駕
瓜寡卦	9平	鴉	於	加
瓜寡卦	9上	啞	倚	下
瓜寡卦	9去	亞	衣	架

續表

所屬韻部	聲調	小韻首字	反切上字	反切下字
瓜寡卦	10平	呀	虛	加
瓜寡卦	10上	閜	許	下
瓜寡卦	10去	罅	呼	嫁
瓜寡卦	11平	遐	何	加
瓜寡卦	11上	下	亥	雅
瓜寡卦	11去	暇	胡	駕
瓜寡卦	12平	樝	莊	加
瓜寡卦	12上	鮓	側	下
瓜寡卦	12去	詐	側	駕
瓜寡卦	13平	叉	初	加
瓜寡卦	13上	奼	齒	下
瓜寡卦	13去	詫	丑	亞
瓜寡卦	14平	沙	師	加
瓜寡卦	14上	灑	沙	下
瓜寡卦	14去	嗄	所	稼
瓜寡卦	15平	槎	鉏	加
瓜寡卦	15上	庝	茶	下
瓜寡卦	15去	乍	鉏	駕
瓜寡卦	16上	打	都	马
瓜寡卦	17平	拏	奴	加
瓜寡卦	17上	絮	奴	下
瓜寡卦	17去	胗	乃	亞
瓜寡卦	18平	巴	邦	加
瓜寡卦	18上	把	補	下
瓜寡卦	18去	霸	必	駕
瓜寡卦	19平	葩	披	巴
瓜寡卦	19上	吧	匹	馬
瓜寡卦	19去	怕	普	駕
瓜寡卦	20平	杷	蒲	巴
瓜寡卦	20上	跁	傍	下
瓜寡卦	20去	罷	皮	罵
瓜寡卦	21平	麻	謨	加
瓜寡卦	21上	馬	莫	下
瓜寡卦	21去	禡	莫	駕
嗟姐借	1平	嗟	咨	邪
嗟姐借	1上	姐	子	野
嗟姐借	1去	借	子	夜
嗟姐借	2上	且	七	野
嗟姐借	2去	笡	千	謝
嗟姐借	3平	些	思	遮
嗟姐借	3上	寫	先	野
嗟姐借	3去	卸	司	夜
嗟姐借	4平	邪	除	嗟
嗟姐借	4上	灺	似	也
嗟姐借	4去	謝	詞	夜
嗟姐借	5平	遮	之	奢
嗟姐借	5上	者	之	野
嗟姐借	5去	蔗	之	夜
嗟姐借	6平	車	昌	遮
嗟姐借	6上	撦	昌	者
嗟姐借	6去	赿	充	夜
嗟姐借	7平	奢	詩	遮
嗟姐借	7上	捨	始	也
嗟姐借	7去	舍	式	夜
嗟姐借	8平	蛇	石	遮
嗟姐借	8上	社	常	者

續表

所屬韻部	聲調	小韻首字	反切上字	反切下字
嗟姐借	8去	射	神	夜
嗟姐借	9平	耶	于	遮
嗟姐借	9上	野	以	者
嗟姐借	9去	夜	寅	射
嗟姐借	10平	爹	丁	邪
嗟姐借	11平	瘸	巨	靴
嗟姐借	12平	肥	於	靴
嗟姐借	13平	買	弥	耶
嗟姐借	13上	乜	弥	也
嗟姐借	13去	殗	名	夜
陽養漾藥	1平	陽	移	章
陽養漾藥	1上	養	以	兩
陽養漾藥	1去	漾	餘	亮
陽養漾藥	1入	藥	亦	灼
陽養漾藥	2平	娘	女	良
陽養漾藥	2上	仰	魚	兩
陽養漾藥	2去	仰	魚	向
陽養漾藥	2入	虐	魚	約
陽養漾藥	3平	將	資	良
陽養漾藥	3上	蔣	子	兩
陽養漾藥	3去	將	子	亮
陽養漾藥	3入	爵	即	約
陽養漾藥	4平	槍	千	羊
陽養漾藥	4上	搶	七	兩
陽養漾藥	4去	蹡	七	亮
陽養漾藥	4入	鵲	七	雀
陽養漾藥	5平	襄	息	良
陽養漾藥	5上	想	息	兩
陽養漾藥	5去	相	息	亮
陽養漾藥	5入	削	息	約
陽養漾藥	6平	牆	慈	良
陽養漾藥	6上	象	似	兩
陽養漾藥	6去	匠	疾	亮
陽養漾藥	6入	嚼	疾	雀
陽養漾藥	7平	良	龍	張
陽養漾藥	7上	兩	良	奬
陽養漾藥	7去	諒	力	仗
陽養漾藥	7入	掠	力	灼
陽養漾藥	8平	羌	驅	羊
陽養漾藥	8上	磋	丘	仰
陽養漾藥	8去	唴	丘	亮
陽養漾藥	8入	却	乞	約
陽養漾藥	9平	彊	渠	良
陽養漾藥	9上	彊	巨	兩
陽養漾藥	9去	弶	其	亮
陽養漾藥	9入	噱	極	虐
陽養漾藥	10平	央	於	良
陽養漾藥	10上	鞅	倚	兩
陽養漾藥	10去	怏	於	亮
陽養漾藥	10入	約	已	却
陽養漾藥	11平	香	虛	良
陽養漾藥	11上	響	許	兩
陽養漾藥	11去	向	許	亮
陽養漾藥	11入	謔	乞	約
陽養漾藥	12平	姜	居	良
陽養漾藥	12上	繈	居	仰

續表

所屬韻部	聲調	小韻首字	反切上字	反切下字
陽養漾藥	12入	腳	吉	約
陽養漾藥	13平	岡	居	郎
陽養漾藥	13上	吭	舉	盎
陽養漾藥	13去	掆	古	浪
陽養漾藥	13入	各	干	岳
陽養漾藥	14平	康	丘	剛
陽養漾藥	14上	忼	口	朗
陽養漾藥	14去	抗	口	浪
陽養漾藥	14入	恪	克	各
陽養漾藥	15平	卬	五	剛
陽養漾藥	15上	駉	語	吭
陽養漾藥	15去	枊	魚	浪
陽養漾藥	15入	咢	逆	各
陽養漾藥	16平	佒	烏	郎
陽養漾藥	16上	坱	烏	朗
陽養漾藥	16去	盎	烏	浪
陽養漾藥	16入	惡	遏	各
陽養漾藥	17平	炕	呼	郎
陽養漾藥	17上	吅	呼	朗
陽養漾藥	17去	巷	呼	降
陽養漾藥	17入	壑	黑	各
陽養漾藥	18平	杭	胡	剛
陽養漾藥	18上	沆	下	郎
陽養漾藥	18去	吭	下	浪
陽養漾藥	18入	鶴	曷	各
陽養漾藥	19平	降	胡	江
陽養漾藥	19上	項	户	講
陽養漾藥	19去	巷	胡	降
陽養漾藥	19入	學	轄	覺
陽養漾藥	20平	倉	千	剛
陽養漾藥	20上	蒼	采	莽
陽養漾藥	20去	稖	七	浪
陽養漾藥	20入	錯	七	各
陽養漾藥	21平	莊	章	霜
陽養漾藥	21上	髒	隻	爽
陽養漾藥	21去	壯	章	況
陽養漾藥	21入	捉	章	角
陽養漾藥	22平	臧	兹	郎
陽養漾藥	22上	駔	子	黨
陽養漾藥	22去	葬	則	浪
陽養漾藥	22入	作	即	各
陽養漾藥	23平	藏	徂	郎
陽養漾藥	23上	奘	在	郎
陽養漾藥	23去	藏	才	浪
陽養漾藥	23入	昨	疾	各
陽養漾藥	24平	胦	握	江
陽養漾藥	24上	慃	烏	項
陽養漾藥	24入	握	乙	角
陽養漾藥	25平	張	陟	良
陽養漾藥	25上	掌	止	兩
陽養漾藥	25去	障	知	亮
陽養漾藥	25入	灼	職	略
陽養漾藥	26平	昌	齒	良
陽養漾藥	26上	敞	昌	兩
陽養漾藥	26去	唱	尺	亮
陽養漾藥	26入	綽	尺	約

續表

所屬韻部	聲調	小韻首字	反切上字	反切下字
陽養漾藥	27平	商	尸	羊
陽養漾藥	27上	賞	始	兩
陽養漾藥	27去	餉	式	亮
陽養漾藥	27入	鑠	式	灼
陽養漾藥	28平	長	仲	良
陽養漾藥	28上	丈	呈	兩
陽養漾藥	28去	仗	直	亮
陽養漾藥	28入	著	直	畧
陽養漾藥	29平	常	辰	羊
陽養漾藥	29上	上	是	掌
陽養漾藥	29去	尚	時	亮
陽養漾藥	29入	若	如	灼
陽養漾藥	30平	光	姑	黄
陽養漾藥	30上	廣	古	晃
陽養漾藥	30去	桄	古	曠
陽養漾藥	30入	郭	古	博
陽養漾藥	31平	䯊	苦	光
陽養漾藥	31上	壙	苦	廣
陽養漾藥	31去	曠	苦	謗
陽養漾藥	31入	廓	苦	郭
陽養漾藥	32平	匡	曲	王
陽養漾藥	32去	眶	區	旺
陽養漾藥	32入	矍	丘	缚
陽養漾藥	33平	狂	渠	王
陽養漾藥	33上	俇	具	往
陽養漾藥	33去	誆	渠	放
陽養漾藥	33入	戄	具	縛
陽養漾藥	34平	汪	烏	光
陽養漾藥	34上	枉	嫗	往
陽養漾藥	34去	[illegible]	烏	桄
陽養漾藥	34入	臒	烏	郭
陽養漾藥	35平	荒	呼	光
陽養漾藥	35上	慌	虎	晃
陽養漾藥	35去	況	虛	放
陽養漾藥	35入	霍	忽	郭
陽養漾藥	36平	黄	胡	光
陽養漾藥	36上	晃	户	廣
陽養漾藥	36去	暀	户	況
陽養漾藥	36入	穫	胡	郭
陽養漾藥	37平	桑	蘇	郎
陽養漾藥	37上	顙	蘇	朗
陽養漾藥	37去	喪	蘇	良
陽養漾藥	37入	索	昔	各
陽養漾藥	38平	雙	聲	桑
陽養漾藥	38上	㦼	聲	賞
陽養漾藥	38去	截	聲	降
陽養漾藥	38入	朔	聲	角
陽養漾藥	39平	牀	助	莊
陽養漾藥	39去	狀	助	浪
陽養漾藥	39入	浞	鋤	角
陽養漾藥	40平	幢	直	商
陽養漾藥	40去	撞	直	降
陽養漾藥	40入	濁	直	角
陽養漾藥	41平	郎	魯	堂
陽養漾藥	41上	朗	里	黨
陽養漾藥	41去	浪	郎	宕

續表

所屬韻部	聲調	小韻首字	反切上字	反切下字
陽養漾藥	41入	洛	歷	各
陽養漾藥	42平	當	都	郎
陽養漾藥	42上	黨	多	曩
陽養漾藥	42去	當	丁	浪
陽養漾藥	42入	椓	都	角
陽養漾藥	43平	湯	他	郎
陽養漾藥	43上	儻	他	曩
陽養漾藥	43去	鐋	他	浪
陽養漾藥	43入	讬	他	各
陽養漾藥	44平	唐	徒	郎
陽養漾藥	44上	蕩	徒	黨
陽養漾藥	44去	宕	徒	浪
陽養漾藥	44入	鐸	達	各
陽養漾藥	45平	囊	奴	當
陽養漾藥	45上	曩	乃	黨
陽養漾藥	45去	儾	奴	浪
陽養漾藥	45入	諾	奴	各
陽養漾藥	46平	邦	博	旁
陽養漾藥	46上	榜	補	曩
陽養漾藥	46去	謗	補	曠
陽養漾藥	46入	博	伯	各
陽養漾藥	47平	滂	普	郎
陽養漾藥	47上	髈	匹	朗
陽養漾藥	47去	胖	竝	浪
陽養漾藥	47入	粕	匹	各
陽養漾藥	48平	旁	蒲	光
陽養漾藥	48上	棒	步	項
陽養漾藥	48去	傍	蒲	浪

所屬韻部	聲調	小韻首字	反切上字	反切下字
陽養漾藥	48入	雹	弼	角
陽養漾藥	49平	茫	謨	郎
陽養漾藥	49上	莽	母	黨
陽養漾藥	49去	漭	莫	浪
陽養漾藥	49入	莫	末	各
陽養漾藥	50平	芳	敷	房
陽養漾藥	50上	紡	妃	兩
陽養漾藥	50去	訪	敷	亮
陽養漾藥	50入	膊	孚	縛
陽養漾藥	51平	房	符	方
陽養漾藥	51上	罔	文	紡
陽養漾藥	51去	妄	巫	放
陽養漾藥	51入	縛	符	約
庚梗更格	1平	庚	古	行
庚梗更格	1上	梗	古	杏
庚梗更格	1去	更	居	孟
庚梗更格	1入	格	各	額
庚梗更格	2平	卿	丘	京
庚梗更格	2上	謦	弃	挺
庚梗更格	2去	慶	丘	正
庚梗更格	2入	隙	乞	逆
庚梗更格	3平	擎	渠	京
庚梗更格	3上	痙	巨	郢
庚梗更格	3去	競	具	映
庚梗更格	3入	劇	竭	戟
庚梗更格	4平	凝	魚	陵
庚梗更格	4上	濘	乃	挺
庚梗更格	4去	佞	鱼	慶

續表

所屬韻部	聲調	小韻首字	反切上字	反切下字
庚梗更格	4入	逆	宜	戟
庚梗更格	5平	英	於	京
庚梗更格	5上	影	於	丙
庚梗更格	5去	映	於	命
庚梗更格	5入	益	伊	昔
庚梗更格	6平	興	虚	陵
庚梗更格	6上	鵯	呼	顶
庚梗更格	6去	興	許	應
庚梗更格	6入	虩	迄	逆
庚梗更格	7平	形	奚	轻
庚梗更格	7上	悻	下	頂
庚梗更格	7去	脛	形	定
庚梗更格	7入	繹	夷	益
庚梗更格	8平	行	何	庚
庚梗更格	8上	杏	何	梗
庚梗更格	8去	行	胡	孟
庚梗更格	8入	劾	胡	得
庚梗更格	9平	增	咨	登
庚梗更格	9上	矰	子	等
庚梗更格	9去	甑	子	孕
庚梗更格	9入	則	子	德
庚梗更格	10平	彰	七	曾
庚梗更格	10去	蹭	七	鄧
庚梗更格	10入	測	初	力
庚梗更格	11平	層	才	登
庚梗更格	11去	贈	昨	亙
庚梗更格	11入	賊	疾	則
庚梗更格	12平	精	子	盈
庚梗更格	12上	井	子	郢
庚梗更格	12去	精	子	正
庚梗更格	12入	積	資	昔
庚梗更格	13平	清	七	情
庚梗更格	13上	請	七	靜
庚梗更格	13去	倩	七	正
庚梗更格	13入	刺	七	跡
庚梗更格	14平	星	先	青
庚梗更格	14上	省	息	井
庚梗更格	14去	性	息	正
庚梗更格	14入	昔	思	積
庚梗更格	15平	情	慈	形
庚梗更格	15上	靜	疾	郢
庚梗更格	15去	淨	疾	正
庚梗更格	15入	寂	前	力
庚梗更格	16平	京	居	卿
庚梗更格	16上	景	居	影
庚梗更格	16去	敬	居	慶
庚梗更格	16入	戟	吃	逆
庚梗更格	17平	阬	丘	庚
庚梗更格	17上	肯	苦	等
庚梗更格	17入	客	乞	格
庚梗更格	18平	揯	居	登
庚梗更格	18上	㝺	孤	等
庚梗更格	18去	亙	居	鄧
庚梗更格	18入	裓	古	得
庚梗更格	19平	娙	五	莖
庚梗更格	19上	脛	五	劲

續表

所屬韻部	聲調	小韻首字	反切上字	反切下字
庚梗更格	19去	硬	鱼	孟
庚梗更格	19入	額	鄂	格
庚梗更格	20上	憯	於	杏
庚梗更格	20入	厄	乙	革
庚梗更格	21平	亨	虚	庚
庚梗更格	21上	擤	虎	梗
庚梗更格	21去	諱	許	更
庚梗更格	21入	赫	呼	格
庚梗更格	22平	爭	甾	耕
庚梗更格	22上	掟	子	猛
庚梗更格	22去	諍	側	迸
庚梗更格	22入	責	子	格
庚梗更格	23平	橕	抽	庚
庚梗更格	23去	牚	敕	諍
庚梗更格	23入	坼	恥	格
庚梗更格	24平	生	思	庚
庚梗更格	24上	省	所	景
庚梗更格	24去	貹	所	敬
庚梗更格	24入	索	山	责
庚梗更格	25平	棖	除	庚
庚梗更格	25上	瑒	杖	梗
庚梗更格	25去	鋥	除	更
庚梗更格	25入	宅	直	格
庚梗更格	26平	征	諸	城
庚梗更格	26上	整	之	郢
庚梗更格	26去	正	之	盛
庚梗更格	26入	隻	之	石
庚梗更格	27平	檉	丑	成
庚梗更格	27上	逞	丑	郢
庚梗更格	27去	稱	丑	正
庚梗更格	27入	赤	昌	石
庚梗更格	28平	聲	式	呈
庚梗更格	28去	聖	式	正
庚梗更格	28入	釋	施	隻
庚梗更格	29平	呈	直	贞
庚梗更格	29上	徎	丈	井
庚梗更格	29去	鄭	直	正
庚梗更格	29入	直	逐	力
庚梗更格	30平	成	時	征
庚梗更格	30去	盛	時	正
庚梗更格	30入	寔	丞	职
庚梗更格	31平	令	離	星
庚梗更格	31上	領	里	郢
庚梗更格	31去	令	力	正
庚梗更格	31入	歷	郎	狄
庚梗更格	32平	丁	當	京
庚梗更格	32上	頂	都	領
庚梗更格	32去	矴	丁	定
庚梗更格	32入	的	丁	歷
庚梗更格	33平	聽	他	經
庚梗更格	33上	珽	他	頂
庚梗更格	33去	聽	他	定
庚梗更格	33入	剔	他	歷
庚梗更格	34平	庭	大	丁
庚梗更格	34上	鋌	徒	鼎
庚梗更格	34去	定	徒	逕

續表

所屬韻部	聲調	小韻首字	反切上字	反切下字
庚梗更格	34入	狄	杜	歷
庚梗更格	35平	扃	涓	熒
庚梗更格	35上	憬	居	永
庚梗更格	35入	狊	古	闃
庚梗更格	36平	傾	窺	營
庚梗更格	36上	頃	丘	潁
庚梗更格	36入	闃	苦	狊
庚梗更格	37平	瓊	渠	營
庚梗更格	38平	縈	於	營
庚梗更格	38上	濙	烏	迥
庚梗更格	38去	瑩	縈	定
庚梗更格	39平	兄	呼	榮
庚梗更格	39上	诇	火	迥
庚梗更格	39去	敻	呼	正
庚梗更格	39入	殈	呼	狊
庚梗更格	40平	榮	于	平
庚梗更格	40上	永	于	憬
庚梗更格	40去	詠	為	命
庚梗更格	40入	域	越	逼
庚梗更格	41平	兵	晡	明
庚梗更格	41上	丙	補	永
庚梗更格	41去	柄	陂	病
庚梗更格	41入	壁	必	歷
庚梗更格	42平	竮	披	耕
庚梗更格	42上	頩	普	迥
庚梗更格	42去	聘	匹	正
庚梗更格	42入	僻	匹	亦
庚梗更格	43平	平	蒲	明

所屬韻部	聲調	小韻首字	反切上字	反切下字
庚梗更格	43上	竝	部	迥
庚梗更格	43去	病	皮	命
庚梗更格	43入	甓	毗	亦
庚梗更格	44平	明	眉	兵
庚梗更格	44上	茗	莫	迥
庚梗更格	44去	命	眉	病
庚梗更格	44入	覓	莫	狄
庚梗更格	45平	棱	盧	登
庚梗更格	45上	冷	魯	杏
庚梗更格	45去	稜	魯	鄧
庚梗更格	45入	勒	歷	德
庚梗更格	46平	登	都	騰
庚梗更格	46上	等	多	肯
庚梗更格	46去	嶝	丁	鄧
庚梗更格	46入	德	多	則
庚梗更格	47平	鼟	他	登
庚梗更格	47去	磴	台	鄧
庚梗更格	47入	忒	惕	德
庚梗更格	48平	騰	徒	登
庚梗更格	48上	邆	徒	等
庚梗更格	48去	鄧	唐	亙
庚梗更格	48入	特	敵	德
庚梗更格	49平	能	奴	登
庚梗更格	49上	㲋	奴	等
庚梗更格	49入	螚	奴	勒
庚梗更格	50平	觥	姑	橫
庚梗更格	50上	礦	古	猛
庚梗更格	50入	虢	古	伯

續表

所屬韻部	聲調	小韻首字	反切上字	反切下字
庚梗更格	51平	轟	呼	宏
庚梗更格	51去	輷	呼	迸
庚梗更格	51入	剨	霍	虢
庚梗更格	52平	横	胡	盲
庚梗更格	52上	廾	胡	猛
庚梗更格	52去	横	户	孟
庚梗更格	52入	獲	胡	麥
庚梗更格	53平	絣	補	耕
庚梗更格	53上	⿰衤并	補	梗
庚梗更格	53去	迸	北	孟
庚梗更格	53入	伯	博	陌
庚梗更格	54平	崩	悲	朋
庚梗更格	54上	⿰王朋	逋	鄧
庚梗更格	54入	北	博	墨
庚梗更格	55平	烹	普	庚
庚梗更格	55上	⿰崩阝	普	等
庚梗更格	55去	⿰魚朋	匹	亙
庚梗更格	55入	拍	普	伯
庚梗更格	56平	彭	蒲	庚
庚梗更格	56上	⿸广黽	蒲	猛
庚梗更格	56去	鬅	蒲	迸
庚梗更格	56入	白	簿	陌
庚梗更格	57平	盲	眉	庚
庚梗更格	57上	猛	母	梗
庚梗更格	57去	孟	莫	更
庚梗更格	57入	陌	莫	白
尤有宥	1平	尤	于	求
尤有宥	1上	有	云	九
尤有宥	1去	宥	尤	救
尤有宥	2平	鳩	居	尤
尤有宥	2上	九	居	有
尤有宥	2去	救	居	又
尤有宥	3平	丘	驅	尤
尤有宥	3上	糗	去	九
尤有宥	3去	蹞	丘	救
尤有宥	4平	求	渠	尤
尤有宥	4上	臼	巨	九
尤有宥	4去	舊	巨	又
尤有宥	5平	憂	於	尤
尤有宥	5上	黝	於	纠
尤有宥	5去	幼	於	謬
尤有宥	6平	休	虛	尤
尤有宥	6上	朽	許	久
尤有宥	6去	齅	許	救
尤有宥	7平	啾	即	尤
尤有宥	7上	酒	子	酉
尤有宥	7去	僦	即	就
尤有宥	8平	秋	此	由
尤有宥	9平	脩	思	留
尤有宥	9上	滫	息	有
尤有宥	9去	秀	息	救
尤有宥	10平	酋	慈	秋
尤有宥	10去	就	疾	僦
尤有宥	11平	諏	將	侯
尤有宥	11上	走	子	口
尤有宥	11去	奏	則	候

續表

所屬韻部	聲調	小韻首字	反切上字	反切下字
尤有宥	12平	誰	楚	侯
尤有宥	12上	趣	此	苟
尤有宥	12去	湊	千	候
尤有宥	13平	搜	疏	鳩
尤有宥	13上	叟	蘇	后
尤有宥	13去	嗽	先	奏
尤有宥	14平	留	力	求
尤有宥	14上	柳	力	九
尤有宥	14去	溜	力	救
尤有宥	15平	丟	丁	羞
尤有宥	16平	㖻	尼	猷
尤有宥	16上	紐	女	九
尤有宥	16去	糅	女	救
尤有宥	17平	鉤	居	侯
尤有宥	17上	者	舉	後
尤有宥	17去	冓	居	候
尤有宥	18平	彄	驅	侯
尤有宥	18上	口	苦	厚
尤有宥	18去	寇	丘	候
尤有宥	19平	齵	魚	侯
尤有宥	19上	偶	語	口
尤有宥	20平	謳	烏	侯
尤有宥	20上	歐	於	口
尤有宥	20去	漚	於	候
尤有宥	21平	齁	呼	侯
尤有宥	21上	吼	許	厚
尤有宥	21去	蔻	許	候
尤有宥	22平	侯	胡	鉤
尤有宥	22上	厚	胡	口
尤有宥	22去	候	胡	茂
尤有宥	23平	周	職	流
尤有宥	23上	帚	止	酉
尤有宥	23去	呪	職	救
尤有宥	24平	抽	丑	鳩
尤有宥	24上	丑	敕	九
尤有宥	24去	臭	尺	救
尤有宥	25平	收	尸	周
尤有宥	25上	首	始	九
尤有宥	25去	狩	舒	救
尤有宥	26平	儔	除	留
尤有宥	26上	紂	丈	九
尤有宥	26去	胄	直	又
尤有宥	27平	柔	而	由
尤有宥	27上	蹂	忍	九
尤有宥	27去	授	承	呪
尤有宥	28平	愁	鋤	尤
尤有宥	28上	穊	鉏	九
尤有宥	28去	驟	鉏	救
尤有宥	29平	樓	盧	侯
尤有宥	29上	塿	郎	斗
尤有宥	29去	漏	郎	豆
尤有宥	30平	兜	當	侯
尤有宥	30上	斗	當	口
尤有宥	30去	鬭	丁	候
尤有宥	31平	偷	他	侯
尤有宥	31上	黈	他	口

續表

所屬韻部	聲調	小韻首字	反切上字	反切下字
尤有宥	31去	透	他	候
尤有宥	32平	頭	徒	侯
尤有宥	32上	鋀	徒	口
尤有宥	32去	豆	大	透
尤有宥	33平	羺	奴	侯
尤有宥	33上	穀	乃	后
尤有宥	33去	耨	乃	豆
尤有宥	34平	呠	普	溝
尤有宥	34上	剖	普	厚
尤有宥	34去	踣	匹	候
尤有宥	35平	裒	蒲	侯
尤有宥	35上	瓿	薄	口
尤有宥	35去	尳	蒲	候
尤有宥	36平	謀	莫	侯
尤有宥	36上	母	莫	厚
尤有宥	36去	茂	莫	候
尤有宥	37平	彪	卑	尤
尤有宥	38平	繆	莫	彪
尤有宥	38去	謬	靡	幼
尤有宥	39平	䳕	方	鳩
尤有宥	39上	缶	俯	九
尤有宥	39去	覆	敷	救
尤有宥	40平	浮	房	鳩
尤有宥	40上	阜	房	缶
尤有宥	40去	復	扶	候
侵寑沁緝	1平	侵	七	林
侵寑沁緝	1上	寑	七	稔
侵寑沁緝	1去	沁	七	鴆
侵寑沁緝	1入	緝	七	入
侵寑沁緝	2平	今	居	吟
侵寑沁緝	2上	錦	居	飲
侵寑沁緝	2去	禁	居	蔭
侵寑沁緝	2入	急	居	立
侵寑沁緝	3平	欽	驅	音
侵寑沁緝	3上	坅	丘	錦
侵寑沁緝	3去	撳	丘	禁
侵寑沁緝	3入	泣	乞	及
侵寑沁緝	4平	琴	渠	今
侵寑沁緝	4上	凚	渠	飲
侵寑沁緝	4去	噤	巨	禁
侵寑沁緝	4入	及	忌	立
侵寑沁緝	5平	音	於	禽
侵寑沁緝	5上	飲	於	錦
侵寑沁緝	5去	蔭	於	禁
侵寑沁緝	5入	揖	一	入
侵寑沁緝	6平	歆	虛	今
侵寑沁緝	6上	吽	呼	怎
侵寑沁緝	6去	廞	火	禁
侵寑沁緝	6入	吸	許	及
侵寑沁緝	7平	淫	夷	今
侵寑沁緝	7上	潭	以	錦
侵寑沁緝	7去	鼤	淫	浸
侵寑沁緝	7入	熠	弋	入
侵寑沁緝	8平	吟	魚	音
侵寑沁緝	8上	僸	魚	錦
侵寑沁緝	8去	吟	宜	禁

續表

所屬韻部	聲調	小韻首字	反切上字	反切下字
侵寑沁緝	8入	岌	魚	及
侵寑沁緝	9平	祲	咨	林
侵寑沁緝	9上	寖	子	衽
侵寑沁緝	9去	浸	子	鴆
侵寑沁緝	9入	湒	賫	入
侵寑沁緝	10平	心	厶	今
侵寑沁緝	10上	伈	悉	枕
侵寑沁緝	10去	勫	思	沁
侵寑沁緝	10入	霫	息	入
侵寑沁緝	11平	尋	徐	心
侵寑沁緝	11上	蕈	慈	荏
侵寑沁緝	11入	集	秦	入
侵寑沁緝	12平	簪	則	深
侵寑沁緝	12上	怎	子	沈
侵寑沁緝	12去	譖	側	禁
侵寑沁緝	12入	戢	側	入
侵寑沁緝	13平	參	初	簪
侵寑沁緝	13上	墋	楚	錦
侵寑沁緝	13去	讖	楚	禁
侵寑沁緝	13入	揷	初	戢
侵寑沁緝	14平	森	疏	簪
侵寑沁緝	14上	痒	所	錦
侵寑沁緝	14去	滲	所	禁
侵寑沁緝	14入	澀	色	入
侵寑沁緝	15平	岑	鋤	簪
侵寑沁緝	15去	曆	鉏	禁
侵寑沁緝	16平	壬	如	深
侵寑沁緝	16上	飪	忍	甚
侵寑沁緝	16去	任	如	鴆
侵寑沁緝	16入	入	日	執
侵寑沁緝	17平	斟	諸	深
侵寑沁緝	17上	枕	章	荏
侵寑沁緝	17去	揕	職	任
侵寑沁緝	17入	執	質	入
侵寑沁緝	18平	琛	丑	森
侵寑沁緝	18上	踸	丑	錦
侵寑沁緝	18去	闖	丑	禁
侵寑沁緝	18入	湁	尺	入
侵寑沁緝	19平	深	式	針
侵寑沁緝	19上	審	式	荏
侵寑沁緝	19去	諗	式	禁
侵寑沁緝	19入	濕	失	入
侵寑沁緝	20平	沈	持	林
侵寑沁緝	20上	朕	呈	稔
侵寑沁緝	20去	鴆	直	禁
侵寑沁緝	20入	蟄	直	立
侵寑沁緝	21平	誑	女	林
侵寑沁緝	21上	拰	尼	廩
侵寑沁緝	21去	賃	女	禁
侵寑沁緝	21入	湆	尼	立
侵寑沁緝	22平	林	犂	沉
侵寑沁緝	22上	廩	力	錦
侵寑沁緝	22去	臨	力	禁
侵寑沁緝	22入	立	力	入
覃禫潭沓	1平	覃	徒	含
覃禫潭沓	1上	禫	徒	感

續表

所屬韻部	聲調	小韻首字	反切上字	反切下字
覃禫潭沓	1去	潭	徒	紺
覃禫潭沓	1入	沓	達	合
覃禫潭沓	2平	甘	姑	南
覃禫潭沓	2上	感	古	禫
覃禫潭沓	2去	紺	古	暗
覃禫潭沓	2入	閤	古	沓
覃禫潭沓	3平	堪	苦	含
覃禫潭沓	3上	坎	苦	感
覃禫潭沓	3去	勘	苦	紺
覃禫潭沓	3入	榼	克	盍
覃禫潭沓	4平	諳	烏	含
覃禫潭沓	4上	唵	烏	感
覃禫潭沓	4去	暗	烏	紺
覃禫潭沓	4入	姶	遏	合
覃禫潭沓	5平	峆	呼	含
覃禫潭沓	5上	歁	呼	唵
覃禫潭沓	5去	顄	呼	紺
覃禫潭沓	5入	欱	呼	合
覃禫潭沓	6平	含	胡	南
覃禫潭沓	6上	頷	户	感
覃禫潭沓	6去	憾	胡	紺
覃禫潭沓	6入	合	胡	閤
覃禫潭沓	7平	簪	祖	含
覃禫潭沓	7上	昝	子	感
覃禫潭沓	7去	篸	作	紺
覃禫潭沓	7入	帀	作	答
覃禫潭沓	8平	參	倉	含
覃禫潭沓	8上	慘	七	感
覃禫潭沓	8去	謲	七	紺
覃禫潭沓	8入	磼	七	合
覃禫潭沓	9平	毿	蘇	含
覃禫潭沓	9上	糝	桑	感
覃禫潭沓	9去	俕	蘇	紺
覃禫潭沓	9入	趿	悉	合
覃禫潭沓	10平	蠶	徂	含
覃禫潭沓	10上	蹔	無反切	
覃禫潭沓	10入	雜	徂	合
覃禫潭沓	11平	藍	盧	監
覃禫潭沓	11上	覽	魯	敢
覃禫潭沓	11去	濫	盧	瞰
覃禫潭沓	11入	臘	無反切	
覃禫潭沓	12平	婪	盧	含
覃禫潭沓	12上	壈	盧	感
覃禫潭沓	12去	濫	郎	紺
覃禫潭沓	12入	拉	落	合
覃禫潭沓	13平	緘	古	咸
覃禫潭沓	13上	減	古	斬
覃禫潭沓	13去	鑑	古	陷
覃禫潭沓	13入	夾	古	洽
覃禫潭沓	14平	嵌	丘	銜
覃禫潭沓	14上	槏	苦	減
覃禫潭沓	14去	歉	口	陷
覃禫潭沓	14入	恰	苦	洽
覃禫潭沓	15平	喦	魚	感
覃禫潭沓	16平	猎	乙	咸
覃禫潭沓	16上	俺	女	敢

續表

所屬韻部	聲調	小韻首字	反切上字	反切下字
覃禫潭沓	16去	韽	於	陷
覃禫潭沓	16入	鴨	乙	甲
覃禫潭沓	17平	咸	許	咸
覃禫潭沓	17上	喊	虎	膽
覃禫潭沓	17去	譀	許	鑑
覃禫潭沓	17入	呷	呼	甲
覃禫潭沓	18平	咸	胡	喦
覃禫潭沓	18上	豏	下	斬
覃禫潭沓	18去	陷	乎	韽
覃禫潭沓	18入	洽	胡	夾
覃禫潭沓	19平	詀	作	咸
覃禫潭沓	19上	斬	側	減
覃禫潭沓	19去	蘸	莊	陷
覃禫潭沓	19入	劄	作	洽
覃禫潭沓	20平	攙	初	銜
覃禫潭沓	20上	臿	初	減
覃禫潭沓	20去	儳	楚	鑑
覃禫潭沓	20入	臿	測	洽
覃禫潭沓	21平	衫	師	銜
覃禫潭沓	21上	摻	所	斬
覃禫潭沓	21去	釤	所	鑑
覃禫潭沓	21入	歃	色	洽
覃禫潭沓	22平	讒	牀	咸
覃禫潭沓	22上	湛	牀	減
覃禫潭沓	22去	儳	牀	陷
覃禫潭沓	22入	霅	牀	甲
覃禫潭沓	23平	耽	都	含
覃禫潭沓	23上	紞	都	感
覃禫潭沓	23去	馱	丁	紺
覃禫潭沓	23入	答	得	合
覃禫潭沓	24平	儋	都	監
覃禫潭沓	24上	膽	覩	敢
覃禫潭沓	24去	擔	都	濫
覃禫潭沓	24入	皶	都	盍
覃禫潭沓	25平	貪	他	含
覃禫潭沓	25上	禫	他	感
覃禫潭沓	25去	探	他	紺
覃禫潭沓	25入	錔	讬	合
覃禫潭沓	26平	坍	他	監
覃禫潭沓	26上	菼	吐	淡
覃禫潭沓	26去	賧	吐	濫
覃禫潭沓	26入	揚	讬	甲
覃禫潭沓	27平	談	徒	監
覃禫潭沓	27上	淡	徒	覽
覃禫潭沓	27去	憺	徒	濫
覃禫潭沓	27入	踏	無反切	
覃禫潭沓	28平	南	那	含
覃禫潭沓	28上	湳	乃	感
覃禫潭沓	28去	婻	奴	紺
覃禫潭沓	28入	納	奴	荅
鹽琰豔葉	1平	鹽	移	廉
鹽琰豔葉	1上	琰	以	冉
鹽琰豔葉	1去	豔	以	贍
鹽琰豔葉	1入	葉	弋	涉
鹽琰豔葉	2平	兼	堅	嫌
鹽琰豔葉	2上	檢	居	奄

續表

所屬韻部	聲調	小韻首字	反切上字	反切下字
鹽琰豔葉	2去	劒	居	欠
鹽琰豔葉	2入	頰	古	協
鹽琰豔葉	3平	謙	苦	兼
鹽琰豔葉	3上	歉	苦	簟
鹽琰豔葉	3去	傔	乞	念
鹽琰豔葉	3入	篋	乞	協
鹽琰豔葉	4平	箝	其	廉
鹽琰豔葉	4上	儉	巨	險
鹽琰豔葉	4去	鐱	渠	驗
鹽琰豔葉	4入	笈	極	曄
鹽琰豔葉	5平	淹	衣	炎
鹽琰豔葉	5上	奄	於	檢
鹽琰豔葉	5去	厭	於	豔
鹽琰豔葉	5入	壓	於	葉
鹽琰豔葉	6平	忺	虛	嚴
鹽琰豔葉	6上	險	虛	檢
鹽琰豔葉	6去	姭	許	欠
鹽琰豔葉	6入	脅	虛	業
鹽琰豔葉	7平	嚴	魚	杴
鹽琰豔葉	7上	广	疑	檢
鹽琰豔葉	7去	驗	魚	欠
鹽琰豔葉	7入	業	魚	怯
鹽琰豔葉	8平	尖	將	廉
鹽琰豔葉	8上	[illegible]	子	冉
鹽琰豔葉	8去	僭	子	艶
鹽琰豔葉	8入	接	即	涉
鹽琰豔葉	9平	籤	千	廉
鹽琰豔葉	9上	醶	七	漸
鹽琰豔葉	9去	塹	七	豔
鹽琰豔葉	9入	妾	七	接
鹽琰豔葉	10平	銛	思	廉
鹽琰豔葉	10去	礸	先	念
鹽琰豔葉	10入	燮	悉	協
鹽琰豔葉	11平	潛	慈	盐
鹽琰豔葉	11上	漸	秦	冉
鹽琰豔葉	11入	捷	疾	葉
鹽琰豔葉	12平	詹	之	廉
鹽琰豔葉	12上	颭	職	琰
鹽琰豔葉	12去	占	章	豔
鹽琰豔葉	12入	輒	質	涉
鹽琰豔葉	13平	襜	蚩	占
鹽琰豔葉	13上	諂	丑	琰
鹽琰豔葉	13去	蹌	昌	豔
鹽琰豔葉	13入	謵	丑	涉
鹽琰豔葉	14平	苫	詩	廉
鹽琰豔葉	14上	閃	失	冉
鹽琰豔葉	14去	閃	舒	贍
鹽琰豔葉	14入	攝	失	涉
鹽琰豔葉	15平	灵	直	廡
鹽琰豔葉	15入	牒	直	葉
鹽琰豔葉	16平	髯	而	占
鹽琰豔葉	16上	冉	而	琰
鹽琰豔葉	16去	染	而	艶
鹽琰豔葉	16入	顳	而	涉
鹽琰豔葉	17平	廉	力	盐
鹽琰豔葉	17上	斂	力	冉

續表

所屬韻部	聲調	小韻首字	反切上字	反切下字
鹽琰豔葉	17去	殮	力	驗
鹽琰豔葉	17入	獵	力	涉
鹽琰豔葉	18平	佔	丁	廉
鹽琰豔葉	18上	點	多	忝
鹽琰豔葉	18去	店	都	念
鹽琰豔葉	18入	跕	丁	協
鹽琰豔葉	19平	添	他	廉
鹽琰豔葉	19上	忝	他	點
鹽琰豔葉	19去	栝	他	念
鹽琰豔葉	19入	帖	他	協
鹽琰豔葉	20平	甜	徒	廉
鹽琰豔葉	20上	簟	徒	點
鹽琰豔葉	20去	磹	徒	念
鹽琰豔葉	20入	牒	徒	協
鹽琰豔葉	21平	拈	奴	兼
鹽琰豔葉	21上	淰	乃	點
鹽琰豔葉	21去	念	奴	店
鹽琰豔葉	21入	捻	奴	協
鹽琰豔葉	22平	砭	悲	廉
鹽琰豔葉	22上	貶	悲	檢
鹽琰豔葉	22去	窆	陂	驗

附録三：《字學指南》小韻首字表

韻部	聲調	小韻首字	反切上字	反切下字
東韻	1平	東	德	洪
東韻	1上	董	多	動
東韻	1去	凍	多	貢
東韻	1入	篤	都	毒
東韻	2平	空	去	紅
東韻	2上	孔	康	董
東韻	2去	控	苦	貢
東韻	2入	酷	枯	沃
東韻	3平	翁	烏	紅
東韻	3上	塕	烏	孔
東韻	3去	甕	烏	貢
東韻	3入	屋	烏	穀
東韻	4平	烘	呼	紅
東韻	4上	嗊	虎	孔
東韻	4去	烘	呼	貢
東韻	4入	熇	呼	木
東韻	5平	洪	胡	公
東韻	5上	澒	胡	孔
東韻	5去	哄	胡	貢
東韻	5入	斛	胡	穀
東韻	6平	宗	祖	冬

韻部	聲調	小韻首字	反切上字	反切下字
東韻	6上	總	作	孔
東韻	6去	粽	作	弄
東韻	6入	蹙	子	六
東韻	7平	悤	倉	紅
東韻	7上	總	且	勇
東韻	7去	謥	此	弄
東韻	7入	蔟	千	木
東韻	8平	淞	息	中
東韻	8上	竦	息	勇
東韻	8去	送	蘇	弄
東韻	8入	速	蘇	六
東韻	9平	從	牆	容
東韻	9上	缺		
東韻	9去	從	才	用
東韻	9入	族	昨	木
東韻	10平	弓	居	中
東韻	10上	拱	居	竦
東韻	10入	匊	居	六
東韻	11平	穹	丘	中
東韻	11上	恐	丘	隴
東韻	11去	恐	欺	用

續表

韻部	聲調	小韻首字	反切上字	反切下字
東韻	11入	曲	丘	六
東韻	12平	崇	鉏	中
東韻	12上	尰	時	勇
東韻	12去	缺		
東韻	12入	孰	神	六
東韻	13平	松	詳	容
東韻	13上	缺		
東韻	13去	頌	似	用
東韻	13入	續	似	足
東韻	14平	叢	徂	紅
東韻	14上	缺		
東韻	14去	䮨	徂	送
東韻	14入	缺		
東韻	15平	雄	胡	弓
東韻	15上	缺		
東韻	15去	缺		
東韻	15入	缺		
東韻	16平	窮	渠	宮
東韻	16上	缺		
東韻	16去	共	渠	用
東韻	16入	局	渠	玉
東韻	17平	邕	於	容
東韻	17上	雍	音勇	
東韻	17去	雍	於	用
東韻	17入	鬱	乙	六
東韻	18平	胷	許	容
東韻	18上	缺		
東韻	18去	缺		
東韻	18入	畜	許	六
東韻	19平	融	以	中
東韻	19上	勇	尹	竦
東韻	19去	用	餘	頌
東韻	19入	育	餘	六
東韻	20平	顒	魚	容
東韻	20上	缺		
東韻	20去	缺		
東韻	20入	玉	魚	欲
東韻	21平	中	陟	隆
東韻	21上	腫	知	隴
東韻	21去	衆	之	仲
東韻	21入	祝	之	六
東韻	22平	充	昌	中
東韻	22上	寵	醜	勇
東韻	22去	惷	醜	用
東韻	22入	柷	昌	六
東韻	23平	舂	書	容
東韻	23上	缺		
東韻	23去	缺		
東韻	23入	叔	式	竹
東韻	24平	蟲	持	中
東韻	24上	重	直	隴
東韻	24去	仲	直	眾
東韻	24入	逐	直	六
東韻	25平	戎	而	中
東韻	25上	宂	而	隴
東韻	25去	缺		

續表

韻部	聲調	小韻首字	反切上字	反切下字	韻部	聲調	小韻首字	反切上字	反切下字
東韻	25入	肉	而	六	東韻	32入	撲	普	匐
東韻	26平	龍	盧	容	東韻	33平	蓬	蒲	紅
東韻	26上	籠	力	董	東韻	33上	埲	蒲	蠓
東韻	26去	弄	盧	貢	東韻	33去	槰	菩	貢
東韻	26入	祿	蘆	穀	東韻	33入	僕	步	木
東韻	27平	公	古	紅	東韻	34平	蒙	莫	紅
東韻	27上	缺			東韻	34上	蠓	母	摠
東韻	27去	貢	古	送	東韻	34去	夢	蒙	弄
東韻	27入	穀	古	祿	東韻	34入	木	莫	匐
東韻	28平	通	他	紅	東韻	35平	風	方	中
東韻	28上	統	他	總	東韻	35上	捧	方	孔
東韻	28去	痛	他	貢	東韻	35去	諷	方	鳳
東韻	28入	秃	他	穀	東韻	35入	福	方	六
東韻	29平	同	徒	紅	東韻	36平	馮	符	中
東韻	29上	動	徒	摠	東韻	36上	缺		
東韻	29去	洞	徒	弄	東韻	36去	鳳	馮	貢
東韻	29入	讀	徒	穀	東韻	36入	伏	房	六
東韻	30平	農	奴	冬	支韻	1平	支	旨	而
東韻	30上	缺			支韻	1上	紙	諸	氏
東韻	30去	缺			支韻	1去	寘	支	義
東韻	30入	傉	奴	篤	支韻	2平	知	陟	離
東韻	31平	缺			支韻	2上	徵	陟	裏
東韻	31上	琫	邊	孔	支韻	2去	智	知	意
東韻	31去	缺			支韻	3平	伊	於	宜
東韻	31入	匐	博	木	支韻	3上	倚	隱	綺
東韻	32平	䩬	撲	蒙	支韻	3去	意	隱	計
東韻	32上	缺			支韻	4平	羲	虛	宜
東韻	32去	缺			支韻	4上	喜	許	裏

續表

韻部	聲調	小韻首字	反切上字	反切下字
支韻	4去	戲	許	意
支韻	5平	夷	延	知
支韻	5上	以	羊	裏
支韻	5去	異	胡	計
支韻	6平	缺		
支韻	6上	缺		
支韻	6又去	曳	以	智
支韻	7平	倪	研	奚
支韻	7上	缺		
支韻	7去	義	研	計
支韻	8平	缺		
支韻	8上	缺		
支韻	8又去	詣	研	計
支韻	9平	咨	津	私
支韻	9上	子	祖	似
支韻	9去	恣	資	四
支韻	10平	雌	此	茲
支韻	10上	此	雌	氏
支韻	10去	次	七	四
支韻	11平	私	想	咨
支韻	11上	死	想	姊
支韻	11去	四	息	恣
支韻	12平	茨	才	資
支韻	12上	缺		
支韻	12去	自	疾	二
支韻	13平	詞	詳	茲

韻部	聲調	小韻首字	反切上字	反切下字
支韻	13上	似	詳	子
支韻	13去	寺	祥	吏
支韻	14平	摛	抽	知
支韻	14上	侈	尺	裏
支韻	14去	眙	醜	吏
支韻	15平	缺		
支韻	15上	缺		
支韻	15又去	世	始	制
支韻	16平	馳	陳	知
支韻	16上	雉	丈	幾
支韻	16去	治	直	意
支韻	17平	缺		
支韻	17上	缺		
支韻	17又去	誓	時	制
支韻	18平	奇	渠	宜
支韻	18上	技	巨	綺
支韻	18去	芰	奇	寄
支韻	19平	詩	申	之
支韻	19上	始	詩	止
支韻	19去	試	式	至
支韻	20平	時	仁	之
支韻	20上	是	上	紙
支韻	20去	侍	時	吏
支韻	21平	兒	如	皮
支韻	21上	耳	如	此
支韻	21去	二	而	至

續表

韻部	聲調	小韻首字	反切上字	反切下字
支韻	22平	悲	逋	眉
支韻	22上	彼	補	委
支韻	22去	祕	兵	媚
支韻	23平	紕	篇	夷
支韻	23上	庀	普	弭
支韻	23去	譬	匹	智
支韻	24平	皮	蒲	迷
支韻	24上	婢	部	比
支韻	24去	避	毗	意
支韻	25平	霏	芳	微
支韻	25上	斐	敷	尾
支韻	25去	費	芳	未
支韻	26平	肥	符	非
支韻	26上	尾	無	匪
支韻	26去	未	無	沸
齊韻	1平	齊	前	西
齊韻	1上	薺	在	禮
齊韻	1去	嚌	才	詣
齊韻	2平	谿	牽	奚
齊韻	2上	起	區	裏
齊韻	2去	器	去	冀
齊韻	3平	兮	弦	雞
齊韻	3上	徯	户	禮
齊韻	3去	系	胡	計
齊韻	4平	賷	牋	西
齊韻	4上	濟	子	禮
齊韻	4去	霽	子	計
齊韻	5平	妻	千	西

韻部	聲調	小韻首字	反切上字	反切下字
齊韻	5上	泚	此	禮
齊韻	5去	砌	七	計
齊韻	6平	西	先	齊
齊韻	6上	徙	想	裏
齊韻	6去	細	思	計
齊韻	7平	鷄	堅	溪
齊韻	7上	已	居	裏
齊韻	7去	寄	吉	器
齊韻	8平	離	鄰	知
齊韻	8上	裏	良	以
齊韻	8去	利	力	至
齊韻	9平	低	都	黎
齊韻	9上	邸	典	禮
齊韻	9去	帝	丁	計
齊韻	10平	梯	天	黎
齊韻	10上	體	他	禮
齊韻	10去	替	他	計
齊韻	11平	題	杜	衣
齊韻	11上	弟	待	禮
齊韻	11去	第	大	計
齊韻	12平	泥	年	題
齊韻	12上	你	乃	裏
齊韻	12去	泥	乃	計
齊韻	13平	篦	邊	迷
齊韻	13上	吡	補	米
齊韻	13去	閉	必	弊
齊韻	14平	迷	綿	兮
齊韻	14上	米	莫	禮

續表

韻部	聲調	小韻首字	反切上字	反切下字	韻部	聲調	小韻首字	反切上字	反切下字
齊韻	14去	袂	彌	蔽	魚韻	10平	徐	祥	於
魚韻	1平	魚	牛	居	魚韻	10上	敘	象	呂
魚韻	1上	語	偶	許	魚韻	10去	屐	徐	預
魚韻	1去	禦	魚	據	魚韻	11平	諸	專	於
魚韻	2平	墟	丘	於	魚韻	11上	主	專	庾
魚韻	2上	去	丘	舉	魚韻	11去	著	陟	慮
魚韻	2去	去	丘	據	魚韻	12平	樞	春	朱
魚韻	3平	渠	求	於	魚韻	12上	杵	敞	呂
魚韻	3上	巨	臼	許	魚韻	12去	處	昌	據
魚韻	3去	具	忌	遇	魚韻	13平	書	商	居
魚韻	4平	於	雲	俱	魚韻	13上	暑	賞	呂
魚韻	4上	與	弋	渚	魚韻	13去	恕	商	處
魚韻	4去	豫	羊	茹	魚韻	14平	除	長	魚
魚韻	5平	於	衣	虛	魚韻	14上	柱	直	呂
魚韻	5上	傴	於	語	魚韻	14去	筯	治	據
魚韻	5去	飫	於	據	魚韻	15平	殊	尚	朱
魚韻	6平	虛	休	居	魚韻	15上	汝	忍	與
魚韻	6上	許	虛	呂	魚韻	15去	孺	而	遇
魚韻	6去	嘘	許	禦	魚韻	16平	居	斤	於
魚韻	7平	苴	子	餘	魚韻	16上	舉	居	許
魚韻	7上	咀	子	與	魚韻	16去	據	居	禦
魚韻	7去	怚	將	預	魚韻	17平	閭	淩	如
魚韻	8平	趨	逡	須	魚韻	17上	呂	兩	舉
魚韻	8上	取	此	主	魚韻	17去	慮	良	據
魚韻	8去	覻	七	慮	模韻	1平	模	莫	胡
魚韻	9平	胥	新	於	模韻	1上	母	謀	補
魚韻	9上	諝	私	呂	模韻	1去	暮	莫	故
魚韻	9去	絮	息	據	模韻	2平	枯	空	胡

續表

韻部	聲調	小韻首字	反切上字	反切下字	韻部	聲調	小韻首字	反切上字	反切下字
模韻	2上	苦	孔	五	模韻	11去	路	魯	故
模韻	2去	庫	孔	故	模韻	12平	都	東	徒
模韻	3平	吾	訛	胡	模韻	12上	覩	董	五
模韻	3上	五	阮	古	模韻	12去	妒	都	故
模韻	3去	誤	五	故	模韻	13平	瑹	通	都
模韻	4平	烏	汪	胡	模韻	13上	土	統	五
模韻	4上	塢	安	古	模韻	13去	兔	土	故
模韻	4去	汙	烏	故	模韻	14平	徒	同	都
模韻	5平	呼	荒	胡	模韻	14上	杜	屠	古
模韻	5上	虎	火	五	模韻	14去	度	徒	故
模韻	5去	謼	荒	故	模韻	15平	奴	農	都
模韻	6平	胡	洪	孤	模韻	15上	弩	奴	古
模韻	6上	户	侯	古	模韻	15去	怒	奴	故
模韻	6去	護	胡	故	模韻	16平	逋	奔	模
模韻	7平	租	宗	蘇	模韻	16上	補	博	古
模韻	7上	祖	宗	五	模韻	16去	布	布	故
模韻	7去	作	臧	助	模韻	17平	鋪	滂	謨
模韻	8平	粗	倉	胡	模韻	17上	普	頗	五
模韻	8上	楚	創	祖	模韻	17去	鋪	普	故
模韻	8去	措	倉	故	模韻	18平	蒲	薄	胡
模韻	9平	蘇	孫	租	模韻	18上	薄	裴	古
模韻	9上	所	踈	五	模韻	18去	步	薄	故
模韻	9去	疏	所	故	模韻	19平	孤	攻	乎
模韻	10平	徂	叢	租	模韻	19上	古	公	土
模韻	10上	缺			模韻	19去	顧	古	慕
模韻	10去	祚	靖	故	模韻	20平	敷	芳	無
模韻	11平	盧	籠	都	模韻	20上	撫	斐	古
模韻	11上	魯	郎	古	模韻	20去	赴	方	故

續表

韻部	聲調	小韻首字	反切上字	反切下字
模韻	21平	扶	逢	夫
模韻	21上	武	罔	古
模韻	21去	附	符	遇
灰韻	1平	灰	呼	回
灰韻	1上	賄	呼	罪
灰韻	1去	誨	呼	對
灰韻	2平	恢	枯	回
灰韻	2上	傀	苦	猥
灰韻	2去	塊	窺	睡
灰韻	3平	葵	渠	為
灰韻	3上	跪	巨	委
灰韻	3去	匱	具	位
灰韻	4平	危	魚	為
灰韻	4上	隗	五	罪
灰韻	4去	魏	魚	胃
灰韻	5平	為	於	媯
灰韻	5上	瘣	户	賄
灰韻	5去	胃	於	貴
灰韻	6平	煨	烏	魁
灰韻	6上	猥	烏	賄
灰韻	6去	穢	烏	胃
灰韻	7平	傀	姑	回
灰韻	7上	詭	古	委
灰韻	7去	儈	古	魏
灰韻	8平	隹	朱	惟
灰韻	8上	捶	主	蘂
灰韻	8去	惴	之	瑞
灰韻	9平	嗺	津	綏
灰韻	9上	觜	節	委
灰韻	9去	醉	將	遂
灰韻	10平	吹	昌	垂
灰韻	10上	揣	楚	委
灰韻	10去	毳	昌	瑞
灰韻	11平	催	倉	回
灰韻	11上	璀	取	猥
灰韻	11去	翠	七	醉
灰韻	12平	雖	蘇	回
灰韻	12上	髓	悉	委
灰韻	12去	歲	須	鋭
灰韻	13平	衰	所	隹
灰韻	13上	缺		
灰韻	13去	帥	所	類
灰韻	14平	缺		
灰韻	14上	水	式	軌
灰韻	14去	稅	缺	
灰韻	15平	催	徂	回
灰韻	15上	罪	徂	賄
灰韻	15去	遂	徐	醉
灰韻	16平	誰	視	隹
灰韻	16上	蘂	如	累
灰韻	16去	芮	儒	稅
灰韻	17平	椎	直	追
灰韻	17上	缺		
灰韻	17去	墜	直	類
灰韻	18平	雷	盧	回
灰韻	18上	壘	魯	猥

續表

韻部	聲調	小韻首字	反切上字	反切下字
灰韻	18去	類	力	遂
灰韻	19平	堆	都	回
灰韻	19上	錞	都	罪
灰韻	19去	對	都	內
灰韻	20平	推	通	回
灰韻	20上	腿	吐	猥
灰韻	20去	退	吐	內
灰韻	21平	隤	徒	回
灰韻	21上	鐓	杜	罪
灰韻	21去	隊	杜	對
灰韻	22平	捼	奴	回
灰韻	22上	餧	弩	罪
灰韻	22去	內	奴	對
灰韻	23平	杯	晡	回
灰韻	23上	栢	布	委
灰韻	23去	背	邦	妹
灰韻	24平	壞	鋪	杯
灰韻	24上	俖	普	罪
灰韻	24去	配	滂	佩
灰韻	25平	裴	蒲	枚
灰韻	25上		缺	
灰韻	25去	佩	步	昧
灰韻	26平	枚	謨	杯
灰韻	26上	浼	莫	賄
灰韻	26去	妹	莫	佩
皆韻	1平	皆	居	皆
皆韻	1上	解	佳	買
皆韻	1去	戒	居	拜

韻部	聲調	小韻首字	反切上字	反切下字
皆韻	2平	開	丘	哀
皆韻	2上	愷	可	亥
皆韻	2去	慨	丘	蓋
皆韻	3平	擡	渠	開
皆韻	3上		缺	
皆韻	3去	隑	巨	代
皆韻	4平	皚	魚	開
皆韻	4上		缺	
皆韻	4去	艾	牛	蓋
皆韻	5平	哀	於	開
皆韻	5上	欸	依	亥
皆韻	5去	愛	於	蓋
皆韻	6平	咍	呼	來
皆韻	6上	海	呼	改
皆韻	6去	餀	呼	艾
皆韻	7平	孩	何	開
皆韻	7上	亥	胡	改
皆韻	7去	害	下	蓋
皆韻	8平	哉	將	來
皆韻	8上	宰	子	亥
皆韻	8去	再	作	代
皆韻	9平	猜	倉	才
皆韻	9上	采	此	宰
皆韻	9去	菜	倉	代
皆韻	10平	顋	桑	才
皆韻	10上		缺	
皆韻	10去	賽	先	代
皆韻	11平	才	牆	來

續表

韻部	聲調	小韻首字	反切上字	反切下字
皆韻	11上	在	盡	亥
皆韻	11去	在	昨	代
皆韻	12平	[illegible]	昌	來
皆韻	12上	茝	昌	亥
皆韻	12去	缺		
皆韻	13平	該	柯	開
皆韻	13上	改	居	亥
皆韻	13去	蓋	居	大
皆韻	14平	揩	丘	皆
皆韻	14上	楷	口	駭
皆韻	14去	鞜	口	戒
皆韻	15平	涯	宜	皆
皆韻	15上	騃	語	駭
皆韻	15去	睚	牛	懈
皆韻	16平	挨	么	皆
皆韻	16上	矮	鴉	蟹
皆韻	16去	隘	烏	懈
皆韻	17平	諧	雄	皆
皆韻	17上	駭	下	楷
皆韻	17去	械	下	戒
皆韻	18平	齋	莊	皆
皆韻	18上	跐	側	買
皆韻	18去	債	側	賣
皆韻	19平	釵	初	皆
皆韻	19上	缺		
皆韻	19去	瘥	楚	懈
皆韻	20平	簁	山	皆
皆韻	20上	灑	所	蟹

韻部	聲調	小韻首字	反切上字	反切下字
皆韻	20去	曬	所	賣
皆韻	21平	柴	牀	皆
皆韻	21上	廌	鉏	買
皆韻	21去	砦	助	邁
皆韻	22平	來	郎	才
皆韻	22上	釢	來	改
皆韻	22去	徠	勞	代
皆韻	23平	[illegible]	丁	來
皆韻	23上	等	多	改
皆韻	23去	戴	丁	代
皆韻	24平	胎	湯	來
皆韻	24上	缺		
皆韻	24去	貸	他	蓋
皆韻	25平	臺	堂	來
皆韻	25上	待	蕩	亥
皆韻	25去	代	度	耐
皆韻	26平	[illegible]	囊	來
皆韻	26上	乃	囊	亥
皆韻	26去	柰	乃	帶
皆韻	27平	乖	公	懷
皆韻	27上	枴	古	買
皆韻	27去	怪	古	擵
皆韻	28平	咼	苦	乖
皆韻	28上	缺		
皆韻	28去	快	苦	夬
皆韻	29平	詬	五	咼
皆韻	29上	缺		
皆韻	29去	聵	魚	怪

續表

韻部	聲調	小韻首字	反切上字	反切下字
皆韻	30平	崴	烏	垂
皆韻	30上	缺		
皆韻	30去	䠊	烏	怪
皆韻	31平	懷	乎	乖
皆韻	31上	夥	胡	買
皆韻	31去	壞	華	賣
皆韻	32平	擺	補	買
皆韻	32上	缺		
皆韻	32去	拜	布	怪
皆韻	33平	缺		
皆韻	33上	捧	普	擺
皆韻	33去	派	普	夬
皆韻	34平	排	步	皆
皆韻	34上	缺		
皆韻	34去	敗	薄	邁
皆韻	35平	埋	謨	皆
皆韻	35上	買	莫	蟹
皆韻	35去	賣	莫	懈
真韻	1平	真	之	人
真韻	1上	軫	止	忍
真韻	1去	震	知	刃
真韻	1入	質	職	日
真韻	2平	炊	去	斤
真韻	2上	螼	棄	忍
真韻	2去	菣	去	刃
真韻	2入	乞	欺	訖
真韻	3平	勤	渠	斤

韻部	聲調	小韻首字	反切上字	反切下字
真韻	3上	近	巨	謹
真韻	3去	覲	具	吝
真韻	3入	姞	極	乙
真韻	4平	因	伊	真
真韻	4上	隱	於	謹
真韻	4去	印	伊	刃
真韻	4入	一	益	吉
真韻	5平	欣	許	斤
真韻	5上	蠔	許	謹
真韻	5去	釁	許	刃
真韻	5入	肸	黑	乙
真韻	6平	寅	夷	真
真韻	6上	引	以	忍
真韻	6去	胤	羊	進
真韻	6入	逸	弋	質
真韻	7平	銀	魚	巾
真韻	7上	聽	語	謹
真韻	7去	憖	魚	僅
真韻	7入	仡	魚	乞
真韻	8平	津	資	辛
真韻	8上	榼	即	忍
真韻	8去	晉	即	刃
真韻	8入	堲	子	疾
真韻	9平	親	七	人
真韻	9上	缺		
真韻	9去	親	七	刃
真韻	9入	七	戚	栗
真韻	10平	辛	斯	鄰

續表

韻部	聲調	小韻首字	反切上字	反切下字
真韻	10上	缺		
真韻	10去	信	思	晉
真韻	10入	悉	息	入
真韻	11平	缺		
真韻	11上	齔	初	謹
真韻	11去	櫬	初	覲
真韻	11入	崒	缺	
真韻	12平	旬	詳	倫
真韻	12上	缺		
真韻	12去	殉	詳	閏
真韻	12入	缺		
真韻	13平	秦	慈	鄰
真韻	13上	盡	慈	忍
真韻	13去	藎	齊	進
真韻	13入	疾	昨	栗
真韻	14平	鄰	離	珍
真韻	14上	嶙	良	忍
真韻	14去	吝	良	刃
真韻	14入	栗	力	質
真韻	15平	根	古	痕
真韻	15上	詪	古	狠
真韻	15去	艮	古	恨
真韻	15入	缺		
真韻	16平	鞎	口	恩
真韻	16上	懇	口	很
真韻	16去	硍	苦	恨
真韻	16入	缺		
真韻	17平	恩	烏	痕

韻部	聲調	小韻首字	反切上字	反切下字
真韻	17上	缺		
真韻	17去	缺		
真韻	17入	缺		
真韻	18平	痕	胡	恩
真韻	18上	很	下	懇
真韻	18去	恨	下	艮
真韻	18入	覈	下	沒
真韻	19平	巾	居	銀
真韻	19上	緊	居	忍
真韻	19去	靳	居	焮
真韻	19入	吉	激	入
真韻	20平	惇	朱	倫
真韻	20上	準	知	允
真韻	20去	稕	朱	閏
真韻	20入	窋	竹	律
真韻	21平	瞋	稱	人
真韻	21上	囅	醜	忍
真韻	21去	趂	醜	刃
真韻	21入	叱	尺	律
真韻	22平	春	樞	倫
真韻	22上	蠢	尺	允
真韻	22去	缺		
真韻	22入	出	尺	律
真韻	23平	申	升	人
真韻	23上	哂	矢	忍
真韻	23去	眒	試	刃
真韻	23入	失	式	質
真韻	24平	荀	須	倫

續表

韻部	聲調	小韻首字	反切上字	反切下字
真韻	24上	筍	聳	允
真韻	24去	峻	須	閏
真韻	24入	恤	雪	律
真韻	25平	缺		
真韻	25上	缺		
真韻	25去	缺		
真韻	25又入	崒	昨	律
真韻	26平	婘	式	勻
真韻	26上	賰	式	允
真韻	26去	舜	輸	閏
真韻	26入	率	朔	律
真韻	27平	缺		
真韻	27上	缺		
真韻	27去	缺		
真韻	27又入	術	直	律
真韻	28平	缺		
真韻	28上	缺		
真韻	28去	缺		
真韻	28又入	失	式	質
真韻	29平	陳	池	鄰
真韻	29上	紖	直	忍
真韻	29去	陣	直	刃
真韻	29入	秩	直	質
真韻	30平	辰	丞	真
真韻	30上	腎	時	軫

韻部	聲調	小韻首字	反切上字	反切下字
真韻	30去	慎	時	刃
真韻	30入	實	神	質
真韻	31平	人	而	隣
真韻	31上	忍	爾	軫
真韻	31去	刃	而	振
真韻	31入	日	人	質
真韻	32平	倫	龍	春
真韻	32上	埨	力	準
真韻	32去	缺		
真韻	32入	律	劣	戌
真韻	33平	逡	七	倫
真韻	33上	缺		
真韻	33去	缺		
真韻	33入	焌	促	律
真韻	34平	缺		
真韻	34上	缺		
真韻	34去	俊	祖	峻
真韻	34入	啐	即	律
真韻	35平	純	殊	倫
真韻	35上	盾	豎	允
真韻	35去	順	食	閏
真韻	35入	缺		
真韻	36平	犉	如	勻
真韻	36上	蝡	乳	允
真韻	36去	閏	儒	順
真韻	36入	缺		
真韻	37平	臻	側	詵
真韻	37上	缺		

續表

韻部	聲調	小韻首字	反切上字	反切下字
真韻	37去	缺		
真韻	37入	櫛	側	瑟
真韻	38平	鈞	規	倫
真韻	38上	攟	舉	蘊
真韻	38去	捃	居	運
真韻	38入	橘	厥	筆
真韻	39平	囷	區	倫
真韻	39上	梱	苦	隕
真韻	39去	缺		
真韻	39入	屈	曲	聿
真韻	40平	羣	渠	雲
真韻	40上	窘	巨	隕
真韻	40去	郡	巨	運
真韻	40入	倔	渠	勿
真韻	41平	氳	於	雲
真韻	41上	緼	委	粉
真韻	41去	醞	於	問
真韻	41入	鬱	紆	勿
真韻	42平	熏	許	雲
真韻	42上	缺		
真韻	42去	訓	籲	運
真韻	42入	[illegible]	休	筆
真韻	43平	雲	於	分
真韻	43上	隕	羽	敏
真韻	43去	運	禹	慍
真韻	43入	聿	以	律
真韻	44平	尊	租	昆
真韻	44上	撙	祖	本

韻部	聲調	小韻首字	反切上字	反切下字
真韻	44去	捘	祖	寸
真韻	44入	卒	臧	沒
真韻	45平	村	倉	尊
真韻	45上	忖	取	本
真韻	45去	寸	村	困
真韻	45入	猝	蒼	沒
真韻	46平	孫	蘇	昆
真韻	46上	損	蘇	本
真韻	46去	巽	蘇	困
真韻	46入	窣	蘇	骨
真韻	47平	存	徂	尊
真韻	47上	鱒	徂	本
真韻	47去	鐏	徂	悶
真韻	47入	捽	昨	沒
真韻	48平	昆	公	渾
真韻	48上	衮	古	本
真韻	48去	睔	古	困
真韻	48入	骨	古	忽
真韻	49平	坤	枯	昆
真韻	49上	悃	苦	本
真韻	49去	困	苦	悶
真韻	49入	窟	苦	骨
真韻	50平	缺		
真韻	50上	缺		
真韻	50去	缺		
真韻	50 又入	兀	牛	忽
真韻	51平	温	烏	温

續表

韻部	聲調	小韻首字	反切上字	反切下字
真韻	51上	穩	烏	本
真韻	51去	搵	烏	困
真韻	51入	膃	烏	骨
真韻	52平	昏	呼	昆
真韻	52上	總	虛	本
真韻	52去	惛	呼	困
真韻	52入	忽	呼	骨
真韻	53平	魂	胡	昆
真韻	53上	混	胡	本
真韻	53去	慁	胡	困
真韻	53入	鶻	胡	骨
真韻	54平	論	盧	昆
真韻	54上	缺		
真韻	54去	論	盧	困
真韻	54入	硉	盧	沒
真韻	55平	敦	都	昆
真韻	55上	缺		
真韻	55去	頓	都	困
真韻	55入	咄	當	沒
真韻	56平	暾	他	昆
真韻	56上	缺		
真韻	56去	褪	吐	困
真韻	56入	宊	他	骨
真韻	57平	屯	徒	孫
真韻	57上	囤	杜	本
真韻	57去	鈍	徒	困
真韻	57入	突	陀	訥
真韻	58平	黁	奴	昆
真韻	58上	缺		
真韻	58去	嫩	奴	困
真韻	58入	訥	奴	骨
真韻	59平	奔	逋	昆
真韻	59上	本	布	衮
真韻	59去	奔	補	悶
真韻	59入	不	逋	沒
真韻	60平	歕	鋪	魂
真韻	60上	栩	普	本
真韻	60去	噴	普	悶
真韻	60入	朏	普	沒
真韻	61平	盆	蒲	奔
真韻	61上	旛	部	本
真韻	61去	坌	步	悶
真韻	61入	孛	蒲	沒
真韻	62平	門	莫	奔
真韻	62上	懣	莫	本
真韻	62去	悶	莫	困
真韻	62入	沒	莫	勃
真韻	63平	賓	卑	民
真韻	63上	稟	必	敏
真韻	63去	儐	必	刃
真韻	63入	必	壁	吉
真韻	64平	繽	紕	民
真韻	64上	品	丕	敏
真韻	64去	覾	匹	刃
真韻	64入	匹	僻	吉
真韻	65平	頻	毗	賔

續表

韻部	聲調	小韻首字	反切上字	反切下字
真韻	65上	牝	婢	忍
真韻	65去	缺		
真韻	65入	弼	薄	密
真韻	66平	民	彌	鄰
真韻	66上	潣	美	隕
真韻	66去	缺		
真韻	66入	密	覓	筆
真韻	67平	芬	敷	文
真韻	67上	粉	府	吻
真韻	67去	糞	方	問
真韻	67入	拂	敷	勿
真韻	68平	焚	符	分
真韻	68上	憤	房	吻
真韻	68去	分	無	悶
真韻	68入	佛	符	勿
寒韻	1平	寒	河	幹
寒韻	1上	旱	侯	罕
寒韻	1去	翰	侯	幹
寒韻	1入	曷	何	葛
寒韻	2平	刊	丘	寒
寒韻	2上	侃	空	旱
寒韻	2去	看	祛	幹
寒韻	2入	渴	丘	葛
寒韻	3平	豻	俄	寒
寒韻	3上	缺		
寒韻	3去	岸	魚	幹
寒韻	3入	嶭	牙	八
寒韻	4平	安	於	寒
寒韻	4上	缺		
寒韻	4去	按	於	幹
寒韻	4入	遏	阿	葛
寒韻	5平	暵	許	幹
寒韻	5上	罕	許	旱
寒韻	5去	漢	虛	汗
寒韻	5入	喝	許	葛
寒韻	6平	幹	居	寒
寒韻	6上	稈	古	旱
寒韻	6去	旰	古	汗
寒韻	6入	葛	居	曷
寒韻	7平	官	沽	歡
寒韻	7上	管	古	緩
寒韻	7去	貫	古	玩
寒韻	7入	括	古	活
寒韻	8平	寬	枯	官
寒韻	8上	款	苦	管
寒韻	8去	鏉	口	喚
寒韻	8入	闊	苦	括
寒韻	9平	岏	吾	官
寒韻	9上	缺		
寒韻	9去	玩	五	換
寒韻	9入	枂	五	活
寒韻	10平	桓	胡	官
寒韻	10上	緩	胡	管
寒韻	10去	換	胡	玩
寒韻	10入	活	戶	括
寒韻	11平	剜	烏	歡

續表

韻部	聲調	小韻首字	反切上字	反切下字
寒韻	11上	盌	烏	管
寒韻	11去	惋	烏	貫
寒韻	11入	捾	烏	活
寒韻	12平	歡	呼	官
寒韻	12上	濺	火	管
寒韻	12去	喚	呼	玩
寒韻	12入	活	呼	括
寒韻	13平	鑽	祖	官
寒韻	13上	纂	作	管
寒韻	13去	鑽	祖	筭
寒韻	13入	繓	子	括
寒韻	14平	攛	七	桓
寒韻	14上	缺		
寒韻	14去	竄	取	亂
寒韻	14入	撮	倉	括
寒韻	15平	酸	蘇	官
寒韻	15上	算	損	管
寒韻	15去	筭	蘇	貫
寒韻	15入	趃	相	活
寒韻	16平	攢	徂	官
寒韻	16上	缺		
寒韻	16去	缺		
寒韻	16入	柮	徂	活
寒韻	17平	鸞	盧	官
寒韻	17上	缺		
寒韻	17去	亂	魯	玩
寒韻	17入	捋	盧	活
寒韻	18平	端	多	官
寒韻	18上	短	都	管
寒韻	18去	鍛	都	玩
寒韻	18入	掇	都	括
寒韻	19平	湍	他	官
寒韻	19上	疃	土	緩
寒韻	19去	彖	土	玩
寒韻	19入	侻	他	括
寒韻	20平	團	徒	官
寒韻	20上	缺		
寒韻	20去	叚	杜	玩
寒韻	20入	奪	徒	活
寒韻	21平	渜	奴	官
寒韻	21上	煖	乃	管
寒韻	21去	偄	奴	亂
寒韻	21入	缺		
寒韻	22平	般	逋	潘
寒韻	22上	粄	補	滿
寒韻	22去	半	博	漫
寒韻	22入	鉢	比	末
寒韻	23平	潘	鋪	官
寒韻	23上	坢	普	伴
寒韻	23去	判	普	半
寒韻	23入	潑	普	活
寒韻	24平	槃	蒲	官
寒韻	24上	伴	蒲	滿
寒韻	24去	畔	薄	半
寒韻	24入	鈸	蒲	撥
寒韻	25平	瞞	謨	官

續表

韻部	聲調	小韻首字	反切上字	反切下字
寒韻	25上	滿	莫	旱
寒韻	25去	幔	莫	半
寒韻	25入	末	莫	葛
山韻	1平	山	師	間
山韻	1上	汕	所	簡
山韻	1去	訕	所	晏
山韻	1入	殺	山	戛
山韻	2平	慳	丘	閑
山韻	2上	缺		
山韻	2去	缺		
山韻	2入	楬	丘	瞎
山韻	3平	缺		
山韻	3上	缺		
山韻	3去	缺		
山韻	3入	[illegible]	渠	轄
山韻	4平	顏	牛	堅
山韻	4上	眼	五	限
山韻	4去	鴈	魚	澗
山韻	4入	齾	牙	八
山韻	5平	黫	烏	閒
山韻	5上	缺		
山韻	5去	晏	於	諫
山韻	5入	軋	乙	黠
山韻	6平	羴	許	閑
山韻	6上	缺		
山韻	6去	莧	許	澗
山韻	6入	瞎	許	轄
山韻	7平	閑	何	艱
山韻	7上	限	下	簡
山韻	7去	骭	下	晏
山韻	7入	轄	胡	八
山韻	8平	跧	阻	頑
山韻	8上	僝	積	產
山韻	8去	賛	則	諫
山韻	8入	拶	宗	滑
山韻	9平	餐	千	山
山韻	9上	剗	楚	簡
山韻	9去	粲	倉	晏
山韻	9入	察	初	戛
山韻	10平	間	居	閑
山韻	10上	簡	古	限
山韻	10去	諫	居	晏
山韻	10入	戛	訖	黠
山韻	11平	頑	五	還
山韻	11上	缺		
山韻	11去	薍	五	患
山韻	11入	刖	五	刮
山韻	12平	缺		
山韻	12上	缺		
山韻	12去	篡	初	患
山韻	12入	醛	初	刮
山韻	13平	奻	女	還
山韻	13上	缺		
山韻	13去	缺		
山韻	13入	豽	女	滑
山韻	14平	潺	鉏	山

續表

韻部	聲調	小韻首字	反切上字	反切下字
山韻	14上	棧	鉏	限
山韻	14去	缺		
山韻	14入	缺		
山韻	15平	缺		
山韻	15上	撰	雛	産
山韻	15去	轏	助	諫
山韻	15入	洆	查	轄
山韻	16平	斕	離	閑
山韻	16上	孏	魯	簡
山韻	16去	爛	郎	患
山韻	16入	辢	郎	達
山韻	17平	單	都	艱
山韻	17上	亶	多	簡
山韻	17去	旦	得	爛
山韻	17入	妲	當	拔
山韻	18平	灘	他	丹
山韻	18上	坦	他	但
山韻	18去	炭	他	晏
山韻	18入	闥	他	達
山韻	19平	壇	唐	闌
山韻	19上	但	徒	亶
山韻	19去	憚	杜	晏
山韻	19入	達	堂	滑
山韻	20平	難	那	壇
山韻	20上	赧	乃	版
山韻	20去	難	乃	旦
山韻	20入	捺	乃	八
山韻	21平	關	姑	還

韻部	聲調	小韻首字	反切上字	反切下字
山韻	21上	缺		
山韻	21去	慣	古	患
山韻	21入	刮	古	滑
山韻	22平	彎	烏	還
山韻	22上	綰	烏	版
山韻	22去	綰	烏	患
山韻	22入	空	烏	八
山韻	23平	儇	呼	關
山韻	23上	缺		
山韻	23去	缺		
山韻	23入	傄	呼	八
山韻	24平	還	胡	關
山韻	24上	晥	户	版
山韻	24去	患	胡	慣
山韻	24入	滑	户	八
山韻	25平	擐	數	還
山韻	25上	缺		
山韻	25去	孿	生	患
山韻	25入	刷	數	滑
山韻	26平	班	逋	還
山韻	26上	版	補	綰
山韻	26去	扮	逋	幻
山韻	26入	八	布	拔
山韻	27平	攀	披	班
山韻	27上	眅	普	版
山韻	27去	襻	普	患
山韻	27入	汃	普	八
山韻	28平	瓣	蒲	閑

續表

韻部	聲調	小韻首字	反切上字	反切下字
山韻	28上	昄	部	版
山韻	28去	辦	備	莧
山韻	28入	拔	蒲	八
山韻	29平	蠻	謨	還
山韻	29上	矕	母	版
山韻	29去	慢	莫	晏
山韻	29入	帓	莫	轄
山韻	30平	翻	孚	艱
山韻	30上	返	甫	版
山韻	30去	販	方	諫
山韻	30入	髮	方	伐
山韻	31平	煩	符	艱
山韻	31上	晚	武	綰
山韻	31去	飯	符	諫
山韻	31入	伐	缺	
先韻	1平	先	蘇	前
先韻	1上	銑	蘇	典
先韻	1去	霰	先	見
先韻	1入	屑	先	結
先韻	2平	牽	苦	堅
先韻	2上	遣	驅	演
先韻	2去	譴	苦	戰
先韻	2入	挈	區	結
先韻	3平	乾	渠	年
先韻	3上	件	巨	展
先韻	3去	健	渠	建
先韻	3入	傑	巨	列
先韻	4平	烟	因	肩

韻部	聲調	小韻首字	反切上字	反切下字
先韻	4上	偃	於	幰
先韻	4去	宴	伊	甸
先韻	4入	謁	於	歇
先韻	5平	軒	虛	延
先韻	5上	顯	呼	典
先韻	5去	獻	曉	見
先韻	5入	歇	許	竭
先韻	6平	賢	胡	田
先韻	6上	演	以	淺
先韻	6去	現	形	甸
先韻	6入	纈	胡	結
先韻	7平	言	魚	軒
先韻	7上	撚	乃	殄
先韻	7去	彥	魚	戰
先韻	7入	孽	魚	列
先韻	8平	箋	將	先
先韻	8上	剪	子	踐
先韻	8去	薦	作	甸
先韻	8入	節	子	結
先韻	9平	千	倉	先
先韻	9上	淺	七	演
先韻	9去	蒨	倉	甸
先韻	9入	切	千	結
先韻	10平	堅	經	天
先韻	10上	繭	吉	典
先韻	10去	見	經	電
先韻	10入	結	吉	屑
先韻	11平	前	才	先

續表

韻部	聲調	小韻首字	反切上字	反切下字
先韻	11上	踐	慈	演
先韻	11去	賤	在	線
先韻	11入	截	昨	結
先韻	12平	涎	徐	延
先韻	12上	緩	徐	剪
先韻	12去	羨	似	面
先韻	12入	缺		
先韻	13平	全	才	緣
先韻	13上	雋	徂	兗
先韻	13去	缺		
先韻	13入	絕	情	雪
先韻	14平	旋	旬	緣
先韻	14上	璇	徐	兗
先韻	14去	旋	隨	戀
先韻	14入	授	寺	劣
先韻	15平	專	朱	緣
先韻	15上	轉	止	兗
先韻	15去	囀	株	戀
先韻	15入	拙	朱	劣
先韻	16平	饘	諸	延
先韻	16上	展	之	輦
先韻	16去	戰	之	善
先韻	16入	浙	之	列
先韻	17平	梴	抽	延
先韻	17上	闡	齒	善
先韻	17去	繟	尺	戰
先韻	17入	徹	敕	列
先韻	18平	羶	屍	連
先韻	18上	燃	式	善
先韻	18去	扇	式	戰
先韻	18入	設	式	列
先韻	19平	纏	呈	延
先韻	19上	躔	直	善
先韻	19去	纏	直	碾
先韻	19入	轍	直	列
先韻	20平	鋋	時	連
先韻	20上	善	上	演
先韻	20去	繕	時	戰
先韻	20入	舌	食	列
先韻	21平	然	如	延
先韻	21上	橪	忍	善
先韻	21去	缺		
先韻	21入	熱	而	列
先韻	22平	堧	而	宣
先韻	22上	輭	乳	兗
先韻	22去	難	仁	眷
先韻	22入	爇	儒	劣
先韻	23平	攣	閭	員
先韻	23上	臠	力	轉
先韻	23去	戀	龍	眷
先韻	23入	劣	力	輟
先韻	24平	蓮	零	年
先韻	24上	輦	力	展
先韻	24去	練	郎	甸
先韻	24入	列	良	薛
先韻	25平	顛	多	言

續表

韻部	聲調	小韻首字	反切上字	反切下字
先韻	25上	典	多	殄
先韻	25去	殿	丁	練
先韻	25入	闑	丁	結
先韻	26平	天	他	前
先韻	26上	腆	他	典
先韻	26去	瑱	他	甸
先韻	26入	鐵	他	結
先韻	27平	田	亭	年
先韻	27上	殄	徒	典
先韻	27去	電	蕩	練
先韻	27入	耋	杜	結
先韻	28平	涓	圭	淵
先韻	28上	畎	古	泫
先韻	28去	絹	吉	掾
先韻	28入	厥	居	月
先韻	29平	棬	驅	圓
先韻	29上	犬	苦	泫
先韻	29去	勸	區	願
先韻	29入	闕	丘	月
先韻	30平	權	逵	員
先韻	30上	圈	巨	卷
先韻	30去	倦	逵	卷
先韻	30入	掘	其	月
先韻	31平	椽	重	圓
先韻	31上	篆	柱	兗
先韻	31去	傳	柱	戀
	又去	饌	除	戀
先韻	32平	宣	息	緣

韻部	聲調	小韻首字	反切上字	反切下字
先韻	32上	選	須	兗
先韻	32去	選	須	絹
先韻	32入	雪	蘇	絶
先韻	33平	穿	昌	緣
先韻	33上	舛	尺	兗
先韻	33去	釧	樞	絹
先韻	33入	歠	昌	悅
先韻	34平	鐫	子	全
先韻	34上	臇	子	兗
先韻	34去	缺		
先韻	34入	蕝	子	悅
先韻	35平	詮	且	緣
先韻	35上	烇	七	選
先韻	35去	縓	取	絹
先韻	35入	絟	七	絕
先韻	36平	淵	烏	玄
先韻	36上	宛	於	阮
先韻	36去	怨	於	願
先韻	36入	噦	一	決
先韻	37平	暄	噓	淵
先韻	37上	晅	況	遠
先韻	37去	絢	翾	眩
先韻	37入	血	呼	決
先韻	38平	員	於	權
先韻	38上	遠	雨	阮
先韻	38去	院	於	眷
先韻	38入	越	雨	月
先韻	39平	元	遇	袁

續表

韻部	聲調	小韻首字	反切上字	反切下字
先韻	39上	阮	五	遠
先韻	39去	願	虞	怨
先韻	39入	月	魚	厥
先韻	40平	邊	畢	眠
先韻	40上	匾	補	典
先韻	40去	徧	卑	見
先韻	40入	鼈	必	列
先韻	41平	篇	紕	連
先韻	41上	鴘	缺	
先韻	41去	片	匹	見
先韻	41入	擎	匹	蔑
先韻	42平	緶	蒲	眠
先韻	42上	辮	婢	免
先韻	42去	便	毗	面
先韻	42入	別	避	列
先韻	43平	眠	莫	堅
先韻	43上	免	莫	辨
先韻	43去	麪	莫	見
先韻	43入	滅	彌	列
蕭韻	1平	蕭	先	凋
蕭韻	1上	小	先	了
蕭韻	1去	嘯	先	弔
蕭韻	2平	樵	慈	消
蕭韻	2上	缺		
蕭韻	2去	噍	在	笑
蕭韻	3平	么	伊	堯
蕭韻	3上	杳	伊	鳥
蕭韻	3去	要	一	笑
蕭韻	4平	嚣	籲	驕
蕭韻	4上	曉	忻	杳
蕭韻	4去	歊	許	照
蕭韻	5平	遙	餘	招
蕭韻	5上	溔	以	紹
蕭韻	5去	燿	弋	笑
蕭韻	6平	焦	茲	消
蕭韻	6上	剿	子	小
蕭韻	6去	醮	子	肖
蕭韻	7平	鍫	此	遙
蕭韻	7上	悄	七	小
蕭韻	7去	陗	七	肖
蕭韻	8平	喬	祁	堯
蕭韻	8上	驕	巨	夭
蕭韻	8去	轎	渠	廟
蕭韻	9平	驍	堅	堯
蕭韻	9上	皎	吉	了
蕭韻	9去	叫	古	弔
蕭韻	10平	趫	丘	妖
蕭韻	10上	缺		
蕭韻	10去	竅	苦	弔
蕭韻	11平	昭	之	遙
蕭韻	11上	沼	止	少
蕭韻	11去	照	之	笑
蕭韻	12平	超	蚩	招
蕭韻	12上	缺		
蕭韻	12去	缺		
蕭韻	13平	燒	屍	昭

續表

韻部	聲調	小韻首字	反切上字	反切下字
蕭韻	13上	缺		
蕭韻	13去	缺		
蕭韻	14平	潮	池	姚
蕭韻	14上	趙	直	紹
蕭韻	14去	缺		
蕭韻	15平	韶	時	昭
蕭韻	15上	紹	市	沼
蕭韻	15去	邵	實	照
蕭韻	16平	聊	連	條
蕭韻	16上	了	盧	皎
蕭韻	16去	料	力	吊
蕭韻	17平	貂	丁	聊
蕭韻	17上	鳥	丁	了
蕭韻	17去	弔	多	嘯
蕭韻	18平	祧	他	凋
蕭韻	18上	朓	土	了
蕭韻	18去	糶	他	弔
蕭韻	19平	迢	笛	聊
蕭韻	19上	窕	徒	了
蕭韻	19去	調	徒	弔
蕭韻	20平	缺		
蕭韻	20上	褭	乃	了
蕭韻	20去	尿	奴	吊
蕭韻	21平	猋	卑	遙
蕭韻	21上	表	彼	小
蕭韻	21去	俵	悲	廟
蕭韻	22平	漂	紕	招
蕭韻	22上	縹	匹	沼
蕭韻	22去	勡	匹	妙
蕭韻	23平	瓢	毗	招
蕭韻	23上	殍	婢	表
蕭韻	23去	驃	毗	召
蕭韻	24平	苗	眉	鑣
蕭韻	24上	眇	弭	沼
蕭韻	24去	妙	彌	笑
高韻	1平	高	姑	勞
高韻	1上	杲	古	老
高韻	1去	誥	居	號
高韻	2平	尻	苦	高
高韻	2上	考	苦	浩
高韻	2去	犒	口	到
高韻	3平	敖	牛	刀
高韻	3上	積	五	老
高韻	3去	傲	魚	到
高韻	4平	爊	於	刀
高韻	4上	襖	烏	皓
高韻	4去	奧	於	到
高韻	5平	蒿	呼	高
高韻	5上	好	許	晧
高韻	5去	耗	虛	到
高韻	6平	豪	胡	刀
高韻	6上	晧	胡	老
高韻	6去	號	胡	到
高韻	7平	遭	則	刀
高韻	7上	早	子	皓
高韻	7去	竈	則	到

續表

韻部	聲調	小韻首字	反切上字	反切下字
高韻	8平	操	倉	刀
高韻	8上	草	采	早
高韻	8去	糙	七	到
高韻	9平	騷	蘇	曹
高韻	9上	掃	蘇	老
高韻	9去	喿	先	到
高韻	10平	曹	財	勞
高韻	10上	造	在	早
高韻	10去	漕	在	到
高韻	11平	勞	郎	刀
高韻	11上	老	魯	皓
高韻	11去	勞	郎	到
高韻	12平	刀	都	高
高韻	12上	倒	都	皓
高韻	12去	倒	都	導
高韻	13平	饕	他	刀
高韻	13上	討	土	皓
高韻	13去	套	他	到
高韻	14平	陶	徒	刀
高韻	14上	道	杜	皓
高韻	14去	導	徒	到
高韻	15平	猱	奴	刀
高韻	15上	惱	乃	老
高韻	15去	臑	奴	報
高韻	16平	交	居	肴
高韻	16上	絞	古	巧
高韻	16去	教	居	效
高韻	17平	敲	丘	交
高韻	17上	巧	苦	絞
高韻	17去	缺		
高韻	18平	鮫	五	交
高韻	18上	齩	五	巧
高韻	18去	樂	魚	教
高韻	19平	坳	於	交
高韻	19上	拗	於	巧
高韻	19去	靿	於	教
高韻	20平	哮	虛	交
高韻	20上	缺		
高韻	20去	孝	許	教
高韻	21平	爻	何	交
高韻	21上	澩	下	巧
高韻	21去	效	胡	孝
高韻	22平	嘲	子	交
高韻	22上	爪	子	絞
高韻	22去	罩	子	教
高韻	23平	譟	楚	交
高韻	23上	煼	楚	絞
高韻	23去	鈔	楚	教
高韻	又去	趠	敕	教
高韻	24平	梢	所	交
高韻	24上	捜	山	巧
高韻	24去	稍	所	教
高韻	25平	巢	鋤	交
高韻	25上	僔	鉏	絞
高韻	25去	櫂	直	教
高韻	26平	鐃	乃	交

續表

韻部	聲調	小韻首字	反切上字	反切下字	韻部	聲調	小韻首字	反切上字	反切下字
高韻	26上	橈	乃	巧	歌韻	3去	餓	五	箇
高韻	26去	鬧	女	教	歌韻	4平	阿	於	何
高韻	27平	包	班	交	歌韻	4上	婀	烏	可
高韻	27上	飽	博	巧	歌韻	4去	侉	安	賀
高韻	27去	豹	布	效	歌韻	5平	缺		
高韻	28平	褒	博	毛	歌韻	5上	婐	烏	果
高韻	28上	寶	博	浩	歌韻	5去	涴	烏	臥
高韻	28去	報	博	秏	歌韻	6平	訶	虎	何
高韻	29平	泡	披	交	歌韻	6上	歌	虚	可
高韻	29上	缺			歌韻	6去	呵	呼	箇
高韻	29去	砲	披	教	歌韻	7平	何	寒	哥
高韻	30平	庖	蒲	交	歌韻	7上	荷	下	可
高韻	30上	鮑	部	巧	歌韻	7去	荷	胡	個
高韻	30去	鉋	皮	教	歌韻	8平	戈	古	禾
高韻	31平	茅	謨	交	歌韻	8上	果	古	火
高韻	31上	卯	莫	飽	歌韻	8去	過	古	臥
高韻	31去	貌	眉	教	歌韻	9平	鞾	許	戈
高韻	32平	毛	莫	毫	歌韻	9上	火	虎	果
高韻	32上	缺			歌韻	9去	貨	呼	臥
高韻	32去	帽	莫	報	歌韻	10平	和	戶	戈
歌韻	1平	歌	居	何	歌韻	10上	禍	胡	果
歌韻	1上	哿	賈	我	歌韻	10去	和	胡	臥
歌韻	1去	箇	古	課	歌韻	11平	銼	子	戈
歌韻	2平	珂	丘	何	歌韻	11上	左	臧	可
歌韻	2上	可	口	我	歌韻	11去	左	子	賀
歌韻	2去	課	苦	臥	歌韻	12平	蹉	倉	何
歌韻	3平	莪	牛	何	歌韻	12上	瑳	千	可
歌韻	3上	我	五	可	歌韻	12去	剉	千	臥

續表

韻部	聲調	小韻首字	反切上字	反切下字
歌韻	13平	娑	桑	何
歌韻	13上	鎖	蘇	果
歌韻	13去	娑	蘇	箇
歌韻	14平	醝	才	何
歌韻	14上	坐	徂	果
歌韻	14去	座	徂	臥
歌韻	15平	羅	郎	何
歌韻	15上	裸	郎	果
歌韻	15去	邏	郎	佐
歌韻	16平	多	得	何
歌韻	16上	軃	丁	可
歌韻	16去	癉	丁	佐
歌韻	17平	佗	湯	何
歌韻	17上	妥	吐	火
歌韻	17去	唾	吐	臥
歌韻	18平	駝	唐	何
歌韻	18上	柁	待	可
歌韻	18去	馱	杜	佐
歌韻	19平	那	奴	何
歌韻	19上	娜	奴	可
歌韻	19去	稬	奴	臥
歌韻	20平	波	補	禾
歌韻	20上	跛	補	火
歌韻	20去	播	補	過
歌韻	21平	頗	普	禾
歌韻	21上	叵	普	火
歌韻	21去	破	普	過
歌韻	22平	婆	蒲	禾

韻部	聲調	小韻首字	反切上字	反切下字
歌韻	22上	缺		
歌韻	22去	缺		
歌韻	23平	摩	眉	波
歌韻	23上	麼	忙	果
歌韻	23去	磨	莫	臥
瓜韻	1平	瓜	古	華
瓜韻	1上	寡	古	瓦
瓜韻	1去	卦	古	畫
瓜韻	2平	誇	枯	瓜
瓜韻	2上	跨	苦	瓦
瓜韻	2去	跨	缺	
瓜韻	3平	缺		
瓜韻	3上	瓦	五	寡
瓜韻	3去	宼	五	吳
瓜韻	4平	窊	烏	瓜
瓜韻	4上	搲	烏	寡
瓜韻	4去	攨	烏	化
瓜韻	5平	花	呼	瓜
瓜韻	5上	缺		
瓜韻	5去	化	呼	話
瓜韻	6平	華	胡	瓜
瓜韻	6上	踝	户	寡
瓜韻	6去	畫	胡	卦
瓜韻	7平	嘉	居	牙
瓜韻	7上	賈	舉	下
瓜韻	7去	駕	居	亞
瓜韻	8平	呿	丘	加
瓜韻	8上	跒	苦	下

續表

韻部	聲調	小韻首字	反切上字	反切下字
瓜韻	8去	髂	枯	架
瓜韻	9平	伽	求	加
瓜韻	9上	缺		
瓜韻	9去	缺		
瓜韻	10平	牙	牛	加
瓜韻	10上	雅	語	下
瓜韻	10去	訝	五	駕
瓜韻	11平	鴉	於	加
瓜韻	11上	啞	倚	下
瓜韻	11去	亞	衣	架
瓜韻	12平	呀	虛	加
瓜韻	12上	閜	許	下
瓜韻	12去	罅	呼	嫁
瓜韻	13平	遐	何	加
瓜韻	13上	下	亥	雅
瓜韻	13去	暇	胡	駕
瓜韻	14平	假	俱	耶
瓜韻	14上	缺		
瓜韻	14去	缺		
瓜韻	15平	咱	子	沙
瓜韻	15上	缺		
瓜韻	15去	缺		
瓜韻	16平	嗏	七	加
瓜韻	16上	缺		
瓜韻	16去	缺		
瓜韻	17平	樝	莊	加
瓜韻	17上	鮓	側	下
瓜韻	17去	詐	側	駕
瓜韻	18平	叉	初	加
瓜韻	18上	姹	齒	下
瓜韻	18去	詫	醜	亞
瓜韻	19平	沙	師	加
瓜韻	19上	灑	沙	下
瓜韻	19去	嗄	所	稼
瓜韻	20平	槎	嵳	加
瓜韻	20上	厏	茶	下
瓜韻	20去	乍	助	駕
瓜韻	21平	缺		
瓜韻	21上	打	都	瓦
瓜韻	21去	缺		
瓜韻	22平	拏	奴	加
瓜韻	22上	缺		
瓜韻	22去	缺		
瓜韻	23平	巴	邦	加
瓜韻	23上	把	補	下
瓜韻	23去	灞	必	駕
瓜韻	24平	葩	披	巴
瓜韻	24上	缺		
瓜韻	24去	怕	普	駕
瓜韻	25平	杷	蒲	巴
瓜韻	25上	跁	傍	下
瓜韻	25去	罷	皮	罵
瓜韻	26平	麻	謨	加
瓜韻	26上	馬	莫	下
瓜韻	26去	禡	莫	駕
嗟韻	1平	嗟	咨	邪

續表

韻部	聲調	小韻首字	反切上字	反切下字
嗟韻	1上	姐	子	野
嗟韻	1去	借	子	夜
嗟韻	2平		缺	
嗟韻	2上	且	七	野
嗟韻	2去	笡	千	謝
嗟韻	3平	些	思	遮
嗟韻	3上	寫	先	野
嗟韻	3去	卸	司	夜
嗟韻	4平	邪	徐	嗟
嗟韻	4上	灺	似	也
嗟韻	4去	謝	慈	夜
嗟韻	5平	遮	之	奢
嗟韻	5上	者	止	野
嗟韻	5去	蔗	之	夜
嗟韻	6平	車	昌	遮
嗟韻	6上	撦	昌	者
嗟韻	6去	赿	充	夜
嗟韻	7平	奢	詩	遮
嗟韻	7上	捨	始	也
嗟韻	7去	舍	式	夜
嗟韻	8平	蛇	石	遮
嗟韻	8上	社	常	者
嗟韻	8去	射	神	夜
嗟韻	9平	耶	餘	遮
嗟韻	9上	野	以	者
嗟韻	9去	夜	寅	射
嗟韻	10平	瘸	巨	靴
嗟韻	10上		缺	

韻部	聲調	小韻首字	反切上字	反切下字
嗟韻	10去		缺	
嗟韻	11平	䯁	去	靴
嗟韻	11上		缺	
嗟韻	11去		缺	
嗟韻	12平	肥	於	靴
嗟韻	12上		缺	
嗟韻	12去		缺	
嗟韻	13平	韡	毀	遮
嗟韻	13上		缺	
嗟韻	13去		缺	
嗟韻	14平	罝	彌	耶
嗟韻	14上		缺	
嗟韻	14去		缺	
嗟韻	15平		缺	
嗟韻	15上	乜	彌	也
嗟韻	15去		缺	
嗟韻	16平		缺	
嗟韻	16上		缺	
嗟韻	16去	殗	名	夜
陽韻	1平	陽	移	章
陽韻	1上	養	以	兩
陽韻	1去	漾	餘	亮
陽韻	1入	藥	弋	灼
陽韻	2平	娘	女	良
陽韻	2上	孃	女	兩
陽韻	2去	釀	女	亮
陽韻	2入	逽	女	畧
陽韻	3平		缺	

續表

韻部	聲調	小韻首字	反切上字	反切下字
陽韻	3上	仰	魚	兩
陽韻	3去	仰	魚	向
陽韻	3入	虐	魚	約
陽韻	4平	將	資	良
陽韻	4上	蔣	子	兩
陽韻	4去	將	子	亮
陽韻	4入	爵	即	約
陽韻	5平	槍	千	羊
陽韻	5上	搶	七	兩
陽韻	5去	蹡	七	亮
陽韻	5入	鵲	七	雀
陽韻	6平	襄	息	良
陽韻	6上	想	息	兩
陽韻	6去	相	息	亮
陽韻	6入	削	息	約
陽韻	7平	墻	慈	良
陽韻	7上	缺		
陽韻	7去	匠	疾	亮
陽韻	7入	嚼	疾	雀
陽韻	8平	祥	徐	羊
陽韻	8上	象	似	兩
陽韻	8去	缺		
陽韻	8入	缺		
陽韻	9平	良	龍	張
陽韻	9上	兩	良	奬
陽韻	9去	諒	力	仗
陽韻	9入	畧	力	灼
陽韻	10平	羌	驅	羊

韻部	聲調	小韻首字	反切上字	反切下字
陽韻	10上	缺		
陽韻	10去	缺		
陽韻	10入	郄	乞	約
陽韻	11平	彊	渠	良
陽韻	11上	彊	巨	兩
陽韻	11去	弶	其	亮
陽韻	11入	噱	極	虐
陽韻	12平	央	於	良
陽韻	12上	鞅	倚	兩
陽韻	12去	怏	於	亮
陽韻	12入	約	巳	卻
陽韻	13平	香	虛	良
陽韻	13上	響	許	兩
陽韻	13去	向	許	亮
陽韻	13入	謔	迄	約
陽韻	14平	姜	居	良
陽韻	14上	繈	居	仰
陽韻	14去	缺		
陽韻	14入	腳	吉	約
陽韻	15平	岡	居	郎
陽韻	15上	甿	舉	盎
陽韻	15去	掆	古	浪
陽韻	15入	各	葛	鶴
陽韻	16平	江	古	雙
陽韻	16上	講	古	項
陽韻	16去	絳	古	巷
陽韻	16入	覺	古	獄
陽韻	17平	康	丘	剛

續表

韻部	聲調	小韻首字	反切上字	反切下字
陽韻	17上	忼	口	朗
陽韻	17去	抗	口	浪
陽韻	17入	恪	克	各
陽韻	18平	卬	五	剛
陽韻	18上	駉	語	䀯
陽韻	18去	缺		
陽韻	18入	咢	逆	各
陽韻	19平	怏	烏	郎
陽韻	19上	坱	烏	朗
陽韻	19去	盎	烏	浪
陽韻	19入	惡	遏	各
陽韻	20平	炕	呼	郎
陽韻	20上	酐	呼	朗
陽韻	20去	缺		
陽韻	20入	壑	黑	各
陽韻	21平	杭	胡	剛
陽韻	21上	沆	下	朗
陽韻	21去	吭	下	浪
陽韻	21入	鶴	曷	各
陽韻	22平	降	胡	江
陽韻	22上	項	户	講
陽韻	22去	巷	胡	降
陽韻	22入	學	轄	覺
陽韻	23平	倉	千	剛
陽韻	23上	蒼	采	莽
陽韻	23去	稓	七	浪
陽韻	23入	錯	七	各
陽韻	24平	莊	側	霜
陽韻	24上	䊋	之	爽
陽韻	24去	壯	側	況
陽韻	24入	捉	側	角
陽韻	25平	臧	茲	郎
陽韻	25上	駔	子	黨
陽韻	25去	葬	則	浪
陽韻	25入	作	即	各
陽韻	26平	藏	徂	郎
陽韻	26上	缺		
陽韻	26去	藏	才	浪
陽韻	26入	昨	疾	各
陽韻	27平	缺		
陽韻	27上	缺		
陽韻	27去	缺		
陽韻	27入	握	乙	角
陽韻	28平	張	陟	良
陽韻	28上	掌	止	兩
陽韻	28去	障	知	亮
陽韻	28入	灼	職	畧
陽韻	29平	昌	齒	良
陽韻	29上	敞	昌	兩
陽韻	29去	唱	尺	亮
陽韻	29入	綽	尺	約
陽韻	30平	商	屍	羊
陽韻	30上	賞	始	兩
陽韻	30去	餉	式	亮
陽韻	30入	鑠	式	灼
陽韻	31平	長	仲	良

續表

韻部	聲調	小韻首字	反切上字	反切下字
陽韻	31上	丈	呈	兩
陽韻	31去	仗	直	亮
陽韻	31入	著	直	畧
陽韻	32平	常	辰	羊
陽韻	32上	上	是	掌
陽韻	32去	尚	時	亮
陽韻	32入	若	如	灼
陽韻	33平	光	姑	黄
陽韻	33上	廣	古	晃
陽韻	33去	桄	古	曠
陽韻	33入	郭	古	博
陽韻	34平	匡	曲	王
陽韻	34上	缺		
陽韻	34去	曠	苦	謗
陽韻	34入	廓	苦	郭
陽韻	35平	缺		
陽韻	35上	缺		
陽韻	35去	缺		
陽韻	35入	矍	厥	縛
陽韻	36平	狂	渠	王
陽韻	36上	俇	具	往
陽韻	36去	誑	渠	放
陽韻	36入	缺		
陽韻	37平	汪	烏	光
陽韻	37上	枉	嫗	往
陽韻	37去	醆	烏	桄
陽韻	37入	艧	烏	郭
陽韻	38平	荒	呼	光

韻部	聲調	小韻首字	反切上字	反切下字
陽韻	38上	慌	虎	晃
陽韻	38去	況	虛	放
陽韻	38入	霍	忽	郭
陽韻	39平	黄	胡	光
陽韻	39上	晃	户	廣
陽韻	39去	缺		
陽韻	39入	缺		
陽韻	40平	缺		
陽韻	40上	徃	於	昉
陽韻	40去	暀	於	放
陽韻	40入	穫	胡	郭
陽韻	41平	桑	蘇	郎
陽韻	41上	顙	蘇	朗
陽韻	41去	喪	蘇	浪
陽韻	41入	索	昔	各
陽韻	42平	霜	師	莊
陽韻	42上	爽	所	兩
陽韻	42去	缺		
陽韻	42入	朔	色	角
陽韻	43平	牀	助	莊
陽韻	43上	壯	助	浪
陽韻	43去	缺		
陽韻	43入	浞	鋤	角
陽韻	44平	缺		
陽韻	44上	缺		
陽韻	44去	缺		
陽韻	44 又入	濁	直	角

續表

韻部	聲調	小韻首字	反切上字	反切下字
陽韻	45平	郎	魯	堂
陽韻	45上	朗	裏	黨
陽韻	45去	浪	郎	宕
陽韻	45入	洛	歷	各
陽韻	46平	當	都	郎
陽韻	46上	黨	多	曩
陽韻	46去	當	丁	浪
陽韻	46入	柝	都	角
陽韻	47平	湯	他	郎
陽韻	47上	儻	他	曩
陽韻	47去	鐋	他	浪
陽韻	47入	託	他	各
陽韻	48平	唐	徒	郎
陽韻	48上	蕩	徒	黨
陽韻	48去	宕	徒	浪
陽韻	48入	鐸	達	各
陽韻	49平	囊	奴	當
陽韻	49上	曩	乃	黨
陽韻	49去	儾	奴	浪
陽韻	49入	諾	奴	各
陽韻	50平	邦	博	旁
陽韻	50上	榜	補	曩
陽韻	50去	謗	補	曠
陽韻	50入	愽	伯	各
陽韻	51平	滂	普	郎
陽韻	51上	髈	匹	朗
陽韻	51去	滂	普	浪
陽韻	51入	粕	匹	各
陽韻	52平	旁	蒲	光
陽韻	52上	棒	步	項
陽韻	52去	傍	蒲	浪
陽韻	52入	雹	弼	角
陽韻	53平	茫	謨	郎
陽韻	53上	莽	母	黨
陽韻	53去	漭	莫	浪
陽韻	53入	莫	末	各
陽韻	54平	芳	敷	房
陽韻	54上	紡	妃	兩
陽韻	54去	訪	敷	亮
陽韻	54入	缺		
陽韻	55平	房	符	方
陽韻	55上	缺		
陽韻	55去	防	符	放
陽韻	55入	縛	符	約
陽韻	56平	亡	無	方
陽韻	56上	罔	文	紡
陽韻	56去	妄	巫	放
陽韻	56入	缺		
庚韻	1平	庚	古	行
庚韻	1上	梗	古	杏
庚韻	1去	更	居	孟
庚韻	1入	格	各	額
庚韻	2平	卿	丘	京
庚韻	2上	謦	棄	挺
庚韻	2去	慶	丘	正
庚韻	2入	隙	乞	逆

續表

韻部	聲調	小韻首字	反切上字	反切下字
庚韻	3平	擎	渠	京
庚韻	3上	涥	巨	郢
庚韻	3去	競	具	映
庚韻	3入	劇	竭	戟
庚韻	4平	凝	魚	陵
庚韻	4上	濘	乃	挺
庚韻	4去	佞	魚	慶
庚韻	4入	逆	宜	戟
庚韻	5平	寧	奴	經
庚韻	5上	顊	乃	挺
庚韻	5去	甯	乃	定
庚韻	5入	匿	昵	力
庚韻	6平	英	於	京
庚韻	6上	影	於	丙
庚韻	6去	映	於	命
庚韻	6入	益	伊	昔
庚韻	7平	興	虛	陵
庚韻	7上	缺		
庚韻	7去	興	許	應
庚韻	7入	虩	迄	逆
庚韻	8平	形	奚	經
庚韻	8上	悻	下	頂
庚韻	8去	脛	形	定
庚韻	8入	繹	夷	益
庚韻	9平	行	何	庚
庚韻	9上	杏	何	梗
庚韻	9去	行	胡	孟
庚韻	9入	劾	胡	得

韻部	聲調	小韻首字	反切上字	反切下字
庚韻	10平	增	咨	登
庚韻	10上	缺		
庚韻	10去	甑	子	孕
庚韻	10入	則	子	德
庚韻	11平	彰	七	曾
庚韻	11上	缺		
庚韻	11去	蹭	七	鄧
庚韻	11入	測	初	力
庚韻	12平	層	才	登
庚韻	12上	缺		
庚韻	12去	贈	昨	亙
庚韻	12入	賊	疾	則
庚韻	13平	精	子	盈
庚韻	13上	井	子	郢
庚韻	13去	精	子	正
庚韻	13入	積	資	昔
庚韻	14平	清	七	情
庚韻	14上	請	七	靜
庚韻	14去	倩	七	正
庚韻	14入	刺	七	跡
庚韻	15平	星	先	青
庚韻	15上	箵	息	井
庚韻	15去	性	息	正
庚韻	15入	昔	思	積
庚韻	16平	情	慈	形
庚韻	16上	靜	疾	郢
庚韻	16去	淨	疾	正
庚韻	16入	寂	前	力

續表

韻部	聲調	小韻首字	反切上字	反切下字
庚韻	17平	京	居	卿
庚韻	17上	景	居	影
庚韻	17去	敬	居	慶
庚韻	17入	戟	吃	逆
庚韻	18平	阬	丘	庚
庚韻	18上	肯	苦	等
庚韻	18去	缺		
庚韻	18入	客	乞	格
庚韻	19平	搄	居	登
庚韻	19上	缺		
庚韻	19去	亙	居	鄧
庚韻	19入	裓	古	得
庚韻	20平	娙	五	莖
庚韻	20上	䁐	五	剄
庚韻	20去	硬	魚	孟
庚韻	20入	額	鄂	格
庚韻	21平	缺		
庚韻	21上	缺		
庚韻	21去	缺		
庚韻	21入	厄	乙	革
庚韻	22平	亨	虛	庚
庚韻	22上	擤	虎	梗
庚韻	22去	誶	許	更
庚韻	22入	赫	呼	格
庚韻	23平	爭	甾	耕
庚韻	23上	掟	子	猛
庚韻	23去	諍	側	迸
庚韻	23入	責	子	格

韻部	聲調	小韻首字	反切上字	反切下字
庚韻	24平	撐	抽	庚
庚韻	24上	缺		
庚韻	24去	牚	敕	諍
庚韻	24入	坼	恥	格
庚韻	25平	生	思	庚
庚韻	25上	省	所	景
庚韻	25去	貹	所	敬
庚韻	25入	索	山	責
庚韻	26平	棖	除	庚
庚韻	26上	瑒	杖	梗
庚韻	26去	鋥	除	更
庚韻	26入	宅	直	格
庚韻	27平	征	諸	城
庚韻	27上	整	之	郢
庚韻	27去	正	之	盛
庚韻	27入	隻	之	石
庚韻	28平	檉	醜	成
庚韻	28上	逞	醜	郢
庚韻	28去	稱	醜	正
庚韻	28入	赤	昌	石
庚韻	29平	聲	書	征
庚韻	29上	缺		
庚韻	29去	聖	式	正
庚韻	29入	釋	施	隻
庚韻	30平	呈	直	貞
庚韻	30上	缺		
庚韻	30去	鄭	直	正
庚韻	30入	直	逐	力

續表

韻部	聲調	小韻首字	反切上字	反切下字
庚韻	31平	成	時	征
庚韻	31上	缺		
庚韻	31去	盛	時	正
庚韻	31入	寔	丞	職
庚韻	32平	繩	神	陵
庚韻	32上	缺		
庚韻	32去	缺		
庚韻	32入	石	人	隻
庚韻	33平	仍	如	陵
庚韻	33上	缺		
庚韻	33去	扔	而	證
庚韻	33入	缺		
庚韻	34平	令	離	星
庚韻	34上	領	裏	郢
庚韻	34去	令	力	正
庚韻	34入	歷	郎	狄
庚韻	35平	丁	當	京
庚韻	35上	頂	都	領
庚韻	35去	矴	丁	定
庚韻	35入	的	丁	歷
庚韻	36平	聽	他	經
庚韻	36上	珽	他	頂
庚韻	36去	聽	他	定
庚韻	36入	剔	他	歷
庚韻	37平	庭	大	丁
庚韻	37上	鋌	徒	鼎
庚韻	37去	定	徒	逕
庚韻	37入	狄	杜	歷
庚韻	38平	扃	涓	熒
庚韻	38上	憬	居	永
庚韻	38去	缺		
庚韻	38入	狊	古	闃
庚韻	39平	傾	窺	營
庚韻	39上	頃	丘	穎
庚韻	39去	缺		
庚韻	39入	闃	苦	狊
庚韻	40平	瓊	渠	營
庚韻	40上	缺		
庚韻	40去	缺		
庚韻	40入	缺		
庚韻	41平	縈	於	營
庚韻	41上	濴	烏	迥
庚韻	41去	瑩	縈	定
庚韻	41入	缺		
庚韻	42平	兄	呼	榮
庚韻	42上	詗	火	迥
庚韻	42去	敻	呼	正
庚韻	42入	殈	呼	狊
庚韻	43平	榮	於	平
庚韻	43上	永	於	憬
庚韻	43去	詠	為	命
庚韻	43入	域	越	逼
庚韻	44平	兵	晡	明
庚韻	44上	丙	補	永
庚韻	44去	柄	陂	病
庚韻	44入	璧	必	歷

續表

韻部	聲調	小韻首字	反切上字	反切下字
庚韻	45平	姘	披	耕
庚韻	45上	頩	普	迥
庚韻	45去	聘	匹	正
庚韻	45入	僻	匹	亦
庚韻	46平	平	蒲	明
庚韻	46上	竝	部	迥
庚韻	46去	病	皮	命
庚韻	46入	甓	毗	亦
庚韻	47平	明	眉	兵
庚韻	47上	茗	莫	迥
庚韻	47去	命	眉	病
庚韻	47入	覓	莫	狄
庚韻	48平	棱	盧	登
庚韻	48上	冷	魯	杏
庚韻	48去	稜	魯	鄧
庚韻	48入	勒	歷	德
庚韻	49平	登	都	騰
庚韻	49上	等	多	肯
庚韻	49去	嶝	丁	鄧
庚韻	49入	德	多	則
庚韻	50平	鼟	他	登
庚韻	50上		缺	
庚韻	50去	澄	台	鄧
庚韻	50入	忒	惕	德
庚韻	51平	騰	徒	登
庚韻	51上		缺	
庚韻	51去	鄧	唐	亙
庚韻	51入	特	敵	德
庚韻	52平	能	奴	登
庚韻	52上	[illegible]	奴	等
庚韻	52去		缺	
庚韻	52入		缺	
庚韻	53平	觥	姑	橫
庚韻	53上	礦	古	猛
庚韻	53去		缺	
庚韻	53入	虢	古	伯
庚韻	54平	鍠	缺	
庚韻	54上		缺	
庚韻	54去		缺	
庚韻	54入	礭	缺	
庚韻	55平	轟	呼	宏
庚韻	55上		缺	
庚韻	55去		缺	
庚韻	55入	剨	霍	虢
庚韻	56平	橫	胡	盲
庚韻	56上		缺	
庚韻	56去	橫	缺	
庚韻	56入	獲	胡	麥
庚韻	57平	絣	補	耕
庚韻	57上	[illegible]	補	梗
庚韻	57去	迸	北	孟
庚韻	57入	伯	博	陌
庚韻	58平	崩	悲	朋
庚韻	58上		缺	
庚韻	58去	堋	逋	鄧
庚韻	58入	比	博	墨

續表

韻部	聲調	小韻首字	反切上字	反切下字
庚韻	59平	烹	普	庚
庚韻	59上	缺		
庚韻	59去	蒯	缺	
庚韻	59入	拍	普	伯
庚韻	60平	彭	蒲	庚
庚韻	60上	鼊	蒲	猛
庚韻	60去	髲	蒲	迸
庚韻	60入	白	簿	陌
庚韻	61平	盲	眉	庚
庚韻	61上	猛	母	梗
庚韻	61去	孟	莫	更
庚韻	61入	陌	莫	白
尤韻	1平	尤	於	求
尤韻	1上	有	雲	九
尤韻	1去	宥	尤	救
尤韻	2平	鳩	居	尤
尤韻	2上	九	居	有
尤韻	2去	救	居	又
尤韻	3平	丘	驅	尤
尤韻	3上	糗	去	九
尤韻	3去	踱	丘	救
尤韻	4平	求	渠	尤
尤韻	4上	臼	巨	九
尤韻	4去	舊	巨	又
尤韻	5平	憂	於	尤
尤韻	5上	黝	於	糾
尤韻	5去	幼	於	謬
尤韻	6平	休	虛	尤
尤韻	6上	朽	許	久
尤韻	6去	齅	許	救
尤韻	7平	啾	即	由
尤韻	7上	酒	子	酉
尤韻	7去	僦	即	就
尤韻	8平	秋	此	由
尤韻	8上	缺		
尤韻	8去	缺		
尤韻	9平	修	思	留
尤韻	9上	滫	息	有
尤韻	9去	秀	息	救
尤韻	10平	酋	慈	秋
尤韻	10上	缺		
尤韻	10去	就	疾	僦
尤韻	11平	諏	將	侯
尤韻	11上	走	子	口
尤韻	11去	奏	則	候
尤韻	12平	誰	千	侯
尤韻	12上	趣	此	苟
尤韻	12去	湊	千	候
尤韻	13平	搜	疏	鳩
尤韻	13上	叟	蘇	後
尤韻	13去	嗽	先	奏
尤韻	14平	畱	力	求
尤韻	14上	柳	力	九
尤韻	14去	溜	力	救
尤韻	15平	丟	丁	羞
尤韻	15上	缺		

續表

韻部	聲調	小韻首字	反切上字	反切下字
尤韻	15去	缺		
尤韻	16平	缺		
尤韻	16上	紐	女	九
尤韻	16去	糅	女	救
尤韻	17平	鉤	居	侯
尤韻	17上	耇	舉	後
尤韻	17去	冓	居	候
尤韻	18平	彄	驅	侯
尤韻	18上	口	苦	厚
尤韻	18去	寇	丘	候
尤韻	19平	齵	魚	侯
尤韻	19上	偶	語	口
尤韻	19去	偶	五	豆
尤韻	20平	謳	烏	侯
尤韻	20上	歐	於	口
尤韻	20去	漚	於	候
尤韻	21平	齁	呼	侯
尤韻	21上	吼	許	厚
尤韻	21去	蔻	許	候
尤韻	22平	侯	胡	鉤
尤韻	22上	厚	胡	口
尤韻	22去	候	胡	茂
尤韻	23平	周	職	流
尤韻	23上	帚	止	酉
尤韻	23去	呪	職	究
尤韻	24平	抽	醜	鳩
尤韻	24上	醜	敕	九
尤韻	24去	臭	尺	救
尤韻	25平	收	屍	周
尤韻	25上	首	始	九
尤韻	25去	狩	舒	救
尤韻	26平	儔	除	畱
尤韻	26上	紂	丈	九
尤韻	26去	冑	直	又
尤韻	27平	柔	而	由
尤韻	27上	蹂	忍	九
尤韻	27去	授	承	呪
尤韻	28平	愁	鋤	尤
尤韻	28上	缺		
尤韻	28去	驟	鉏	救
尤韻	29平	樓	盧	侯
尤韻	29上	塿	郎	鬥
尤韻	29去	漏	郎	豆
尤韻	30平	兜	當	侯
尤韻	30上	鬥	當	口
尤韻	30去	鬭	丁	候
尤韻	31平	偷	他	侯
尤韻	31上	黈	他	口
尤韻	31去	透	他	候
尤韻	32平	頭	徒	侯
尤韻	32上	䄏	徒	口
尤韻	32去	豆	大	透
尤韻	33平	羺	奴	侯
尤韻	33上	穀	乃	後
尤韻	33去	耨	乃	豆
尤韻	34平	吥	普	溝

續表

韻部	聲調	小韻首字	反切上字	反切下字
尤韻	34上	剖	普	厚
尤韻	34去	踣	匹	候
尤韻	35平	裒	蒲	侯
尤韻	35上	瓿	薄	口
尤韻	35去	掊	缺	
尤韻	36平	謀	莫	侯
尤韻	36上	毋	莫	厚
尤韻	36去	茂	莫	候
尤韻	37平	彪	補	尤
尤韻	37上	缺		
尤韻	37去	缺		
尤韻	38平	繆	莫	彪
尤韻	38上	缺		
尤韻	38去	謬	靡	幼
尤韻	39平	鴀	方	鳩
尤韻	39上	缶	俯	九
尤韻	39去	覆	敷	救
尤韻	40平	浮	房	鳩
尤韻	40上	阜	房	缶
尤韻	40去	復	扶	候
侵韻	1平	侵	七	林
侵韻	1上	寢	七	稔
侵韻	1去	沁	七	鴆
侵韻	1入	緝	七	入
侵韻	2平	今	居	吟
侵韻	2上	錦	居	飲
侵韻	2去	禁	居	廕
侵韻	2入	急	居	立

韻部	聲調	小韻首字	反切上字	反切下字
侵韻	3平	欽	驅	音
侵韻	3上	坅	丘	錦
侵韻	3去	搇	丘	禁
侵韻	3入	泣	乞	及
侵韻	4平	琴	渠	今
侵韻	4上	澿	渠	飲
侵韻	4去	噤	巨	禁
侵韻	4入	及	忌	立
侵韻	5平	音	於	禽
侵韻	5上	飲	於	錦
侵韻	5去	蔭	於	禁
侵韻	5入	揖	一	入
侵韻	6平	歆	虚	今
侵韻	6上	缺		
侵韻	6去	廞	火	禁
侵韻	6入	吸	許	及
侵韻	7平	淫	夷	今
侵韻	7上	缺		
侵韻	7去	缺		
侵韻	7入	熠	弋	入
侵韻	8平	吟	魚	音
侵韻	8上	僸	魚	錦
侵韻	8去	吟	宜	禁
侵韻	8入	岌	魚	及
侵韻	9平	缺		
侵韻	9上	怎	子	吽
侵韻	9去	缺		
侵韻	9入	缺		

續表

韻部	聲調	小韻首字	反切上字	反切下字
侵韻	10平	祲	咨	林
侵韻	10上	寑	子	袵
侵韻	10去	浸	子	鴆
侵韻	10入	湒	賫	入
侵韻	11平	心	思	林
侵韻	11上	伈	悉	枕
侵韻	11去	勸	思	沁
侵韻	11入	霫	息	入
侵韻	12平	尋	徐	心
侵韻	12上	蕈	慈	荏
侵韻	12去		缺	
侵韻	12入	集	席	入
侵韻	13平	簪	則	深
侵韻	13上	怎	子	沈
侵韻	13去	譖	側	禁
侵韻	13入	戢	側	入
侵韻	14平	嵾	初	簪
侵韻	14上	墋	楚	錦
侵韻	14去	讖	楚	禁
侵韻	14入	届	初	戢
侵韻	15平	森	疏	簪
侵韻	15上	瘁	所	錦
侵韻	15去	滲	所	禁
侵韻	15入	澀	色	入
侵韻	16平	岑	鋤	簪
侵韻	16上		缺	
侵韻	16去		缺	
侵韻	16入		缺	
侵韻	17平	壬	如	深
侵韻	17上	餁	食	枕
侵韻	17去	任	如	鴆
侵韻	17入	入	日	執
侵韻	18平	斟	諸	深
侵韻	18上	枕	章	荏
侵韻	18去	椹	職	任
侵韻	18入	執	質	入
侵韻	19平	琛	醜	森
侵韻	19上	踸	醜	錦
侵韻	19去	闖	醜	禁
侵韻	19入	湁	尺	入
侵韻	20平	深	式	針
侵韻	20上	審	式	荏
侵韻	20去	深	式	禁
侵韻	20入	濕	失	入
侵韻	21平	沈	持	林
侵韻	21上	朕	呈	稔
侵韻	21去	鴆	直	禁
侵韻	21入	蟄	直	立
侵韻	22平	誑	女	林
侵韻	22上	拰	尼	廩
侵韻	22去	賃	女	禁
侵韻	22入	湆	尼	立
侵韻	23平	林	黎	沉
侵韻	23上	廩	力	錦
侵韻	23去	臨	力	禁
侵韻	23入	立	力	入

續表

韻部	聲調	小韻首字	反切上字	反切下字
覃韻	1平	覃	徒	含
覃韻	1上	禫	徒	感
覃韻	1去	潭	徒	紺
覃韻	1入	遝	達	合
覃韻	2平	甘	姑	南
覃韻	2上	感	古	禫
覃韻	2去	紺	古	暗
覃韻	2入	閤	古	遝
覃韻	3平	堪	苦	含
覃韻	3上	坎	苦	感
覃韻	3去	勘	苦	紺
覃韻	3入	榼	克	盍
覃韻	4平	諳	烏	含
覃韻	4上	唵	烏	感
覃韻	4去	暗	烏	紺
覃韻	4入	姶	遏	合
覃韻	5平	峆	呼	含
覃韻	5上	顑	呼	唵
覃韻	5去	餛	呼	紺
覃韻	5入	欱	呼	合
覃韻	6平	譺	五	含
覃韻	6上	頷	五	感
覃韻	6去	髓	五	紺
覃韻	6入	礘	五	合
覃韻	7平	含	胡	南
覃韻	7上	頷	户	感
覃韻	7去	憾	胡	紺
覃韻	7入	合	胡	閤
覃韻	8平	簪	祖	含
覃韻	8上	昝	子	感
覃韻	8去	篸	作	紺
覃韻	8入	帀	作	答
覃韻	9平	參	倉	含
覃韻	9上	槮	七	感
覃韻	9去	謲	七	紺
覃韻	9入	磼	七	合
覃韻	10平	毵	蘇	含
覃韻	10上	糝	桑	感
覃韻	10去	保	蘇	紺
覃韻	10入	趿	悉	合
覃韻	11平	三	蘇	監
覃韻	11上	缺		
覃韻	11去	三	息	暫
覃韻	11入	偛	私	盍
覃韻	12平	蠶	徂	含
覃韻	12上	歜	徂	感
覃韻	12去	缺		
覃韻	12入	雜	昨	合
覃韻	13平	藍	盧	監
覃韻	13上	覽	魯	敢
覃韻	13去	濫	盧	瞰
覃韻	13入	缺		
覃韻	14平	婪	盧	含
覃韻	14上	壈	盧	感
覃韻	14去	缺		
覃韻	14入	拉	落	合

續表

韻部	聲調	小韻首字	反切上字	反切下字
覃韻	15平	緘	古	鹹
覃韻	15上	減	古	斬
覃韻	15去	鑑	古	陷
覃韻	15入	夾	古	洽
覃韻	16平	嵌	丘	銜
覃韻	16上	槏	苦	減
覃韻	16去	歉	口	陷
覃韻	16入	恰	苦	洽
覃韻	17平	喦	魚	鹹
覃韻	17上	缺		
覃韻	17去	缺		
覃韻	17入	缺		
覃韻	18平	⿰犭音	乙	鹹
覃韻	18上	黯	乙	減
覃韻	18去	⿰龠音	於	陷
覃韻	18入	鴨	乙	甲
覃韻	19平	⿰⿸厂咸欠	許	鹹
覃韻	19上	喊	虎	覽
覃韻	19去	譀	許	鑑
覃韻	19入	呷	呼	甲
覃韻	20平	鹹	胡	喦
覃韻	20上	檻	胡	覽
覃韻	20去	陷	乎	鑑
覃韻	20入	洽	胡	夾
覃韻	21平	詀	竹	鹹
覃韻	21上	斬	側	減
覃韻	21去	蘸	莊	陷
覃韻	21入	劄	竹	洽
覃韻	22平	攙	初	銜
覃韻	22上	昮	初	減
覃韻	22去	懺	楚	鑑
覃韻	22入	臿	測	洽
覃韻	23平	衫	師	銜
覃韻	23上	摻	所	斬
覃韻	23去	釤	所	鑑
覃韻	23入	歃	色	洽
覃韻	24平	讒	牀	鹹
覃韻	24上	湛	丈	減
覃韻	24去	儳	丈	陷
覃韻	24入	霅	狀	甲
覃韻	32入	法	方	甲
覃韻	33平	凡	符	鹹
覃韻	33上	範	房	琰
覃韻	33去	梵	扶	泛
覃韻	33入	乏	扶	法
覃韻	25平	缺		
覃韻	25上	俺	女	敢
覃韻	25去	缺		
覃韻	25入	缺		
覃韻	26平	耽	都	含
覃韻	26上	紞	都	感
覃韻	26去	馾	丁	紺
覃韻	26入	答	得	合
覃韻	27平	儋	都	監
覃韻	27上	膽	覩	敢
覃韻	27去	擔	都	濫

續表

韻部	聲調	小韻首字	反切上字	反切下字
覃韻	27入	皶	都	合
覃韻	28平	貪	他	含
覃韻	28上	禫	他	感
覃韻	28去	探	他	紺
覃韻	28入	錔	托	合
覃韻	29平	坍	他	監
覃韻	29上	菼	叶	敢
覃韻	29去	賧	吐	濫
覃韻	29入	榻	讬	甲
覃韻	30平	談	徒	監
覃韻	30上	淡	徒	覽
覃韻	30去	憺	徒	濫
覃韻	30入	踏	徒	甲
覃韻	31平	南	那	含
覃韻	31上	湳	乃	感
覃韻	31去	婻	奴	紺
覃韻	31入	納	奴	荅
覃韻	32平	缺		
覃韻	32上	缺		
覃韻	32去	泛	孚	梵
鹽韻	1平	鹽	移	廉
鹽韻	1上	琰	以	冄
鹽韻	1去	豔	以	贍
鹽韻	1入	葉	弋	涉
鹽韻	2平	嫌	胡	兼
鹽韻	2上	鼸	胡	忝
鹽韻	2去	缺		
鹽韻	2入	協	胡	頰

韻部	聲調	小韻首字	反切上字	反切下字
鹽韻	3平	兼	堅	嫌
鹽韻	3上	檢	居	奄
鹽韻	3去	劒	居	欠
鹽韻	3入	頰	古	協
鹽韻	4平	謙	苦	兼
鹽韻	4上	歉	苦	簟
鹽韻	4去	傔	乞	念
鹽韻	4入	篋	乞	協
鹽韻	5平	箝	其	廉
鹽韻	5上	儉	巨	險
鹽韻	5去	缺		
鹽韻	5入	笈	極	曄
鹽韻	6平	淹	衣	炎
鹽韻	6上	奄	於	檢
鹽韻	6去	厭	於	豔
鹽韻	6入	擪	於	葉
鹽韻	7平	忺	虛	嚴
鹽韻	7上	險	虛	檢
鹽韻	7去	姭	許	欠
鹽韻	7入	脅	虛	業
鹽韻	8平	嚴	魚	杴
鹽韻	8上	广	疑	檢
鹽韻	8去	驗	魚	欠
鹽韻	8入	業	魚	怯
鹽韻	9平	尖	將	廉
鹽韻	9上	醆	子	冉
鹽韻	9去	僭	子	艶
鹽韻	9入	接	即	涉

續表

韻部	聲調	小韻首字	反切上字	反切下字
鹽韻	10平	籤	千	廉
鹽韻	10上		缺	
鹽韻	10去	塹	七	豔
鹽韻	10入	妾	七	接
鹽韻	11平	銛	思	廉
鹽韻	11上		缺	
鹽韻	11去	礸	先	念
鹽韻	11入	燮	悉	協
鹽韻	12平	潛	慈	鹽
鹽韻	12上	漸	秦	冉
鹽韻	12去		缺	
鹽韻	12入	捷	疾	葉
鹽韻	13平	詹	之	廉
鹽韻	13上	颭	職	琰
鹽韻	13去	占	章	豔
鹽韻	13入	輒	質	涉
鹽韻	14平	襜	蚩	占
鹽韻	14上	諂	醜	琰
鹽韻	14去	覘	昌	豔
鹽韻	14入	謵	醜	涉
鹽韻	15平	苫	詩	廉
鹽韻	15上	閃	失	冄
鹽韻	16入	涉	時	攝
鹽韻	17平	廉	力	鹽
鹽韻	17上	斂	力	冉
鹽韻	17去	殮	力	驗
鹽韻	17入	獵	力	涉
鹽韻	18平	佔	丁	廉
鹽韻	18上	點	多	忝
鹽韻	18去	店	都	念
鹽韻	18入	跕	丁	協
鹽韻	19平	添	他	兼
鹽韻	19上	忝	他	點
鹽韻	19去	桥	他	念
鹽韻	19入	帖	他	協
鹽韻	20平	甜	缺	
鹽韻	20上	簟	徒	點
鹽韻	20去	磹	徒	念
鹽韻	20入	牒	徒	協
鹽韻	21平	拈	奴	兼
鹽韻	21上	淰	乃	點
鹽韻	21去	念	奴	店
鹽韻	21入	撚	奴	協
鹽韻	22平	砭	悲	廉
鹽韻	22上	貶	悲	檢
鹽韻	22去	窆	陂	驗
鹽韻	22入		缺	

後　記

福建師範大學協和學院高度重視教師教學和科研成果的出版，特設立扶持教學、科研成果出版的專項基金。本書的出版得到出版基金的全額資助，特此鳴謝！

本書是第一作者王進安教授2013年度“福建省高等學校新世紀優秀人才支持計劃”（JA13399S）的科研成果，也是作者國家社會科學基金青年項目（06CYY008）的結項成果，該項目由王進安教授主持。書稿絕大部分內容由王進安教授完成。有一些內容為其指導的碩士生畢業論文增補或刪改而成，其中第五章的部分內容由林玉芝主筆（約1.5萬字）；第八章的部分內容由滎菊主筆（約2萬字），第九章的部分內容由林一鳴主筆（約3萬字）。林一鳴還幫忙校對了全書。在書稿的撰寫過程中，得到中國社會科學院張振興先生、南京大學魯國堯先生的不吝賜教，特此鳴謝。第一作者的博士後合作導師、湖南師範大學蔣冀騁先生和第一作者的博士導師、福建師範大學的馬重奇先生欣然賜序，並對書稿的修改提出許多寶貴意見，給我們莫大的鼓舞和幫助，特表謝忱。本書的出版還得到課題組成員李紹羣教授、陸招英副教授的大力支持和幫助，在此一並謝過。

本書的出版也得到中國社會科學出版社張林主任和特約編輯陳芳副編審的大力支持，作者在此深表感謝。

由於筆者水平有限，書中錯漏難免，敬請方家不吝賜教！

著　者

2014年12月